LES GUIDES DE GESTION RF

Groupe Revue Fiduciaire

La retraite du salarié

Mise à la retraite - Départ volontaire
Démarches - Montant de la pension
Droits du conjoint survivant...

4e ÉDITION

Groupe Revue Fiduciaire - 100 rue La Fayette - 75485 Paris Cedex 10
www.GroupeRF.com

Attention

la photocopie tue le livre

Nous alertons nos lecteurs sur la menace que représente pour l'avenir de l'écrit, tout particulièrement dans les domaines du droit et de la gestion, le développement massif du « photocopillage ».

Le code de la propriété intellectuelle interdit en effet, expressément, la photocopie à usage collectif sans autorisation des ayants droit. Or, cette pratique s'est développée dans de nombreux cabinets, entreprises, administrations, organisations professionnelles et établissements d'enseignement, provoquant une baisse notable des achats de livres et de revues au point que la possibilité même de créer des œuvres nouvelles et de les faire éditer est aujourd'hui menacée.

100, rue La Fayette - 75485 Paris Cedex 10
ISBN 978-2-7579-0034-5

Dépôt légal février 2007 - sur les presses de l'imprimerie SNEL GRAFICS ZI des Hauts-Sarts - Zone 3
Rue Fond des Fourches 21, B - 4041 VOTTEM (HERSTAL). Imprimé en Belgique

Préface

La réforme des retraites

Le vieillissement de la population et la diminution parallèle du nombre de cotisants, le départ annoncé à la retraite de la génération du baby-boom et la crise de l'emploi sont autant de facteurs qui ont conduit le législateur à réformer en profondeur le système de retraite français et à modifier la situation des salariés proches de la retraite.

Amélioration du taux d'emploi des seniors français

Le taux d'emploi des seniors est particulièrement faible en France. La proportion des personnes en emploi parmi la tranche des 55- 64 ans était de 37, 3 % en 2004. Ce taux demeure très éloigné de l'objectif européen fixé à 50 % pour 2010.

Ainsi, l'amélioration du taux d'emploi des seniors devenant un enjeu majeur en termes de cohésion sociale mais surtout de viabilité des régimes de protection sociale, les pouvoirs publics, relayés par les partenaires sociaux (accord national interprofessionnel du 9 mars 2006 sur l'emploi des seniors), ont pris des mesures destinées à favoriser le maintien dans l'emploi des seniors et à aménager leurs fins de carrière.

Depuis 2003, la mise à la retraite d'office d'un salarié à l'initiative de l'employeur n'est en principe pas possible avant 65 ans, sauf accord collectif prévoyant des contreparties en termes d'emploi ou de formation professionnelle. Depuis le 23 décembre 2006, de tels accords ne peuvent plus être signés et cesseront, progressivement, de produire leurs effets jusqu'en 2014 (loi 2006-1640 de financement de la sécurité sociale pour 2007). Par ailleurs, le recours aux cessations totales anticipées d'activité (dispositifs de préretraites publiques ou d'entreprise) est limité et découragé par l'alourdissement des coûts financiers.

Parallèlement, sont incités le passage à temps partiel tout en continuant à cotiser pleinement pour la retraite, la poursuite à temps partiel d'une activité, tout en bénéficiant d'une fraction de leur pension de vieillesse (retraite progressive) et le cumul emploi-retraite.

Adaptation du système de retraite aux enjeux socio-économiques

Le droit à pension de vieillesse à taux plein à 60 ans nécessite désormais une période de cotisations plus longue, même si certaines possibilités de départ en retraite avant 60 ans existent pour les salariés justifiant d'une longue carrière ou pour ceux lourdement handicapés. Le système des pensions de réversion est refondu. Un droit à une information générale et automatique est reconnu à l'assuré et garanti par l'envoi d'un relevé de situation individuelle et d'une estimation indicative globale, tous régimes confondus.

Ces changements ont entraîné une adaptation des régimes de retraite complémentaire afin d'aligner les conditions et les âges de départ à la retraite sur le régime de base.

Le législateur a également souhaité encourager le recours aux dispositifs d'épargne collective d'entreprise destinés à compléter les pensions de retraite servies par les régimes obligatoires en multipliant les produits de retraite supplémentaire proposés aux employeurs et aux salariés et en modifiant les régimes fiscaux et sociaux des cotisations versées aux régimes de retraite supplémentaire mis en place dans l'entreprise.

Quel avenir pour les retraites?

Pour autant, la réforme engagée en 2003 ne devrait pas assurer la pérennité du système de retraite actuel et, plus particulièrement, le niveau des pensions de retraite.

En effet, les assurés âgés de 60 ans ou plus passeraient de 13 millions aujourd'hui à 18 millions en 2025 et le rapport démographique entre les 20-59 ans et les 60 ans et plus passerait d'un peu moins de 4 retraités pour 10 actifs à 6 pour 10. Les projections réalisées par le Conseil d'orientation des retraites au cours du dernier trimestre 2006 concluent à la nécessité de besoins de financement nouveaux.

Le législateur a d'ores et déjà prévu d'évaluer, courant 2008, la situation financière du système et de procéder à d'éventuels réajustements.

Par ailleurs, diverses solutions sont préconisées par les partenaires sociaux (certaines ayant déjà été appliquées): décalage de l'âge de départ à la retraite, hausse du taux de prélèvement, extension et modulation de l'assiette des cotisations patronales au capital, droits à pension revus à la baisse, mise en place de fonds de réserve...

Préparer et réussir sa retraite

Cet ouvrage pratique accompagne l'employeur et le futur retraité dans toutes leurs démarches, du départ de l'entreprise à l'obtention de la pension, de la mise en place d'un régime de retraite d'entreprise au paiement des cotisations de retraite.

Il retrace les différentes situations que peuvent rencontrer les intéressés et leurs employeurs au moment de la cessation de l'activité professionnelle: départ et mise à la retraite, préretraites, ou encore le passage du statut de demandeur d'emploi à celui de retraité.

Il présente également ce que l'on appelle communément « les trois piliers » du système de retraite français:
– le régime de base d'assurance vieillesse de la sécurité sociale, qui est obligatoire;
– les régimes complémentaires conventionnels (ARRCO et AGIRC), devenus légalement obligatoires en 1972 ;
– les régimes de retraite supplémentaire (ou d'entreprise), mis en place facultativement, ainsi que les plans d'épargne et les contrats individuels d'assurance-vie que le salarié peut souscrire individuellement.

Pour finir, la réforme des retraites est une réforme globale puisqu'elle concerne l'ensemble des régimes de retraite et s'inscrit dans un contexte européen. C'est pourquoi il nous est apparu nécessaire de traiter du détachement communautaire et des règles de coordination européennes applicables à la retraite, et de présenter les régimes de retraite applicables aux artisans, commerçants et professionnels libéraux.

Table générale analytique

Un sommaire analytique détaillé figure en tête de chaque chapitre et une table alphabétique à la page 479

DÉPART DE L'ENTREPRISE

Fiche		Page
1	Mise à la retraite du salarié	10
2	Départ volontaire du salarié	29
3	Départ en préretraite	39
4	Du chômage à la retraite	86

DÉMARCHES DU SALARIÉ

5	Information des droits à retraite	108
6	Demande de retraite	131

RETRAITE DE BASE

7	Champ d'application	148
8	Conditions d'ouverture des droits à retraite	155
9	Calcul de la retraite	168
10	Rachat de cotisations	194
11	Montant de la pension	210
12	Liquidation et paiement de la pension	221
13	Cumul emploi-retraite	225
14	Droits du conjoint survivant	238

RETRAITE COMPLÉMENTAIRE

15	Champ d'application	262
16	Formalités d'adhésion	273
17	Cotisations de retraite complémentaire	284

Sommaire

Fiche Page

18 Règles de paiement des cotisations 299
19 Calcul et montant de l'allocation 306
20 Liquidation et paiement de l'allocation 324
21 Droits de réversion 337

RETRAITE SUPPLÉMENTAIRE

22 Présentation des différents régimes de retraite d'entreprise 345
23 Différents types de gestion des régimes 356
24 Mise en œuvre de la retraite supplémentaire 365
25 Régime fiscal des cotisations et prestations 377
26 Régime social des cotisations et prestations 386
27 Plan d'épargne pour la retraite collectif (PERCO) 405

ANNEXES

1 Retraite progressive 418
2 Règles communautaires 437
3 Retraite des artisans et des commerçants 446
4 Retraite des professions libérales 457
5 Traitement comptable des engagements de retraite 468
6 Adresses utiles 473

Départ de l'entreprise

1. Mise à la retraite du salarié .... page 10
2. Départ volontaire du salarié .... page 29
3. Départ en préretraite .... page 39
4. Du chômage à la retraite .... page 86

Mise à la retraite du salarié

1

§§

Âge de mise à la retraite par l'employeur

- En principe, pas de mise à la retraite avant 65 ans 3
  - → *Aménagements de fin de carrière : page 14*
- Exceptionnellement de 60 à 65 ans 5
  - → *Exemples d'accords collectifs sur la mise à la retraite de salariés de 60 à 65 ans : page 13*

Clauses conventionnelles ou contractuelles de mise à la retraite

- Principe 10
- Nullité des clauses « couperet ».... 11
- Licéité des clauses « souples » 12
  - → *Salariés bénéficiant d'un statut particulier : page 16*

Modalités de la mise à la retraite

- Pas de procédure légale obligatoire 13
- Procédure conventionnelle éventuelle 14
  - → *Départ à la retraite et DIF : page 17*
- Mise en œuvre de la procédure protectrice des représentants du personnel 15
  - → *Modèle de convocation d'un représentant élu du personnel à un entretien en vue de sa mise à la retraite : page 18*
  - → *Modèle de notification de la mise à la retraite d'un représentant du personnel : page 19*
- Préavis 18
  - → *Modèle de notification d'une mise à la retraite : page 20*

§§

Indemnisation de la mise à la retraite

- Règles de droit commun 19
  - → *Exemple de bulletin de salaire : page 22*
- Situations particulières 23
- Indemnité spéciale de mise à la retraite pour les VRP 25
  - → *Autres indemnités versées au salarié lors de son départ à la retraite : page 25*
- Régime fiscal et social de l'indemnité de mise à la retraite 26
  - → *Gestion des indemnités de fin de carrière : page 26*

Sanction en cas de mise à la retraite irrégulière

- Conditions non remplies : rupture requalifiée en un licenciement 28
- Mêmes conséquences qu'un licenciement 29
  - → *Le retraité peut-il continuer à bénéficier des avantages liés au salariat ? page 28*

Âge de mise à la retraite par l'employeur

1 Aucune disposition légale n'impose la cessation automatique du contrat de travail à partir d'un âge déterminé. Toutefois, l'employeur peut valablement mettre le salarié à la retraite si ce dernier a atteint l'âge de 65 ans, sauf dérogations bien précises. Si cette condition n'est pas remplie, la rupture est assimilée à un licenciement.

En principe, avoir 65 ans

• Initiative de l'employeur

2 La mise à la retraite du salarié sur décision de l'employeur dans les conditions fixées par la loi constitue un mode spécifique et autonome de rupture du contrat de travail, distinct du licenciement. La mise à la retraite est une rupture du contrat à l'initiative de l'employeur (cass. soc. 30 septembre 1992, BC V n° 487).

La loi portant réforme des retraites (loi 2003-775 du 21 août 2003, JO du 22 août 2003) a totalement modifié les conditions dans lesquelles une mise à la retraite par l'employeur peut intervenir (c. trav. art. L. 122-14-13, al. 3).

• En principe, pas de mise à la retraite avant 65 ans

3 Depuis le 24 août 2003 (date d'entrée en vigueur de la loi portant réforme des retraites), l'employeur peut mettre un salarié à la retraite à la seule et unique condition qu'il ait atteint 65 ans, âge auquel tout salarié a la possibilité de bénéficier d'une retraite à taux plein quelle que soit sa durée d'assurance (c. trav. art. L. 122-14-13, al. 3 ; c. séc. soc art. L. 351-8).

La décision de l'employeur de mettre un salarié, déjà titulaire d'une pension de vieillesse à taux plein, à la retraite alors qu'il n'avait pas encore atteint l'âge de 65 ans constitue un licenciement sans cause réelle et sérieuse (cass. soc. 18 mai 2005, n° 1105 FD).

Il est désormais inutile pour l'employeur de demander son relevé de carrière à l'intéressé (voir § 200) dans la mesure où son âge (avoir 65 ans) conditionne la possibilité de le mettre ou non à la retraite et ce, quel que soit le nombre de trimestres qu'il a validés (lettre-circ. ACOSS 2003-147 du 9 octobre 2003).

• Date d'appréciation de l'âge

4 Les conditions de mise à la retraite s'apprécient à la date de cessation effective du contrat de travail, c'est-à-dire au terme du préavis, qu'il soit exécuté ou pas (cass. soc. 31 janvier 1996, BC V n° 35), et non au moment de la notification par l'employeur de la mise à la retraite.

Illustration Un salarié, autorisé par son employeur à ne pas effectuer son préavis de six mois avant son départ en retraite, a contesté le bien-fondé de sa mise à la retraite avant l'âge de 65 ans, estimant qu'il s'agissait en fait d'un licenciement dépourvu de cause réelle et sérieuse. Après avoir relevé que l'employeur avait pris la décision unilatérale de procéder à la mise à la retraite anticipée de ce salarié, les juges ont considéré que la lettre du salarié accusant réception de cette décision et demandant d'être dispensé du préavis de six mois ne manifestait pas la volonté claire et non équivoque de prendre sa retraite. Aussi, la rupture du contrat de travail par l'employeur constituait un licenciement, donnant lieu à versement de dommages-intérêts sur le fondement de l'article L. 122-14-4 du code du travail et d'une indemnité conventionnelle de licenciement (cass. soc. 18 janvier 2006, n° 114 FD).

Il convient de préciser que la loi portant réforme des retraites n'a pas modifié l'âge légal de la liquidation de la pension vieillesse, celui-ci étant toujours fixé à 60 ans. À cet âge, le salarié qui dispose du nombre de trimestres d'assurance vieillesse de la sécurité sociale nécessaire (160 jusqu'en 2008) peut bénéficier d'une pension à taux plein (notion qui ne doit pas être confondue avec celle de pension maximale) (voir § 326). Un mécanisme de surcote a été instauré par la loi en cas de poursuite d'activité après l'âge de 60 ans pour le salarié disposant déjà des 160 trimestres nécessaires pour obtenir une retraite à taux plein (voir § 447).

Sur les démarches à effectuer par le salarié avant son départ en retraite, voir les paragraphes 200 à 235.

Exceptionnellement de 60 à 65 ans

• Entre 60 et 65 ans dans le cadre d'un accord collectif conclu avant le 23 décembre 2006

5 **Accord prévoyant des contreparties en termes d'emploi et de formation professionnelle.** La mise à la retraite est possible à un âge compris entre 60 et 65 ans si cela est prévu par une convention ou par un accord collectif étendu conclu à cet effet (c. trav. art. L. 122-14-13, al. 4).

Cet accord collectif doit prévoir des contreparties en matière d'emploi et de formation professionnelle. Il faut impérativement que le salarié remplisse les conditions pour bénéficier d'une pension de vieillesse à taux plein (voir § 326 et exemples d'accords, p. 13).

Depuis l'entrée en vigueur de la loi portant réforme des retraites, 124 branches professionnelles avaient signé, au mois de novembre 2006, ce type d'accord.

6 **De tels accords dérogatoires ne peuvent plus être conclus.** Cette possibilité de conclure des accords abaissant en dessous de 65 ans l'âge à partir duquel l'employeur peut mettre d'office à la retraite un salarié est fermée depuis le 23 décembre 2006 (loi 2006-1640 de financement de la sécurité sociale pour 2007, art. 106 III ; c. trav. art. L. 122-14-13, al. 4).

7 **Période transitoire jusqu'en 2010 pour les branches concernées.** Une période transitoire est toutefois aménagée pour les branches concernées : les accords déjà conclus et étendus avant la publication de la loi de financement de la sécurité sociale pour 2007 (soit le 22 décembre 2006) ne cesseront de produire leurs effets qu'au-delà du 31 décembre 2009 (c. trav. art. L. 122-14-13, al. 4).

Par ailleurs, cette date est ramenée au 31 décembre 2007 pour les accords et conventions signés ou étendus avant le 22 décembre 2006 et prévoyant la possibilité de mettre d'office à la retraite un salarié avant 60 ans. Les indemnités versées par l'employeur au salarié dans ce cadre sont soumises à la contribution spécifique due en cas de préretraite d'entreprise (voir § 149) (c. trav. art. L. 122-14-13, al. 5).

8 **Période d'adaptation de 2010 à 2014 : possibilité d'un départ négocié à la retraite.** Dans les branches où il existe une convention ou un accord collectif étendu prévoyant la possibilité de mise à la retraite avant 65 ans (voir § 5) et conclu entre le 23 août 2003 (date d'entrée en vigueur de la loi portant réforme des retraites) et le 22 décembre 2006 (date de publication de la loi 2006-1640 de financement de la sécurité sociale pour 2007), il est prévu une période d'adaptation à la nouvelle réglementation, allant du 1er janvier 2010 au 1er janvier 2014 : des départs négociés à la retraite avant 65 ans seront possibles. Les salariés partant de l'entreprise dans ce cadre bénéficieront d'une indemnité assortie d'un traitement fiscal et social favorable (c. trav. art. L. 122-14-13, al. 3).

En pratique, le salarié, âgé d'au moins 60 ans et pouvant justifier d'une pension de retraite à taux plein (actuellement 160 trimestres d'assurance ou de périodes équivalentes), pourra partir à la retraite avant 65 ans, d'un commun accord avec son employeur et bénéficier de l'indemnité de mise à la retraite (voir § 19).

Cette indemnité bénéficiera du même régime fiscal et social que celui de l'indemnité de licenciement (voir § 26). Toutefois, contrairement à cette dernière et à l'indemnité de mise à la retraite (voir § 27), elle sera assujettie en totalité à la CSG et à la CRDS (c. trav. art. L. 122-14-13, al. 2).

Exemples d'accords collectifs sur la mise à la retraite de salariés de 60 à 65 ans	
Accord collectif	**Contreparties emploi et formation professionnelle**
Bureaux d'étude technique avenant n° 28 du 28 avril 2004 (1)	**Contreparties emploi** Une embauche compensatrice en CDI dans les 6 mois précédant ou suivant la mise à la retraite de deux salariés âgés de 60 à 65 ans.
Coopératives de céréales avenant n° 102 du 12 janvier 2004	**Contreparties formation professionnelle** Les entreprises doivent verser à leur organisme paritaire collecteur agréé (OPCA) une contribution de 0,10 % de la masse salariale destinée à la formation des seniors (plus de 47 ans). Celle-ci s'ajoute aux contributions légales et conventionnelles déjà existantes et sera affectée à un fonds mutualisé.
Industries chimiques accord du 2 février 2004 (2)	**Contreparties emploi** ❶ Conclusion par l'employeur de contrats de travail : – un contrat particulier (apprentissage, professionnalisation, CIE) pour une mise à la retraite, – un CDI pour trois mises à la retraite d'un CDI. Ces contrats doivent répondre à des conditions de délai : ❷ Éviter un licenciement. ❸ Bilan annuel présenté aux CCE, CE (à défaut, DP) sur ❶ ❷. **Contreparties formation professionnelle** ❶ Développer les entretiens professionnels visant à déterminer les compétences à acquérir. ❷ Former le personnel d'encadrement à l'accompagnement et au tutorat. ❸ Le budget de formation des 45 ans et plus doit, en moyenne, être comparable à celui de l'ensemble des salariés de l'entreprise (établissement) l'année suivant la mise à la retraite des moins de 65 ans. ❹ Bilan annuel présenté aux CCE, CE (à défaut, DP) sur ❶ ❷ ❸.
Sociétés d'assurances accord du 14 octobre 2004 (3)	**Contreparties emploi** Faute d'accord d'entreprise sur la formation des salariés âgés, une embauche doit être faite en contrepartie d'une mise à la retraite : – en contrat d'apprentissage ou en contrat de professionnalisation, – ou en contrat à durée indéterminée pour 2 mises à la retraite. Ces embauches doivent être effectuées dans les 6 mois précédant ou suivant le départ du retraité. **Contreparties formation professionnelle** • Au niveau de la branche, le pourcentage de la contribution des employeurs au financement de la formation est portée à 2,2 % de la masse salariale dès 2005. • Au niveau de l'entreprise, la mise à la retraite est rendue possible par la signature d'un accord sur la formation des salariés âgés.
Automobile avenant n° 39 et accord annexé du 18 février 2004 (4)	**Contreparties emploi** Une embauche doit être faite en contrepartie d'une mise à la retraite : – dans l'année précédant ou suivant la mise à la retraite : apprentissage, contrat de professionnalisation, – dans les 6 mois avant la notification ou après la fin du contrat de travail du salarié mis à la retraite : CDI. Embauches sous condition de délai. Maintien de ce contrat pendant 2 ans, sinon conclusion d'un nouveau contrat dans les 6 mois et ce, jusqu'à ce qu'un total de 2 ans soit atteint. Contrepartie appréciée au niveau de l'entreprise à partir de 2 établissements.

(1) Indemnité de mise à la retraite calculée en fonction de l'ancienneté que le salarié aurait eue à 65 ans.
(2) Indemnité de mise à la retraite spécifique selon l'âge du salarié (60 à 65 ans, au-delà de 65 ans).
(3) Indemnité conventionnelle de mise à la retraite majorée selon l'âge de départ (100 % à 60 ou 61 ans, jusqu'à 20 % à 64 ans). Procédure de mise à la retraite définie.
(4) Conditions particulières en matière de préavis.

• **Entre 60 et 65 ans en sortie de préretraite**

9 La mise à la retraite entre 60 et 65 ans est également possible en sortie de préretraite CATS dite «métiers pénibles» (c. trav. art. R. 322-7-2 ; voir § 100) ou dans le cadre du bénéfice de tout autre mécanisme de préretraite défini avant la date de publication de la loi portant réforme des retraites (22 août 2003). L'intéressé doit pouvoir bénéficier d'une pension de vieillesse à taux plein (trimestres requis...) (c. trav. art. L. 122-14-13, al. 3).

Certains dispositifs de préretraite (voir §§ 70 à 155) reposent en effet sur une suspension du contrat de travail et non sur une rupture du contrat. Si le salarié a droit à une pension de vieillesse à taux plein avant 65 ans, les allocations de préretraite cessent d'être dues. Dans cette hypothèse, l'employeur n'aurait eu d'autre choix que de réintégrer le préretraité si ce dernier refusait de partir volontairement. C'est pour éviter cette difficulté que la loi portant réforme des retraites a prévu la possibilité de mettre ces salariés à la retraite avant 65 ans.

Pour vérifier si le salarié peut bénéficier d'une pension de vieillesse à taux plein, l'employeur a intérêt à lui demander son relevé de carrière établi par la caisse d'assurance vieillesse (voir § 200). Si le salarié refuse de transmettre son relevé à l'employeur, ce dernier est en droit de saisir le juge des référés qui peut ordonner au salarié de le communiquer sous astreinte (CA Versailles, 5e ch. B sociale,

Aménagements de fin de carrière

L'accord national interprofessionnel du 9 mars 2006 relatif à l'emploi des seniors (arrêté du 12 juillet 2006, JO du 22; arrêté du 26 juillet 2006, JO du 2 août, modifié par arrêté du 15 décembre 2006, JO du 27) prévoit que le salarié d'au moins 55 ans qui s'est renseigné sur sa retraite peut, à sa demande, faire le point avec son responsable hiérarchique sur les modalités de sa fin de carrière, à l'occasion de l'entretien professionnel de deuxième partie de carrière.

En effet, il est également prévu que chaque salarié ait droit, à l'occasion de l'entretien professionnel qui suit son 45e anniversaire, à un entretien de deuxième partie de carrière. Cet entretien a lieu ensuite tous les 5 ans. Il est destiné:
– à faire le point, avec son responsable hiérarchique, au regard de l'évolution des métiers et des perspectives d'emplois dans l'entreprise sur ses compétences, ses besoins de formation, sa situation et son évolution professionnelle;
– à éviter toute pratique discriminatoire liée à l'âge dans les évolutions de carrière;
– à permettre au salarié d'anticiper la seconde partie de sa vie professionnelle, et notamment d'examiner les perspectives de déroulement de carrière du salarié en fonction de ses souhaits et au regard des possibilités de l'entreprise.

Les modalités de mise en œuvre de l'entretien (information des représentants du personnel, par exemple) et les points à aborder sont définis par les branches professionnelles.

Les salariés âgés de 55 ans et plus qui le souhaitent peuvent bénéficier, en accord avec leur employeur, d'aménagements de leurs horaires de travail, y compris sous forme de temps partiel, organisés sur la semaine, le mois ou l'année. Les entreprises doivent s'efforcer de limiter l'impact de ces aménagements d'horaires sur les droits à la retraite à taux plein des intéressés.

Les aménagements de fin de carrière liés à la pénibilité du travail seront, pour leur part, négociés dans un accord spécifique sur la pénibilité (non conclu à l'heure où nous mettons sous presse). Le plan national d'action concertée en faveur de l'emploi des seniors pour la période 2006-2010, adopté le 6 juin 2006, envisage également des adaptations pour aménager les fins de carrière (développement du tutorat, prise en considération de la mobilité professionnelle au titre du compte épargne-temps...). La mise en œuvre de ce plan est commentée par une circulaire du ministère de l'Emploi (circ. DGEFP 2006-38 du 13 décembre 2006).

20 février 2003, n° 02/02286). En revanche, le secret professionnel interdit aux caisses d'assurance vieillesse de transmettre ces informations directement à l'employeur.

Clauses conventionnelles ou contractuelles

Principe

10 Les dispositions relatives au départ à la retraite des salariés prévues par une convention collective, un accord collectif de travail ou un contrat de travail sont applicables sous réserve qu'elles ne soient pas contraires aux dispositions légales (c. trav. art. L. 122-14-12, al. 1).

Aussi, il importe de distinguer, parmi les dispositions conventionnelles ou contractuelles relatives à la mise à la retraite, les clauses dites «couperet», c'est-à-dire celles prévoyant la rupture de plein droit du contrat de travail en cas de survenance d'un événement déterminé et, par opposition, les clauses dites «souples».

Nullité des clauses «couperet»

11 Les clauses «couperet» qui prévoient la rupture automatique du contrat de travail lorsque le salarié atteint un certain âge ou est en droit de bénéficier d'une pension de vieillesse sont nulles (c. trav. art. L. 122-14-12, al. 2). Tel est, par exemple, le cas d'une clause qui prévoit une mise à la retraite automatique à l'âge de 65 ans (cass. soc. 12 mars 1996, n° 1158 D).

Cependant, l'employeur est irrecevable à se prévaloir de la nullité d'une clause «couperet» pour mettre un salarié à la retraite avant l'âge fixé par la clause: seul le salarié peut le faire (cass. ass. plén. 6 novembre 1998, BC ass. plén. n° 3). Ainsi, un employeur ne peut se prévaloir de la nullité d'une clause «couperet» pour mettre un salarié à la retraite avant l'âge prévu par la convention collective (65 ans), même si l'intéressé peut prétendre au bénéfice d'une pension de retraite à taux plein (cass. soc. 5 novembre 2003, n° 2315 D).

Illustration Une rupture du contrat de travail requalifiée en licenciement en raison de la nullité de la clause «couperet» ne peut être justifiée que par une cause réelle et sérieuse indépendante de l'âge de l'intéressé (cass. soc. 6 décembre 1995, BC V n° 331).

Licéité des clauses «souples»

12 Les clauses «souples» ne prévoient pas la rupture automatique du contrat de travail mais la possibilité pour l'employeur de mettre le salarié à la retraite à un âge déterminé avec paiement des indemnités spécifiques. Ces clauses «souples» sont valables et s'imposent à l'employeur (cass. soc. 5 novembre 2003, n° 2385 D ; cass. soc. 28 février 2006, n° 03-47787 D).

Toutefois, rappelons qu'une telle clause n'est applicable que dans la mesure où les conditions légales sont remplies (voir §§ 2 à 9). Or, depuis le 24 août 2003 (date d'entrée en vigueur de la loi portant réforme des retraites), nombre des ces clauses sont devenues caduques. Tel est, par exemple, le cas des clauses prévoyant que l'employeur est en droit de mettre le salarié à la retraite dès lors qu'à la date de la rupture, l'intéressé remplit les conditions d'ouverture du droit à pension de vieillesse (60 ans) et qu'il peut bénéficier d'une pension à taux plein.

À notre sens, la jurisprudence relative aux clauses «souples» peut continuer à trouver application en ce qui concerne les clauses conventionnelles prévoyant une mise à la retraite avant 65 ans dans le cadre des dérogations légales, c'est-à-dire des contreparties en termes d'emploi ou de formation professionnelle (voir § 5). Ainsi, dans cette hypothèse, si une clause fixe à 62 ans l'âge normal de départ à la retraite, l'employeur ne pourra mettre le salarié à la retraite qu'à partir du moment où il atteindra cet âge même si, par ailleurs, il remplit les conditions légales pour pouvoir toucher une pension de retraite à taux plein (cass. soc. 18 janvier 1995, BC V n° 2144) (toute mise à la retraite prématurée s'analysant en un licenciement, avec toutes les conséquences qui en découlent, voir § 30).

Salariés bénéficiant d'un statut particulier

Les salariés de la RATP dotés d'un statut particulier réglementant leur mise à la retraite ne peuvent pas prétendre à l'application des dispositions de droit commun (c. trav. art. L. 122-14-12 et L. 122-14-13) concernant la mise à la retraite (cass. soc. 29 octobre 1996, n° 4132 D). La même solution est adoptée pour les agents de la SNCF (cass. soc. 21 juin 1995, BC V n° 204 ; cass. soc. 22 octobre 1996, n° 4140 D), d'EDF (cass. soc. 21 juin 1995, BC V n° 205; CE 7 juillet 1995, n° 146028), ainsi que pour les salariés d'Air France (cass. soc. 22 février 2000, BC V n° 72) et de l'Opéra (cass. soc. 16 juillet 1997, BC V n° 274).

Notons, toutefois, qu'en l'absence de loi particulière régissant leur mise à la retraite, les dispositions du code du travail sont applicables aux marins (cass. soc. 28 octobre 1997, BC V n° 344).

Modalités de la mise à la retraite

Pas de procédure légale obligatoire

13 La mise à la retraite à l'initiative de l'employeur ne constitue pas un licenciement mais un mode autonome de rupture du contrat de travail (voir § 2), et des règles spécifiques lui sont applicables (c. trav. art. L. 122-14-13). Dans la mesure où il ne s'agit pas d'un licenciement, l'employeur n'a pas, sauf disposition conventionnelle contraire, à respecter la procédure prévue pour celui-ci.

Il n'a, notamment, pas l'obligation de convoquer le salarié à un «entretien préalable» (mais un entretien informel avec l'intéressé pour faire le point sur sa situation est à conseiller), ni de notifier la rupture par lettre recommandée.

L'employeur n'a pas à motiver sa décision dès lors que le salarié remplit les conditions pour bénéficier d'une retraite à taux plein (cass. soc. 12 janvier 1993, BC V n° 4; cass. soc. 10 mars 1999, n° 1105 D).

Toutefois, une mise à la retraite notifiée par l'employeur à son salarié ne peut être rétractée qu'avec l'accord de ce dernier et la rupture du contrat de travail s'analyse en un licenciement dépourvu de cause réelle et sérieuse lorsque les conditions prévues à l'article L. 122-14-13 du code du travail ne sont pas remplies à la date de la mise à la retraite (cass. soc. 28 février 2006, n° 04-40.303, BC V n° 90).

C'est à l'employeur qui décide de mettre à la retraite un salarié de rapporter la preuve, en cas de litige, que les conditions mentionnées à l'article L. 122-14-13 du code du travail sont réunies (circ. min. DRT 87/10 du 8 septembre 1987, cass. soc. 2 juillet 2003, n° 1859 FD). À cet égard, si l'employeur est dispensé, en droit strict, de convoquer le salarié à un entretien préalable, une telle initiative peut toutefois s'avérer utile en pratique. De même, il paraît utile à l'employeur, pour se ménager la preuve du point de départ du préavis, de notifier la rupture par lettre recommandée ou remise en main propre contre décharge.

Départ à la retraite et DIF

Le droit individuel à la formation (DIF) est partiellement transférable lorsque le salarié quitte l'entreprise (c. trav. art. L. 933-6). Malgré le terme employé par la loi, il ne s'agit pas d'un transfert d'une entreprise vers une autre (le DIF ne « saute » pas d'un employeur à un autre, le salarié ne peut se prévaloir chez un nouvel employeur des droits acquis chez son employeur précédent), mais d'une modalité destinée à permettre au salarié d'utiliser le crédit de DIF dont il disposait au moment de son départ de l'entreprise.

En cas de départ à la retraite, le DIF n'est pas transférable, les droits acquis à ce titre étant alors perdus (c. trav. art. L. 933-6). La loi ne visant que le départ à la retraite, il est permis de s'interroger sur le sort des droits acquis en cas de mise à la retraite.

Ainsi, certains accords collectifs prévoient, sous certaines conditions, la « transférabilité » du crédit de DIF en cas de mise à la retraite. Tel est notamment le cas dans le secteur de la publicité, qui prévoit la possibilité pour le salarié mis à la retraite de bénéficier d'actions de formation spécifiques (préparation à une activité au sein d'une structure associative, stage de préparation à la retraite...) si la demande est formulée dans les 6 mois, au plus tard, qui précèdent la fin du contrat de travail. L'action de formation doit débuter dans les 3 mois qui suivent la cessation d'activité.

Procédure conventionnelle éventuelle

14 L'employeur devra, bien entendu, respecter la procédure éventuellement prévue par la convention collective applicable. C'est ainsi, notamment, que certaines conventions collectives prévoient l'obligation pour l'employeur d'informer préalablement, dans un certain délai, le salarié atteignant l'âge normal de la retraite de son intention de procéder à sa mise à la retraite.

Illustration Lorsqu'une convention collective fait référence à « l'âge normal de la retraite », elle renvoie à l'âge fixé par la législation en vigueur au moment de sa mise en application (cass. soc. 29 octobre 2002, BC V n° 328).

Mise en œuvre de la procédure protectrice des représentants du personnel

• Procédure protectrice, même si les conditions légales sont réunies

15 Bien que la mise à la retraite ne constitue pas un licenciement mais un mode autonome de rupture du contrat de travail, la procédure spéciale de protection des représentants du personnel (voir « Les représentants du personnel » *RF* 957, §§ 1140 à 1155) doit être suivie en cas de mise à la retraite de tels salariés, même si les conditions légales sont réunies. La jurisprudence n'a jamais varié à ce sujet (cass. soc. 5 mars 1996, BC V n° 84; cass. soc. 2 décembre 1998, BC V n° 534, à propos d'un conseiller prud'homal; cass. soc. 23 mai 2000, BC V n° 2000, à propos d'un membre d'un comité d'entreprise).

• Avis du comité d'entreprise

16 Le projet de mise à la retraite doit donc être soumis à l'avis du comité d'entreprise (sauf pour les délégués syndicaux), le cas échéant après un entretien préalable.

Rappelons que, d'un point de vue juridique, la procédure applicable en cas de licenciement n'a pas lieu d'être observée et que l'employeur n'est pas obligé de convoquer le salarié à un entretien « préalable » au sens du droit du licenciement. Toutefois, une entrevue avec le salarié peut s'avérer très utile dans l'hypothèse d'une mise à la retraite avant l'âge de 65 ans car, en cas de contestation ultérieure, c'est l'employeur qui devra prouver que le salarié justifiait d'une durée d'assurance suffisante (voir § 13).

Modèle de convocation d'un représentant élu du personnel à un entretien en vue de sa mise à la retraite

À ..., le ...

LETTRE RECOMMANDÉE AVEC AR

Objet: convocation à un entretien préalable

M. ...,

À la date du ..., vous aurez atteint l'âge de ... ans (1). Conformément aux dispositions de l'article L. 122-14-13 du code du travail, nous envisageons d'engager à votre égard une procédure de mise à la retraite.

Votre statut de représentant élu du personnel nous obligera à convoquer le comité d'entreprise et à demander à l'inspecteur du travail l'autorisation de rompre votre contrat de travail (2).

[Pour les salariés âgés de moins de 65 ans, voir (1)] : Afin de procéder à toutes les vérifications nécessaires avant de prendre cette décision, nous vous prions de vous présenter en nos bureaux le ..., à ..., en possession des documents qui vous ont été remis par votre caisse d'assurance vieillesse concernant votre relevé de compte individuel (3). Ceci nous permettra d'étudier si vous pouvez effectivement bénéficier d'une retraite à taux plein ou si vous devez poursuivre votre activité dans notre entreprise.

Vous pouvez, si vous le désirez, vous faire assister d'un membre du personnel de l'entreprise au cours de cet entretien.

Vous voudrez bien vous présenter à la réunion du comité d'entreprise qui se tiendra le ....

Nous vous prions d'agréer, M. ..., l'expression de nos salutations distinguées.

Signature

---

(1) L'employeur ne peut mettre un salarié à la retraite que si ce dernier a atteint 65 ans (voir § 3), sauf si cette mise à la retraite intervient dans le cadre d'un accord collectif prévoyant un âge inférieur mais accordant des contreparties (en termes d'emploi ou de formation professionnelle, voir §§ 5 à 8) ou si elle concerne un salarié engagé dans un dispositif de préretraite (voir § 9). Dans tous les cas, le salarié doit avoir au moins 60 ans et remplir les conditions pour bénéficier d'une pension de vieillesse à taux plein.
(2) Chaque fois que l'employeur veut rompre le contrat de travail d'un représentant du personnel, il doit respecter la procédure spéciale protectrice. Cette règle doit s'appliquer au cas de la mise à la retraite (cass. soc. 5 mars 1996, BC V n° 84). L'employeur qui entend mettre à la retraite un salarié protégé doit donc impérativement solliciter au préalable l'autorisation de l'inspecteur du travail. S'agissant d'un représentant élu, il doit, en outre, solliciter préalablement l'avis du comité d'entreprise (voir § 16).
(3) D'un point de vue juridique, la procédure applicable en cas de licenciement n'a pas lieu d'être observée et l'employeur n'est donc pas obligé de convoquer le salarié à un entretien «préalable» au sens du droit du licenciement. Toutefois, notons qu'une entrevue avec le salarié peut s'avérer très utile dans l'hypothèse d'une mise à la retraite avant l'âge de 65 ans, dans la mesure où, en cas de contestation ultérieure, c'est à l'employeur de prouver que le salarié justifiait d'une durée d'assurance suffisante (voir § 13).

- **Autorisation administrative**

17 L'employeur doit solliciter l'autorisation de mise à la retraite, par lettre recommandée avec demande d'avis de réception, à l'inspecteur du travail dont dépend l'établissement où est employé l'intéressé.

Le contrôle opéré par l'inspecteur du travail est complet: après avoir vérifié que les conditions légales du départ en retraite sont bien remplies, il examine l'existence éventuelle d'un lien avec le ou les mandats détenus et peut, le cas échéant, retenir un motif d'intérêt général s'opposant à l'autorisation sollicitée. Il convient de se placer à la date d'expiration du préavis pour déterminer si le salarié remplit les conditions requises (instr. min. 7-96 du 23 mai 1996).

Modèle de notification de la mise à la retraite d'un représentant du personnel

À ..., le ...

LETTRE RECOMMANDÉE AVEC AR

Objet : notification de votre mise à la retraite

M. ...,

Nous vous informons que, à compter du ..., il sera mis fin à votre contrat de travail.

En effet, à cette date, vous aurez atteint l'âge de ... ans (1).

Par ailleurs, l'inspecteur du travail nous a donné l'autorisation de rompre votre contrat de travail. Son autorisation a été donnée le ... .

Une indemnité de mise à la retraite vous sera versée.

Compte tenu de votre ancienneté (... ans), celle-ci s'élèvera à ... mois de salaire (2).

Nous vous prions d'agréer, M. ..., l'expression de nos salutations distinguées.

Signature

(1) L'employeur ne peut mettre un salarié à la retraite que si ce dernier a atteint 65 ans (voir § 3), sauf si cette mise à la retraite intervient dans le cadre d'un accord collectif prévoyant un âge inférieur mais accordant des contreparties (en termes d'emploi ou de formation professionnelle, voir §§ 5 à 8) ou si elle concerne un salarié engagé dans un dispositif de préretraite (voir § 9). Dans tous les cas, le salarié doit avoir au moins 60 ans et remplir les conditions pour bénéficier d'une pension de vieillesse à taux plein.

(2) Cette indemnité doit être égale soit à l'indemnité légale de licenciement, soit, si cette solution est plus favorable pour le salarié, à l'indemnité conventionnelle de mise à la retraite (voir § 19).

Si un employeur met à la retraite un salarié qui ne réunit pas les conditions requises, la rupture du contrat s'analyse alors en un licenciement (voir § 28). Par ailleurs, à défaut de respect du statut protecteur de l'intéressé, il s'agirait, en outre, d'un licenciement nul (cass. soc. 23 novembre 2004, BC V n° 296 ; cass. soc. 30 novembre 2004, BC V n° 310 ; cass. soc. 6 avril 2005, BC V n° 125).

Ainsi, la mise à la retraite d'un salarié protégé sans autorisation de l'inspecteur du travail ouvre droit à une indemnité égale au montant des rémunérations que le salarié aurait perçues depuis la date de son éviction jusqu'à l'expiration de la période légale de protection. En outre, le salarié qui ne demande pas la poursuite de son contrat de travail illégalement rompu a le droit d'obtenir, non seulement les indemnités de rupture, mais aussi une indemnité réparant l'intégralité du préjudice résultant du caractère illicite du licenciement et au moins égale à celle prévue par l'article L. 122-14-4 du code du travail (c'est-à-dire au moins égale à six mois de salaire) (cass. soc. 10 décembre 2003, BC V n° 314 ; cass. soc. 8 juin 2005, n° 1267 D).

Illustration Un salarié protégé, mis à la retraite sans autorisation préalable, peut percevoir des dommages et intérêts à titre de préjudice complémentaire pour la perte de points de retraite (cass. soc. 23 janvier 2002, n° 316 FD).

Préavis

18 L'employeur est tenu de respecter un préavis égal à celui dû en cas de licenciement (c. trav. art. L. 122-14-13, dernier al.), sauf dispositions conventionnelles ou contractuelles plus favorables pour le salarié (c'est-à-dire prévoyant un préavis plus long). L'accord collectif doit expressément viser la mise à la retraite, et pas seulement le préavis applicable au licenciement.

L'inobservation du préavis par l'employeur ne saurait requalifier la rupture du contrat en un licenciement abusif, mais aura pour conséquence de reporter dans le temps la mise à la retraite jusqu'à ce que ce délai soit respecté (cass. soc. 18 juillet 2000, BC V n° 293).

La durée du préavis légal varie donc en fonction de l'ancienneté du salarié dans les conditions suivantes (c. trav. art. L. 122-6) :
– ancienneté inférieure à 6 mois : durée fixée en fonction de la loi, de la convention collective ou des usages ;
– ancienneté comprise entre 6 mois et moins de 2 ans : 1 mois ;
– ancienneté d'au moins 2 ans : 2 mois.

L'ancienneté du salarié s'apprécie au jour où l'employeur envoie la lettre recommandée de licenciement, date à laquelle se situe la rupture du contrat de travail (cass. soc. 26 septembre 2006, n° 05-43841 FPB). L'analyse devrait, à notre sens, être identique en ce qui concerne la mise à la retraite.

Sur les documents à remettre lors de la mise à la retraite, voir page 37.

À notre sens, pendant la durée du préavis, le salarié mis à la retraite pourrait bénéficier du droit de s'absenter pour rechercher un emploi, celui-ci n'ayant pas obligation de faire liquider sa pension de vieillesse et pouvant également cumuler sa pension de vieillesse avec une reprise d'activité (voir § 516). Toutefois, que cette absence n'est pas prévue par la loi mais résulte le plus souvent d'un usage, d'une convention ou d'un accord collectif.

Modèle de notification d'une mise à la retraite

À ..., le ...

LETTRE RECOMMANDÉE AVEC AR

M. ...,

Nous vous avons convoqué le ... à un entretien où nous vous avons indiqué que nous envisagions de procéder à votre mise à la retraite.

Vous avez, en effet, atteint l'âge de 65 ans, le ... (*variante :* vous remplissez les conditions nécessaires pour bénéficier d'une pension de retraite à taux plein. En effet, vous avez atteint l'âge de 60 ans [ou plus], à partir duquel la convention collective applicable dans l'entreprise ouvre la possibilité d'une mise à la retraite) (1).

Aussi, nous vous confirmons par la présente votre mise à la retraite.

Votre préavis, d'une durée de ... mois (2) pendant laquelle vous restez soumis à toutes vos obligations professionnelles, prendra effet à réception de la présente et expirera au plus tard le ... .

À l'issue de votre préavis, vous percevrez une indemnité liée à votre départ à la retraite égale à ... (3).

Nous vous prions d'agréer, M. ..., nos salutations distinguées.

Signature

(1) L'employeur ne peut mettre un salarié à la retraite que si ce dernier a atteint 65 ans (voir § 3), sauf si cette mise à la retraite intervient dans le cadre d'un accord collectif prévoyant un âge inférieur mais accordant des contreparties (en termes d'emploi ou de formation professionnelle, voir §§ 5 à 8) ou si elle concerne un salarié engagé dans un dispositif de préretraite (voir § 9). Dans ces deux hypothèses, le salarié doit avoir au moins 60 ans et remplir les conditions pour bénéficier d'une pension de vieillesse à taux plein.

(2) Le préavis à observer est celui qui est le plus favorable au salarié, c'est-à-dire le plus long, parmi :
– le préavis légal de licenciement (1 mois entre 6 mois et 2 ans d'ancienneté ; 2 mois au-delà de 2 ans d'ancienneté) ;
– le préavis conventionnel ou contractuel de mise à la retraite ;
– le préavis conventionnel ou contractuel de licenciement.

(3) Une indemnité équivalant à l'indemnité légale de licenciement ou encore, si cela est plus favorable au salarié, à l'indemnité conventionnelle de mise à la retraite (voir § 19).

Indemnisation de la mise à la retraite

Règles de droit commun

• Indemnité légale de mise à la retraite

19 Tout salarié mis à la retraite par son employeur bénéficie d'une indemnité de départ en retraite équivalant soit à l'indemnité minimale légale de licenciement prévue aux articles L. 122-9 et R. 122-2 du code du travail, soit à l'indemnité de licenciement prévue à l'article 5 de l'accord annexé à la loi 78-49 de mensualisation (c. trav. art. L. 122-14-13, al. 2).

Notons qu'aujourd'hui, la très grande majorité des salariés est mensualisée, à l'exception des travailleurs à domicile, des travailleurs saisonniers, des travailleurs intermittents et des travailleurs intérimaires. Pour ces catégories de salariés, l'indemnité minimale légale, qui équivaut à 1/10 de mois par année de présence, est alors versée.

Le montant de l'indemnité versée aux salariés mensualisés dépend étroitement de l'ancienneté du salarié, puisqu'elle est égale à 1/10 de mois de salaire par année d'ancienneté, à laquelle il faut ajouter un supplément de 1/15 de mois par année d'ancienneté au-delà de 10 ans.

Sur l'indemnité de mise à la retraite des salariés à temps partiel, voir page 35.

Précisons que les salariés bénéficiaires d'une pension d'invalidité peuvent percevoir l'indemnité de mise à la retraite, la substitution de cette pension en pension de vieillesse au moment où le salarié invalide atteint l'âge de 60 ans, ne dispensant nullement l'employeur de respecter les conditions légales attachées à la mise à la retraite d'un salarié (cass. soc. 4 juin 1998, BC V n° 544).

• Base de calcul de l'indemnité légale

20 Le salaire à prendre en considération pour le calcul de l'indemnité de départ ou de mise à la retraite est, selon la formule la plus avantageuse pour l'intéressé, le salaire moyen des douze derniers mois précédant la notification du départ ou de la mise à la retraite, ou celui des trois derniers mois effectifs de travail.

En l'absence de règles différentes (convention collective, contrat...), l'employeur doit appliquer ces dispositions pour calculer l'indemnité de mise ou de départ à la retraite.

Il s'agit du salaire brut comprenant tous les éléments de rémunération. Sont notamment pris en compte:

– les majorations pour heures supplémentaires;
– les avantages en nature;
– l'indemnité de congés payés versée (si des congés ont été pris pendant la période de référence), mais pas l'indemnité compensatrice (cass. soc. 16 mars 1994, BC V n° 99) ;
– les primes à caractère obligatoire;
– les primes à caractère annuelle pour leur fraction se rapportant à la période de référence (cass. soc. 10 octobre 1995, BC V n° 265).

À l'inverse, les remboursements de frais professionnels sont exclus (cass. soc. 25 juin 1992, BC V n° 420).

Illustration Les sommes versées au salarié au titre du remboursement forfaitaire de ses frais de déplacement liés à sa mission de représentant du personnel constituent non des avantages en nature mais des remboursements de frais expressément exclus de la base de calcul de l'allocation de départ en retraite (cass. soc. 23 mars 2004, n° 654 FD).

INDEMNITÉ DE MISE À LA RETRAITE
(exemple de bulletin de salaire)

Un cadre, âgé de 65 ans, est mis à la retraite par son employeur (hors plan de sauvegarde de l'emploi). Après avoir effectué son préavis, il quitte l'entreprise le 31 janvier 2007. Sa paye de janvier 2007 comprend :

- *le salaire du mois de janvier 2007, soit, par hypothèse, 3 000 € pour un temps plein ;*
- *une prime de fin d'année (prorata temporis), supposée être de 750 € ;*
- *l'indemnité conventionnelle de mise à la retraite, supposée être de 9 000 € ;*
- *une indemnité compensatrice de congés payés, supposée être de 1 500 €.*

Son brut total soumis à cotisations est donc de 5 250 €.

EXTRAIT DU BULLETIN DE PAYE DE JANVIER 2007

Désignation	Base	Taux	Montant	Ce bulletin de paye est établi en euros
Salaire de base	151,67	19,78	3 000,00	
Indemnité compensatrice de congés payés			1 500,00	
13e mois (prorata temporis)			750,00	
Brut total			**5 250,00**	

Désignation	Base	Cotisations salariales		Cotisations patronales	
		Taux	Montant	Taux	Montant
Maladie	5 250,00	0,75 %	39,38	12,80 %	672,00
Vieillesse déplafonnée	5 250,00	0,10 %	5,25	1,60 %	84,00
Vieillesse plafonnée	2 682,00	6,65 %	178,35	8,30 %	222,61
Allocations familiales	5 250,00	–	–	5,40 %	283,50
Accidents du travail	5 250,00	–	–	2,00 %	105,00
Contribution solidarité autonomie	5 250,00	–	–	0,30 %	15,75
Ass. chômage tr. A	2 682,00	2,40 %	64,37	4 %	107,28
Ass. chômage tr. B	2 568,00	2,40 %	61,63	4 %	102,72
AGS	5 250,00	–	–	0,15 %	7,88
APEC tr. B	2 568,00	0,024 %	0,62	0,036 %	0,92
Retraite complémentaire ARRCO tr. A	2 682,00	3,00 %	80,46	4,50 %	120,69
AGFF tr. A	2 682,00	0,80 %	21,46	1,20 %	32,18
Retraite complémentaire AGIRC tr. B	2 568,00	7,70 %	197,74	12,60 %	323,57
AGFF tr. B	2 568,00	0,90 %	23,11	1,30 %	33,38
CET tr. A + B + C	5 250,00	0,13 %	6,83	0,22 %	11,55
Ass. décès	2 682,00	–	–	1,50 %	40,23
FNAL plafonné	2 682,00	–	–	0,10 %	2,68
FNAL déplafonné	5 250,00	–	–	0,40 %	21,00
Versement de transport	5 250,00	–	–	1,50 %	78,75
CSG déductible (sur salaire)	5 131,52	5,10	261,71	–	–
Taxe prévoyance	40,23	–	–	8,00 %	3,22
TOTAUX	Cotisations salariales déductibles		**– 940,89**	Cotisations patronales	**2 268,91**
NET IMPOSABLE*			**4 309,11**		
CSG/CRDS non déductibles	5 131,52	2,90 %	148,81		
Indemnité de mise à la retraite			9 000,00		
NET À PAYER			**13 160,29**		

* L'indemnité de mise à la retraite est exonérée d'impôt, de cotisations, de CSG et de CRDS dans la limite du minimum conventionnel (comme en l'espèce).
Le net imposable est donc de : 5 250 € – 940,89 € = 4 309,11 €.

Les primes (prime de vacances, prime de fin d'année, etc.) ou gratifications de caractère annuel ou exceptionnel doivent être intégrées dans la base de calcul de l'indemnité, mais de façon proratisée. Ainsi, pour calculer la moyenne des trois derniers mois lorsqu'une prime annuelle est versée pendant l'un de ces mois, il convient d'ajouter au salaire afférent à chacun de ces mois le douzième de la gratification annuelle et non pas son montant total.

Exemple Un salarié est payé 2400 € par mois. Il reçoit avec sa paye de décembre une prime de fin d'année. Son préavis expire le 31 décembre. La base de calcul de l'indemnité calculée sur la moyenne des trois derniers mois (octobre, novembre et décembre) est égale à : (2400 × 3) + (3/12 × 2400)/3 = 2600 €.

• Indemnité conventionnelle de mise à la retraite

21 Dès lors qu'elle est plus favorable pour le salarié que l'indemnité légale, l'employeur doit lui verser l'indemnité conventionnelle ou contractuelle de départ ou de mise à la retraite, si une telle indemnité est stipulée par la convention collective applicable ou le contrat de travail de l'intéressé. En effet, sauf dispositions conventionnelles expresses, l'indemnité conventionnelle de licenciement n'est pas due en cas de mise à la retraite.

Dans certaines situations, toutefois, la rédaction du texte collectif peut conduire à verser la même indemnité aux salariés mis à la retraite qu'à ceux licenciés. Tel sera, à notre avis, le cas si la convention prévoit sans distinction le versement d'une indemnité qualifiée d'« indemnité de cessation d'activité ou de rupture du contrat de travail à l'initiative de l'employeur ».

S'agissant d'une indemnité conventionnelle de mise à la retraite, les périodes de suspension du contrat de travail pour maladie n'entrent pas en compte dans le calcul de l'ancienneté du salarié (cass. soc. 27 mai 1992, BC V n° 344). Par ailleurs, l'indemnité contractuelle excédant le montant de l'indemnité de mise à la retraite prévue par la loi ou la convention collective a, comme l'indemnité elle-même, le caractère de dommages et intérêts compensant le préjudice né de la perte de l'emploi (cass. soc. 11 juillet 2002, BC V n° 257).

Illustration Le paiement de l'indemnité conventionnelle de mise à la retraite peut être soumis à une condition d'ancienneté (cass. soc. 27 mai 1992, BC V n° 142).

• Mention de l'indemnité sur le bulletin de paye

22 L'indemnité de mise à la retraite doit figurer sur le bulletin de paye (voir p. 34) :
– en bas de ce document dans la mesure où elle est exonérée des cotisations sociales, de la CSG et de la CRDS ;
– pour la fraction éventuellement soumise à cotisations sociales dans la base brute ;
– pour la fraction éventuellement soumise à CSG et à CRDS dans l'assiette de ces prélèvement, après abattement de 5 % (voir § 27).

Illustration Aux termes de la convention collective des cadres de direction du Crédit agricole, la Fédération nationale du Crédit agricole souscrit auprès d'un organisme tiers un contrat collectif de capitalisation qui prévoit le règlement, au lieu et place de la prime de départ à la retraite, d'un capital en tenant lieu qui vient en déduction de cette prime dans le cas où son montant lui est inférieur. Une cour d'appel, qui a constaté, d'une part, que l'employeur s'était acquitté entièrement des cotisations dès lors que la retenue apparaissant sur les bulletins de paie du salarié était compensée par le versement d'une somme égale à titre d'avantage en nature et, d'autre part, que le salarié avait été exonéré, pour la somme versée par la compagnie d'assurances en application de la disposition conventionnelle, de l'impôt sur le revenu et des cotisations de sécurité sociale, a exactement décidé que la somme ainsi perçue correspondait à la définition légale de l'indemnité de départ à la retraite (cass. soc. 8 juillet 2003, BC V n° 221).

Situations particulières

• Contexte de licenciement économique

23 La mise à la retraite résultant de la mise en œuvre d'un plan de sauvegarde de l'emploi (c. trav. art. L. 321-4 et L. 321-4-1 ; voir « Rupture du contrat de travail », *RF* 954, § 473) doit être assimilée à un licenciement pour motif économique pour suppression d'emploi (c. trav. art. L. 321-1) (cass. soc. 18 avril 2000, BC V n° 142).

Les salariés mis à la retraite dans le cadre d'une procédure de licenciement ont droit à l'indemnité légale de licenciement pour motif économique (2/10 de mois de salaire par année d'ancienneté, plus 2/5 de mois supplémentaire par année d'ancienneté au-delà de 10 ans) ou, si elle est plus favorable, à l'indemnité conventionnelle de licenciement et non à l'indemnité, légale ou conventionnelle, de mise à la retraite, en principe moins élevée (cass. soc. 18 avril 2000, BC V n° 142 ; cass. soc. 2 novembre 2005, n° 2252 FD).

Il convient de souligner que la Cour de cassation a, cependant, considéré que toute rupture d'un contrat procédant d'un motif économique n'entraîne pas nécessairement les effets d'un licenciement. En conséquence, en cas de départ volontaire anticipé en retraite dans le cadre d'un plan de sauvegarde de l'emploi, le salarié ne peut prétendre à l'indemnité conventionnelle de licenciement lorsqu'il prend lui-même l'initiative de la rupture (cass. soc. 25 juin 2002, BC V n° 214; voir § 52).

• En cas d'inaptitude physique professionnelle

24 Face à l'inaptitude physique d'un salarié déclaré par le médecin du travail, l'employeur doit rechercher un reclassement (voir « Rupture du contrat de travail », *RF* 954, § 170). Lorsqu'il n'en trouve pas, ou lorsque le salarié inapte refuse le poste proposé, l'employeur peut, dès lors que les conditions sont remplies, procéder à la mise à la retraite du salarié.

La mise à la retraite d'un salarié déclaré inapte par le médecin du travail à la suite d'un accident du travail ou d'une maladie professionnelle entraîne le versement de l'indemnité spéciale de licenciement (c. trav. art. L. 122-32-6). Cette indemnité est due, que la mise à la retraite du salarié ait été motivée par l'impossibilité de reclassement (cass. soc. 4 juin 1998, BC V n° 299) ou que la rupture prenne la forme d'une mise à la retraite prononcée en conformité avec les dispositions légales et conventionnelles (cass. soc. 29 janvier 2002, BC V n° 37).

Sauf dispositions conventionnelles plus favorables, l'indemnité spéciale de licenciement est égale au double de l'indemnité légale de licenciement ou de l'indemnité prévue par la loi 78-49 de mensualisation si l'intéressé remplit les conditions pour en bénéficier (voir *RF* 954, § 179). Toutefois, cette règle de doublement ne s'applique pas à l'indemnité conventionnelle de licenciement (cass. soc. 22 janvier 1992, BC V n° 28).

• Indemnité spéciale de mise à la retraite pour les VRP

25 Comme les autres salariés, le VRP peut bénéficier de l'indemnité légale de mise à la retraite (voir § 19).

Le VRP mis à la retraite peut bénéficier du versement de l'indemnité de clientèle, s'il en remplit les conditions d'obtention (voir « VRP et agents commerciaux », *RF* 2005-6, §§ 608 à 619). Dans cette hypothèse, celle-ci ne se cumule pas avec l'indemnité de mise à la retraite, seule l'indemnité la plus élevée étant versée au salarié (cass. soc. 21 juin 1995, BC V n° 210).

Lorsque l'option est plus favorable pour lui, ce dernier peut demander à percevoir l'indemnité conventionnelle applicable à cette profession (voir *RF* 2005-6, § 628).

Le VRP mis à la retraite par l'employeur et qui renonce à l'indemnité de clientèle peut bénéficier de l'indemnité spéciale de mise à la retraite prévue par la convention collective nationale des VRP (art. 16). Cette indemnité ne peut se cumuler avec l'indemnité légale de licenciement.

L'indemnité spéciale est due au VRP :
– qui se trouve dans l'un des cas de cessation du contrat ouvrant droit à l'indemnité de clientèle (contrat de travail rompu par l'employeur, sauf licenciement pour faute grave, incapacité de travail, décès du VRP) ;
– âgé d'au moins 65 ans, ou 60 ans s'il est atteint d'une incapacité permanente totale de travail (c'est à la date de la notification de la mise à la retraite du salarié qu'il convient de se placer pour apprécier s'il remplit la condition d'âge requise ; cass. soc. 9 mai 2006, n° 03-47.564 FP) ;
– qui renonce, au plus tard dans les trente jours suivant l'expiration du contrat, à l'indemnité de clientèle à laquelle il pourrait avoir droit. Cette renonciation doit être expresse (cass. soc. 18 mars 1992, BC V n° 191 ; cass. soc. 8 juillet 1992, BC V n° 461) ;
– dont l'employeur ne s'oppose pas au versement de l'indemnité spéciale de mise à la retraite. Celui-ci doit faire connaître son opposition dans les quinze jours suivant la notification de sa mise à la retraite à l'intéressé (dans cette hypothèse, l'indemnité conventionnelle de départ à la retraite sera calculée à la fois sur le fixe moyen des douze derniers mois et sur les commissions).

L'indemnité est calculée sur la rémunération moyenne mensuelle des douze derniers mois, déduction faite des frais professionnels. Elle est fixée, dans la limite d'un maximum de cinq mois de rémunération, compte tenu de l'ancienneté du VRP dans la fonction de représentant.

Ancienneté	**Montant** (en mois)	**Ancienneté**	**Montant** (en mois)
1 an	0,35	15 ans	4,35
2 ans	0,70	16 ans	4,40
3 ans	1,05	17 ans	4,45
4 ans	1,55	18 ans	4,50
5 ans	2,05	19 ans	4,55
6 ans	2,55	20 ans	4,60
7 ans	2,90	21 ans	4,65
8 ans	3,25	22 ans	4,70
9 ans	3,60	23 ans	4,75
10 ans	3,75	24 ans	4,80
11 ans	3,90	25 ans	4,85
12 ans	4,05	26 ans	4,90
13 ans	4,15	27 ans	4,95
14 ans	4,25	28 ans et +	5

Autres indemnités versées au salarié lors de son départ de l'entreprise

En sus de l'indemnité de mise à la retraite, le salarié pourra bénéficier de :
– l'indemnité compensatrice de congés payés correspondant aux congés payés éventuellement acquis à la date de la rupture et non pris ;
– la contrepartie pécuniaire à la clause de non-concurrence prévue par la convention collective ou le contrat de travail, si le salarié est lié par une telle clause (et sauf renonciation éventuelle de l'employeur à l'application de cette clause).

Sur les documents à remettre lors du départ du salarié de l'entreprise, voir page 37.

Régime fiscal et social de l'indemnité de mise à la retraite

• Impôt sur le revenu et cotisations sociales

26 Le régime de l'indemnité de mise à la retraite à l'initiative de l'employeur est voisin de celui de l'indemnité de licenciement (CGI art. 80 duodecies). Pour les ruptures notifiées depuis le 1er janvier 2006, il convient de distinguer selon que la mise à la retraite intervient ou non dans le cadre d'un plan de sauvegarde de l'emploi (loi 2005-1579 du 19 décembre 2005 de financement de la sécurité sociale, art. 13 ; circ. DSS/5B 2006-175 du 18 avril 2006).

Les indemnités de mise à la retraite versées dans le cadre d'un plan de sauvegarde de l'emploi restent totalement exonérées de cotisations sociales et d'impôt sur le revenu. En pratique, ce régime s'applique aux indemnités versées dans le cadre d'une procédure de licenciement économique visant 10 salariés ou plus sur 30 jours.

Pour les ruptures notifiées depuis le 1er janvier 2006 (instr. DGI 178 du 31 octobre 2006, BOI 5 F-16-06), les indemnités de mise à la retraite versées en dehors d'un plan de sauvegarde sont exonérées de cotisations de sécurité sociale et d'impôt sur le revenu à hauteur du montant le plus élevé entre :
– deux fois le montant de la rémunération annuelle brute perçue par le salarié au cours de l'année civile précédant la rupture de son contrat de travail ou 50 % du montant de l'indemnité si ce seuil est supérieur, dans la limite de cinq fois le plafond annuel de la sécurité sociale en vigueur à la date du versement de l'indemnité (160 920 € pour les indemnités versées en 2007),
– ou le montant de l'indemnité de mise à la retraite prévue par la convention collective de branche, par l'accord professionnel ou interprofessionnel ou, à défaut, par la loi, sans limitation de montant.

La limite de cinq plafonds se substitue à la précédente limite, qui était égale à 25 % de la première tranche de l'ISF, soit 183 000 € en 2005. Le plafond à retenir est le plafond en vigueur à la date de versement de l'indemnité.

La fraction qui n'est pas exonérée est soumise à l'impôt et à cotisations.

Gestion des indemnités de fin de carrière

Les indemnités à verser aux salariés au moment de leur départ volontaire et de leur mise à la retraite peuvent représenter des sommes considérables pour les entreprises. Doit notamment être prise en considération par l'entreprise la fréquence prévisible des cessations d'activité au regard de la pyramide des âges des salariés.

Afin de remplir ses obligations envers ses salariés en matière d'indemnités de fin de carrière (IFC), deux solutions se présentent aux entreprises : la gestion en interne, notamment en provisionnant ces dépenses, ou l'externalisation.

En effet, les entreprises qui veulent se protéger contre le risque de versement d'indemnités de fin de carrière peuvent souscrire un contrat d'assurance-groupe pour la couverture de leurs obligations en la matière. Ces contrats, dits « IFC », permettent aux entreprises de préfinancer et d'étaler dans le temps le coût que représente le versement de ces sommes. Pour le salarié, ce système peut également constituer une sécurité pour le versement de ses indemnités. Ainsi, par exemple, en cas de mise en liquidation judiciaire de son employeur, le versement des « IFC » sera assuré à concurrence des fonds constitués par son employeur à cet effet.

Sur le traitement comptable des contrats « IFC », voir l'annexe 5.

• **CSG et CRDS**

27 La CSG et la CRDS doivent être prélevées sur la fraction excédant le minimum légal ou conventionnel de l'indemnité et, en tout état de cause, sur la fraction imposable (c. séc. soc. art. L. 136-2).

Sanction en cas de mise à la retraite irrégulière

Conditions non remplies : rupture requalifiée en un licenciement

28 L'employeur doit être très scrupuleux dans le respect des conditions exigées pour la mise à la retraite (voir §§ 3 à 9). À défaut, la rupture du contrat de travail s'analyse en un licenciement (c. trav. art. L. 122-14-13, al. 4).

Concernant la mise à la retraite irrégulière d'un représentant du personnel, voir le paragraphe 17.

Par ailleurs, l'employeur qui procède à une mise à la retraite sans intention de nuire au salarié concerné, mais sans respecter son obligation d'exécuter de bonne foi le contrat de travail, engage sa responsabilité contractuelle (cass. soc. 4 juin 2002, BC V n° 188 : il s'agissait, en l'espèce, d'une salariée mise à la retraite dans les conditions légales, mais n'ayant pas l'ancienneté requise pour bénéficier de la retraite surcomplémentaire existant dans l'entreprise).

Illustration Une mise à la retraite notifiée par l'employeur à son salarié ne peut être rétractée qu'avec l'accord de ce dernier et la rupture du contrat de travail s'analyse en un licenciement dépourvu de cause réelle et sérieuse lorsque les conditions prévues à l'article L. 122-14-13 du code du travail ne sont pas remplies à la date de la mise à la retraite (cass. soc. 28 février 2006, n° 04-40.303, BC V n° 90).

Mêmes conséquences qu'un licenciement

29 Si la rupture du contrat de travail constitue un licenciement, elle emporte toutes les conséquences de celui-ci, à savoir (circ. DRT 87-10 du 8 septembre 1987) :
– respect de la procédure de licenciement ;
– respect du préavis de licenciement ;
– versement de l'indemnité légale ou conventionnelle de licenciement ;
– existence d'une cause réelle et sérieuse autre que l'âge.

En ce qui concerne les mises à la retraite prononcées entre 60 et 65 ans en application d'un accord de branche dérogatoire (voir § 5), lorsqu'un employeur n'invoque comme cause de rupture que l'âge d'un salarié qui, au moment de la rupture du contrat de travail, ne bénéficiait pas d'une retraite à taux plein, la mise à la retraite constitue un licenciement discriminatoire frappé de nullité, et non un licenciement sans cause réelle et sérieuse. En effet, aucun salarié ne peut être licencié en raison de son âge : toute disposition ou tout acte contraire est nul (c. trav. art. L. 122-45) (cass. soc. 21 décembre 2006, n° 05-12816 FSPBRI).

Si l'employeur ne respecte pas ces conditions, il s'expose à une condamnation pour licenciement sans cause réelle et sérieuse, et donc au versement de dommages et intérêts pour rupture abusive (voir « Rupture du contrat de travail », *RF* 954, § 65) et ce, quelles que soient les stipulations d'une convention collective (cass. soc. 16 juin 1998, BC V n° 325).

En tout état de cause, l'indemnité de mise à la retraite ne peut se cumuler avec l'indemnité de licenciement due par suite de la requalification de la mise à la retraite en un licenciement (cass. soc. 8 juillet 2003, BC V n° 221), ces deux indemnités ayant la même nature (cass. soc. 23 octobre 2001, n° 4319 FD).

Le retraité peut-il continuer à bénéficier des avantages liés au salariat ?

Un retraité, bien que ne faisant plus partie des membres du personnel de l'entreprise, peut continuer à prétendre bénéficier du régime de prévoyance de son ancien employeur (loi 89-1009 du 31 décembre 1989, art. 4; décret 90-769 du 30 août 1990) ainsi que des œuvres sociales de son ancien comité d'entreprise (c. trav. art. R. 432-2). À l'occasion de son départ, il peut obtenir le déblocage anticipé de son épargne salariale.

Par ailleurs, les anciens salariés qui ont quitté l'entreprise pour partir en retraite ou en préretraite (voir §§ 71 à 149) peuvent continuer à effectuer des versements dans le plan d'épargne mis en place dans leur entreprise. Ainsi, ils peuvent, à ce titre, souscrire aux augmentations de capital réservées aux adhérents du plan (avec le bénéfice de la décote et non de l'abondement). Leurs versements ne peuvent faire l'objet d'un abondement de l'entreprise.

Par contre, le versement volontaire par un employeur d'une prime dite de milieu d'année postérieurement à la mise en retraite du salarié entraîne la transformation de la prime versée pendant la période d'activité en un avantage de retraite sur lequel l'employeur ne peut pas revenir (cass. soc. 30 novembre 2004, BC V n° 307).

Départ volontaire du salarié

§§

Conditions pour un départ volontaire à la retraite

- Initiative du salarié 41
- Avoir 60 ans 42

→ *Dérogations au départ à l'âge de 60 ans: page 30*

- Demande de liquidation de la pension de vieillesse 43

→ *Utilisation du compte épargne-temps: page 31*

Procédure à suivre

- Pas de procédure légale 44

→ *Modèle de notification d'un départ volontaire à la retraite d'un salarié: page 31*

- Préavis 45
- Pas de recours à la procédure protectrice des représentants du personnel 46

§§

→ *Modèle de prise d'acte d'un départ volontaire à la retraite: page 32*

Indemnisation du salarié

- Indemnité de départ à la retraite 47

→ *Exemple de bulletin de salaire: page 34*

- Indemnité légale, conventionnelle ou contractuelle 50

→ *Indemnité de départ à la retraite des salariés à temps partiel : page 35*

- Départ dans le cadre d'un plan de sauvegarde de l'emploi 52
- Régime fiscal et social de l'indemnité de départ à la retraite 54

→ *Documents à remettre lors du départ en retraite: page 37*

→ *Tableau comparatif du départ et de la mise en retraite: page 38*

Conditions pour un départ volontaire à la retraite

40 Dès 60 ans, le salarié peut prendre l'initiative de mettre fin à son contrat de travail afin de bénéficier d'une pension de vieillesse, même si elle n'est pas à taux plein. Il est tenu de respecter un préavis et bénéficie d'une indemnité de départ, moins importante que celle versée quand c'est l'employeur qui prend cette initiative.

Initiative du salarié

41 La situation de départ volontaire à la retraite est caractérisée par l'initiative du salarié de cesser son contrat de travail en raison de son droit à pension de vieillesse (c. trav. art. L. 122-14-13, al. 1; circ DRT 87-10 du 8 septembre 1987).

Lorsque le salarié prend l'initiative de son départ à la retraite, il ne s'agit pas d'une démission, mais d'un mode autonome de résiliation du contrat de travail (cass. soc. 15 janvier 2002, n° 146 FD).

Illustrations La décision du salarié de partir à la retraite ne doit pas être équivoque (cass. soc. 13 décembre 1979, BC V n° 985). Tel est le cas lorsque le salarié adresse différentes lettres à son employeur lui indiquant qu'il souhaite cesser ses fonctions à compter d'une date précise (cass. soc. 27 mars 1991, n° 1405 D). En revanche, ce n'est pas le cas lorsque le salarié accuse réception de la lettre lui notifiant son départ à la retraite et demande à être dispensé de son préavis de six mois (cass. soc. 18 janvier 2006, n° 03-45812 FD).

Avoir 60 ans

42 Tout salarié peut décider de quitter l'entreprise pour prendre sa retraite dès lors qu'il a atteint l'âge lui donnant droit à une pension de vieillesse (c'est-à-dire 60 ans dans le régime général de la sécurité sociale), mais sans qu'il soit nécessaire qu'il puisse bénéficier d'une pension à taux plein. Le salarié peut donc partir en retraite, même avec une pension minorée (voir § 326).

Dérogations au départ à l'âge de 60 ans

La règle de principe veut qu'aucun salarié ne puisse partir volontairement à la retraite avant 60 ans. Cet âge est abaissé pour deux catégories de salariés : ceux ayant commencé à travailler très jeunes (voir § 282) et les personnes handicapées répondant à certaines conditions d'incapacité permanente (voir § 290). Comme les autres salariés, ils ont droit soit à l'indemnité légale de départ à la retraite, soit, si elle est plus favorable, à l'indemnité conventionnelle ou contractuelle de départ volontaire à la retraite (voir § 50).

Précisons toutefois, qu'à la stricte lecture des textes l'instituant, ces salariés ne peuvent pas bénéficier de l'indemnité légale de départ à la retraite dans la mesure où elle ne peut être versée qu'aux salariés quittant volontairement l'entreprise à partir de 60 ans (c. trav. art. L. 122-14-3 et accord annexé à la loi de mensualisation du 19 janvier 1978, art. 6). Le ministre du Travail, de l'Emploi et de la Cohésion sociale a annoncé que cette incohérence rédactionnelle devrait être corrigée dans le cadre d'une ordonnance de simplification du droit du travail (non parue à l'heure où nous mettons sous presse). Il a également précisé que cette incohérence ne concerne pas les salariés soumis à une convention collective qui soit ne prévoit pas de condition d'âge, soit a fait l'objet d'avenants modifiant cette condition d'âge pour tenir compte des nouvelles dispositions légales relatives à la retraite (rép. Jacque, JO du 7 juin 2005, AN quest. p. 5992).

Le salarié qui partirait à la retraite avant 60 ans et qui n'appartiendrait pas à l'une de ces deux catégories serait alors considéré comme démissionnaire et ne pourrait bénéficier de l'indemnité de départ à la retraite (voir § 47).

Demande de liquidation de la pension de vieillesse

43 Afin que la rupture soit considérée comme un départ volontaire à la retraite, le salarié doit avoir demandé la liquidation de sa pension de vieillesse (voir § 230) (c. trav. art. L. 122-14-13, al. 1er).

Une cour d'appel a jugé qu'en l'absence de liquidation de sa retraite, le départ du salarié devait s'analyser comme une démission. En l'espèce, le salarié avait repris immédiatement un emploi sans demander l'ouverture de ses droits à pension de vieillesse. Il a été condamné à rembourser l'indemnité de départ à la retraite qui lui avait été versée (CA Nancy, 17 janvier 1989, RJS 8-9/89, n° 671). À notre connaissance, la Cour de cassation n'a pas encore été amenée à se prononcer sur cette question.

En tout état de cause, le fait de percevoir une pension de vieillesse n'interdit pas l'exercice d'une nouvelle activité salariée ou non salariée (voir §§ 490 et 1160).

Sur les formalités à accomplir par le salarié avant son départ à la retraite, voir les paragraphes 200 à 238.

Utilisation du compte épargne-temps

Les salariés de plus de 50 ans peuvent également utiliser le compte épargne-temps pour cesser progressivement ou totalement leurs activités, sans pour autant être juridiquement à la retraite (c. trav. art. L. 227-1, al. 9). Le salarié doit avoir accumulé au minimum deux mois de congé. Le délai de cinq ans pour l'utilisation du congé est inopposable au salarié de plus de 50 ans qui désire cesser son activité de manière totale ou progressive.

Procédure à suivre

Pas de procédure légale

44 Comme pour la démission, aucun formalisme n'est exigé pour la notification, par le salarié, de son départ à la retraite. Toutefois, la convention collective ou le contrat de travail peuvent prévoir une procédure ou des formalités spécifiques à respecter par le salarié en cas de départ volontaire à la retraite.

En l'absence de telles dispositions, le salarié a toutefois intérêt à notifier sa décision à son employeur par écrit soit par lettre recommandée avec accusé de réception, soit par lettre remise, contre décharge, à l'autorité compétente (employeur lui-même, directeur des ressources humaines…).

De même, il est conseillé à l'employeur, afin de parer à toute contestation ultérieure, d'obtenir la confirmation écrite d'une telle décision. En effet, en cas de contentieux, il devra apporter la preuve que le salarié avait pris l'initiative de son départ à la retraite. Celle-ci ne peut se déduire du simple dépôt à la CRAM d'une demande de retraite (cass. soc. 16 juin 1998, n° 3024 D).

Modèle de notification de départ volontaire à la retraite d'un salarié

À …, le …

LETTRE RECOMMANDÉE AVEC AR (1)

Objet: Notification de départ volontaire à la retraite

Madame, Monsieur le directeur

Je soussigné …, vous informe avoir décidé de faire valoir mes droits à la retraite (2) à l'issue de mon préavis (article L. 122-14-3 du code du travail ou article. … de la convention collective … ou de mon contrat de travail) (3), soit le …

Vous voudrez bien me préparer pour cette date le compte des sommes qui me sont dues (4), ainsi que les différents documents liés à l'expiration de nos relations contractuelles (5).

Je vous prie d'agréer, Madame, Monsieur le directeur, l'expression de mes sentiments distingués.

Signature

---

(1) Aucune formalité légale n'est imposée au salarié qui décide de partir volontairement à la retraite. Une notification par lettre recommandée est cependant conseillée (voir § 44).

(2) La règle de principe veut qu'aucun salarié ne puisse partir volontairement à la retraite avant 60 ans. Cet âge de 60 ans n'est abaissé que pour deux catégories de salariés:
- ceux qui ont commencé leur carrière très jeunes (voir § 282);
- les personnes handicapées (voir § 290).

(3) Le préavis légal n'est applicable qu'à défaut de convention collective ou de contrat de travail contenant des dispositions plus favorables pour le salarié (voir § 45).

(4) Voir le paragraphe 47.

(5) Voir page 32.

La CNAV, l'AGIRC et l'ARRCO recommandent aux assurés de présenter leur demande de retraite 4 mois avant sa prise d'effet (voir § 231). Le salarié peut, au moment où il effectue ces démarches, informer son employeur de sa décision de partir à la retraite et de la date de son départ.

Préavis

45 Le salarié qui quitte volontairement l'entreprise pour prendre sa retraite doit, en effet, respecter le préavis prévu en cas de licenciement (c. trav. art. L. 122-14-13, dernier al.).

Le préavis applicable est donc en principe identique, qu'il s'agisse d'un départ volontaire en retraite ou d'une mise à la retraite à l'initiative de l'employeur (voir § 18), c'est-à-dire, pour une ancienneté (c. trav. art. L. 122-6):
– inférieure à 6 mois, la durée du préavis est fixée en fonction de la loi, de la convention collective ou des usages;
– comprise entre 6 mois et moins de 2 ans, la durée est d'un mois;
– d'au moins 2 ans, la durée est de 2 mois.

Le préavis légal n'est toutefois applicable qu'à défaut de convention collective ou de contrat de travail contenant des dispositions plus favorables pour le salarié (c. trav. art. L. 122-6, dernier al.).

Ainsi, en cas de départ volontaire à la retraite du salarié, le préavis conventionnel lui serait applicable si sa durée était plus courte que celle du préavis légal (cass. soc. 19 juin 1996, n° 2869 D). Le non-respect du préavis, par le salarié ne le prive pas de l'indemnité de départ à la retraite (cass. soc. 13 février 1996, BC V n° 52).

Pas de recours à la procédure protectrice des représentants du personnel

46 Comme en cas de démission, le départ volontaire à la retraite est dû à l'initiative du salarié. Pour cette raison, si l'intéressé est investi d'un mandat représentatif, l'employeur n'est pas tenu de mettre en œuvre la procédure protectrice élaborée par le législateur au profit des représentants du personnel.

Modèle de prise d'acte d'un départ volontaire à la retraite

À ..., le ...

LETTRE RECOMMANDÉE AVEC AR

Objet: votre départ volontaire à la retraite

M. ...,

Vous nous avez fait part de votre décision de prendre votre retraite (1).

Nous prenons acte de votre décision qui prendra effet le ..., date de la fin de votre préavis (2).

À l'issue de celui-ci, nous vous remettrons votre certificat de travail et votre reçu pour solde de tout compte. Vous percevrez une indemnité liée à votre départ à la retraite égale à ... (3).

Nous vous prions d'agréer, M. ..., nos sincères salutations.

Signature

(1) La règle de principe veut qu'aucun salarié ne puisse partir volontairement à la retraite avant 60 ans. Cet âge de 60 ans n'est abaissé que pour deux catégories de salariés:
– ceux qui ont commencé leur carrière très jeunes (voir § 282);
– les personnes handicapées (voir § 290).
(2) Voir le paragraphe 45.
(3) Le salarié qui prend l'initiative de rompre son contrat de travail pour faire liquider ses droits à pension de vieillesse – à taux plein ou à taux réduit – a droit à l'indemnité de départ en retraite, et non à l'indemnité de licenciement (voir § 47).

En effet, la décision n'émanant pas de l'employeur, il n'y a pas lieu de protéger le salarié en cause comme c'est le cas pour une mise à la retraite par l'employeur (voir § 15).

Le départ volontaire à la retraite a pour effet de mettre simultanément fin au mandat du salarié, comme lorsque le salarié démissionne.

Indemnisation du salarié

Indemnité de départ à la retraite

• Droit à indemnisation

47 Le salarié qui prend l'initiative de rompre son contrat de travail pour faire liquider ses droits à pension de vieillesse, à taux plein ou à taux réduit, a droit à l'indemnité de départ à la retraite, et non à l'indemnité de licenciement (c. trav. art. L. 122-14-13, al. 1er). En sus de cette indemnité de départ à la retraite, le salarié bénéficiera de l'indemnité compensatrice de congés payés correspondant aux congés payés éventuellement acquis à la date de rupture et non pris et, éventuellement, de la contrepartie pécuniaire à la clause de non-concurrence prévue par la convention collective ou le contrat de travail si le salarié est lié par une telle clause.

Le bénéfice de l'indemnité de départ à la retraite n'est pas soumis à la condition que le salarié quitte son emploi à 60 ans si ce dernier relève d'un régime particulier de protection sociale fixant un âge inférieur à 60 ans pour l'ouverture du droit à pension de vieillesse ou ne fixant pas de condition d'âge (circ. DRT 87-10 du 8 septembre 1987, JO du 11 décembre).

Illustration Ainsi, une institutrice qui a cessé ses fonctions par anticipation, en bénéficiant des avantages d'un régime temporaire de retraite, peut valablement demander à son employeur de lui verser une indemnité de départ à la retraite (cass. soc. 27 avril 1994, n° 1907 D).

• Mention sur le bulletin de paye

48 **Règle générale.** L'indemnité de départ à la retraite (hors plan de sauvegarde de l'emploi) doit figurer sur le bulletin de paye (voir p. 34):
– dans la base brute, dans la mesure où elle est soumise à cotisations sociales ;
– dans l'assiette de la CSG et de la CRDS, après abattement de 5 % (voir § 56).

49 **En cas de plan de sauvegarde de l'emploi.** Dans cette hypothèse (voir § 55), l'indemnité de départ à la retraite doit figurer sur le bulletin de paye:
– au bas de ce document, dans la mesure où elle est exonérée de cotisations sociales, de la CSG et de la CRDS, dans la limite du montant légal ou conventionnel de l'indemnité;
– pour la fraction éventuellement soumise à CSG et à CRDS, dans l'assiette de ces prélèvements, après abattement de 5 %.

Sur la gestion des indemnités de fin de carrière, voir page 26.

INDEMNITÉ DE DÉPART À LA RETRAITE
(exemple de bulletin de salaire)

Un cadre, âgé de 61 ans, notifie à son employeur son départ volontaire à la retraite (hors plan de sauvegarde de l'emploi).

Après avoir effectué son préavis, il quitte l'entreprise le 31 janvier 2007 au soir. Sa paye comprend :
– le salaire du mois de janvier 2007, soit, par hypothèse, 3 000 € pour un temps plein ;
– une prime de fin d'année (prorata temporis) supposée être de 750 € ;
– l'indemnité conventionnelle de départ à la retraite supposée être de 6 000 € ;
– une indemnité compensatrice de congés payés supposée être de 1 500 €.

Son brut total soumis à cotisations est donc de 11 250 €

EXTRAIT DU BULLETIN DE PAYE DE JANVIER 2007

Désignation	Base	Taux	Montant
Salaire de base	151,67	19,78	3 000,00
Indemnité compensatrice de congés payés			1 500,00
13e mois			750,00
Indemn. conv. retraite			6 000,00
Brut total soumis à cotisations			**11 250,00**

Ce bulletin de paye est établi en euros

Désignation	Base	Cotisations salariales		Cotisations patronales	
		Taux	Montant	Taux	Montant
Sécurité sociale :					
Maladie	11 250,00	0,75 %	84,38	12,80 %	1 440,00
Vieillesse : déplafonnée	11 250,00	0,10 %	11,25	1,60 %	180,00
plafonnée	2 682,00	6,65 %	178,35	8,30 %	222,61
allocations familiales	11 250,00	–	–	5,40 %	607,50
accidents du travail	11 250,00	–	–	2,00 %	225,00
Contribution solidarité autonomie	11 250,00	–	–	0,15 %	16,88
Ass. chômage tr. A	2 682,00	2,40 %	64,37	4 %	107,28
Ass. chômage tr. B	8 046,00	2,40 %	193,10	4 %	321,84
AGS (FNGS)	11 250,00	–	–	0,30 %	33,75
APEC tr. B	8 046,00	0,024 %	1,93	0,036 %	2,90
Retraite complémentaire ARRCO tr. A	2 682,00	3,00 %	80,46	4,50 %	120,69
AGFF tr. A	2 682,00	0,80 %	21,46	1,20 %	32,18
Retraite complémentaire AGIRC tr. B	8 046,00	7,70 %	619,54	12,60 %	1 013,80
AGFF tr. B	8 046,00	0,90 %	72,41	1,30 %	104,60
Retraite complémentaire AGIRC tr. C	522,00	7,70 %	40,19	12,60 %	65,77
CET tr. A + B + C	11 250,00	0,13 %	14,63	0,22 %	24,75
Ass. décès	2 682,00	–	–	1,50 %	40,23
FNAL plafonné	2 682,00	–	–	0,10 %	2,68
FNAL déplafonné	11 250,00	–	–	0,40 %	45,00
Versement de transport	11 250,00	–	–	1,50 %	168,75
CSG déductible (sur salaire)	10 951,52	5,10	558,53	–	–
Taxe prévoyance	40,23	–	–	8,00 %	3,22
TOTAUX	Cotisations salariales déductibles		**- 1 940,60**	Cotisations patronales	**4 779,42**
NET IMPOSABLE*			**6 259,40**		
CSG/CRDS non déductibles	10 951,52	2,90 %	317,59		
NET À PAYER			**8 991,81**		

* L'indemnité de départ à la retraite est exonérée d'impôt à hauteur de 3 050 €.
Le net imposable est donc de : 11 250 € – 3 050 € – 1 940,60 € = 6 259,40 €.

Indemnité légale, conventionnelle ou contractuelle

• Détermination de l'indemnité

50 Le salarié partant volontairement à la retraite pourra bénéficier, selon le cas (c. trav. art. L. 122-14-13, al. 1er):
– soit de l'indemnité de départ à la retraite prévue par la loi 78-49 de mensualisation du 19 janvier 1978 (art. 6 de l'accord interprofessionnel annexé à la loi), c'est-à-dire:
- un demi-mois de salaire après dix ans d'ancienneté;
- un mois de salaire après quinze ans d'ancienneté;
- un mois et demi de salaire après vingt ans d'ancienneté;
- deux mois de salaire après trente ans d'ancienneté.

Cette indemnité est due à tous les salariés, y compris ceux qui ne bénéficient pas de l'accord interprofessionnel sur la mensualisation. Sur la base de calcul de cette indemnité, voir le paragraphe 20.

– soit de l'indemnité conventionnelle ou contractuelle de départ volontaire à la retraite (circ. DRT 87-10 du 8 septembre 1987, JO du 11 décembre) si elle existe et dès lors qu'elle lui est plus favorable. L'employeur doit, en effet, respecter les dispositions conventionnelles relatives à l'indemnité de départ à la retraite (cass. soc. 16 décembre 1998, BC V n° 562). L'octroi d'une indemnité conventionnelle de départ à la retraite peut n'être soumis à aucune condition particulière (cass. soc. 17 mars 1993, BC V n° 90).

Illustration Une société a indiqué, par lettre, au dirigeant social d'une société dont elle envisageait la reprise que la nouvelle structure juridique mise en place lui proposerait un contrat de travail emportant engagement de sa part d'accepter, à l'âge de 60 ans, un départ à la retraite moyennant des indemnités qui ne seraient pas inférieures à 240 000 francs; un tribunal de commerce ayant arrêté le plan de cession, le cessionnaire a créé une filiale pour le compte de laquelle le salarié a travaillé et à la demande de laquelle il a fait valoir ses droits à la retraite. Ayant constaté que le contrat de travail avait été exécuté par la filiale créée aux conditions prévues dans l'offre d'emploi du cessionnaire et que l'employeur avait demandé au salarié de partir à la retraite suivant les prévisions de cette offre, une cour d'appel a pu en déduire que la filiale avait ainsi ratifié la promesse faite par la société au bénéfice du salarié et que l'obligation de payer l'indemnité convenue n'était pas sérieusement contestable (cass. soc. 24 février 2004, n° 462 FD).

• Délai de prescription

51 L'action en paiement de l'indemnité de départ à la retraite est soumise à la prescription trentenaire, et non à la prescription quinquennale, dans la mesure où celle-ci est payable en une seule fois à l'occasion du départ à la retraite du salarié (cass. soc. 4 mars 1992, BC V n° 148).

Indemnité de départ à la retraite des salariés à temps partiel

Les salariés à temps partiel ont droit à une indemnité de départ ou de mise à la retraite dans les mêmes conditions que les salariés à temps complet. Leur ancienneté se calcule de la même façon.

Pour les salariés ayant travaillé successivement à temps plein et à temps partiel, le calcul de l'indemnité doit être fait au prorata des périodes de temps complet et de temps partiel, par tranches d'ancienneté (cass. soc. 16 décembre 1998, BC V n° 562). La règle vaut quel que soit l'ordre des activités (temps plein puis temps partiel, ou temps partiel suivi d'un temps plein). De la sorte, l'indemnité correspond, au plus juste, à la carrière du salarié.

Départ dans le cadre d'un plan de sauvegarde de l'emploi

• **Rupture à l'initiative du salarié**

52 Si la rupture du contrat de travail pour motif économique est soumise, pour sa mise en œuvre, aux dispositions sur le licenciement économique (c. trav. art. L. 321-1, al. 2; voir « Rupture du contrat de travail », *RF* 954, §§ 250 à 606), il n'en résulte toutefois pas que toute rupture d'un contrat de travail procédant d'un motif économique produise les effets d'un licenciement.

Ainsi, lorsqu'un salarié accepte volontairement son départ à la retraite dans le cadre d'un plan de sauvegarde de l'emploi (c. trav. art L. 321-4 et L. 321-4-1 ; voir *RF* 954, § 470), ce départ n'ouvre pas droit au versement de l'indemnité conventionnelle de licenciement (cass. soc. 25 juin 2002, BC V n° 214), ni au versement de l'indemnité légale de licenciement applicable aux journalistes (c. trav. art. L. 761-5), laquelle n'est due que lorsque le congédiement est le fait de l'employeur (cass. soc. 9 juillet 2003, n° 1836 FD).

En effet, la Cour de cassation considère que, dans cette hypothèse, c'est le salarié lui-même qui est à l'initiative du départ, ce qui lui interdit de bénéficier des effets d'un licenciement (cass. soc. 25 juin 2002, BC V n° 214).

La solution inverse est adoptée par la Cour de cassation à propos d'une mise à la retraite à l'initiative de l'employeur dans le cadre d'un plan de sauvegarde de l'emploi (voir § 23).

• **Versement de l'indemnité de départ à la retraite**

53 Les salariés partant volontairement à la retraite dans le cadre d'un plan de sauvegarde de l'emploi ne peuvent donc bénéficier que de l'indemnité de départ à la retraite (voir § 47), et non de l'indemnité de mise à la retraite ni, *a fortiori,* de l'indemnité conventionnelle de licenciement (dont les montants sont plus importants que l'indemnité de départ à la retraite) comme les salariés mis à la retraite dans le cadre d'un plan de sauvegarde de l'emploi (voir § 23).

L'indemnité de départ à la retraite d'un salarié ne justifiant pas avoir informé son employeur de son intention de partir à la retraite avant la mise en redressement judiciaire de son entreprise n'est pas garantie par l'AGS (cass. soc. 20 avril 2005, n° 02-47063, BC V n° 147).

Sur le régime fiscal et social de l'indemnité de départ à la retraite versée dans le cadre d'un plan de sauvegarde de l'emploi, voir le paragraphe 55.

Régime social et fiscal de l'indemnité de départ

54 Il convient de distinguer selon que le départ s'inscrit ou non dans le cadre d'un plan de sauvegarde de l'emploi (au sens des articles L. 321-4 et L. 321-4-1 du code du travail: moins de 10 salariés, sur 30 jours).

• **Dans le cadre d'un plan de sauvegarde de l'emploi**

55 Comme en cas de licenciement, l'indemnité de départ volontaire dans le cadre d'un plan de sauvegarde de l'emploi est totalement exonérée d'impôt et de cotisations sociales, sans limitation de montant. Elle n'est soumise à la CSG et à la CRDS que sur la fraction excédant le minimum légal ou conventionnel (CGI art. 80 duodecies-1).

En effet, l'indemnité de fin de carrière versée par l'employeur au salarié qui accepte de quitter volontairement l'entreprise dans le cadre d'un plan de sauvegarde de l'emploi, établi en vue d'un projet de compression des effectifs pour motif économique, a la nature de dommages et intérêts compensant le préjudice subi par le salarié à la suite de la rupture du contrat de travail et doit, en conséquence, être exonérée de cotisations de sécurité sociale (cass soc. 15 juin 1994, n° 2817 D; cass. soc. 9 octobre 2001, BC V n° 309; cass. soc. 12 novembre 2003, BC V n° 281).

Les indemnités versées par l'employeur aux salariés qui acceptent de quitter volontairement l'entreprise dans le cadre d'une restructuration issue d'un protocole d'accord, et non d'un plan social (ou plan de sauvegarde de l'emploi), et qui ont le caractère de dommages-intérêts, compensant le préjudice né de la rupture du contrat de travail, ne doivent pas être incluses dans l'assiette des cotisations de sécurité sociale. La Cour de cassation considère que le salarié qui cesse son activité en application d'un protocole d'accord (qui prévoit la cessation anticipée des contrats de travail par voie de départs volontaires et s'inscrit dans le cadre d'une restructuration du volume des effectifs) subit nécessairement un préjudice lié à la perte de son emploi, que l'indemnité de départ en retraite a pour effet de compenser (cass. soc. 23 mai 2000, BC V n° 198).

• Hors plan de sauvegarde de l'emploi

56 Dans cette hypothèse, la solution est inversée: l'indemnité de départ volontaire à la retraite est intégralement soumise à cotisations, à la CSG et à la CRDS, après abattement d'assiette de 5 %. Le salarié bénéficie seulement d'une exonération d'impôt, à hauteur de 3050 € (CGI art. 81-22°).

Documents à remettre au salarié lors du départ en retraite

En cas de départ volontaire à la retraite ou de mise à la retraite, l'employeur doit remettre au salarié un certain nombre de documents liés à l'expiration des relations contractuelles. On citera notamment:

– le certificat de travail (c. trav. art. L. 122-16 ; voir « Rupture du contrat de travail », *RF* 954, § 940);

– l'attestation de cessation d'activité (c. séc. soc. art. D. 357-28);

– le solde de tout compte (devenu facultatif ; voir *RF* 954, § 955);

– l'attestation Assédic (en principe, un salarié privé d'emploi ne peut bénéficier de l'ouverture de droits aux allocations de chômage après l'âge de 60 ans, sauf s'il ne justifie pas de 160 trimestres d'assurance vieillesse (voir § 164) (c. trav. art. R. 351-5 ; voir *RF* 954, § 948).

Notons qu'en cas de départ ou de mise à la retraite, les droits acquis au titre du droit individuel à la formation (DIF) sont perdus (c. trav. art. L. 933-6 ; voir encadré p. 117).

Tableau comparatif des deux dispositifs		
	Mise à la retraite	**Départ volontaire à la retraite**
Conditions	• Le salarié doit avoir atteint 65 ans • Entre 60 et 65 ans en sortie de préretraite ou en application d'un accord collectif conclu avant le 23 décembre 2006	Le salarié doit avoir atteint 60 ans, sauf cas particuliers (salariés handicapés ou ayant eu une longue carrière)
Formalités (hors procédure de licenciement économique)	Pas de formalité obligatoire. Il est toutefois recommandé de procéder, au minimum, à une notification écrite. L'employeur devra préalablement s'assurer que le salarié remplit bien les conditions requises en cas de mise à la retraite	
Préavis légal	• Durée fixée par la loi, la convention collective ou les usages si l'ancienneté du salarié est inférieure à 6 mois • 1 mois si l'ancienneté du salarié est comprise entre 6 mois et moins de 2 ans • 2 mois si l'ancienneté est d'au moins 2 ans	
Indemnité minimale légale de rupture	1/10 de mois par année d'ancienneté + 1/15 de mois par année au-delà de 10 ans	• 1/2 mois de salaire après 10 ans d'ancienneté • 1 mois de salaire après 15 ans d'ancienneté • 1 mois 1/2 de salaire après 20 ans d'ancienneté • 2 mois de salaire après 30 ans d'ancienneté

Indemnité de départ et de mise à la retraite : régimes social et fiscal			
Nature de l'indemnité	**Impôt sur le revenu**	**Cotisations sociales et participation sur les salaires***	**CSG et CRDS (avec abattement de 5 %)**
Indemnité de départ volontaire en retraite dans le cadre d'un plan de sauvegarde de l'emploi	Non	Non	Oui, au-delà du minimum légal ou conventionnel de l'indemnité de licenciement
Indemnité de départ volontaire en retraite (hors plan de sauvegarde de l'emploi)	Oui, au-delà de 3 050 €	Oui	Oui
Indemnité de mise à la retraite par l'employeur dans le cadre d'un plan de sauvegarde de l'emploi	Non	Non	Oui, au-delà du minimum légal ou conventionnel de l'indemnité de licenciement
Indemnité de mise à la retraite par l'employeur (hors plan de sauvegarde de l'emploi)	Exonérée d'impôt à hauteur du montant le plus élevé entre : – le minimum légal ou conventionnel, sans limitation de montant – et 50 % de l'indemnité ou 2 fois la rémunération annuelle brute du salarié sur l'année civile précédant la rupture, la fraction exonérée au titre de ces deux critères ne pouvant alors excéder 5 fois le plafond de sécurité sociale (160 920 € en 2007)	Non, si l'indemnité est exonérée d'impôt Oui pour la partie soumise à l'impôt, si l'indemnité est en partie imposable	Oui, au-delà du minimum légal ou conventionnel et pour la partie soumise à l'impôt

* Cotisations URSSAF, Assédic, ARRCO et AGIRC ; participation formation et construction, taxe d'apprentissage, taxe sur les salaires.

Départ en préretraite

§§

Préretraite-licenciement du FNE

- Présentation du dispositif 71

→ *Contribution Delalande : page 40*

- Conditions d'attribution pour le salarié 72
- Conclusion d'une convention du Fonds national de l'emploi 78
- Adhésion personnelle du salarié ... 82
- Engagements de l'entreprise 83
- Effets de l'adhésion du salarié 84

→ *Instruction de la demande d'allocation par l'Assédic : page 56*

- Droits du préretraité 91

→ *Exemple de bulletin de salaire : pages 50 et 51*

→ *Cotisations sociales sur les avantages de préretraites versés en contrepartie de la rupture du contrat de travail : page 59*

→ *Préretraite progressive : page 60*

Préretraite « métiers pénibles » (CATS)

- Présentation du dispositif.............. 100
- Accord professionnel national 101
- Conditions liées à l'entreprise 102
- Salariés concernés 106
- Adhésion du salarié 107
- Allocation versée au salarié 108
- Prise en charge par l'État 110

Préretraite-amiante

- Présentation du dispositif 116
- Salariés ou anciens salariés concernés 117
- Procédure 123
- Modalités de la rupture 124
- Allocation de cessation anticipée d'activité 128
- Règles de non-cumul 132
- Protection sociale du bénéficiaire 134
- Contributions des entreprises 135

Préretraite d'entreprise

- Présentation des dispositifs 145
- Contribution des employeurs 149

→ *Tableau récapitulatif des principaux dispositifs de préretraite : page 79*

→ *Modèle de convention type d'ASFNE : page 80*

État des lieux des préretraites

70 Destinées à permettre au salarié de partir prématurément à la retraite, les préretraites sont en voie de disparition. Nous vous proposons un état des lieux de ces dispositifs à la suite des modifications apportées par la loi 2003-775 portant réforme des retraites.

Indépendamment des préretraites d'entreprise, les employeurs continuent, toutefois, de disposer de plusieurs instruments pour inciter leurs salariés de plus de 55 ans à partir volontairement soit dans un souci de gestion de pyramide des âges, soit à l'occasion de difficultés économiques : la préretraite-licenciement ASFNE, la préretraite-amiante ou la préretraite « métiers pénibles ».

Une circulaire de la direction générale à l'emploi et à la formation professionnelle (DGEFP) fait le point sur les conséquences de la loi portant réforme des retraites sur les dispositifs de préretraite financés en tout ou partie par l'État (préretraite-licenciement, préretraite progressive, préretraite CATS «métiers pénibles») (circ. DGEFP 2005-32 du 30 mai 2005).

Préretraite-licenciement du FNE

Présentation du dispositif

71 **Le départ en préretraite-licenciement (appelé également «préretraite totale», par opposition au dispositif de préretraite progressive également financé par le Fonds national de l'emploi, mais dont l'accès est fermé depuis le 1er janvier 2005) permet aux salariés «âgés», licenciés pour motif économique et qui ne peuvent être reclassés par l'entreprise, de bénéficier d'une allocation spéciale du Fonds national de l'emploi (ASFNE) jusqu'à l'âge auquel ils pourront justifier du nombre de trimestres d'assurance requis pour se voir attribuer une retraite à taux plein (c. trav. art. L. 322-4, 2° et R. 322-7).**

Le dispositif de préretraite-licenciement est facultatif. Par exemple, un employeur ne peut être tenu de proposer à un salarié une mesure de préretraite à l'effet de libérer son poste pour le proposer en reclassement à un autre salarié (cass. soc. 28 novembre 2000, n° 4838 FSD).

Le départ en préretraite-licenciement donne lieu à exonération de la contribution Delalande (voir encadré ci-dessous). Toutefois, seules ouvrent droit à exonération les ruptures de contrat de travail de salariés ayant effectivement adhéré à la convention de préretraite totale d'ASFNE préalablement conclue par l'employeur avec l'État.

L'accès aux préretraites-licenciements est, en principe, réservé aux salariés concernés par les licenciements mis en œuvre dans les PME ou dans des entreprises en très grandes difficulté économiques, et pour les salariés dont le reclassement paraît impossible eu égard à leurs qualifications et aux caractéristiques du bassin d'emploi environnant (circ. DGEFP 2006-38 du 13 décembre 2006).

Contribution Delalande

En cas de rupture du contrat de travail d'un salarié âgé d'au moins 50 ans, l'employeur est redevable auprès de l'Assédic d'une contribution spécifique appelée «contribution Delalande» (c. trav. art. L. 321-13), sachant toutefois qu'un certain nombre de cas d'exonération permettent d'échapper à son paiement (voir «Les cotisations sociales de l'entreprise», *RF* 950, §§ 1470 à 1494). Cette contribution n'est plus due pour les ruptures du contrat de travail des salariés embauchés depuis le 1er janvier 2007(date de publication de la loi 2006-1770 pour le développement de la participation et de l'actionnariat salarié). Elle sera, par ailleurs, définitivement et totalement supprimée à compter du 1er janvier 2008.

Conditions d'attribution pour le salarié

72 **Pour adhérer à une convention d'ASFNE et bénéficier des allocations de préretraite-licenciement, le salarié doit remplir l'ensemble des conditions suivantes (arrêté du 29 août 2001 modifié, JO du 4, art. 2).**

- **Conditions relatives à l'adhésion à une convention d'ASFNE**

73 **Pour pouvoir adhérer à la convention d'allocation spéciale du Fonds national de l'emploi (ASFNE) conclue entre son employeur et l'État, le salarié doit:**

– être titulaire d'un contrat de travail valable au sens du droit du travail (CE 13 novembre 1995, n° 135593 ; CE 3 novembre 1997, n° 156334) ;
– faire l'objet d'un licenciement pour motif économique (c. trav. art. L. 321-1) ;

Les salariés en congé de reclassement (c. trav. art. L. 321-4-3) ne peuvent bénéficier d'une préretraite-licenciement au terme de celui-ci (circ. DGEFP/DRT/DSS 2002-1 du 5 mai 2002).

– avoir été déclaré non susceptible d'un reclassement.

Il doit adhérer personnellement et volontairement à la convention. Cette adhésion est irréversible (voir § 84) et a pour conséquence la renonciation aux allocations de chômage dont le salarié pourrait bénéficier au titre de la même rupture du contrat de travail (arrêté du 29 août 2001, art. 4). L'intéressé est tenu à une obligation de résidence en France au moment de son adhésion (dir. Unédic 16-95 du 24 avril 1995). En revanche, le versement de l'ASFNE n'est pas interrompu par son départ hors du territoire français et par l'installation de sa résidence dans un État appartenant ou non à l'Union européenne (arrêté du 29 août 2001, JO du 4, art. 6).

En cas de refus par l'administration de prise en charge au titre de l'ASFNE, la situation de l'intéressé est alors examinée au regard de l'allocation de chômage (voir § 161) et l'inscription comme demandeur d'emploi est alors considérée comme effectuée à la date de la fin du contrat de travail (dir. Unédic 16-95 du 24 avril 1995).

• Condition relative à l'âge : au moins 57 ans

74 Le salarié doit avoir atteint l'âge de 57 ans au moment de la cessation du contrat de travail, c'est-à-dire à la fin du préavis, effectué ou non. Exceptionnellement, cette limite d'âge peut être abaissée à 56 ans si l'entreprise fait une demande de dérogation en ce sens à l'administration et que cette demande est acceptée.

La demande de dérogation d'âge est possible en cas (circ. CDE 93-58 du 30 décembre 1993) :
– de fermeture d'établissement ;
– d'opérations de licenciement créant un problème social et d'emploi important en raison de la situation de l'emploi dans la région concernée ;
– de plan de sauvegarde de l'emploi exemplaire privilégiant les mesures de maintien dans l'emploi.

• Ne pas réunir les conditions nécessaires à la validation d'une pension à taux plein

75 Pour bénéficier d'une convention d'ASFNE, le salarié ne doit pas réunir les conditions nécessaires à la validation d'une retraite à taux plein (c. séc. soc. art. R. 351-27 et R. 351- 45 ; voir § 324) quel que soit l'âge de départ en retraite à taux plein de l'intéressé dans la limite de 65 ans (arrêté du 29 août 2001, art. 2 g modifié par arrêté du 9 mars 2005, JO du 31).

Jusqu'au 1er avril 2005, pour bénéficier des allocations versées par le FNE dans le cadre d'une préretraite-licenciement, les salariés âgés de 60 à 65 ans ne devaient pas justifier de 160 trimestres d'assurance vieillesse validés. Désormais, il n'est plus possible pour un salarié d'adhérer à une convention d'ASFNE, dès lors qu'il peut, au moment où l'adhésion au dispositif est envisagée, bénéficier d'une retraite à taux plein, y compris avant l'âge de 60 ans, l'administration tirant ainsi les conséquences des possibilités de départ en retraite anticipée (voir §§ 282 et 291).

Aussi, l'administration indique qu'il pourra être demandé aux intéressés par l'entreprise ou, le cas échéant, l'organisme gestionnaire en charge du contrôle de l'éligibilité, de communiquer une attestation de la CNAV indiquant qu'ils ne remplissent pas les conditions pour obtenir le bénéfice d'une retraite à taux plein à la date envisagée pour leur adhésion à ces dispositif, y compris avant l'âge de 60 ans dans le cadre de la retraite anticipée pour les « longues carrières » (circ. DGEFP 2005-22 du 30 mai 2005).

Par ailleurs, l'intéressé ne doit pas être en mesure de bénéficier d'une pension de vieillesse pour inaptitude au travail (c. séc. soc. art. R. 351-27) (arrêté du 29 août 2001, art. 2 f).

Toutefois, les personnes qui, ayant cotisé à plusieurs régimes de retraite de base obligatoires (par exemple : régime général salarié et régime des professions libérales), ne peuvent percevoir qu'une pension de vieillesse au taux plein calculée sur une durée de cotisation inférieure à la durée maximale d'assurance (le montant de leur retraite étant proratisé en fonction de leurs années de cotisations au régime général ; en effet, certains régimes de retraite de base prévoient un âge de départ à la retraite supérieur à 60 ans) ; aussi ces personnes peuvent-elles prétendre à une fraction de l'ASFNE jusqu'à la date à laquelle elles pourront faire liquider au taux plein l'ensemble des pensions auxquelles elles peuvent prétendre (décret 98-1024 du 12 novembre 1998, art. 3).

Le montant brut de l'ASFNE fractionnée est égal au montant de l'ASFNE (voir § 92) affecté d'un coefficient:

coefficient = (T – nombre de trimestres immédiatement liquidables) / T

T = nombre de trimestres d'assurance vieillesse permettant la liquidation de la retraite à taux plein (voir § 326).

Exemple Une personne qui justifie de 166 trimestres d'assurance vieillesse (85 validés par le régime général, 23 au titre de périodes reconnues équivalentes et 58 au titre d'un autre régime de base obligatoire) peut adhérer à la convention ASFNE conclue par son employeur avec l'État. En effet, elle peut prétendre à une pension de vieillesse au taux plein proratisée en fonction des 85 trimestres validés par le régime général et bénéficier de l'ASFNE fractionnée. Il importe peu que les 23 trimestres reconnus comme périodes équivalentes n'interviennent que pour la détermination du taux de la pension et ne donnent pas lieu à liquidation d'une quelconque pension (voir § 328). Ainsi, ces trimestres ne sont pas intégrés pour le calcul du coefficient à appliquer au montant de l'ASFNE.

L'intéressé ne remplira les conditions pour liquider l'ensemble de ses retraites à taux plein qu'à 65 ans. Jusqu'à cet âge, il percevra une ASFNE fractionnée dont le montant brut est égal au montant de l'ASFNE affecté du coefficient suivant: (T – 75) / T.

T = nombre de trimestres d'assurance vieillesse permettant la liquidation de la retraite à taux plein.

• Conditions relatives à l'activité antérieure du salarié

76 Le salarié doit également:
– justifier, à la date de la rupture du contrat de travail, d'au moins un an d'appartenance continue à l'entreprise ayant conclu la convention (ce qui exclut les chômeurs saisonniers),
– et avoir appartenu pendant au moins 10 ans à un ou plusieurs régimes de sécurité sociale au titre d'emplois salariés [sont notamment prises en considération les activités salariées exercées pour le compte d'employeurs publics relevant de l'article L. 351-12 du code du travail, dans un État de l'Union européenne (UE) ou de l'Espace économique européen (EEE) par un ressortissant d'un de ces États (dir. Unédic 16-95 du 24 avril 1995) ou en Suisse et ce, depuis le 1er janvier 2002].

Certaines années de cotisations validées peuvent être assimilées, dans la limite de cinq ans, pour la recherche de ces 10 années.

Il s'agit:
– des périodes de majoration de la durée d'assurance vieillesse de 2 ans par enfant élevé, accordées aux mères de famille (c. séc. soc. art. L. 351-4);
– des périodes d'affiliation obligatoire de la personne isolée ou d'un membre du couple n'exerçant pas d'activité professionnelle, bénéficiaire du complément familial, de l'allocation au jeune

enfant, de l'allocation parentale d'éducation ou de la prestation d'accueil du jeune enfant (c. séc. soc. art. L. 381-1, al. 1) ;
– des périodes d'affiliation obligatoire des personnes ayant la charge à leur domicile d'un enfant handicapé ou d'un adulte handicapé, sous réserve de ne pas dépasser un certain plafond de ressources (c. séc. soc. art. L. 381-1, al. 4) ;
– des périodes d'affiliation volontaire des personnes de nationalité française, salariées ou assimilées, travaillant hors du territoire français (c. séc. soc. art. L. 742-1, al. 3, 1°) ;
– des périodes d'affiliation volontaire des parents chargés de famille résidant en France ou hors du territoire français qui ne relèvent pas, à titre personnel, d'un régime obligatoire d'assurance vieillesse et qui se sont consacrés à l'éducation d'au moins un enfant âgé de moins de 20 ans (c. séc. soc. art. L. 742-1, al. 3, 2°).

• Condition de chômage total

77 L'intéressé doit être dans une situation de chômage total, c'est-à-dire totalement privé d'emploi et donc ne pas être chômeur saisonnier.

Ainsi, le salarié qui exerce concomitamment deux emplois ne peut adhérer à une convention ASFNE au titre d'un emploi s'il conserve, par ailleurs, son autre activité. En revanche, si un salarié perd simultanément ses deux emplois, l'adhésion à une convention ASFNE est possible (dir. Unédic 16-95 du 24 avril 1995).

Toutefois, les préretraités ont la possibilité de reprendre une activité professionnelle réduite ou des tâches d'intérêt général sans perdre, en tout ou partie, le bénéfice de leurs allocations (voir § 96).

Conclusion d'une convention du Fonds national de l'emploi

• Consultation préalable des représentants du personnel

78 Les salariés ne peuvent bénéficier de l'allocation spéciale de préretraite qu'à condition qu'une convention d'ASFNE ait été conclue entre l'entreprise et l'État.

L'employeur doit consulter les représentants du personnel sur le projet de convention de préretraite. Cette consultation s'effectue lors des réunions prévues dans le cadre de la procédure de licenciement économique (c. trav. art. R. 322-8, al. 1).

Dans ce cas, la consultation des représentants du personnel doit porter distinctement sur le projet de licenciement économique et sur le projet de convention de préretraite (c. trav. art. R. 322-8, al. 2).

• Demande de convention à la DDTEFP

79 L'employeur doit informer la direction départementale du travail, de l'emploi et de la formation professionnelle (DDTEFP) du projet de convention et déposer auprès d'elle une demande en ce sens sur un formulaire prévu à cet effet.

L'employeur doit joindre à cette demande les procès-verbaux des réunions des représentants du personnel et les documents d'information sur le projet de licenciement communiqués aux représentants du personnel.

La demande doit indiquer :
– les effectifs de l'entreprise, ceux dont le licenciement pour motif économique est envisagé et ceux qui pourraient ressortir de la convention d'ASFNE ;
– les motifs de la demande et les éléments du plan de sauvegarde de l'emploi.

• Instruction de la convention

80 L'instruction de la convention d'ASFNE relève de la compétence de la direction départementale du travail, de l'emploi et de la formation professionnelle (DDTEFP). Elle procède à certaines vérifications (caractère économique des licenciements, consultations des représentants du personnel, contenu du plan de sauvegarde de l'emploi...). À cet égard, il convient de rappeler que la pertinence d'un plan de sauvegarde de l'emploi (voir « Rupture du contrat de travail », *RF* 954, §§ 470 à 506) s'apprécie sans tenir compte des préretraites FNE (cass. soc. 13 février 1997, BC V n° 63).

• Conclusion de la convention

81 La convention peut être conclue au niveau départemental par le préfet ou par délégation par le DDTEFP, après avis du comité départemental de la formation professionnelle, de la promotion sociale et de l'emploi (modèle de convention type, voir p. 80).

Elle peut également être conclue par décision ministérielle concernant des dossiers considérés comme sensibles ou d'importance nationale. La convention est adressée à la délégation générale à l'emploi et à la formation professionnelle (DGEFP) et est soumise à l'avis du comité supérieur de l'emploi.

L'Assédic, gestionnaire du dispositif pour le compte de l'État, est informée par la DDTEFP des conventions conclues. Il appartient alors à l'Assédic d'informer les salariés intéressés des conséquences (participation financière au dispositif, montant du revenu de remplacement, comparaison entre l'ASFNE et l'allocation de chômage, protection sociale) de leur adhésion à la convention d'ASFNE (dir. Unédic 16-95 du 24 avril 1995).

Adhésion personnelle du salarié

82 Lorsque la convention est conclue, la DDTEFP détermine, en collaboration avec les services de l'ANPE, la liste des personnes susceptibles d'en demander le bénéfice, c'est-à-dire celles dont le reclassement est difficilement réalisable au regard de l'âge, de la profession exercée et du contexte économique dans le bassin d'emploi.

Le salarié doit adhérer personnellement à la convention. L'adhésion est facultative (cass. soc. 29 janvier 2003, BC V n° 28) mais elle doit intervenir avant la fin du préavis, effectué ou non. Les litiges concernant l'adhésion à une convention d'ASFNE relèvent de la compétence du juge administratif (CE 21 juin 2006, n° 259159).

S'agissant des salariés protégés, l'employeur doit avoir préalablement respecté la procédure spéciale, notamment avoir obtenu l'autorisation de l'administration (cass. soc. 8 juin 1999, BC V n° 267 ; cass. soc. 23 mai 2000, BC V n° 202).

Le salarié qui souhaite bénéficier de ce dispositif de préretraite doit compléter et signer le bulletin d'adhésion qui lui a été remis par son employeur (voir p. 45). Le bulletin est transmis ensuite à la DDTEFP qui enregistre l'adhésion et en informe l'Assédic, laquelle met alors à la disposition de l'intéressé une demande d'ASFNE (voir p. 53).

L'adhésion à une convention d'ASFNE n'excluant pas la possibilité, pour son bénéficiaire, de rechercher un emploi, ce dernier a droit aux heures pour recherche d'emploi (cass. soc. 1er mars 1995, n° 1003 D).

Engagements de l'entreprise

83 La conclusion d'une convention de préretraite-licenciement est notamment subordonnée à l'engagement de l'entreprise de soumettre les embauches ulté-

Liberté · Égalité · Fraternité
RÉPUBLIQUE FRANÇAISE

Direction départementale du travail, de l'emploi et de la formation professionnelle

Direction départementale du travail, de l'emploi et de la formation professionnelle de

Date de réception du bulletin

cerfa
N° 11562 * 02

ENTREPRISE :

ÉTABLISSEMENT :

ENREGISTREMENT DE LA DEMANDE D'ADHÉSION À UNE CONVENTION D'ASFNE

DATE ET N° DE LA CONVENTION

DATE DE FIN DE PRÉAVIS

IDENTIFICATION DE L'ENTREPRISE :

ADRESSE

CODE NAF

DÉPARTEMENT DU LIEU D'ÉTABLISSEMENT

IDENTIFICATION DU SALARIÉ :

N° SÉCURITÉ SOCIALE

N° D'ASSURANCES SOCIALES AGRICOLES

choix...
M./MME/MLLE

NOM D'USAGE (en majuscules d'imprimerie)

PRÉNOM

NOM DE NAISSANCE

Né(e) le

Nationalité :

Régime S.S

Si n° de Sécurité sociale incomplet : COMMUNE OU PAYS DE NAISSANCE :

DÉPT :

N° Caisse Allocations Familiales

Qualification professionnelle :

DEMEURANT

N°

choix...
RUE/BLD/AVE/IMP

NOM DE LA VOIE

VILLE

N° COMMUNE

CODE POSTAL

BUREAU DISTRIBUTEUR

- Indemnité conventionnelle de licenciement €
- Indemnité calculée comme pour le départ en retraite €
- Indemnité légale de licenciement €
- Écart entre l'indemnité conventionnelle (IC) et la plus élevée des deux autres indemnités (ID – IC) €

La participation salariale sera plafonnée à 40 fois le salaire journalier de référence pour un adhérent à l'âge de droit commun et 45 fois pour les salariés relevant du régime d'âge dérogatoire.

Partie réservée à l'administration

CACHET DE L'EMPLOYEUR

PARTIE RÉSERVÉE AU SALARIÉ

Je soussigné , déclare :

1° avoir pris connaissance des termes de la convention conclue le
entre l'État et la Société

2° adhérer à cette convention en toute connaissance de cause (*), à titre irrévocable, ce qui implique le paiement, par l'ASSEDIC, de la ressource garantie ;

3° décharger l'État de toute responsabilité dans les versements de l'allocation spéciale du fonds national de l'emploi, celui-ci étant assuré par l'ASSEDIC ;

4° m'engager à déclarer à l'ASSEDIC et à la DDTEFP toute modification intervenant dans ma situation (reprise d'activité, demande de liquidation d'avantage vieillesse...) et à répondre aux demandes annuelles d'information qui me seront envoyées, sous peine de suspension des droits.

La signature de ce bulletin d'adhésion indique la volonté du salarié d'adhérer à la convention d'allocation spéciale du FNE signée par son employeur. La prise en charge ne sera effective qu'après examen du dossier de l'intéressé.

La demande d'adhésion à une convention d'AS exclut pour le salarié la possibilité d'une demande de liquidation d'un avantage vieillesse à caractère viager acquis à titre personnel intervenant postérieurement à la fin du contrat de travail.

En cas de refus de prise en charge au titre de l'allocation spéciale du FNE (cas des demandes d'adhésions faites par des personnes ne remplissant pas l'une des conditions exigées), l'inscription à l'ANPE est considérée comme faite à la date de la fin du contrat de travail.

Cas exceptionnel où la participation du bénéficiaire n'aurait pas pu être retenue par l'entreprise pour être versée, par elle, pour le compte de l'intéressé, au fonds national de l'emploi :
le soussigné s'engage à verser au Trésor Public le montant de sa contribution, prévu à l'article 9 de l'arrêté interministériel du 1er avril 1999, dès réception du titre de perception par le trésorier-payeur général (à Paris le receveur général des finances), faute de quoi la présente adhésion sera considérée comme nulle.

, le

VISA DE LA DDTEFP

SIGNATURE DU SALARIÉ

Les feuillets 1, 2 et 3 doivent impérativement être transmis à la Direction départementale du travail, de l'emploi et de la formation professionnelle. Vous conserverez le feuillet 4.

(*) Il est recommandé au salarié de se renseigner sur la nature et le montant de ses droits auprès de l'ASSEDIC compétente en raison du lieu de l'établissement avant d'adhérer à la convention d'ASFNE.
La loi n° 78-17 du 6 janvier 1978 relative à l'informatique, aux fichiers et aux libertés, s'applique aux réponses faites sur ce formulaire par les personnes physiques.
Elle garantit un droit d'accès et de rectification pour les données vous concernant auprès de la direction départementale du Travail et de l'Emploi.

Feuillet 1/4 - ASS.

2/5

rieures à l'accord préalable de la DDTEFP pendant la durée d'effet de la convention (c. trav. art. L. 320-1).

Cet accord concerne toutes les embauches à durée indéterminée ou à durée déterminée de plus de trois mois qui interviendraient dans les établissements concernés par la convention pendant une période débutant à l'admission du premier bénéficiaire et s'étendant aux 12 mois suivant la notification du dernier licenciement ayant donné lieu à une adhésion.

En cas d'embauche sans demande d'accord, ou malgré un refus, une contribution supplémentaire devra être versée par l'entreprise, égale au montant moyen de la participation financière définie par la convention multiplié par le nombre d'embauches réalisées sans l'accord de la DDTEFP.

Les conventions conclues pour un nombre de bénéficiaires inférieur à 50 ne sont pas soumises à un contrôle des embauches lorsque le nombre de bénéficiaires représente moins de 5 % de l'effectif de l'établissement concerné.

Effets de l'adhésion du salarié

• Contestation du licenciement impossible

84 L'adhésion du salarié à une convention de préretraite-licenciement le prive du droit de contester la régularité et le bien-fondé de son licenciement (cass. soc. 8 janvier 1997, BC V n° 7), y compris si cette convention lui a été proposée dans le cadre d'un plan de sauvegarde de l'emploi dont il entend contester la validité (cass. soc. 24 septembre 2002, BC V n° 276). La contestation n'est également pas possible même si l'intéressé est un salarié protégé (cass. soc. 23 mai 2000, BC V n° 202).

Illustration Une société ayant mis en place un plan d'adaptation des ressources humaines concernant la suppression de 1 500 emplois, par mesures volontaires, un salarié protégé avait adhéré à une convention FNE après avoir reçu une lettre lui notifiant la résiliation de son contrat de travail. Une cour d'appel, qui a constaté que le salarié avait adhéré à la convention du FNE, a motivé sa décision en retenant qu'il ne pouvait plus contester la cause économique de son licenciement. La contestation n'est pas possible même si l'intéressé est un salarié protégé (cass. soc. 23 mai 2000, BC V n° 202).

Toutefois, le salarié pourra contester son licenciement s'il prouve que son adhésion a été viciée par une fraude de l'employeur ou un vice du consentement (cass. soc. 26 janvier 2000, BC V n° 41 ; cass. soc. 28 mars 2000, n° 1527 D ; cass. soc. 24 septembre 2002, BC V n° 276). Tel est notamment le cas lorsque l'employeur annonce la suppression d'activité de l'entreprise, activité qui s'avère finalement poursuivie par la société sous un autre nom (cass. soc. 12 octobre 2005, n° 03-41762, BC V n° 285).

L'adhésion du salarié licencié pour motif économique à une convention de préretraite FNE, qui est postérieure au licenciement, n'a pas pour effet d'annuler celui-ci puisque le contrat de travail a bien été résilié par l'employeur (cass. soc. 18 juillet 2000, BC V n° 292 ; cass. soc. 20 novembre 2002, n° 3293 FD).

• Contribution de l'entreprise

85 **Détermination de la contribution globale.** La contribution globale versée par l'entreprise à l'État est égale à un pourcentage du salaire journalier de référence (SJR) du bénéficiaire, multiplié par le nombre de jours de versement de l'allocation, majoré d'un nombre de jours forfaitaire.

CONVENTION DE PRÉRETRAITE-LICENCIEMENT OU DE PRÉRETRAITE PROGRESSIVE

ATTESTATION A REMPLIR PAR L'EMPLOYEUR

Le salarié, qui ne doit rien écrire sur cette attestation, la transmettra lui-même à l'Assédic

EMPLOYEUR

Nom et adresse : ______________________
(ou cachet)
____
____
______________________ Téléphone : ______________________

Nombre TOTAL de salariés dans l'Etablissement au 31 décembre précédent. (mettre une X dans la case correspondante :

0	1 à 4	5 à 9	10 à 19	20 à 49	50 à 99	100 à 199	200 à 499	500 et +
☐	☐	☐	☐	☐	☐	☐	☐	☐

Code NAF (Nomenclature d'Activité Française) ☐

N° d'Identité d'Etablis. (N° S.I.R.E.T.) ☐

N° d'affiliation Assédic : ______________________

Caisse de Mutualité sociale agricole : ______________________

N° d'employeur de main-d'œuvre agricole : ______________________

Activité professionnelle agricole : ______________________

N° de Convention de Gestion : ______________________
(Entreprises publiques)

Si vous êtes affilié à un Régime Spécial de Sécurité Sociale (indiquez la Caisse et le n° d'affiliation) ______________________

SALARIÉ, DEMANDEUR

NOM (M., Mme, Mlle) : ______________________

Nom de naissance (de jeune fille) : ______________________

Prénoms : ______________________

Adresse : ______________________
____

N° d'immatriculation à la Sécurité sociale
☐

ou N° matricule Assurances sociales agricoles
☐

Dernier lieu de travail à : ______________________ Dt ____

Dernier emploi tenu : ______________________

Qualification : ______________________

Qualité de l'emploi et statut (cochez s'il y a lieu)

Qualité de l'emploi	Statut de l'intéressé(e) dans l'entreprise
☐ Employé aux pièces, à la tâche, au forfait	☐ Détaché à l'étranger
	☐ Expatrié
☐ Employé au service de particuliers (employés de maison, assistantes maternelles)	☐ Gérant (associé / actionnaire)
	☐ Membre de GIE
	☐ Administrateur / PDG / DG
☐ Intérimaire	☐ DG non administrateur
☐ Intermittent	☐ Membre / Pdt du Directoire
☐ Travailleur à domicile	☐ Directeur général unique
☐ Apprenti sous contrat	☐ Membre Conseil surveillance
☐ Conjoint du chef d'Entreprise	Autres mandataires (association, GIE,...)

DURÉE D'EMPLOI DU DEMANDEUR

du ______________________ au (1) ______________________

du ______________________ au (1) ______________________

(1) **En cas de licenciement,** indiquez la date de fin du contrat de travail.
En cas de transformation d'un emploi à temps plein en emploi à temps partiel, indiquez le dernier jour de travail à temps plein.

PRÉAVIS (en cas de licenciement)

☐ Effectué du ________ au ________

☐ Non effectué { ☐ payé du ________ au ________
☐ non payé du ________ au ________

CONVENTION D'A.S. F.N.E. "PRÉRETRAITE LICENCIEMENT"

Date de signature de la Convention : ______________________

Numéro de la Convention : ☐

Durée de validité de la Convention : ______________________

Date à laquelle le salarié a reçu notification de son licenciement :
____

CONVENTION DE "PRÉRETRAITE PROGRESSIVE"

Date de signature de la Convention : ______________________

Numéro de la Convention : ☐

Durée de validité de la Convention : ______________________

Date de la notification de la transformation de l'emploi à temps plein en emploi à temps partiel :
____

S'agit-il d'une convention prévoyant en contrepartie :
☐ Des embauches uniquement
☐ Un financement uniquement
☐ Des embauches et un financement (cochez)

HORAIRE DU TEMPS PARTIEL

Le temps partiel correspond à : ☐ 40% ☐ 50%
de la durée initiale de travail (cochez)

autre ☐ à préciser : ______________________

REPARTITION DU TEMPS DE TRAVAIL A TEMPS PARTIEL

- sur l'année : ☐
- autre (mois, semaine) : ☐ (cochez)

RÉFÉRENCES DE TRAVAIL

(1) Nombre d'heures de travail effectuées dans les 12 mois précédant le dernier jour du travail payé ou le dernier jour de travail à temps plein :
____

(2) Horaire de travail :
- dans l'entreprise suite à un accord, une convention collective :
hebdomadaire : ____________ annuel : ____________
- du salarié :
hebdomadaire : ____________ annuel : ____________
- motif en cas de différence :
travail à temps partiel ☐
autre motif ☐ à préciser : ______________________
____

RETRAITE COMPLÉMENTAIRE (renseignements indispensables)

SIGLE - NOM ET ADRESSE DES INSTITUTIONS DE RETRAITE

ARRCO : ______________________
____

AGIRC : ______________________
____

AUTRES : ______________________
____

Pour les cadres ou assimilés affiliés à l'AGIRC et à l'ARRCO, les deux institutions doivent être renseignées.

TABLEAU A — **ÉTAT DES RÉMUNÉRATIONS**

■ afférentes aux 12 mois précédant SOIT le dernier jour travaillé et payé en cas de Pré-retraite licenciement, SOIT le dernier jour travaillé à temps plein, en cas de Pré-retraite progressive (voir exemple du tableau A).
Si ce dernier jour intervient pendant une période ayant donné lieu à des salaires d'un montant inférieur à la rémunération habituelle (chômage partiel, cumul de travail à temps partiel avec indemnités journalières versées par la Sécurité sociale, reprise d'activité moins rémunérée suite à maladie ou accident), indiquer les salaires afférents aux douze mois civils qui précèdent le dernier jour de travail correspondant à la situation ayant donné lieu à rémunération normale.

TABLEAU A Colonne 3 — JOURS NON PAYÉS

■ Faire figurer les jours d'absence non payés, les jours ayant donné lieu à rémunérations réduites du fait du chômage partiel, y compris les samedi et dimanche inclus dans la période d'absence quel qu'en soit le motif. Exemple : les jours d'absence pour convenance personnelle, les jours indemnisés par la Sécurité sociale incluant les 3 jours de carence et samedi, dimanche, etc.

A - SALAIRES DES 12 MOIS CIVILS PRÉCÉDANT LE DERNIER JOUR TRAVAILLÉ ET PAYÉ

(à l'exclusion des sommes figurant dans les tableaux B, C, D, E)

Portez uniquement dans ce cadre les salaires correspondant aux 12 mois civils complets précédant le dernier jour travaillé et payé (ex. : du 1 / 6 / 2000 au 31 / 5 /2001, si le dernier jour travaillé et payé est le 15 / 6 / 2001).

DERNIER JOUR TRAVAILLÉ ET PAYÉ |_|_|_|_|_|_|_|_| (en cas de préretraite progressive, dernier jour travaillé à temps plein)

DÉTAIL DES PÉRIODES DE PAIE DU	AU 1	DATES DE PAIE 2	NOMBRE DE JOURS NON PAYÉS OU N'AYANT PAS DONNÉ LIEU AU VERSEMENT INTÉGRAL DU SALAIRE 3	SALAIRES BRUTS MENSUELS (Précisez selon la monnaie dans laquelle les bulletins de paie ont été établis : FRF : francs EUR : euros*) * Obligatoirement en euros à compter du 1-1-2002 4	MONTANT DU PRÉCOMPTE Assédic (PART SALARIALE) 5	OBSERVATIONS 6

PRÉRETRAITE LICENCIEMENT (remplissez les tableaux **B** et **C**. Précisez FRF : francs ou EUR : euros. Obligatoirement euro à compter du 1-1-2002.)

B - DÉTAIL DE LA DERNIÈRE PAIE

Période du .... au ....
Dernier jour payé et travaillé : ....
Nombre de jours non payés : ....

Salaire brut soumis à contributions : ....
Indemnités de licenciement : ....
Part de ces indemnités correspondant à une indemnité conventionnelle de départ à la retraite : (1) ....
Indemnité compensatrice de Congés Payés : ....
Nombre de jours ouvrables correspondant à cette indemnité : ....
Indemnité compensatrice de préavis : ....
Autres indemnités (à préciser) : ....

C - PRIMES ET INDEMNITÉS de périodicité différente du salaire (exclues du tableau A)

Période que couvre l'indemnité ou la prime — du	au	Nature de la prime ou indemnité (prime de rendement, 13e mois...) ainsi que les avantages en nature. ATTENTION : Les indemnités de départ, de préavis ou compensatrices de CP, ne doivent pas figurer ici.	Montant de la prime ou indemnité soumis à contribution

(1) ou à l'indemnité légale de licenciement, si celle-ci est d'un montant plus élevé.

PRÉRETRAITE PROGRESSIVE (remplissez les tableaux **D** et **E**. Précisez FRF: francs ou EUR : euros).

Eléments du solde théorique de tout compte, arrêté au dernier jour de travail à temps plein.

D - DÉTAIL DU SALAIRE

(arrêté au dernier jour de travail à temps plein)

Période du .... au ....
Dernier jour de travail à temps plein : ....
Nombre de jours non payés : ....
Salaire brut soumis à contribution dû au dernier jour de travail à temps plein : ....

Cachet de l'Entreprise

E - PRIMES ET INDEMNITÉS de périodicité différente du salaire (exclues du tableau A)

déjà versées ou le cas échéant non versées pour la période afférente.

Période que couvre l'indemnité ou la prime — du	au	Nature de la prime ou indemnité (prime de rendement, 13e mois...) ainsi que les avantages en nature. ATTENTION : Les indemnités compensatrices de CP ne doivent pas figurer ici.	Montant de la prime ou indemnité soumis à contribution

A .... le ....

Je soussigné, ... agissant en qualité de .... (*) certifie que les renseignements indiqués sur la présente attestation sont exacts.

Signature :

* **Le signataire doit indiquer ses nom et prénoms, sa fonction (chef d'entreprise, gérant, directeur, chef de personnel, comptable, etc...)**

Les informations collectées dans ce document sont soumises au droit d'accès et de rectification prévu par la loi n° 78.17 du 6 janvier 1978 relative aux fichiers, à l'informatique et aux libertés.

Concrètement, la contribution globale se calcule en appliquant la formule suivante:

T × SJR × N, dans laquelle

T = taux fixé par négociation
SJR = salaire journalier de référence
N = nombre de jours de prise en charge jusqu'à 60 ans, majoré de 365 jours (N = 455 jours pour les salariés admis après 60 ans).

86 **Taux de participation propre à l'entreprise.** Le taux de participation propre à l'entreprise (T) est fixé au terme d'une négociation avec l'administration en fonction de différents paramètres, dont la taille de l'entreprise, l'âge des bénéficiaires, la qualité du plan de sauvegarde de l'emploi, la situation économique et financière de l'entreprise, et le fait qu'elle appartienne ou non à un groupe d'importance nationale.

Le taux retenu correspond, en moyenne, pour les demandes déposées depuis le 24 janvier 2003 (instr. DGEFP du 24 janvier 2003), aux montants suivants.

Taux moyen de la contribution*

	Âge du salarié	
	57 ans ou plus	**56 ans**
Entreprises de moins de 500 salariés n'appartenant pas à un groupe d'importance nationale	22,5 %	30,5 %
Entreprises de plus de 500 salariés ou appartenant à un groupe d'importance nationale	38 %	46 %
Entreprises de plus de 2000 salariés	48 %	56 %

* Pour les conventions signées avec les entreprises ayant effectué leur demande après le 24 janvier 2003 (instr. DGEFP du 24 janvier 2003).

87 **Modulation des taux.** Les taux sont modulés en fonction de:
– la qualité du plan de sauvegarde de l'emploi, compte tenu de la taille de l'entreprise et de sa capacité administrative, économique et financière à prendre en charge des mesures d'accompagnement social (mesures privilégiant les reclassements internes, l'aménagement et la réduction du temps de travail, l'incitation au passage à temps partiel...);
– la taille de l'entreprise;
– sa situation économique et financière;
– le caractère répétitif ou systématique du recours aux préretraites par l'entreprise.

L'employeur peut être exonéré de sa contribution en cas de redressement ou de liquidation judiciaires, ou s'il ne peut en assumer le paiement, sur décision conjointe du ministre chargé du Budget et du ministre chargé de l'Emploi (arrêté du 29 août 2001, art. 9).

Le coût effectivement supporté par l'entreprise est égal à la contribution globale, diminuée de la participation du salarié (voir § 85).

La suspension du versement de l'ASFNE du fait du bénéficiaire ne donne pas lieu à reversement de ces contributions (arrêté du 29 août 2001, art. 9).

• **Contribution de l'Unédic**

88 L'Unédic participe au financement des allocations spéciales du FNE, à hauteur de 7 % du salaire journalier de référence multiplié par le nombre de jours de versement de l'allocation dans les entreprises de moins de 500 salariés et à hauteur de 9 % dans les entreprises de 500 salariés et plus (arrêté du 29 août 2001, art. 11).

PRÉRETRAITE-LICENCIEMENT (exemple)

Une entreprise de 200 salariés conclut une convention pour le départ en préretraite d'un salarié non cadre âgé de 58 ans (avec 720 jours de prise en charge par le FNE).

Le taux de la contribution globale est supposé négocié à 22,50 %.

Le salarié, rémunéré 2 060 € par mois, quitte son entreprise le 31 janvier 2007, date d'expiration de son contrat de travail.

Hypothèse de salaire journalier de référence (SJR).

Au cours des 12 mois pris en compte pour déterminer le SJR, le salarié est supposé avoir perçu une rémunération totale brute de 24 720 €.

S'il n'y a eu aucune période de suspension du contrat au cours de ces douze mois de référence, le SJR est de 24 720 € / 365 = 67,73 €.

Financement de la préretraite-licenciement par l'employeur et le salarié.

La contribution globale de l'employeur et du salarié au financement de la préretraite-licenciement est de : 67,73 € × (720 j + 365 j) × 22,50 % = 16 534,59 €.

Ce montant est versé par l'employeur, sachant qu'il n'en supporte qu'une partie, l'autre étant à la charge du salarié.

Financement à la charge du salarié.

Le salarié abandonne à l'employeur une contribution égale à la différence entre son indemnité conventionnelle de licenciement et l'indemnité de départ à la retraite (laquelle ne peut être inférieure à l'indemnité légale de licenciement).

L'indemnité conventionnelle de licenciement est ici présumée être de 10 000 € et l'indemnité conventionnelle de départ à la retraite de 4 120 € (montant supposé plus élevé que l'indemnité légale de licenciement).

Le salarié devrait financer la convention pour : 10 000 € – 4 120 € = 5 880 €.

Mais, compte tenu de son âge, sa participation est plafonnée à 40 fois le SJR, soit :
67,73 € × 40 = 2 709,20 €.

Le salarié percevra une indemnité de rupture de : 10 000 € – 2 709,20 € = 7 290,80 €.

Financement à la charge de l'entreprise.

Il est égal au financement global diminué de la participation du salarié, soit 16 534,59 € – 2 709,20 € = 13 825,39 €.

Le bulletin de paye (voir page suivante).

Le salarié, âgé de 58 ans, reçoit à l'occasion de son départ :
– le salaire de janvier 2007 : 2 060 € ;
– une prime de 13e mois (prorata temporis) estimée à 171,67 € ;
– une indemnité compensatrice de congés payés évaluée à 2 060 € ;
– son indemnité conventionnelle, diminuée de sa participation au financement de la préretraite-licenciement, soit 7 290,80 €.

L'employeur procède à la régularisation des cotisations à l'occasion du départ du salarié.

PRÉRETRAITE-LICENCIEMENT
(exemple)

EXTRAIT DU BULLETIN DE PAYE DE JANVIER 2007

Désignation	Montant	
Salaire janvier 2007	2 060,00	Ce bulletin de paye est établi en euros
13e mois (prorata temporis)	171,67	
Indemnité compensatrice de congés payés	2 060,00	
Brut total	**4 291,67**	

Cotisations	Base	Charges salariales		Charges patronales	
		Taux	Montant	Taux	Montant
Maladie	4 291,67	0,75 %	32,19	12,80 %	549,33
Vieillesse déplafonnée	4 291,67	0,10 %	4,29	1,60 %	68,67
Vieillesse plafonnée	2 682,00	6,65 %	178,35	8,30 %	222,61
Allocations familiales	4 291,67			5,40 %	231,75
Accidents du travail	4 291,67			2,00 %	85,83
Ass. chômage	4 291,67	2,40 %	103,00	4 %	171,67
AGS	4 291,67			0,15 %	46,44
ARRCO tr. 1	2 682,00	3,00 %	80,46	4,50 %	120,69
AGFF tr. 1	2 682,00	0,80 %	21,46	1,20 %	32,18
ARRCO tr. 2	1 609,67	8,00 %	128,77	12,00 %	20,93
AGFF tr. 2	1 609,67	0,90 %	14,49	1,30 %	20,93
CSG déductible	4 162,92	5,10 %	212,31		
FNAL plafonné	2 682,00			0,10 %	2,68
FNAL déplafonné	4 291,67			0,40 %	17,16
Versement de transport	4 291,67			1,50 %	64,37
Contribution solidarité autonomie	4 291,67			0,30 %	12,87
TOTAUX	Cotisations salariales déductibles		**775,32**	Cotisations patronales	**1 800,84**
NET IMPOSABLE			**3 516,35**		
CSG/CRDS non déductible	4 162,92	2,90 %	120,72		
Indemnité conventionnelle de licenciement			7 290,80		
NET À PAYER			**10 686,43**		

En outre, le régime d'assurance chômage participe au financement à hauteur de 50 % des recettes annuelles qu'il encaisse au titre de la contribution Delalande (voir p. 40). Compte tenu de la suppression totale de cette dernière à compter du 1er janvier 2008, ce financement disparaîtra également à cette même date (c. trav. art. L. 321-13 et loi 2000-1353 du 30 décembre 2000, art. 49, al. 3 abrogés par loi 2006-1770 du 30 décembre 2006, art. 50, II).

Le salaire journalier de référence (SJR) est déterminé en fonction des rémunérations soumises aux contributions d'assurance chômage au titre des 12 mois civils précédant le dernier jour de travail payé à l'intéressé, dans la limite de deux fois le plafond de la sécurité sociale. Les périodes au cours desquelles le salarié n'a pas perçu une rémunération normale (périodes de suspension du contrat de travail ou de chômage partiel) ne sont pas prises en compte.

• **Contribution du salarié**

89 Elle est égale à la différence entre le montant de l'indemnité conventionnelle de licenciement et le montant d'une indemnité calculée comme l'indemnité de départ en retraite; ce dernier montant ne pouvant être inférieur à l'indemnité légale de licenciement (arrêté du 29 août 2001, art. 9).

Cette contribution est plafonnée à 40 fois le salaire journalier de référence pris dans la limite de deux fois le plafond de la sécurité sociale (45 fois ce même salaire pour les salariés bénéficiant d'une dérogation d'âge, c'est-à-dire âgés de moins de 57 ans). L'adhésion du salarié à la convention n'impliquant pas renonciation à la différence entre l'indemnité conventionnelle et l'indemnité légale de licenciement (cass. soc. 13 novembre 2001, BC V n° 342), le salarié percevra le reliquat de l'indemnité conventionnelle de licenciement.

Exemple Un salarié âgé de 58 ans perçoit un salaire journalier de référence de 76 €. La différence entre son indemnité conventionnelle de licenciement (18 294 €) et l'indemnité de départ à la retraite (10 671 €) est de 7 623 €. Toutefois, sa contribution au financement de la préretraite étant plafonnée à 40 fois le salaire journalier de référence, elle s'élèvera à 3 040 €. Le salarié percevra donc le reliquat de l'indemnité conventionnelle de licenciement: soit 18 294 € (indemnité conventionnelle de licenciement) – 3 040 € (participation au financement de la préretraite) = 15 254 €. L'entreprise se chargera de verser, pour le compte du salarié, la participation de ce dernier.

L'employeur peut prendre en charge la contribution du salarié. Cette participation est assimilée à l'indemnité de licenciement puisqu'elle a pour objet d'éviter une imputation sur cette indemnité. Elle s'analyse comme un complément de l'indemnité de licenciement (cass. soc. 9 décembre 1993, BC V n° 38). Elle échappe, en conséquence, aux cotisations sociales et à l'impôt dans les mêmes conditions que l'indemnité de licenciement (cass. soc. 5 mai 1995, n° 1945 D).

• **Indemnités de rupture versées à l'adhérent**

90 Le contrat de travail du salarié qui adhère à la convention de préretraite-licenciement est résilié par l'employeur. En conséquence, le salarié percevra les indemnités de rupture dues en cas de licenciement (indemnité compensatrice de préavis, indemnité compensatrice de congés payés, indemnité légale ou conventionnelle, ou contractuelle, de licenciement), déduction faite, éventuellement, de sa contribution (voir § 89) (voir exemple de bulletin de paye en cas d'adhésion à une convention de préretraite-licenciement, p. 50). L'adhésion ne prive pas le salarié du droit de discuter le montant des indemnités qui lui ont été versées, au regard des dispositions légales, réglementaires, conventionnelles ou contractuelles et de demander à ce titre le paiement du solde qui lui revient et la réparation du préjudice qu'il a subi par suite de la prise en compte d'un salaire erroné (cass. soc. 11 janvier 2006, n° 04-41652 FSD).

Demande d'admission au bénéfice des allocations du FNE de « préretraite-licenciement » (allocation spéciale du FNE) **ou de « préretraite progressive »** (allocation de préretraite progressive)

NOM (M., Mme, Mlle) (en lettres d'imprimerie)

NOM de naissance (pour les femmes mariées ou veuves)

Prénoms

N° d'immatriculation à la Sécurité Sociale

ou

N° matricule assurances sociales agricoles (1)

Né (e) le à Dt Nationalité

Adresse Téléphone

Commune Département Code postal

Bureau distributeur

Adresse précédente
(si vous avez récemment changé de domicile)

(1) A remplir uniquement pour les salariés des établissements agricoles.

Réservé à l'Assédic
Date de dépôt du dossier :

1 - Situation au regard des régimes d'assurance vieillesse et de retraite légaux et complémentaires.

Indiquez ci-dessous les renseignements se rapportant aux pensions, rentes et retraites complètes ou proportionnelles, civiles ou militaires éventuellement perçues par vous (à l'exclusion des pensions de reversion). En cas de non-bénéfice, indiquez NÉANT en travers du tableau ; toutefois, si votre demande est en instance, indiquez la nature de cette demande.

Nom de l'organisme ayant liquidé l'avantage vieillesse	Nature de l'avantage (pension, retraite, rente...)	Date de dépôt de la demande	Date d'entrée en jouissance	Périodicité du versement et montant correspondant à la dernière échéance

2 - Renseignements concernant votre dernier emploi.

NOM OU RAISON SOCIALE DE VOTRE ENTREPRISE :

ADRESSE DE VOTRE ENTREPRISE :

PÉRIODE DE TRAVAIL : du au

EMPLOI OCCUPÉ :

Etiez-vous au titre de votre dernier emploi dirigeant mandataire de Société commerciale ou civile (P.D.G., Directeur Général, Gérant, etc...), actionnaire ou associé, artisan ou commerçant, profession libérale, conjoint du chef d'entreprise ?...

Cochez la case correspondante Oui ☐ Non ☐

3 - Etes-vous :

inscrit(e) actuellement au Registre du Commerce ? Oui ☐ Non ☐

inscrit(e) actuellement au Répertoire des Métiers ? Oui ☐ Non ☐

affilié(e) à la Mutualité Sociale agricole en tant qu'exploitant ? Oui ☐ Non ☐

inscrit(e) à un ordre professionnel ? Oui ☐ Non ☐

mandataire de société commerciale ou civile, de G.I.E. ou d'association ? Oui ☐ Non ☐

Répondez par oui ou par non en cochant les cases correspondantes. Si oui, joignez un justificatif.

4 - Périodes d'activité salariée.

Mentionnez ci-dessous toutes vos périodes d'emploi et joignez une pièce justificative (certificat de travail, bulletins de salaire, décompte de retraite complémentaire, «relevé de compte» délivré par la caisse régionale d'assurance vieillesse à laquelle vous êtes affilié).

Nom ou raison sociale du ou des employeurs	Période d'emploi						Lieu de travail	Emploi occupé (1)	Activité de l'entreprise (par exemple : bâtiment, commerce...)	Réservé à l'ASSEDIC
	du			au						
	Jour	Mois	An	Jour	Mois	An				
Si cet emplacement n'est pas suffisant, utilisez une feuille blanche pour compléter le tableau.										

5 - Situations assimilées à des périodes de travail.

Situation donnant lieu à assimilation	Durée des périodes d'assimilation
1 - Majoration de la durée d'assurance légale accordée à certaines femmes en raison du nombre d'enfants élevés (art. L 351-4 du Code de la Sécurité Sociale). (2).	
2 - Assurance obligatoire des personnes visées à l'article L 381-1 du Code de la Sécurité Sociale (bénéficiaires du complément familial de l'allocation au jeune enfant, de l'allocation parentale d'éducation - Personne assumant la charge d'un handicapé).	
3 - Assurance volontaire contractée au titre du risque vieillesse par certaines mères de famille et par des travailleurs expatriés (art. L 742-1 du Code de la Sécurité Sociale).	

(1) Préciser éventuellement s'il s'agit d'emplois de dirigeant mandaté de société commerciale ou civile (P.D.G., Directeur général, Gérant, etc...) d'activités commerciales ou artisanales ou de l'exercice de professions libérales.

(2) La majoration concerne les femmes qui ont élevé 1 ou plusieurs enfants pendant au moins 9 ans, avant leur 16e anniversaire. Dans ce cas, la majoration, égale à 2 ans par enfant, est accordée dès le 1er enfant, dans la limite de 5 ans d'assimilation.

6 - Situation au regard du régime social.

(Mettez un X dans la case correspondante)

Percevez-vous ou avez-vous perçu une pension d'invalidité ? Si oui, de quelle catégorie 1ère ☐ 2e ☐ 3e ☐

Attendez-vous l'attribution d'une pension ou d'une rente ? Oui ☐ Non ☐
(demande déposée le ....)

Avez-vous, au cours des 12 derniers mois, été pris en charge par une caisse d'assurance sociale (maladie, maternité) ? Oui ☐ Non ☐
(joindre une attestation d'indemnisation de cette caisse).

Vous avez adhéré à une convention de préretraite licenciement (1)

Je soussigné, déclare que je n'exerce plus aucune activité professionnelle (même si j'exerçais plusieurs emplois).

J'autorise l'Assédic à demander toutes précisions me concernant à la caisse régionale d'assurance viellesse à laquelle je suis affilié.

Je m'engage à aviser immédiatement l'Assédic et la Direction Départementale du Travail, de l'Emploi et de la Formation Professionnelle de toutes modifications intervenant dans ma situation (reprise d'activité, demande de liquidation d'avantage vieillesse, changement d'adresse).

Je certifie avoir adhéré à la Convention d'allocation spéciale du Fonds National de l'emploi conclue le .... entre l'Etat et mon employeur. Je renonce aux allocations habituellement versées par le Régime d'assurance chômage aux travailleurs privés d'emploi.

Je soussigné, certifie sur l'honneur l'exactitude des renseignements portés sur le présent document.

A..., le .... Signature :

(1) Lisez attentivement et signez le cartouche vous concernant.

Vous avez adhéré à une convention de préretraite progressive (1)

Je soussigné, déclare que je n'exerce pas d'autre activité professionnelle que celle correspondant à mon emploi à temps partiel.

J'autorise l'Assédic à demander toutes précisions me concernant à la caisse régionale d'assurance viellesse à laquelle je suis affilié.

Je m'engage à aviser immédiatement l'Assédic et la Direction Départementale du Travail, de l'Emploi et de la Formation Professionnelle de toutes modifications intervenant dans ma situation (augmentation de la durée du temps de travail chez l'employeur ayant conclu la convention, reprise d'une autre activité, demande de liquidation d'avantage vieillesse, changement d'adresse).

Je certifie avoir adhéré à une convention de préretraite progressive conclue le .... entre l'Etat et mon employeur (2).

Mon contrat de travail à temps partiel est :

❑ Un contrat de travail sur la base de la semaine ou du mois (Art. L 212-4-2 du code du travail).
❑ Un contrat de travail sur la base de l'année (Art. L 212-4-8 et L 322-4 du code du travail).
❑ Un contrat de travail pluriannuel (R-322-7 du code du travail).

Je soussigné, certifie sur l'honneur l'exactitude des renseignements portés sur le présent document.

A..., le .... Signature :

(1) Lisez attentivement et signez le cartouche vous concernant.
(2) Cochez selon votre situation.

MODE DE PAIEMENT

Sur compte CCP ❑ sur compte bancaire ❑ Sur livret de la Caisse National d'Epargne (PTT) ❑ Sur livret de la Caisse d'Epargne et de prévoyance ❑

IMPORTANT : JOINDRE A CET IMPRIMÉ UN **RELEVÉ D'IDENTITÉ BANCAIRE OU POSTAL**
(Ce relevé est délivré gratuitement par l'organisme auprès duquel votre compte est ouvert).

Dans la mesure où ce n'est pas moi-même qui suis titulaire du compte ci-dessus, je déclare par la présente, donner procuration à la personne désignée sur le relevé d'identité bancaire ou postal ci-joint pour recevoir mes allocations en mes lieu et place. Cette procédure aura valeur libératoire au regard de l'Assédic.

A...,le ....

Ecrivez en toutes lettres "Bon pour pouvoir" et signez :

DAJ 170 - 01/02 - *irope*

Instruction de la demande d'allocation par l'Assédic

L'Assédic territorialement compétente pour instruire la demande d'ASFNE est celle du lieu de l'établissement où travaille le salarié. Après avoir reçu de la DDTEFP notification de l'enregistrement de l'adhésion du salarié (voir p. 45), l'Assédic lui adresse une demande d'admission au bénéfice de l'allocation spéciale du FNE (voir p. 53) à remplir et à lui retourner accompagnée de «l'attestation d'employeur» spécifique au départ en préretraite FNE, remise par son employeur (voir p. 47).

L'Assédic procède à l'instruction de la demande et vérifie si l'ensemble des conditions d'attribution de l'ASFNE sont remplies (voir § 72). En cas de réponse positive, elle calcule le montant de l'allocation, prononce et notifie la décision d'admission et procède, chaque mois, au paiement du revenu de remplacement.

Si les conditions d'attribution ne sont pas réunies ou en cas de doute, la demande est transmise au DDTEFP à qui il appartient, en dernier lieu, de prendre une décision (rejet ou admission). Cette décision est, par la suite, notifiée à l'intéressé par l'Assédic (dir. Unédic 16-95 du 24 avril 1995).

Un VRP adhérant à une convention de préretraite-licenciement peut bénéficier de l'indemnité de clientèle, dès lors qu'il remplit les conditions requises (cass. soc. 18 juillet 2000, BC V n° 292). De même, le salarié pourra bénéficier de l'indemnité compensatrice de non-concurrence s'il est lié par une telle clause. Le cumul de l'allocation spécifique du FNE et de l'indemnité compensatrice de non-concurrence est possible dès lors que l'employeur n'a pas prévenu le salarié, dans les 15 jours suivant la notification de la rupture du contrat de travail, qu'il se trouvait délié de son obligation de non-concurrence. Il est de jurisprudence constante que le salarié n'a pas à justifier de l'existence d'un préjudice pour prétendre à la contrepartie pécuniaire de la clause de non-concurrence et la convention d'ASFNE n'a pour effet que d'interrompre à titre temporaire le versement des prestations au salarié en cas de reprise d'une activité professionnelle (cass. soc. 30 avril 2003, n° 01-41874 D; cass. soc. 19 octobre 2005 n° 03-46592, BC V n° 295).

Illustration Sauf dispositions conventionnelles contraires, l'adhésion à une convention d'allocation spéciale du FNE ne prive pas les salariés du droit à l'indemnité compensatrice de la clause de non-concurrence, dès lors qu'ils n'ont pas été régulièrement libérés de cette clause par l'employeur (cass. soc. 21 mai 1996, n° 2240 D).

Droits du préretraité

• Allocation spéciale du FNE (ASFNE)

91 **Salaire de référence.** Le salaire de référence servant de base au calcul de l'allocation comprend l'ensemble des sommes soumises aux contributions d'assurance chômage et versées par l'employeur au salarié au titre de sa rémunération habituelle des 12 mois civils précédant le dernier jour de travail payé, dans la limite du double plafond de la sécurité sociale (dir. Unédic 6-99 du 21 janvier 1999).

Illustration Des primes de suggestion individuelles versées à un salarié au cours de la période de référence (comprenant les douze derniers mois ayant donné lieu à cotisations à l'assurance chômage) doivent être prises en compte pour déterminer le salaire servant de base au calcul du montant de l'allocation, ces primes ayant un caractère habituel. Seules les rémunérations anormales sont à exclure de la base de calcul (CE 14 octobre 1996, n° 152705; cass. soc. 3 novembre 2004, n° 2055 FD).

En cas d'adhésion à une convention d'ASFNE d'un bénéficiaire de l'allocation de préretraite progressive (voir encadré p. 60), le salaire de référence est celui qui sert de base au versement de l'allocation de préretraite progressive (arrêté du 29 août 2001, art. 7).

Exemple Fin du contrat de travail: 16 janvier 2007. Dernier jour de travail payé: 16 décembre 2006.

Période de 12 mois civils précédant le dernier jour de travail payé: du 1er décembre 2005 au 30 novembre 2006.

Double plafond mensuel de la sécurité sociale en vigueur pour 2005: 5 032 €.

Double plafond mensuel de la sécurité sociale en vigueur pour 2006: 5 364 €.

Salaire brut mensuel de l'intéressé: 5 200 €.

Salaire de référence pour 2005: 5 032 € (salaire plafonné au double plafond de SS pour 2005).

Salaire de référence pour 2006: 57 200 € (5 200 × 11).

Salaire de référence de l'ensemble de la période de calcul: 62 232 €, soit un salaire journalier de référence de 170,50 €.

92 **Montant brut de l'allocation.** Le préretraité perçoit une allocation spéciale égale à 65 % du salaire journalier de référence dans la limite du plafond de sécurité sociale, et à 50 % pour la part du salaire journalier de référence comprise entre ce plafond et 2 fois celui-ci (c. trav. art. R. 322-7 I).

Le plafond de la sécurité sociale pris en compte est celui en vigueur au premier jour d'indemnisation de l'intéressé (dir. Unédic 6-99 du 21 janvier 1999).

Cette allocation ne peut être ni inférieure à un montant minimal fixé à 28,91 € au 1er janvier 2007 (revalorisation annuelle, voir § 94) ni supérieure à 85 % du salaire journalier de référence (c. trav. art. R. 322-7 1; dir. Unédic 6-99 du 21 janvier 1999).

Elle supporte une cotisation d'assurance maladie au taux de 1,70 % (voir encadré p. 59). En ce qui concerne la CSG et la CRDS, voir encadré page 59.

Exemple Salaire journalier de référence: 150 € au 1er janvier 2007.

Détermination de l'allocation journalière brute:
– 65 % du salaire journalier de référence plafonné (à hauteur du plafond journalier de sécurité sociale 2006 : 2682 × 12/365 = 88,18) = 57,31 ;
– 50 % pour la part du salaire journalier de référence comprise entre ce plafond et 2 fois celui-ci (soit 150 – 88,18 = 61,82) = 30,91.

Allocation journalière brute: 57,31 + 30,91 = 88,22 €.

93 **Paiement de l'allocation.** Le paiement mensuel de cette allocation est assuré par l'Assédic, gestionnaire du dispositif pour le compte de l'État, à l'expiration d'un délai de carence correspondant aux indemnités compensatrices de congés payés versées par le dernier employeur. Ce versement n'est pas subordonné à l'inscription comme demandeur d'emploi du préretraité, qui est d'ailleurs dispensé de «pointer» auprès de l'Assédic (dir. Unédic 16-95 du 24 avril 1995).

L'Assédic adresse au préretraité une fois par an un document lui permettant d'actualiser sa situation. Le préretraité doit néanmoins l'informer de tout changement intervenant en cours d'année:
– changement de domicile;
– reprise d'emploi;
– liquidation d'un avantage vieillesse;
– liquidation d'une pension d'invalidité.

Les litiges relatifs aux modalités de paiement par une Assédic, organisme de droit privé, des allocations spéciales du FNE, ainsi que ceux relatifs au remboursement de ces allocations relèvent de la compétence juduciaire (CE 21 juin 2006, n° 259159).

94 **Revalorisation annuelle.** Le salaire de référence déterminé par l'Assédic est revalorisé le 1er janvier de chaque année, à condition que le dernier mois de salaire retenu pour le calcul des allocations de préretraite soit antérieur de plus de 6 mois à la date d'effet de la revalorisation (c. trav. art. R. 322-7 IV; décret 98-1024 du 12 novembre 1998).

95 **Interruption du paiement.** L'allocation cesse d'être versée entre 60 et 65 ans dès lors que le préretraité justifie d'un nombre de trimestres d'assurance vieillesse suffisant pour bénéficier d'une retraite à taux plein, ou s'il a fait procéder à la liquidation d'un avantage de vieillesse acquis à titre personnel et, en tout état de cause, à l'âge de 65 ans (c. trav. art. R. 322-7 III ; circ. DGEFP 2005-22 du 30 mai 2005).

La date de l'interruption du versement de l'allocation est fixée à la date d'entrée en jouissance de la pension (voir § 475) (dir. Unédic 16-95 du 24 avril 1995).

Les préretraités titulaires d'une pension d'invalidité (quelle que soit la catégorie) voient le versement de leur ASFNE interrompu à 60 ans. En effet, à cet âge, leur pension est automatiquement transformée en pension de vieillesse.

La demande de liquidation de la retraite de base et de la retraite complémentaire est effectuée à l'initiative de l'intéressé (voir §§ 230 et 233).

Sur la procédure de signalement des préretraités à la CNAV par l'Assédic, voir les paragraphes 204 et 205.

Illustration Un directeur départemental du travail et de l'emploi a légalement pu décider qu'un salarié, ayant fait liquider à 60 ans l'ensemble des pensions de retraite auxquelles il pouvait prétendre, ne pouvait pas obtenir une fraction de l'allocation spéciale du FNE (CE 13 novembre 1995, n° 112135).

• Reprise d'activité du préretraité

96 **Principe.** Le paiement de l'allocation est suspendu si le bénéficiaire reprend une activité professionnelle, sauf si celle-ci est réduite ou bénévole (c. trav. art. R. 322-7, III). En revanche, il est maintenu en cas de maladie.

97 **Activité bénévole.** Les préretraités peuvent exercer une activité à titre bénévole dans la mesure où le recours à leurs services ne constitue pas une alternative à l'embauche d'un salarié (circ. CDE 75-85 du 10 décembre 1985).

Il est conseillé au préretraité souhaitant entreprendre une activité bénévole de se rapprocher de la DDTEFP afin d'obtenir confirmation que cette activité est considérée comme telle et lui permet donc de continuer à percevoir son allocation.

Exemples Sont considérés comme bénévoles: les mandats syndicaux de représentation dans les organismes paritaires ou officiels, dans la mesure où les sommes versées présentent un caractère indemnitaire; les mandats électifs exercés auprès des conseils de prud'hommes, des assemblées consulaires, des collectivités locales, des organismes sociaux; les activités bénévoles dans le cadre de mouvements associatifs (circ. CDE 75-85 du 10 décembre 1985).

98 **Activité rémunérée.** En cas de reprise d'une activité rémunérée, le maintien partiel du versement de l'allocation est possible si:
– la durée de l'activité salariée reprise est inférieure à 17 heures par mois,
– et si la rémunération brute perçue au titre de l'activité reprise ne dépasse pas 16/169 du salaire brut de référence revalorisé (circ. CDE 75-85 du 10 décembre 1985).

Lors du paiement mensuel, il est déduit du nombre de jours calendaires le nombre obtenu en appliquant le coefficient suivant:

rémunération nette perçue / allocation journalière nette

Cotisations sociales sur les avantages de préretraites versés en contrepartie de la rupture du contrat de travail

Avantages exclus de l'assiette des cotisations sociales. L'avantage de préretraite versé en contrepartie de la rupture du contrat de travail servi (préretraite-licenciement, préretraite amiante, préretraite conventionnelle d'entreprise) n'est pas soumis à cotisations de sécurité sociale de droit commun assises sur les revenus d'activité (c. séc. soc. art. L. 131-2, al. 2) ni à la contribution solidarité autonomie (lettre circ. ACOSS 2005-63 du 1er avril 2005). Il n'y a pas, non plus, de prélèvement au titre des cotisations d'assurance chômage.

CSG et CRDS. En revanche, l'avantage de préretraite est assujetti à la CSG au taux de 6,60 % (dont 4,20 % déductibles de l'impôt sur le revenu et 2,40 % non déductibles) et à la CRDS au taux de 0,50 %, sauf exonération totale ou partielle. Les indemnités journalières de sécurité sociale supportent la CRDS et la CSG sans abattement d'assiette de 3 %. Aucune exonération n'est possible.

Sont assujettis à la CSG au taux de 3,8 % les allocataires non redevables de l'impôt sur le revenu (impôt inférieur à 61 € en 2006) mais dont le «revenu fiscal de référence» de l'avant-dernière année excède le seuil retenu pour l'exonération de la taxe d'habitation ou de la taxe foncière (c. séc. soc. art. L. 136-2, III, 2°). En 2007, servent donc de référence les revenus de 2005 retenus pour l'imposition 2006 à la taxe d'habitation ou à la taxe foncière, ce qui conduit à retenir un seuil de:
– 7417 € pour une part fiscale, majorés de 1981 € par 1/2 part supplémentaire en France métropolitaine,
– 8776 € dans les DOM et 9 176 € en Guyane, majorés de 2 096 € (DOM) ou 2 526 € (Guyane) pour la première 1/2 part supplémentaire puis 1981 € pour chaque 1/2 part supplémentaire.

Le taux de 3,8 % est intégralement déductible de l'impôt sur le revenu.

Les allocataires dont le «revenu fiscal de référence» de l'avant-dernière année n'excède pas le revenu retenu pour l'exonération de la taxe d'habitation ou de la taxe foncière sont totalement exonérés de CSG et de CRDS. En revanche, ils demeurent soumis à la CRDS s'ils sont redevables de la CSG au taux réduit de 3,8 % ou au taux normal de 6,60 %.

Le prélèvement de la CSG et de la CRDS ne doit pas avoir pour effet de réduire le montant net des allocations, ou en cas de cessation partielle d'activité le montant cumulé de la rémunération nette d'activité et de l'allocation perçue, en deçà du SMIC brut. Lorsque la CSG n'est que partiellement précomptée, la CSG déductible est égale au montant effectivement prélevé, dans la limite de 3,8 % (le surplus éventuel étant prélevé au titre de la CSG non déductible).

La CSG et la CRDS sont précomptées par le débiteur, soit l'Assédic ou tout autre organisme social, soit l'employeur (par exemple, dans l'hypothèse d'une «préretraite maison»). Dans ce cas, il lui revient de vérifier les taux de CSG applicables et ensuite de reverser la CSG et la CRDS à l'URSSAF en même temps que les cotisations de sécurité sociale sur salaires.

Précompte maladie. Le bénéficiaire de l'avantage est assujetti à une cotisation d'assurance maladie-maternité-invalidité-décès au taux de:
– 1,70 % si le dispositif est mis en place dans le cadre de dispositions conventionnelles (4,90 % si la personne est domiciliée fiscalement hors de France) (c. séc. soc. art. D. 242-12; lettre-circ. ACOSS 2003-147 du 9 octobre 2003). Ce taux s'applique aussi aux allocations de préretraites du FNE ou à celles versées dans le cadre de la préretraite amiante ;
– 1 % si le dispositif résulte d'une décision unilatérale de l'employeur (4,20 % pour les personnes domiciliées fiscalement hors de France) (c. séc. soc. art. D. 242-8 ; circ. ACOSS 2003-147 du 9 octobre 2003 ; circ. DSS/5B/2005/78 du 10 février 2005).

Sont soumis au précompte non seulement l'allocation de préretraite, mais aussi ses accessoires (ex.: la rémunération d'un compte à vue pour l'ancien salarié d'une banque; cass. soc. 25 juin 1998, n° 3286 D).

Les bénéficiaires du régime local d'assurance maladie d'Alsace-Moselle sont assujettis à une cotisation supplémentaire de 1,80 %.

Sur les cotisations sociales applicables aux allocations versées dans le cadre d'une convention de cessation d'activité pour métiers pénibles (CATS), voir le paragraphe 109. En ce qui concerne les règles applicables aux dispositifs prévoyant une suspension du contrat de travail dans le cadre d'une préretraite «maison», voir le paragraphe 146.

La reprise d'une activité salariée chez l'ancien employeur n'est possible que si le préretraité participe à des actions d'aide au reclassement de salariés par l'entreprise.

• **Protection sociale du préretraité**

99 Le préretraité bénéficie:
– des prestations en nature de l'assurance maladie-maternité (les prestations en espèces ne sont pas dues car le préretraité bénéficie, en cas de maladie, du maintien de l'allocation spéciale) (c. séc. soc. art. L. 161-8, L. 311-5, al. 3 et R. 161-3) ;
– de la validation intégrale des périodes de perception de l'allocation spéciale au titre de l'assurance vieillesse du régime général de sécurité sociale (voir § 350). L'État prend également en charge à titre gratuit la validation de périodes de versement d'AFSNE par les régimes de retraite complémentaire uniquement sur la base des taux obligatoires (voir § 712).

En cas de décès du préretraité, l'Assédic verse au conjoint survivant une somme égale à 120 fois le montant journalier de l'allocation de préretraite. Cette somme est majorée de 45 fois le montant de l'allocation journalière pour chaque enfant à charge (arrêté du 29 août 2001, art 8).

Préretraite progressive (PRP)

L'accès à ce dispositif est fermé depuis le 1er janvier 2005. Rappelons que l'adhésion à ces conventions du FNE permettait à des salariés âgés d'au moins 55 ans de transformer leur emploi à plein temps en emploi à temps partiel en bénéficiant d'une compensation salariale versée par l'État.

Bien entendu, les conventions qui ont été signées jusqu'au 31 décembre 2004 continuent de produire leurs effets jusqu'à leur terme (loi 2003-775, art. 18 ; circ. DGEFP 2005-22 du 30 mai 2005).

Préretraite « métiers pénibles » (CATS)

Présentation du dispositif

100 Le régime de cessation anticipée d'activité institué au profit de certains travailleurs salariés ayant effectué des travaux pénibles (CATS), appelé couramment «préretraite métiers difficiles», peut être utilisé par les entreprises confrontées à une pyramide des âges déséquilibrée, avec des salariés ayant subi des conditions de travail très pénibles.

Ce dispositif peut également constituer une mesure d'accompagnement des licenciements économiques, particulièrement lorsque le motif économique est d'origine structurelle.

Ce mécanisme de préretraite de branche est destiné aux salariés qui connaissent des difficultés d'adaptation à l'évolution de leur emploi liées à des conditions de travail spécifique (c. trav. art. R. 322-7-2).

Pour ouvrir droit à l'exonération de charges sociales sur les allocations versées par l'entreprise et à la prise en charge partielle de celle-ci par l'État, ce dispositif doit être réservé aux seuls salariés répondant à des conditions liées à l'âge et aux caractéristiques de l'activité, notamment à la pénibilité.

Les modalités d'application du dispositif sont précisées par la circulaire DGEFP 2000-23 du 10 octobre 2000 (BO TR 2001/1) modifiée par la circulaire DGEFP 2002-55 du 13 décembre 2002 (BO TR 2003/3) et complétée par la circulaire DGEFP 2004-4 du 30 janvier 2004 (règles en cas de modification juridique affectant l'entreprise) (BO TR 2004/4). La circulaire DGEFP 2005-22 du 30 mai 2005 fait le point sur les conséquences de la loi du 21 août 2003 portant réforme des retraites sur le dispositif CATS.

Accord professionnel national

101 En pratique, les employeurs peuvent organiser des mesures de cessation partielle d'activité en application d'un accord professionnel national (c. trav. art. L. 352-3) et d'un accord d'entreprise. Si la mesure répond aux conditions requises (voir paragraphes suivants), l'État peut prendre partiellement en charge le revenu de remplacement versé aux personnes concernées (c. trav. art. R. 322-7-2-I).

L'accord national doit définir les caractéristiques générales du dispositif. Il doit notamment préciser le champ d'application professionnel, les conditions et l'âge d'accès au dispositif, le montant de l'allocation et les modalités de son versement, les conditions d'une éventuelle reprise d'activité, ainsi que la période durant laquelle les salariés peuvent adhérer au dispositif (pour ouvrir droit à l'aide de l'État, la période ne doit pas excéder 5 ans) (circ. DGEFP 2000-23 du 10 octobre 2000).

De nombreux accords nationaux ont été conclus depuis 2000. On citera notamment les secteurs de la métallurgie, des industries de carrières et matériaux, des industries chimiques, du caoutchouc, de l'industrie du verre, du bâtiment et des travaux publics.

Conditions liées à l'entreprise

• Signer un accord d'entreprise sur la cessation d'activité

102 Un accord d'entreprise (c. trav. art. L. 132-18), complémentaire à l'accord national professionnel, doit être signé et fixer notamment le nombre maximal de bénéficiaires pendant la période d'adhésion définie par l'accord professionnel national.

Avant le 30 janvier 2005, la prise en charge partielle de l'allocation par l'État ne pouvait intervenir que si l'entreprise avait fixé, par convention ou accord collectif, une durée collective du travail inférieure ou égale à 35 heures hebdomadaires sur l'année. Cette obligation a été supprimée pour les conventions conclues depuis le 30 janvier 2005 (décret 2005-58 du 27 janvier 2005).

• Gestion prévisionnelle

103 Au sein de l'entreprise, un accord collectif doit comporter des dispositions relatives à la gestion prévisionnelle de l'emploi, au développement des compétences des salariés et à l'adaptation à l'évolution de leur poste de travail. Ces éléments sont essentiels, car ils conditionnent la prise en charge partielle des allocations de préretraite CATS par l'État.

Cette condition a pour objectif d'éviter à l'entreprise utilisatrice de recourir à des mesures d'âge, à l'issue de la période d'adhésion au dispositif de préretraite CATS.

L'accord collectif prévoyant ces mesures peut être fixé par l'accord d'entreprise sur la cessation d'activité (voir § 102), mais également par des accords déjà existants et en vigueur lors de la signature de la convention avec l'État (voir § 105).

• Pas de préretraite-licenciement

104 L'entreprise doit s'engager à ne solliciter aucune convention de préretraite-licenciement ASFNE (voir § 71). Si une convention de préretraite-licenciement du FNE est en cours, l'entreprise ne peut recourir à une convention de cessation d'activité des métiers pénibles pendant la période d'adhésion à la convention ASFNE (c. trav. art. R. 322-7-2-IV).

• Convention avec l'État et un organisme gestionnaire

105 Une convention de cessation d'activité doit être passée entre l'État, l'entreprise et l'organisme gestionnaire désigné par l'accord national, chargé de verser les allocations à l'ensemble des salariés des entreprises de la branche.

Chaque année, l'entreprise envoie à l'autorité signataire de la convention une déclaration précisant le nombre de salariés répartis par âge susceptibles d'adhérer au dispositif pendant l'année qui suit ainsi que ceux dont l'allocation peut donner lieu à une prise en charge partielle de l'État. Cette déclaration n'est pas susceptible de modification. Le revenu de remplacement versé au salarié ne peut pas faire l'objet d'une prise en charge partielle par l'État si l'adhésion de l'intéressé n'est pas prévue dans cette déclaration.

La convention fixe également les engagements financiers de l'État. Elle est signée par le préfet ou par délégation par le DDTEFP.

Préalablement à la conclusion d'une convention, l'employeur doit consulter les représentants du personnel (c'est-à-dire les membres des comités d'entreprise et d'établissement ou, à défaut, les délégués du personnel). L'employeur doit également leur présenter annuellement un bilan de l'application de la convention (c. trav. art. R. 322-7-2-III).

Salariés concernés

106 Pour bénéficier de la prise en charge partielle de l'allocation par l'État, le salarié doit remplir simultanément les huit conditions suivantes (c. trav. art. R. 322-7-2 IV):

1°) avoir adhérer au dispositif au plus tôt à 55 ans et avant son 65e anniversaire, sous réserve des dispositions de l'accord professionnel relatif à la mise en œuvre du dispositif (dans l'hypothèse, notamment, où celui-ci aurait fixé un âge minimal d'adhésion supérieur).

2°) soit avoir accompli 15 ans de travail à la chaîne ou de travail en équipes successives, soit avoir travaillé habituellement 200 nuits et plus par an pendant 15 ans;

Si le salarié est travailleur handicapé, au sens de l'article L. 323-3 du code du travail, à la date d'entrée en vigueur de l'accord professionnel national, cette dernière condition ne s'applique pas. Il doit simplement justifier d'au moins 40 trimestres valables pour la retraite, dans un ou plusieurs régimes de sécurité sociale de salariés.

3°) avoir adhéré personnellement au dispositif de cessation d'activité au cours de la période définie par l'accord national;

4°) son contrat de travail doit être suspendu pendant la durée du versement effectif de l'allocation;

5°) avoir été salarié de l'entreprise de manière continue pendant un an au moins avant son adhésion au dispositif;

6°) ne pas réunir les conditions nécessaires à la validation d'une retraite à taux plein (voir § 324);

7°) n'exercer aucune autre activité professionnelle;

8°) ne bénéficier ni d'un avantage vieillesse à caractère viager acquis à titre personnel liquidé après l'entrée dans le dispositif, ni d'une indemnisation par le régime d'assurance chômage (voir § 161), ni des allocations versées dans le cadre d'une préretraite-licenciement ASFNE (voir § 71) ou d'une préretraite contre embauche.

Ainsi, les salariés qui, au moment où l'adhésion au dispositif CATS est envisagée, peuvent bénéficier d'une retraite à taux plein avant 60 ans dans le cadre d'une retraite anticipée pour les « longues carrières » ne peuvent pas adhérer à ce dispositif. La vérification du respect de cette condition relève de la responsabilité de l'entreprise (sauf délégation expresse à l'organisme gestionnaire, dans le cadre de la convention de gestion conclue entre l'entreprise et l'organisme gestionnaire désigné par l'accord professionnel dont relève l'entreprise). Cette dernière doit vérifier les conditions d'éligibilité tenant aux conditions d'activité salariée, d'appartenance à l'entreprise, de cumul avec le versement d'une pension de vieillesse à taux plein (arrêté du 28 janvier 2005, JO du 29, art. 2).

Adhésion du salarié

107 L'adhésion du salarié au dispositif de préretraite CATS est personnelle. C'est l'entreprise ou l'organisme gestionnaire désigné dans la convention qui procède à la vérification des conditions d'éligibilité et détermine le salaire de référence et le montant de l'allocation.

Après l'instruction du dossier, la DDTEFP de l'établissement concerné est informée des admissions au dispositif que l'entreprise a prise, en détaillant pour les salariés répondant aux conditions d'éligibilité à la participation financière de l'État les informations sur la base desquelles elle a établi cette éligibilité. Elle tient à la disposition du directeur départemental du travail, de l'emploi et de la formation professionnelle tout justificatif nécessaire. La nature et la liste des pièces justificatives qui devront être fournies par l'entreprise sont fixées par la convention entre l'État et l'entreprise (arrêté du 28 janvier 2005, JO du 29, art. 2).

Les adhérents conservent la qualité de salarié, leur contrat de travail étant suspendu durant la période de cessation d'activité et de perception du revenu de remplacement.

L'adhésion donne lieu à la signature d'un avenant au contrat de travail de l'intéressé.

Allocation versée au salarié

- **Versement par l'entreprise**

108 Pendant la durée de la suspension du contrat de travail du salarié, l'entreprise lui assure le versement d'une allocation dont le montant minimal est déterminé par l'accord professionnel national. L'allocation est versée, au nom de l'entreprise, par l'organisme gestionnaire désigné par l'accord national.

Son versement est interrompu en cas de reprise d'une activité professionnelle ou à partir du soixantième anniversaire, lorsque le bénéficiaire remplit les conditions requises pour bénéficier d'une retraite à taux plein.

• **Cotisations et contributions**

109 Les allocations versées dans le cadre d'une convention de cessation d'activité pour métiers pénibles (CATS) sont exonérées de cotisations sociales de droit commun assises sur les revenus d'activité (c. séc. soc. art. L. 131-2; c. trav. art. L. 352-3). Elles sont, en revanche, soumises à la CSG et à la CRDS au taux respectif de 6,2 % et 0,5 % (circ. DGEFP 2000-23 du 10 octobre 2000 ; lettre-circ. ACOSS 2005-056 du 31 mars 2005).

Le bénéfice des exonérations de charges est réservé aux seules allocations de préretraite versées aux salariés remplissant les huit conditions liées à l'âge et l'activité (voir § 106).

Les personnes fiscalement domiciliées hors de France et qui sont, de ce fait, non assujetties à la CSG et à la CRDS sont redevables d'une cotisation d'assurance maladie de 2,80 % . Elle est uniquement à la charge du salarié (c. séc. soc. art. D. 242-12)

Prise en charge par l'État

• **Financement de l'allocation**

110 L'État peut prendre partiellement en charge l'allocation de cessation d'activité, versée en application d'un accord professionnel national ouvrant droit à une exonération des cotisations de sécurité sociale, c'est-à-dire réservée à des salariés ayant exercé un métier à forte pénibilité (c. trav. art. L. 352-3, dern. al.). Pour ouvrir droit à la prise en charge partielle de l'allocation par l'État, le salarié doit remplir certaines conditions d'âge et d'activité et notamment celles liées à la pénibilité (voir § 106). La prise en charge est également liée aux dispositions de l'accord professionnel national (voir § 101) ainsi qu'à la condition que l'entreprise ait prévu des dispositions relatives à la gestion prévisionnelle de l'emploi (voir § 103; c. trav. art. R. 322-7-2-VII).

La participation de l'État n'est due qu'à partir du moment où le bénéficiaire atteint l'âge de 57 ans. En revanche, l'adhésion au dispositif est possible dès 55 ans, sachant que l'allocation versée au bénéficiaire est susceptible de bénéficier du régime social de faveur (exonération de cotisations de sécurité sociale) dès 55 ans (voir § 106). Pour un bénéficiaire âgé de 55 ou 56 ans, il peut donc y avoir une déconnexion: l'allocation peut être exonérée de cotisations, sans que le bénéficiaire ouvre droit à une prise en charge par l'État.

Pour mémoire, rappelons que pour les conventions conclues avant le 30 janvier 2005, l'État participait aussi au financement des cotisations de retraite complémentaire versées au profit des bénéficiaires.

Par ailleurs, les règles relatives à la contribution solidarité autonomie (CSA) conduisent à considérer que les allocations de cessation anticipée d'activité versées dans le cadre d'une préretraite CATS échappent à la CSA pour le montant prévu par l'accord professionnel national (lettre-circ. ACOSS 2005-63 du 1er avril 2005).

• **Délai de carence**

111 La participation de l'État n'est due qu'après un délai de carence courant à compter de la date de suspension du contrat de travail qui comprend un nombre de jours correspondant à l'indemnité compensatrice de congés payés versée par l'employeur.

• **Assiette servant de base à la prise en charge de l'allocation**

112 L'assiette prise en compte pour la détermination de la participation financière de l'État est égale à l'allocation définie par l'accord professionnel national, dans la

limite de 65 % du salaire de référence pour la part du salaire n'excédant pas le plafond de la sécurité sociale et de 50 % du salaire de référence pour la part de ce salaire comprise entre une et deux fois ce même plafond.

Le salaire de référence est déterminé comme pour l'assurance chômage, c'est-à-dire à partir des rémunérations des 12 mois civils précédant le dernier jour travaillé et payé soumises aux cotisations d'assurance chômage.

• **Montant de la participation de l'État**

113 Il est fixé selon un barème progressif en fonction de l'âge du bénéficiaire à la date de l'adhésion (arrêté du 28 janvier 2005, JO du 29). Lorsque le bénéficiaire poursuit ou reprend une activité au sein de l'entreprise, l'âge pris en compte pour déterminer le taux est celui atteint à la date d'adhésion au dispositif augmenté de la durée calculée en «équivalent temps plein» de la ou des périodes de travail postérieures à l'adhésion du salarié.

Âge du bénéficiaire	55 ans	56 ans	57 ans et plus
Taux de prise en charge par l'État	20 %	35 %	50 %

• **Versement de la participation de l'État**

114 L'État verse, à l'organisme gestionnaire du dispositif, le montant de sa participation trimestriellement à terme échu, au vu d'un justificatif du nombre de bénéficiaires indemnisés et des montants des revenus de remplacement versés (c. trav. art. R. 322-7-2-VIII).

L'État ne peut prendre en charge un nombre de bénéficiaires supérieur au nombre maximal fixé par la convention et dans la limite des taux de participation fixés par cette même convention (arrêté du 28 janvier 2005, JO du 29, art. 2).

• **Sanctions en cas de non-respect de la convention**

115 La convention conclue entre l'État et l'entreprise et l'organisme gestionnaire du dispositif peut être totalement ou partiellement suspendue en cas de non-respect par l'entreprise des dispositions des accords professionnels ou d'entreprise ou des dispositions de la convention, ou dénoncée en cas de dénonciation de ces accords (c. trav. art. R. 322-7-2-IX).

La suspension de la convention entraîne celle du versement de la participation financière de l'État à compter du premier jour du mois suivant celui au cours duquel le manquement a été constaté.

Elle n'a pas pour effet de prolonger la durée de la convention.

En cas de suspension de la convention, l'autorité signataire de cette dernière, après appréciation de la gravité des manquements de l'entreprise, de sa situation, et des nouveaux engagements pris par l'employeur, peut conclure un avenant à la convention prévoyant le maintien d'une partie de la participation financière de l'État.

La dénonciation de la convention entraîne, quant à elle, la cessation définitive du versement de la participation de l'État à compter du premier jour du mois suivant celui au cours duquel l'accord cesse de produire effet.

L'entreprise peut être amenée à rembourser les sommes indûment versées par l'État lorsque:
– le contrat de travail du salarié bénéficiaire de la cessation d'activité est rompu alors que l'État a versé sa participation;

– l'allocation versée a fait l'objet d'une prise en charge alors que le salarié ne répondait pas aux conditions d'éligibilité au versement de l'aide de l'État.

L'accord professionnel national et l'accord d'entreprise ne peuvent délier l'entreprise des engagements pris à l'égard des salariés et notamment du versement de l'allocation lorsque la participation financière de l'État est suspendue ou interrompue en application des dispositions du présent article.

Préretraite amiante

Présentation du dispositif

116 **Le dispositif de cessation anticipée d'activité des travailleurs de l'amiante, dénommé couramment « préretraite amiante », permet de prendre en considération les problèmes de santé liés à l'exposition à l'amiante en ouvrant la possibilité, pour les salariés concernés, de percevoir une indemnité de cessation d'activité lors du départ de leur entreprise et une allocation mensuelle de cessation anticipée d'activité jusqu'au moment où ils pourront bénéficier d'une pension de vieillesse à taux plein (loi 98-1194 du 23 décembre 1998, JO du 27, art. 41).**

Réaménagement du dispositif prévu pour 2007

Des rapports successifs de la Cour des comptes, du Sénat, de l'Assemblée nationale, de l'Inspection générale des affaires sociales ont montré que le dispositif de préretraite amiante devait être réformé. Il est apparu que sa mise en œuvre connaît de nombreuses imperfections malgré les modifications successives apportées par les lois de financement de la sécurité sociale depuis 1999.

C'est l'un des objets des négociations interprofessionnelles engagées par les partenaires sociaux. Dans l'attente de cette réforme d'ensemble, les parlementaires ont souhaité améliorer le dispositif, car, faute d'un cadre légal suffisamment précis au regard des cas rencontrés, l'examen par l'administration et, le cas échéant, par le juge se fait au cas par cas.

De nombreux contentieux ont lieu, relatifs à la définition des établissements de fabrication de matériaux contenant de l'amiante aboutissant à l'émergence de jurisprudences diverses et contradictoires à l'échelon des différents tribunaux administratifs depuis que le Conseil d'État a renvoyé les recours contentieux en première instance vers ces derniers.

Afin d'éviter ces divergences, le législateur a précisé que l'exercice des activités de fabrication de matériaux contenant de l'amiante, de flocage et de calorifugeage à l'amiante de l'établissement (voir § 119) doit présenter un caractère significatif (loi 98-1194 du 23 décembre 1998, art. 41, I, 1° modifié par la loi 2006-1640 de financement de la sécurité sociale pour 2007, art. 119-I).

Des décrets (non parus à l'heure où nous mettons sous presse) doivent intervenir afin d'établir un cadre plus précis, en ce qui concerne (loi 98-1194 de financement de la sécurité sociale pour 1999, art. 41, VII modifié par la loi 2006-1640 de financement de la sécurité sociale pour 2007, art. 119-II) :
- les activités de fabrication de matériaux contenant de l'amiante, de flocage et de calorifugeage à l'amiante;
- les conditions de fixation des périodes de référence ;
- les critères permettant d'établir le caractère significatif de l'exercice des activités ;
- les conditions d'octroi de l'allocation de cessation anticipée d'activité des travailleurs de l'amiante ;
- ainsi que les règles de fonctionnement du fonds de cessation anticipée d'activité des travailleurs de l'amiante et du conseil de surveillance de ce fonds.

Salariés ou anciens salariés concernés

• Établissement de fabrication de matériaux contenant de l'amiante

117 Sont concernées les personnes travaillant, ou ayant travaillé, dans un établissement de fabrication de matériaux contenant de l'amiante figurant sur une liste fixée par un arrêté du 3 juillet 2000 modifié, pendant une période où de tels matériaux y étaient fabriqués.

L'âge d'accès du demandeur à ce dispositif est calculé à partir de l'âge légal de départ à la retraite (60 ans) diminué du tiers de la durée du travail effectuée dans l'établissement susvisé pendant les périodes fixées par l'arrêté ci-dessus mentionné. Cette durée est arrondie au nombre de jours le plus proche. L'âge de départ ne peut toutefois pas être inférieur à 50 ans.

• Salariés atteints d'une maladie professionnelle liée à l'amiante

118 Peuvent également avoir accès à ce dispositif, dès l'âge de 50 ans, les salariés ou anciens salariés reconnus atteints, au titre du régime général, d'une maladie professionnelle provoquée par l'amiante (affections figurant au tableau 30 ou 30 bis des maladies professionnelles) (circ. CNAM DRP 2003-67 du 5 mai 2003).

De même, sont concernées les maladies reconnues d'origine professionnelle (c. séc. soc. art. L. 461-1, al. 4), dont l'imputabilité à l'amiante est attestée, sur avis motivé du comité régional de reconnaissance des maladies professionnelles, par la CPAM pour le régime général ou par la CMSA pour le régime agricole (arrêté du 3 février 2005, JO du 17).

Malgré l'absence d'inscription dans un tableau de maladies professionnelles, cet article L. 461-1 permet de reconnaître le caractère professionnel d'une maladie lorsque celle-ci est essentiellement et directement causée par le travail habituel de la victime et entraîne soit le décès de celle-ci, soit une incapacité permanente d'au moins 25 %.

• Établissements de flocage et de calorifugeage à l'amiante ou de construction et de réparation navales, dockers et personnels portuaires

119 Le dispositif a été étendu aux salariés et anciens salariés des établissements de flocage et de calorifugeage à l'amiante, ou de construction et de réparation navales, également aux dockers et personnels portuaires assurant la manutention de l'amiante dans certains ports. L'âge auquel ces personnes peuvent bénéficier de l'allocation est calculé à partir de l'âge légal de départ à la retraite diminué du tiers de la durée :

– d'exercice de certains métiers de la construction et de la réparation navales dans des établissements et pendant des périodes fixées par un arrêté du 7 juillet 2000 modifié ;

– du travail effectué dans les ports, pour les périodes de manipulation d'amiante, dont la liste est fixée par un arrêté du 7 juillet 2000 modifié.

Cet âge ne peut toutefois pas être inférieur à 50 ans.

L'âge d'entrée se détermine en fonction de la durée d'activité entendue comme durée effective. Il convient donc d'exclure les périodes de congés maternité, de congés parentaux, de congés sans solde, de service national, les arrêts de longue durée consécutifs à une maladie ou à un accident du travail (il s'agit d'arrêt de 6 mois et plus). Les périodes d'activité en qualité d'ouvriers de l'État relevant du ministère de la Défense (DCN) ne peuvent être retenues pour le calcul de l'âge d'entrée dans le dispositif de l'allocation des travailleurs de l'amiante (circ. CNAM 55-2006 du 1er décembre 2006).

Le calcul de l'âge d'entrée d'un docker intermittent dans le dispositif ATA est identique à celui retenu pour les autres salariés, sous réserve des dispositions plus favorables de la circulaire ministérielle du 14 décembre 2000. Par exception, cette circulaire prévoit que les journées où un docker intermittent perçoit des indemnités de garantie sont prises en compte (circ. DSS/2C n° 2000-607 du 14 décembre 2000, circ. CNAM 37-2006 du 5 juillet 2006).

- **Marins**

120 Depuis 2002, les marins ou anciens marins âgés d'au moins 50 ans qui ont, ou ont eu, des fonctions à la machine sur des navires dont les équipements contenaient de l'amiante peuvent bénéficier de ce dispositif. Sont également concernés les marins, quelles que soient leurs fonctions à bord, qui ont navigué sur des navires transportant de l'amiante (décret 2002-1272 du 18 octobre 2002, art. 2).

- **Exigence de la qualité de salarié d'un établissement listé**

121 Seuls les demandeurs ayant la qualité de salarié d'un établissement cité aux arrêtés sans discontinuité pendant toute la période d'emploi considérée peuvent prétendre à l'allocation des travailleurs de l'amiante. Peu importe que le demandeur prouve qu'il ait travaillé sur un site cité aux arrêtés pendant la période listée, s'il n'a pas la qualité de salarié d'un établissement cité sans discontinuité pendant toute la durée de la période d'emploi considérée, il ne peut pas prétendre au versement de l'allocation (cass. civ. 2°, 31 mai 2006, n° 05-17.283 FD; circ. CNAM 32-2006 du 23 juin 2006).

- **Salariés exclus**

122 Ne peuvent bénéficier de ce dispositif les titulaires d'un avantage vieillesse, d'une pension de réversion (voir § 540), ou d'une préretraite progressive (voir encadré p. 60).

De même, les salariés d'un établissement de sous-traitance non répertorié dans les arrêtés, qui exercent leur activité habituelle sur un site désigné sur une liste établie par arrêté, ne peuvent prétendre au bénéfice de l'allocation des travailleurs de l'amiante (ATA) (circ. CNAM 9-2006 du 31 janvier 2006).

Pour qu'un établissement de sous-traitance soit inscrit sur les listes des établissements susceptibles d'ouvrir droit à l'ATA, il doit suivre la procédure établie par la circulaire DRT/CT2 n° 2004/03 du 6 février 2004. Selon le Conseil d'État, un établissement de sous-traitance peut être inscrit sur les listes s'il a effectué des prestations pour le compte de clients appartenant à ce secteur. Ces prestations doivent présenter une part significative de son activité principale et conduire ses salariés à intervenir dans un espace confiné pouvant contenir des particules d'amiante ou à manipuler des matériaux de calorifugeage ou des produits à base d'amiante pendant la phase de construction ou de réparation navale.

La voie individuelle reste ouverte, dès 50 ans, mais uniquement aux salariés ou anciens salariés atteints d'une maladie professionnelle reconnue au titre du régime général comme occasionnée par l'amiante.

Procédure

123 Pour bénéficier de l'allocation de cessation anticipée d'activité, l'intéressé doit souscrire une demande conforme à un arrêté ministériel. La demande, accompagnée des pièces justificatives, est adressée à la caisse régionale d'assurance maladie (CRAM) de la résidence de l'intéressé ou, en cas de résidence à l'étranger, de

son dernier lieu de travail en France, ou encore à la caisse générale de sécurité sociale des départements d'outre-mer.

La caisse notifie sa décision dans un délai de deux mois à compter de la date de réception de la demande. En cas de rejet, la notification est effectuée par lettre recommandée avec accusé de réception. Elle comporte l'indication des voies de recours ouvertes à l'intéressé. En l'absence de décision de la caisse à l'expiration du délai qui lui est imparti, la demande est considérée comme rejetée et les voies de recours sont ouvertes à l'intéressé.

Il est nécessaire que l'intéressé cesse toute activité professionnelle.

Les principes de la procédure d'instruction des demandes de classement des activités concernées sont précisées dans une circulaire ministérielle (circ. DRT-CT2 2004-3 du 6 février 2004).

Modalités de la rupture

• Rupture du contrat à l'initiative du salarié

124 Le salarié qui est admis au bénéfice du dispositif doit prendre l'initiative de la rupture de son contrat de travail en présentant sa démission à son employeur.

• Délai-congé

125 Le salarié concerné a droit à un délai-congé dans les conditions prévues par le code du travail (c. trav. art. L. 122-6) ou la convention collective dans les cas de licenciement pour un motif autre qu'une faute grave. En conséquence, que le préavis soit ou non travaillé, la rupture du contrat de travail intervient à l'issue du délai-congé légal ou conventionnel et l'indemnité de préavis, ou l'indemnité compensatrice de préavis, est due et soumise aux charges sociales.

• Indemnité de cessation anticipée d'activité

126 Cette rupture du contrat de travail ouvre droit, au bénéfice du salarié, au versement par l'employeur d'une indemnité de cessation d'activité d'un montant égal à celui de l'indemnité légale de départ à la retraite à l'initiative du salarié (c. trav. art. L. 122-14-13) et calculée sur la base de l'ancienneté acquise au moment de la rupture du contrat de travail, sous réserve de dispositions plus favorables en matière d'indemnité de départ à la retraite prévues par une convention ou un accord collectif de travail, ou par le contrat de travail.

Cette indemnité est exonérée d'impôt sur le revenu et est exclue de l'assiette des cotisations de sécurité sociale, de la CSG et de la CRDS (loi 2000-656 du 13 juillet 2000, JO du 14, art. 3).

• Indemnité complémentaire

127 Une indemnité complémentaire de cessation anticipée a été mise en place. Elle est versée par l'employeur au bénéficiaire de la préretraite-amiante en application d'une convention collective de branche, d'un accord professionnel ou interprofessionnel, d'un accord d'entreprise, du contrat de travail, ou encore d'un engagement unilatéral ; elle est également exonérée de CSG, de CRDS et de cotisations de sécurité sociale (loi 2001-1246 du 21 décembre 2001, JO du 26).

Allocation de cessation anticipée d'activité

• Détermination du salaire de référence

128 Le montant de l'allocation de cessation anticipée d'activité est déterminé en fonction d'un salaire de référence fixé d'après les rémunérations brutes perçues par l'intéressé au cours des douze derniers mois d'activité salariée.

Selon la Cour de justice des Communautés européennes (CJCE), la CRAM doit prendre en compte les revenus que le travailleur français migrant aurait pu percevoir en France (CJCE, 9 novembre 2006, C. 205-05).

En cas d'activité discontinue, les périodes travaillées sont prises en compte jusqu'à totaliser 365 jours de paye (décret 99-247 du 29 mars 1999 modifié).

Les sommes versées au titre des préretraites «maison» (voir § 145), qui ne peuvent être assimilées à un salaire d'activité, sont exclues du calcul du salaire de référence (lettre DSS du 8 juillet 2004 diffusée par circ. CNAM 84-2004 du 15 juillet 2004).

• Périodes d'activité non prises en compte dans le salaire de référence

129 Le calcul du salaire de référence ne tient pas compte des périodes d'activité ci-dessous énumérées (décret 2000-638 du 7 juillet 2000):

1° périodes consécutives à des plans de sauvegarde de l'emploi, durant lesquelles le salarié a fait l'objet d'une mesure de reclassement interne destinée à éviter des licenciements, y compris lorsqu'une convention entre l'entreprise et l'État a été conclue pour une compensation partielle de la perte de salaire subie par le salarié;

2° périodes durant lesquelles les entreprises ont conclu, avec les représentants du personnel, des accords d'entreprise ayant, soit diminué la rémunération, soit abaissé la durée du travail et la rémunération, sans qu'une mesure particulière nécessitant un conventionnement avec l'État soit mise en œuvre. Toutefois, seule une période de douze mois peut être prise en compte pour rechercher le salaire de référence;

3° périodes d'activité pendant lesquelles des allocations de chômage partiel ont été versées;

4° périodes d'arrêt de travail donnant lieu à versement d'indemnités journalières, lorsque le salaire net n'a pas été intégralement maintenu par l'employeur ou par l'intermédiaire d'un organisme de prévoyance;

5° périodes de perception conjointe d'une pension d'invalidité et d'un salaire;

6° périodes d'activité à mi-temps thérapeutique;

7° périodes de travail à temps partiel effectuées dans le cadre d'un contrat à durée déterminée;

8° périodes donnant lieu à indemnité de congés payés d'un montant inférieur au salaire habituel ou lorsque l'indemnité est versée par une caisse professionnelle. De même, les indemnités compensatrices de congés payés ne doivent pas être prises en compte dans la détermination du salaire de référence (circ. CNAM 25-2006 du 19 avril 2006).

Ces dispositions s'appliquent de la même façon pour les demandeurs qui entrent dans le dispositif au titre d'une maladie professionnelle causée par l'amiante, comme pour ceux ayant travaillé dans un des établissements listés (circ. CNAM 122-2003 du 8 septembre 2003).

En revanche, lorsque le salarié a connu une période de chômage à la suite de la fermeture ou de la reconversion de l'un des établissements figurant sur l'une des listes d'établissements mentionnées ci-dessus (voir § 119) et qu'il a repris ensuite une activité salariée, il est tenu compte du salaire perçu dans cette nouvelle activité, si celui-ci est plus favorable à l'allocataire.

• Montant de l'allocation

130 Le montant mensuel de l'allocation est de 65 % du salaire de référence, dans la limite du plafond de la sécurité sociale, auxquels s'ajoutent 50 % du salaire de référence pour la part de ce salaire comprise entre une et deux fois ce même plafond en vigueur à la date de l'ouverture du droit à l'allocation.

Le montant de l'allocation ne peut être inférieur au montant minimal de l'allocation spéciale du FNE (soit 28,91 € au 1er janvier 2007), ni excéder 85 % du salaire de référence.

Sur le montant net de l'allocation, voir encadré page 59.

• Paiement de l'allocation

131 L'allocation de cessation anticipée d'activité est versée par la CRAM à compter du premier jour du mois civil qui suit la date à laquelle l'ensemble des conditions d'ouverture des droits sont remplies.

Le versement de l'allocation est interrompu lorsque l'adhérent remplit les conditions requises pour bénéficier d'une pension de vieillesse à taux plein (voir § 326) ou, en cas de décès de l'allocataire, à compter du premier jour du mois civil qui suit le décès (décret 99-247 du 29 mars 1999, art. 4).

Des règles spécifiques sont applicables pour la cessation d'indemnisation des marins (décret 2002-1272 du 18 octobre 2002, art. 2).

Règles de non-cumul

• Non-cumul avec une activité professionnelle ou un revenu de remplacement

132 Pour bénéficier de l'allocation de cessation anticipée d'activité, l'intéressé doit cesser tout activité professionnelle.

L'allocation ne peut se cumuler avec des revenus de remplacement, c'est-à-dire des indemnités journalières de sécurité sociale ou des allocations de chômage, ni avec un avantage personnel de vieillesse, un avantage invalidité, une autre allocation de préretraite ou de cessation anticipée d'activité (loi 99-1140 du 29 décembre 1999, JO du 30, art. 37).

L'administration a précisé les modalités d'articulation entre le dispositif de cessation anticipée d'activité des travailleurs de l'amiante et celui permettant aux assurés ayant effectué une longue carrière de partir en retraite avant l'âge de 60 ans (voir § 282). L'allocation de préretraite-amiante cesse d'être versée le jour où le titulaire remplit les conditions pour bénéficier d'une retraite à taux plein. L'intéressé qui remplit les conditions pour bénéficier de ces deux dispositifs a la possibilité d'opter pour celui de son choix, ce choix étant irrévocable (lettre DSS du 14 juin 2004 diffusée par circ. CNAM 80-2004 du 5 juillet 2004).

• Allocation différentielle

133 Une allocation différentielle (loi 2001-1246 du 21 décembre 2001, JO du 26, art. 46) peut cependant être versée en complément d'une pension d'invalidité ou d'un avantage de réversion, ou encore d'un avantage personnel de vieillesse servi

par un régime spécial de sécurité sociale, dans la limite du calcul de l'allocation (circ. DSS/2C 2003-456 du 23 septembre 2003 ; lettre-circ. ACOSS 2004-44 du 6 février 2004).

Pour ceux qui perçoivent une pension d'invalidité, de retraite ou de réversion servie par un régime étranger, le versement de cette allocation différentielle n'est possible que dans la mesure où la pension entre dans le champ d'application d'un règlement ou d'un accord international de sécurité sociale (circ. CNAM 22-2004 du 2 février 2004). Il est à noter que la pension militaire de retraite est intégralement cumulable avec l'allocation, cette pension n'étant pas considérée comme un avantage vieillesse (circ. CNAM 95-2003 du 8 juillet 2003; circ. CNAM 21-2004 du 2 février 2004). En revanche, la rémunération perçue au titre d'une activité professionnelle, même temporaire, ne peut se cumuler avec l'allocation (circ. CNAM 88-2003 du 30 juin 2003).

Protection sociale du bénéficiaire

134 Les titulaires de l'allocation et leurs ayants droit bénéficient des prestations en nature de l'assurance maladie-maternité, l'État et le régime général de la sécurité sociale prenant en charge, par l'intermédiaire d'un fonds, les cotisations à l'assurance volontaire vieillesse et invalidité, de même que les cotisations aux régimes de retraite complémentaire.

Contributions des entreprises

- **Salariés concernés**

135 L'entreprise dont un salarié est admis, depuis le 5 octobre 2004, à bénéficier de la préretraite amiante est redevable d'une contribution sur la préretraite, à moins qu'elle n'entre dans l'un des deux cas d'exonération (décret 2005-417 du 2 mai 2005, JO du 5; circ. CNAM 2005-56 du 16 mai 2005).

- **Maladie professionnelle reconnue**

136 Le prélèvement est à la charge de l'entreprise qui a supporté ou qui supporte, au titre des cotisations accidents du travail (AT), la charge des dépenses occasionnées par la maladie professionnelle (MP) provoquée par l'amiante. L'entreprise concernée est donc celle pour qui les dépenses occasionnées par la maladie ont été (sont) comprises dans la valeur du risque AT/MP (quel que soit le mode de tarification applicable).

Si l'exposition à l'amiante a eu lieu au sein de plusieurs entreprises, les dépenses étant inscrites au compte spécial, aucune entreprise n'est redevable (pas de proratisation de la contribution) (circ. CNAM 2005-56 du 16 mai 2005).

- **En l'absence de maladie professionnelle reconnue**

137 Si le salarié n'est pas atteint d'une maladie professionnelle liée à l'amiante, la contribution est due par:
– une ou plusieurs entreprises dont les établissements (en lien avec l'amiante) figurent sur une liste fixée par arrêté;
– une ou plusieurs entreprises de manutention ou des organismes gestionnaires de port pour les dockers professionnels et les personnels portuaires assurant la manutention dans les ports désignés sur une liste fixée par arrêté.

Qui est redevable de la contribution en cas de reprise d'établissement ?

En cas de reprise, l'entreprise cessionnaire est redevable de la contribution au profit du FCAATA dans les situations suivantes :
– lorsqu'elle a repris l'établissement au titre duquel le salarié bénéficie de l'allocation ;
– lorsqu'elle a repris une entreprise qui a exploité un établissement au titre duquel le salarié bénéficie de l'allocation. Cette règle ne vaut que pour les reprises totales.

La direction de la sécurité sociale précise que (circ. CNAM 10-2006 du 6 février 2006) :
– si l'établissement au titre duquel le salarié bénéficie de l'allocation est toujours en activité à la date d'effet de l'allocation, l'entreprise cessionnaire est redevable de la contribution si elle a repris cet établissement au sens de l'article D. 242-6-13 du code de la sécurité sociale (exercice similaire avec les mêmes moyens de production et reprise d'au moins la moitié du personnel),
– si l'établissement au titre duquel le salarié bénéficie de l'allocation est radié à la date d'effet de l'allocation, l'entreprise cessionnaire est redevable de la contribution si elle a repris l'ensemble des établissements de l'entreprise cédante, la reprise étant également appréciée selon les critères de l'article D. 242-6-13.

- **Salariés employés par plusieurs entreprises**

138 Si plusieurs entreprises se sont succédé dans l'exploitation d'un seul établissement, la contribution est due par l'entreprise qui exploite l'établissement à la date d'admission du salarié à l'allocation.

Si le salarié a travaillé au sein de plusieurs entreprises, successivement ou concomitamment, exploitant des établissements distincts, le montant de la contribution est réparti entre les employeurs au prorata de la durée d'exposition du salarié au risque (période où étaient fabriqués ou traités de l'amiante ou des matériaux contenant de l'amiante).

La caisse régionale d'assurance maladie (CRAM) répartit, s'il y a lieu, le montant de la contribution entre les entreprises où le salarié a travaillé au prorata des durées de travail effectuées dans chaque établissement ou organisme gestionnaire de port, en tenant compte des entreprises disparues.

Exemple Soit un salarié ayant travaillé pendant 10 000 jours (circ. CNAM 2005-56 du 16 mai 2005) :
– 1/4 de son temps, soit 2 500 jours dans une entreprise A,
– 50 % de son temps, soit 5 000 jours dans une entreprise B,
– 1/4 de son temps, soit 2 500 jours dans une entreprise disparue.

L'entreprise A est redevable d'un quart de la contribution calculée et l'entreprise B de la moitié. Le quart restant n'est pas recouvré.

- **Dockers professionnels intermittents**

139 Pour la catégorie des dockers professionnels intermittents, le montant de la cotisation est réparti entre tous les employeurs de main-d'œuvre présents dans le port au cours de la période d'intermittence considérée, au prorata des rémunérations totales brutes qu'ils ont payées à ces salariés durant la période considérée. Ces rémunérations et la répartition qui en résulte sont calculées sur une base annuelle.

• **Salariés intérimaires**

140 Si l'allocataire s'est ouvert des droits au titre d'intérimaire dans un établissement figurant sur la liste des arrêtés, c'est l'entreprise qui exploite l'établissement de cette liste qui est redevable de la contribution, et non l'entreprise d'intérim.

• **Exonération de la cotisation : deux cas**

141 La contribution n'est pas due pour le premier bénéficiaire admis au dispositif de préretraite au cours d'une année civile, quel que soit le montant de la contribution, et même en cas de proratisation. Pour déterminer ce premier bénéficiaire, on ne retient pas les allocataires d'au moins 60 ans. En outre, si plusieurs salariés se voient attribuer leur allocation à la même date, la solution la plus favorable à l'entreprise est retenue.

Pour les dockers professionnels intermittents, l'exonération s'applique à l'ensemble des employeurs de la période considérée, au prorata de la durée d'emploi du docker par chaque employeur. Chaque entreprise redevable est exonérée de sa part des contributions pour les bénéficiaires suivants, de façon à ce que les sommes exonérées n'excèdent pas 100 %.

Le prélèvement ne s'applique pas non plus aux entreprises placées en redressement ou en liquidation judiciaires (un doute subsiste concernant l'entreprise faisant l'objet d'une procédure de sauvegarde, celle-ci ayant été créée par la loi 2005-845 de sauvegarde des entreprises du 26 juillet 2005 postérieurement au décret 2005-417), situation appréciée à la date d'effet de l'allocation. Si, à cette date d'effet, l'entreprise n'était pas en redressement ou liquidation judiciaires, mais l'est à la date d'exigibilité de la contribution, celle-ci est due, mais doit être déclarée au passif de l'entreprise.

Quant à l'entreprise qui reprend un établissement placé en redressement ou liquidation judiciaires, mais qui n'est pas elle-même en redressement judiciaire, elle reste redevable de la contribution au titre de l'établissement repris et y compris au titre des salariés non repris (circ. CNAM 2005-56 du 16 mai 2005).

• **Montant de la contribution**

142 Le montant de la contribution varie en fonction de la différence entre 60 ans et l'âge du bénéficiaire de la préretraite amiante à la date d'effet de l'allocation (en pratique, la date à laquelle le paiement de l'allocation est dû). On retient un nombre entier d'années. Si l'intéressé a 60 ans au moins, l'allocation n'est pas due. La contribution est égale, par bénéficiaire de l'allocation, à :
(0,15 × montant annuel brut de l'allocation) × 1,4 × (60 – âge du bénéficiaire).

L'âge du bénéficiaire pris en compte est l'âge au moment de l'admission au bénéfice de l'allocation.

La CNAM propose la formule simplifiée suivante : 21 % de l'allocation annuelle brute × nombre d'années pris en compte. Le montant annuel brut de l'allocation est égal à 12 fois le montant de la première allocation mensuelle brute du bénéficiaire.

Exemple Un préretraité, né le 15 juillet 1949, a perçu sa première allocation le 1er mars 2006. Pour le calcul de la cotisation, il est considéré comme âgé de 56 ans : on retient donc 4 années pour le calcul de la contribution. Compte tenu du montant annuel brut de l'allocation (2 000 € × 12 = 24 000 €), le montant de la contribution pour un an est de 24 000 € × 21 % = 5 040 €. Le montant total de la contribution s'élève donc, pour 4 ans, à 5 040 × 4 ans = 20 160 €.

• **Maximum et plafonnement de la contribution**

143 En tout état de cause, le coût de la contribution ne peut pas dépasser 4 M€ par année civile pour chaque redevable (loi 2004-1370 du 20 décembre 2004 modifiée). En outre, la contribution est plafonnée à 2,5 % de la masse totale des salaires payés au personnel pour la dernière année connue. La masse salariale en question est celle de l'avant-dernière année précédant l'exigibilité de la contribution. L'entreprise est tenue de fournir à l'URSSAF les informations nécessaires à la détermination de la masse salariale dans les 15 jours qui suivent la demande. Sinon, la contribution est due sans application du plafond.

• **Recouvrement de la contribution**

144 La contribution doit être réglée à l'URSSAF le trimestre qui suit l'entrée du bénéficiaire dans le dispositif de préretraite. Pour le régime général, c'est l'URSSAF de Loire-Atlantique qui est compétente pour le recouvrement de cette contribution.

Les exonérations sont appréciées par l'URSSAF à la date d'effet de l'allocation, les plafonds l'étant à la date d'exigibilité de la contribution.

Exemple Si la première allocation est en service en janvier, la contribution due au titre de ce bénéficiaire de la préretraite-amiante doit être payée au plus tard le 1er juin (1er jour du 3e mois du trimestre civil suivant celui ayant débuté le 1er janvier).

Pour le régime agricole, la contribution est due auprès de la MSA territorialement compétente le 15e jour du 2e mois du trimestre civil qui suit le trimestre au cours duquel la première allocation est versée à son bénéficiaire.

L'URSSAF appelle la contribution 15 jours avant sa date d'exigibilité. Elle notifie aussi à l'entreprise les éléments de calcul du prélèvement, ainsi que ceux relatifs à l'identification du (des) bénéficiaire(s) de l'allocation (décret 2005-417 du 2 mai 2005, art. 10).

L'URSSAF peut contrôler la masse salariale brute déclarée par l'entreprise (et éventuellement redresser cette dernière).

Préretraite d'entreprise

Présentation des principaux dispositifs

• **Principe**

145 Indépendamment des préretraites financées par l'État, des mécanismes de départ en préretraite ou de cessation anticipée d'activité peuvent être négociés au niveau de l'entreprise ou mis en place unilatéralement par l'employeur.

Ces dispositifs de préretraite « maison » sont fondés sur le volontariat des salariés. Ils sont mis en place directement par l'entreprise et peuvent être gérés en interne, par la direction des ressources humaines, par exemple, ou par des prestataires de services.

Ils sont généralement soumis à une condition d'âge et d'ancienneté au sein de l'entreprise.

Les dispositifs de préretraite « maison » sont utilisés, en majorité, par des groupes ou des entreprises importants.

• **Plusieurs formules**

146 Les dispositifs de préretraite «maison» peuvent recouvrer plusieurs formules d'aménagement de fin de carrière dont les principales sont:
– le congé de fin de carrière, qui prend la forme d'une dispense d'activité assortie du paiement d'une allocation sans que le contrat de travail soit rompu;
– la rente versée mensuellement, trimestriellement, semestriellement, ou annuellement, après rupture du contrat de travail par l'employeur, jusqu'à l'âge où l'intéressé est en mesure de partir en retraite;
– le capital versé par l'employeur, après rupture du contrat de travail, permettant de faire la jonction avec la pension de vieillesse.

Des formules de cessation progressive d'activité (calquées sur le dispositif des anciennes préretraites progressives du FNE, voir p. 60), de mise en place de temps partagé ou d'utilisation du compte épargne-temps (voir p. 31) permettent également d'aménager la fin de carrière des salariés âgés jusqu'à l'âge de la retraite.

• **Dispense d'activité**

147 Le salarié peut être dispensé de travailler tout en restant salarié de son entreprise (son contrat de travail n'étant pas rompu), il est alors placé en situation de congé de fin de carrière. Le salarié perçoit de son employeur tout ou partie de sa rémunération.

Les rémunérations versées par un employeur, sans contrepartie de travail, à un salarié en congé de fin de carrière ne supportent ni le précompte spécifique aux allocations de préretraite, ni celui des retraites, mais les cotisations habituelles applicables aux salaires (cass. soc. 19 décembre 1991, n° 4566 D). Ces sommes sont assimilées à une rémunération versée à l'occasion du travail et traitées comme des salaires (c'est pourquoi elles sont souvent dénommées «salaires d'inactivité»).

La Cour de cassation a admis qu'un complément de cotisation aux régimes de retraite complémentaires, dans son montant correspondant à la part salariale, puisse être exonéré de cotisations de sécurité sociale au motif qu'il avait une nature indemnitaire (cass. soc. 6 octobre 1994, n° 3540 D).

L'indemnité de départ ou de mise à la retraite (voir §§ 19 et 47) est versée au moment où le bénéficiaire du congé de fin de carrière fait liquider sa retraite. Il convient donc que l'accord d'entreprise ou la décision unilatérale de l'employeur prévoie le mode de calcul de l'indemnité de départ à la retraite (par exemple, détermination de la période de référence à compter du dernier jour travaillé et payé). En effet, en l'absence de toute précision, l'indemnité est calculée sur les trois ou douze derniers mois (voir § 20), c'est-à-dire sur la base de l'allocation de congé de fin de carrière.

• **Cessation du contrat de travail**

148 Les formes de préretraites d'entreprise qui se traduisent par une cessation du contrat de travail voient l'entreprise verser à son ancien salarié une allocation de préretraite (rente ou capital). Ces allocations ont un caractère indemnitaire dès lors que c'est l'employeur qui prend l'initiative de la rupture du contrat de travail, même si le salarié s'est porté volontaire (cass. soc. 10 octobre 1996, BC V n° 321).

Le salarié qui quitte l'entreprise dans le cadre d'un dispositif de préretraite «maison» peut se voir verser une indemnité de rupture. Cette indemnité suit le régime de l'indemnité de départ volontaire à la retraite (voir § 54).

Une cotisation salariale d'assurance maladie est prélevée sur les allocations de préretraite ou de cessation d'activité versées par l'entreprise. Le taux de cotisation est de:

– 1,70 % si le dispositif a été mis en place dans un cadre conventionnel (4,50 % pour les personnes fiscalement domiciliées hors de France) (c. séc. soc. art. D. 242-12; circ. ACOSS 2003-147 du 9 octobre 2003);
– 1 % si le dispositif résulte d'une décision unilatérale (4,2 % pour les personnes fiscalement domiciliées hors de France) (c. séc. soc. art. D. 242-8; circ. ACOSS 2003-147 du 9 octobre 2003; circ. DSS/5B/2005-78 du 10 février 2005).

Sont soumis au précompte non seulement l'allocation de préretraite, mais aussi ses accessoires (ex.: la rémunération d'un compte à vue pour l'ancien salarié d'une banque; cass. soc. 25 juin 1998, n° 3286 D).

Les bénéficiaires du régime local d'assurance maladie du Haut-Rhin, du Bas-Rhin et d'Alsace-Moselle sont assujettis à une cotisation supplémentaire de 1,80 %.

Un mécanisme d'exonération de la cotisation maladie existe. Le prélèvement de cette dernière ne peut pas, par ailleurs, avoir pour effet de ramener le montant net de l'allocation de préretraite au-dessous du SMIC brut mensuel calculé sur 169 heures (c. séc. soc. art. L. 242-12).

La CSG et la CRDS sur les revenus de remplacement doivent également être acquittées (voir encadré p. 60).

Les règles relatives à la contribution solidarité autonomie (CSA) conduisent à considérer que les allocations versées dans le cadre de dispositifs de préretraite «maison», pourvu qu'ils se traduisent par une rupture du contrat de travail, échappent à cette contribution (à l'inverse, si la préretraite se matérialise par une simple suspension du contrat de travail, l'allocation suit le régime des salaires et se trouve donc soumise à la CSA) (lettre-circ. ACOSS 2005-63 du 1er avril 2005).

Pour dissuader les entreprises de recourir à ce type de dispositif, une contribution patronale sur les allocations de préretraite a été instituée par la loi portant réforme des retraites (voir § 149).

Contribution des employeurs

• Principe

149 Afin de décourager ces mécanismes de «préretraites maison», la loi 2003-775 du 21 août 2003 portant réforme des retraites (JO du 22) a institué une contribution patronale sur les allocations de préretraite ou de cessation anticipée d'activité versées à d'anciens salariés (c. séc. soc. art. L. 137-10).

• Régimes de préretraite concernés

150 Les entreprises de droit privé qui emploient des salariés agricoles et non agricoles ayant mis en place un régime de préretraite «maison», ou de cessation anticipée d'activité, sont redevables d'une nouvelle contribution calculée sur les allocations versées à d'anciens salariés en application de ces régimes. Celle-ci a pour vocation de financer le Fonds de solidarité vieillesse.

En visant les «anciens salariés», cette contribution ne concerne donc que les allocations versées dans le cadre de préretraites s'accompagnant d'une rupture du contrat de travail (voir § 149).

Cette précision s'explique par le fait que des allocations de préretraite rattachées à une simple suspension du contrat de travail sont intégralement soumises à cotisations, comme n'importe quel élément de salaire (rapport Sén. 382) (voir § 148).

Cette contribution est due, quelle que soit la forme de l'allocation, que celle-ci soit versée directement par l'employeur ou pour son compte, par l'intermédiaire d'un tiers, en vertu d'une convention, d'un accord collectif, du contrat de travail, de toute autre stipulation contractuelle ou d'une décision unilatérale de l'employeur.

• Convention, accord ou stipulations contractuelles après le 27 mai 2003

151 La contribution ne s'applique qu'aux avantages de préretraite versés en vertu d'une convention, d'un accord collectif ou de toute autre stipulation contractuelle conclus après le 27 mai 2003, ou d'une décision unilatérale de l'employeur postérieure à cette date.

Peu importe, à cet égard, que les allocations de préretraite aient été versées avant ou après le 24 août 2003 (date d'entrée en vigueur de la loi portant réforme des retraites) (lettre-circ. ACOSS 2004-11 du 23 janvier 2004).

• Préretraites FNE et CATS exonérées

152 La contribution ne s'applique pas aux allocations versées dans le cadre d'une préretraite-licenciement (voir § 71) ou d'une préretraite progressive du FNE (voir p. 60), ni à celles versées dans le cadre du dispositif aidé de cessation anticipée d'activité de certains travailleurs salariés (CATS) (voir § 100).

• Taux de la contribution

153 **Taux normal.** Le taux de la contribution est égal à la somme des taux de cotisations plafonnées et déplafonnées à la charge de l'employeur et du salarié dans le cadre du régime d'assurance vieillesse du régime général assise sur les gains et rémunérations de leurs salariés, ainsi que des cotisations de retraite complémentaire ARRCO plafonnées. Compte tenu des paramètres de paye au 1er janvier 2007, ce taux est de 24,15 % dans le cadre du régime général.

154 **Taux réduits jusqu'au 31 mai 2008.** Cependant, des taux réduits sont applicables jusqu'au 31 mai 2008 (décret 2003-1316 du 30 décembre 2003).

Le taux de la contribution est réduit pour les préretraites d'entreprise qui répondent aux trois conditions suivantes:
– l'adhésion obligatoire à l'assurance volontaire invalidité, vieillesse, et veuvage de la sécurité sociale jusqu'à l'obtention du taux plein du régime général de sécurité sociale;
– le maintien des cotisations aux régimes de retraite complémentaire sur la base du salaire qu'aurait reçu le salarié s'il était resté en activité;
– un financement de ces couvertures assuré en tout ou partie par l'employeur dans le cadre d'un accord conclu selon les formes requises pour les accords de protection sociale complémentaire (c. séc. soc. art. L. 911-1), pour un montant au moins équivalant à celui de la nouvelle contribution sur les préretraites d'entreprise.

Taux applicables du 27/05/03 au 31/12/08		
Date de versement des allocations de préretraite	**Taux dans le régime général**	**Taux dans le régime agricole**
Jusqu'au 31 décembre 2004	12 %	13,20 %
2005	14,50 %	15,70 %
2006	17 %	18,20 %
2007	19,50 %	20,70 %
Jusqu'au 31 mai 2008	22,00 %	23,20 %
À partir du 1er juin 2008	Taux normal (voir § 153)	Taux normal (voir § 153)

Tableau récapitulatif des principaux dispositifs de préretraite					
Différents dispositifs	**Salariés bénéficiaires**	**Nature et conditions principales**	**Formalités**	**Coût pour l'entreprise**	**Ressources des bénéficiaires**
Préretraite totale ou préretraite-licenciement	Être âgé de 57 ans (exception, par dérogation, à 56 ans). Ne pas pouvoir justifier des conditions permettant d'obtenir une retraite à taux plein (salariés de plus de 60 ans). Avoir une ancienneté continue d'un an dans l'entreprise. Justifier de 10 ans de cotisations à un ou plusieurs régimes de sécurité sociale. N'exercer aucune autre activité professionnelle.	Facultatif.	Consultation du CE ou des DP. Conclusion d'une convention entre l'entreprise et la DDTE comportant des engagements de l'employeur. Adhésion personnelle du salarié.	Indemnités de rupture (moins participation du salarié au financement de ce dispositif) à verser au salarié. Exonération de la contribution Delalande.	Allocation spéciale de 65 % du SJR (1) dans la limite du plafond de la sécurité sociale et à 50 % pour la part de salaire comprise entre ce plafond et 2 fois celui-ci. Min. : 28,91 € au 1er janvier 2007. Max. : 85 % du SRJ.
Cessation anticipée d'activité (métiers pénibles)	Salariés ayant exercé des métiers pénibles (travail à la chaîne ou en équipe et/ou de nuit dans certaines conditions, ou encore qui ont la qualité de travailleurs handicapés). Salariés âgés de 55 ans minimum pour l'adhésion (57 ans pour la participation financière de l'État).	Accord national de branche, puis accord d'entreprise.	Consultation du CE ou des DP. Conclusion d'une convention entre l'entreprise, l'État et l'organisme gestionnaire du dispositif. Adhésion personnelle du salarié et signature d'un avenant au contrat de travail.	Montant de l'allocation, déduction faite de la participation financière éventuelle de l'État.	Allocation dont le montant est déterminé par l'accord national professionnel.
Préretraite-amiante	Salariés travaillant ou ayant travaillé dans un établissement de fabrication de matériaux contenant de l'amiante. L'exercice de ces activités doit présenter un caractère significatif. Salariés atteints d'une maladie professionnelle liée à l'amiante. Dockers assurant la manutention de l'amiante. Marins ayant navigué sur un navire transportant de l'amiante.	Listes des établissements ou des ports fixées par arrêtés.	Demande écrite du salarié adressée à la CRAM.	Contribution pour chaque admission au dispositif.	65 % du SJR (1), dans la limite du plafond de la sécurité sociale et à 50 % pour la part de salaire comprise entre ce plafond et 2 fois celui-ci.

(1) Le salaire journalier de référence (SJR) est déterminé en fonction des rémunérations soumises aux contributions au régime d'assurance chômage au titre des 12 mois civils précédant le dernier jour de travail payé à l'intéressé, dans la limite de deux fois le plafond de la sécurité sociale.

• **Recouvrement de la contribution**

155 Cette contribution est recouvrée par les URSSAF selon les mêmes modalités que pour les cotisations de sécurité sociale (voir « Les cotisations sociales de l'entreprise », *RF* 950, §§ 2050 à 2110). Les éventuels contentieux en justice sont de la compétence du Tribunal des affaires de sécurité sociale (TASS).

Modèle de convention type d'ASFNE
(circ. DGEFP 2005-22 du 30 mai 2005, annexe 6)

MINISTÈRE DE L'EMPLOI, DU TRAVAIL ET DE LA COHÉSION SOCIALE
RÉPUBLIQUE FRANÇAISE

DÉLÉGATION GÉNÉRALE À L'EMPLOI ET À LA FORMATION PROFESSIONNELLE

CONVENTION N°

Convention d'allocation spéciale licenciement du Fonds national de l'emploi

Entre l'État représenté par le ministre de l'Emploi, du Travail et de la Cohésion sociale, ou le préfet, (par délégation, le directeur départemental du travail, de l'emploi et de la formation professionnelle),

Et la société .... désignée ci-dessous par « l'entreprise » représentée par M. ....

VU le code du travail et notamment les articles L. 320-1, L. 321-1, L. 322-2, L. 322-4, R. 322-1 et R. 322-7,

VU le décret n° 92-1369 du 29 décembre 1992 relatif aux créances de l'État mentionnées à l'article 80 du décret du 29 décembre 1962 portant règlement général sur la comptabilité publique modifié par les décrets n° 97-785 du 31 juillet 1997 et n° 99-607 du 9 juillet 1999;

VU le décret n° 98-1024 du 12 novembre 1998 portant application de l'article R. 322-7 du code du travail;

VU l'arrêté du 29 août 2001 fixant les conditions d'adhésion et les droits des bénéficiaires des conventions d'allocations spéciales du Fonds national de l'emploi, modifié par l'arrêté du 9 mars 2005;

VU l'avis émis par le(s) comité(s) d'entreprise le(s) ....

VU l'avis émis par la commission permanente du Comité supérieur de l'emploi le .... ou par la commission spécialisée du Comité départemental de la formation professionnelle, de la promotion sociale et de l'emploi le ....

Considérant l'ensemble des mesures prises par l'entreprise pour réduire les répercussions sociales des .... suppressions d'emplois envisagées sur un effectif total de l'entreprise de .... salariés (énumérer les différentes mesures du plan de sauvegarde de l'emploi et évaluer le nombre de personnes concernées par chaque mesure):

Il est convenu ce qui suit

Article 1:

Les salariés pour lesquels le bénéfice de la présente convention est prévu dans le cadre d'un licenciement pour motif économique devront atteindre l'âge minimal requis, au plus tard, à la date de fin du contrat de travail (c'est-à-dire au terme du préavis, que celui-ci soit ou non effectué) (1).

(1) En cas d'indétermination de la date de naissance du salarié et sous réserve de l'appréciation souveraine des tribunaux, la date du 31 décembre de l'année considérée est retenue.

Cette date se situant entre le .... et le ....

Le nombre de bénéficiaires de l'allocation spéciale-licenciement, âgés au minimum de 57 ans ne sera pas supérieur à ....

Le nombre de bénéficiaires de l'allocation spéciale-licenciement, âgés au minimum de 56 ans, ne sera pas supérieur à ....

La répartition des bénéficiaires potentiels est établie, à titre définitif, par établissement et par tranche d'âge conformément au tableau annexé à la présente convention.

Pour pouvoir bénéficier des avantages liés à la présente convention, les intéressés doivent de plus :

1° Avoir appartenu pendant au moins dix ans à un ou plusieurs régimes de la sécurité sociale au titre d'emploi salarié ; parmi ces dix années, sont prises en compte, dans la limite de cinq années, les années de cotisation validées au titre des articles L. 351-4 et R. 351-14, L. 381-1 et L. 742-1 (3° alinéa) du code de la sécurité sociale.

2° Ne pas être en mesure de bénéficier d'une pension de vieillesse pour inaptitude au travail au sens de l'article L. 351-8 du code de la sécurité sociale.

3° Ne pas réunir les conditions nécessaires à la validation d'une retraite à taux plein au sens de l'article R. 351-27 du code de la sécurité sociale et R. 351-45 du même code.

4° N'avoir aucune autre activité professionnelle.

5° Adhérer personnellement à la présente convention avant le terme de leur préavis.

6° Justifier à la fin du contrat de travail d'au moins un an d'appartenance continue à l'entreprise ayant conclu la convention.

7° Ne pas être chômeurs saisonniers.

8° Avoir été déclarés non susceptibles de reclassement par le directeur départemental du travail et de l'emploi.

Article 2 :

Le montant de l'allocation spéciale-licenciement versée aux salariés admis au bénéfice de la convention est égal à 65 % du salaire journalier de référence dans la limite du plafond retenu pour le calcul des cotisations de sécurité sociale et à 50 % du salaire journalier de référence pour la part de ce salaire excédant ce plafond, dans la limite de 2 fois ce plafond.

Le versement de l'allocation spéciale-licenciement est effectué mensuellement par l'ASSEDIC compétente pour le lieu d'implantation de l'établissement qui occupait les bénéficiaires.

Le salaire de référence pris en considération pour le versement de l'allocation spéciale-licenciement est fixé d'après les rémunérations sur lesquelles ont été assises les contributions au régime d'assurance chômage au titre des douze derniers mois civils précédant le dernier jour de travail payé à l'intéressé.

Le salaire de référence est calculé selon les règles définies dans le cadre du régime d'assurance chômage visé à la section première du chapitre premier, du titre cinquième, du livre troisième du code du travail.

Le salaire de référence défini ci-dessus est revalorisé selon les conditions et modalités définies par le décret 98-1024 du 12 novembre 1998 portant application de l'article R 322-7 du code du travail.

L'allocation spéciale-licenciement cesse d'être versée :
– soit lorsque le bénéficiaire fait procéder à la liquidation d'un avantage vieillesse à caractère viager acquis à titre personnel ;
– soit le premier jour du mois civil, suivant leur 60e anniversaire pour les salariés pouvant justifier, à 60 ans de 160 trimestres validés au titre de l'assurance vieillesse au sens de l'article L. 351-1-2e alinéa du code la sécurité sociale, sous réserve des dispositions de l'article R. 351-45.

(Les personnes qui, ayant cotisé à plusieurs régimes de retraite de base obligatoires, ne peuvent percevoir qu'une pension de vieillesse au taux plein calculée sur une durée de cotisations inférieure à la durée maximale d'assurance mentionnée à l'article R. 351-6 du code de la sécurité sociale, continuent de percevoir une fraction de l'allocation jusqu'à la date à laquelle elles peuvent liquider au taux plein l'ensemble des pensions auxquelles elles peuvent prétendre.
L'allocation fractionnée est égale, sous réserve des dispositions de l'article R. 351-45 du code de la sécurité sociale, à la différence entre 160 et le nombre de trimestres validés au sens de l'article L. 351-1-2e alinéa du code de la sécurité sociale, dans les régimes de base accordant la retraite à taux plein à l'âge des intéressés, divisée par 160) ;
– soit, pour les salariés ne pouvant justifier à 60 ans, de 160 trimestres validés au titre de l'assurance vieillesse au sens de l'article L. 351-1-2e alinéa du code de la sécurité sociale, sous réserve des dispositions de l'article R. 351-45, le premier jour du mois civil suivant le jour où ils pourront justifier desdits 160 trimestres validés au titre de l'assurance vieillesse, sous réserve des dispositions de l'article R. 351-45, ou au plus tard à 65 ans.

Article 3 :

Le versement est interrompu :
– à titre temporaire, lorsque le bénéficiaire reprend une activité professionnelle.
Toutefois, à titre exceptionnel et pour certaines tâches d'intérêt général accomplies pour le compte d'organismes privés à but non lucratif ou de collectivités publiques ayant conclu à cet effet une convention avec le représentant de l'État, le versement de l'allocation spéciale peut être maintenu en tenant compte des rémunérations éventuellement perçues par l'intéressé ;
– à titre temporaire ou définitif, à la suite de déclarations volontairement inexactes, mensongères ou frauduleuses, en cas de reprise d'activité non signalée au directeur départemental du travail et de l'emploi ou à l'ASSEDIC.

En outre, quiconque se rend coupable de fraude ou de fausse déclaration pour obtenir, faire obtenir ou tenter de faire obtenir cette aide, est passible des sanctions définies à l'article L. 365-1 du code du travail.

Article 4 :

L'allocation spéciale-licenciement, est servie à l'expiration d'un délai courant à partir du lendemain de la fin du contrat de travail et comprenant un nombre de jours correspondant aux indemnités compensatrices de congés payés versées par le dernier employeur ou aux congés payés acquis au titre du dernier emploi lorsque le dernier employeur relève de l'article L. 223-16 du code du travail.

La participation de chaque bénéficiaire de l'allocation spéciale-licenciement est égale à la différence entre l'indemnité conventionnelle de licenciement et une indemnité de départ calculée comme l'indemnité de départ en retraite. Pour ce calcul, le montant déduit au titre de l'indemnité de départ sera au moins égal à l'indemnité légale de licenciement. Cette participation est plafonnée à une somme égale à 40 fois le salaire journalier de référence prévu à l'article 2 pour les salariés relevant du régime d'âge de droit commun, et à 45 fois pour les salariés relevant du régime d'âge dérogatoire.

Article 5 :

Dans tous les établissements concernés par la présente convention, l'entreprise s'engage pendant une période s'étendant de l'admission du premier bénéficiaire aux 12 mois suivant la notification du licenciement du dernier bénéficiaire, de la présente convention à soumettre ses embauches sous contrat à durée indéterminée ou sous contrat à durée déterminée d'une durée supérieure à 3 mois à l'accord préalable de l'autorité administrative compétente. Cet accord sera réputé tacitement acquis, à défaut de réponse de l'autorité administrative dans un délai de 7 jours renouvelable une fois, à compter de la date de réception de la demande d'accord formulée par l'entreprise, l'accusé de réception postal faisant foi.

En cas d'embauche sans accord préalable, une contribution supplémentaire égale à la participation financière définie à l'article 7 sera versée par l'entreprise pour un nombre de bénéficiaires équivalant au nombre d'embauches réalisées sans accord.

Toutefois, les conventions conclues pour un nombre de bénéficiaires inférieur à 50 ne sont pas soumises au contrôle des embauches, lorsque le nombre de bénéficiaires prévu représente moins de 5 % de l'effectif des établissements concernés.

Cette limitation n'est cependant pas applicable aux entreprises appartenant à un groupe d'importance nationale qui, quel que soit le nombre de bénéficiaires fixé à la convention, restent soumises à la procédure décrite au présent paragraphe.

Article 6 :

Pendant la durée d'application de la présente convention, l'entreprise s'engage à ne procéder à aucun licenciement tel que défini à l'article L. 321-1 du code du travail, ni à aucun départ négocié, de salariés de 57 ans (56 ans en cas de dérogation) et plus hors ceux prévus dans les conditions fixées à l'article 1 ci-dessus.

(à compléter sur les engagements pris par l'entreprise à l'égard des salariés de 50 à 57 ans (56 ans en cas de dérogation) et portant sur le maintien dans l'emploi ou le reclassement effectif ou la proposition d'offres valables d'emploi).

En cas de non-respect de ces engagements, et pour chaque salarié concerné, la participation de l'entreprise due au titre de la présente convention est majorée d'un montant égal à .... % du salaire de référence annuel moyen des bénéficiaires potentiels de la convention.

Cette majoration est exigible dès que l'administration a établi un manquement aux engagements pris par l'entreprise. Elle est versée par l'entreprise au budget du ministère chargé de l'emploi selon la procédure des fonds de concours visée à l'article 7 ci-après.

L'entreprise s'engage à faciliter les contrôles jugés nécessaires par les DDTEFP.

Les parties signataires conviennent de se rencontrer le .... et en fin d'application de la convention, afin d'examiner ensemble l'état des réalisations de la présente convention et de la mise en œuvre du plan social.

Article 7 :

Les taux applicables à la présente convention sont de :

.... pour les salariés âgés de 57 ans
.... pour les salariés âgés de 56 ans

L'entreprise versera au Fonds national de l'emploi, pour chaque bénéficiaire, une somme égale au taux défini ci-dessus, multiplié par son salaire de référence plafonné à 2 fois le plafond de la sécurité sociale et par le nombre de jours de prise en charge en allocation spéciale jusqu'à 60 ans majoré forfaitairement de 365 jours. En ce qui concerne les salariés adhérant à cette convention après 60 ans, la contribution versée par l'entreprise sera égale au taux défini dans la convention multiplié par le salaire journalier de référence et par 455 jours.

Cette somme est versée par l'entreprise au budget du ministère chargé de l'emploi selon la procédure des fonds de concours, aux échéances définies ci-après :

– dès l'admission du premier bénéficiaire, un versement forfaitaire est acquitté, il représente 80 % du montant total estimé dû pour l'ensemble des bénéficiaires potentiels, soit .... € ;

– 2 mois après la date de clôture des adhésions, soit le .... intervient un second versement pour régularisation sur la base de 100 % du montant dû au titre des adhésions réelles, déduction faite du premier versement ;

– en cas d'embauches réalisées sans accord pendant 12 mois après la date de fin d'application de la convention, soit le .... il sera acquitté un versement complémentaire correspondant pour chaque embauche ainsi effectuée à la somme moyenne due pour un départ en préretraite dans le cadre de la présente convention. Ce versement sera calculé en multipliant le nombre d'embauches réalisées sans accord, par le rapport :

$$\frac{\text{contribution}}{\text{nombre d'adhésions}}$$

Les sommes à verser sont revalorisées dans les mêmes conditions que l'allocation spéciale du Fonds national de l'emploi.

Lorsque plusieurs établissements sont concernés, les versements seront effectués sur appel de fonds établi par chacune des directions départementales concernées.

Fait à Paris, le .... en dix exemplaires originaux

L'entreprise
L'État,
(préciser nom, qualité du signataire et cachet de l'entreprise)

Le contrôleur financier,

Fiche de calcul ASFNE

1. Pour les bénéficiaires âgés de 56 à 57 ans

a) Estimation de la somme totale due
[(60 – âge moyen) + 1] × 12 × salaire mensuel moyen (1) × effectif total de la classe d'âge × taux applicable aux bénéficiaires d'âge dérogatoire.

b) Estimation de la part salariale
Indemnité conventionnelle de licenciement - Indemnité de départ en retraite ou l'indemnité légale de licenciement si cette dernière est plus élevée que l'indemnité de départ en retraite. Ce montant est plafonné à 45 fois le salaire journalier (2) de référence.

2. Pour les bénéficiaires âgés de 57 ans à 60 ans

a) Estimation de la somme due
[(60 – âge moyen) + 1] × 12 × salaire mensuel moyen (1) × effectif total de la classe d'âge × taux applicable aux bénéficiaires d'âge de droit commun.

b) Estimation de la part salariale
Indemnité conventionnelle de licenciement - Indemnité de départ en retraite ou indemnité légale de licenciement si cette dernière est plus élevée que l'indemnité de départ en retraite.

Ce montant est plafonné à 40 fois le salaire journalier de référence (2).

3. Pour les bénéficiaires âgés de 60 ans et plus

a) Estimation de la somme totale due
15 mois × salaire mensuel moyen (1) × taux applicable aux bénéficiaires d'âge de droit commun × effectif total de la classe d'âge.

(1) Le salaire mensuel moyen est déterminé à partir du salaire brut annuel y compris les primes soumises à contribution au régime d'assurance chômage.
(2) Le salaire journalier de référence est égal à l'ensemble des rémunérations ayant donné lieu à contribution au régime d'assurance chômage dans l'année précédent le licenciement divisé par 365 jours. Les salaires supérieurs à deux fois le plafond de la sécurité sociale ne sont pris en compte que dans la limite de deux plafonds.

b) Estimation de la part salariale
Indemnité conventionnelle de licenciement - Indemnité de départ en retraite ou indemnité légale de licenciement si cette dernière est plus élevée que l'indemnité de départ en retraite.

Ce montant est plafonné à 40 fois le salaire journalier de référence (2).

Attention

Le mode de calcul adopté vise à simplifier l'évaluation du montant de la contribution de l'entreprise. Un premier appel de fonds, égal à 80 % du montant prévisionnel de la contribution de l'entreprise, doit intervenir dès la première adhésion.

Le solde, et donc la contribution définitive, sera établi à partir des données réelles concernant les bénéficiaires qui auront adhéré à la convention, c'est-à-dire à partir des salaires journaliers de référence réels, des durées réelles pendant lesquelles les allocations seront servies jusqu'à 60 ans déterminées en jours et majorés du forfait de 365 jours pour les moins de 60 ans ou de 455 jours pour les plus de 60 ans.

(2) Voir note (2) précitée page précédente.

Du chômage à la retraite

4

§§

Chômage des seniors 160

Allocation de chômage

- Principe : pas d'ouverture des droits après 60 ans 161

➞ *Conditions d'ouverture des droits à l'allocation de chômage : page 88*

- Indemnisation plus longue pour les 50 ans et plus 162

➞ *Tableaux :*
– périodes d'affiliation ouvrant droit à l'allocation de chômage : page 88
– montant de l'allocation de chômage : page 88

- Cessation du versement des allocations à l'âge de 60 ans .. 163
- Maintien des allocations jusqu'à l'âge de la retraite :
  – conditions du maintien 164
  – cas soumis à la commission paritaire de l'Assédic 165

➞ *Projet personnalisé d'accès à l'emploi (PPAE) : page 91*
  – appréciation des conditions au regard de la réglementation applicable 166
  – incidence d'une réadmission 167

➞ *Droits à la retraite préservés pour le chômeur indemnisé : page 92*

- Règle de cumul entre allocations de chômage et avantages vieillesse :
  – cumul avec une pension de retraite 168
  – cas particulier des pensions de retraite militaire 169
  – cumul avec l'allocation de préparation à la retraite 170

➞ *Que se passe-t'il en cas de reprise d'activité ? page 94*

Allocation du régime de solidarité

- Allocation complémentaire de chômage (ACO) :
  – principe 172
  – chômeurs concernés 173
  – conditions d'attribution 174
  – montant de l'allocation 175

➞ *Dispense de recherche d'emploi pour les chômeurs âgés : page 96*

- Allocation de solidarité spécifique (ASS) :
  – option pour les chômeurs indemnisés d'au moins 50 ans 176
  – conditions générales d'attribution 177
  – plafond mensuel de ressources .. 178
  – montant 179
  – durée de versement 180
  – incitation au retour à l'emploi... 181

➞ *Protection sociale des allocataires du régime de solidarité : page 99*

- Allocation équivalent-retraite (AER) :
  – objet de l'allocation 185
  – conditions de ressources 186
  – montant de l'allocation 188

➞ *Formulaire de demande d'AER : pages 101 à 106*

Chômage des seniors

160 Les chômeurs de 60 ans et 6 mois qui n'ont pas une carrière complète peuvent bénéficier, sous certaines conditions, du maintien de leur allocation de chômage jusqu'à ce qu'ils puissent percevoir leur retraite à taux plein. Les allocations du régime de solidarité financé par l'État peuvent être versées à ceux dont la durée d'indemnisation par l'assurance chômage ne permet pas de faire la soudure avec la retraite.

Les demandeurs d'emploi âgés de 57 ans et 6 mois peuvent demander à être dispensés de recherche d'emploi.

Certaines dispositions relatives à l'indemnisation et à l'accompagnement des allocataires du régime d'assurance chômage (Assédic) ont été modifiées par la convention et le règlement d'assurance chômage du 18 janvier 2006. Ces textes s'appliquent aux salariés involontairement privés d'emploi dont la fin de contrat de travail est postérieure au 17 janvier 2006. Toutefois, la situation des salariés compris dans une procédure de licenciement engagée antérieurement à la date du 18 janvier 2006 reste régie, concernant les durées d'indemnisation, par les dispositions de la convention du 1er janvier 2004 (conv. ass. chôm. du 18 janvier 2006, art. 10 ; circ. Unédic 2006-14 du 21 juillet 2006, fiche 1).

L'engagement de la procédure correspond :
– soit à la date de l'entretien préalable (c. trav. art. L.122-14),
– soit à la date de présentation de la lettre de convocation à la première réunion des instances représentatives du personnel, dans le cadre d'une procédure de licenciement économique collectif (c. trav. livre IV).

Pour les personnes dont la procédure de licenciement a été engagée avant le 18 janvier 2006, les durées d'indemnisation sont les suivantes :
– 6 mois d'activité au cours des 22 derniers mois : 7 mois ;
– 14 mois d'activité au cours des 24 derniers mois : 23 mois ;
– 27 mois d'activité au cours des 36 derniers mois : 36 mois ;
– pour les 57 ans et plus, 27 mois d'activité au cours des 36 derniers mois et 100 trimestres d'assurance vieillesse : 42 mois.

Allocation de chômage

Principe : pas d'ouverture des droits après 60 ans

161 **Ne pas avoir atteint 60 ans, âge à partir duquel l'assuré peut, en principe, prétendre à une pension de vieillesse à taux plein (voir § 326), constitue l'une des conditions d'ouverture des droits aux allocations de chômage (voir encadré page suivante).**

Ainsi, les salariés privés d'emploi âgés de 60 ans et réunissant 160 trimestres validés d'assurance vieillesse, tous régimes confondus, ne peuvent prétendre à une admission au bénéfice des allocations de chômage (règlt ass. chôm. du 18 janvier 2006, art. 4 c).

Par ailleurs, ne peuvent être admis au bénéfice des prestations de chômage les travailleurs privés d'emploi relevant de la Caisse autonome nationale de sécurité sociale des mines (CANSSM) titulaires d'une pension de vieillesse liquidée par la CANSSM, dite « pension normale » (au moins 120 trimestres validés comme services miniers), et non d'une pension dite de raccordement (assurant un complément de ressources dans l'attente de la liquidation de leur retraite complémentaire).

Toutefois, les salariés licenciés entre l'âge de 60 et 65 ans et qui ne justifient pas du nombre de trimestres d'assurance vieillesse (tous régimes confondus) permettant d'obtenir une pension de retraite à taux plein (voir § 324) lors de leur 60e anniversaire peuvent percevoir l'allocation de chômage à laquelle ils sont en droit de prétendre, dans la limite du nombre de trimestres permettant d'obtenir une pension de retraite à taux plein et, au plus tard, jusqu'à l'âge de 65 ans. En tout état de cause, un salarié licencié à 65 ans ou plus ne peut bénéficier des allocations de chômage.

Certaines personnes justifient du nombre de trimestres requis mais ne peuvent seulement faire valider qu'une partie de leur retraite à taux plein. Dans cette situation, une allocation différentielle peut continuer à leur être versée (voir § 172).

Périodes d'affiliation ouvrant droit à l'allocation de chômage		
Durée d'affiliation	**Période d'affiliation**	**Durée d'indemnisation**
182 jours (6 mois) d'affiliation ou 910 heures de travail*	au cours des 22 mois qui précèdent la fin du contrat de travail (terme du préavis)	sans condition d'âge : 213 jours (7 mois)
365 jours (12 mois) d'affiliation ou 1820 heures de travail*	au cours des 20 mois qui précèdent la fin du contrat de travail	sans condition d'âge: 365 jours (12 mois)
487 jours (27 mois) d'affiliation ou 2 426 heures de travail*	au cours des 26 mois qui précèdent la fin du contrat de travail (terme du préavis)	sans condition d'âge: 700 jours (23 mois)
821 jours (27 mois) d'affiliation ou 4095 heures de travail*	au cours des 36 mois qui précèdent la fin du contrat de travail (terme du préavis)	⩾ 50 ans: 1 095 jours (36 mois)

* Salariés dont la fin du contrat de travail (terme du préavis) est postérieure au 17 janvier 2006 ou dont la procédure de licenciement a été engagée après le 17 janvier 2006.

Montant de l'allocation au 1er janvier 2007*		
Salaire mensuel brut	**Allocation brute journalière**	**Retenues sociales**
Inférieur à 1 020,40 €	75 % du salaire journalier brut	
Compris entre 1 020,40 et 1 117,57 €	25,01 € par jour	
Compris entre 1 117,57 et 1 845,88 €	40,40 % du salaire journalier brut + 10,46 € par jour	3 % du salaire journalier de référence (retraite complémentaire)
Compris entre 1 845,88 € et 10 728 €	57,40 % du salaire	11,37 % de l'allocation (CSG/CRDS/retraite complémentaire) si elle est supérieure au SMIC (42 € au 01/07/2006)

* L'allocation est revalorisée chaque année au 1er juillet. Elle est journalière. Son paiement étant mensuel, elle est multipliée par le nombre de jours du mois concerné.

Conditions d'ouverture des droits à l'allocation de chômage

L'allocation d'aide au retour à l'emploi est versée en cas de chômage total, sous certaines conditions, aux salariés involontairement privés d'emploi qui justifient d'une durée minimale d'affiliation au régime d'assurance chômage (voir tableau ci-avant). Elle est assortie d'un dispositif d'accompagnement des chômeurs: le projet personnalisé d'accès à l'emploi (PPAE) destiné à les soutenir dans leur recherche d'emploi (voir encadré p. 91). Outre la condition relative à l'âge (voir § 161) et à l'affiliation (voir tableau ci-dessus), le demandeur d'emploi doit (règlt ass. chôm. du 18 janvier 2006, art. 4 ; circ. Unédic 2006-14 du 21 juillet 2006, fiche 1) :
– ne pas avoir quitté volontairement son emploi;
– être inscrit comme demandeur d'emploi;
– rechercher activement et de façon permanente un emploi, ou être dispensé de recherche d'emploi (voir encadré p. 96) ;
– être physiquement apte à l'exercice d'un emploi;
– résider sur le territoire relevant du champ d'application du régime d'assurance chômage (territoire métropolitain, DOM, collectivité territoriale de Saint-Pierre-et-Miquelon). Cette obligation de résidence des chômeurs ne s'oppose pas au principe de libre circulation et de séjour des citoyens de l'Union européenne reconnu par le traité CE (art. 17 et 18). En effet, elle répond à la nécessité de contrôler la situation des chômeurs (CJCE, 18 juillet 2006, C 406-04) ;
– ne pas avoir été indemnisé plus de trois fois au titre du chômage saisonnier.

Indemnisation plus longue pour les 50 ans et plus

162 Les salariés qui perdent leur emploi à partir de l'âge de 50 ans bénéficient d'une durée maximale d'indemnisation plus importante (36 mois, voir tableau ci-dessus). Cependant, seuls les salariés licenciés à partir de 57 ans peuvent

atteindre, sans interruption de revenus, l'âge de la retraite (60 ans si 160 trimestres validés). Par ailleurs, afin de pouvoir bénéficier du maintien de leurs allocations au-delà de 60 ans dans l'hypothèse où ils ne pourraient liquider leur retraite à taux plein à cet âge, il faudra qu'ils aient intégré à 57 ans et demi au plus tôt cette filière d'indemnisation réservée aux chômeurs d'au moins 50 ans.

Cessation du versement des allocations à l'âge de 60 ans

163 Le versement des allocations de chômage est interrompu au moment où la condition relative à l'âge cesse d'être remplie (voir § 161), c'est-à-dire lorsque l'intéressé atteint l'âge de 60 ans, dès lors que ce dernier justifie de 160 trimestres d'assurance vieillesse (règlt ass. chôm. du 8 janvier 2004, art. 33, § 2 a ; circ. Unédic 2006-14 du 21 juillet 2006, fiche 5).

La date de la cessation du versement des allocations prend en considération la date du premier jour de versement de la pension de vieillesse, afin d'éviter toute discontinuité dans le versement de ces prestations sociales.

Ainsi, le paiement de l'allocation de chômage est assuré jusqu'à la veille du 60e anniversaire si le jour correspondant à celui de la naissance est le premier jour d'un mois civil. Dans les autres situations, l'indemnisation est assurée jusqu'à la veille du premier jour du mois civil suivant le mois de naissance (accord d'application Unédic 16).

Une procédure de signalement existe entre la CNAV et l'Unédic (voir § 204) permettant à l'Assédic de connaître, de façon anticipée, la date à laquelle l'allocataire est en mesure de bénéficier d'une pension de vieillesse à taux plein.

Maintien des allocations jusqu'à l'âge de la retraite

• Conditions du maintien

164 Par exception aux durées maximales d'indemnisation (voir tableau p. 88), les chômeurs qui atteignent l'âge de 60 ans et 6 mois sans pouvoir bénéficier d'une pension de vieillesse à taux plein peuvent voir leur indemnisation maintenue jusqu'à l'âge auquel ils sont en droit d'obtenir une retraite à taux plein (cass. civ., 2e ch., 12 juillet 2006, n° 05-12570 FD) et, au plus tard, jusqu'à 65 ans (règlt ass. chôm. du 18 janvier 2006, art. 12, § 3 ; accord d'application Unédic 18 ; circ. Unédic 2006-14 du 21 juillet 2006, fiche 2) :

1) s'ils sont en cours d'indemnisation depuis au moins 365 jours ;

2) s'ils justifient avoir appartenu pendant au moins 12 ans à un ou plusieurs régimes de sécurité sociale au titre d'emplois salariés relevant du champ d'application du régime d'assurance chômage, ou de périodes assimilées à ces emplois ;

Dans le cadre de la recherche des 12 ans d'appartenance, les périodes d'assurance et/ou d'emploi accomplies sur le territoire d'un État membre de l'Union européenne (UE), de l'Espace économique européen (EEE) ou de la Confédération suisse par un ressortissant de l'un de ces États sont prises en considération (règlt CEE 1408-71du 14 juin 1971, art. 67). Sont également prises en considération les périodes d'assurance et/ou d'emploi accomplies sur le territoire d'un État membre de l'Union européenne (à l'exception du Danemark) par un ressortissant d'un État tiers (règlt CE 859-2003 du Conseil du 14 mai 2003).

3) s'ils justifient soit d'une année continue, soit de 2 années discontinues d'appartenance dans une ou plusieurs entreprises au cours des 5 années précédant la fin du contrat de travail ;

Les périodes assimilées, sans limite ou dans la limite de 5 ans, selon le cas, à des emplois salariés relevant du régime d'assurance chômage sont limitativement énumérées (accord d'application Unédic 18).

• Assimilation sans limite :
– les périodes de travail pour le compte d'un employeur affilié au régime d'assurance chômage (c. trav. art. L. 351-12) ;
– les périodes de travail accomplies dans les départements d'outre-mer avant le 1er septembre 1980 ;
– les périodes de travail accomplies avant le 3 juillet 1962 en Algérie et avant le 31 décembre 1956 au Maroc et en Tunisie.

• Assimilation dans la limite de 5 ans :
– les périodes de formation professionnelle continue (c. trav. art. L. 900-2) ;
– les périodes de majoration de la durée d'assurance vieillesse (c. séc. soc. art. L. 351-4 et L. 351-5) ;
– les périodes de congé de présence parentale (c. trav. art. L. 122-28-9) ;
– les périodes d'affiliation obligatoire au titre de l'assurance vieillesse pour les bénéficiaires du complément familial, de l'allocation de base de la prestation d'accueil du jeune enfant ou du complément de libre choix d'activité de cette prestation, de l'allocation de présence parentale, ou pour les personnes assumant la charge d'un handicapé (c. séc. soc. art. L. 381-1) ;
– les périodes d'affiliation volontaire au titre de l'assurance vieillesse des salariés de nationalité française travaillant hors du territoire français ou des parents chargés de famille ne relevant pas à titre personnel d'un régime obligatoire d'assurance vieillesse (c. séc. soc. art. L. 742-1, 1° et 2) ;
– les périodes pour lesquelles les cotisations à l'assurance vieillesse ont été rachetées en application de la loi du 10 juillet 1965, pour des activités exercées hors métropole par des salariés expatriés autorisés par ailleurs à souscrire une assurance volontaire.

4) s'ils justifient de 100 trimestres validés par l'assurance vieillesse (c. séc. soc. art. L. 351-1 à L. 351-5).

Sont pris en compte pour la recherche de ces 100 trimestres:
– les trimestres validés par l'assurance vieillesse (périodes d'assurance, périodes assimilées, périodes reconnues équivalentes, majoration d'assurance),
– les trimestres validés par les autres régimes de base obligatoires français,
– et, pour les personnes ressortissantes de ces États, les périodes validées par les régimes des États membres de l'UE, des États parties à l'EEE et de la Confédération suisse. S'il s'agit d'un ressortissant d'un État tiers, les périodes validées par les régimes des États membres de l'Union européenne (à l'exception du Danemark).

Pour la justification des 100 trimestres, les intéressés pourront notamment produire des attestations d'employeur, des certificats de travail, des bulletins de salaire, un relevé de carrière de la CRAM (ou de la CNAV en Ile-de-France) dès lors que ce relevé fait état d'au moins 100 trimestres validés par l'assurance vieillesse. Si les périodes déclarées sur la (ou les) attestation(s) d'employeur ne sont pas suffisantes (personnes ne justifiant pas de 25 ans d'affiliation au régime d'assurance chômage), une information complémentaire est sollicitée.

La décision de maintien des droits jusqu'à la retraite ne s'opère que le jour où l'ensemble de ces conditions sont satisfaites.

Une convention du 30 janvier 2004 Unédic/CNAV, ayant pour objet de développer les échanges d'informations nominatives sur la base du numéro d'inscription au registre national d'identification des personnes physiques (NIR) entre la CNAV et l'Unédic, formalise les échanges permettant l'établissement des attestations relatives aux durées d'assurance vieillesse requises pour le maintien de l'indemnisation jusqu'à l'âge de la retraite (circ. CNAV 2006-8 du 20 janvier 2006).

• Cas soumis à la commission paritaire de l'Assédic

165 Toutefois, le maintien des droits jusqu'à l'âge de la retraite est subordonné à une décision de la commission paritaire de l'Assédic lorsque (accord d'application Unédic 13, § 5):
– la fin de contrat de travail est intervenue par suite d'une démission;
– le salarié a renoncé à adhérer à une convention du FNE conclue par son employeur (voir §§ 71 et 100), en optant pour le système d'indemnisation du régime d'assurance chômage.

Projet personnalisé d'accès à l'emploi (PPAE)

Le soutien apporté à chaque allocataire en vue d'accélérer son retour à l'emploi se traduit par l'établissement par l'ANPE ou un autre organisme du service public de l'emploi d'un projet personnalisé d'accès à l'emploi (c. trav. art. R. 311-3-12 ; règlt ass. chôm. du 18 janvier 2006, art. 14 à 20 ; circ. Unédic 2006-20 du 21 août 2006).

Il est établi à la suite d'un entretien approfondi qui a pour objectif d'évaluer les perspectives de reclassement et de fixer le délai probable de retour à l'emploi, et de retenir en conséquence, parmi les différents parcours possibles, le parcours le plus adapté à la situation.

Dans ce cadre, l'allocataire bénéficie d'une première évaluation personnalisée et d'une information sur les perspectives d'évolution des métiers à partir desquelles il est orienté vers l'ANPE, ou l'APEC en vue d'actions de reclassement immédiat, de la réalisation éventuelle d'un bilan de compétences, d'une action de validation des acquis de l'expérience (VAE), de la prescription d'une formation complémentaire ou de la conclusion d'un contrat de professionnalisation.

Le projet d'action personnalisé détermine les types d'emploi :
- qui correspondent effectivement aux qualifications validées et aux capacités professionnelles du demandeur d'emploi ;
- vers lesquels il souhaiterait se reconvertir ;
- vers lesquels une reconversion est envisageable.

Il détermine également les prestations ou formations qui seront nécessaires au retour à l'emploi. Lorsque l'allocataire n'a pas retrouvé d'emploi, le PPAE est actualisé et ajusté (après 6 puis 12 mois de recherches infructueuses).

• **Appréciation des conditions au regard de la réglementation applicable**

166 Les conditions de maintien s'apprécient en fonction des dispositions applicables au moment de la rupture du contrat de travail ayant servi à ouvrir des droits aux allocations de chômage.

La condition d'âge fixée à 60 ans et 6 mois requise pour le maintien des allocations jusqu'à l'âge de la retraite est opposable aux allocataires qui ont des droits ouverts au titre d'une fin de contrat de travail intervenue à compter du 18 janvier 2006.

Si la fin du contrat de travail prise en compte est intervenue entre le 1er janvier 2003 et le 17 janvier 2006, la condition d'âge requise est de 60 ans (circ. Unédic 2006-14 du 21 juillet 2006, fiche 8).

• **Incidence d'une réadmission**

167 Après la reprise d'une période d'activité, l'ouverture d'une nouvelle période d'indemnisation peut être prononcée lorsque le salarié privé d'emploi remplit à nouveau les conditions d'ouverture des droits (voir encadré p. 88). Sa situation est alors examinée en vue d'une réadmission (règlt. ass. chôm. du 18 janvier 2006, art. 10, § 1 ; circ. Unédic 2006-14 du 21 juillet 2006, fiche 4).

Lorsqu'une réadmission au bénéfice de l'indemnisation au titre de la nouvelle activité est possible, il est procédé à une double comparaison entre le montant global du reliquat des droits antérieurs (addition de toutes les allocations journalières non épuisées) et le montant global des droits qui seraient ouverts en l'absence de reliquat, mais également entre le montant brut de l'allocation journalière de la précédente admission et le montant brut de l'allocation journalière qui serait servie en l'absence de reliquat.

Le montant global et le montant de l'allocation journalière les plus élevés sont retenus. La durée d'indemnisation est limitée au quotient du montant global par le montant global, par le montant brut de l'allocation journalière retenu, arrondi au nombre entier supérieur (règlt ass. chôm. du 18 janvier 2006, art. 10, § 3).

Si, au jour de la réadmission, toutes les conditions du maintien des allocations jusqu'à l'âge de la retraite (voir § 164) sont réunies au titre de la précédente ouverture de droits, le montant global du reliquat tient compte de ce maintien pour la comparaison des droits. En revanche, le nouveau droit ne peut tenir compte du maintien de l'indemnisation jusqu'à la retraite, l'intéressé ne pouvant justifier de 365 jours d'indemnisation postérieurement à la réadmission.

Dès lors que le maintien de l'indemnisation jusqu'à l'âge de la retraite est acquis au titre du droit précédent ou qu'il peut l'être à la date de réadmission et que le montant global du droit précédent est le plus élevé, le maintien est applicable pour le droit à servir suite à la réadmission. Dans cette situation, le montant de l'allocation le plus élevé sera servi jusqu'à l'âge limite d'indemnisation.

En pratique, les Assédic, lors de la mise en œuvre de la règle de comparaison du nouveau droit avec celui du reliquat, tiennent compte de la limite d'âge de 65 ans (voir § 164). La procédure de signalement, mise en œuvre dès l'âge de 57 ans et 6 mois, permettant l'examen des droits à la retraite, doit permettre, dans de nombreux cas, de connaître suffisamment tôt la date à laquelle un allocataire pourra bénéficier de sa retraite. Lorsque la procédure de signalement ne permet pas de connaître, au moment de la réadmission, la date à laquelle l'intéressé pourra bénéficier de sa retraite, cette date est réputée être celle du premier jour du mois civil suivant son 60e anniversaire ou le jour correspondant à celui de son 60e anniversaire si celui-ci est le premier jour d'un mois civil (circ. Unédic 2006-14 du 21 juillet 2006, fiche 4).

Le principe de la réadmission souffre une exception consistant à privilégier la reprise du reliquat des droits antérieurs sur la réadmission lorsque les droits antérieurs ont été ouverts à la suite d'une fin de contrat de travail survenue à l'âge de 57 ans et 6 mois ou plus et si le salarié privé d'emploi en fait expressément la demande (règlt. ass. chôm. du 18 janvier 2006, art. 11).

Droits à la retraite préservés pour les chômeurs indemnisés

Les trimestres pendant lesquels un chômeur a été indemnisé par l'assurance chômage sont pris en compte dans le calcul de la durée d'assurance vieillesse en tant que périodes assimilées à de l'activité. Les périodes de chômage non indemnisées sont aussi prises en compte comme périodes assimilées, mais dans une certaine limite (qui va jusqu'à 5 ans pour les chômeurs ayant au moins 55 ans s'ils ont cotisé pendant au moins 20 ans ; voir § 350).

Par ailleurs, pendant une période de chômage indemnisé par l'assurance chômage, les allocataires continuent à bénéficier de la validation de points de retraite complémentaire dans les mêmes conditions que celles existant antérieurement à la rupture du contrat de travail qui a précédé l'ouverture des droits aux allocations de chômage (voir § 715).

Règle de cumul entre allocations de chômage et avantages vieillesse

• Cumul avec une pension de retraite

168 Les allocations de chômage servies peuvent se cumuler avec un avantage vieillesse ou d'autres revenus de remplacement à caractère viager, y compris ceux acquis à l'étranger.

Dans cette situation, le montant de l'allocation est égal à la différence entre le montant de l'allocation d'aide au retour à l'emploi et une somme calculée en fonction d'un pourcentage compris entre 25 et 75 % de l'avantage vieillesse ou du revenu de remplacement selon l'âge de l'intéressé (règlt. ass. chôm. du 18 janvier 2006, art. 26, § 1 ; circ. Unédic 2006-14 du 21 juillet 2006, fiche 3).

Les conditions de mise en œuvre sont les suivantes (accord d'application Unédic 2):
– si l'intéressé a moins de 50 ans, l'allocation est intégralement cumulable avec l'avantage vieillesse;
– s'il est âgé de 50 ans et de moins de 55 ans, l'allocation est diminuée de 25 % de l'avantage vieillesse;
– s'il est âgé de 55 ans et de moins de 60 ans, l'allocation est diminuée de 50 % de l'avantage vieillesse;
– si l'intéressé est âgé de 60 ans et plus, l'allocation est diminuée de 75 % de l'avantage vieillesse.

Il y a lieu de déduire de l'allocation tous les avantages vieillesse ou autres avantages directs à caractère viager, liquidés ou liquidables, dont l'acquisition est rendue obligatoire dans l'entreprise.

Ces règles de cumul s'appliquent à la date à laquelle le travailleur privé d'emploi atteint l'âge de 50 ans, 55 ans ou 60 ans en cours d'indemnisation.

Dans tous les cas, l'application des règles de cumul ne peut pas conduire à verser une allocation journalière inférieure au montant de l'allocation (25,01 € au 1er janvier 2007), sans toutefois excéder 75 % du salaire journalier de référence et sous réserve des dispositions relatives aux anciens salariés à temps partiel (règlt. ass. chôm. du 18 janvier 2006, art. 24).

• Cas particulier des pensions de retraite militaire

169 Les salariés privés d'emploi âgés de moins de 60 ans qui bénéficient d'une pension militaire peuvent, par dérogation au droit commun (voir § 168), percevoir l'allocation d'assurance chômage sans réduction (accord d'application Unédic 3). Par conséquent:
– avant 60 ans, l'allocation est intégralement cumulable avec la pension de retraite militaire;
– à partir de 60 ans, l'allocation est diminuée de 75 % de l'avantage vieillesse.

• Cumul avec l'allocation de préparation à la retraite

170 **Allocation de préparation à la retraite.** L'allocation de préparation à la retraite (APR) est une prestation accordée par un fonds de solidarité aux anciens combattants d'Afrique du Nord en situation de chômage de longue durée, âgés d'au moins 55 ans, qui disposent de ressources inférieures à un certain plafond et qui ont bénéficié pendant six mois consécutifs de l'allocation différentielle (loi 91-1322 du 30 décembre 1991, art. 125 modifié par loi 94-1162 du 29 décembre 1994, art. 79).

Depuis le 1er janvier 1999, les chômeurs qui justifient de 160 trimestres d'assurance vieillesse peuvent obtenir l'APR sans avoir été titulaires de l'allocation différentielle (loi 98-1266 du 30 décembre 1998, art. 124).

L'attribution de l'APR interrompt le versement de l'allocation de chômage (arrêté du 13 mars 1997, art. 12). L'APR est servie jusqu'à l'attribution de la pension de vieillesse (circ. CNAV 26-96 du 15 février 1996).

171 **Allocation différentielle.** L'allocation différentielle, attribuée par les directions interdépartementales du secrétariat d'État aux anciens combattants dans les mêmes conditions que l'APR, est déterminée de manière à assurer à chaque bénéficiaire un montant mensuel de ressources minimum. Elle n'est pas cumulable avec l'APR.

Cette allocation, étant subsidiaire par rapport aux autre ressources du bénéficiaire, se cumule intégralement avec le versement de l'allocation de chômage (arrêté du 13 mars 1997, art. 3 et 7).

Que se passe-t-il en cas de reprise d'activité ?

Les allocataires du régime d'assurance chômage qui conservent ou reprennent une activité professionnelle salariée peuvent cumuler, sous conditions, intégralement ou partiellement, la rémunération procurée par cette activité et leur allocation (ne pas effectuer plus de 110 heures par mois et ne pas être rémunéré plus de 70 % de ce qu'ils gagnaient avant d'être au chômage).

Les allocations cumulables sont déterminées à partir d'un nombre de jours indemnisables au cours d'un mois civil. Celui-ci est égal à la différence entre le nombre de jours calendaires du mois et le nombre de jours correspondant au quotient des rémunérations brutes mensuelles par le salaire journalier de référence servant de base au calcul de l'allocation. Pour les allocataires âgés de 50 ans et plus, ce quotient est affecté d'un coefficient de minoration égal à 0,8 et ce cumul n'est pas limité dans le temps (limitation à 15 mois pour les chômeurs de moins de 50 ans). L'âge s'apprécie en fin de mois. Il suffit que l'intéressé ait atteint l'âge de 50 ans au dernier jour du mois pour ne pas se voir opposer, à partir du mois considéré, la limite de 15 mois (règlt ass. chôm. du 18 janvier 2006, art. 41 à 44 ; circ. Unédic 2006-19 du 21 août 2006, fiche 6, chap. 2).

L'exercice d'une activité non salariée est compatible avec l'attribution ou le maintien des allocations, sous réserve que l'intéressé reste inscrit sur la liste des demandeurs d'emploi et que les revenus procurés par l'activité non salariée et déclarés au titre des assurances sociales n'excèdent pas 70 % des revenus antérieurs à la fin du contrat de travail. Les allocations sont intégralement cumulables avec les revenus procurés par une activité non salariée conservée dès lors que le seuil de 70 % est respecté.

Pour les activités non salariées reprises, un nombre de jours indemnisables au cours d'un mois civil est déterminé, dès lors que le seuil de 70 % est respecté. Il est égal à la différence entre le nombre de jours calendaires du mois et le nombre de jours correspondant au quotient des rémunérations déclarées au titre des assurances sociales par le salaire journalier de référence. Pour les allocataires âgés de 50 ans et plus, ce quotient est affecté d'un coefficient de minoration égal à 0,8. Une régularisation annuelle est effectuée par l'Assédic à partir des revenus réels soumis à cotisations de sécurité sociale. Ce cumul n'est pas limité dans le temps pour les intéressés d'au moins 50 ans. (règlt ass. chôm. du 18 janvier 2006, art. 45 ; accord d'application Unédic 12 ; circ. Unédic 2006-19 du 21 août 2006, fiche 6, chap. 3).

Par ailleurs, une allocation d'aide au retour à l'emploi différentielle peut également être versée à l'allocataire de plus de 50 ans qui reprend un travail d'au moins 30 jours calendaires (hors champ des règles ci-avant exposées) dans une autre entreprise que celle dans laquelle il exerçait son activité précédente et dont la rémunération est, pour une même durée de travail, inférieure d'au moins 15 % à 30 fois le salaire journalier de référence ayant servi de base au calcul de l'allocation. Le montant mensuel de l'aide est égal à la différence entre 30 fois le salaire journalier de référence ayant servi au calcul de l'allocation d'aide au retour à l'emploi et le salaire brut mensuel de base de l'emploi repris. Le versement de cette ARE différentielle ne peut excéder la durée maximum de versement des allocations, dans la limite d'un montant total plafonné à 50 % des droits à l'ARE (règlt ass. chôm. du 18 janvier 2006, art. 46 ; accord d'application Unédic 27 ; circ. Unédic 2006-19 du 21 août 2006, fiche 7).

Allocation du régime de solidarité

Allocation complémentaire de chômage (ACO)

• Principe

172 Les allocations de chômage cessent d'être versées aux chômeurs âgés de plus de 60 ans et justifiant de 160 trimestres d'assurance vieillesse (voir § 163).

Toutefois, certains chômeurs âgés de plus de 60 ans, bien que totalisant 160 trimestres tous régimes confondus, ne peuvent percevoir qu'une pension de vieillesse à taux plein calculée sur une durée de cotisations au régime général inférieure à un nombre de trimestres déterminé en fonction de l'année de naissance (pension à taux plein partielle ; voir § 332) du fait de la validation de certains trimestres dans des régimes prévoyant un âge de départ à la retraite supérieur à 60 ans. Ils bénéficient, sous condition de ressources, d'une allocation complémentaire (ACO) à la charge de l'État (c. trav. art. L. 351-19; dir. Unédic 66-85 du 11 juillet 1985).

• Chômeurs concernés

173 L'ACO peut être versée, jusqu'à 65 ans, aux personnes cessant d'être indemnisées au titre:
- de l'assurance chômage;
- du régime de solidarité (allocation d'insertion, allocation de solidarité spécifique, allocation équivalent retraite);
- de l'article L. 351-12 du code du travail (indemnisation des anciens contractuels du secteur public).

• Conditions d'attribution

174 L'ACO est attribuée dès lors que les intéressés ont demandé la liquidation de leur pension au titre des régimes qui autorisent cette liquidation à taux plein à 60 ans. Le paiement de cette allocation suppose que le bénéficiaire puisse ultérieurement obtenir la liquidation de l'ensemble de ses retraites à taux plein (c. trav. art. L. 351-19).

Tel n'est pas le cas lorsque la retraite à taux plein liquidée dès 60 ans est proratisée en fonction d'un nombre de trimestres validés au titre de périodes d'équivalence (voir § 328) ne permettant pas la liquidation ultérieure d'une autre pension. Dans ces conditions, l'ACO n'est pas attribuée (dir. Unédic 98-85 du 20 novembre 1985).

Au moment de la notification de leur pension du régime général, les intéressés sont informés par la caisse de vieillesse de la possibilité de faire examiner, par l'Assédic qui les indemnisait en dernier lieu, leur situation au regard de cette allocation (dir. Unédic 68-84 du 5 juillet 1984). En cas de doute sur l'admission à l'ACO, le dossier est adressé, pour décision, au directeur départemental du travail, de l'emploi et de la formation professionnelle (DDTEFP).

• Montant de l'allocation

175 L'ACO correspond à une fraction de l'allocation de chômage perçue par l'intéressé au jour où il totalise 160 trimestres d'assurance au titre de l'assurance vieillesse.

Cette fraction est modulée en fonction du nombre de trimestres dont il a été tenu compte dans la liquidation des droits à pension.

Cette fraction est égale à la différence entre le nombre de trimestres requis pour bénéficier d'une retraite à taux plein et le nombre de trimestres validés dans les régimes de base accordant la retraite à taux plein à l'âge des intéressés, divisé par le nombre de trimestres requis pour bénéficier d'une retraite à taux plein (voir § 332) (décret 84-344 du 7 mai 1984, JO du 10).

L'allocation de chômage (ARE) retenue pour calculer l'allocation supplémentaire ne peut excéder le montant perçu par un allocataire dont le salaire de référence est égal au plafond journalier de sécurité sociale (décret 84-344 du 7 mai 1984, art. 1 ; dir. Unédic 68-84 du 5 juillet 1984).

ACO = ARE plafonnée × coeff.

Coeff. = (nombre de trimestres requis, pour bénéficier d'une retraite à taux plein) – nombre de trimestres immédiatement liquidables) / nombre de trimestres requis pour bénéficier d'une retraite à taux plein

Ainsi, au 1er janvier 2007, le montant de l'ARE plafonnée pour le calcul de l'ACO est égal à 88,18 € (plafond journalier de la sécurité sociale : 32 184/365) multiplié par 57,4 %, soit 50,62 €. Ce montant, ainsi plafonné, est affecté du coefficient tel que déterminé ci-avant.

Les bénéficiaires de l'ACO ne sont pas tenus de rechercher un emploi. Ils doivent cependant notifier à l'Assédic tout changement dans leur situation affectant leur droit à indemnisation, notamment toute reprise d'une activité professionnelle ou toute liquidation d'une pension de vieillesse (décret 84-344 du 7 mai 1984, art. 2).

Dispense de recherche d'emploi pour les chômeurs âgés

Pour bénéficier de l'allocation de chômage, le demandeur d'emploi doit être à la recherche effective d'un emploi. Il est tenu d'accomplir de manière permanente, tant sur proposition de l'ANPE que de sa propre initiative, toutes les démarches en son pouvoir en vue de son reclassement ou de sa réinsertion professionnelle (c. trav. art. R. 311-3-4 à R. 311-3-10).

Cependant, certaines personnes peuvent, à leur demande, être dispensées de cette obligation de recherche d'emploi et, de ce fait, elles n'ont plus à actualiser leur situation chaque mois. Cette dispense concerne (c. trav. art. L. 351-16 et R. 351-26) :
- les demandeurs d'emploi âgés de 57 ans et demi ;
- les demandeurs d'emploi âgés de 55 ans totalisant 160 trimestres d'assurance vieillesse.

Les demandeurs d'emploi non indemnisés et les allocataires de l'allocation de solidarité spécifique (voir § 176) peuvent être dispensés à partir de 55 ans. Il en va de même des bénéficiaires de l'allocation complémentaire (voir § 172) et de l'allocation équivalent retraite (voir § 181), qu'elle soit versée à titre de revenu de remplacement ou à titre de revenu de complément, et ce, quel que soit l'âge du bénéficiaire (c. trav. art. L. 311-5 ; art. L. 351-10-1, al. 4 ; art. D. 311-6).

Allocation de solidarité spécifique (ASS)

• Option pour les chômeurs indemnisés d'au moins 50 ans

176 **Les chômeurs ayant épuisé leur droit aux allocations de chômage peuvent bénéficier de l'allocation de solidarité spécifique (ASS), sous réserve qu'ils justifient de cinq ans d'activité salariée (ou de périodes assimilées) dans les dix ans qui ont précédé la fin de leur contrat de travail et que leurs ressources ne dépassent pas un certain montant (c. trav. art. L. 351-10 et R. 351-13).**

Les demandeurs d'emploi âgés d'au moins 50 ans en cours d'indemnisation par l'assurance chômage peuvent opter pour cette allocation à la place de l'allocation de chômage ; dans ce cas, le versement de cette dernière est interrompu (c. trav. art. L. 351-10, al. 2). Un seul jour de prise en charge au titre de l'allocation d'aide au retour à l'emploi (ARE) suffit pour être considéré comme en cours d'indemnisation. Cette option est irrévocable. L'intéressé doit en faire la demande par écrit à son Assédic, qui l'informe des conditions à remplir et étudie les droits de

l'intéressé pour le compte de l'État. En cas d'admission, l'ASS peut être versée à compter de la date à laquelle l'intéressé a demandé à bénéficier de cette allocation. Ainsi, lorsque la demande est effectuée en cours de mois, l'intéressé perçoit deux allocations de nature différente, l'une d'assurance (ARE), l'autre de solidarité (ASS) (circ. NDE 42-84 du 22 novembre 1984).

• Conditions générales d'attribution

177 Pour bénéficier de l'ASS, les salariés privés d'emploi doivent (c. trav. art. R. 351-13 et R. 351-19) :
– être inscrits sur la liste des demandeurs d'emploi ;
– être aptes physiquement à l'exercice d'un emploi ;
– ne pas être âgés de 60 ans et plus lorsqu'ils justifient du nombre de trimestres requis pour bénéficier d'une retraite à taux plein (voir § 326). En tout état de cause, l'ASS ne peut être versée au-delà du 65e anniversaire de l'allocataire ;
– être en chômage total ;
– justifier de 5 ans d'activité salariée dans les 10 années précédant la fin du contrat de travail qui a donné lieu à la dernière admission au titre du régime d'assurance chômage.

Sont assimilées à des périodes d'activités salariées (circ. NDE 42-84 du 22 novembre 1984) :
– les périodes de formation ;
– les périodes de service national ;
– les périodes d'assistance à un handicapé dont l'état nécessite l'aide effective d'une tierce personne justifiant l'attribution d'une allocation compensatrice (loi 75-534 du 30 juin 1975, art. 39).

Par ailleurs, les périodes durant lesquelles une personne a interrompu son activité salariée pour élever un ou plusieurs enfants réduisent la période de 5 ans à raison d'un an par enfant dans la limite de 3 ans (c. trav. art. R. 351-13, 1°). La réduction s'applique à toute personne ayant ou ayant eu la charge effective d'un enfant pendant au moins 9 ans avant son 16e anniversaire (c. séc. soc. art. R. 342-2).

• Plafond mensuel de ressources

178 L'intéressé doit justifier, à la date de la demande, de ressources inférieures à :
– 70 fois le montant journalier de l'allocation, soit 1 015,70 € (au 1er janvier 2007) pour une personne seule ;
– 110 fois le montant journalier de l'allocation, soit 1 596,10 € (au 1er janvier 2007) pour un couple.

Les ressources mensuelles sont calculées à partir des sommes perçues au cours des 12 mois précédant le dernier jour indemnisé en allocation d'assurance chômage. Sont prises en considération toutes les ressources personnelles, ainsi que celles du conjoint ou concubin, telles que déclarées à l'administration fiscale avant déduction fiscale (y compris les revenus mobiliers ou immobiliers), sauf dans le cas où le conjoint ou concubin du demandeur est dirigeant d'une entreprise soumise au régime fiscal des microentreprises (CGI art. 50-0).

En revanche, sont exclues les sommes versées au titre de l'allocation de logement et des prestations familiales. De même, la pension alimentaire ou la prestation compensatoire fixée par une décision de justice devenue exécutoire est déduite des ressources de celui qui la verse (circ. DGEFP 2004-008 du 20 février 2004).

• Montant

179 Le montant journalier de l'allocation de solidarité spécifique est fixé à 14,51 € par jour (au 1er janvier 2007). Il varie en fonction des ressources et de l'âge de l'intéressé (voir tableau ci-après).

Montant de l'ASS (au 1er janvier 2007)	
Ressources mensuelles	**Allocation mensuelle**
	Pour une personne seule
0 € à 580,40 €	435,30 € (14,51 × 30)
De 580,40 € à 1 015,70 €	Allocation différentielle égale à 1 015,70 € moins les ressources
1 015,70 € et au-delà	Pas d'allocation
	Pour un couple
de 0 € à 1 160,80 €	435,30 €
De 1 160,80 € à 1 596,10 €	Allocation différentielle égale à 1 596,10 € moins les ressources
1 596,10 € et au-delà	Pas d'allocation

• Durée de versement

180 L'ASS est versée sans délai de carence. Elle est attribuée par périodes de 6 mois (182 jours) renouvelables ou d'un an (365 jours) renouvelables pour les personnes dispensées de recherche d'emploi (voir encadré p. 96).

Le renouvellement de l'allocation est subordonné aux mêmes conditions que son attribution initiale.

Le décret 2006-891 du 19 juillet 2006 a modifié les règles applicables à la durée de versement et les conditions de reprise des droits à l'allocation de solidarité spécifique (ASS). Ces modifications sont applicables aux personnes qui, au 21 juillet 2006, bénéficient de l'ASS (dir. Unédic 2006-17 du 16 août 2006).

Les chômeurs âgés de 60 ans et plus bénéficient de l'allocation jusqu'à la date à laquelle ils justifient du nombre de trimestres leur permettant d'obtenir une pension de vieillesse à taux plein, et au plus tard jusqu'à 65 ans.

• Incitation au retour à l'emploi

181 La loi 2006-339 du 23 mars 2006 relative au retour à l'emploi a modifié les règles d'incitation au retour à l'emploi des bénéficiaires de minima sociaux, en réformant la prime de retour à l'emploi et en instaurant, pour chaque catégorie de bénéficiaires, une prime forfaitaire d'intéressement. Ces règles s'appliquent depuis le 1er octobre 2006 (c. trav. art. R. 322-19 et 20 ; c. trav. art. R. 351-35 ; dir. Unédic 2006-27 du 12 décembre 2006).

182 **Incitation à la reprise d'une activité de 78 heures ou plus par mois.** Les bénéficiaires de l'ASS qui reprennent une activité salariée pour une durée mensuelle de 78 heures ou plus, ou une activité professionnelle non salariée, conservent le versement intégral de leur allocation pendant les trois premiers mois de leur reprise d'emploi. À partir du 4e mois, et jusqu'au 12e mois, ils reçoivent leur allocation diminuée du montant brut de leur nouveau revenu et perçoivent une prime forfaitaire de 150 €.

183 **Prime de retour à l'emploi.** Par ailleurs, pour ceux qui ont repris une activité pendant 4 mois consécutifs (par le biais d'un ou plusieurs contrats de travail) d'au moins 78 heures par mois, une prime exceptionnelle de retour à l'emploi de 1000 € leur est versée au terme du 4e mois. En cas d'embauche en CDI ou en CDD de plus de 6 mois, cette prime peut être versée, sur demande du bénéficiaire, dès la fin du premier mois d'activité (c. trav. art. L. 322-12 ; décret 2006-1197 du 29 septembre 2006).

184 **Intéressement en cas de reprise d'une activité salariée de moins de 78 heures par mois.** Afin d'encourager toutes les reprises d'emploi, un intéressement pro-

portionnel aux heures travaillées est prévu pour les bénéficiaires de minima sociaux qui reprennent une activité salariée d'une durée inférieure à 78 heures par mois (c. trav. art. R. 351-35). Ce dispositif est applicable au maximum pendant 12 mois dans la limite des droits à l'allocation restants (le décret 2006-1197 du 29 septembre 2006 ne prévoit plus de dérogation pour les allocataires âgés de 50 ans et plus).

Pendant les 6 premiers mois, l'allocation est versée, diminuée, le cas échéant, de 40 % de la partie du salaire brut qui dépasse la moitié du SMIC (base 169 heures). Les 6 mois suivants, l'allocation versée est diminuée de 40 % du salaire brut.

Dans tous les cas, si, au terme des 12 mois de cumul, le nombre d'heures de travail est inférieur à 750, les règles de cumul sont poursuivies jusqu'à l'atteinte du plafond de 750 heures. Ces primes sont exonérées d'impôt sur le revenu, de CSG et de CRDS.

Protection sociale des allocataires du régime de solidarité

Les allocataires de l'ASS et de l'AER conservent la qualité d'assuré et bénéficient du maintien de leurs droits aux prestations du régime obligatoire d'assurance maladie, maternité, invalidité et décès dont ils relevaient antérieurement. Les périodes indemnisées au titre de l'ASS et de l'AER donnent lieu à validation de trimestres d'assurance vieillesse (voir § 350) et à acquisition de points de retraite complémentaire (voir § 716).

Allocation équivalent retraite (AER)

• Objet de l'allocation

185 Les chômeurs justifiant, avant 60 ans, d'au moins 160 trimestres d'assurance vieillesse validés peuvent bénéficier, sous condition de ressources, d'une allocation équivalent retraite (AER). Elle remplace, pour les titulaires, l'allocation de solidarité spécifique (voir § 176) et le revenu minimum d'insertion (RMI ; c. act. soc. et fam. art. L. 262-3).

Elle peut être allouée, à la suite de l'allocation d'aide au retour à l'emploi, aux chômeurs ayant épuisé leurs droits ou en complément de celle-ci lorsqu'elle ne permet pas d'assurer à son bénéficiaire un minimum de ressources. Elle est attribuée par périodes de 12 mois renouvelables jusqu'à 60 ans (c. trav. art. L. 351-10-1, R. 351-15-1 à R. 351-15-4 ; circ. DGEFP 2002-38 du 1er août 2002 ; dir. Unédic 22-02-du 25 avril 2002).

Les bénéficiaires de cette allocation peuvent bénéficier, sur demande, de la dispense de recherche d'emploi (voir encadré p. 96) (c. trav. art. L. 351-16, al. 2).

• Conditions de ressources

186 **Plafond.** L'AER est accordée aux personnes qui justifient, à la date de la demande, de ressources mensuelles inférieures à :
– 48 fois le plafond journalier de l'AER, pour une personne seule ;
– 69 fois ce plafond, pour un couple (voir tableau p. 100).

187 **Ressources prises en compte.** Pour l'AER de remplacement, il convient de prendre en compte les ressources perçues par l'intéressé, mais aussi par son conjoint, son concubin ou son partenaire avec lequel il est lié par un PACS, telles que déclarées à l'administration fiscale pour le calcul de l'impôt sur le revenu avant déduction des divers abattements (c. trav. art. R. 351-15-1, II).

Les prestations familiales et l'allocation de logement ne sont pas prises en compte. Il en est de même des allocations d'assurance et de solidarité, des rémunérations de stages ou des revenus d'activité perçus pendant la période de référence lorsqu'il est justifié que leur perception est interrompue de manière certaine à la date de la demande d'allocation et que le bénéficiaire ne peut prétendre à un revenu de substitution. Si ce dernier peut prétendre à un revenu de substitution (pension de retraite ou de préretraite, indemnités journalières...), un abattement de 30 % est appliqué sur la moyenne des ressources auxquelles ce revenu se substitue (c. trav. art. R. 351-15-1, II).

• Montant de l'allocation

188 **Allocation de remplacement à taux plein ou différentielle.** Le montant journalier de l'AER est fixé à 31,32 € (à compter du 1er janvier 2007).

L'allocation est versée à taux plein lorsque le total des ressources prises en considération, majoré du montant de l'allocation équivalent retraite à taux plein, est inférieur ou égal au plafond de ressources (48 ou 69 fois le montant journalier de l'allocation).

Elle est égale à la différence entre le plafond applicable et le total des ressources prises en compte si le total de ces ressources, majoré du montant de l'allocation équivalent retraite à taux plein, est supérieur au plafond (voir tableau ci-dessous).

189 **Allocation de complément.** L'AER de complément est réservée aux demandeurs d'emploi en complément de leur allocation d'aide au retour à l'emploi (ARE). Le total des ressources du bénéficiaire ne peut être inférieur à 953 € par mois (au 1er janvier 2007). Si les ressources du bénéficiaire n'atteignent pas ce plancher, l'allocation est majorée de manière à porter les ressources à ce niveau.

Le montant de l'AER de complément est donc égal à la différence entre ce plancher et le montant mensuel des ressources de l'intéressé ou de son couple.

Le plafond applicable à un couple est de 2 161,08 € au 1er janvier 2007. Il est cependant requis que les ressources du demandeur (sans tenir compte du revenu d'activité et des allocations de chômage ou des rémunérations de stage du conjoint) soient inférieures à 953 €. Pour évaluer le montant mensuel des ressources du couple par rapport au plafond de 2 161,08 €, les

Montant de l'AER (au 1er janvier 2007) (1)	
Ressources mensuelles	**Allocation mensuelle**
	Personne seule
Jusqu'à 550,61 €	953 €
De 550,61 € à 1 503,36 €	Allocation différentielle = 1 503,36 € – les ressources de l'intéressé
Supérieures à 1 503,36 €	Pas d'allocation
	Couple
Jusqu'à 1 208,35 €	953 €
De 1 208,35 € à 2 161,08 €	En fonction des revenus du conjoint (2)
Supérieures à 2 161,08 €	Pas d'allocation

(1) Revalorisation annuelle au 1er janvier.

(2) Lorsque les ressources globales du foyer sont comprises entre 1 208,35 € et 2 161,05 €, le montant de l'allocation varie selon que les ressources comprennent ou non le revenu d'activité ou de substitution (allocations de chômage, rémunérations de stage...) du conjoint.

Si les ressources ne comprennent pas de revenu d'activité ou de substitution du conjoint :

AER = 2 161,05 € – ressources.

Si les ressources comprennent un revenu d'activité ou de substitution du conjoint, 2 situations doivent être distinguées :

– le revenu d'activité ou de substitution du conjoint est supérieur à 1 208,35 €

AER = 953 € – ressources autres que le revenu d'activité ou de substitution du conjoint ;

– le revenu d'activité ou de substitution du conjoint est inférieur à 1 208,35 €

AER = 2 161,05 € – ressources y compris le revenu d'activité ou de substitution du conjoint.

ressources du conjoint, concubin ou partenaire lié par un PACS sont prises en compte dans les mêmes conditions que pour l'AER de remplacement (voir § 188).

S'agissant de l'établissement du montant des ressources propres de l'intéressé, l'application des textes conduit à neutraliser les salaires et traitements, ainsi que les indemnités journalières de sécurité sociale et les rémunérations de stage.

Dans la mesure où, par définition, les intéressés bénéficient de l'ARE, il est procédé à une reconstitution du montant de leurs ressources mensuelles, à la date de la demande de l'AER, par application de la formule :

Allocation journalière perçue à la date de la demande × 365/12

Cette façon de procéder évite, en pratique, de prendre en compte les allocations de chômage déclarées sur le formulaire de demande (dir. Unédic 22-02 du 25 avril 2002).

• **Versement**

190 L'allocation est versée mensuellement à terme échu et est attribuée par périodes de 12 mois renouvelables, jusqu'à l'âge où l'intéressé peut prétendre à une retraite à taux plein (60 ans ; voir § 280). Elle est cessible et saisissable dans les mêmes conditions et limites que les salaires.

cadre réservé à l'Assédic

RÉCEPTION	LIQUIDATION	MISE EN INSTANCE

N° D'IDENTIFICATION	DOSSIER N°

N° D'IDENTIFICATION	DOSSIER N°

DEMANDE A RETOURNER A :

SPÉCIMEN

DEMANDE D'ALLOCATION EQUIVALENT RETRAITE

A adresser à l'Assédic de votre domicile.

à remplir par le demandeur

☐ M. ☐ Mme ☐ Mlle Nom de naissance

Nom d'usage (nom d'épouse, etc.)

Prénom Né(e) le à ....

N° Sécurité Sociale (NIR) Nationalité ....

☐ Marié(e) ☐ Partenaire PACS ☐ Concubin(e) ☐ Célibataire ☐ Veuf(ve) ☐ Séparé(e)/Divorcé(e) Enfants à charge

Adresse : N° rue, bld., av. ....

(bât., esc.) .... Code postal Commune ....

Tél.

Adresse précédente (si vous avez changé récemment de domicile) ....

Réf : DA.I. 487 02/04

Tournez la page s.v.p

Les informations collectées dans ce document sont soumises au droit d'accès et de rectification prévu par la loi n° 78-17 du 6 janvier 1978 relative aux fichiers, à l'informatique et aux libertés.

Dispense de recherche d'emploi

Si votre demande d'entrée en Allocation Equivalent Retraite est acceptée, nous vous informons que vous pourrez demander à être dispensé de recherche d'emploi en remplissant et en nous retournant le formulaire qui vous sera adressé prochainement.

Si vous êtes déjà dispensé de recherche d'emploi, vous restez dans la même situation.

à remplir par le demandeur

COMMENT AVEZ-VOUS PERDU VOTRE DERNIER EMPLOI?

COCHEZ LA CASE CORRESPONDANTE ☒

- Vous êtes inscrit comme demandeur d'emploi, suite à :

Licenciement ☐

Fin de contrat à durée déterminée ☐

Fin de mission d'intérim ☐

Démission ☐

QUAND AVEZ-VOUS PERDU VOTRE DERNIER EMPLOI?

- Indiquez la date de la fin de votre dernier emploi : |_|_|_|_|_|_|_|_|

SPÉCIMEN

VOTRE SITUATION ACTUELLE

COCHEZ LES CASES CORRESPONDANTES ☒

- Vous percevez l'Allocation de Solidarité Spécifique ? ☐ OUI ☐ NON
- Vous percevez l'Allocation Spécifique d'Attente ? ☐ OUI ☐ NON
- Vous percevez le Revenu Minimum d'Insertion ? ☐ OUI ☐ NON

Si vous avez répondu **OUI** à l'une de ces questions, veuillez joindre la dernière notification d'attribution correspondante.

Si vous avez répondu **NON** à ces 3 questions, veuillez indiquez les dates de votre dernière période d'indemnisation par l'Assédic ou un organisme public : du |_|_|_|_|_|_|_|_| au |_|_|_|_|_|_|_|_|

Si vous n'êtes pas déjà bénéficiaire de l'«Allocation Spécifique d'Attente», n'oubliez pas de joindre à votre demande l'attestation de carrière délivrée par votre caisse vieillesse et le relevé informatique qui l'accompagne.

à remplir par le demandeur

VOS RESSOURCES

L'Allocation Equivalent Retraite n'est versée que si les ***RESSOURCES*** de l'intéressé (ou du couple) sont ***INFÉRIEURES A UN PLAFOND*** fixé par décret. (art. R. 351-15-1* du code du travail) :

- Pour une personne seule, 48 x le montant de l'allocation journalière
- Pour un couple, 69 x le montant de l'allocation journalière

LA DÉTERMINATION DES RESSOURCES

Il vous appartient d'indiquer ci-dessous le montant des ressources perçues par vous-même et votre conjoint, ou du partenaire auquel vous êtes lié(e) par un Pacte Civil de Solidarité (PACS) ou de votre concubin(e) (de sexe différent ou de même sexe).

Vous devez prendre en compte tous les revenus à déclarer à l'administration fiscale au titre de l'impôt sur le revenu (sauf ceux correspondant aux parties hachurées), ***SANS PRATIQUER AUCUN ABATTEMENT NI DÉDUCTION.***

Les prestations familiales n'ont pas à être mentionnées.

Les revenus perçus à l'étranger doivent être mentionnés, comme s'ils avaient été perçus en France, de même que ceux versés par une organisation internationale.

LES JUSTIFICATIFS DES RESSOURCES

Pour permettre l'instruction de votre dossier par l'Assédic, toute demande doit être accompagnée de la copie de votre dernier avis d'impôt sur le revenu, ainsi que, le cas échéant, de celui de votre conjoint, ou du partenaire auquel vous êtes lié(e) par un Pacte Civil de Solidarité (PACS) ou de votre concubin(e) (de sexe différent ou de même sexe).

D'autre part, l'Assédic se réserve la possibilité de demander, à tout moment, l'original des ressources déclarées dans le cadre ci-dessous.

Veuillez déclarer ci-dessous les ressources* perçues au cours des 12 derniers mois civils entiers précédant la date de votre demande (que vous pouvez effectuer dès que vous totalisez 160 trimestres validés au titre de l'Assurance Vieillesse).

DATE DE VOTRE DEMANDE

INDIQUEZ ICI LA PÉRIODE PRISE EN COMPTE: du ______ au ______

SPÉCIMEN

(exemple : date de votre demande : le 15 mai 2004 - période à prendre en compte du 1er mai 2003 au 30 avril 2004).

Indiquez les sommes perçues en €uros, *telles que vous les avez perçues.* ***SANS CONVERTIR***	VOUS-MÊME → *Sommes perçues* *en €uros*	VOTRE CONJOINT* → *Sommes perçues* *en €uros*	RESERVÉ *à l'Assédic*
❶ *Traitements et salaires (y compris avantages en nature et primes diverses)*	(1)		
❷ *Revenus et plus-values des professions non salariées (artisan, commerçant, etc.)*	(1)		
❸ *Indemnités journalières de sécurité sociale*			
❹ *Rémunération de stage et allocations de chômage*			
❺ *Pensions (y compris pensions alimentaires et pension d'invalidité), préretraites, retraites (y compris retraites militaires) directes ou de réversion et rentes, directes ou de réversion.*			
❻ *Autres ressources (précisez : revenus des valeurs et capitaux mobiliers, revenus fonciers, plus-values et gains divers, etc.)*			
TOTAL	€	€	€
	Réservé à l'Assédic €	€	

Votre conjoint exerce-t-il toujours une activité professionnelle? ❑ OUI ❑ NON (2)

S'il a cessé cette activité (rupture du contrat de travail, s'il était salarié, ou cessation définitive de son activité non salariée) perçoit-il un revenu de remplacement ? ❑ *OUI* ❑ NON

Si OUI, s'agit-il d'une allocation de
❑ *CHOMAGE*
❑ *D'UNE PRÉRETRAITE*
❑ *D'UNE PENSION DE RETRAITE*

(*votre conjoint, partenaire PACS ou concubin(e) de sexe différent ou de même sexe)

(1) Ne remplissez cette case que si vous exercez actuellement une activité professionnelle réduite tout en continuant à percevoir vos allocations de chômage

(2) Si cette activité est simplement suspendue, pour cause de maladie par exemple, vous devez cocher la case OUI

N'OMETTEZ PAS DE COMPLÉTER ET SIGNER LA PAGE 4

*L'Assédic se réserve la possibilité de vous demander à tout moment l'original des justificatifs correspondants.

à remplir par le demandeur

- Êtes-vous titulaire d'une pension d'invalidité ? ❑ OUI ❑ NON

Si OUI, de quelle catégorie ? ❑1 ❑2 ❑3 *(Cochez la case correspondante)*

- Avez-vous déposé une demande de Revenu Minimum d'Insertion ? ❑ OUI ❑ NON

Si OUI, depuis quelle date ? |______________|

- Avez-vous perçu l'Allocation Parentale d'Education depuis moins de trois ans ? ❑ OUI (→ à temps partiel ? ❑ / → à temps plein ? ❑) ❑ NON
  (ou le complément de libre choix d'activité de la PAJE ?)

Si OUI, pendant quelle période? |______________| *(Joignez la décision d'attribution)*

- Percevez-vous l'Allocation de Présence Parentale ? ❑ OUI ❑ NON

- Continuez-vous d'exercer une activité professionnelle ? (salariée ou non) ❑ OUI ❑ NON

Je soussigné,

- **demande le bénéfice de l'A llocation Equivalent Retraite»**
- **certifie :**

✔ Que je n'exerce plus d'activité professionnelle depuis le : |______________|

✔ En cas d'emplois multiples, que j'ai perdu tous mes emplois. ❑ OUI ❑ NON

✔ Que je ne suis pas pris en charge par la Sécurité Sociale ou la Mutualité Sociale Agricole au titre des indemnités journalières.

✔ Que j'aviserai immédiatement l'Assédic et l'ANPE si je reprends une activité professionnelle, qu'elle soit salariée ou non,
et que je les informerai de tout changement qui surviendrait dans ma situation par suite de maladie, d'accident, d'invalidité, etc.

Je certifie sur l'honneur l'exactitude des renseignements portés sur la présente demande.
En cas de déclaration inexacte ou d'omission, je serai passible des sanctions prévues à l'article L.365-1 du Code du Travail et de l'exclusion du bénéfice du revenu de remplacement (art. L. 351-17 et R. 351-28-3 du code du travail).
Par ailleurs, afin d'éviter l'interruption prolongée du paiement des allocations, j'informerai immédiatement l'Assédic de tout changement d'adresse.

SPECIMEN

SIGNATURE OBLIGATOIRE DU DEMANDEUR

A.................................., le...................................
Certifié exact

ATTENTION :
Un renseignement manquant ou incomplet, l'absence d'une seule des pièces nécessaires, risquent de retarder considérablement le paiement de vos allocations. En cas de correspondance, l'Assédic ne bénéficie pas de la franchise postale
ARTICLE L. 365-1 DU CODE DU TRAVAIL : est passible d'un emprisonnement de deux mois et d'une amende de 3750€ ou de l'une de ces deux peines seulement, quiconque se rend coupable de fraude ou de fausse déclaration pour obtenir ou faire obtenir ou tenter de faire obtenir des "allocations d'aide aux travailleurs privés d'emploi". . qui ne sont pas dues, sans préjudice des peines résultant de l'application d'autres lois s'il échet. Le tribunal pourra en outre ordonner la restitution des sommes indûment perçues.
ARTICLE R. 351-28 DU CODE DU TRAVAIL : sont exclues, à titre temporaire ou définitif, du revenu de remplacement mentionné par l'article L. 351-1 les personnes qui : ...
3. Ont fait des déclarations inexactes ou présenté des attestations mensongères en vue de toucher indûment le revenu de remplacement prévu à l'article L. 351-1, ou ont, en toute connaissance de cause, perçu indûment ledit revenu.

Cadre réservé à l'Administration

Décision du Préfet ou du Directeur Départemental du Travail, de l'Emploi et de la Formation Professionnelle, par délégation du Préfet :

❑ Admission en AER.

❑ Rejet du bénéfice de l'AER.
En cas de rejet, motif : ....
....

A.................................., le...................................

Signature

CACHET DU SERVICE

Liberté • Égalité • Fraternité
RÉPUBLIQUE FRANÇAISE

Ministère de l'emploi et de la solidarité

Assedic

DEMANDE D'ATTESTATION DE CARRIÈRE

«Allocation Equivalent Retraite»

Loi n° 2001-1275 du 28 décembre 2001 (Art. L. 351-10-1 du Code du travail)

A présenter ou à envoyer
à votre caisse d'assurance vieillesse (la plus proche de votre domicile)

Etat-civil (en majuscules)

❑ M. ❑ Mme ❑ Mlle Nom de naissance

Nom marital (s'il y a lieu)

Autre nom d'usage (facultatif)

SPÉCIMEN

Prénoms (soulignez le prénom usuel)

Né(e) le

(pour Paris, Lyon ou Marseille, précisez l'arrondissement)

à ....

N° Sécurité Sociale (NIR)

Réf. D.A.J. 167 10.02

Adresse

Précisez, s'il y a lieu : villa - lieu-dit - lotissement - cité - résidence - escalier - étage - etc.

....

N° rue, bld., av. ....

(bât., esc.) .... Code postal Commune ....

Tél. (facultatif)

Veuillez me délivrer l'attestation de carrière «**A**llocation **E**quivalent **R**etraite» comportant le nombre de mes trimestres validés dans les régimes de base obligatoires de l'assurance vieillesse ou des périodes reconnues équivalentes.

Avec mes remerciements anticipés.

A ...., le

SIGNATURE

⚠ Attention

Il est inutile d'adresser ce formulaire à votre caisse d'assurance vieillesse, si vous bénéficiez déjà de l'**A**llocation **C**hômeurs **A**gés **(ACA)** ou de l'**A**llocation **S**pécifique d'**A**ttente **(ASA)**.

Demande d'attestation de carrière
«Allocation Equivalent Retraite»

A présenter ou à envoyer
à votre caisse d'assurance vieillesse (la plus proche de votre domicile)

- Agence régionale de la **CNAV** en Ile-de-France
- **CRAM** dans les autres régions de métropole (ou **CRAV** en Alsace-Moselle)
- **CGSS** dans les départements d'outre-mer
  ou
- **CMSA**, pour les personnes relevant du régime de protection sociale des salariés agricoles.

Votre caisse d'assurance vieillesse
vous délivrera
une attestation de carrière
«**A**llocation **E**quivalent **R**etraite»

SPÉCIMEN

avec
un relevé informatique
de vos trimestres pris en compte.

Démarches du salarié

5. Information des droits à retraite .... page 108

6. Demande de retraite .... page 131

5 Information du salarié sur ses droits

§§

Relevé de carrière et estimation des droits à retraite de base

- Demande de relevé de carrière :
  - qu'est-ce qu'un relevé de carrière ? 200
  - à qui s'adresser ? 201

  → *Modèle : pages 109 à 112*
- Estimation des droits à retraite 202
- Situation des personnes percevant un revenu de remplacement :
  - droit à une retraite à taux plein : interruption de l'indemnisation. 203
  - procédure de signalement 204
  - allocataires concernés par la procédure de signalement 205

§§

Estimation et évaluation des droits à retraite complémentaire

- Information annuelle des points acquis chaque année 206
- Estimation et évaluation des droits sur demande du participant 207

Droit à une information générale et automatique

- Périmètre du droit à l'information 208
- Champ d'application matérielle ... 211
- Relevé de situation individuelle ... 213
- Estimation indicative globale 220

→ *Modèles : pages 123 à 130*

Relevé de carrière et estimation des droits à retraite de base

Demande de relevé de carrière

- **Qu'est-ce qu'un relevé de carrière ?**

200 Le relevé de carrière retrace la carrière professionnelle du salarié. Dès le premier versement de cotisations, les caisses d'assurance vieillesse du régime général ouvrent un compte individuel au nom de l'assuré. Ce compte est alimenté chaque année à partir des déclarations annuelles de données sociales (DADS) transmises par l'employeur et, le cas échéant, par les informations communiquées par les caisses primaires d'assurance maladie et les Assédic.

Pour des raisons de délai de gestion, les deux dernières années ne sont toutefois pas toujours indiquées.

Le relevé rend compte de toutes les périodes cotisées :
– au régime général et dans les autres régimes, qui serviront au calcul du taux (voir § 327) et au calcul de la durée d'assurance au régime général (voir § 331),
– pour le calcul du salaire annuel moyen (voir § 316). Il comporte en effet les salaires enregistrés au régime général dans la limite du plafond de la sécurité sociale.

Le relevé de carrière doit également mentionner les périodes dites assimilées : périodes de maladie, de chômage, de service national… (voir § 342).

Ce document est essentiel puisqu'il permet de calculer la retraite de l'assuré. Si ce dernier se rend compte d'erreurs ou d'oublis, il doit donc impérativement en demander la régularisation, justificatifs à l'appui (bulletins de paye, attestations Assédic, livret militaire...).

Au vu du relevé de carrière et des éventuelles régularisations, l'intéressé doit être en mesure de savoir s'il est opportun qu'il parte immédiatement en retraite (s'il dispose de la durée d'assurance nécessaire) ou qu'il envisage d'en différer la date.

• À qui s'adresser?

201 Le salarié peut obtenir son relevé de carrière par courrier en écrivant à la caisse régionale d'assurance maladie (CRAM) de son domicile (CNAV pour les assurés résidant en Ile-de-France) ou bien via Internet en s'inscrivant aux services sécurisés du site de la CNAV (www.retraite.cnav.fr). Il peut également se rendre dans l'un des points d'accueil retraite.

Il peut adresser sa demande à tout moment, mais la caisse nationale d'assurance vieillesse recommande de le faire à partir de 58 ans notamment s'il n'a pas été contacté par sa caisse régionale.

L'assuré peut également rencontrer un conseiller retraite de la CNAV, à même de l'informer sur les solutions à retenir.

Il est important de souligner qu'une demande de relevé de carrière ne vaut pas demande de retraite.

• Spécimen de demande de relevé de carrière

Caisse Nationale d'Assurance Vieillesse

LA RETRAITE DES SALARIÉS
SÉCURITÉ SOCIALE
C N A V

75951 PARIS CEDEX 19

A rappeler dans tous vos courriers
Votre N° de sécurité sociale :

Secteur : 2000

Récapitulation des trimestres

TOTAL DUREE D'ASSURANCE régime général
160

TOTAL POUR LE TAUX tous régimes	dont trimestres	retenus
160	régime général	160
	autres régimes	0

Caisse Nationale d'Assurance Vieillesse

LA RETRAITE
C N A V

75951 PARIS CEDEX 19

A rappeler dans tous vos courriers
Votre N° de sécurité sociale :
Secteur : 2000

Relevé de carrière à la date du : 15/04/2004

Nom de naissance :		Nom Marital :				
Prénom(s) :		Nom d'usage :			Né(e) le	
ANNEE	NATURE	TRIMESTRES RG*	TRIMESTRES AR*	TRIMESTRES TR*	SALAIRES EN FRANCS	SALAIRES EN EUROS
1964	activité régime général	4		4	2 671	407,19
1965	activité régime général	4		4	9 327	1 421,89
1966	activité régime général	4		4	4 398	670,47
1967	activité régime général	4		4	3 254	496,07
1968	activité régime général	4		4	11 127	1 696,30
1969	activité régime général	4		4	12 346	1 882,14
1970	activité régime général	4		4	14 618	2 228,50
1971	activité + période de chômage régime général	4		4	11 550	1 760,79
1972	activité + période de chômage régime général	4		4	3 000	457,35
1973	activité régime général	4		4	20 120	3 067,27
1974	activité régime général	4		4	19 242	2 933,42
1975	activité régime général	4		4	22 435	3 420,19
1976	activité régime général	4		4	25 365	3 866,87
1977	activité régime général	4		4	29 467	4 492,22
1978	activité régime général	4		4	36 576	5 575,98
1979	activité régime général	4		4	41 812	6 374,20
1980	activité régime général	4		4	45 598	6 951,37
1981	activité régime général	4		4	55 483	8 458,33
1982	activité régime général	4		4	65 198	9 939,37
1983	activité régime général	4		4	72 164	11 001,33
1984	activité régime général	4		4	83 194	12 682,84
1985	activité régime général	4		4	87 552	13 347,22
1986	activité régime général	4		4	89 259	13 607,45
1987	activité régime général	4		4	96 134	14 655,53
1988	activité régime général	4		4	102 097	15 564,59
1989	activité régime général	4		4	105 578	16 095,26
1990	activité régime général	4		4	129 600	19 757,39
1991	activité régime général	4		4	137 760	21 001,38
1992	activité régime général	4		4	144 120	21 970,95
1993	activité régime général	4		4	149 820	22 839,91
1994	activité régime général	4		4	153 120	23 342,99
1995	activité régime général	4		4	155 940	23 772,90
1996	activité régime général	4		4	161 220	24 577,83
1997	activité régime général	4		4	164 640	25 099,21
1998	activité régime général	4		4	169 080	25 776,08
1999	activité régime général	4		4	173 640	26 471,25
2000	activité régime général	4		4	176 400	26 892,01
2001	activité régime général	4		4	179 398	27 349,05
2002	activité régime général	4		4		28 224
2003	activité régime général	4		4		29 184

La suite du relevé de carrière se trouve sur la page suivante .../...

* **RG** = Régime Général (sauf périodes équivalentes) * **AR** = Autres Régimes (sauf périodes équivalentes)
* **TR** = Tous Régimes (y compris périodes équivalentes)

QUELQUES PRÉCISIONS POUR COMPRENDRE VOTRE RELEVÉ DE CARRIÈRE

Ce que comporte votre relevé :

- vos **périodes d'activité ou d'inactivité connues,**
- vos salaires enregistrés **au régime général** de la Sécurité sociale y compris les versements forfaitaires effectués par les caisses d'allocations familiales pour les bénéficiaires de certaines prestations,
- vos **périodes d'arrêt de travail** assimilées à des périodes d'assurance (maladie, maternité, accident du travail, invalidité, chômage, périodes militaires),
- éventuellement, les **périodes validées par d'autres régimes de retraite français** (agricoles, fonctionnaires, artisans, industriels et commerçants, professions libérales, SNCF, EDF, etc.) et **étrangers,**
- la **récapitulation des trimestres** actuellement retenus,
- des **informations complémentaires**, selon les renseignements que nous détenons, sur certaines périodes relevant de notre régime ou d'un autre régime français ou d'activité à l'étranger.

C'est à partir de votre relevé de carrière que nous déterminerons les trois éléments qui serviront au calcul de votre future retraite :

- le **salaire de base** à partir de vos salaires annuels,
- la **durée d'assurance au régime général** de la Sécurité sociale,
- le **taux** en fonction du nombre total de trimestres tous régimes de base confondus.

Les trimestres validés par les régimes étrangers ne seront éventuellement pris en compte que lors de l'étude de vos droits à la retraite.
Nous pouvons également retenir des périodes dites équivalentes pour déterminer le taux de votre retraite. Il s'agit de périodes situées avant le 1.4.1983, durant lesquelles vous étiez travailleur salarié ou non salarié et pour lesquelles vous n'avez pas pu cotiser à un régime français.

La régularisation de votre carrière

Pour vérifier votre nombre de trimestres d'assurance et le montant de vos salaires, nous vous communiquons ci-après, **pour chaque année** depuis 1947 :

- le **salaire minimum qui nous permet de valider 1 trimestre** à votre compte,

Nous retenons autant de trimestres (avec un maximum de 4 par an) que votre salaire brut représente de fois ce salaire minimum.
Ex : en **1992** pour valider **1 trimestre** il faut un salaire de **6 532F**
2 trimestres **13 064F**
3 trimestres **19 596F**
4 trimestres **26 128F**

Salaire minimum pour valider un trimestre

Années	Salaires MINIMA trimestriels	Années	Salaires MINIMA trimestriels	Années	Salaires MINIMA trimestriels	Années	Salaires MINIMA trimestriels	Années	Salaires MINIMA trimestriels	Années	Salaires MINIMA trimestriels
1947	1 800 AF	1957	18 095 AF	1967	325,00 F	1977	1 788 F	1987	5 384 F	1997	7 582 F
1948	1 800 AF	1958	18 095 AF	1968	362,50 F	1978	2 012 F	1988	5 568 F	1998	7 886 F
1949	8 500 AF	1959	18 095 AF	1969	387,50 F	1979	2 262 F	1989	5 752 F	1999	8 044 F
1950	11 250 AF	1960	180,95 F	1970	412,50 F	1980	2 586 F	1990	5 982 F	2000	8 144 F
1951	13 000 AF	1961	180,95 F	1971	437,50 F	1981	2 958 F	1991	6 388 F	2001	8 404 F
1952	14 950 AF	1962	180,95 F	1972	788,00 F	1982	3 630 F	1992	6 532 F	2002	1 334 Euros
1953	14 950 AF	1963	200,00 F	1973	910,00 F	1983	4 058 F	1993	6 812 F	2003	1 366 Euros
1954	16 450 AF	1964	225,00 F	1974	1 086,00 F	1984	4 556 F	1994	6 966 F	2004	1 438 Euros
1955	16 450 AF	1965	250,00 F	1975	1 350,00 F	1985	4 872 F	1995	7 112 F	2005	1 522 Euros
1956	18 095 AF	1966	287,50 F	1976	1 578,00 F	1986	5 208 F	1996	7 396 F	2006	1 606 Euros

- **le salaire plafond annuel soumis à cotisations.**

Le salaire reporté à votre compte ne peut dépasser ce plafond sauf exceptions (plusieurs employeurs simultanés ou prise en compte de congés payés dans certains cas).

Salaire plafond annuel

1947	163 500 AF	1957	528 000 AF	1967	13 680 F	1977	43 320 F	1987	116 820 F	1997	164 640 F
1948	224 000 AF	1958	600 000 AF	1968	14 400 F	1978	48 000 F	1988	120 360 F	1998	169 080 F
1949	258 000 AF	1959	660 000 AF	1969	16 320 F	1979	53 640 F	1989	125 280 F	1999	173 640 F
1950	264 000 AF	1960	6 840 F	1970	18 000 F	1980	60 120 F	1990	131 040 F	2000	176 400 F
1951	345 000 AF	1961	8 100 F	1971	19 800 F	1981	68 760 F	1991	137 760 F	2001	179 400 F
1952	444 000 AF	1962	9 600 F	1972	21 960 F	1982	82 020 F	1992	144 120 F	2002	28 224 Euros
1953	456 000 AF	1963	10 440 F	1973	24 480 F	1983	91 680 F	1993	149 820 F	2003	29 184 Euros
1954	456 000 AF	1964	11 400 F	1974	27 840 F	1984	99 600 F	1994	153 120 F	2004	29 712 Euros
1955	474 000 AF	1965	12 240 F	1975	33 000 F	1985	106 740 F	1995	155 940 F	2005	30 192 Euros
1956	528 000 AF	1966	12 960 F	1976	37 920 F	1986	112 200 F	1996	161 220 F	2006	31 068 Euros

Questions-réponses

J'ai travaillé et élevé des enfants. Puis-je bénéficier de trimestres supplémentaires ?

- **Les femmes assurées** peuvent bénéficier d'une **majoration de durée d'assurance** :

- d' **1 trimestre** le jour de la naissance de l'enfant, à son adoption ou à sa prise en charge ;
- d' **1 trimestre** supplémentaire, jusqu'au 16ème anniversaire de l'enfant, dans la limite de **7 trimestres** à chacune de ses dates anniversaires ou pour chaque période d'un an à compter de son adoption ou de sa prise en charge.

Le nombre total de trimestres acquis pour un même enfant ne peut être supérieur à **8 trimestres**.

- **Les pères et mères assurés** qui ont obtenu un **congé parental d'éducation** ont droit à une majoration de durée d'assurance égale à la durée du congé parental.

Toutefois, pour les femmes, cette majoration congé parental est comparée à la majoration de durée d'assurance pour enfant, lors de l'examen des droits à la retraite.
Les dispositions les plus favorables sont retenues.

Les personnes (hommes et femmes), qui élèvent ou ont élevé 1ou plusieurs enfants atteints **d'une incapacité d'au moins 80%** (ouvrant droit à l'une des allocations suivantes : l'allocation d'éducation de l'enfant handicapé et son complément, l'allocation d'éducation spéciale et son complément, l'allocation spéciale aux mineurs grands infirmes, l'allocation d'éducation spécialisée des mineurs infirmes, l'allocation des mineurs handicapés) peuvent bénéficier d'une **majoration de trimestres** sous certaines conditions. Si vous êtes dans cette situation, renseignez-vous auprès de nos conseillers retraite.

J'ai travaillé à l'étranger. Comment cette période d'activité peut-elle être prise en compte dans ma durée d'assurance du régime général ?

- Si vous étiez détaché d'une entreprise qui a son siège en France et verse des cotisations à la Sécurité sociale française, votre activité sera prise en compte au même titre qu'une activité salariée en France.

- Si vous étiez salarié expatrié, deux situations peuvent se présenter :

- soit vous avez volontairement cotisé à la Caisse des Français de l'étranger et votre relevé fait état des salaires forfaitaires déterminés à partir de vos cotisations à l'assurance volontaire vieillesse,
- soit vous n'avez pas cotisé. Dans ce cas vous pouvez, sous certaines conditions, effectuer un rachat de cotisations. Nos conseillers retraite sont à votre disposition pour étudier votre situation personnelle.

Remarque: si vous avez cotisé à un régime étranger, vous pouvez avoir droit à une retraite de ce régime.

"J'ai été au chômage...", "j'ai été malade...", comment cette période va-t-elle apparaître sur mon relevé de carrière ?

- Le montant de vos indemnités ne figure pas sur votre relevé mais des trimestres dits assimilés peuvent être retenus.

Allez-vous prendre en compte mes périodes militaires ?

- Oui, nous pouvons valider des trimestres assimilés à des périodes d'assurance :

- votre service militaire légal,
- une période de guerre si vous avez cotisé au régime général avant ou après cette période.

Et mes retraites complémentaires ?

Pour obtenir tous renseignements, adressez-vous soit à votre dernier employeur, soit à une permanence CICAS (centre d'information et de coordination de l'action sociale).

Chaque situation est particulière et vous avez peut-être d'autres questions à nous poser. N'hésitez pas, venez rencontrer un de nos conseillers retraite, ils sont à votre disposition pour vous aider dans vos démarches.

Estimation des droits à retraite

202 Via son site Internet (www.info-retraite.fr), le GIP Info Retraite met à la disposition des assurés un outil de simulation de retraite dénommé M@rel qui s'adresse aux assurés de tous âges et qui couvre la quasi-totalité des parcours professionnels: salariés des secteurs privés et publics (hors certains régimes spéciaux), artisans, industriels et commerçants, exploitants agricoles, fonctionnaires.

Une seconde version, devrait prochainement intégrer les professions libérales.

À partir des informations saisies (périodes d'activité, périodes sans activité professionnelle, salaires ou revenus professionnels...), il permet à l'assuré d'évaluer le montant de sa future retraite (tous régimes confondus: régime d'assurance vieillesse, régime de retraite complémentaire, régime des non-salariés, etc.) à différents âges, en fonction de différents scénarios d'évolution de ses revenus futurs.

Mais attention, M@rel permet seulement d'avoir un ordre de grandeur du montant global de sa future retraite et non une évaluation précise de ses droits.

Pour obtenir une estimation plus précise de ses droits, la CNAV met à disposition, à partir de 54 ans, un simulateur reprenant les données de la carrière. Pour accéder à ce service, il convient de sélectionner la rubrique «Votre espace personnel» du site www.retraite.cnav.fr. Cette évaluation peut également être demandée par courrier ou auprès d'un point d'accueil retraite.

«Allo Retraite»

Depuis le 1er décembre 2006, le 3960 (0,12 €/mn), numéro de téléphone unique pour toute la France, permet d'obtenir des informations générales et personnalisées sur la retraite de la sécurité sociale, 7 jours sur 7, 24 heures sur 24. De l'étranger, il faut composer le 33 8 21 10 39 60.

Les informations générales sont obtenues sans authentification préalable. Les informations personnalisées, accessibles à partir d'un code confidentiel communiqué lors du dépôt de la demande de retraite, concernent:
– les personnes qui ont une demande de retraite en cours et qui veulent connaître l'état d'avancement de leur dossier;
– les retraités qui souhaitent connaître le montant et la date de paiement de leur dernière mensualité (ou de leurs trois dernières mensualités) et le montant annuel de leur retraite de la sécurité sociale déclarée aux impôts.

Lors du premier appel, à défaut du code confidentiel, il sera demandé le numéro de retraite ainsi que le mois et l'année de naissance.

Situations des personnes percevant un revenu de remplacement

- **Droit à une retraite à taux plein: interruption de l'indemnisation**

203 Les personnes indemnisées au titre des régimes d'assurance chômage (allocation d'aide au retour à l'emploi, voir § 161), de solidarité (allocation de solidarité spécifique, allocation complémentaire de chômage, allocation équivalent retraite, voir §§ 172 à 186) et de préretraite du Fonds national pour l'emploi (voir §§ 71 à 102), atteignant l'âge de 60 ans et justifiant du nombre de trimestres requis de l'assurance vieillesse pour pouvoir bénéficier de leur retraite à taux plein (voir § 326), voient leur revenu de remplacement interrompu.

Sur le maintien des droits à un revenu de remplacement jusqu'à ce que l'allocataire puisse bénéficier d'une pension de retraite à taux plein et, au plus tard, à 65 ans, voir paragraphes 164 (pour l'allocation d'aide au retour à l'emploi) et 180 (pour l'allocation de solidarité spécifique).

• Procédure de signalement

204 Une procédure de signalement est prévue entre la CNAV ou la CRAM et l'Assédic permettant de connaître à l'avance la date à laquelle les allocataires des régimes gérés par l'assurance chômage (allocations de chômage, de solidarité et de préretraite) sont en mesure de prétendre à une retraite à taux plein (convention Unédic/CNAV du 30 janvier 2004).

L'objectif recherché est d'établir, assez longtemps avant le départ en retraite, un contact entre la caisse de retraite et l'assuré signalé, d'examiner ses droits potentiels au titre de l'assurance vieillesse, et de lui communiquer l'information la plus complète possible.

Des échanges d'informations nominatives sur la base du numéro d'inscription au registre national d'identification des personnes physiques (NIR) s'effectuent entre la CNAV et l'Unédic (dir. Unédic 2004-09 du 25 mars 2004).

Ces échanges d'informations permettent:
– l'établissement des attestations relatives aux durées d'assurance vieillesse requises pour l'obtention de l'allocation d'aide au retour à l'emploi et autres allocations ou avantages particuliers gérés par l'Assédic;
– l'établissement de l'attestation de carrière;
– la mise en œuvre des procédures de signalement par l'Assédic concernant le passage à la retraite des allocataires en fin d'indemnisation.

• Allocataires concernés par la procédure de signalement

205 Les populations signalées sont les suivantes (dir. Unédic 2004-09 du 25 mars 2004; circ. CNAV 2006-08 du 20 janvier 2006):
– les demandeurs d'emploi âgés d'au moins 57 ans et 6 mois non indemnisés au titre de l'allocation d'aide au retour à l'emploi ou de l'allocation de solidarité spécifique;
– les allocataires ayant atteint l'âge de 57 ans et 6 mois ou dès leur inscription comme demandeur d'emploi si celle-ci est postérieure à cet âge;
– les bénéficiaires d'une allocation de préretraite de l'État, dès l'adhésion au dispositif de préretraite.

La caisse d'assurance vieillesse régularise la carrière professionnelle de ces personnes afin de compléter leur carrière d'assurance et de déterminer la date à laquelle elles atteindront la durée d'assurance nécessaire pour prétendre à une retraite au taux plein. Elle réétudie systématiquement les droits à l'assurance vieillesse de l'assuré 6 mois avant la date d'obtention du taux plein et invite également l'assuré à formuler sa demande de retraite (voir § 220) (circ. CNAV 2006-08 du 20 janvier 2006).

L'Assédic est informée de la date d'effet de la pension vieillesse.

Par ailleurs, l'Assédic avertit la caisse d'assurance vieillesse 6 mois avant la date présumée de la fin des droits de tout allocataire de plus de 59 ans et 6 mois en indiquant la nature de l'allocation versée, la date de fin d'indemnisation et la dernière adresse connue de l'allocataire.

Dans l'hypothèse où le droit au taux plein n'est pas ouvert, la caisse de retraite informe l'assuré de sa situation et de la date à laquelle il sera susceptible d'obtenir une pension de vieillesse au taux plein. En fonction du choix de l'assuré (attribution à taux réduit; report de la date d'effet; ajournement de la demande), elle lui notifie une décision d'attribution ou de rejet. Un «avis de décision» est adressé à l'Assédic.

L'attribution avant l'âge de 60 ans d'une retraite anticipée «longue carrière» (voir § 282) ou «handicapés» (voir § 290) ne met pas fin au droit à l'indemnisation au titre de l'assurance chômage. Un «avis de décision» doit cependant être adressé à l'Assédic pour permettre l'application des règles de cumul du revenu de remplacement avec un avantage de vieillesse (voir § 168).

Par ailleurs, certains demandeurs d'emploi indemnisés ou préretraités peuvent déposer une demande de retraite au titre de l'inaptitude au travail avant la date d'obtention du taux plein déterminée dans le cadre conventionnel. Dans cette situation également, l'attribution de la pension de retraite ne met pas nécessairement fin au droit à l'indemnisation au titre de l'assurance chômage. Un «avis de décision» doit être adressé à l'Assédic pour application des règles de cumul du revenu de remplacement avec un avantage de vieillesse (voir § 168) (circ. CNAV 2006-08 du 20 janvier 2006).

Estimation et évaluation des droits à retraite complémentaire

Information annuelle des points acquis chaque année

206 Les institutions de retraite complémentaire sont tenues d'adresser, chaque année, un relevé annuel de points à leurs participants, soit directement, soit par l'intermédiaire de leur employeur. Si les relevés sont erronés, l'institution peut engager sa responsabilité (cass. soc. 10 février 1982, n° 80-17040, BC V n° 88).

Deux exceptions à cette obligation sont prévues. Si le participant a quitté l'entreprise à la date d'édition du relevé ou s'il a acquis, au cours de l'exercice considéré, des droits d'un montant inférieur au nombre de points obtenus pour 4 mois d'activité à temps plein (rémunérés sur la base du dernier SMIC connu), le relevé n'a pas besoin d'être établi.

Toutefois, les institutions doivent tenir ces informations à la disposition des participants qui le demandent.

Estimation et évaluation des droits sur demande du participant

207 Les participants qui approchent de l'âge de la retraite peuvent demander, à leur institution d'affiliation ou au centre d'information et de coordination de l'action sociale (CICAS) de leur département de résidence, une estimation ou une évaluation de leurs droits à retraite.

L'estimation des droits permet de connaître le montant approximatif des droits à retraite (étant entendu que cette estimation est donnée à titre indicatif et sous toutes réserves). Elle est ouverte aux participants âgés d'au moins 55 ans.

Les participants âgés d'au moins 57 ans peuvent également demander à l'institution ou à la CICAS une évaluation précise de leurs droits à retraite. Si cette évaluation est erronée, l'institution qui a commis l'erreur engage sa responsabilité.

Une procédure de signalement mise en place entre l'ARRCO et l'Unédic concerne les demandeurs d'emploi qui ont atteint 58 ans le trimestre précédent (conv. ARRCO-Unédic du 12 janvier 2002). L'ARRCO se charge de retransmettre, à l'AGIRC ou à l'IRCANTEC, l'identification et l'adresse de l'assuré, le type d'allocation versé et son salaire de référence servant de base de calcul à l'allocation ou encore l'information relative à une situation de non-indemnisation. Ces précisions permettent aux caisses de retraite complémentaire de reconstituer la carrière de leur assuré. C'est également un moyen pour elles de les contacter, en cas de besoin, en utilisant l'adresse communiquée par l'Assédic.

Droit à une information générale et automatique

Périmètre du droit à l'information

• Nature de l'information

208 La loi portant réforme des retraites a instauré un droit à l'information individuelle des assurés sur leur future retraite (loi 2003-775 du 21 août 2003, JO du 22, art. 10) en prévoyant l'envoi aux assurés de deux documents : le relevé de situation individuelle (voir §§ 213 à 219) et l'estimation indicative globale (voir §§ 220 à 225).

Elle a institué également un groupement d'intérêt public (GIP-Info-Retraite), composé de l'ensemble des régimes de retraite (38 organismes en tout), chargé d'assurer la mise en œuvre de ce droit, mise en œuvre validée par décrets (décrets 2006-708 et 2006-709 du 19 juin 2006, JO du 20).

L'objectif de ce droit à l'information est triple :
– éviter aux assurés des pertes de droit, en les informant suffisamment en amont pour leur permettre de vérifier et, le cas échéant, de rectifier les informations collationnées par leurs régimes de retraite ;
– informer les assurés de leurs droits connus des régimes (soit une vision rétrospective de leur carrière) ;
– informer les assurés des droits qu'ils sont susceptibles d'acquérir (soit une vision prospective de leurs futurs droits à retraite).

Notons que le relevé de carrière (§ 200) et l'information annuelle des points de retraite complémentaire (§ 206) continuent d'être envoyés à l'assuré relevant du régime des salariés.

Information à fournir sur la retraite progressive

Selon la situation de l'assuré, une information, la plus complète possible, doit être donnée à l'assuré afin qu'il puisse choisir entre (circ. CNAV 2006-66 du 2 novembre 2006) :
– la retraite progressive et l'exercice d'une activité à temps partiel (exercée à titre exclusif - voir §§ 1160 et 1181). La retraite progressive étant liquidée à titre provisoire, l'intéressé peut acquérir de nouveaux droits (notamment le taux plein, la surcote),
– la retraite de droit commun et la possibilité de poursuivre son activité, si celle-ci fait partie des exceptions au principe de la cessation d'activité, ou de reprendre une activité salariée, sous réserve de la limite de cumul emploi retraite.

Rappelons que, dans le cadre de la retraite de droit commun, les cotisations obligatoires versées postérieurement à la date d'effet de cette retraite, ne permettent pas d'ouvrir de nouveaux droits au régime général.

• Bénéficiaires du droit à l'information

209 Bénéficient du droit à l'information sur leur retraite les personnes qui (c. séc. soc. art. D. 161-2-1-2) :
– relèvent ou ont relevé, à titre obligatoire ou volontaire, en qualité d'assuré ou à raison des services accomplis, d'un régime de retraite obligatoire ou rendu obligatoire par la loi, avant le 1er janvier de l'année à laquelle le relevé de situation individuelle ou l'estimation indicative globale doivent être établis,
– et n'ont pas obtenu la liquidation ou, en cas de retraite progressive (voir annexe 1), la liquidation provisoire de leur pension dans ce régime.

En d'autres termes, il s'agit des futurs retraités des régimes de retraite légalement obligatoires.

• Régimes de retraite concernés

210 **L'information individuelle des droits à retraite est exhaustive (elle couvre l'ensemble des droits de retraites de base et complémentaire légalement obligatoires, étant entendu que les droits à la retraite supplémentaire ne donnent pas lieu à cette information) et globale (elle couvre l'ensemble des régimes d'affiliation de l'assuré).**

Plus précisément, elle porte sur les droits à retraite acquis dans le régime général des salariés, dans les régimes AGIRC et ARRCO, dans le régime général des salariés agricoles, dans les régimes des travailleurs indépendants (RSI, CNAVPL, CNBF, régime des non-salariés agricoles), dans la fonction publique (d'État, hospitalière ou territoriale, y compris dans le régime public de retraite additionnel obligatoire), à l'IRCANTEC et à la CRPNPAV, dans les régimes spéciaux (SNCF, Mines, RATP, Banque de France, industries électriques et gazières, clercs et employés de notaire, etc.; c. séc. soc. art. R. 711-1).

Champ d'application matérielle

• Organismes chargés de l'envoi des documents à chaque assuré social

211 **Un régime choisi parmi les derniers régimes d'affiliation de l'assuré joue le rôle pivot d'édition et d'expédition des documents.**

Sont notamment autorisés à collecter et à conserver le numéro d'inscription des assurés au répertoire national d'identification des personnes physiques pour l'établissement du relevé de situation individuelle ou de l'estimation indicative globale (c. séc. soc. art. R. 161-10):
– la CRAM pour le régime général des salariés et la MSA pour celui des salariés agricoles et des non-salariés agricoles;
– les institutions de retraite complémentaire adhérant à l'ARRCO, à l'AGIRC et la CRPNPAV;
– le RSI, la CNAVPL et la CNBF pour les travailleurs non salariés non agricoles;
– la CDC pour les agents relevant ou ayant relevé de la CNRACL, de l'IRCANTEC, du régime minier, du fonds spécial de pension des ouvriers des établissements industriels de l'État, du régime public de retraite additionnelle, etc.;
– les autres organismes chargés de la gestion des régimes spéciaux;
– le GIP-Info-Retraite.

Outre la mise à disposition des données, ce régime répond aux questions d'ordre général posées par les assurés.

Si ce régime peut répondre à des questions de premier niveau sur la nature ou l'agencement des documents ou l'organisation du système de retraite, chaque régime conserve l'entière vocation à répondre aux questions portant sur des données particulières, pour d'évidentes raisons de compétence et de réseaux d'accueil.

Ainsi, si l'assuré relève une erreur sur les documents qui lui sont adressés par les régimes de retraite des salariés, il doit en informer l'organisme gestionnaire du régime dont est issue l'erreur.

Les organismes peuvent également procéder à des rectifications automatiques. Dans ce cas, l'organisme est tenu d'en informer l'assuré ainsi que, s'il y a lieu, l'organisme qui a adressé le relevé ou l'estimation. L'organisme chargé de cette information adresse alors un nouveau document rectifié (c. séc. soc. art. R. 161-15).

• Échange de données entre régimes

212 **La mise en œuvre de cette information complète et globale nécessite l'échange de données entre les régimes de retraite (données d'identification, données de carrière et éléments susceptibles d'avoir une incidence sur l'âge de départ à la retraite ou le montant de la pension; c. séc. soc. art. R. 161-11 à R. 161-15).**

Pour ce faire, deux outils ont été créés: l'annuaire et le collecteur.

L'annuaire est destiné à recenser l'ensemble des personnes qui ont acquis des droits dans l'un au moins des régimes de retraite légalement obligatoires en charge du droit à l'information.

Le collecteur est une application informatique destinée à collecter et à consolider les données issues des différents régimes obligatoires.

Relevé de situation individuelle

- **Contenu : 4 éléments distincts**

213 **Courrier d'accompagnement.** Le relevé de situation individuelle comporte un courrier d'accompagnement, qui rappelle le principe du droit à l'information, expose le sommaire du document, en précise les limites, et indique les interlocuteurs que peut contacter l'assuré s'il a des questions sur le document.

Il est notamment indiqué que le relevé est envoyé à titre de renseignement et que les données figurant sur le relevé ont un caractère provisoire (c. séc. soc. art. D. 161-2-1-4). Le relevé n'a donc qu'une valeur indicative et n'engage pas la responsabilité de l'organisme expéditeur, ni celle des organismes gestionnaires des régimes auxquels est affilié l'assuré.

214 **Synthèse des droits connus.** Le relevé comporte également une synthèse des droits connus, qui restitue à la fois le nombre de trimestres acquis dans les régimes de base et indique la durée d'assurance totale de l'assuré, et les droits qu'il s'est constitués dans les éventuels régimes complémentaires dont il a pu dépendre.

Outre les nom et prénoms de l'assuré, sa date et son lieu de naissance, son adresse personnelle et son numéro d'inscription au répertoire national d'identification des personnes physiques, sont également indiqués sa qualité de marié, divorcé, veuf ou célibataire, le nombre d'enfants, leurs prénoms, leur date de naissance ou d'adoption.

215 **Détail des droits acquis dans chaque régime.** Pour chaque régime dont il a dépendu au cours de sa carrière (tant régimes de base que régimes complémentaires obligatoires), le relevé indique le détail des droits connus, période par période avec les précisions suivantes (c. séc. soc. art. R. 161-11, D. 161-2-1-4) :
– les dates de début et, s'il y a lieu, de fin d'affiliation ou de services ou les années au titre desquelles des droits ont été constitués ;
– le nom ou la raison sociale, l'adresse et le numéro SIRET de l'employeur ;
– les éléments de rémunération susceptibles d'être pris en compte pour la détermination des droits à pension, pour chaque année où des droits ont été constitués ;
– les durées exprimées en années, trimestres, mois ou jours, les montants de cotisations ou le nombre de points pris en compte ou susceptibles d'être pris en compte pour la détermination des droits à pension, en mentionnant, s'il y a lieu, le fait générateur de cette prise en compte lorsqu'il a une incidence sur l'âge d'ouverture ou le montant de la pension ;
– les données non susceptibles d'être rattachées à une année donnée ;
– son éventuelle qualité de retraité dans le régime ;
– et les coordonnées du régime qui permettent à l'assuré de contacter celui-ci s'il a besoin de renseignements complémentaires ou souhaite faire effectuer une rectification.

216 **Brochure expliquant le système de retraite en France.** Le relevé comporte également une brochure qui explique brièvement l'organisation et les principes de fonctionnement du système de retraite en France.

• **Deux modes de délivrance**

217 **Sur demande de l'assuré à partir de juillet 2007.** À compter du 1er juillet 2007, le relevé de situation individuelle est délivré, au plus tous les deux ans, sur demande de l'assuré quel que soit son âge (c. séc. soc. art. D. 161-2-1-5).

Le délai de deux ans est décompté de date à date à partir de la réception de la précédente demande par l'organisme y ayant répondu.

La demande, établie conformément au modèle fixé par décision du GIP, est adressée à l'assuré par l'un des organismes compétents (c. séc. soc. art. R. 161-10 ; voir § 211) parmi ceux en charge de la gestion de l'un des régimes dont l'assuré relève ou a relevé.

Pour être recevable, la demande doit comporter les nom et prénoms, la date et le lieu de naissance, le numéro de sécurité sociale, et l'adresse personnelle de l'assuré, ainsi que l'indication d'au moins l'un des régimes dont il déclare relever ou avoir relevé et, lorsqu'elle est présentée sur support papier, être datée et signée du demandeur.

L'adresse figurant dans la demande peut toutefois être différente de celle connue par l'organisme. Elle ne peut cependant consister en une adresse électronique que lorsque la demande est présentée par cette voie.

Dans le cas où l'assuré a adressé sa demande à un organisme en charge d'un ou de plusieurs régimes où il n'a pas la qualité d'assuré ou dont il perçoit la ou les pensions, sans apporter d'indication permettant d'identifier un autre régime, cet organisme l'informe qu'il doit s'adresser à un autre organisme.

Le formulaire de demande devrait prochainement être disponible sur le site Internet du GIP-Info-Retraite (www.espaceretraite.fr) ou auprès des organismes gestionnaires.

218 **À l'initiative des régimes : mise en œuvre progressive.** À compter du 1er juillet 2010, le relevé de situation individuelle est adressé aux assurés atteignant l'âge de 35, 40, 45 et 50 ans, à la dernière adresse postale connue (c. séc. soc. art. D. 161-2-1-6, II). Une mise en œuvre progressive, étalée de juillet 2007 à juillet 2010, est prévue (voir § 219).

Il est établi au 1er juillet de chaque année par l'organisme en charge de la gestion du régime dont l'assuré a relevé en dernier lieu, à partir de l'année précédant celle au cours de laquelle il est établi.

Lorsque l'assuré a relevé en dernier lieu au cours de l'année considérée de plusieurs régimes gérés par des organismes distincts, il est établi par l'organisme désigné par le GIP-Info-Retraite.

219 **Calendrier de mise en œuvre progressive.** La mise en œuvre du relevé de situation individuelle est progressive : opérationnel à compter du 1er juillet 2007 pour les assurés qui en font la demande, son envoi automatique par les organismes gestionnaires est étalé dans le temps et concerne uniquement certaines classes d'âge (voir tableau ci-dessous et p. 122).

Calendrier de mise en œuvre du relevé de situation individuelle

Date de mise en œuvre	Âge du bénéficiaire*
1er juillet 2007	50 ans et quel que soit l'âge de l'assuré sur sa demande
1er juillet 2008	45 et 50 ans
1er juillet 2009	40, 45 et 50 ans
1er juillet 2010	35, 40, 45 et 50 ans

* Bénéficiaires atteignant l'âge indiqué dans le tableau au cours de l'année.

Jusqu'au 30 juin 2011, si l'assuré a obtenu la liquidation définitive (ou, en cas de retraite progressive, la liquidation provisoire) de sa pension dans l'un des régimes dont il a relevé, le relevé de situation individuelle ne lui est adressé que sur sa demande (décret 2006-708 du 19 juin 2006, JO du 20, art. 3, 3°).

Par ailleurs, et toujours jusqu'à cette date, les données relatives aux périodes d'affiliation antérieures à 2005 peuvent ne pas être réparties entre chacune des années des périodes considérées.

Estimation indicative globale

• Contenu

220 **Deux types d'information.** Outre les informations du relevé de situation individuelle (c. séc. soc. art. D. 161-2-1-4), l'estimation indicative globale comporte le montant total et le montant de chacune des pensions susceptibles d'être versées à l'assuré (c. séc. soc. art. D. 161-2-1-7).

Elle ne comporte pas la ou les pensions dont l'assuré a obtenu ou, s'il a atteint l'âge à partir duquel le droit est ouvert, demandé la liquidation ou, en cas de retraite progressive, la liquidation provisoire au plus tard à la date à laquelle est établie l'estimation.

221 **Montant estimatif calculé à différents âges.** Le montant estimatif de la retraite est calculé à différents âges clés:
– l'âge de départ au plus tôt: c'est l'âge auquel l'assuré a le droit de partir en retraite, cet âge pouvant varier d'un régime à l'autre;

En principe, pour les salariés, artisans, commerçants, professionnels libéraux, exploitants agricoles, l'âge légal est fixé à 60 ans mais des possibilités de départ avant cet âge existent pour les longues carrières et les handicapés. Pour les fonctionnaires et les agents relevant des régimes spéciaux, l'âge légal est fixé à 60 ans, mais des possibilités de départ avant cet âge existent: elles sont fonction de la nature des services (caractère pénible de l'emploi, situation de famille, carrières longues...).

– l'âge de départ à taux plein: il s'agit de l'âge auquel l'assuré peut bénéficier de sa pension sans décote, cet âge pouvant varier d'un régime à l'autre;
– à 65 ans ou dans la limite d'âge: si l'assuré prend sa retraite à partir de 65 ans ou à la limite d'âge, sa pension est calculée au taux plein (avec une éventuelle surcote) quelle que soit sa durée d'assurance;
– s'il est plus élevé, à l'âge atteint l'année où est établie l'estimation (avec surcote).

222 **Paramètres de calcul.** Pour procéder à cette estimation, les régimes doivent faire différentes hypothèses sur les paramètres de calcul de la retraite:
– la carrière de l'assuré: elle est prolongée conformément à la dernière situation connue (si l'assuré est salarié, on suppose qu'il continue une carrière de salarié; s'il a deux activités, on suppose qu'il les conserve);
– les revenus: ils sont projetés en euros constants;

Pour les salariés, les revenus sont projetés sur la base du dernier salaire ou une moyenne des derniers salaires quand le salaire a connu d'importantes variations récemment. Pour les non-salariés, les revenus sont projetés sur la base d'une moyenne des derniers revenus.

– les paramètres réglementaires: les projections sont faites à législation constante;
– les paramètres économiques (évolution de prix, du salaire moyen par tête, du SMIC, du plafond de la sécurité sociale): à l'horizon de 4 ans, les paramètres économiques suivent les prévisions du projet de loi de financement de la sécurité sociale et, au-delà, celles du Conseil d'orientation des retraites (COR).

223 **Valeur de l'estimation.** Reposant sur un certain nombre d'hypothèses, l'estimation ne vaut qu'à titre de renseignement. Elle n'a pas valeur d'engagement des régimes sur les résultats, ce qui ne manque pas d'être spécifié sur le document envoyé aux assurés.

224 **Modes de délivrance.** L'estimation indicative globale sera adressée, à l'initiative des organismes gestionnaires, aux assurés atteignant, à partir du 1er juillet 2011, l'âge de 55 ans, sachant qu'une mise en œuvre progressive est prévue dès le 1er juillet 2007 (voir § 225).

À compter de l'âge de 55 ans, l'assuré recevra tous les 5 ans cette estimation.

L'organisme compétent pour établir cette estimation est le même que celui compétent pour établir le relevé de situation individuelle (voir § 217).

- **Mise en œuvre progressive**

225 La mise en œuvre de l'estimation indicative globale est progressive : son envoi automatique par les organismes gestionnaires est étalé dans le temps et concerne uniquement certaines classes d'âge (voir tableaux ci-dessous et p. 122).

Calendrier de mise en œuvre de l'estimation indicative globale

Date de mise en œuvre	Âge du bénéficiaire*
1er juillet 2007	58 ans
1er juillet 2008	57 ou 58 ans
1er juillet 2009	56 ou 57 ans
1er juillet 2010	55 ou 56 ans
À partir du 1er juillet 2011	55 ans et tous les 5 ans à partir de 55 ans

* Bénéficiaires atteignant l'âge indiqué dans le tableau au cours de l'année.

Jusqu'au 30 juin 2011, s'il a obtenu la liquidation définitive (ou, en cas de retraite progressive, la liquidation provisoire) de sa pension dans l'un des régimes dont il a relevé, l'estimation indicative globale n'est pas adressée à l'assuré (décret 2006-708 du 19 juin 2006, JO du 20, art. 3, 3°).

Par ailleurs, et toujours jusqu'à cette date, les données relatives aux périodes d'affiliation antérieures à 2005 peuvent ne pas être réparties entre chacune des années des périodes considérées (décret 2006-708 du 19 juin 2006, JO du 20, art. 3, 4°).

Enfin, jusqu'en 2011, l'estimation indicative globale n'est pas adressée à l'assuré qui atteint ou a atteint, l'année à laquelle elle aurait dû lui être adressée, l'âge minimal d'ouverture du droit à pension dans l'un des régimes dont il a relevé (décret 2006-708 du 19 juin 2006, JO du 20, art. 3, 5°).

Mise en œuvre du droit à l'information des assurés sur leur retraite : récapitulatif										
Génération \ Année	2007	2008	2009	2010	2011	2012	2013	2014	2015	2016
1949	58 ans									
1950		58 ans		60 ans						
1951		57 ans			60 ans					
1952			57 ans			60 ans				
1953			56 ans				60 ans			
1954				56 ans				60 ans		
1955				55 ans					60 ans	
1956					55 ans					60 ans
1957	50 ans					55 ans				
1958		50 ans					55 ans			
1959			50 ans					55 ans		
1960				50 ans					55 ans	
1961					50 ans					55 ans
1962						50 ans				
1963		45 ans					50 ans			
1964			45 ans					50 ans		
1965				45 ans					50 ans	
1966					45 ans					50 ans
1967						45 ans				
1968							45 ans			
1969			40 ans					45 ans		
1970				40 ans					45 ans	
1971					40 ans					45 ans
1972						40 ans				
1973							40 ans			
1974								40 ans		
1975				35 ans					40 ans	
1976					35 ans					40 ans
1977						35 ans				
1978							35 ans			
1979								35 ans		
1980									35 ans	
1981										35 ans

Génération recevant une estimation indicative globable

Génération recevant un relevé de situation individuelle

C A I S S E   N A T I O N A L E   D ' A S S U R A N C E   V I E I L L E S S E

75951 PARIS
CEDEX 19
Tél. 01 55 45 50 00

Evaluation de retraite : chômage ou préretraite

Madame, Monsieur,

Vous percevez actuellement une allocation servie par l'ASSEDIC. Votre retraite remplacera votre allocation dès que vous réunirez les conditions pour l'obtenir au taux maximum de 50 % :

- **à partir de 60 ans,** lorsque vous totaliserez le nombre de trimestres exigés tous régimes de retraite de base confondus,
- **et, au plus tard, à 65 ans.**

Dès maintenant, nous devons procéder à la reconstitution de votre carrière professionnelle pour faciliter le moment venu, votre passage à la retraite.

A cet effet, nous vous adressons :

- le relevé de votre carrière. Nous vous recommandons de l'examiner avec attention et de réunir les pièces justificatives nécessaires à sa régularisation,
- une demande d'évaluation de retraite à compléter.

Nous vous invitons à les déposer dans le point d'accueil de votre choix. Nos conseillers sont à votre disposition pour vous aider dans vos démarches. Avec vous, l'un d'entre eux :

- régularisera votre relevé de carrière,
- répondra à vos questions.

Pour connaître le point d'accueil retraite le plus proche de chez vous :

téléphonez-nous au 01.40.37.37.37,

ou consultez le 36.15 Retraitel (0,13 euro la minute) **ou www.retraite.cnav.fr**

S'il vous est impossible de vous déplacer, adressez-nous l'ensemble des documents cités à l'agence de la CNAV de votre lieu de résidence, selon la liste proposée au dos de ce document.

Recevez, Madame, Monsieur, nos sincères salutations.

Votre correspondant,

IMPORTANT : Aucune retraite n'est accordée automatiquement. Vous devrez en faire la demande en complétant l'imprimé «demande de retraite personnelle» que votre ASSEDIC ou notre caisse vous adressera.

LA RETRAITE DES SALARIÉS
SÉCURITÉ SOCIALE
C N A V

DEMANDE D'ÉVALUATION DE RETRAITE PERSONNELLE

CHÔMAGE OU PRÉRETRAITE

Cette demande ne vaut pas demande de retraite

1 - VOTRE ÉTAT CIVIL

1.1 - Identité

MADAME ❑ MADEMOISELLE ❑ MONSIEUR ❑

NOM DE NAISSANCE (en majuscules) ....

PRÉNOMS (soulignez le prénom usuel) ....

NOM MARITAL (s'il y a lieu) ....

AUTRE NOM D'USAGE (facultatif) ....

Pour Paris, Lyon et Marseille, précisez l'arrondissement

NÉ(E) le |_|_|_|_|_|_|_|_| À ....

DÉPARTEMENT OU PAYS DE NAISSANCE .... NATIONALITÉ ....

N° D'IMMATRICULATION SÉCURITÉ SOCIALE |_|_|_|_|_|_|_|_|_|_|_|_|_| |_|_|

1.2 - Situation familiale

CÉLIBATAIRE ❑ Si vous êtes ou avez été marié(e), indiquez-nous votre situation :

MARIÉ(E) le |_|_|_|_|_|_|_|_| SÉPARÉ(E) le |_|_|_|_|_|_|_|_| ▶ DE CORPS |_| DE FAIT |_| DIVORCÉ(E) le |_|_|_|_|_|_|_|_| VEUF(VE) le |_|_|_|_|_|_|_|_|

1.3 - Adresse

Précisez, s'il y a lieu : villa - lieudit - lotissement - cité - résidence - escalier - étage - etc. ....

....

N° DANS LA VOIE .... NOM DE LA VOIE ....

CODE POSTAL |_|_|_|_|_| COMMUNE ....

PAYS (si résidence hors de France) .... TÉLÉPHONE |_|_|_|_|_|_|_|_|_|_|

2 - ETAT CIVIL DE VOTRE CONJOINT

NOM DE NAISSANCE (en majuscules) ....

PRÉNOMS (soulignez le prénom usuel) ....

Pour Paris, Lyon et Marseille, précisez l'arrondissement

NÉ(E) le |_|_|_|_|_|_|_|_| À ....

DÉPARTEMENT OU PAYS DE NAISSANCE .... NATIONALITÉ ....

N° D'IMMATRICULATION SÉCURITÉ SOCIALE |_|_|_|_|_|_|_|_|_|_|_|_|_| |_|_|

3 - ETAT CIVIL DES ENFANTS

Vos enfants ou autres enfants que vous avez élevés (enfants de conjoint, recueillis, adoptés, etc.)

Les avez-vous élevés et ont-ils été à votre charge ou à celle de votre conjoint pendant au moins 9 ans avant leur seizième anniversaire ?

Mettre une croix dans la case qui convient

NOM DE NAISSANCE	PRÉNOMS	DATE DE NAISSANCE	DATE DE DÉCÈS	OUI	NON
				❑	❑
				❑	❑
				❑	❑
				❑	❑

Veuillez joindre la photocopie de votre livret de famille tenu à jour ou de toutes autres pièces justificatives d'état civil pour chacun des enfants.

4 - DIVERS

Avez-vous demandé ou êtes-vous titulaire d'une pension d'invalidité du régime général ? OUI ❑ NON ❑

Si OUI, **veuillez joindre une photocopie de votre notification d'attribution.**

- **J'atteste sur l'honneur que les renseignements portés sur ce document sont exacts.**

Fait à .... **Le** ....

Signature,

- *La loi rend passible d'amende et d'emprisonnement, quiconque se rend coupable de fraudes ou de fausses déclarations (articles L. 377-1 du code de la sécurité sociale, 313-1,313-3, 433-19, 441-1 et 447-7 du code pénal).*
- *La loi n° 78.17 du 6 janvier 1978 vous garantit un droit d'accès et de rectification pour les données que nous enregistrons à partir de vos réponses.*

IMPORTANT : CETTE DEMANDE NE VAUT PAS DEMANDE DE RETRAITE

Lorsque vous souhaiterez obtenir votre retraite, vous devrez déposer votre demande 4 mois avant la date que vous aurez choisie pour point de départ.

C A I S S E   N A T I O N A L E   D ' A S S U R A N C E   V I E I L L E S S E

75951 PARIS
CEDEX 19
Tél. 01 55 45 50 00

Numéro de dossier

Dossier suivi par

Secteur

Téléphone

N'oubliez pas d'indiquer sur vos courriers le secteur et le numéro de dossier

Reconstitution de carrière - convention ETAT/CNAV/UNEDIC

Identité assuré

M ....

Adresse ....

....

N°IMMATRICULATION SECURITE SOCIALE

ASSEDIC ....

CD FNE ....

Madame, Monsieur, Le

Vous nous avez demandé de reconstituer votre carrière. Pour connaître votre situation, reportez-vous au(x) cadre(s) **1 ☐ 2 ☐ 3 ☐ 4 ☐ 5 ☐ 6 ☐ 7 ☐**

Nous communiquons ces mêmes renseignements à votre ASSEDIC et/ou à la D.D.T.E.

1 ☐ Suite à votre reconstitution de carrière, et compte tenu de la législation en vigueur, votre compte se présente comme suit :

	Trimestres d'assurance	Périodes reconnues équivalentes
■ REGIME GENERAL		
■ AUTRES REGIMES DE BASE		
Régime spécial		
Régime agricole		
Non salariés		

Au ___ 2 0 0 _ , dernier jour du trimestre civil précédant vos 60 ans :

☐ vous réunirez ___ trimestres validés aux différents régimes de retraite de la sécurité sociale.	☐ vous réunirez ___ trimestres validés aux régimes général - agricole - non salariés.

Si votre situation n'est pas modifiée, vous totaliserez :

☐ ___ trimestres au ___ 2 0 0 _	☐ ___ trimestres au ___ 2 0 0 _
☐ à 65 ans ___ trimestres.	☐ à 65 ans ___ trimestres.
(Articles L. 351-1 - R. 351-3 - R. 351-4 du code de la sécurité sociale)	*(Article L. 351-15 du code de la sécurité sociale) (retraite progressive)*

Ces informations vous sont données en application des textes en vigueur. *VOIR AU DOS*

2 ☐ Votre reconstitution de carrière est terminée.

Votre retraite doit remplacer votre allocation de chômage ou de préretraite.

En raison de la date qui vous est indiquée, vous devez, **sans tarder**, établir votre demande de retraite sur l'imprimé ci-joint et nous le renvoyer complété et signé **avant la date fixée au point 1**.

3 ☐ Votre reconstitution de carrière est terminée.

Dès que vous totaliserez le nombre de trimestres requis, tous régimes confondus pour obtenir le taux maximum, votre retraite remplacera votre allocation de chômage ou de préretraite.

Vous devrez compléter l'imprimé de "demande de retraite" 4 mois avant la date à laquelle vous remplirez la condition ci-dessus ou celle de votre 65e anniversaire.

Cet imprimé vous sera remis par votre ASSEDIC.

4 ☐ Votre reconstitution de carrière est actuellement en cours.

Néanmoins, nous devons maintenant examiner vos droits à la retraite.

Pour cela, veuillez compléter et nous renvoyer très vite :

- la demande de retraite ci-jointe,
- l'imprimé de demande de subrogation à établir en deux exemplaires.

Nous adresserons un exemplaire de la demande de subrogation que vous aurez complété à votre ASSEDIC.

Ce document lui permettra de vous payer une avance. Le montant de cette avance correspondra au montant de la retraite susceptible de vous être payée en l'état actuel de votre compte individuel. Il ne pourra excéder le montant de l'allocation actuellement versée par votre ASSEDIC.

A défaut de cette demande de subrogation, aucune avance ne pourra vous être servie.

Après étude de vos droits à la retraite, vous recevrez une notification d'attribution ou de rejet.

Nous ferons connaître notre décision à votre ASSEDIC.

5 ☐ Votre reconstitution de carrière est actuellement en cours.

Le paiement de votre allocation de chômage ou de préretraite va prendre fin et nous devons examiner vos droits à la retraite.

Pour cela, vous devez établir votre demande de retraite sur l'imprimé ci-joint et nous le renvoyer sans tarder.

A défaut, vous risquez une interruption de vos paiements.

6 ☐ Votre reconstitution de carrière ne peut aboutir et nous ne pouvons déterminer la nature de vos droits.

☐ nous n'avons pas trouvé de compte ouvert à votre nom,

☐ vous ne nous avez pas répondu,

☐ nous ne connaissons pas les trimestres validés par le régime ....

7 ☐ Vous avez déclaré percevoir une pension d'invalidité du régime général.
Cette pension doit être remplacée à 60 ans par votre retraite personnelle.

Recevez, Madame, Monsieur, mes sincères salutations. Le Directeur,

IMPORTANT : aucune retraite n'est accordée automatiquement. Vous devez en faire la demande en complétant l'imprimé réglementaire "demande de retraite personnelle". N'hésitez pas à nous consulter ou à nous téléphoner. Nos conseillers retraite peuvent vous aider ; vous pouvez les rencontrer dans nos points d'accueil retraite.

C A I S S E   N A T I O N A L E   D ' A S S U R A N C E   V I E I L L E S S E

LA RETRAITE DES SALARIÉS SÉCURITÉ SOCIALE

C N A V

75951 PARIS

CEDEX 19

Tél. 01 55 45 50 00

Numéro de dossier :

Dossier suivi par :

Secteur :

Téléphone :

N'oubliez pas d'indiquer sur vos courriers le secteur et le numéro de dossier

Convention Etat / Cnav / Unedic - Avis de décision

Identité assuré

M ....

Identifiant : ASSEDIC ☐ FNE ☐

Nom de l'allocation : Allocation spéciale ☐ Mi-temps ☐ Préretraite progressive ☐

N°IMMATRICULATION SECURITE SOCIALE

Madame, Monsieur, Le

Nous avons procédé à l'étude des droits à la retraite de l'assuré.

Nous avons pris la décision suivante **ATTRIBUTION** 1☐ **REJET** 2☐

1☐ **ATTRIBUTION** à compter du

date à laquelle la retraite est calculée au taux maximum.

☐ d'une retraite
(article L. 351-1 du code de la sécurité sociale)

☐ d'une retraite au titre de l'inaptitude au travail
(article L. 351-8-2 du code de la sécurité sociale)

☐ d'une retraite de vieillesse substituée à une pension d'invalidité
(article L. 341-15 du code de la sécurité sociale)

☐ d'une retraite progressive
(article L. 351-15 du code de la sécurité sociale)

AVANCE

Le montant de l'avance payée :

du .... au .... s'élève à ______________ euros

Notre service comptable est chargé de vous reverser ce montant.

VOIR AU DOS

2 **REJET** à compter du

Au date d'arrêt du compte pour le calcul de sa retraite à 60 ans.

☐ L'assuré ne totalise que trimestres validés aux différents régimes de retraite de la sécurité sociale.

☐ trimestres au

☐ à 65 ans trimestres

(Articles L. 351-1 - R. 351-3, R. 351-4 du code de la sécurité sociale)

☐ L'assuré ne totalise que trimestres validés aux régimes général - agricole - non salariés.

☐ trimestres au

☐ à 65 ans trimestres

(Article L. 351-15 du code de la sécurité sociale)

Recevez, Madame, Monsieur, mes sincères salutations.

Votre correspondant,

ANNEXE 5

LA RETRAITE DES SALARIÉS
SÉCURITÉ SOCIALE

CNAV

CAISSE NATIONALE D'ASSURANCE VIEILLESSE

75951 PARIS Cedex 19.
Tél.(1) 40 05 51 10

REFERENCE A RAPPELER DANS TOUTE CORRESPONDANCE

LE

ADRESSEZ VOTRE COURRIER AU SECTEUR CONCERNE
SANS OUBLIER LES REFERENCES

CONVENTION ETAT / CNAV / UNEDIC - PROPOSITION DE REPORT DE LA DATE DE DEPART DE LA RETRAITE

Madame, Monsieur,

Vous percevez des allocations servies par l'ASSEDIC.

Votre retraite remplacera votre allocation dès que vous totaliserez le nombre de trimestres d'assurance et de périodes équivalentes vous donnant droit à une retraite au taux maximum, soit |_|_|_| trimestres.

A l'examen de votre dossier, nous constatons que vous ne remplissez cette condition qu'à compter du ....

Nous vous proposons donc de fixer le point de départ de votre retraite à cette date.

Sans réponse de votre part dans le délai de 15 jours, nous considérerons que vous acceptez notre proposition.

Nous vous attribuerons votre retraite à compter du ....

Recevez, Madame, Monsieur, mes sincères salutations.

Votre correspondant,

3/94 Réf DECN · 5

NOS POINTS D'ACCUEIL RETRAITE A VOTRE DISPOSITION EN ILE-DE-FRANCE :
à Paris 8e, 13e, 19e, à Cergy-Pontoise, Créteil, St Quentin-en-Yvelines, Rosny-sous-Bois, Noisy-le-Grand.
Téléphonez au (16) 1 40 37 37 37 pour plus de précisions.

Demande de retraite

§§

Demande de retraite de base

- À qui s'adresser ? 230
- À quel moment demander sa retraite de base ? 231
- Sous quelle forme ? 232

→ *Modèles : pages 132 à 136*

Demande de retraite complémentaire

- À qui s'adresser ? 233
- À quel moment demander sa retraite complémentaire ? 235
- Sous quelle forme ? 236
- Quels sont les documents à joindre ? 237

Demande de retraite supplémentaire 238

→ *Modèles : pages 142 à 145*

Demande de retraite de base

À qui s'adresser ?

230 Pour percevoir sa pension de retraite de base, l'assuré doit en demander la liquidation auprès de la caisse de sa dernière activité. Il doit le faire à l'aide d'un formulaire qu'il peut se procurer auprès de sa caisse régionale d'assurance maladie (ou CNAV pour l'Île-de-France). Ce formulaire peut aussi être retiré dans un point d'accueil retraite ou à la mairie.

Il est également possible de se le procurer via Internet (www.retraite.cnav.fr, Rubrique « Vous informer sur votre retraite »). Enfin, l'assuré peut désormais effectuer sa demande directement par Internet (www.retraite.cnav.fr, Rubrique « Votre espace personnel »).

La demande via Internet est un service fiable et sécurisé. Pour y accéder, l'intéressé doit :
– avoir au moins 59 ans et 6 mois,
– résider en France métropolitaine,
– avoir été affilié durant sa carrière au seul régime général ou au régime général et aux régimes spéciaux (professions libérales, fonctionnaires, EDF-GDF, SNCF...),
– ne pas faire l'objet d'une représentation par un tiers (être sous tutelle, sous sauvegarde de justice...).

À quel moment demander sa retraite de base ?

231 La CNAV recommande de procéder à la demande de retraite 4 mois avant sa date de prise d'effet (voir § 475). C'est le délai moyen de traitement d'un dossier.

la Retraite solidaire

Demande de retraite personnelle

Salarié du régime général (art. L 351-1 et suivants du code de la sécurité sociale)
Salarié et non salarié agricole (arts L 732-18 et L 742-3 du code rural)
Artisan et commerçant (art. L 634-1 du code de la sécurité sociale)

cerfa
N° (en cours)

Important : merci de remplir ce formulaire en noir, en lettres majuscules et avec les accents.

Vous-même

Madame ❒ Monsieur ❒

Votre nom *(de naissance)* : ....

Votre nom d'époux ou d'épouse *(s'il y a lieu)* : ....

Si vous portez un autre nom, indiquez-le : ....

Vos prénoms *(soulignez votre prénom courant)* : ....

Votre date de naissance : |__|__|__|__|__|__|__|__| Votre nationalité : ....

Commune de naissance : .... Département : .... Pays : ....
(indiquez l'arrondissement pour Paris, Lyon, Marseille)

Téléphone *(pour nous permettre de vous contacter en cas de nécessité)* : |__|__|__|__|__|__|__|__|__|__|

Votre adresse : ....

Code postal : |__|__|__|__|__| Commune : .... Pays : ....

Votre n° de Sécurité sociale ou de Mutualité Sociale Agricole : |__|__|__|__|__|__|__|__|__|__|__|__|__| |__|__|

Votre n° RSI / ORGANIC *(commerçants)* : |__|__|__|__|__|__|__|__|__|__|__| Votre n° RSI / AVA *(artisans)* : |__|__|__|__|__|__|__|__|

Votre situation de famille

Célibataire ❒ [Marié(e) ❒ Depuis le |__|__|__|__|__|__|__|__| [Divorcé(e) ❒, Séparé(e) de corps ❒, Séparé(e) de fait ❒, Veuf(ve) ❒ Depuis le |__|__|__|__|__|__|__|__|

Votre conjoint(e)

Son nom *(de naissance)* : .... Son nom d'époux ou d'épouse : ....

Ses prénoms *(soulignez le prénom courant)* : ....

Sa date de naissance : |__|__|__|__|__|__|__|__| Sa nationalité : ....

Commune de naissance : .... Département : .... Pays : ....
(indiquez l'arrondissement pour Paris, Lyon, Marseille)

Son n° de Sécurité sociale ou de Mutualité Sociale Agricole : |__|__|__|__|__|__|__|__|__|__|__|__|__| |__|__|

Son n° RSI / ORGANIC *(commerçants)* : |__|__|__|__|__|__|__|__|__|__|__| Son n° RSI / AVA *(artisans)* : |__|__|__|__|__|__|__|__|

Vos enfants et ceux que vous avez élevés

Mentionnez tous les enfants : les vôtres, ceux de votre conjoint, les enfants recueillis, adoptés y compris les enfants mort-nés ou décédés.

Indiquez pour chaque enfant : la (les) période(s) durant laquelle (lesquelles) vous l'avez élevé depuis sa naissance ou sa date d'adoption ou sa prise en charge effective jusqu'à son 16ème anniversaire.

Nom de naissance de l'enfant*	Prénom	Lien de parenté	Date de naissance	Date de décès	Période durant laquelle vous avez élevé cet enfant jusqu'à 16 ans
					du au
					du au
					du au
					du au
					du au
					du au

* Si vous manquez de place, complétez cette liste sur une feuille blanche que vous joindrez à cette demande.

Partie réservée au conseiller retraite

1ère intervention le : |__|__|__|__|__|__|__|__| demande délivrée le : |__|__|__|__|__|__|__|__| réception le : |__|__|__|__|__|__|__|__|

Je soussigné(e) certifie avoir vérifié à l'aide des pièces justificatives valables que le demandeur m'a présentées, la conformité des renseignements fournis sur sa nationalité, son état civil et celui de son conjoint, celui des (nombre en toutes lettres) .... enfants mentionnés ci-dessus.

Cachet de l'organisme :

Signature du conseiller retraite : Fait le : |__|__|__|__|__|__|__|__|

la Retraite solidaire — CNAV

Demande de retraite personnelle

Salarié du régime général
Salarié et non salarié agricole (MSA), artisan (RSI/AVA), commerçant (RSI/ORGANIC)

cerfa
N° (en cours)

Vous avez ou avez eu à votre charge 1 ou plusieurs enfants gravement handicapés

Une majoration de trimestres peut vous être accordée sous certaines conditions.

- Vous élevez ou avez élevé un ou plusieurs enfants atteints d'une incapacité d'au moins 80% donnant droit à l'une des allocations suivantes : l'allocation d'éducation de l'enfant handicapé et son complément, l'allocation d'éducation spéciale et son complément, l'allocation spéciale aux mineurs grands infirmes, l'allocation d'éducation spécialisée des mineurs infirmes, l'allocation des mineurs handicapés **oui ❑ non ❑**

  si oui, préciser l'allocation dont il s'agit : ....

- Vous êtes ou étiez personnellement titulaire de l'une de ces allocations **oui ❑ non ❑**

Majoration de retraite pour conjoint(e) âgé(e) de 60 ans et plus

Une majoration peut vous être accordée si votre conjoint(e) est âgé(e) d'au moins 65 ans, ou s'il est âgé de 60 à 65 ans et reconnu inapte au travail par un médecin. Dans les deux cas, ses ressources personnelles doivent être inférieures au plafond fixé par la loi. (Pour en savoir plus, vous pouvez contacter un conseiller retraite).

Attention : Ne remplissez cette rubrique que si vous souhaitez bénéficier de cette majoration.

Votre conjoint(e) a disposé de ressources personnelles au cours des 3 mois précédent cette demande oui ❑ non ❑
Votre conjoint(e) perçoit une retraite personnelle oui ❑ non ❑
L'inaptitude au travail de votre conjoint(e) est médicalement reconnue oui ❑ non ❑

- Cette majoration ne s'applique pas aux non salariés agricoles.
- Les conjoint(e)s d'ancien(ne)s commerçant(e)s peuvent bénéficier d'un droit spécifique sous certaines conditions. N'hésitez pas à contacter votre caisse RSI / ORGANIC.

Votre demande

Vous avez exercé des activités salariées et non salariées :

- Cochez la ou les cases correspondant aux régimes auprès desquels vous souhaitez obtenir votre retraite.
- Précisez la date que vous avez choisie comme point de départ de votre retraite pour chacun des régimes.
  Sachez que : - cette date ne peut pas précéder votre 60ème anniversaire,
  - votre demande doit parvenir à la caisse avant la date choisie.
- Indiquez-nous également la date à laquelle vous avez cessé ou vous cesserez votre activité pour chacun des régimes.

A quel régime et à quelle date souhaitez-vous obtenir votre retraite ?

❑ **régime général de sécurité sociale - point de départ souhaité** 0 1 | _ _ | 2 0 _ _
Avez-vous cessé votre activité au régime général ?
oui ❑ à quelle date ? _ _ | _ _ | _ _ _ _ **non ❑ à quelle date cesserez-vous ?** _ _ | _ _ | _ _ _ _

❑ **régime des salariés agricoles - point de départ souhaité** 0 1 | _ _ | 2 0 _ _
Avez-vous cessé votre activité au régime des salariés agricoles ?
oui ❑ à quelle date ? _ _ | _ _ | _ _ _ _ **non ❑ à quelle date cesserez-vous ?** _ _ | _ _ | _ _ _ _

❑ **régime des non salariés agricoles - point de départ souhaité** 0 1 | _ _ | 2 0 _ _
Avez-vous cessé votre activité au régime des non salariés agricoles ?
oui ❑ à quelle date ? _ _ | _ _ | _ _ _ _ **non ❑ à quelle date cesserez-vous ?** _ _ | _ _ | _ _ _ _

❑ **régime des artisans - point de départ souhaité** 0 1 | _ _ | 2 0 _ _
Avez-vous cessé votre activité au régime des artisans ?
oui ❑ à quelle date ? _ _ | _ _ | _ _ _ _ **non ❑ à quelle date cesserez-vous ?** _ _ | _ _ | _ _ _ _

❑ **régime des commerçants - point de départ souhaité** 0 1 | _ _ | 2 0 _ _
Avez-vous cessé votre activité au régime des commerçants ?
oui ❑ à quelle date ? _ _ | _ _ | _ _ _ _ **non ❑ à quelle date cesserez-vous ?** _ _ | _ _ | _ _ _ _

2

la Retraite solidaire

Demande de retraite personnelle

Salarié du régime général
Salarié et non salarié agricole (MSA), artisan (RSI/AVA), commerçant (RSI/ORGANIC)

cerfa
N° (en cours)

Vous faites votre demande parce que :

- Vous êtes reconnu(e) inapte au travail par un médecin ❑
- Vous êtes ancien(ne) combattant(e) ou dans une situation similaire (prisonnier(e) de guerre, déporté(e), ...) ❑
- **Vous êtes mère de trois enfants ou plus, ayant exercé un travail manuel ouvrier pénible pendant 5 ans au cours des 15 dernières années** (votre conseiller retraite vous précisera les conditions à remplir) ❑

Votre activité professionnelle en France

Cochez les cases correspondant à vos différentes activités

Indiquez si possible les années de début et de fin d'activités dans chaque régime

- **Salarié(e) du régime général** ❑ de [ ] Année à [ ] Année
- **Salarié(e) du régime agricole** ❑ de [ ] Année à [ ] Année
- **Non salarié(e) agricole**
  - Chef d'exploitation : ❑ de [ ] Année à [ ] Année
  - Conjoint(e) ou aide familial(e) : ❑ de [ ] Année à [ ] Année
  - Commune et département de l'exploitation :
- **Commerçant(e)**
  - Commerçant(e) : ❑ de [ ] Année à [ ] Année
  - Aide familial(e) : ❑ de [ ] Année à [ ] Année
  - Nom de la dernière caisse à laquelle vous êtes inscrit(e) :
  - Son adresse :
- **Artisan(e)**
  - Artisan(e) ❑ de [ ] Année à [ ] Année
  - Aide familial(e) ❑ de [ ] Année à [ ] Année
  - Nom de la dernière caisse à laquelle vous êtes inscrit(e) :
  - Son adresse :
- **Profession libérale** ❑ de [ ] Année à [ ] Année
  - Nom de la dernière caisse à laquelle vous êtes inscrit(e) :
  - Son adresse :
  - Votre n° de cotisant(e) :
- **Régimes spéciaux des salariés** (fonctionnaires, EDF-GDF, SNCF...) ❑ de [ ] Année à [ ] Année
  - Précisez le(s)quel(s) :
  - Vous êtes en activité à ce régime spécial ❑
  - Nom de votre employeur actuel :
  - Son adresse :
  - A quelle date cesserez-vous votre activité ? [ ]
  - Vous avez cessé votre activité à ce régime spécial depuis le [ ]
  - Vous êtes retraité de ce régime spécial : **oui** ❑ depuis le [ ] **non** ❑

3

la Retraite solidaire

Demande de retraite personnelle

Salarié du régime général
Salarié et non salarié agricole (MSA), artisan (RSI/AVA), commerçant (RSI/ORGANIC)

cerfa
N° (en cours)

Votre activité professionnelle à l'étranger

Si vous avez exercé une activité professionnelle à l'étranger, contactez un de nos conseillers retraite. Il vous renseignera sur la démarche à suivre.

Période(s) à l'étranger de ____ à ____ (Année / Année) — de ____ à ____ (Année / Année)

Activité exercée : ....

Lieu de l'emploi : ....

Pays : ....

Votre n° de cotisant(e) : ....

Si vous manquez de place, complétez cette liste sur une feuille blanche que vous joindrez à cette demande.

Avez-vous demandé ou percevez-vous actuellement une des prestations suivantes ?

- ❑ une pension d'invalidité
- ❑ l'allocation spéciale
- ❑ l'allocation aux adultes handicapés
- ❑ la préretraite agricole
- ❑ le RMI
- ❑ l'allocation des travailleurs de l'amiante
- ❑ l'allocation de préparation à la retraite (pour les anciens combattants d'Afrique du Nord)
- ❑ une ou des retraites de réversion (n'indiquez pas les retraites de réversion des régimes complémentaires)

Complétez, ci-dessous, selon votre situation :

Nom de l'organisme : ....

Son adresse : ....

Nature de votre prestation : ....

n° de dossier : ....

Date d'attribution de votre prestation : ....

Nom de votre conjoint décédé si retraite de réversion : ....

Si vous manquez de place, complétez cette liste sur une feuille blanche que vous joindrez à cette demande.

Vos dépenses de santé sont-elles prises en charge par un organisme de Sécurité sociale étranger ? oui ❑ non ❑

J'atteste sur l'honneur l'exactitude des renseignements portés sur cette demande.
Je m'engage à faciliter toute enquête pour les vérifier.

Fait à : ....

Signature :

Le ....

La loi rend passible d'amende et d'emprisonnement quiconque se rend coupable de fraudes ou de déclarations inexactes ou incomplètes (art.L.114-13 du code de la sécurité sociale, arts.313-1,313-3, 433-19 ,441-1 et 441-7 du code pénal, art. 725-13 du code rural) . La loi n° 78-17 du 6 janvier 1978 modifiée vous garantit un droit d'accès et de rectification pour les données que nous enregistrons à partir de vos réponses.

Vous venez de remplir votre demande de retraite personnelle.
Merci de nous faire part de toute modification de votre situation.
Pour que votre dossier soit complet, vous devez obligatoirement joindre les pièces indiquées dans les "justificatifs à joindre" (pages II et III de la notice jointe).

S 5135c - 05/2006

4

CNAV — la Retraite solidaire

Demande de retraite personnelle

Salarié du régime général
Salarié et non salarié agricole (MSA), artisan (RSI/AVA), commerçant (RSI/ORGANIC)

cerfa
N° (en cours)

Autres justificatifs

En fonction de votre situation	Vous devez présenter l'original ou fournir une photocopie lisible de :
Si vous êtes de nationalité française, ou ressortissant(e) de l'Union européenne*, de l'Islande, du Liechtenstein, de la Norvège ou de la Suisse	votre carte d'identité, ou passeport, ou toute autre pièce justificative d'état civil et de nationalité
Si vous êtes de nationalité étrangère	toute pièce justifiant de votre état civil et de la régularité de votre séjour, en cours de validité : titre de séjour ou récépissé de votre demande
Si vous avez déclaré avoir eu ou élevé des enfants	votre livret de famille tenu à jour ou un extrait d'acte de naissance des enfants
Si vous élevez ou si vous avez élevé un ou plusieurs enfants handicapés	complétez la rubrique page 2 de la demande. Pour les justificatifs à fournir, nous vous contacterons
Pour les enfants recueillis	la décision de justice vous confiant l'enfant
Si vous avez cessé votre activité	le document justifiant de votre cessation d'activité : • *pour les salariés du régime général et les salariés agricoles :* une déclaration sur l'honneur complétée et signée (pour le régime général : imprimé fourni par la caisse de retraite) • *pour les exploitants agricoles :* l'attestation de cessation d'activité délivrée par la MSA • *pour les artisans et les commerçants :* notamment un certificat de radiation du répertoire des métiers et/ou du registre des commerces et des sociétés
Si votre activité professionnelle a été interrompue par des périodes de chômage	les attestations des Assédic ou toute autre pièce justificative
Si vous êtes salarié(e) du régime général ou du régime agricole et si vous avez été en activité au cours de la dernière année	les bulletins de salaire de la dernière année
Si vous êtes salarié(e) et si vous avez été au chômage ou en préretraite au cours de la dernière année	les attestations des Assédic ou toute autre pièce justificative de la dernière année
Si vous êtes salarié(e) du régime général et si vous avez été malade ou accidenté(e) du travail au cours des 2 dernières années	les décomptes d'indemnités journalières ou une attestation délivrés par votre caisse primaire d'assurance maladie pour les 2 dernières années
Si vous êtes salarié(e) agricole et si vous avez été au chômage au cours de la dernière année	les attestations des Assédic de la dernière année
Si vous êtes exploitant(e) agricole et si vous avez été en préretraite	les attestations de l'ADASEA
Si vous êtes retraité(e) d'un autre régime des salariés	le titre de pension
Si vous ou votre conjoint(e) déclarez être médicalement inapte au travail	le certificat médical disponible dans nos points d'accueil et complété par le médecin
Si vous êtes ancien(ne) combattant(e) ou dans une situation similaire	votre carte du combattant et votre livret militaire ou un état signalétique et des services
Si vous avez rempli vos obligations militaires	votre livret militaire ou un état signalétique et des services

* Liste des pays de l'Union européenne
Allemagne, Autriche, Belgique, Chypre, Danemark, Espagne, Estonie, Finlande, France, Grèce, Hongrie, Irlande, Italie, Lettonie, Lituanie, Luxembourg, Malte, Pays-Bas, Pologne, Portugal, République Tchèque, Royaume-Uni, Slovaquie, Slovénie, Suède.

III

Sous quelle forme?

232 La demande de liquidation des droits à retraite de base peut s'effectuer au moyen d'un imprimé réglementaire (support papier - voir § 230) commun aux régimes de retraite des salariés du régime général, des salariés et non-salariés agricoles, des artisans, des industriels et commerçants (la caisse du dernier régime d'activité le transmet aux autres organismes).

Ce formulaire doit être complété, signé et accompagné d'un relevé d'identité bancaire, postal ou de caisse d'épargne, d'une photocopie du dernier avis d'impôt sur le revenu ainsi que de toutes autres pièces justificatives (voir le formulaire p. 136).

Lorsqu'une demande formulée à l'aide de l'imprimé réglementaire ne remplit pas une ou plusieurs conditions de recevabilité, elle doit être renvoyée ou rendue à l'assuré, en l'informant du ou des motifs d'irrecevabilité, étant entendu que cette irrecevabilité ne remet pas nécessairement en cause la possibilité visant à tenir compte de la demande formulée par lettre pour fixer la date d'effet de la retraite (circ. CNAV 2006-22 du 13 mars 2006).

L'assuré a également la possibilité de compléter et de transmettre sa demande de retraite personnelle par Internet, dans des conditions spécifiques précisées sur le site Internet www.retraite.cnav.fr.

Cette demande dématérialisée n'est accessible qu'aux assurés dont l'état civil et le NIR (n° de sécurité sociale) sont certifiés INSEE.

Dans tous les cas, un accusé de réception doit être délivré dans les meilleurs délais possibles à partir de la réception ou du dépôt de la demande et mentionner cette date.

Cette demande ne permet cependant pas d'obtenir la liquidation de sa retraite auprès des régimes complémentaires (voir §§ 233 à 238).

Demande de retraite progressive

L'assuré qui souhaite obtenir une retraite progressive (voir Annexe 1) doit adresser sa demande à l'organisme compétent du régime dont relève l'activité exercée à temps partiel ouvrant droit à ladite retraite (circ. CNAV 2006-66 du 2 novembre 2006).

Le traitement de la demande: cas général

La compétence de la caisse de retraite du régime général est fixée selon les dispositions de droit commun (article R. 351-34 CSS). L'obligation de déposer cette demande concerne uniquement les retraites progressives liquidées à titre provisoire dont le point de départ est fixé à partir du 1er juillet 2006. Elle doit être formulée au moyen de l'imprimé «Demande de retraite progressive». Dans l'attente de la refonte de l'imprimé de demande et de la notice, l'imprimé actuel est recevable.

À l'appui de sa demande de retraite progressive, l'assuré doit produire:
– le contrat de travail à temps partiel, en cours d'exécution à la date d'entrée en jouissance de la pension de vieillesse,
– une déclaration sur l'honneur attestant que l'intéressé n'exerce plus aucune autre activité professionnelle que celle qui fait l'objet du contrat de travail, accompagnée, lorsqu'il exerçait une ou plusieurs activités non salariées, des attestations ou certificats suivants:
a) un certificat de radiation du registre du commerce et des sociétés, du répertoire des métiers ou du registre des entreprises des départements du Haut-Rhin, du Bas-Rhin et de la Moselle, ou un certificat de cessation d'activité du chef d'entreprise délivré par la chambre des métiers;
b) une attestation de radiation du tableau de l'ordre professionnel dont il relevait ;

c) une attestation de radiation des rôles de la taxation professionnelle;
d) une attestation de radiation du répertoire national des agents commerciaux;
e) une attestation de cessation d'activité délivrée par la caisse de mutualité sociale agricole à laquelle il était affilié en qualité de personne non salariée des professions agricoles.

– une attestation de l'employeur faisant apparaître la durée du travail à temps complet applicable à l'entreprise. Cette attestation est établie sur l'imprimé prévu à cet effet.

Cette demande entraîne la liquidation provisoire et le service de la même fraction de pension dans chacun des régimes: régime général des salariés, régime des salariés agricoles, régime des non salariés des professions industrielles et commerciales, artisanales, libérales et agricoles.

Dépôt simultané d'une demande de retraite progressive et d'une demande de droit commun

En cas de dépôt simultané d'une demande de retraite progressive et d'une demande de droit commun, l'assuré doit être informé sur ses droits, afin de lui permettre de choisir entre la retraite progressive qui permet d'acquérir de nouveaux droits et la retraite de droit commun liquidée à titre définitif.

Si l'assuré demande la retraite progressive, celle-ci est liquidée et payée, dès lors que les conditions d'ouverture du droit sont remplies et que l'assuré a produit les pièces justificatives. La demande de retraite de droit commun étant sans objet, une décision de rejet de cette demande doit être notifiée à l'intéressé.

Si l'assuré demande la retraite de droit commun, elle peut être liquidée dès lors que l'intéressé renonce expressément à la retraite progressive. Si l'assuré choisi de poursuivre son activité, les deux demandes (retraite progressive et retraite personnelle) doivent faire l'objet d'une décision de rejet.

Dépôt successif des demandes

Les dispositions ci-après s'appliquent quel que soit l'ordre de dépôt des demandes:
– soit la demande de retraite progressive est antérieure à la demande de droit commun,
– soit c'est cette dernière qui est antérieure à la demande de retraite progressive.

Dès lors que la deuxième demande est reçue avant d'avoir notifié la décision relative à la demande initiale, la dernière demande se substitue à la première. Si les conditions sont remplies, la date d'effet de la demande reçue en premier peut être retenue pour fixer le point de départ de la retraite réceptionnée après.

Demande de retraite complémentaire

À qui s'adresser?

• Demande unique non automatique

233 Lorsque le salarié demande à bénéficier de sa retraite complémentaire, on dit qu'il liquide ses droits à retraite complémentaire.

Les caisses de retraite complémentaire ne procèdent pas automatiquement à la liquidation des retraites complémentaires: chaque salarié doit formuler une demande.

Depuis 2005, la demande de liquidation de la retraite complémentaire n'est plus à faire distinctement à l'ARRCO et à l'AGIRC mais au moyen d'un imprimé commun AGIRC-ARRCO (circ. AGIRC-ARRCO 2004-32 du 27 décembre 2004).

• Demande simplifiée auprès du CICAS

234 Le salarié peut également adresser sa demande de liquidation de la retraite complémentaire au Centre d'information et de coordination de l'action sociale (CICAS).

Cet organisme coordonne les demandes pour l'AGIRC et l'ARRCO.

C'est le CICAS du lieu de résidence du salarié qui est compétent à recevoir la demande (voir annexe 6 pour les adresses).

Scénarios de demandes envisageables par le cadre

Scénario 1 : demande formulée à l'institution AGIRC de dernière affiliation

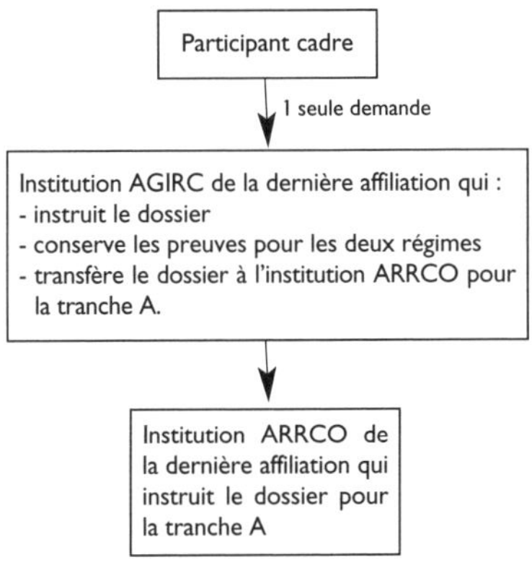

Scénario 2 : demande formulée à une institution incompétente

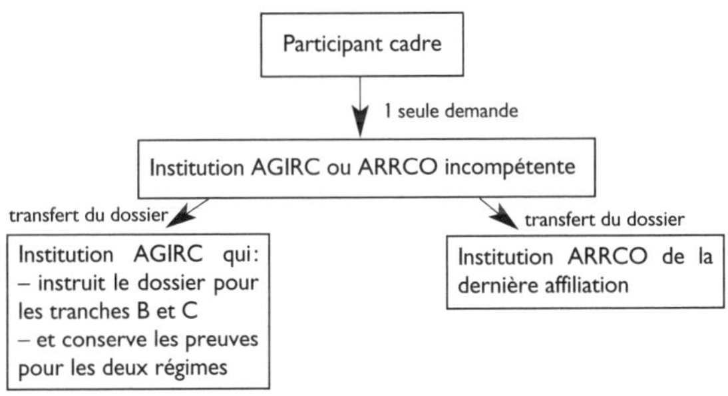

Scénario 3 : demande formulée à l'institution ARRCO de la dernière affiliation

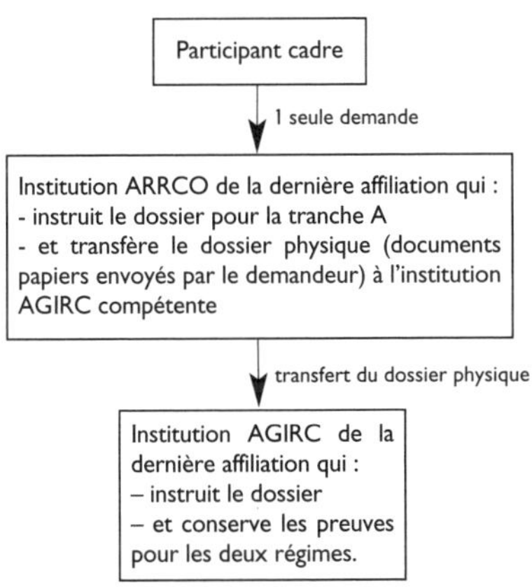

Scénario 4 : demande formulée auprès d'une CICAS

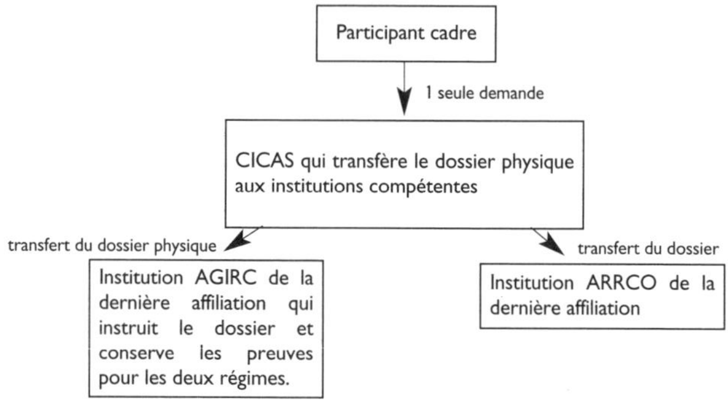

À quel moment demander sa retraite complémentaire ?

235 L'AGIRC et l'ARRCO recommandent vivement de déposer la demande de liquidation simultanément auprès du régime de base et des régimes de retraite complémentaire dans les six mois précédant la date prévue du départ à la retraite et de ne pas liquider les allocations sans avoir eu, au préalable, confirmation de l'obtention du taux plein de la pension du régime de base (pour la date d'effet de la liquidation, voir §§ 771 à 774).

Six mois avant l'interruption du versement des allocations de chômage pour cause de départ en retraite (voir § 163), l'Assédic prévient l'intéressé, par courrier, de la date de la cessation de son indemnisation et qu'il doit se rapprocher de sa caisse de retraite complémentaire afin de déposer une demande de retraite. À la date d'interruption de l'indemnisation, l'Assédic lui adresse une attestation reproduisant les informations qu'elle a transmises par fichier à sa caisse de retraite complémentaire (notamment, périodes indemnisées et salaire de référence permettant le calcul des points de retraite) (conv. GIE AGIRC-ARRCO Unédic du 9 octobre 2003).

Sous quelle forme ?

236 Généralement, la demande de liquidation des droits à retraite complémentaire s'effectue au moyen d'un formulaire qui prend la forme d'un imprimé spécial (voir formulaires pp. 142 à 145).

Il existe deux formulaires distincts :
– un formulaire de demande de retraite complémentaire classique,
– et un formulaire de demande de retraite complémentaire avant 60 ans.

Le salarié a également la possibilité de remplir un formulaire disponible sur le site Internet de l'AGIRC et l'ARRCO (www.agirc-arrco.fr, rubrique « Pour faire votre demande de retraite complémentaire »).

Quels documents doit-on joindre à la demande ?

237 Le salarié qui souhaite liquider sa retraite complémentaire doit fournir, à l'appui de sa demande, des justificatifs de son état civil (carte d'identité ou passeport en cours de validité ou, à défaut, un extrait d'acte de naissance), le dernier avis d'imposition sur le revenu, une photocopie du livret de famille ou à défaut un extrait d'acte de naissance de chaque enfant (pour justifier des majorations pour enfants), des éléments justifiant de la cessation de son activité salariée (tels qu'une

attestation de cessation d'activité fournie par le dernier employeur), son numéro d'immatriculation à la sécurité sociale (n° INSEE) ainsi qu'un relevé d'identité du compte destiné à réceptionner l'allocation (RIB, RIP...).

En outre, il doit justifier sa situation vis-à-vis du régime général d'assurance vieillesse de la sécurité sociale. À cette fin, il peut lui être demandé de fournir une photocopie de la notification de sa pension de vieillesse ou, à défaut, le récépissé du dépôt de la demande de liquidation de cette pension auprès du régime de base (voir § 232).

La réception de la demande par l'institution de retraite complémentaire conduit celle-ci à établir et à adresser au demandeur une déclaration complémentaire de carrière. Le participant doit y apporter les éventuelles précisions complémentaires manquantes (certificats de travail, justificatifs d'emploi et de période de guerre...).

Les régimes de retraite complémentaire n'étant rendus obligatoires à l'ensemble des salariés que depuis 1972 (voir § 570), les années de travail antérieures à cette date peuvent ne pas être comptabilisées.

- **Spécimen de demande de retraite complémentaire**

Voir modèles page suivante.

Demande de retraite supplémentaire

238 Pour débloquer ses droits à retraite supplémentaire lors du départ à la retraite, il convient de se référer à l'accord collectif (ou aux statuts ou règlements) qui instituent le régime de retraite supplémentaire ou le plan d'épargne ou de se référer au contrat d'assurance individuel.

Demande
de retraite complémentaire

RETRAITE COMPLÉMENTAIRE
agirc et arrco

Votre identité (Écrire en lettres majuscules et en noir)

NOM DE NAISSANCE ....

PRÉNOMS (souligner le prénom courant) ....

NOM DU MARI (s'il y a lieu) ....

NOM D'USAGE AUTHENTIFIÉ (s'il y a lieu) ....

DATE DE NAISSANCE Jour ☐☐ Mois ☐☐ Année ☐☐☐☐

LIEU DE NAISSANCE ....

N° DE SÉCURITÉ SOCIALE ☐☐☐☐☐☐☐☐☐☐☐☐☐ clé ☐☐

Si le n° de Sécurité sociale est incomplet, précisez la commune de naissance, le département, le pays ....

....

Autre Régime (Mutualité Sociale Agricole, Mines, Monaco, Andorre) N° ....

Votre adresse

....

....

....

Code postal ☐☐☐☐☐ Ville ....

Pays .... Tél : ....

Adresse électronique (courriel) .... Tél : ....

À quel titre demandez-vous votre retraite ?

À QUEL TITRE AVEZ-VOUS DEMANDÉ VOTRE RETRAITE À UN RÉGIME DE SÉCURITÉ SOCIALE ?
(Cochez la case correspondante)

À partir de 65 ans ☐ À partir de 60 ans avec le nombre de trimestres exigés pour obtenir le taux plein ☐

Inaptitude au travail ☐ Autre (ancien combattant...) ☐
Précisez à quel titre : ....

Retraite progressive ☐

Vous n'entrez dans aucune des catégories précédentes ☐
Vous demandez votre retraite par anticipation (âge minimum : 55 ans)
Votre caisse de retraite vous indiquera le coefficient de minoration de votre allocation.

AVEZ-VOUS COTISÉ AU **RÉGIME DE RETRAITE DES CADRES AGIRC** AU COURS DE VOTRE CARRIÈRE ? ☐ Oui ☐ Non
(Si vous avez été cadre supérieur, reportez-vous à la notice explicative)

Votre situation familiale

Célibataire ☐ Marié(e) ☐ Veuf(ve) ☐ Divorcé(e) ☐

VOS ENFANTS ET CEUX QUE VOUS AVEZ ELEVÉS PENDANT AU MOINS 9 ANS AVANT LEUR 16e ANNIVERSAIRE
Mentionnez tous les enfants (légitimes, adoptés, reconnus, recueillis, etc.). Précisez dans la colonne "situation", s'ils sont étudiants, apprentis, chômeurs non indemnisés ou percevant des allocations d'insertion, invalides ou handicapés.

NOM DE NAISSANCE	PRÉNOM	DATE DE NAISSANCE	SITUATION	DATE DE DÉCÈS (éventuellement)

Cessation d'activité salariée

Je déclare cesser mon activité salariée ou ne plus percevoir un revenu de remplacement (allocations de chômage, indemnités maladie, pension d'invalidité, etc.) à partir du :

Jour |_|_| Mois |_|_| Année |_|_|_|_|

Date d'effet de la retraite

Je demande à bénéficier de ma retraite à partir du : |0|1| Mois |_|_| Année |_|_|_|_|

(Cette date ne peut être antérieure à la date de cessation d'activité salariée).

Procuration et attestation

1) **J'autorise expressément l'AGIRC et l'ARRCO** à se procurer directement auprès de tous organismes, par les moyens appropriés, les éléments d'information me concernant et qui sont de nature à me permettre de faire valoir l'ensemble de mes droits dans les meilleurs délais.

■ Votre accord nous permet notamment de demander directement à votre régime vieillesse votre relevé de situation. Si vous préférez faire vous-même les démarches administratives nécessaires, rayez le paragraphe **1)** ci-dessus.

2) **J'atteste sur l'honneur** l'exactitude des renseignements fournis. Je m'engage à signaler toute modification des informations indiquées ci-dessus.

3) **Je m'engage** à signaler à mes caisses de retraite toute reprise d'activité salariée.

Cadre réservé à l'institution de retraite ou au CICAS

DATE ....

SIGNATURE

La loi n° 78-17 du 6 janvier 1978, relative à l'informatique, aux fichiers et aux libertés, s'applique aux réponses faites dans cet imprimé ; elle vous garantit un droit d'accès et de rectification pour les données vous concernant.
La loi rend passible d'amende et d'emprisonnement quiconque se rend coupable de fausse déclaration (articles 433-19 et 441-7 du Code pénal).

LCL

Retraite complémentaire AVANT 60 ANS

RETRAITE COMPLÉMENTAIRE agirc et arrco

carrières longues ou handicapés

Votre identité (Écrire en lettres majuscules et en noir)

NOM DE NAISSANCE ....

PRÉNOMS (souligner le prénom courant) ....

NOM DU MARI (s'il y a lieu) ....

NOM D'USAGE AUTHENTIFIÉ (s'il y a lieu) ....

DATE DE NAISSANCE Jour |_|_| Mois |_|_| Année |_|_|_|_|

LIEU DE NAISSANCE ....

N° DE SÉCURITÉ SOCIALE |_|_|_|_|_|_|_|_|_|_|_|_|_| clé |_|_|

Si le n° de Sécurité sociale est incomplet, précisez la commune de naissance, le département, le pays ....
....

Autre Régime (Mutualité Sociale Agricole, Mines, Monaco, Andorre) N° ....

Votre adresse

....
....
....

Code postal |_|_|_|_|_| Ville ....

Pays .... Tél : ....

Adresse électronique (courriel) .... Tél : ....

Votre activité professionnelle

Avez-vous cotisé au **régime de retraite des cadres AGIRC** au cours de votre carrière ? ☐ Oui ☐ Non

Votre situation familiale

Célibataire ☐ Marié(e) ☐ Veuf(ve) ☐ Divorcé(e) ☐

VOS ENFANTS ET CEUX QUE VOUS AVEZ ELEVÉS PENDANT AU MOINS 9 ANS AVANT LEUR 16e ANNIVERSAIRE
Mentionnez tous les enfants (légitimes, adoptés, reconnus, recueillis, etc.). Précisez dans la colonne "situation", s'ils sont étudiants, apprentis, chômeurs non indemnisés ou percevant des allocations d'insertion, invalides ou handicapés.

NOM DE NAISSANCE	PRÉNOM	DATE DE NAISSANCE	SITUATION	DATE DE DÉCÈS (éventuellement)

Cessation d'activité salariée

Je déclare cesser mon activité salariée ou ne plus percevoir un revenu de remplacement (allocations de chômage, indemnités maladie, pension d'invalidité, etc.) à partir du :

Jour |_|_| Mois |_|_| Année |_|_|_|_|

Date d'effet de la retraite

Je demande à bénéficier de ma retraite à partir du : |0|1| Mois |_|_| Année |_|_|_|_|

(Cette date ne peut être antérieure à la date de cessation d'activité salariée ni à celle retenue par votre régime de sécurité sociale).

Procuration et attestation

1) **J'autorise expressément l'AGIRC et l'ARRCO** à se procurer directement auprès de tous organismes, par les moyens appropriés, les éléments d'information me concernant et qui sont de nature à me permettre de faire valoir l'ensemble de mes droits dans les meilleurs délais.

■ Votre accord nous permet notamment de demander directement à votre régime vieillesse votre relevé de situation. Si vous préférez faire vous-même les démarches administratives nécessaires, rayez le paragraphe **1)** ci-dessus.

2) **J'atteste sur l'honneur** l'exactitude des renseignements fournis. Je m'engage à signaler toute modification des informations indiquées ci-dessus.

3) **Je m'engage** à signaler à mes caisses de retraite toute reprise d'activité salariée.

Cadre réservé à l'institution de retraite ou au CICAS

DATE ....

SIGNATURE

La loi n° 78-17 du 6 janvier 1978, relative à l'informatique, aux fichiers et aux libertés, s'applique aux réponses faites dans cet imprimé ; elle vous garantit un droit d'accès et de rectification pour les données vous concernant.
La loi rend passible d'amende et d'emprisonnement quiconque se rend coupable de fausse déclaration (articles 433-19 et 441-7 du Code pénal).

Retraite de base

7. Champ d'application .... page 148

8. Conditions d'ouverture des droits à la retraite .... page 155

9. Calcul de la retraite .... page 168

10. Rachat de cotisations .... page 194

11. Montant de la retraite .... page 210

12. Liquidation et paiement .... page 221

13. Cumul emploi-retraite .... page 225

14. Droits du conjoint survivant .... page 238

7

Champ d'application

§§

Salariés et assimilés

- Salariés 251
- Personnes assimilées 252
- Cotisations :
  - assiette 253
  - taux 254
  - paiement des cotisations 255

  ➟ *Cas particulier des salariés à temps partiel : page 150*

  ➟ *Parents au foyer : page 150*

Salariés détachés et expatriés

- Salariés détachés :
  - détachement dans le cadre de l'Espace économique européen 257
  - détachement hors EEE (pays ayant signé une convention bilatérale) 258
  - détachement hors EEE (pays n'ayant pas signé de convention bilatérale) 259
- Salariés expatriés à l'étranger 260

Assurés volontaires

- Bénéficiaires 261
- Conditions d'adhésion :
  - anciens assurés obligatoires 262
  - tierce personne bénévole 263
  - activité salariée hors de France 264
  - personnes chargées de famille .. 265
- Date d'effet de l'adhésion à l'assurance volontaire 266
- Exigibilité et paiement des cotisations 267
- Calcul de la pension 268

Salariés et assimilés

250 La retraite du régime général est accordée, sous certaines conditions, aux salariés et assimilés qui cotisent au régime d'assurance vieillesse.

Salariés

251 Les personnes susceptibles de bénéficier d'une pension de retraite du régime général sont, en premier lieu, les salariés du régime général.

Les employeurs, personnes physiques ou morales, relevant du secteur privé non agricole doivent affilier leurs salariés au régime général de la sécurité sociale (et donc au régime d'assurance vieillesse de base).

Est ainsi concernée toute personne titulaire d'un contrat de travail ou travaillant en contrepartie d'une rémunération, à quelque titre que ce soit, pour un ou plusieurs employeurs du secteur privé, dans un lien de subordination juridique (c. séc. soc. art. L. 311-2).

Dès le premier bulletin de paye, le salarié se voit ouvrir un compte auprès de la caisse d'assurance vieillesse qui y reporte, *via* la déclaration annuelle des salaires (DADS) qu'elle reçoit de l'employeur, toutes les informations nécessaires au calcul de la retraite.

Pour valider un trimestre à l'assurance vieillesse, l'assuré doit avoir cotisé sur la base de 200 fois le SMIC horaire, soit 1 654 € en 2007 (c. séc. soc. art. R. 351-9). Il n'acquiert pas de droits de vieillesse sur la partie de son salaire supérieure au plafond de la sécurité sociale (concernant les cotisations applicables, voir §§ 253 à 255).

Personnes assimilées

252 Certaines personnes relèvent automatiquement du régime général, sans même qu'il soit nécessaire de rechercher l'existence d'un lien de subordination juridique (c. séc. soc. art. L. 311-3).

Il en est ainsi de certains dirigeants :
– présidents-directeurs et directeurs généraux de sociétés anonymes (SA) et de société d'exercice libéral à forme anonyme (SELAFA) ;
– présidents et dirigeants de sociétés par actions simplifiées ;
– gérants minoritaires ou égalitaires de sociétés à responsabilité limitée (SARL) ou de sociétés d'exercice libéral à responsabilité limitée (SELARL) ;
– dirigeants des associations n'ayant, par eux-mêmes ou par personnes interposées, aucun intérêt direct ou indirect dans les résultats de l'exploitation (CGI art. 261, 7, 1°, d, 2e al.).

Citons également les travailleurs à domicile, les VRP, les journalistes pigistes, les collaborateurs occasionnels du service public, les bénéficiaires d'un contrat d'appui à la création d'entreprise…

Les avocats salariés, ainsi que les avocats gérants non majoritaires de SELARL ou P-DG ou DG de SELAFA, sont assujettis au régime général excepté pour leur retraite. Ils relèvent en effet de la Caisse nationale des barreaux français (CNBF).

Cotisations

• Assiette

253 Les cotisations sont calculées sur les rémunérations brutes perçues par l'assuré. Entrent donc notamment dans l'assiette des cotisations les salaires, les indemnités de congés payés, les gratifications, les pourboires, les primes et les avantages en nature.

En revanche, ne sont pas pris en compte dans l'assiette :
– les frais professionnels ;
– les abattements pour frais professionnels ;
– les prestations familiales ;
– certaines indemnités de rupture (ex. : indemnités de licenciement et de départ volontaire versées dans le cadre d'un plan de sauvegarde de l'emploi).

Certaines catégories de salariés cotisent toutefois sur une assiette forfaitaire (ex. : vendeurs à domicile, chauffeurs de taxis non propriétaires de leur véhicule, formateurs occasionnels) ou sur un taux particulier en raison de leur activité ou de leur rémunération (ex. : journalistes pigistes, artistes, membres de professions médicales exerçant une activité pour le compte de plusieurs employeurs).

Cas particulier des salariés à temps partiel

Les cotisations d'assurance vieillesse des salariés à temps partiel peuvent, par exception, être calculées sur la base de la rémunération qui aurait été perçue à temps plein (rémunération perçue × horaire temps plein/horaire temps partiel).

• **Taux**

254 Les cotisations d'assurance vieillesse, dont le taux est fixé à 16,65 % depuis le 1er janvier 2006, sont calculées pour partie sur la tranche A et pour partie sur la rémunération brute totale :

	Part salariale	Part patronale
Salaire plafonné	6,65 %	8,30 %
Salaire total	0,10 %	1,60 %

L'assuré n'acquiert de droits à retraite sur son salaire que dans la limite du plafond de la sécurité sociale (tranche A).

• **Paiement des cotisations**

255 Les cotisations d'assurance vieillesse sont précomptées par l'employeur et versées à l'URSSAF aux mêmes dates d'exigibilité que les autres cotisations de sécurité sociale.

Chaque paiement est accompagné d'un bordereau récapitulatif des cotisations (BRC) ou d'une déclaration unifiée des cotisations sociales (DUCS). L'employeur est également tenu d'adresser, le 31 janvier de chaque année au plus tard, la déclaration annuelle des données sociales (DADS).

Parents au foyer

L'assurance vieillesse des parents au foyer (AVPF) permet, sous condition de ressources et de bénéfice de prestations familiales, aux personnes qui ne travaillent pas pour élever leur enfant ou pour exercer gratuitement les fonctions de tierce personne auprès d'un membre handicapé de leur famille d'être affiliées à l'assurance vieillesse du régime général. Les cotisations au régime sont alors prises en charge par les caisses d'allocations familiales (c. séc. soc. art. L. 381-1).

Salariés détachés et expatriés

Salariés détachés

256 La situation de détachement permet au salarié concerné de conserver ses droits auprès de la sécurité sociale française. Le choix du détachement est effectué par l'employeur, qui a alors l'obligation, sous peine d'avoir à verser des dommages et intérêts au salarié, de payer les cotisations au régime français dans les conditions de droit commun.

• **Détachement dans le cadre de l'Espace économique européen**

257 Les salariés d'une entreprise française détachés dans l'Espace économique européen relèvent de l'article 14 du règlement CEE 1408-71. Le détachement s'effectue pendant un an, renouvelable une fois (deux ans au total).

Le salarié détaché de France reste affilié au régime français (et donc au régime d'assurance vieillesse de base) tant que son détachement entre dans le cadre des limites communautaires (durée, notamment). Par application du règlement 1408-71, les salariés ne sont pas assujettis au régime de sécurité sociale du pays d'accueil durant toute la durée fixée. Aucune cotisation ou contribution n'est donc à verser dans ce même pays (voir annexe 2).

- **Détachement hors Espace économique européen (pays ayant signé une convention bilatérale de sécurité sociale avec la France)**

258 Le salarié n'est pas assujetti au régime de sécurité sociale du pays d'accueil : il n'y a donc pas de cotisations à verser dans ce même pays.

Lorsque l'accord prévoit une durée maximale de détachement inférieure à 6 ans, il est possible, pour la période restant à couvrir et dans la limite de cette durée, d'être détaché dans le cadre de la législation française (c. séc. soc. art. R. 761-1 ; voir § 259).

Au-delà de la sixième année, s'il n'y a pas maintien à titre exceptionnel au régime français de sécurité sociale dans le cadre d'un accord de sécurité sociale, l'adhésion à l'assurance volontaire des travailleurs salariés expatriés reste possible (voir § 261).

Concernant la liste des conventions bilatérales, se reporter au tableau page 264.

- **Détachement hors Espace économique européen (pays n'ayant pas signé de convention bilatérale de sécurité sociale avec la France)**

259 La législation française de sécurité sociale est applicable au salarié détaché pour une durée maximale de 3 ans (renouvelable une fois) dès lors que l'employeur s'engage à acquitter l'intégralité des cotisations dues (c. séc. soc. art. L. 761-2 et R. 761-1).

Si la législation locale l'impose, les cotisations de sécurité sociale du pays d'accueil devront être réglées. Elles s'ajoutent alors à celles versées à l'URSSAF.

Tout détachement temporaire excédant les limites fixées par une convention bilatérale peut donner lieu à un maintien dans le régime français d'origine pour la durée comprise entre les limites du détachement prévues dans la convention et la durée de 3 ans renouvelable une fois autorisée par la législation française (c. séc. soc. art. L. 761-2).

Salariés expatriés à l'étranger

260 Le salarié expatrié doit, en principe, être affilié au régime de sécurité sociale du pays dans lequel il exerce son activité. Mais si le pays d'emploi est lié à la France par un accord (règlement communautaire ou convention bilatérale), ce sont les dispositions issues de cet accord qui s'appliquent.

L'expatrié peut toutefois, afin d'améliorer ses droits, s'affilier au régime volontaire des expatriés (c. séc. soc. art. L. 762-1) auprès de la CFE (Caisse des Français de l'étranger ; voir § 261). Pour s'affilier à la CFE, le salarié doit être de nationalité française ou ressortissant de l'Espace économique européen (EEE) ou de la Suisse. Il ne doit pas (ou ne doit plus) bénéficier du régime français obligatoire de sécurité sociale (c. séc. soc. art. L. 762-1).

L'adhésion est accomplie individuellement par le salarié ou peut résulter d'une démarche faite par l'employeur français pour le compte d'un ou de plusieurs salariés (c. séc. soc. art. D. 762-1).

L'employeur doit, dans ce cas, prendre à sa charge au moins 50 % des cotisations. Cette adhésion est facultative et les risques couverts (assurance maladie, maternité, invalidité, accident du travail ou vieillesse) sont choisis par l'intéressé et/ou son employeur.

Assurés volontaires

Bénéficiaires

261 Certaines personnes peuvent s'affilier volontairement à l'assurance vieillesse du régime général (c. séc. soc. art. L. 742-1 à L. 742-5). Elles supportent alors seules les cotisations au régime.

Sont concernées :
– les personnes qui ont été affiliées obligatoirement pendant 6 mois au régime de base de la sécurité sociale, à un régime spécial ou au régime agricole et qui ont cessé de remplir les conditions d'assujettissement obligatoire, quel que soit le motif (anciens assurés obligatoires) ;
– les personnes qui exercent bénévolement les fonctions et les obligations de tierce personne auprès de leur conjoint ou d'un membre de leur famille infirme ou invalide incapable d'accomplir seul les actes ordinaires de la vie ;
– les personnes qui, de nationalité française, exercent ou ont exercé une activité salariée ou assimilée hors du territoire français dans le secteur du commerce, de l'industrie ou de l'agriculture ;
– les personnes chargées de famille élevant au moins un enfant de moins de 20 ans à la date de la demande d'adhésion et qui ne relèvent pas, à titre personnel, d'un régime obligatoire d'assurance vieillesse ;
– les personnes (ou leurs conjoints survivants) qui ont pu bénéficier de l'indemnité de soin aux tuberculeux (adhésion à l'assurance volontaire avant le 1er décembre 1982 ; voir également § 353).

Les assurés qui remplissent les conditions d'adhésion à l'assurance volontaire et ont atteint l'âge pour l'attribution d'une pension de vieillesse du régime général peuvent adhérer à l'assurance volontaire afin d'obtenir la durée d'assurance maximale.

Conditions d'adhésion

• Anciens assurés obligatoires

262 La demande d'adhésion doit être déposée auprès de la caisse primaire d'assurance maladie (CPAM) dans les 6 mois suivant la date à laquelle le demandeur ne remplit plus les conditions d'affiliation obligatoire (c. séc. soc. art. R. 742-2).

La CPAM compétente est celle du lieu de résidence, si le demandeur réside en France métropolitaine, ou de son dernier lieu de résidence en France, s'il réside hors du territoire métropolitain.

Les personnes doivent avoir cessé d'exercer toute activité salariée. Elles ne peuvent pas, en effet, adhérer à l'assurance volontaire si elles poursuivent l'exercice d'une activité accessoire, même si cette activité ne leur permet pas de bénéficier des prestations de l'assurance obligatoire.

Les assurés volontaires payent une cotisation dont le montant varie en fonction de la catégorie dans laquelle ils sont classés et des risques couverts (c. séc. soc. art. R. 742-4 et R. 742-6). Ils sont classés dans l'une des 4 catégories qui correspond à la rémunération professionnelle des 6 derniers mois.

Assiette des cotisations		
Catégorie	**Ressources (R)**	**Assiette des cotisations**
1re catégorie	R ⩾ PSS*	100 % PSS*
2e catégorie	1/2 PSS ⩽ R < PSS*	75 % PSS*
3e catégorie	R < 1/2 PSS*	50 % PSS*
4e catégorie	Quelles que soient les ressources pour les personnes âgées de moins de 22 ans	25 % PSS*

* Plafond annuel de la sécurité sociale.

Les personnes qui cessent d'être assurées obligatoires parce qu'elles transfèrent leur résidence hors de France peuvent adhérer à l'assurance volontaire vieillesse :
– soit pour le risque invalidité et vieillesse,
– soit uniquement pour le risque vieillesse.

• Tierce personne à titre bénévole

263 La demande d'adhésion doit être faite auprès de la CPAM du lieu de résidence dans le délai de deux ans à compter du début de l'activité de tierce personne.

Ce délai peut être prolongé jusqu'à la fin de la 2e année suivant la date à laquelle l'intéressé cesse d'être affilié obligatoirement à l'assurance vieillesse dans le cadre de la perception des prestations familiales (c. séc. soc. art. R. 742-10).

L'adhésion à l'assurance volontaire peut concerner uniquement l'invalidité pour les personnes relevant de l'assurance vieillesse du régime général (voir encadré « Parent au foyer » p. 150 ; c. séc. soc. art. R. 742-9).

Les cotisations sont calculées sur une base forfaitaire égale, par mois, à 169 fois le SMIC horaire. Les valeurs du SMIC et la durée légale du travail à retenir au 1er janvier de chaque année sont celles du 1er juillet de l'année précédente (c. séc. soc. art. R. 742-14).

• Activité salariée ou assimilée hors de France

264 L'adhésion à l'assurance volontaire est possible, même si le demandeur a cotisé à l'assurance obligatoire du pays où il a travaillé. Si ce pays est lié à la France par un accord de sécurité sociale qui prévoit la totalisation des périodes sans superposition, les périodes de double assurance sont comptées une seule fois. Chaque pays sert alors la fraction de pension qui correspond à la période d'assurance qu'il a reconnue.

Les salariés qui exercent leur activité à l'étranger doivent présenter leur demande à la Caisse des Français de l'étranger (CFE) dans le délai de 2 ans à compter du 1er jour de l'exercice de leur activité. Le demandeur doit justifier de l'activité salariée et de la rémunération qui s'y rapporte.

Les assurés volontaires qui exercent une activité professionnelle hors de France sont classés dans la catégorie correspondant à la rémunération de leur dernière activité salariée à l'étranger (voir tableau, § 262). Le salaire annuel qui sert de base au calcul des cotisations dépend de cette catégorie et ne peut pas être inférieur au salaire minimal de l'article L. 434-16.

Le salarié qui exerce une activité hors de France peut également racheter des cotisations sous certaines conditions (c. séc. soc. art. L. 742-2 ; voir § 401).

• Personnes chargées de famille

265 La personne chargée de famille qui réside en France adresse sa demande à la CPAM de son lieu de résidence. Si elle réside à l'étranger, elle adresse sa demande à la Caisse des Français de l'étranger (CFE).

La cotisation des personnes chargées de famille est calculée sur une assiette forfaitaire trimestrielle égale à 507 fois le SMIC horaire en vigueur au 1er janvier de l'année considérée, soit 4 192,89 € pour 2007 (c. séc. soc. art. D. 742-3).

Date d'effet de l'adhésion à l'assurance volontaire

266 La date d'effet de l'adhésion à l'assurance volontaire est fixée au 1er jour du trimestre civil qui suit la date de réception de la demande. Elle peut être fixée le 1er jour du trimestre civil qui comprend le dépôt de la demande si l'assuré le demande expressément (c. séc. soc. art. R. 742-6, al. 2).

Exigibilité et paiement des cotisations

267 Le taux de la cotisation volontaire d'assurance vieillesse est fixé à 15,90 %.

Les cotisations d'assurance volontaire dues par les anciens assurés obligatoires, les personnes qui remplissent les fonctions de tierce personne auprès d'un infirme ou d'un invalide et les personnes chargées de famille sont versées à l'URSSAF (c. séc. soc. art. R. 742-6, al. 2, R. 742-15 et D. 742-5).

Les personnes chargées de famille qui résident à l'étranger et les assurés volontaires qui exercent une activité salariée à l'étranger doivent, en revanche, payer leurs cotisations à la Caisse des Français de l'étranger (CFE).

Les cotisations sont exigibles à partir du 1er jour du trimestre civil qui suit la demande d'affiliation (lorsque l'assuré a demandé à ce que son affiliation prenne effet le 1er jour du trimestre au cours duquel sa demande est présentée, les cotisations sont dues à partir de cette date). Elles sont payables d'avance dans les 15 premiers jours du trimestre civil. Elles sont payées par trimestre mais peuvent être réglées d'avance pour toute l'année civile.

L'assuré qui ne paie pas la cotisation trimestrielle dans les 15 premiers jours du trimestre civil est radié de l'assurance volontaire. La radiation est effective après envoi d'une lettre d'avertissement demandant à l'intéressé de régulariser sa situation (c. séc. soc. art. R. 742-7). Elle prend effet au 1er jour du trimestre au cours duquel la cotisation est impayée.

Le paiement des cotisations d'assurance volontaire est notamment suspendu :
– au cours des périodes de perception d'indemnités journalières de l'assurance maladie,
– au cours des périodes pendant lesquelles l'assuré bénéficie d'une pension de vieillesse ou d'invalidité.

Calcul de la pension

268 La pension de vieillesse est calculée en fonction du salaire annuel moyen correspondant aux cotisations volontaires versées au cours de la période de référence. Les périodes d'assurance obligatoire et d'assurance volontaire se cumulent pour l'ouverture des droits et pour le calcul de la pension de vieillesse (c. séc. soc. art. R. 742-8, al. 1 et 3).

Dans le cadre des règlements communautaires et des conventions internationales, le cumul de périodes d'assurance obligatoire et volontaire répond à des règles particulières.

Conditions d'ouverture des droits à la retraite

§§

Condition d'âge

- Départ en retraite dès 60 ans :
  - âge minimal 280
  - départ différé 281
- Retraite anticipée des salariés à carrière longue :
  - avoir réuni 168 trimestres 283
  - justifier d'un certain nombre de trimestres cotisés 284
  - périodes réputées cotisées 285
  - avoir commencé à travailler jeune 286
  - demande de retraite anticipée 287
  - date d'effet de la retraite 288
- Retraite anticipée des salariés lourdement handicapés :
  - handicap 291
  - durée d'assurance 292
  - durée cotisée 293
  - justificatifs 294
  - instruction de la demande 295
  - date d'effet 296
  - calcul de la pension 297
  - majoration du montant de la pension 298

Cessation de l'activité professionnelle 302

Condition d'âge

Départ à la retraite à partir de 60 ans

• Âge minimal

280 L'âge minimal pour bénéficier de la retraite est, en principe, fixé à 60 ans (c. séc. soc. art. L. 351-1 et R. 351-2).

Par dérogation, il existe deux cas de retraite anticipée pour les salariés qui ont débuté leur carrière très jeunes et pour ceux qui sont lourdement handicapés (voir §§ 282 à 297).

Ni la loi 2003-775 du 21 août 2003 portant réforme des retraites ni les décrets d'application du dispositif de retraite anticipée ne fixent de limite dans le temps à l'application de la retraite anticipée qui a donc « vocation à s'appliquer au-delà de 2008 en l'état du droit». Le ministre délégué à la Sécurité sociale rappelle toutefois que « le maintien et l'adaptation éventuelle de ce dispositif feront l'objet d'un examen en 2008 » (Rép. Liberti, JO du 24 septembre 2006, AN. quest. p. 11140).

Pour bénéficier d'une retraite à taux plein dès 60 ans, l'assuré doit avoir totalisé un nombre minimal de trimestres (160 trimestres en 2006; voir § 326) ou bien faire partie d'une des catégories suivantes:
– titulaires d'une pension d'invalidité (c. séc. soc. art. L. 341-15),
– assurés inaptes au travail (c. séc. soc. art. L. 351-7 ; voir § 753),
– anciens combattants ou prisonniers de guerre sous certaines conditions de durée de services ou de captivité (c. séc. soc. art. L. 351-8, 5°; voir § 756),
– anciens déportés ou internés (c. séc. soc. art. L. 351-8, 3°),

– mères de famille salariées ayant élevé au moins trois enfants, réunissant 120 trimestres d'assurance dans le régime général ou dans le régime des salariés agricoles et justifiant avoir exercé un travail manuel ouvrier pendant une durée de 5 ans au cours des 15 années précédant la demande de pension (c. séc. soc. art. L. 351-8, 4° et R. 351-23 ; voir § 754).

Règles à appliquer en cas de date de naissance imprécise

En matière d'assurance vieillesse, l'attribution des avantages est fonction d'un âge minimal révolu (60 ans). En principe, en l'absence d'information sur le mois de naissance, cet âge minimal ne peut être présumé atteint avant le dernier jour du mois de décembre de l'année considérée.

Toutefois, pour pallier l'absence de date (quantième et mois) sur les actes de naissance, certains pays (tels que la Grèce et la Turquie) ont établi des règles supplétives. Ces règles s'imposent aux caisses régissant l'assurance vieillesse comme interprétant les actes rédigés dans les formes du pays d'origine (circ. CNAV 2006-13 du 7 février 2006).

À défaut, l'assuré doit être âgé de 65 ans pour bénéficier d'une retraite à taux plein. Dans ce cas, aucune autre condition n'est exigée.

- **Départ à la retraite après 60 ans**

281 S'il ne dispose pas du nombre de trimestres d'assurance requis pour obtenir une retraite à taux plein, l'assuré a tout intérêt à continuer à travailler au-delà de l'âge de 60 ans. Sinon, sa retraite est minorée (voir §§ 329 et 435).

En revanche, s'il poursuit son activité après 60 ans et qu'il dispose déjà des 160 trimestres nécessaires pour obtenir une retraite à taux plein, il pourra obtenir une majoration de sa pension (voir § 447).

Avant toute démarche, le salarié doit faire le point sur sa situation. S'il remplit effectivement les conditions pour un départ anticipé, le formulaire « demande de retraite avant 60 ans » lui sera délivré par la caisse.

Retraite anticipée des salariés à carrière longue

282 Le droit à un départ anticipé à 56, 57, 58 ou 59 ans est accordé, depuis le 1er janvier 2004, aux salariés qui ont commencé à travailler jeunes. Pour pouvoir en bénéficier, l'assuré doit remplir trois conditions : avoir débuté son activité avant 16 ou 17 ans et justifier à la fois d'une durée totale d'assurance de 168 trimestres (voir § 283) et d'une durée d'assurance minimale ayant donné lieu à cotisations (voir § 284) (c. séc. soc. art. L. 351-1-1).

Ces dispositions s'appliquent non seulement dans le régime général, le régime des salariés agricoles, ainsi que les régimes des travailleurs non salariés des professions agricoles, artisanales, industrielles et commerciales, mais également dans celui des professions libérales et des avocats.

- **Durée d'assurance totale de 168 trimestres**

283 Les salariés qui ont débuté leur activité avant 16 ou 17 ans doivent justifier de 168 trimestres d'assurance ou de périodes reconnues équivalentes. Ces trimestres sont décomptés comme pour le calcul du taux de la retraite : ils peuvent avoir été acquis dans le régime général et/ou dans un ou plusieurs autres régimes de base obligatoires, résulter de périodes cotisées, assimilées (maladie, chômage…), rachetées… (voir § 327) (c. séc. soc. art. D. 351-1-1).

• **Nombre de trimestres cotisés requis**

284 Sur les 168 trimestres d'assurance requis, l'assuré doit justifier d'une durée minimale de cotisations, tous régimes de base confondus, qui dépend de l'âge de l'intéressé à la date d'effet de sa pension et de l'âge de début d'activité.

La durée d'assurance cotisée correspond à l'ensemble des périodes de cotisations à l'assurance obligatoire, de l'assurance volontaire (voir § 333), de rachats de cotisations, de versements pour la retraite effectués au titre du taux de la pension et de la durée d'assurance, de congé de formation, de stage de la formation professionnelle, de cotisations arriérées et des périodes ayant donné lieu à validation gratuite. Les périodes validées par présomption (voir § 339) sont également prises en compte (lettre CNAV du 9 juin 2005). Ne sont, en revanche, pas retenues au titre de la durée cotisée:
– les périodes d'assurance vieillesse des parents au foyer dont les cotisations sont à la charge des organismes débiteurs des prestations familiales (c. séc. soc. art. L. 381-1 ; voir encadré p. 150);
– les périodes assimilées à des périodes d'assurance telles que les périodes de chômage (c. séc. soc. art. R. 351-12; voir § 342), à l'exception, dans certaines conditions, du service national, des périodes de maladie, maternité et de l'incapacité temporaire des accidents du travail (voir § 285);
– les périodes reconnues équivalentes (voir § 328);
– les majorations de durée d'assurance pour enfant (c. séc. soc. art. L. 351-4; voir § 357) ou pour congé parental (c. séc. soc. art. L. 351-5; voir § 360);
– les trimestres issus du versement pour la retraite (voir § 388) pris en compte au seul titre de l'atténuation du coefficient de minoration du taux de la pension (c. séc. soc. art. D. 351-7, 1°).

S'il a débuté son activité avant 16 ans, l'assuré peut obtenir sa pension:
– à 56 ou 57 ans s'il justifie de 168 trimestres (42 ans) ayant donné lieu à cotisations à sa charge,
– à 58 ans, s'il justifie de 164 trimestres (41 ans) ayant donné lieu à cotisations à sa charge.

S'il a débuté avant 17 ans, il peut bénéficier de sa pension dès 59 ans dès lors qu'il justifie d'une période de cotisations de 160 trimestres (40 ans) (c. séc. soc. art. D. 351-1-1).

Début d'activité	Âge à la date de la pension	Durée d'assurance totale	Durée cotisée
Avant 16 ans	56 ou 57 ans	168 trimestres	168 trimestres
Avant 16 ans	58 ans	168 trimestres	164 trimestres
Avant 17 ans	59 ans	168 trimestres	160 trimestres

Le total de trimestres cotisés, ou réputés cotisés (voir § 285), ne peut dépasser 4 pour une année civile.

• **Périodes réputées cotisées**

285 Certaines périodes sont réputées avoir donné lieu à cotisations. Il s'agit (c. séc. soc. art. D. 351-1-2):
– des périodes de service national: un trimestre est décompté par période d'au moins 90 jours, consécutifs ou non,
– et des périodes d'incapacité temporaire pour maladie, maternité ou accident du travail: sont comptés comme période d'assurance le trimestre civil au cours duquel l'assuré a bénéficié de son 60e jour d'indemnisation au titre de l'assurance maladie ou au titre de l'incapacité temporaire des accidents du travail, ainsi que le trimestre au cours duquel est survenu l'accouchement (c. séc. soc. art. D. 351-1-2).

L'assuré peut bénéficier au maximum de 8 trimestres réputés cotisés sur la totalité de sa carrière:
– 4 trimestres réputés cotisés «service national»,

– 4 trimestres réputés cotisés « maladie, maternité ou incapacité temporaire des accidents du travail ».

Le total de trimestres (cotisés et/ou réputés cotisés) ne peut dépasser 4 pour une année civile.

Si la période de service national couvre 2 années civiles, elle peut être affectée à l'une ou à l'autre, la solution la plus favorable étant retenue (circ. CNAV 2003-1346 du 18 novembre 2003).

Lorsqu'un assuré bénéficie de trimestres assimilés service national et de trimestres assimilés maladie ou incapacité temporaire des accidents du travail sur une même année civile, les trimestres « service national » doivent être pris en compte en priorité dans la durée cotisée.

• Avoir commencé à travailler jeune

286 Est considéré comme ayant débuté son activité avant 16 ou 17 ans l'assuré qui justifie d'une durée d'assurance d'au moins 5 trimestres à la fin de l'année au cours de laquelle est survenu son 16e ou 17e anniversaire (c. séc. soc. art. D. 351-1-3).

S'il est né au cours du 4e trimestre et qu'il ne totalise pas cette durée, il doit alors justifier d'au moins 4 trimestres au titre de l'année au cours de laquelle est survenu le 16e ou 17e anniversaire.

Les périodes retenues sont les périodes correspondant à des périodes validées dans un ou plusieurs régimes de base (périodes de cotisations obligatoires ou volontaires, de rachat et assimilées).

Exemples ❶ Une assurée, mère de deux enfants, est née le 28 février 1948 et a commencé à travailler à 14 ans en juin 1962, année pour laquelle elle valide 3 trimestres. Son relevé de carrière présente 179 trimestres acquis par cotisations et 16 trimestres de majoration pour enfants. Au 1er janvier 2007, elle a 58 ans et 11 mois. Elle doit réunir 168 trimestres, dont 164 cotisés. Tel est bien son cas (elle en a 195 au total, dont 179 cotisés). Elle doit en outre justifier de 5 trimestres avant la fin de l'année civile de ses 16 ans, soit le 31 décembre 1964. Tel est également le cas puisqu'elle a validé 3 trimestres en 1962, 4 en 1963 et 4 en 1964 (11 au total). L'intéressée peut donc bénéficier du dispositif de retraite anticipée à 58 ans et 11 mois.

❷ Un assuré, né le 15 décembre 1949, a commencé à travailler à 16 ans, en septembre 1966, année pour laquelle il valide 4 trimestres. Au 1er janvier 2006, il a 56 ans et 160 trimestres validés et cotisés. Son départ n'est pas envisageable avant le 1er janvier 2008, date à laquelle il aura 58 ans et réunira 168 trimestres d'assurance validés et cotisés, s'il a continué à travailler.

Pour un départ à 58 ans, il doit valider 4 trimestres avant la fin de l'année civile de ses 16 ans puisqu'il est né en décembre. Or, tel n'est pas son cas, puisqu'il a commencé à travailler en septembre 1966, année civile de ses 17 ans.

Il ne pourra donc partir qu'au 1er janvier 2009, à 59 ans. À cette date, il ne remplira pas la condition des 5 trimestres avant la fin de l'année civile de ses 17 ans (1966), mais celle des 4 trimestres validés dans l'année civile des 17 ans, prévue pour les personnes nées au dernier trimestre.

• Demande de retraite anticipée

287 Avant le dépôt de la demande de pension, une étude préalable est effectuée. À l'issue de cette étude, la caisse remet à l'assuré :
– une attestation de sa situation vis-à-vis de la retraite avant 60 ans,
– une demande de retraite « départ avant 60 ans », si les conditions sont remplies (ce document intitulé « départ avant 60 ans » est un imprimé unique de demande de retraite commun au régime général, au régime des salariés et non salariés agricoles, au régime des artisans et au régime des commerçants ; voir formulaire p. 144).

• Date d'effet de la retraite

288 La date d'effet de la retraite est choisie par l'assuré et est fixée le premier jour d'un mois. Elle ne peut être fixée à une date antérieure :
– à la date à laquelle les conditions d'ouverture du droit à retraite anticipée sont remplies,
– au premier jour du mois qui suit le 56e anniversaire de l'assuré,
– au 1er janvier 2004.

Si la demande est déposée le premier jour d'un mois, la date d'effet peut être fixée ce jour-là sur demande de l'assuré.

Si l'assuré n'indique pas la date d'effet, celle-ci est fixée le premier jour du mois suivant la date de réception de la demande.

L'assuré né le 1er jour d'un mois peut obtenir une date d'effet de pension anticipée le jour de son anniversaire.

La date de demande d'attestation de situation peut être retenue pour fixer la date d'effet de la pension, si la demande réglementaire de retraite est reçue ou déposée dans les trois mois suivant la date de l'attestation.

• Calcul de la pension

289 L'assuré bénéficie automatiquement du taux plein puisqu'il doit totaliser 168 trimestres d'assurance tous régimes confondus (160 trimestres suffisent ; voir § 326). Le calcul du salaire annuel moyen et de la durée d'assurance pour avoir une retraite complète est effectué dans les conditions de droit commun.

La pension peut être assortie de la majoration pour enfant (voir § 438), pour conjoint à charge (voir § 441) et de l'allocation supplémentaire (voir encadré p. 213). En revanche, la majoration pour tierce personne (voir § 444) ne peut être attribuée.

Retraite anticipée des salariés lourdement handicapés

290 Le droit à une retraite anticipée dès 55 ans est ouvert aux salariés lourdement handicapés qui remplissent trois conditions liées à la durée totale d'assurance, à une durée cotisée et au handicap (c. séc. soc. art. L. 351-1-3 ; circ. CNAV 2006-50 du 21 août 2006 et lettre min. du 20 février 2006).

Sont concernés le régime général, le régime des salariés agricoles, ainsi que les régimes des travailleurs non salariés des professions agricoles, artisanales, industrielles et commerciales.

• Handicap

291 **Assurés justifiant d'un taux d'incapacité permanente de 80 %.** Depuis le 1er juillet 2004, les salariés peuvent prétendre au départ anticipé à la retraite, s'ils justifient d'un taux d'incapacité permanente d'au moins 80 % pendant l'intégralité de la durée d'assurance et de la durée cotisée requises (c. séc. soc. art. D. 351-1-6).

En revanche, ce taux ne doit pas être nécessairement reconnu à la date de la demande ou d'effet de la pension (circ. CNAV 2004-31 du 1er juillet 2004).

Assurés souffrant d'un handicap de niveau comparable. Depuis le 20 février 2006, les assurés souffrant d'un handicap de niveau comparable déterminé sur la base d'un autre barème, durant la totalité de la durée d'assurance requise, peuvent également prétendre à un départ anticipé à la retraite, à condition de remplir les autres conditions liées à la durée d'assurance totale et à la durée d'assurance cotisée (lettre min. du 20 février 2006).

La CNAV a établi, en conséquence, une nouvelle liste des assurés concernés et des pièces justificatives (voir pp. 145 à 147) que ceux-ci doivent produire. Sont notamment visées les victimes d'un accident du travail ou d'une maladie professionnelle justifiant d'un taux d'incapacité permanente d'au moins 66 %.

Le dispositif de retraite anticipée est ouvert aux nouveaux bénéficiaires dont la demande intervient à compter du 20 février 2006 ou qui était en cours d'examen à cette date.

Les intéressés qui se sont vu refuser le droit à un départ anticipé car ayant présenté un handicap non reconnu jusqu'alors peuvent faire valoir à nouveau leurs droits. Toutefois, si, compte tenu des documents produits, le droit à retraite anticipée vient à être ouvert, la date d'effet de la pension sera fixée dans les conditions de droit commun (circ. CNAV 2006-50 du 21 août 2006).

• Durée totale d'assurance

292 Les assurés doivent justifier, dans le régime général et dans un ou plusieurs autres régimes de base obligatoires, d'une durée d'assurance ou de périodes reconnues équivalentes. Cette durée dépend de l'âge de l'assuré à la date d'effet de la pension (c. séc. soc. art. D. 351-1-5; voir tableau ci-dessous). Sont pris en compte tous les trimestres retenus pour déterminer le taux de la pension (voir § 327).

• Durée cotisée

293 La durée d'assurance requise doit comporter un certain nombre de trimestres cotisés, tous régimes de base confondus.

Cette durée d'assurance cotisée correspond à l'ensemble des périodes de cotisations obligatoires, à l'assurance volontaire, aux rachats ou aux périodes ayant donné lieu à validation gratuite (voir § 284). Les périodes validées par présomption sont prises en compte en tant que durée d'assurance cotisée, quelle que soit la nature de la période validée (lettre CNAV du 9 juin 2005).

Ne sont donc pas retenus au titre de la durée cotisée:
– les périodes d'assurance vieillesse des parents au foyer (voir encadré p. 150),
– les périodes assimilées à des périodes d'assurance (c. séc. soc. art. R. 351-12),
– les périodes reconnues équivalentes,
– les majorations de durée d'assurance pour enfant (c. séc. soc. art. L. 351-4) ou pour congé parental (c. séc. soc. art. L. 351-5),
– les trimestres issus du versement pour la retraite (voir § 388) pris en compte au seul titre de l'atténuation du coefficient de minoration du taux de la pension (c. séc. soc. art. D. 351-7, 1°).

Durée d'assurance requise pour les années 2003 à 2008		
Âge de départ anticipé	**Durée d'assurance validée**	**Durée d'assurance cotisée**
55 ans	120 trimestres	100 trimestres
56 ans	110 trimestres	90 trimestres
57 ans	100 trimestres	80 trimestres
58 ans	90 trimestres	70 trimestres
59 ans	80 trimestres	60 trimestres

• Justificatifs

294 Les intéressés doivent produire, à l'appui de leur demande de retraite anticipée, les pièces justifiant de leur taux d'incapacité permanente d'au moins 80 % ou de leur handicap de niveau comparable.

La liste de ces pièces est la suivante (circ. CNAV 2006-50 du 21 août 2006) :

Tableau récapitulatif des pièces justificatives du handicap	
Assurés considérés comme justifiant d'une incapacité permanente (c. séc. soc. art. L. 351-1-3)	**Pièces justificatives à produire**
Assurés justifiant d'un taux d'incapacité permanente égal ou supérieur à 80 %.	Carte d'invalidité délivrée sur la base d'un des textes suivants: – c. action sociale et des familles, art. L. 241-3, – ord. 45-1463 du 3 juillet 1945 relative à la protection sociale des aveugles, – loi 49-1094 du 2 août 1949 relative à l'aide aux aveugles et aux grands infirmes et décret 50-134 du 30 janvier 1950 portant règlement d'administration publique pour son application, – c. pensions militaires d'invalidité et des victimes de la guerre, art. L 9 (carte d'invalidité militaire – lettres CNAV du 24 février 2005 et du 21 mars 2005), – art. 173 et 174 de l'ancien code de la famille et de l'aide sociale, – décret 53-1186 du 29 novembre 1953 portant réforme des lois d'assistance, – décret 54-883 du 2 septembre 1954 portant règlement d'administration publique pour l'application de l'ensemble des dispositions du décret 53-1186 du 29 novembre 1953 portant réforme des lois d'assistance. Décision d'attribution de la carte d'invalidité, prise par les organismes, instances ou autorités suivantes: – commission départementale d'éducation spéciale, – commission d'admission à l'aide sociale – COTOREP, – commission des droits et de l'autonomie des personnes handicapées (CDAPH), – préfet de département, – direction départementale des affaires sanitaires et sociales, – services des anciens combattants du ministère de la Défense (carte d'invalidité militaire). Décision du préfet accordant le macaron «grand invalide civil» (GIC) aux assurés handicapés titulaires de la carte d'invalidité prévue à l'article L. 241-3 du code de l'action sociale et des familles. Décision du préfet accordant la carte de stationnement pour personnes handicapées aux titulaires de la carte d'invalidité prévue à l'article L. 241-3 du code de l'action sociale et des familles.
Assurés justifiant d'un taux d'incapacité permanente égal ou supérieur à 80 % pour l'attribution de l'allocation aux adultes handicapés.	Décision d'attribution de l'allocation aux adultes handicapés (c. séc. soc. art. L. 821-1), prise par l'un des organismes, ou l'une des instances, suivants: – COTOREP, – commission des droits et de l'autonomie des personnes handicapées, – services et organismes débiteurs des prestations familiales.
Assurés ayant la qualité de travailleur handicapé de catégorie C en application des articles L. 323-0 et L. 323-2 anciens du code du travail ou reconnus comme des travailleurs présentant un handicap lourd en application de l'article L. 323-8-2 du code du travail.	Décision de la COTOREP classant le travailleur handicapé dans la catégorie C selon l'article R. 323-32 ancien du code du travail. Décision du directeur départemental du travail, de l'emploi et de la formation professionnelle, après avis éventuel de l'inspection du travail, reconnaissant la lourdeur du handicap.
Assurés titulaires d'une pension d'invalidité de 2ᵉ ou de 3ᵉ catégorie, en vertu de l'article L. 341-4 du code de la sécurité sociale.	Décision de la CPAM ou de la caisse de mutualité sociale agricole accordant une pension d'invalidité de 2ᵉ ou de 3ᵉ catégorie.
Assurés reconnus totalement inaptes à l'exercice de la profession agricole en application du premier alinéa de l'article L. 732-8 du code rural ou des 1° et 2° de l'article 1106-3 du code rural ancien.	Décision de l'organisme d'assurance maladie accordant une pension d'invalidité pour inaptitude totale à l'exercice de la profession agricole.

Tableau récapitulatif des pièces justificatives du handicap	
Assurés considérés comme justifiant d'une incapacité permanente (c. séc. soc. art. L. 351-1-3)	**Pièces justificatives à produire**
Assurés justifiant d'une invalidité totale et définitive en application du 1°) de l'article 1 de l'annexe de l'arrêté du 30 juillet 1987 portant approbation du règlement du régime d'assurance invalidité-décès des travailleurs non salariés des professions artisanales, modifié par l'arrêté du 14 novembre 2002.	Décision de la commission nationale artisanale et médicale d'invalidité ou de la caisse d'assurance vieillesse des artisans accordant une pension d'invalidité pour une invalidité totale et définitive. Dans le cas où l'octroi de cette pension a suivi l'attribution d'une pension temporaire d'incapacité au métier visée au 2° de l'article 1 de l'annexe de l'arrêté du 30 juillet 1987, la durée d'obtention de cette pension est également prise en compte: l'assuré doit donc apporter la décision d'attribution de cette pension.
Assurés reconnus invalides en application des 2° et 3° de l'article 6 de l'annexe de l'arrêté du 26 janvier 2005 portant application des modifications au règlement du régime d'assurance invalidité décès de l'organisation autonome nationale des professions industrielles et commerciales.	Décision de la caisse de compensation de l'organisation autonome nationale vieillesse de l'industrie et du commerce accordant une pension d'invalidité pour un assuré reconnu invalide.
Assurés victimes d'un accident du travail, accident du trajet ou maladie professionnelle tels que définis au livre quatrième du code de la sécurité sociale, justifiant d'un taux d'incapacité permanente égal ou supérieur à 66 %.	Décision accordant une rente d'incapacité permanente, dont le taux notifié est de 66 % au minimum, prise par l'un des organismes suivants: – caisse primaire d'assurance maladie, – caisse de mutualité sociale agricole selon le 4° de l'article L. 431-1 du code de la sécurité sociale (salariés agricoles), – caisse de mutualité sociale agricole selon l'article L. 752-6 du code rural (exploitants agricoles), – organisme assureur mentionné à l'article L. 752-3 du code rural, – organisme assureur attribuant une pension en application de l'article L. 752-4 ancien du code rural.
Assurés victimes d'un dommage corporel justifiant d'un taux d'incapacité de 44 % établi par une transaction ou par une décision de justice sur la base du barème du «concours médical».	Décisions juridictionnelles ou transactionnelles mentionnant le taux d'incapacité permanente retenu par le médecin expert (ou l'examinateur) lors de l'évaluation médicale.
Assurés ayant obtenu l'allocation compensatrice pour tierce personne (anc. c. action sociale et des familles art. L. 245-1).	Décision d'attribution de l'allocation compensatrice pour tierce personne prise par l'autorité ou l'instance suivante: – COTOREP, – président du conseil général.
Assurés ayant obtenu l'allocation aux handicapés adultes instituée par l'article 7 de la loi 71-563 du 13 juillet 1971.	Décision octroyant l'allocation aux handicapés adultes prise par l'organisme, ou l'instance, suivant : – commission départementale d'orientation des infirmes – services et organismes débiteurs des prestations familiales.
Assurés ayant obtenu l'allocation spéciale du Fonds National de Solidarité visée par le chapitre II de la loi 57-874 du 2 août 1957 qui a étendu cet avantage aux invalides, infirmes aveugles et grands infirmes.	Décision attribuant l'allocation supplémentaire visée par le chapitre II de la loi 57-874 du 2 août 1957, prise par l'autorité ou l'instance suivante: – préfet, – commission d'admission à l'aide sociale (décision préalable).
Assurés ayant obtenu l'allocation mensuelle d'aide sociale aux grands infirmes instituée par l'article 7 du décret 59-143 du 7 janvier 1959 et définie à l'article 170 de l'ancien code de la famille et de l'aide sociale.	Décision d'attribution de l'allocation mensuelle d'aide sociale aux grands infirmes prise par la commission d'admission à l'aide sociale.
Assurés ayant obtenu l'allocation de compensation aux grands infirmes instituée par l'article 8 du décret 59-143 du 7 janvier 1959 modifié par l'article 1er du décret 62-1326 du 6 novembre 1962 et définie à l'article 171 de l'ancien code de la famille et de l'aide sociale.	Décision d'attribution de l'allocation de compensation aux grands infirmes prise par la commission d'admission à l'aide sociale.

Tableau récapitulatif des pièces justificatives du handicap	
Assurés considérés comme justifiant d'une incapacité permanente (c. séc. soc. art. L. 351-1-3)	**Pièces justificatives à produire**
Assurés ayant obtenu le bénéfice d'une des prestations, cartes ou qualités susvisées, par décision de justice.	Décisions des juridictions de première instance, d'appel ou de cassation accordant le bénéfice d'une des prestations, cartes ou qualités susvisées.
Assurés auxquels a été refusé le bénéfice d'une des prestations, cartes ou qualités susvisées.	Décisions des organismes, instances ou autorités susvisées refusant aux assurés le bénéfice d'une des prestations, cartes ou qualités susmentionnées, dès lors que ces décisions font état d'un taux d'incapacité permanente correspondant au taux requis ou classent les intéressés dans l'une des catégories requises. Décisions des juridictions de première instance, d'appel ou de cassation refusant aux assurés le bénéfice d'une des prestations, cartes ou qualités susmentionnées, dès lors que ces décisions font état d'un taux d'incapacité permanente correspondant au taux requis ou classent les intéressés dans l'une des catégories requises.

Source : CNAV

Ces pièces doivent couvrir l'ensemble de la période d'assurance requise, aussi bien totale que cotisée.

L'assuré qui ne peut produire de pièces justificatives de son incapacité permanente de 80 %, ou de son handicap de niveau comparable, que pour certaines périodes doit contacter l'autorité ou l'organisme lui ayant délivré ces pièces afin d'en obtenir la délivrance, au vu des éléments disponibles du dossier, d'un duplicata de décision ou d'une attestation couvrant les périodes non justifiées.

Dès lors que l'assuré justifie de son handicap à un moment quelconque d'une année civile, tous les trimestres reportés au titre de cette année sont retenus (circ. CNAV 2004-31 du 1er juillet 2004).

Exemple Un assuré produit une carte d'invalidité attribuée pour 5 ans du 1er mai 1980 au 30 avril 1985, puis une notification d'attribution de l'allocation compensatrice pour tierce personne à compter du 20 octobre 1986.

Bien que la validité de la carte d'invalidité prenne effet le 1er mai 1980, le taux d'incapacité permanente de 80 % est considéré comme justifié du 1er janvier au 31 décembre 1980. La concomitance entre ce taux et l'intégralité des trimestres de l'année 1980 est, par conséquent, établie.

De même, la validité de la carte d'invalidité du 1er janvier au 30 avril 1985 permet d'étendre la justification du taux d'incapacité permanente de 80 % jusqu'au 31 décembre 1985. La concomitance entre ce taux et l'intégralité des trimestres de l'année 1985 est donc également établie.

La production de la notification d'attribution de l'allocation compensatrice pour tierce personne à compter du 20 octobre 1986 permet de considérer que le taux d'incapacité permanente de 80 % est justifié du 1er janvier au 31 décembre 1986. Il y a donc concomitance entre ce taux et l'intégralité des trimestres de l'année 1986.

L'assuré n'est, en conséquence, pas pénalisé par l'absence de justification du taux d'incapacité du 1er janvier au 30 avril 1980 ainsi que du 1er mai 1985 au 19 octobre 1986.

- **Instruction de la demande**

295 Avant le dépôt de la demande de pension, une étude préalable est effectuée. À l'issue de cette étude, la caisse remet à l'assuré :
– un imprimé de demande de situation vis-à-vis de la retraite avant 60 ans,
– un calcul estimatif de sa retraite,
– une demande de retraite « personne handicapée », si les conditions sont remplies.

• **Date d'effet de la retraite**

296 La date d'effet de la retraite avant 60 ans ne peut pas être antérieure :
– à la date à laquelle les conditions d'ouverture du droit à retraite anticipée sont remplies,
– au premier jour du mois qui suit le 55e anniversaire de l'assuré,
– et au 1er juillet 2004.

Si la demande est déposée le premier jour d'un mois, la date d'effet peut être fixée ce jour-là sur demande de l'assuré.

Si l'assuré n'indique pas la date d'effet, celle-ci est fixée le premier jour du mois suivant la date de réception de la demande.

Enfin, la date de demande d'attestation de situation peut être retenue pour fixer la date d'effet de la pension, si la demande réglementaire de retraite est reçue dans les 3 mois suivant la date de l'attestation.

• **Calcul de la pension**

297 Le salaire annuel moyen et la durée d'assurance sont déterminés selon les règles habituelles (voir §§ 313 à 342). Le taux de la pension est de 50 % (taux plein).

• **Majoration du montant de la pension**

298 Les assurés handicapés qui ne remplissent pas les conditions de durée d'assurance requises pour obtenir une pension complète bénéficient d'une majoration de leur pension depuis le 1er janvier 2006 (loi 2005-102 du 11 février 2005).

La majoration de la retraite anticipée est applicable aux assurés du régime général, du régime des salariés agricoles et des régimes des travailleurs non salariés des professions agricoles, artisanales, industrielles et commerciales.

Il n'existe aucune règle spécifique de compétence pour le service de la majoration de pension.

La CNAV précise que dans le cas où un assuré handicapé est bénéficiaire, dans un ou plusieurs autres régimes de base de sécurité sociale, d'une retraite anticipée susceptible d'être majorée, chaque régime applique séparément sa propre majoration. La pension est éventuellement écrêtée si elle excède le montant d'une retraite complète (circ. CNAV 2006-51 du 21 août 2006).

299 **Calcul de la pension majorée.** Le montant de la majoration est égal au montant calculé de la pension anticipée multiplié par un coefficient de majoration.

Ce coefficient de majoration est calculé comme suit :

$$\frac{\text{Durée d'assurance cotisée au régime général en étant handicapé}}{\text{Durée totale d'assurance au régime général en étant ou non handicapé}} \times 1/3$$

• **Durée d'assurance cotisée au régime général en étant handicapé.** Il s'agit de la durée ayant donné lieu à cotisations à la charge de l'assuré, accomplie au seul régime général, alors que l'intéressé justifiait du taux d'incapacité permanente de 80 % au moins ou d'un handicap équivalent. Cette durée cotisée est composée des mêmes éléments que ceux pris en compte pour l'ouverture du droit à la pension anticipée. Il s'agit notamment de l'ensemble des périodes de cotisations à l'assurance obligatoire, à l'assurance volontaire, aux rachats ou aux périodes ayant donné lieu à validation gratuite.

La durée cotisée prise en compte au titre du régime général n'est pas limitée à la stricte durée cotisée nécessaire à l'ouverture du droit à retraite anticipée (ex. : 100 trimestres pour les assurés âgés de 55 ans à la date d'effet de la retraite).

• **Durée totale d'assurance au régime général en étant ou non handicapé.** Il s'agit de la durée d'assurance accomplie au seul régime général nécessaire pour obtenir une pension entière dans ce régime.

Elle est composée des éléments suivants :
– les périodes de cotisations à l'assurance vieillesse obligatoire ou volontaire et les périodes assimilées,
– les majorations de durée d'assurance pour enfant, y compris pour enfant handicapé,
– les majorations de durée d'assurance pour congé parental.

Le nombre de trimestres pris en compte au titre du régime général est limité à la durée maximale d'assurance retenue pour la détermination de la pension entière (ex. : 156 trimestres pour les assurés nés en 1946).

La pension de retraite anticipée majorée est égale au montant de la pension anticipée, auquel s'ajoute la majoration de la pension.

Exemple Un assuré handicapé, né en 1947, justifie de 150 trimestres au régime général, dont 125 cotisés en étant handicapé. Le coefficient de majoration est égal à : 125/150 × 1/3 = 0,277, arrondi à 0,28. Si le salaire annuel moyen de l'assuré est égal à 18 500 €, le montant de la pension anticipée est égal à : 18 500 € × 50 % (taux plein) × 150/158 = 8 781,65 €.

La majoration est égale à 8 781,65 × 0,28 = 2 458,86 €.

La pension anticipée majorée est quant à elle égale à 8 781,65 € + 2 458,86 €, soit 11 240,51 €.

Le montant de la pension majorée ne peut cependant pas être supérieur au montant de pension que l'assuré handicapé aurait perçu s'il avait justifié de la durée d'assurance requise au régime général pour bénéficier d'une pension entière.

Exemple La pension majorée s'élève à 11 240,51 € (voir exemple ci-dessus).

La pension entière s'élève à : 18 500 × 50 % × 158/158 (nombre de trimestres requis pour les assurés nés en 1947) = 9 250 €.

Le montant de pension majorée étant supérieur à celui de la pension entière, c'est ce dernier montant qui est servi.

Le montant de la pension majoré ne peut être supérieur au montant maximal des pensions (50 % du plafond de la sécurité sociale). Il est également comparé au minimum contributif et porté à ce minimum s'il est inférieur.

Enfin, la majoration pour enfant (c. séc. soc. art. L. 351-12) et la majoration pour conjoint à charge (c. séc. soc. art. L. 351-13) s'appliquent au montant de la pension majorée. De plus, l'allocation supplémentaire au titre de l'invalidité est susceptible d'être attribuée aux assurés handicapés bénéficiaires de la retraite anticipée.

300 **Date d'effet et versement de la majoration.** La majoration s'applique d'office aux retraites anticipées prenant effet à compter du 1er janvier 2006.

La majoration s'applique également, mais sur demande des assurés, aux retraites anticipées ayant pris effet du 1er mars 2005 au 1er décembre 2005. Il est, en effet, tenu compte de la date de publication de la loi 2005-102 du 11 février 2005 ayant instauré cette majoration.

Quelle que soit la date d'effet de la pension à laquelle est appliquée la majoration (avant ou après le 1er janvier 2006), celle-ci est répercutée sur les arrérages dus au plus tôt au titre de la mensualité de janvier 2006.

301 **Application de la majoration aux assurés n'ayant pas bénéficié de la retraite anticipée.** Les assurés qui demandent la liquidation de leur retraite à titre normal à compter de leur 60e anniversaire ou, notamment, au titre de l'inaptitude au travail, mais qui, compte tenu de leur handicap, auraient pu se voir attribuer une retraite anticipée avant 60 ans peuvent bénéficier de la majoration de pension.

Cette mesure est aussi applicable aux assurés ayant déjà obtenu leur pension à 60 ans ou au-delà, à compter du 1er janvier 2006.

Les assurés concernés sont ceux qui réunissent les deux conditions suivantes :
– qui sont ou seront titulaires d'une pension de vieillesse attribuée à leur 60e anniversaire ou au-delà et dont la date d'effet est fixée au plus tôt à partir du 1er janvier 2006,
– et qui auraient pu bénéficier d'une retraite anticipée handicapés prenant effet après le 31 décembre 2005 (donc, qui ne doivent pas avoir atteint 60 ans au 1er janvier 2006 ou avant, c'est-à-dire qu'ils doivent être nés à compter du 2 janvier 1946).

Exemples ❶ L'assuré né le 1er mai 1946, obtenant sa pension de vieillesse au 1er juin 2006 et réunissant, au 1er avril 2006, les conditions pour ouvrir droit à retraite anticipée handicapés peut bénéficier de la mesure puisqu'il était âgé de moins de 60 ans après le 31 décembre 2005 et à la date à laquelle les conditions ont été réunies.

❷ En revanche, l'assuré né le 20 mai 1946, obtenant sa pension de vieillesse au 1er août 2006 et réunissant, au 1er juillet 2006, les conditions pour ouvrir droit à retraite anticipée handicapés ne peut bénéficier de la mesure car, même s'il était âgé de moins de 60 ans après le 31 décembre 2005, cet âge était dépassé à la date à laquelle les conditions ont été réunies, de sorte que l'intéressé n'ouvre pas droit à la retraite anticipée handicapés.

Les assurés doivent :
– justifier qu'ils ouvraient droit à la pension anticipée handicapés, c'est-à-dire réunir l'ensemble des conditions d'ouverture du droit, tant en ce qui concerne la durée d'assurance que le handicap (pour lequel les pièces justificatives doivent être produites),
– formuler expressément une demande en ce sens soit lors de leur demande de pension, soit ultérieurement, s'ils sont déjà pensionnés.

Le montant de la pension attribuée à 60 ans ou au-delà peut être porté au montant de la pension anticipée handicapés majorée dont les assurés auraient pu bénéficier avant 60 ans s'ils en avaient fait la demande.

Il est procédé à la comparaison entre :
– d'une part, le montant de la pension anticipée majorée fictive tel qu'il se serait élevé au premier jour du mois précédant le 60e anniversaire,

Ce calcul intervient compte tenu d'une date d'effet fictive fixée au premier jour du mois précédant le 60e anniversaire (soit le 1er mars si la date du 60e anniversaire est le 15 avril).

Les éléments retenus pour ce calcul sont déterminés dans les conditions du droit commun et en fonction de la date d'effet.

Le montant calculé de la pension anticipée fictive est majoré dans les conditions exposées au paragraphe 299.

– et d'autre part, le montant calculé de la pension attribuée à partir de 60 ans (et incluant, le cas échéant, la surcote), tel qu'il s'établit à la date d'effet de cette prestation.

Les éléments retenus pour le calcul sont déterminés dans les conditions de droit commun.

Ces montants s'entendent avant comparaison avec le minimum contributif et le maximum des pensions et avant attribution des avantages complémentaires et non contributifs. Le montant le plus élevé est alors servi.

Lorsque le montant de la pension attribuée à compter de 60 ans est inférieur au montant de la pension anticipée majorée fictive, un complément de pension d'un montant égal à la différence entre d'une part, le montant de la pension anticipée majorée fictive et, d'autre part, le montant de la pension attribuée à partir de 60 ans, est calculé en conséquence. Ce complément s'ajoute au montant de la pension attribuée à partir de 60 ans et ce, à compter de sa date d'effet.

C'est sur le nouveau montant de la pension attribuée à compter de 60 ans que sont appliquées les règles du minimum contributif et du maximum des pensions, ainsi que la surcote.

La majoration pour enfant est appliquée également sur ce nouveau montant.

Le montant de la majoration pour conjoint à charge est proratisé en fonction de la durée d'assurance prise en compte pour le calcul de la pension attribuée à compter de 60 ans.

Un rappel de pension est versé, s'il y a lieu, à l'assuré, depuis la date d'effet de cette pension.

Il est possible que la pension anticipée fictive soit assortie d'une majoration égale à zéro, mais dont le montant calculé est supérieur à celui de la pension attribuée à compter de 60 ans. Tel est le cas lorsque :
– le montant calculé de la retraite anticipée handicapés fictive atteint déjà celui correspondant à une pension entière, de sorte que le montant de la majoration est égal à zéro (voir § 299) ;
– le montant calculé de la retraite anticipée handicapés fictive se révèle, même non majoré, supérieur à celui de la pension de vieillesse attribuée à compter de 60 ans.

Cette situation est en attente d'une réponse de la direction de la Sécurité sociale.

Cessation de l'activité professionnelle

302 La pension de retraite du régime général est servie si l'assuré a cessé toute activité qui relève de ce régime, excepté en cas de retraite progressive (voir annexe 1). La cessation d'activité concerne uniquement l'activité qui entraîne l'affiliation au régime auprès duquel l'assuré demande sa retraite (voir § 491).

L'assuré doit justifier de la rupture du lien professionnel avec son employeur.

Des dérogations à ce principe de cessation d'activité ont toutefois été prévues (voir §§ 498 à 531).

Calcul de la retraite

§§

Formule de calcul

- Paramètres de calcul 311
- Notion de durée d'assurance 312

Salaire annuel moyen

- Salaires pris en compte :
  - salaires limités au plafond de la sécurité sociale 314
  - neutralisation des faibles salaires 315
- Années prises en compte :
  - nombre d'années retenu 316
  - années non prises en compte ... 317
- Calcul du salaire annuel moyen ... 318
- Assurés relevant de plusieurs régimes de retraite :
  - calcul du nombre d'années à retenir 320
  - durées d'assurance prises en compte dans le calcul 321
  - totalisation des durées d'assurance 322
  - calcul du salaire annuel moyen ... 323

Taux de la pension

- Taux plein automatique 325
- Taux plein à 160 trimestres 326
- Périodes retenues pour déterminer le taux :
  - trimestres d'assurance tous régimes confondus 327
  - périodes reconnues équivalentes 328
- Taux minoré :
  - coefficient de minoration 329
  - calcul du taux 330

Durée d'assurance

- Durée d'assurance dans le régime général 331
- Durée maximale d'assurance requise pour une retraite complète 332
- Trimestres cotisés 333
- Périodes de validation gratuite 338
- Périodes validées sur présomption 339
- Trimestres assimilés 342

Volontariat associatif : p. 183

Majoration des durées d'assurance

- Majoration pour les mères de famille 357
- Majoration pour congé parental d'éducation 360
- Majoration pour enfant handicapé 361
- Majoration pour les assurés de plus de 65 ans 366

Formule de calcul

310 La pension de retraite est calculée selon la formule suivante :

SAM × taux × (d/Durée d'assurance maximale)

Paramètres de calcul

311 La formule de calcul prend en compte le salaire annuel moyen (SAM), le taux de pension applicable et la durée d'assurance dans le régime considéré :

– **SAM :** salaire annuel moyen de base calculé sur les 24 meilleures années pour les assurés nés en 1947 dans le régime général (pour les artisans et les commerçants nés en 1947, il convient de retenir le revenu annuel moyen calculé sur les 19 meilleures années). Le nombre de « meilleures années » évolue progressivement, pour atteindre 25 en 2008 (voir § 316).

– **Taux :** il est fonction de la durée d'assurance tous régimes confondus et de l'âge de l'assuré. Pour bénéficier d'un taux plein (50 %), l'assuré doit être âgé de 65 ans ou avoir au moins 60 ans s'il fait partie d'une catégorie particulière (invalide, ancien déporté...). À défaut, pour obtenir une retraite à taux plein à partir de 60 ans, il doit avoir un nombre minimal de trimestres (160 trimestres). Lorsque l'assuré ne remplit pas ces conditions, le taux est minoré (voir § 329).

– **d** est la durée d'assurance dans le régime au titre duquel la pension est demandée. Lorsque la durée d'assurance (d) est égale à la durée d'assurance maximale, la retraite est complète dans le régime. Cette durée d'assurance maximale augmente progressivement de deux trimestres par an, pour atteindre 160 en 2008. Elle est de 158 trimestres pour les assurés nés en 1947 (voir § 332).

Pour les assurés nés en 1947, la formule de calcul est la suivante :

SAM calculé sur 24 ans × taux × (durée d'assurance/158)

En 2008, elle sera établie comme suit :

SAM calculé sur 25 ans × taux × (durée d'assurance/160)

Notion de durée d'assurance

312 Pour le calcul du taux comme pour le calcul de la pension, le code de la sécurité sociale emploie les termes « durée d'assurance ». Or, celle-ci n'est pas identique dans l'un ou l'autre cas, ce qui rend difficilement compréhensibles les règles de calcul de la retraite. En effet, pour le calcul du taux, on retient les trimestres acquis dans le régime général et dans les autres régimes de base obligatoires, ainsi que les périodes reconnues équivalentes (voir § 328). De ce fait, l'assuré peut obtenir le taux plein lorsqu'il réunit 160 trimestres tous régimes confondus.

Mais pour le calcul de la pension d'assurance vieillesse du régime général (d), seuls les trimestres acquis dans ce régime sont décomptés, à l'exclusion de ceux validés dans d'autres régimes et des périodes reconnues équivalentes (voir § 331). Aussi, un assuré peut-il avoir le taux plein, sans avoir, au régime général, la durée d'assurance requise (dans ce cas, sa pension est proratisée).

Salaire annuel moyen

313 La pension de vieillesse est calculée compte tenu du salaire annuel moyen (SAM). Celui-ci correspond à la moyenne des salaires soumis à cotisations et versés au cours des 25 meilleures années d'assurance, pour les assurés nés après le 31 décembre 1947 (c. séc. soc. art. R. 351-29).

Salaires pris en compte

- **Salaires limités au plafond de la sécurité sociale**

314 Pour le calcul de la pension, on tient compte des salaires limités au plafond de la sécurité sociale (2 682 € par mois en 2007) qui ont supporté les cotisations vieillesse.

Depuis 2005, la pension de retraite se calcule d'après le salaire soumis à cotisations reporté au compte de l'assuré. Ce salaire ne peut, tous emplois confondus, excéder le plafond de la sécurité sociale (c. séc. soc. art. R. 351-29). Les salaires supérieurs au plafond annuel de la sécurité sociale, perçus à compter du 1er janvier 2005 et pris en compte pour la détermination du SAM, doivent donc être écrêtés à hauteur de ce plafond.

Devant s'appliquer initialement dès le 1er janvier 2005, cet écrêtement sera finalement appliqué aux pensions prenant effet à compter du 1er janvier 2007 (circ. CNAV 2006-58 du 18 octobre 2006).

La Caisse nationale d'assurance vieillesse (CNAV) précise également que, même si certaines hypothèses (ex. : salariés ayant plusieurs employeurs, décalage de la paye, versement de congés payés en fin d'année, régularisation par bulletins de salaires ou activités particulières telles que l'activité de journaliste) ne remettent pas en cause la possibilité de reporter au compte des salaires supérieurs au plafond annuel de la sécurité sociale, les salaires plus élevés perçus à compter du 1er janvier 2005 seront écrêtés à hauteur de ce plafond.

Au moment de la liquidation de la pension, ceux-ci sont revalorisés par un coefficient fixé par arrêté. La CNAV diffuse tous les ans les coefficients à appliquer (circ. 2006-75 du 20 décembre 2006 pour l'année 2006). Le coefficient de revalorisation des salaires 2006 est fixé à 1,018 (arrêté du 19 décembre 2006, JO du 31).

Exemple Un salaire, en 2002, s'élevait à 21 342 €. Pour un départ en retraite en 2007, la revalorisation sera calculée de la façon suivante : 21 342 € × 1,070 (coefficient de revalorisation pour les salaires 2002) = 22 835,94 €.

Après revalorisation, les salaires annuels les plus élevés postérieurs au 31/12/1947 sont retenus par ordre décroissant jusqu'à concurrence du nombre d'années à retenir (voir § 316).

Si le nombre d'années après le 31/12/1947 est insuffisant, les années antérieures à 1948 sont retenues en commençant par la plus récente (1947, 1946, 1945...) jusqu'à concurrence du nombre d'années nécessaire au calcul du salaire annuel moyen (c. séc. soc. art. R. 351-29, al. 3).

- **Neutralisation des faibles salaires**

315 Les salaires qui n'ont pas pu permettre de valider un trimestre ne sont pas retenus pour le calcul du salaire annuel moyen (c. séc. soc. art. R. 351-29).

Il y a lieu de retenir autant de trimestres que le salaire annuel représente de fois le SMIC calculé sur 200 heures, avec un maximum de 4 trimestres par an (c. séc. soc. art. R. 351-9). En 2007, les salaires inférieurs à 1 654 € ne permettent donc pas de valider un trimestre.

Pour les pensions ayant pris effet avant le 1er janvier 2004, les salaires qui ne permettaient pas de valider un trimestre étaient pris en compte pour calculer le salaire annuel moyen.

Exemple Un salarié né en 1947 a travaillé 24 ans, dont 23 (de 1984 à 2006) en tant qu'affilié au régime général où il a cotisé sur la base du salaire plafond de la sécurité sociale. En 1983, il n'a cotisé au régime général que sur la base de 500 F. Son SAM sera calculé sur 23 années (l'année au titre de laquelle il a cotisé sur 500 F n'étant pas prise en compte).

Années prises en compte

• Nombre d'années retenu

316 Les salaires les plus élevés sont retenus par ordre décroissant jusqu'à concurrence d'un nombre d'années qui est fonction de l'année de naissance de l'assuré.

Ce nombre d'années augmente progressivement pour atteindre 25 en 2008. Il est fixé à:
- 21 pour les assurés nés en 1944,
- 22 pour ceux nés en 1945,
- 23 pour ceux nés en 1946,
- 24 pour ceux nés en 1947,
- 25 pour ceux nés après 1947 (c. séc. soc. art. R. 351-29-1, II).

Initialement, il était prévu que, pour toute pension liquidée à partir de 2008, le SAM serait calculé sur la base des 25 meilleures années, quelle que soit la date de naissance de l'assuré. Pour éviter un départ prématuré en 2007 et inciter les «seniors» à poursuivre leur activité, le législateur permet aux assurés qui remplissent la condition d'âge légal de départ à la retraite de bénéficier des règles de détermination du SAM en vigueur à ce moment, même s'ils diffèrent leur départ (loi de financement de la sécurité sociale pour 2007, JO du 22 décembre, art. 109, 1°).

Dans l'attente d'un décret à paraître, la CNAV précise les règles qu'il convient de mettre en œuvre pour informer les assurés au mieux de leurs intérêts (circ. CNAV 2007-2 du 8 janvier 2007).

Concrètement, pour un salarié âgé de 60 ans en mars 2007 et qui liquide sa pension de vieillesse en avril 2008, le salaire annuel moyen sera calculé sur ses 24 meilleures années, et non pas, comme prévu auparavant, sur ses 25 meilleures années.

• Années non prises en compte

317 Les années comportant exclusivement des cotisations forfaitaires, des périodes assimilées ou des périodes validées par présomption (voir §§ 339 et 342), ainsi que l'année où se situe le point de départ de la pension, sont à exclure pour le calcul du salaire annuel moyen. Les années comprenant une période de versement pour la retraite au titre de périodes d'études supérieures ou d'activités n'ayant pu donner lieu à validation de 4 trimestres par an (voir §§ 380 à 398) ne sont pas non plus prises en compte dans le calcul du salaire annuel moyen.

Calcul du salaire annuel moyen

318 Le salaire annuel moyen est égal à la somme des salaires annuels retenus divisée par le nombre d'années requis (24 années pour les assurés nés en 1947), soit:

$$\frac{\text{Total des salaires annuels revalorisés retenus}}{\text{Nombre d'années correspondant}}$$

Si l'assuré n'a pas travaillé le nombre d'années nécessaires, toutes les années de sa carrière sont retenues.

Exemple Pour un assuré né en 1947, le salaire de base sera calculé à partir des salaires bruts revalorisés compte tenu des coefficients en vigueur, divisés ensuite par le nombre 24.

Assurés relevant de plusieurs régimes de retraite

319 Depuis le 1er janvier 2004, le salaire annuel moyen est calculé selon des règles spécifiques lorsque l'assuré a acquis des droits dans deux ou plusieurs régimes d'assurance vieillesse (régime général, régimes des artisans et des commerçants et régime des salariés agricoles).

- **Calcul du nombre d'années à retenir**

320 Le nombre d'années retenu pour calculer le salaire annuel moyen est déterminé compte tenu de la durée d'assurance dans chaque régime (c. séc. soc. art. R. 173-4-3) :

Nombre d'années retenu pour calculer le SAM dans le régime concerné × Durée d'assurance accomplie au sein de ce régime / Durée d'assurance tous régimes

Le nombre d'années obtenu est arrondi, pour chaque régime, au nombre d'années le plus proche sans que ce nombre puisse être inférieur à 1. La fraction d'année égale à 0,5 est comptée pour une année.

Le nombre d'années ne peut excéder celui retenu dans chaque régime (ex. : 24 meilleures années dans le régime général et 19 meilleures années dans les régimes des artisans et commerçants, pour les assurés nés en 1947).

- **Durées d'assurance prises en compte dans le calcul**

321 La durée d'assurance est arrêtée au dernier jour du trimestre civil précédant l'entrée en jouissance de la pension (c. séc. soc. art. R. 173-4-3).

Cette durée correspond aux trimestres d'assurance pris en compte pour le calcul de la pension (circ. CNAV 2004/29 du 30 juin 2004).

Dans le régime général, il s'agit des :
– trimestres au titre de l'assurance vieillesse obligatoire ou volontaire (voir § 333),
– trimestres assimilés à des trimestres d'assurance (voir § 342),
– trimestres correspondant aux majorations de durée d'assurance pour enfants, pour enfant handicapé ou pour congé parental (c. séc. soc. art. L. 351-4 et L. 351-5) (voir §§ 357 à 365),
– trimestres de majoration de durée d'assurance accordés postérieurement au 65e anniversaire des assurés (c. séc. soc. art. L. 351-6) (voir § 366),
– trimestres ayant fait l'objet d'un versement au titre des études supérieures ou des années incomplètes lorsque ce versement a été effectué à la fois au titre du taux et au titre de la proratisation de la pension (c. séc. soc. art. D. 351-7, 2°) (voir § 380).

Les périodes reconnues équivalentes (voir § 328) sont en revanche exclues.

Pour le régime des artisans et des commerçants, seules les périodes accomplies après le 1er janvier 1973 sont prises en considération.

- **Totalisation des durées d'assurance**

322 Les trimestres de chaque régime se totalisent, même s'ils se superposent.

- **Calcul du salaire annuel moyen**

323 Le salaire annuel moyen est égal à la somme des salaires retenus divisée par le nombre d'années considérées.

Exemple Un assuré, né en 1947, totalise une durée d'assurance de 126 trimestres au régime général et de 48 trimestres au régime des artisans, soit au total 174 trimestres. En principe, le nombre d'années pris en compte pour calculer le SAM au titre du régime général est, pour les assurés nés en 1947, de 24.

Compte tenu de la pluriactivité, il convient de retenir: 24 × 126 /174 = 17,38, arrondis à 17 années.

SAM = total des salaires revalorisés des 17 meilleures années civiles d'assurance /17.

Taux de la pension

324 L'assuré bénéficie d'une pension calculée au taux plein de 50 % s'il a au moins 65 ans, s'il entre dans une catégorie particulière (voir § 325) ou bien s'il réunit une durée d'assurance et de périodes équivalentes déterminée (voir § 326).

Taux plein automatique

325 Quel que soit le nombre de trimestres qu'ils ont acquis, certains assurés ont droit automatiquement au taux plein de 50 % (c. séc. soc. art. L. 351-8 et R. 351-27).

Sont concernés non seulement les assurés âgés d'au moins 65 ans, mais également ceux âgés d'au moins 60 ans et qui appartiennent à une catégorie particulière:
– assurés reconnus inaptes au travail (c. séc. soc. art. L. 351-7; voir § 753),
– anciens combattants ou prisonniers de guerre (voir § 756),
– anciens déportés ou internés titulaires de la carte de déporté ou interné de la Résistance ou de la carte de déporté ou interné politique,
– mères de famille salariées ouvrières qui ont élevé 3 enfants au moins (pendant 9 ans avant leurs 16 ans), qui justifient avoir cotisé 30 ans dans le régime général ou le régime des salariés agricoles et ont exercé pendant 5 ans ou plus un travail manuel dans les 15 ans qui précèdent leur demande de pension (voir § 754).

À cette liste, il convient d'ajouter les titulaires d'une pension d'invalidité qui se transforme, à leurs 60 ans, en une pension de vieillesse (c. séc. soc. art. R. 341-22).

L'obtention du taux plein ne signifie pas que l'assuré bénéficiera automatiquement d'une retraite complète. Celui-ci peut, en effet, avoir un taux plein et voir sa retraite proratisée s'il ne remplit pas les conditions d'assurances requises (voir § 332).

Taux plein à 160 trimestres

326 Pour toute pension liquidée depuis le 1er janvier 2003, les assurés qui ne remplissent pas les conditions pour bénéficier automatiquement du taux plein (voir § 325) doivent justifier, tous régimes confondus, de 160 trimestres d'assurance ou de périodes équivalentes (c. séc. soc. art. L. 351-8, R. 351-27, R. 351-45; voir §§ 327 et 328).

Le nombre de trimestres augmentera progressivement d'un trimestre par an à compter du 1er janvier 2009, pour atteindre 164 en 2012 (loi 2003-775 du 21 août 2003, art. 5, III).

La durée d'assurance (ou périodes reconnues équivalentes) requise pour obtenir un taux plein sera donc portée à:
– 161 trimestres pour les assurés nés en 1949,
– 162 trimestres pour les assurés nés en 1950,
– 163 trimestres pour les assurés nés en 1951,
– 164 trimestres pour les assurés nés en 1952.

Pour éviter des départs en retraite prématurés en 2007 et 2008, la loi de financement de la sécurité sociale pour 2007 assure les salariés remplissant la condition d'âge légal à la retraite du bénéfice des règles en vigueur à la date à laquelle ils remplissent cette condition (loi de financement de la sécurité sociale pour 2007, JO du 22 décembre, art. 109, 1°).

Concrètement, pour un salarié âgé de 60 ans en mars 2007 et qui liquide sa pension de vieillesse en mars 2010, la durée d'assurance requise pour l'obtention du taux plein de sa pension sera fixé à 160 trimestres et non pas à 162 trimestres.

Périodes retenues pour déterminer le taux

• Trimestres d'assurance tous régimes confondus

327 Sont pris en compte les trimestres acquis dans le régime général ainsi que ceux validés dans un ou plusieurs autres régimes obligatoires de base (ex. : régime des salariés agricoles, des artisans, des commerçants, des exploitants agricoles, des professions libérales, des avocats...).

Le nombre de trimestres retenu pour le taux ne peut pas être supérieur à quatre par année civile, tous régimes confondus (c. séc. soc. art. R. 351-5).

Les périodes d'assurance au régime général retenues pour le taux sont (c. séc. soc. art. R. 351-3):
– les périodes de cotisations obligatoires ou volontaires (voir § 333),
– les périodes assimilées à des périodes d'assurance (voir § 342),
– les périodes validées gratuitement au titre d'une activité en Algérie (loi du 26/12/1964) et de rachat pour les rapatriés (loi du 04/12/1985, titre II),
– les périodes de rachat de cotisations et de versement pour la retraite (voir §§ 380 à 410),
– les périodes validées par présomption (voir § 339),
– les majorations de durée d'assurance accordées aux mères de famille (voir § 357),
– les majorations de durée d'assurance pour congé parental (voir § 360),
– les majorations de durée d'assurance pour charge d'enfant handicapé (voir § 361).

• Périodes reconnues équivalentes

328 Les périodes équivalentes sont également prises en compte pour déterminer le taux applicable.

Elles ne sont, en revanche, pas prises en considération pour déterminer la durée d'assurance dans le régime (voir § 331).

Il s'agit des périodes (c. séc. soc. art. R. 351-4):
– d'activité professionnelle antérieures au 1er avril 1983 qui peuvent ou auraient pu donner lieu à rachat de cotisations d'assurance vieillesse au titre d'un régime de base obligatoire, à l'exclusion des périodes d'activité accomplies par un aide familial non salarié agricole entre son 14e et son 18e anniversaire (c. rural art. L. 732-35-1), ainsi que des années d'études supérieures et des années incomplètes au titre desquelles un rachat de cotisations peut être effectué (voir § 380);
– d'activité professionnelle non salariée agricole accomplies de façon habituelle et régulière, avant le 1er janvier 1976, dans une exploitation agricole ou assimilée, entre le 18e et le 21e anniversaire de l'assuré et n'ayant pas donné lieu à un versement pour la retraite (c. rural art. L. 732-35-1);

– antérieures au 1er avril 1983 au cours desquelles les membres de la famille du chef d'entreprise, âgés d'au moins 18 ans et non couverts par un régime d'assurance vieillesse de base obligatoire, ont participé de façon habituelle à l'exercice d'une activité professionnelle non salariée artisanale, industrielle ou commerciale. Les membres de la famille s'entendent des conjoints, ascendants, descendants, frères, sœurs ou alliés au même degré.

En revanche, ne sont pas retenues les périodes susceptibles de donner lieu à :
– versements de cotisations arriérées (voir § 334),
– rachat de cotisations au titre de la perception de l'indemnité de soin aux tuberculeux (voir § 406),
– rachat de cotisations au titre de l'assistance à une personne invalide (voir § 402),
– versement pour la retraite (voir § 380).

Taux minoré

• Coefficient de minoration

329 Le taux de la pension est minoré lorsque les assurés ne remplissent pas les conditions pour obtenir une retraite à taux plein de 50 %.

Pour les pensions prenant effet au 1er janvier 2004, le coefficient de minoration applicable au taux plein est fixé comme suit (c. séc. soc. art. R. 351-27) :

Évolution de la décote selon l'année de naissance de l'assuré

Année de naissance de l'assuré	Décote en %	Minoration du taux en points de pourcentage par trimestre
Avant 1944	2,5	– 1,25
1944	2,375	– 1,1875
1945	2,25	– 1,125
1946	2,125	– 1,0625
1947	2	– 1
1948	1,875	– 0,9375
1949	1,75	– 0,875
1950	1,625	– 0,8125
1951	1,5	– 0,75
1952	1,375	– 0,6875
Après 1952	1,25	– 0,625

Pour les pensions ayant pris effet avant le 1er janvier 2004, le coefficient de minoration était fixé à 2,50 % pour chaque trimestre manquant (par rapport soit à 160 trimestres depuis 2003, soit à 65 ans).

Ces coefficients de minoration s'appliquent également dans les régimes des artisans, des industriels et des commerçants, y compris pour les périodes antérieures à la date d'alignement de ces régimes sur le régime général (décret 73-937 du 2 octobre 1973, art. 3, II, modifié par le décret 2004-156 du 16 février 2004, art. 4).

• Calcul du taux

330 La minoration est déterminée soit par la différence entre le nombre de trimestres acquis et ceux requis, soit compte tenu du nombre de trimestres qui sépare l'assuré de son 65e anniversaire. On retient le calcul le plus avantageux pour l'assuré.

La minoration porte au maximum sur 20 trimestres.

Le taux minimal de la pension est donc égal à 50 – (minoration × 20), soit, pour les assurés nés après 1952 : 50 – (0,625 × 20) = 37,50 %.

Ainsi, le taux minimal, qui était de 25 % (assurés nés avant 1944), passera, à terme, à 37,50 % (assurés nés après 1952).

Exemple Un assuré, né en 1947, souhaite prendre sa retraite à 60 ans en 2007. Il totalise 150 trimestres dans le régime général. Pour obtenir la retraite à taux plein, il lui manque donc 10 trimestres pour atteindre 160 trimestres ou 20 trimestres pour atteindre 65 ans. On retiendra le plus avantageux des deux, soit 10 trimestres. Le coefficient de minoration sera de 2 %, soit une minoration du taux de 1 point par trimestre (voir tableau ci-dessus). Le taux de la retraite sera donc de : 50 – (1 × 10) = 40 %, soit une formule de calcul égale à : SAM (calculé sur les 24 meilleures années) × 40 % × 150/158.

Lorsque le taux de 50 % n'est pas acquis à la date d'effet choisie par l'assuré pour liquider sa pension, celui-ci peut différer le calcul et le paiement de sa retraite.

Durée d'assurance

Durée d'assurance dans le régime général

331 La durée d'assurance servant au calcul de la pension comprend l'ensemble des trimestres réunis par l'assuré au titre du régime général, soit :
- les trimestres d'assurance (trimestres cotisés ; voir § 333),
- les périodes assimilées à des trimestres d'assurance (voir § 342),
- les périodes validées par présomption (voir § 339),
- les périodes de validation gratuite (voir § 338),
- les majorations de durée d'assurance (voir § 356).

Elle permet de calculer le montant de la pension de vieillesse (c. séc. soc. art. R. 351-1).

Les trimestres d'assurance, les périodes assimilées et les périodes validées par présomption peuvent se cumuler dans la limite de 4 trimestres par année civile (c. séc. soc. art. R. 351-5).

Dès lors que la durée d'assurance dans le régime général (d) est inférieure à une durée maximale requise (voir § 332), la pension est proratisée.

Durée maximale d'assurance requise pour une retraite complète

332 La durée maximale d'assurance dans le régime général (durée de référence) prise en compte pour le calcul de la pension de vieillesse est progressivement alignée sur celle nécessaire pour obtenir une pension à taux plein (voir § 326).

Lorsque la durée d'assurance dans le régime général (d) est égale à cette durée maximale, la pension est complète. Dans le cas contraire, elle est proratisée (durée d'assurance dans le régime général/durée d'assurance maximale requise).

Pour les pensions prenant effet après le 31 décembre 2003 et avant le 1er janvier 2008, la durée maximale d'assurance est fixée à (c. séc. soc. art. R. 351-6) :
- 152 trimestres pour les assurés nés en 1944 ;
- 154 trimestres pour les assurés nés en 1945 ;
- 156 trimestres pour les assurés nés en 1946 ;
- 158 trimestres pour les assurés nés en 1947.

La durée maximale d'assurance sera égale à 160 trimestres pour les pensions prenant effet après le 31 décembre 2007 et pour les assurés nés après 1947, quelle que soit la date d'effet de la pension.

Avant la réforme sur les retraites, la durée maximale d'assurance requise dans le régime général pour obtenir une retraite complète était plafonnée à 150 trimestres. Or, la durée d'assurance nécessaire à l'obtention d'une retraite à taux plein est fixée à 160 trimestres. La durée maximale d'assurance est donc alignée progressivement sur cette dernière.

La loi de financement de la sécurité sociale pour 2007 rappelle que la proratisation à 160 trimestres, non seulement ne s'appliquera qu'aux pensions prenant effet après le 31 décembre 2007, mais aussi aux assurés nés après 1947 (loi de financement de la sécurité sociale pour 2007, JO du 22 décembre, art. 109, 2°). Ainsi, la situation juridique des assurés nés en 1944, 1945, 1946 et 1947 sera-t-elle sécurisée, quelle que soit la date de leur départ en retraite.

Pour les pensions prenant effet au 1er janvier 2008, la formule de calcul sera donc fixée comme suit :

SAM calculé sur les 25 meilleures années × taux plein (si les conditions sont réunies) × durée d'assurance dans le régime général/160

À partir du 1er janvier 2009, la durée nécessaire pour obtenir une retraite à taux plein augmentera d'un trimestre par an pour atteindre 164 en 2012. Il en sera de même pour la durée d'assurance maximale (voir § 326).

Exemple Un assuré, né en 1947, totalise 160 trimestres tous régimes confondus, dont 158 trimestres au régime général. Pour bénéficier d'une retraite complète en 2007 auprès du régime général, il doit avoir 158 trimestres d'assurance maximale. Sa retraite sera calculée selon la formule suivante au régime général :

$$\frac{\text{SAM} \times \text{taux plein (50 \%, car il totalise 160 trimestres tous régimes confondus)} \times 158}{158 \text{ (durée d'assurance maximale)}}$$

S'il n'avait totalisé que 150 trimestres au régime général, sa pension aurait été proratisée comme suit :

$$\frac{\text{SAM} \times \text{taux plein (50 \%, car il totalise 160 trimestres tous régimes confondus)} \times 150}{158 \text{ (durée d'assurance maximale)}}$$

Ces dispositions s'appliquent également aux régimes d'assurance vieillesse des artisans et des commerçants (c. séc. soc. art. D. 634-1).

Tableau récapitulatif des paramètres de calcul

Année de naissance	Nombre d'années retenues pour calculer le SAM	Durée maximale d'assurance (régime général)	Taux plein (trimestres)
1933	10	150	150
1934	11	150	151
1935	12	150	152
1936	13	150	153
1937	14	150	154
1938	15	150	155
1939	16	150	156
1940	17	150	157
1941	18	150	158
1942	19	150	159
1943	20	150	160
1944	21	152	160
1945	22	154	160
1946	23	156	160
1947	24	158	160
1948	25	160	160
1949	25	161	161
1950	25	162	162
1951	25	163	163
1952	25	164	164

Trimestres cotisés

• Salaire minimal

333 Les trimestres d'assurance sont ceux qui ont donné lieu au versement de cotisations obligatoires ou volontaires (c. séc. soc. art. L. 351-2 et R. 351-9; voir § 261).

Depuis 1972, le salaire minimal qui donne lieu à validation d'un trimestre est de 200 SMIC horaires (au 1er janvier), soit 1 654 € pour 2007. C'est le montant du salaire qui donne lieu à attribution de trimestres et non la durée du travail. Une année entière (4 trimestres) peut être validée, même avec un temps partiel ou une période de travail discontinue dès lors qu'un ou plusieurs salaires avec sur la totalité d'une année, équivalant à 4 × 200 SMIC horaires, soit: 6 616 € en 2007.

À l'inverse, un salarié percevant une faible rémunération peut totaliser moins de 4 trimestres alors qu'il a travaillé du 1er janvier au 31 décembre. Il peut cependant, sous certaines conditions, racheter des années n'ayant pas pu donner lieu à validation de 4 trimestres (voir § 383).

Avant 1972, les trimestres sont décomptés autrement. Par exemple, du 1er janvier 1949 au 31 décembre 1971, on retient autant de trimestres que le salaire annuel représente de fois le montant trimestriel de l'allocation aux vieux travailleurs salariés au 1er janvier de l'année considérée (c. séc. soc. art. R. 351-9).

Les cotisations retenues sont arrêtées au dernier jour du trimestre précédant la date d'entrée en jouissance de la pension (c. séc. soc. art. R. 351-1).

• Régularisation des cotisations versées tardivement (cotisations arriérées)

334 Toutes les cotisations versées antérieurement à l'entrée en jouissance de la pension, quelle que soit la date de leur versement, sont prises en compte pour le calcul de la pension. Les cotisations qui n'ont pas été acquittées par l'employeur à la date de leur exigibilité peuvent faire l'objet d'une régularisation (c. séc. soc. art. R. 351-11).

Il peut y avoir régularisation par le versement de cotisations arriérées, dans l'hypothèse où il n'est pas possible de valider une période d'activité par présomption (voir § 339).

En principe, la demande de régularisation doit émaner de l'employeur. Mais si ce dernier a disparu ou s'il refuse d'effectuer la régularisation, le salarié peut demander à verser les cotisations arriérées. Celui-ci doit alors apporter la preuve de son activité pendant la période en cause (production de bulletins de paie, certificats ou attestations de travail).

La demande écrite de régularisation est déposée par l'employeur auprès de l'URSSAF dont relève son entreprise. Lorsque la demande est déposée par le salarié, elle doit être adressée à l'URSSAF de son lieu de résidence.

L'URSSAF instruit la demande et encaisse les cotisations. Elle transmet à la CNAV un relevé indiquant la date de versement, les années ayant fait l'objet de la régularisation et les salaires correspondants.

Les cotisations sont calculées selon les taux en vigueur à la date où elles auraient dû être acquittées par l'employeur.

Si elles sont réglées pour des périodes d'activité antérieures de plus de trois ans à la date d'exigibilité, elles ne sont pas soumises à majorations ou pénalités de retard. Elles sont cependant affectées des coefficients de majoration applicables aux salaires (c. séc. soc. art. R. 351-11).

Les périodes d'apprentissage accomplies avant le 1er juillet 1972 peuvent être régularisées par le versement de cotisations arriérées dès lors que :
– ces périodes n'ont pas été rémunérées,
– ou qu'elles l'ont été insuffisamment pour valider 4 trimestres.

L'assuré doit apporter la preuve de sa période d'apprentissage par tous moyens.

Le montant de la cotisation arriérée est calculé sur une assiette forfaitaire.

Lorsque le versement des cotisations intervient après l'attribution de la pension, celle-ci est recalculée. Le nouveau montant de la pension est servi à compter du premier jour du mois suivant l'encaissement des cotisations (c. séc. soc. art. R. 351-11, al. 4).

• Cotisations versées à tort

335 La demande de remboursement des cotisations versées à tort se prescrit par 3 ans à compter de la date à laquelle les cotisations ont été acquittées (c. séc. soc. art. L. 243-6).

Lorsque l'obligation de remboursement des cotisations naît d'une décision juridictionnelle qui révèle la non-conformité de la règle de droit dont il a été fait application à une règle de droit supérieure, la demande de remboursement ne peut porter que sur la période postérieure au 1er janvier de la troisième année précédant celle où la décision révélant la non-conformité est intervenue.

Dès lors que le remboursement des cotisations est effectué, les organismes de sécurité sociale peuvent demander le reversement des prestations servies. Cette demande doit être faite dans les 2 années qui suivent le remboursement des cotisations (c. séc. soc. art. L. 243-6).

Lorsque la demande de remboursement des cotisations indûment versées n'a pas été formulée dans le délai de deux ans, le bénéfice des prestations servies, ainsi que les droits à l'assurance vieillesse, restent acquis à l'assuré, sauf cas de fraude ou de fausse déclaration.

• Rachat de cotisations

336 Le rachat de cotisations permet à certaines catégories de personnes d'effectuer des versements rétroactifs de cotisations pour les périodes pendant lesquelles elles étaient exclues de l'assurance vieillesse. Le premier dispositif de rachat de cotisations d'assurance vieillesse avait été mis en place, à titre provisoire, jusqu'au 31 décembre 2002. La forclusion des demandes de rachat a toutefois été levée par lettre ministérielle, dans l'attente d'une confirmation par décret (lettre min. du 25 mars 2003) (voir § 399).

Depuis le 1er janvier 2004, un nouveau dispositif de rachat de cotisations, dénommé « versement pour la retraite », permet aux assurés de racheter jusqu'à 12 trimestres au total pendant lesquels ils ont effectué des études supérieures ou ont été faiblement rémunérés (voir § 380).

• Périodes de congé de formation

337 La personne qui n'a reçu aucune rémunération de son employeur pendant tout ou partie d'un congé de formation est réputée avoir cotisé comme pour la période immédiatement antérieure (c. séc. soc. art. L. 351-2, dernier al.).

Versement des cotisations par la CAF pour les parents au foyer

Le bénéfice de certaines prestations familiales donne droit à une affiliation gratuite à l'assurance vieillesse du régime général, sous condition de ressources dont le plafond varie selon qu'il s'agit d'une personne isolée ou d'un couple et selon la prestation (c. séc. soc. art. L. 381-1).

Le financement de l'assurance vieillesse est assuré par une cotisation à la charge exclusive de la Caisse d'allocations familiales (CAF) et calculée sur des assiettes forfaitaires.

Les prestations sociales visées sont:
– le complément familial, l'allocation de base de la prestation d'accueil du jeune enfant ou le complément de libre choix d'activité de cette prestation,
– le complément de libre choix d'activité à taux partiel,
– l'allocation de présence parentale à taux plein ou à taux partiel (indemnisation du congé de présence parentale ancienne formule),
– l'allocation journalière de présence parentale (indemnisation du congé de présence parentale nouvelle formule).

En outre, est affilié obligatoirement à l'assurance vieillesse du régime général de la sécurité sociale, pour autant que ses ressources ou celles du ménage ne dépassent pas le plafond du complément familial et que cette affiliation ne soit pas acquise à un autre titre, la personne et, pour un couple, l'un ou l'autre de ses membres:
– ayant la charge d'un enfant handicapé qui n'est pas admis dans un internat, dont l'incapacité permanente est au moins égale à 80 % et qui n'a pas atteint l'âge limite de 20 ans,
– ou assumant, au foyer familial, la charge d'une personne adulte handicapée dont la commission des droits et de l'autonomie des personnes handicapées (ex. : COTOREP) reconnaît que son maintien au foyer est souhaitable et dont le taux d'incapacité permanente est au moins égal à 80 %, dès lors que ladite personne handicapée est son conjoint, son concubin, la personne avec laquelle elle a conclu un pacte civil de solidarité ou son ascendant, descendant ou collatéral, ou l'ascendant, descendant ou collatéral d'un des membres du couple.

Périodes de validation gratuite

338 **Les personnes salariées en Algérie entre le 1er avril 1938 et le 30 juin 1962 peuvent obtenir la validation gratuite de leurs périodes d'activité au régime général si elles ont donné lieu à affiliation au régime général algérien.**

Les périodes comprises entre le 1er avril 1938 et le 31 mars 1953 (date d'affiliation obligatoire au régime algérien), qui n'ont pas donné lieu à affiliation au régime général algérien, peuvent toutefois être validées gratuitement si le demandeur a été affilié:
– avant ou après au régime général français, à titre obligatoire ou à titre volontaire par un rachat de cotisations,
– ou, après, à un autre régime de retraite de base français.

La demande de validation de la carrière en Algérie est effectuée au moyen d'un imprimé unique de demande de validation des périodes de salariat au titre de l'assurance vieillesse. Il n'y a pas de délai de forclusion pour demander cette validation gratuite.

Périodes validées sur présomption

339 Il appartient à l'assuré, lorsque des périodes d'activité n'ont pas été prises en compte par l'assurance vieillesse, de prouver que des cotisations ont bien été prélevées sur les salaires versés au titre de ces périodes. La preuve du précompte peut être apportée par la production des bulletins de salaire, de déclarations nominatives de l'employeur ou encore d'une attestation de l'employeur conforme aux livres de paye.

En cas de force majeure ou d'impossibilité manifeste d'apporter la preuve du versement des cotisations sur certaines périodes, celles-ci peuvent être validées à l'aide de « documents probants ou de présomptions concordantes » (c. séc. soc. art. L. 351-2).

Peuvent être validées par présomption les périodes pour lesquelles les caisses ne disposent pas d'éléments de preuve contraire à ces présomptions.

Les périodes validées par présomption, qu'elles soient validées au titre du chômage, de la maladie ou au titre d'une activité professionnelle, sont prises en compte, dans le calcul de la retraite, en tant que durée d'assurance cotisée (lettre CNAV du 9 juin 2005).

• Règles générales de validation

340 Les périodes d'activité peuvent être validées sur présomption par les services administratifs de la caisse d'assurance vieillesse lorsque la situation de l'assuré laisse présumer avec une forte vraisemblance que le précompte a été retenu. Cette validation répond à des conditions d'application strictes :
– les périodes ne doivent pas excéder 20 trimestres pour une activité exercée chez un même employeur ;
– la caisse doit pouvoir valider toutes les périodes lacunaires (ainsi, si la caisse ne peut valider sur présomption que 15 trimestres sur 19, aucune validation administrative ne peut être effectuée) ;
– l'assuré doit produire une déclaration sur l'honneur et un certificat de travail d'époque qui atteste de la période d'emploi (s'il n'est pas d'époque, le certificat doit préciser les documents, tels que livres comptables, fichiers du personnel, qui ont permis de l'établir). La déclaration sur l'honneur est préétablie par la caisse et est adressée à l'assuré lors de la reconstitution de carrière ou de la liquidation de la pension. Elle mentionne les dates extrêmes de la période d'emploi, la nature de l'emploi et la qualification. L'assuré doit également indiquer que l'emploi a été occupé sans interruption et à temps complet (sinon, les interruptions de travail doivent être mentionnées).

L'examen de situation, ne rentrant pas exactement dans le cadre de ces règles de validation, relèvera uniquement des commissions de recours gracieux.

• Règles particulières de validation

341 Une fois les conditions générales remplies, des conditions particulières doivent être satisfaites. Il existe trois catégories de présomption :
– présomption née de l'environnement : sont validées les périodes ne dépassant pas 8 trimestres pour un même employeur, si ces périodes ne se situent pas en début ou en fin d'emploi et si 16 trimestres sont validés normalement pour ce même employeur, dont 8 au début de l'emploi (les périodes en cause doivent être entièrement lacunaires) ;
– présomption née de la production des bulletins de salaire : est validé le trimestre pour lequel l'assuré n'a eu qu'un seul employeur, a exercé son activité dans l'entreprise tout le trimestre (à condition qu'il ne s'agisse pas du trimestre de début ou de fin d'emploi) et a produit un ou plusieurs bulletins de salaire avec précompte. Peuvent être validés 8 trimestres maximum, consécutifs ou non ;

Cette présomption s'applique lorsque les bulletins de salaire produits ne représentent pas la totalité des bulletins de salaire du trimestre ou s'ils ne permettent pas de valider le trimestre civil entier (sinon, la validation serait « normale »).

– présomption née de l'indemnisation par l'assurance maladie : elle concerne les périodes comprises entre le 1er janvier 1936 et le 31 décembre 1941. Est validé le trimestre précédant immédiatement un trimestre validé en période assimilée maladie.

Les périodes d'emploi doivent être confirmées, en principe, par un certificat de travail ainsi que par une déclaration sur l'honneur (voir § 340).

Trimestres assimilés

342 Les périodes d'interruption involontaire de l'activité professionnelle peuvent être assimilées à des trimestres d'assurance (c. séc. soc. art. L. 351-3 et R. 351-3). Ces périodes s'ajoutent aux autres périodes validées, dans la limite de 4 trimestres par an. La qualité d'assuré social doit, en principe, être acquise avant la période à valider. Toutefois, certaines périodes de guerre peuvent être validées sans affiliation préalable lorsque l'intéressé a la qualité d'assuré social après les périodes à valider. Il en est de même pour les périodes de service national concernant les pensions ayant pris effet depuis le 1er janvier 2002.

• **Périodes de maladie**

343 Le trimestre civil au cours duquel l'assuré a perçu son 60e jour d'indemnité journalière maladie (ou d'accident du travail) est validé au titre des périodes d'interruption de travail (c. séc. soc. art. R. 351-12, 1°).

Un trimestre est décompté pour chaque nouvelle période d'indemnisation de 60 jours.

Les périodes de maladie sont assimilées à des périodes d'assurance pour l'ouverture du droit à pension si l'intéressé est assuré social avant la période concernée.

Si une période d'indemnisation est en cours au 31 décembre et comporte moins de 60 jours, elle est reportée sur l'année suivante.

Les périodes d'interruption au cours d'une année civile pour maladie ou incapacité temporaire consécutive à un accident du travail sont totalisées si elles ne se superposent pas.

• **Périodes de maternité**

344 Le trimestre civil au cours duquel est survenu l'accouchement est assimilé à un trimestre d'assurance (c. séc. soc. art. R. 351-12, 2°). L'intéressée doit avoir la qualité d'assurée sociale avant la période de maternité.

Si la mère est décédée du fait de l'accouchement, le père qui a perçu l'indemnité journalière de repos obtient la validation d'une période assimilée pour le trimestre civil au cours duquel est survenu l'accouchement (lettre CNAV du 8 novembre 2000).

• **Périodes d'invalidité**

345 Chaque trimestre civil au cours duquel l'assuré a reçu le paiement d'une pension d'invalidité donne droit à un trimestre d'assurance (c. séc. soc. art. R. 351-12, 3°).

• **Périodes d'accidents du travail**

346 Les périodes d'indemnisation pour accident du travail ayant entraîné une incapacité temporaire ou une incapacité permanente supérieure ou égale à 66 % sont retenues comme périodes d'assurance (c. séc. soc. art. R. 351-12, 1° et 5°). L'intéressé doit être assuré social avant l'accident du travail.

Un trimestre d'assurance est décompté :
– pour chaque trimestre au cours duquel l'assuré a perçu l'indemnité journalière correspondant au 60e jour d'indemnisation en cas d'incapacité temporaire ;

Une période assimilée est comptée pour chaque nouvelle période d'indemnisation de 60 jours, consécutive ou non.

– pour chaque trimestre civil qui comporte 3 mensualités de paiement de la rente en cas d'incapacité permanente supérieure ou égale à 66 %.

Les périodes d'incapacité temporaire et d'assurance maladie sont totalisées pour déterminer le 60e jour d'indemnisation (c. séc. soc. art. R. 351-12, 5°).

- **Périodes de rééducation professionnelle**

347 Les périodes de rééducation professionnelle consécutives à un accident du travail sont également assimilées à des périodes d'assurance (c. séc. soc. art. R. 351-12, 8°). Elles sont prises en compte pour le calcul de la pension depuis le 1er janvier 2000.

Les périodes passées en rééducation professionnelle dans un établissement privé ou public, ou en stage chez un employeur, sont validées, même si elles ont été effectuées avant le 1er janvier 2000.

Les périodes assimilées sont retenues de date à date, par périodes de 90 jours. Les trimestres reportés au compte individuel de l'assuré sont affectés à l'année civile qui comprend le dernier jour de chaque période de 90 jours. Le nombre de trimestres correspondant est arrondi au chiffre supérieur.

- **Périodes de service national légal et de volontariat civil**

348 Au titre des périodes militaires et « assimilées », sont notamment prises en compte les périodes :
– de service national, de date à date par périodes de 90 jours en totalisant tous les jours de service (arrondis au chiffre supérieur) (c. séc. soc. art. R. 351-12, 6°) ;

Pour les pensions de vieillesse ayant pris effet depuis le 1er janvier 2002, l'intéressé doit avoir la qualité d'assuré social avant ou après la période de service national à valider. Les périodes de service national sont validées sur production de pièces justificatives : livret militaire, état signalétique et des services, attestation de l'autorité militaire mentionnant la durée de la période de service.

En cas d'affiliation simultanée à un ou plusieurs régimes de salariés autres qu'un régime spécial (régime général et régime des salariés agricoles) et de non-salariés des professions artisanales, commerciales et agricoles, le régime dans lequel l'intéressé totalise la plus longue durée d'assurance est compétent pour procéder à la validation du service national légal (circ. CNAV 2006-49 du 21 août 2006).

– de volontariat civil d'au moins six mois (de date à date). On retient autant de trimestres que le volontariat civil comporte de fois 90 jours.

Les périodes de volontariat civil sont validées sur production d'un certificat délivré par l'autorité administrative compétente à l'issue de la période de volontariat ou de son duplicata.

Volontariat associatif

Un statut spécifique de volontaire associatif, distinct de celui du bénévole strict ou de celui du salarié, a été nouvellement créé (loi 2006-586 du 23 mai 2006, JO du 25). Le volontaire associatif s'engage pour un temps déterminé auprès d'une association et peut être indemnisé.

La personne volontaire est obligatoirement affiliée aux assurances sociales du régime général.

Le risque vieillesse est couvert moyennant le versement, par l'association, des parts salariale et patronale des cotisations d'assurance vieillesse. Il ne peut être inférieur à un certain montant (à fixer par décret).

Pour les personnes titulaires de contrats de volontariat conclus pour une durée minimale continue de trois mois, le fonds de solidarité vieillesse prend à sa charge le complément des cotisations nécessaires pour valider auprès du régime général un nombre de trimestres correspondant à la durée du volontariat (loi 2006-586 du 23 mai 2006, art. 13).

- **Périodes de guerre**

349 **Les périodes d'interruption de travail pour fait de guerre sont assimilées à des périodes d'assurance pour le calcul de la pension (c. séc. soc. art. L. 161-19, L. 351-3, 4° et 5° et D. 351-1).**

Sont concernées les périodes postérieures au 1er septembre 1939 pendant lesquelles les assurés ont été mobilisés, prisonniers de guerre, engagés volontaires en temps de guerre, combattants volontaires de la Résistance, déportés ou internés résistants ou politiques, réfractaires au Service du travail obligatoire (STO).

Il s'agit principalement des périodes de la seconde guerre mondiale (du 2 septembre 1939 au 31 mai 1946) ainsi que de celles au cours desquelles les assurés ont combattu en Tunisie entre le 1er janvier 1952 et le 2 juillet 1962, au Maroc du 1er juin 1953 au 2 juillet 1962, en Algérie du 31 octobre 1954 au 2 juillet 1962, en Indochine du 9 mars 1945 au 1er octobre 1957 et en Corée du 25 juin 1950 au 1er octobre 1957 qui sont susceptibles d'être validées gratuitement sans condition d'affiliation préalable.

Mais il peut également s'agir, par exemple, des périodes pendant lesquelles les Français ont été mobilisés dans les armées alliées à la France du 2 septembre 1939 au 31 mai 1946 ou encore des périodes pendant lesquelles les Alsaciens-Lorrains ont été incorporés de force dans l'armée allemande (du 26 août 1942 au 31 mai 1946).

Sont également assimilées à des périodes d'assurance:
– les périodes d'activité en Allemagne entre le 1er juillet 1940 et le 8 mai 1945;

Il s'agit des périodes d'activité accomplies par les prisonniers de guerre français transformés en travailleurs libres et les travailleurs français requis au titre du Service du travail obligatoire.

– les périodes de service militaire accomplies pendant la guerre.

Il peut s'agir, par exemple, des services effectués en Indochine par des Français dans la Garde volontaire de libération entre le 13 octobre 1945 et le 1er octobre 1957 ou dans les unités de partisans et les compagnies légères de partisans locaux encadrés par des gradés français entre le 16 septembre 1945 et le 1er octobre 1957 (circ. CNAV 12/86 du 19 février 1986), ou encore des périodes accomplies en Afrique du Nord pendant lesquelles:
– les militaires de réserve ou les appelés ont été maintenus ou rappelés sous les drapeaux pendant les opérations du maintien de l'ordre jusqu'au 2 juillet 1962,
– les Algériens, ayant servi dans les forces supplétives, ont été internés ou détenus en Algérie après le 30 juin 1962.

Les périodes de service militaire, de maintien ou de rappel sous les drapeaux en Allemagne entre le 31 octobre 1954 et le 2 juillet 1962 sont également assimilées au titre du service militaire.

Peuvent enfin être assimilées à des périodes d'assurance en France les périodes accomplies au cours de la seconde guerre mondiale au titre du service militaire accompli dans la défense passive, entre le 1er janvier 1944 et le 31 mai 1946, par les personnes des classes non appelées de 1944 et 1945, ou bien dans la Gendarmerie du 1er septembre 1939 au 31 mai 1946.

L'intéressé doit avoir la qualité d'assuré social avant ou après les périodes à valider. Les périodes de guerre sont validées de date à date dans l'année civile où expire chaque période de 90 jours, en totalisant tous les jours validables. Le résultat est arrondi au chiffre entier supérieur.

• Chômage et préretraite

350 Les périodes de chômage sont assimilées à des périodes d'assurance si l'intéressé était assuré social avant l'interruption de travail.

Un trimestre est validé par période de 50 jours de:
– chômage involontaire constaté antérieure au 1er janvier 1980 et de bénéfice de la garantie de ressources ou de l'allocation spéciale du FNE;
– chômage indemnisé à compter du 1er janvier 1980 (allocation unique dégressive, allocation d'aide au retour à l'emploi, de formation, allocation de solidarité spécifique, allocation d'insertion, allocation équivalent retraite...);
– préretraite (allocation spéciale «FNE», «CATS»).

Sous certaines conditions, les périodes de chômage suivantes, au cours desquelles l'assuré a cessé d'être indemnisé ou n'a pas été indemnisé, peuvent être validées (depuis le 1er janvier 1980):
– les périodes de chômage suivant la cessation de l'indemnisation qui sont prises en compte dans la limite de 5 ans, si l'assuré est âgé d'au moins 55 ans à la date de cessation de l'indemnisation et s'il totalise au moins 20 ans de cotisations tous régimes de base confondus (hors périodes assimilées et majorations de durée d'assurance). Elles sont validées dans la limite d'un an dans les autres cas;

L'assuré ne doit pas relever à nouveau d'un régime obligatoire d'assurance vieillesse.

– la période de chômage non indemnisé qui est prise en considération dans la limite de 1 an, si l'assuré n'a pas obtenu la validation d'une période de chômage non indemnisé à la suite d'une période de chômage indemnisé. Cette validation n'intervient qu'une seule fois.

• Périodes de détention

351 Depuis le 1er janvier 1977, les périodes de détention provisoire, qui ne s'imputent pas sur la durée de la peine, sont assimilées à des périodes de chômage. Un trimestre est validé pour 50 jours de détention provisoire par année civile (c. séc. soc. art. L. 351-3 et R. 351-12, 4°).

L'assuré doit relever de l'assurance obligatoire au moment de son incarcération.

Les périodes de détention, d'internement ou d'assignation à résidence, consécutives aux événements d'Afrique du Nord, sont également assimilées à des périodes de chômage si l'intéressé a été relaxé ou acquitté (circ. CNAV 57/81 du 20 mai 1981).

De même, les ressortissants français retenus comme otages au moment de l'invasion du Koweït par les forces irakiennes peuvent obtenir la validation de cette période en trimestres assimilés. Ils doivent:
– être assurés sociaux au moment de la détention,

Exemples de validation de périodes assimilées selon la nature des prestations de chômage ou de préretraite

Nature des prestations chômage et de préretraite	Validation de périodes assimilées	Référence
Aide conventionnelle à la réinsertion (ACR)	OUI	C. séc. soc. art. R. 351-12, 4°
Allocation de base	OUI	C. trav. art. L. 351-5-1 ancien
Allocation équivalent retraite	OUI	Circ. CNAV 2002/40 du 04/07/2002, § 1
Allocation conventionnelle (FNELIC) (ASFNE)	OUI	Circ. CNAV 48/82 du 16/06/1982

Exemples de validation de périodes assimilées selon la nature des prestations de chômage ou de préretraite		
Nature des prestations chômage et de préretraite	**Validation de périodes assimilées**	**Référence**
Allocation conventionnelle de solidarité (ACDS)	OUI	Circ. CNAV 48/82 du 16/06/1982
Allocation conventionnelle complémentaire (APP) (FNEPRP) (PRP)	OUI	Circ. CNAV 48/82 du 16/06/1982
Allocation de fin de droits (AFD)	OUI	C. trav. art. L. 351-5-1 ancien
Allocation de formation reclassement (AFR)	OUI	C. trav. art. L. 322-4
Allocation de formation de fin de stage (AFFS)	OUI	C. trav. art. L. 322-4
Allocation de formation réadaptation à l'emploi (AFRE)	OUI	C. trav. art. L. 322-4
Allocation forfaitaire	OUI	C. séc. soc. art. R. 351-12, 4°
Allocation d'insertion (AI)	OUI	C. trav. art. L. 351-6 ancien
Allocation spéciale	OUI	C. trav. art. L. 322-4
Allocation spéciale FNE démission	OUI	C. séc. soc. art. R. 351-12, 4°
Allocation spéciale d'ajustement (ASDA)	OUI	C. séc. soc. art. R. 351-12, 4°
Allocation spécifique de conversion (ASC)	OUI	C. trav. art. L. 322-4
Allocation unique dégressive (AUD)	OUI	C. séc. soc. art. R. 351-12, 4°
Garantie de ressources	OUI	C. séc. soc. art. R. 351-12, 4°
Indemnisation chômage versée aux agents non fonctionnaires de l'État	OUI	C. trav. art. L. 351-12 C. trav. art. L. 351-17
Périodes liées au chômage indemnisé : – périodes de délai de carence – périodes de délai de franchise (intermittents du spectacle) – périodes différées d'indemnisation	OUI	C. séc. soc. art. R. 351-12, 4°
Allocation chômeurs âgés (ACA)	OUI	Circ. CNAV 23/97 du 19/02/1997
Allocation congé solidarité	OUI	C. séc. soc. art. R. 351-12, 4°
Allocation de remplacement pour l'emploi (ARPE)	NON	Circ. CNAV 69/95 du 22/09/1995
Allocation de solidarité spécifique (ASS)	OUI	C. séc. soc. art. R. 351-12, 4°
Allocation spéciale du Fonds national de l'emploi (ASFNE)	OUI	C. séc. soc. art. R. 351-12, 4°
Allocation spéciale du Fonds national de l'emploi retraite progressive	NON	Circ. CNAV 100/91 du 31/12/1991
Allocation spéciale mi-temps (FNE-MT)	NON	Circ. CNAV 100/91 du 31/12/1991
Allocation spécifique d'attente (ASA)	NON	Circ. CNAV 46/98 du 09/07/1998
Cessation d'activité de certains travailleurs salariés (CATS)	OUI	Circ. CNAV 2001/7 du 23/01/2001

Source : CNAV.

– ne pas avoir perçu de salaire pendant cette période,
– et avoir été détenus entre le 2 août 1990 et le 29 octobre 1990 (lettre min. du 13 octobre 1992).

• **Rapatriés**

352 Sont aussi validées, sous certaines conditions, les périodes pendant lesquelles les Français qui ont quitté un territoire placé sous la souveraineté, le protectorat ou la tutelle de la France ont bénéficié, à leur retour en France, d'un régime particulier de sécurité sociale (décret 62-376 du 6 avril 1962, JO du 7).

La période d'affiliation au régime particulier est calculée de date à date, dans la limite d'une année. Ces périodes sont prises en compte comme les périodes de chômage (voir § 350).

• Indemnité de soin aux tuberculeux

353 Depuis le 1er janvier 1982, les périodes pendant lesquelles l'indemnité de soin aux tuberculeux a été servie peuvent être assimilées à des périodes d'assurance (c. séc. soc. art. R. 351-15 à R. 351-20).

Ces périodes sont prises en compte si elles sont antérieures à la date d'effet de la pension. Elles sont calculées de date à date et décomptées en trimestres (les trimestres sont validés dans l'année civile où expire chaque période de 90 jours). Le nombre total de trimestres retenu est limité à 36 (c. séc. soc. art. R. 351-15).

Sont prises en compte :
– les périodes de perception de l'indemnité de soin aux tuberculeux,
– les périodes d'hospitalisation pour tuberculose, qui ont entraîné la suspension du service de l'indemnité de soin aux tuberculeux,
– les périodes antérieures à l'attribution de l'indemnité de soin aux tuberculeux, pendant lesquelles l'intéressé a bénéficié d'une pension d'invalidité définitive ou temporaire à 100 % en raison de cette affection.

Les périodes de versement de l'indemnité de soin aux tuberculeux sont validées si elles succèdent à :
– une période d'assurance,
– une période de service militaire légal,
– une période de mobilisation ou de captivité (c. séc. soc. art. L. 161-21).

Les personnes qui ont bénéficié de l'indemnité de soin aux tuberculeux, ou leur conjoint survivant, peuvent demander la validation. La demande du conjoint survivant est recevable si l'assuré décédé avait cessé de percevoir l'indemnité de soin aux tuberculeux à la date de son décès.

Les périodes pendant lesquelles l'assuré a bénéficié de l'indemnité de soin aux tuberculeux peuvent, si elles ne sont pas validées, faire l'objet d'un rachat sous certaines conditions (voir § 406).

• Créateur d'entreprise

354 Le salarié privé d'emploi qui crée une entreprise reste affilié, pendant les 12 premiers mois de sa nouvelle activité, à l'assurance vieillesse du régime dont il relevait au titre de sa dernière activité (c. séc. soc. art. L. 161-1 et D. 161-1).

Cette période de 12 mois est validée dans les mêmes conditions que les périodes de chômage (voir § 350).

L'intéressé doit produire à la caisse de retraite du lieu de sa dernière activité le formulaire de demande d'aide à la création d'entreprise portant la décision de la direction départementale du travail et de l'emploi.

• Prise en compte du congé de reclassement

355 Les périodes pendant lesquelles l'assuré a bénéficié de la rémunération prévue dans le cadre d'un congé de reclassement sont prises en compte dans le calcul de la durée d'assurance (c. séc. soc. art. L. 351-3).

L'assuré bénéficie d'un trimestre pour chaque période de 50 jours de perception de la rémunération (non soumise à cotisations sociales) servie à un salarié en congé de reclassement dont la durée excède le préavis (c. séc. soc. art. R. 351-12, g).

Cette mesure est rétroactivement applicable, sur attestation, aux pensions qui ont pris effet à partir du 1er juin 2002.

Majoration des durées d'assurance

356 Les majorations de durée d'assurance permettent l'attribution de trimestres d'assurance gratuits en raison de la situation de l'intéressé. Elles ne sont pas affectées à des années civiles déterminées (c. séc. soc. art. R. 351-5, al. 2).

Majoration pour les mères de famille

• Conditions d'attribution

357 Les femmes assurées sociales bénéficient d'une majoration de leur durée d'assurance d'un trimestre pour toute année durant laquelle elles ont élevé un enfant. Cette majoration est limitée à 8 trimestres (c. séc. soc. art. L. 351-4).

La qualité d'assurée sociale doit être reconnue à toute femme ayant cotisé à l'assurance vieillesse du régime général, quels que soient le montant de la cotisation, l'époque de son versement et la durée de l'affiliation, qu'il s'agisse d'assurance obligatoire ou d'assurance volontaire (circ. CNAV 2004-22 du 30 avril 2004).

Il n'est pas nécessaire que l'enfant ait un lien de filiation directe avec l'assurée, ni qu'il soit de nationalité française.

Les assurées doivent avoir personnellement assumé la charge effective et permanente de l'enfant (c. séc. soc. art. L. 521-1).

• Nombre de trimestres attribués

358 Pour toute pension liquidée depuis le 1er janvier 2004, les mères bénéficient:
– d'un trimestre à compter de la naissance, de l'adoption ou de la prise en charge de l'enfant (les enfants mort-nés sont pris en compte),
– d'un trimestre supplémentaire à chacune des dates anniversaires ou pour chaque période d'un an à compter de l'adoption ou de la prise en charge effective de l'enfant jusqu'à son seizième anniversaire, dans la limite de sept trimestres (c. séc. soc. art. D. 351-1-7).

Exemples Une assurée adopte, le 17 mars 1980, un enfant né le 3 janvier 1970 qu'elle élève jusqu'à son 16e anniversaire (le 3 janvier 1986). Elle bénéficiera d'un trimestre à la date de l'adoption (le 17 mars 1980), puis d'un trimestre supplémentaire par an: 1 trimestre le 17 mars 1981, 1 trimestre le 17 mars 1982, 1 trimestre le 17 mars 1983, 1 trimestre le 17 mars 1984 et 1 trimestre le 17 mars 1985, soit un total de 6 trimestres.

Pour un enfant né le 3 janvier 1970 et décédé le 1er novembre 1970, l'assurée bénéficie d'un trimestre à la naissance de l'enfant.

Auparavant, les assurées bénéficiaient d'une majoration de 8 trimestres par enfant élevé pendant au moins 9 ans avant leur 16e anniversaire, à condition qu'elles ou leur conjoint en aient assumé la charge. Ainsi, jusqu'en 2003, une femme qui a adopté un enfant de 10 ans qu'elle a élevé pendant 6 ans jusqu'à ses 16 ans ne bénéficie d'aucun trimestre. Depuis le 1er janvier 2004, elle a droit à 1 trimestre lors de l'adoption, puis à 1 trimestre à chaque date anniversaire de l'adoption (7 trimestres), soit un total de 8 trimestres.

Ces règles sont également applicables au régime des artisans et des commerçants. Des dispositions particulières ont, par ailleurs, été prises pour les femmes non salariées qui ne peuvent bénéficier de la majoration pour enfant parce qu'elles ne justifient pas de période d'assurance ou de période assimilée postérieure au 31 décembre 1972.

Ces dernières bénéficient, lorsqu'elles ouvrent droit à la majoration (c. séc. soc. art. R. 173-15), d'une bonification des points de retraite acquis au titre de la réglementation antérieure au

1er janvier 1973 (date d'alignement des régimes d'assurance vieillesse des artisans et des commerçants sur le régime général de la sécurité sociale).

La bonification est égale, pour chaque année d'éducation, à la moyenne trimestrielle des points de cotisations versées par l'intéressée dans le régime dont elle relève, sans que le nombre d'années pris en compte puisse dépasser 8 par enfant (décret 2003-1280 du 26 décembre 2003, art. 2).

• Non-cumul avec la majoration pour congé parental

359 La majoration de durée d'assurance pour enfants ne peut être cumulée avec celle pour congé parental pour un même enfant. Pour les pensions attribuées depuis le 1er septembre 2003, la majoration pour congé parental est attribuée si elle est plus favorable (voir § 360).

Majoration pour congé parental d'éducation

360 La majoration pour congé parental, égale à la durée effective du congé, est ouverte au père et à la mère. La durée du congé est décomptée de date à date, par périodes de 3 mois (c. séc. soc. art. L. 351-5).

Cette majoration est attribuée à la mère, si elle est plus favorable que la majoration pour mère de famille (pour les pensions attribuées avant le 1er septembre 2003, la majoration pour mère de famille était examinée en priorité).

En conséquence, si une mère a pris un congé parental de 3 ans après la naissance de son enfant unique, c'est le congé parental qui est pris en compte et non la majoration pour mère. En effet, elle a droit à 12 trimestres tandis qu'au titre de la majoration pour mère de famille, elle ne bénéficie que de 8 trimestres au maximum.

Majoration pour enfant handicapé

• Conditions d'attribution

361 La personne qui élève ou a élevé un enfant ouvrant droit à l'allocation d'éducation de l'enfant handicapé et à son complément peut bénéficier d'une majoration de sa durée d'assurance dans la limite totale de 8 trimestres (c. séc. soc. art. L. 351-4-1). La majoration bénéficie au titulaire de l'allocation, mais également à d'autres personnes dès lors qu'elles assument ou ont assumé elles aussi la charge effective et permanente de l'enfant. Il peut s'agir du conjoint de l'allocataire, de son concubin, du partenaire avec lequel il a conclu un PACS, d'un grand-parent...

La majoration est accordée aux personnes qui ont cotisé à l'assurance vieillesse, même si le versement ne valide pas de trimestre.

Toute personne qui assume ou a assumé la charge de l'enfant handicapé a droit à cette majoration. Il n'est pas nécessaire que cette personne ait un lien de parenté avec l'enfant.

• Enfants ouvrant droit à la majoration

362 Sont concernés les enfants dont le taux d'incapacité permanente est au moins égal à 80 % et qui ouvrent droit à l'allocation d'éducation de l'enfant handicapé et à l'un de ses compléments (les allocations antérieures équivalentes sont prises en compte sans justificatif de complément).

L'attribution de ces prestations doit être prouvée par la production des justificatifs suivants:
– décision de la commission d'éducation spéciale ou des organismes débiteurs des prestations familiales octroyant l'allocation d'éducation de l'enfant handicapé et son complément;

– décision de la commission d'admission accordant l'allocation spéciale aux mineurs grands infirmes (ASGI);
– décision de la commission départementale d'orientation des infirmes ou des services et organismes débiteurs des prestations familiales accordant l'allocation d'éducation spécialisée des mineurs infirmes (AESMI);
– décision de la commission départementale d'orientation des infirmes ou des services et organismes débiteurs des prestations familiales accordant l'allocation des mineurs handicapés (AMH);
– décision de refus de l'ASGI et de l'AMH en raison des ressources, et décision de juridiction de première instance, d'appel ou de cassation les accordant ou les refusant pour le même motif.

Tout autre document attestant l'attribution et/ou le versement de l'allocation et de son complément est retenu.

• Décompte des trimestres de majoration

363 Un trimestre d'assurance est attribué:
– pour l'allocataire: à la date d'attribution initiale de l'allocation d'éducation de l'enfant handicapé et de son complément,
– pour les autres bénéficiaires: soit à la date d'attribution initiale de l'allocation, soit à la date de prise en charge effective.

Lorsque le complément d'allocation est attribué postérieurement à l'allocation de base, le trimestre est accordé à la date à laquelle les deux éléments de l'allocation sont réunis, c'est-à-dire à la date d'attribution du complément (circ. CNAV 2005-21 du 17 mai 2005).

Un trimestre d'assurance supplémentaire est attribué pour chaque période de 30 mois civils (dans la limite de 7 trimestres):
– de versement de l'allocation d'éducation de l'enfant handicapé, pour l'allocataire,
– de prise en charge effective de l'enfant, pour les autres bénéficiaires.

Pour l'allocataire, tout mois civil comportant un versement d'allocation est retenu. Pour l'autre bénéficiaire, il est retenu tout mois civil au cours duquel l'intéressé déclare sur l'honneur avoir eu l'enfant à sa charge (circ. CNAV 2005/21 du 17 mai 2005). Peu importe que le versement ou la charge d'enfant n'aient duré qu'une partie, même minime, de ce mois.

Exemple Le versement de l'allocation et de son complément a été interrompu du 1er mars 1985 au 31 août 1985 pour placement de l'enfant en établissement, mais les retours au foyer, du 2 au 5 mai et du 10 au 16 juillet, donnent lieu à reprise du versement.

Les mois civils de mai et de juillet 1985 seront retenus pour l'ouverture du droit à la majoration, quelle que soit la date à laquelle le versement correspondant à ces périodes de reprise aura été effectué par l'organisme compétent (un versement global au titre de ces périodes étant généralement fait en fin d'année).

La même règle s'applique pour les autres bénéficiaires qui déclarent sur l'honneur avoir eu de nouveau, mais à titre temporaire, l'enfant à charge.

De même, le mois civil du décès de l'enfant doit être retenu, pour autant qu'un versement d'allocation ou une prise en charge de l'enfant soit intervenu au cours de ce mois.

Les périodes peuvent être discontinues. Les mois civils sont totalisés, divisés par trente et le résultat arrondi à l'entier supérieur. S'il existe une seule période inférieure à 30 mois, un trimestre est retenu pour cette période.

Le régime général est prioritaire pour accorder la majoration de durée d'assurance pour handicapé, en cas d'affiliation au régime général et au régime des professions agricoles ou artisanales, ou industrielles et commerciales.

	Bénéficiaires	
	Allocataire	Autres bénéficiaires
Définition	Titulaire de l'allocation et de son complément (pas nécessairement l'attributaire)	Conjoint ou ex-conjoint Concubin ou ex-concubin Partenaire pacsé (ou ex-) et toute autre personne pouvant justifier d'une qualité lui ayant permis d'assumer la charge de l'enfant. Ils peuvent être ou non attributaires
Preuve de l'attribution de l'allocation et de son complément	Production du justificatif de l'attribution ou du versement, à l'allocataire, de l'allocation et de son complément	
Preuve de la charge d'enfant	Production du justificatif de l'attribution ou du versement de l'allocation et de son complément	Production d'une déclaration sur l'honneur de charge d'enfant pour les périodes non couvertes par un justificatif de l'attribution de l'allocation
Absence de justificatif pour le début de la période	Production d'une déclaration sur l'honneur mentionnant la date d'attribution de l'allocation et de son complément	Prise en compte de la déclaration sur l'honneur ci-dessus, mentionnant la date de début de prise en charge de l'enfant
Période postérieure à la date du justificatif d'attribution de l'allocation et de son complément	Présomption de versement de l'allocation et de son complément jusqu'au 20e anniversaire de l'enfant (sauf si le versement cesse avant cette date)	Prise en charge de l'enfant jusqu'au 20e anniversaire, attestée par la déclaration sur l'honneur (sauf si déclaration contraire)
Date d'attribution du premier trimestre de majoration Date de début du décompte des trimestres de majoration suivants	Date de première attribution de l'allocation et de son complément, fixée en fonction du justificatif produit ou de la déclaration sur l'honneur	Date de première attribution de l'allocation et de son complément fixé en fonction du justificatif produit, ou date de début de prise en charge de l'enfant mentionnée sur la déclaration sur l'honneur
Détermination du nombre de trimestres de majoration (hors trimestre initial)	Nombre total de mois civils de versement de l'allocation, divisé par 30, arrondi au trimestre supérieur (dans la limite de 7)	Nombre total de mois civils de prise en charge de l'enfant, divisé par 30, arrondi au trimestre supérieur (dans la limite de 7)
Date de fin du décompte des trimestres de majoration	Dernier jour du mois civil précédant le 20e anniversaire de l'enfant (sauf si le versement de l'allocation ou la prise en charge de l'enfant cesse avant cette date)	

Source : CNAV.

- **Fin de la période donnant lieu au décompte des trimestres**

364 L'allocataire est présumé conserver ses droits jusqu'au mois civil précédant le 20e anniversaire de l'enfant.

Bien que l'allocation spéciale aux mineurs grands infirmes et l'allocation d'éducation spécialisée des mineurs infirmes ne soient plus versées après l'âge de 15 ans, le décompte des trimestres de majoration se poursuit jusqu'au dernier jour du mois civil précédant le 20e anniversaire de l'enfant, dès lors que l'assuré atteste sur l'honneur qu'il assumait la charge de l'enfant entre 15 ans et cet âge.

- **Règles de cumul**

365 La majoration pour enfant handicapé est cumulable, pour un même enfant, avec :
– la majoration accordée aux mères de famille (voir § 357),
– la majoration pour congé parental d'éducation accordée aux pères assurés sociaux et aux mères assurées sociales pour lesquelles cette dernière est plus avantageuse que celle accordée aux mères de famille (voir § 360).

Majoration pour les assurés de plus de 65 ans

• Conditions d'attribution

366 Les assurés âgés de plus de 65 ans qui n'ont pas accompli dans le régime général, mais également dans un ou plusieurs autres régimes obligatoires, une durée d'assurance (d) au moins égale à la durée d'assurance maximale (voir § 332) peuvent bénéficier d'une majoration de leur durée d'assurance (c. séc. soc. art. L. 351-6).

En pratique, afin de bénéficier de la majoration, ils doivent totaliser moins de:
– 150 trimestres pour les retraites prenant effet jusqu'au 31 décembre 2007 (les assurés qui atteignent l'âge de 65 ans entre 2004 et 2007 étant nés avant 1944, 150 trimestres suffisent en effet pour obtenir une retraite complète),
– puis 160 trimestres d'assurance à partir du 1er janvier 2008.

Pour les pensions ayant pris effet avant le 1er janvier 2004, il suffisait de totaliser moins de 150 trimestres uniquement dans le régime général pour ouvrir droit à la majoration. Désormais, les périodes accomplies dans un ou plusieurs régimes obligatoires autres que le régime général sont prises en compte afin de déterminer l'ouverture du droit à majoration.

L'attribution de cette majoration est indépendante du fait d'avoir exercé ou non une activité professionnelle entre le 65e anniversaire et la date d'effet de la pension. Elle est fonction du nombre de trimestres d'ajournement par rapport à l'âge de 65 ans (circ. CNAV 2004-20 du 13 avril 2004).

• Montant de la majoration

367 La majoration de la durée d'assurance dans le régime général est égale à 2,50 % par trimestre postérieur au 65e anniversaire.

Elle ne peut toutefois avoir pour effet de porter la durée totale d'assurance au-delà de la durée maximale d'assurance (150 trimestres jusqu'au 31 décembre 2007 et 160 trimestres à compter du 1er janvier 2008).

Le nombre total de trimestres d'assurance obtenu est arrondi au chiffre immédiatement supérieur.

Ces dispositions s'appliquent également aux régimes d'assurance vieillesse des artisans et des commerçants (c. séc. soc. art. D. 634-1).

• Assurés relevant de plusieurs régimes

368 Les assurés ayant relevé de l'assurance vieillesse du régime général de la sécurité sociale, de celui des salariés du régime agricole, du régime des artisans et des commerçants (pour la partie de la carrière accomplie depuis le 1er janvier 1973) ou d'au moins deux de ces régimes bénéficient de dispositions particulières (c. séc. soc. art. R. 173-4-2).

La majoration de la durée d'assurance après 65 ans, applicable au titre de chacun de ces régimes, ne peut excéder:
– la différence entre 150 trimestres (160 en 2008) et la durée totale d'assurance de l'assuré, avant majoration, dans ces régimes,
– multipliée par le rapport entre la durée d'assurance accomplie dans ce régime avant majoration et la durée totale d'assurance accomplie par l'assuré dans l'ensemble de ces régimes avant majoration.

Le nombre total de trimestres obtenu au titre de chaque régime est arrondi, s'il y a lieu, soit à l'entier supérieur si la première décimale de ce nombre est égale ou supérieure à 5, soit à l'entier inférieur dans le cas contraire. En cas de décimales égales entre régimes, ce nombre est arrondi à l'entier supérieur pour le régime où la durée d'assurance, avant majoration, est la plus élevée et à l'entier inférieur pour l'autre ou les autres régimes.

Exemple Un assuré, né le 1er janvier 1941, a acquis 140 trimestres auprès du régime général et 5 trimestres au régime des salariés agricoles, soit 145 trimestres tous régimes confondus. Il prend sa retraite au 1er juillet 2006. Il a droit à une retraite à taux plein (50 % car il est âgé de 65 ans et 6 mois).

Il peut bénéficier d'une majoration de sa durée d'assurance car il totalise moins de 150 trimestres tous régimes confondus (étant né avant 1944, 150 trimestres suffisent pour obtenir une retraite complète).

Cet assuré a obtenu 2 trimestres d'assurance après 65 ans et bénéficie donc d'une majoration de : 2 × 2,5 % = 5 %. Sa durée d'assurance acquise au régime général devrait être multipliée par 5 %, soit 140 trimestres × 5 % = 7 trimestres. Mais la durée d'assurance tous régimes confondus, y compris la majoration, serait supérieure de 2 trimestres à la durée d'assurance maximale (147 trimestres au régime général + 5 au régime des salariés agricoles).

Le régime général va donc limiter la majoration et procéder au calcul suivant :
[150 trimestres (durée de référence) – 145 trimestres (durée d'assurance tous régimes confondus)] × 140 (durée d'assurance dans le régime général)/145 (durée d'assurance tous régimes confondus), soit 5 × 140/145 = 4,83, arrondis à 5 trimestres.

La majoration au régime général sera donc de 5 trimestres (soit 145 trimestres). La pension d'assurance vieillesse de l'assuré sera égale à : SAM × 50 % × 145/150.

10

Rachat de cotisations

§§

Versements pour la retraite depuis le 1er janvier 2004

- Personnes concernées
  - principe 381
  - dérogations 382
- Périodes pouvant faire l'objet d'un versement:
  - années incomplètes 383
  - années d'études supérieures 384
  - limites 387
- Objet du versement 388
- Montant et paiement:
  - montant 392
  - paiement 393
  - majoration 394
  - interruption du versement 395
- Demande de rachat:
  - demande d'évaluation de versement pour la retraite 396
  - évaluation du versement pour la retraite 397
  - confirmation de la demande 398

§§

Autres rachats de cotisations

- Périodes pouvant faire l'objet d'un rachat de cotisations :
  - affiliation tardive au régime général 400
  - activité hors de France 401
  - personnes assistant un invalide 402
  - périodes de travail pénal 404
  - rapatriés 405
  - bénéficiaires de l'indemnité de soins aux tuberculeux 406
- Limitation de la période de rachat 407
- Décompte des trimestres 408
- Coût du rachat 409
- Paiement des cotisations 411
- Demande de rachat 414

Versements pour la retraite depuis le 1er janvier 2004

380 Depuis le 1er janvier 2004, un nouveau dispositif de rachat de cotisations, dénommé «versement pour la retraite», permet aux assurés de racheter jusqu'à 12 trimestres au total pendant lesquels ils ont effectué des études supérieures ou ont été faiblement rémunérés (c. séc. soc. art. L. 351-14-1).

Personnes concernées

- **Principe**

381 Tout assuré peut demander à racheter des cotisations d'assurance vieillesse de sécurité sociale pour des périodes d'études supérieures ou d'activités faiblement rémunérées, sous les conditions suivantes (c. séc. soc. art. D. 351-3 ; décret 2006-879 du 17 juillet 2006, JO du 18):
– il doit avoir au moins 20 ans et moins de 60 ans à la date de sa demande;
– il ne doit pas avoir déjà fait liquider sa pension;

– il ne doit pas avoir auparavant racheté 12 trimestres de cotisations retraite dans le cadre du nouveau dispositif de rachat.

• **Dérogations**

382 À titre dérogatoire, ce dispositif était réservé :
– en 2004, aux seules personnes âgées d'au moins 54 ans à la date de la demande ;
– en 2005, aux seules personnes âgées d'au moins 55 ans à la date de la demande.

Cette période transitoire étant arrivée à échéance, la condition d'âge de principe (au moins 20 ans et moins de 60 ans) est désormais pleinement applicable.

Toutefois, une dérogation liée à l'âge de l'assuré demeure pour les demandes présentées en 2006.

En effet, pour les demandes présentées en 2006 par des personnes âgées d'au moins 20 ans et de moins de 54 ans en 2004, l'âge pris en compte au regard du barème 2006 (voir § 392) est l'âge atteint à la date d'acceptation de la demande, diminué de deux ans (décret 2006-879 du 17 juillet 2006, JO du 18 ; circ. CNAV 2006-42 du 18 juillet 2006).

Exemple Un assuré âgé de 26 ans en 2006 souhaite effectuer un versement pour la retraite au titre de ses années d'études supérieures. Sa date de première manifestation est située le 1er juillet 2006. Cet assuré avait 24 ans en 2004 (donc au moins 20 ans et moins de 54 ans). Par conséquent, lors de la détermination du coût de versement, l'âge qui lui sera applicable dans le barème 2006 est de 24 ans au lieu de 26 ans.

Pour les demandes présentées en 2006	Âge du demandeur en 2004	Âge pris en compte dans le barème 2006
	Entre 20 et 53 ans inclus	Âge en 2006, diminué de deux ans
	54 ans et plus	Âge en 2006

Périodes pouvant faire l'objet d'un versement

• **Années incomplètes**

383 Les intéressés peuvent racheter des trimestres au titre des années civiles pour lesquelles moins de 4 trimestres ont été validés, à condition qu'au titre de l'année considérée (c. séc. soc. art. D. 351-4) :
– un report de salaire à la suite d'une affiliation obligatoire ou volontaire ait été effectué sur leur compte individuel,
– ou bien une période assimilée (voir § 342), ou une période reconnue équivalente à une période d'assurance (voir § 328), ait été validée.

Un trimestre étant validé dans le régime des salariés pour tout salaire au moins égal à 200 SMIC horaire, les périodes rachetables sont celles pendant lesquelles le salarié a cotisé sur moins de 800 SMIC horaire sur une année.

• **Années d'études supérieures**

384 Les périodes d'études ouvertes au rachat sont celles effectuées dans les établissements d'enseignement supérieur, les écoles techniques supérieures, les grandes écoles et les classes du second degré préparatoires à ces grandes écoles, dès lors qu'elles n'ont pas donné lieu à affiliation dans le régime d'assurance vieillesse où l'intéressé dépose sa demande de rachat (c. séc. soc. art. D. 351-4).

Il faut en outre que :
– ces études aient donné lieu à l'obtention d'un diplôme français (l'admission dans une grande école ou une classe de second degré préparatoire est assimilée à l'obtention d'un diplôme),

– et qu'à l'issue de celles-ci, le régime d'assurance vieillesse dans le cadre duquel le rachat est demandé ait été le premier régime d'affiliation de l'intéressé (ce dernier doit y avoir validé au moins un trimestre).

Les périodes d'études ayant permis d'obtenir un diplôme équivalent, délivré par un État membre de l'Union européenne, sont également retenues.

385 **Régime compétent.** Le régime compétent, lorsque la personne est susceptible d'adresser sa demande à plusieurs régimes d'assurance vieillesse, est déterminé selon les règles suivantes:
– si elle a obtenu plusieurs diplômes dans la même période ou au moins un diplôme en même temps qu'elle a terminé sa scolarité assimilée, c'est le premier régime auquel elle a été affiliée et auprès duquel elle a validé un trimestre après l'obtention du dernier diplôme qui est compétent;
– si, après avoir obtenu un diplôme, elle a, au cours de la même année, été affiliée simultanément à plusieurs régimes dans lesquels elle a validé au moins un trimestre, elle doit s'adresser en premier lieu au régime général. Si elle n'a pas été affiliée au régime général ou si elle n'y a pas validé un trimestre, la demande doit être adressée dans l'ordre suivant au régime où elle a été affiliée et a validé un trimestre: celui des salariés agricoles, celui des artisans, celui des industriels et commerçants, celui des professions libérales, celui des non-salariés agricoles et enfin celui de la Caisse nationale des barreaux français.

386 **Calcul des trimestres.** Toute période de 90 jours successifs compte pour un trimestre. Si la période est à cheval sur deux années civiles, elle est affectée à l'une ou à l'autre (c. séc. soc. art. D. 351-5).

- **Limites**

387 La demande de rachat doit porter sur des trimestres entiers et ne concerner que 12 trimestres au maximum. Elle ne doit pas aboutir à faire valider au compte de l'intéressé plus de 4 trimestres par an (c. séc. soc. art. D. 351-6).

Le versement peut aussi être limité au nombre de trimestres nécessaires pour :
- atteindre la durée d'assurance maximale retenue pour le calcul de la pension ;
- obtenir la pension au taux plein.

Objet du «versement pour la retraite»

- **Principe**

388 Le dispositif de rachat joue sur deux paramètres de calcul de la retraite: le taux et la durée d'assurance au régime.

Les cotisations peuvent en effet être rachetées, sur option irrévocable formulée lors de la demande (c. séc. soc. art. D. 351-7):
– pour diminuer la minoration du taux de la pension, c'est-à-dire réduire la décote (option « taux seul ») (voir § 329),
– ou, à la fois, diminuer la minoration du taux et augmenter la durée d'assurance au régime concerné, ce qui permet de réduire la proratisation de la retraite (option « taux + proratisation ») (voir § 331).

En tout état de cause, les trimestres ayant fait l'objet d'un versement pour la retraite ne peuvent être pris en compte pour le calcul de la pension que lorsque le paiement a été effectivement réalisé ou lorsqu'il y a été mis fin (voir § 395). L'assuré doit donc attendre d'avoir soldé son versement pour obtenir sa pension. Le point de départ de cette dernière est fixé, au plus tôt, au premier jour du mois suivant le versement des sommes dues.

Enfin, les années comprenant une période ayant fait l'objet d'un versement ne peuvent pas être prises en compte pour calculer le salaire annuel moyen (pour les demandes reçues du 1er janvier 2004 au 31 décembre 2005).

• Limitation de la prise en compte des versements dans le cadre de la retraite anticipée

389 Les assurés du régime général ayant commencé à travailler jeunes et ceux qui sont lourdement handicapés (voir §§ 282 à 301) peuvent bénéficier d'une retraite anticipée avant 60 ans sous certaines conditions.

Ils doivent notamment justifier d'une certaine durée d'assurance et de périodes reconnues équivalentes dans le régime général et/ou dans un ou plusieurs autres régimes obligatoires. Sur la durée d'assurance requise, ils doivent en outre justifier d'une durée minimale de cotisations.

390 **Pour les demandes de versement reçues entre le 1er janvier 2004 et le 31 décembre 2005.** Au titre de la retraite anticipée pour longues carrières, les versements pour la retraite peuvent être pris en compte pour l'appréciation des conditions de durée d'assurance (durée validée totale, durée cotisée, durée de début d'activité) prévues pour l'ouverture de ce droit à retraite anticipée.

Au titre de la retraite anticipée ouverte aux assurés handicapés, les versements pour la retraite effectués en option « taux seul » et « taux + proratisation » sont pris en compte dans la détermination de la durée totale d'assurance. En revanche, seuls les versements effectués en option « taux + proratisation » sont pris en compte pour la durée d'assurance cotisée.

391 **Pour les demandes de versement reçues à compter du 1er janvier 2006.** La portée des versements pour la retraite dans le cadre des conditions d'ouverture du droit à retraite anticipée est limitée (c. séc. soc. art. D. 351-7; décret 2006-879 du 17 juillet 2006, JO du 18; circ. CNAV 2006-42 du 18 juillet 2006).

En effet, le versement pour la retraite ne peut pas être pris en compte pour l'étude des conditions d'ouverture du droit à retraite anticipée (durée d'assurance validée et cotisée), lorsqu'il se rapporte à une période postérieure à l'année au cours de laquelle est survenu le 17e anniversaire du demandeur.

Seules les périodes de versement qui se rapportent à une période antérieure à la fin de l'année civile au cours de laquelle est survenu le 17e anniversaire de l'assuré sont prises en compte dans l'étude des conditions d'ouverture de droits à retraite anticipée.

Les assurés doivent être informés du caractère inopérant de ces versements.

Exemple Un assuré né en 1948 souhaite partir en retraite avant 60 ans au titre de sa longue carrière, le 1er mars 2007. À cette date, il totalise :

- 165 trimestres dont 158 trimestres cotisés au régime général ;
- 1 trimestre l'année de ses 16 ans et 1 trimestre l'année de ses 17 ans.

Pour partir à la retraite à 59 ans, l'assuré doit justifier de 168 trimestres validés dont 160 trimestres cotisés et de 5 trimestres d'assurance avant son 17e anniversaire.

Afin d'ouvrir droit à retraite avant 60 ans, l'assuré peut effectuer un versement pour la retraite. Compte tenu du nouveau dispositif, seuls les versements se rapportant à des périodes antérieures à la fin de l'année civile au cours de laquelle est survenu son 17e anniversaire seront pris en compte.

L'assuré pourra opérer un versement pour la retraite de 3 trimestres au titre des années incomplètes concernant l'année de ses 16 ans ou 17 ans. Le versement devra être effectué en option « taux + proratisation » pour compléter à la fois le nombre de trimestres requis en début d'activité, la durée d'assurance validée et la durée d'assurance cotisée.

Montant et paiement

• Montant

392 Le prix du trimestre racheté est déterminé selon une formule mathématique complexe (c. séc. soc. art. D. 351-8). L'assuré rachète ses cotisations à un montant tenant compte du supplément de retraite qu'il percevra pendant la durée de la retraite.

Les versements effectués sont déductibles de la rémunération brute soumise à l'impôt sur le revenu. Ils constituent une charge déductible qui intervient avant le calcul de l'imposition, à la différence d'une réduction fiscale qui vient directement réduire le montant de l'impôt dû (circ. CNAV 2006-12 du 7 février 2006).

Un barème de rachat est établi tous les ans.

Ce barème tient compte de l'option choisie par l'assuré (« taux » ou « taux + proratisation »), de son âge et de sa rémunération.

Pour les demandes déposées du 1er juillet d'une année N au 30 juin N + 1, la rémunération à comparer au plafond s'entend de la moyenne annuelle des salaires et revenus d'activité non salariée perçus au cours des trois années civiles précédentes, non plafonnées (c. séc. soc. art. D. 351-8).

Illustration En pratique, s'agissant des demandes présentées au 1er semestre 2005, la rémunération à comparer au plafond de la sécurité sociale s'entend de la moyenne des salaires et revenus d'activité non salariée des années 2001, 2002 et 2003. Pour les demandes acceptées du 1er juillet 2005 au 30 juin 2006, ce sont les années 2002, 2003 et 2004 qui servent de référence.

Si l'assuré n'a perçu aucun revenu professionnel au cours des 3 dernières années, le barème applicable est celui correspondant au cas où le revenu est inférieur à 75 % du plafond annuel.

Versement pour un trimestre (barème 2007)						
Âge en 2006	Au titre du taux seul			Au titre du taux et de la proratisation		
	Salaire ou revenu			Salaire ou revenu		
	< à 0,75 P (*)	De 0,75 à 1 P (**)	1 P (*) et +	< à 0,75 P (*)	De 0,75 à 1 P (**)	1 P (*) et +
20	949 €	3,93 %	1 266 €	1 407 €	5,83 %	1 876 €
21	969 €	4,01 %	1 292 €	1 436 €	5,95 %	1 914 €
22	989 €	4,10 %	1 318 €	1 465 €	6,07 %	1 954 €
23	1 009 €	4,18 %	1 345 €	1 495 €	6,19 %	1 994 €
24	1 054 €	4,37 %	1 406 €	1 562 €	6,47 %	2 083 €
25	1 101 €	4,56 %	1 467 €	1 631 €	6,76 %	2 175 €
26	1 148 €	4,76 %	1 530 €	1 701 €	7,05 %	2 268 €
27	1 196 €	4,95 %	1 595 €	1 772 €	7,34 %	2 363 €
28	1 245 €	5,16 %	1 660 €	1 845 €	7,64 %	2 460 €
29	1 294 €	5,36 %	1 726 €	1 918 €	7,95 %	2 558 €
30	1 345 €	5,57 %	1 793 €	1 993 €	8,26 %	2 657 €
31	1 396 €	5,78 %	1 861 €	2 068 €	8,57 %	2 758 €
32	1 447 €	5,99 %	1 929 €	2 144 €	8,88 %	2 859 €
33	1 499 €	6,21 %	1 999 €	2 221 €	9,20 %	2 962 €

Versement pour un trimestre (barème 2007) (suite)						
Âge en 2007	Au titre du taux seul			Au titre du taux et de la proratisation		
	Salaire ou revenu			Salaire ou revenu		
	< à 0,75 P (*)	De 0,75 à 1 P (**)	1 P (*) et +	< à 0,75 P (*)	De 0,75 à 1 P (**)	1 P (*) et +
34	1 551 €	6,43 %	2 068 €	2 299 €	9,52 %	3 065 €
35	1 604 €	6,64 %	2 138 €	2 377 €	9,85 %	3 169 €
36	1 656 €	6,86 %	2 209 €	2 455 €	10,17 %	3 273 €
37	1 710 €	7,08 %	2 280 €	2 534 €	10,50 %	3 378 €
38	1 764 €	7,31 %	2 352 €	2 614 €	10,83 %	3 486 €
39	1 819 €	7,54 %	2 426 €	2 696 €	11,17 %	3 595 €
40	1 875 €	7,77 %	2 500 €	2 778 €	11,51 %	3 704 €
41	1 930 €	8,00 %	2 574 €	2 861 €	11,85 %	3 814 €
42	1 987 €	8,23 %	2 650 €	2 945 €	12,20 %	3 927 €
43	2 045 €	8,47 %	2 726 €	3 030 €	12,55 %	4 040 €
44	2 102 €	8,71 %	2 803 €	3 115 €	12,90 %	4 153 €
45	2 159 €	8,94 %	2 879 €	3 200 €	13,26 %	4 266 €
46	2 216 €	9,18 %	2 955 €	3 284 €	13,61 %	4 379 €
47	2 274 €	9,42 %	3 032 €	3 370 €	13,96 %	4 493 €
48	2 332 €	9,66 %	3 109 €	3 456 €	14,32 %	4 608 €
49	2 391 €	9,90 %	3 187 €	3 543 €	14,68 %	4 723 €
50	2 447 €	10,14 %	3 263 €	3 626 €	15,02 %	4 835 €
51	2 503 €	10,37 %	3 337 €	3 709 €	15,37 %	4 945 €
52	2 557 €	10,59 %	3 409 €	3 789 €	15,70 %	5 052 €
53	2 610 €	10,81 %	3 480 €	3 868 €	16,02 %	5 157 €
54	2 663 €	11,03 %	3 551 €	3 946 €	16,35 %	5 262 €
55	2 716 €	11,25 %	3 622 €	4 025 €	16,68 %	5 367 €
56	2 770 €	11,48 %	3 693 €	4 105 €	17,01 %	5 473 €
57	2 822 €	11,69 %	3 762 €	4 181 €	17,32 %	5 575 €
58	2 871 €	11,89 %	3 828 €	4 255 €	17,63 %	5 673 €
59	2 918 €	12,09 %	3 891 €	4 325 €	17,92 %	5 766 €
60	2 961 €	12,27 %	3 948 €	4 388 €	18,18 %	5 850 €

P = plafond de la sécurité sociale. (*) En euros. (**) En pourcentage du salaire ou du revenu annuel brut.

Un barème du dispositif de rachat de cotisations spécifique devrait prochainement être applicable aux assurés qui utilisent ce dispositif pour bénéficier d'une retraite anticipée pour longue carrière (loi de financement de la sécurité sociale pour 2007, JO du 22, art. 114; c. séc. soc. art. L. 351-14-1).

• **Paiement échelonné**

393 Compte tenu du coût élevé du rachat, celui-ci peut être étalé dans le temps s'il porte sur plus d'un trimestre (c. séc. soc. art. D. 351-11).

Ainsi, lorsque la demande porte sur au moins 2 trimestres et 8 trimestres au plus, le versement peut être échelonné, par acomptes mensuels, sur 1 ou 3 ans. Au-delà de 8 trimestres rachetés, l'échelonnement est prévu sur 1, 3 ou 5 ans.

Pour bénéficier de l'échelonnement, l'assuré autorise la caisse à effectuer, à la date de chaque échéance mensuelle, un prélèvement sur son compte bancaire, postal ou d'épargne.

Le premier versement doit intervenir, au plus tard, le dernier jour du deuxième mois qui suit l'envoi, par la caisse, de la décision d'admission au rachat. Les autres versements doivent intervenir le dernier jour des mois qui suivent.

Un compte épargne-temps (CET) peut être mobilisé afin de financer les rachats de cotisations d'assurance vieillesse dans le régime général.

• **Majoration**

394 Tout échelonnement sur une période de plus de 12 mois emporte une majoration. Le montant de chaque échéance, postérieure au dernier jour du 11e mois suivant celui au cours duquel le premier paiement est survenu, est majoré par application du taux d'évolution prévisionnelle des prix à la consommation hors tabac (ce taux figure dans le rapport économique, social et financier annexé à la loi de finances) (c. séc. soc. art. D. 351-12). Au 1er janvier 2007, la majoration est fixée à 1,8 % (circ. CNAV 2006-71 du 22 novembre 2006).

L'assuré est informé de cette majoration, au plus tard, le 1er décembre de l'année précédant celle à laquelle elle doit être appliquée.

• **Interruption du versement**

395 Le versement est interrompu si l'assuré (c. séc. soc. art. D. 351-14):
– ne règle pas ou ne règle que partiellement les sommes dont il est redevable;
– demande la liquidation de sa pension;
– décède.

En cas d'option pour un paiement échelonné, le rachat est également interrompu si :
– l'autorisation de prélèvement n'est pas parvenue à la caisse;
– le premier paiement n'a pas été effectué intégralement à la date fixée;
– deux règlements (successifs ou non) n'ont pas été honorés.

Dans tous les cas (sauf décès), l'assuré est informé par la caisse de l'interruption du versement. À ce moment, la caisse retient un nombre de trimestres rachetés égal au montant des sommes versées divisé par la valeur du trimestre.

Pour les versements interrompus postérieurement au 31 décembre 2005, les sommes versées sont divisées par la valeur du trimestre, atteinte à la date d'interruption, après application de la majoration pour échelonnement de paiement (circ. CNAV 2006-42 du 18 juillet 2006).

Le surplus est remboursé à l'assuré (ou à l'actif successoral, en cas de décès) dans le mois suivant celui au cours duquel il a été informé de l'interruption du versement.

Exemple Un assuré, âgé de 55 ans, bénéficiant d'un revenu moyen supérieur au plafond, souhaite effectuer un versement pour la retraite au titre des années incomplètes sur 6 trimestres. La décision d'admission lui est notifiée le 10 novembre 2004.

▶ Montant total du versement = 6 × 3 282 € = 19 692 €

▶ Paiement échelonné sur 3 ans: montant de la mensualité = 547 €

▶ Sommes versées du 31/01/2005 au 31/12/2005 = 6 564 €

▶ Majoration de 1,8 % à compter de la 13e échéance. Nouvelles mensualités de 556,85 €

▶ Sommes versées du 31/01/2006 au 31/03/2006 = 1 670,55 €

Le versement est interrompu en avril 2006.

▶ Trimestres pris en compte
= sommes versées/valeur du trimestre majoré
= 8 234,55/(3 282 × 1,018)
= 2 (quotient entier)

▶ Reliquat à rembourser
= sommes versées – [trimestres pris en compte × valeur du trimestre majoré]
= 8 234,55 – [2 × (3 282 × 1,018)]
= 1 552,39 €

Demande de versement pour la retraite

• Demande d'évaluation de versement pour la retraite

396 Le demandeur doit préalablement adresser un formulaire de « Demande d'évaluation de versement pour la retraite » dans lequel il précise les périodes pour lesquelles le versement est demandé (circ. CNAV 2004/11 du 26 février 2004).

La demande doit être accompagnée de toutes les pièces justificatives requises (identité du demandeur, périodes concernées, diplôme, non-affiliation au régime pendant les études, affiliation postérieure, revenus, etc. : liste à fixer par arrêté ministériel).

Si le demandeur réside à l'étranger, il doit s'adresser à la caisse qui a procédé au dernier report de salaire.

Si la caisse ne répond pas dans les 2 mois de la réception de la demande, cette dernière est considérée comme rejetée (c. séc. soc. art. D. 351-13).

En cas d'interruption du rachat (voir § 395), une nouvelle demande de rachat ne pourra être présentée avant l'expiration d'un délai d'un an après la notification de l'interruption (c. séc. soc. art. D. 351-14).

• Évaluation du versement pour la retraite

397 Lorsque, après examen de la demande, un droit à versement pour la retraite est ouvert, la caisse adresse au demandeur une « Évaluation de versement pour la retraite ». Cette évaluation indique à l'assuré le nombre de trimestres pour lesquels un versement peut être effectué, les options de versement, le coût du rachat, les modalités de paiement ainsi que les voies et délais de recours possibles.

Cette évaluation est accompagnée d'un formulaire de « Confirmation d'une demande de versement » que l'assuré doit retourner à la caisse.

• Confirmation de la demande

398 La confirmation de la demande vaut demande officielle. Le demandeur y indique :
- le nombre de trimestres pour lequel le rachat est demandé ;
- l'option choisie (voir § 388) ;
- les modalités de paiement.

Après réception de la confirmation de demande dûment complétée, la caisse de retraite adresse à l'assuré la notification d'admission.

Rachats de cotisations ouverts avant le 1er janvier 2004

399 Le rachat de cotisations permet à certaines personnes d'effectuer des versements rétroactifs de cotisations pour les périodes pendant lesquelles elles étaient exclues de l'assurance vieillesse.

Le dispositif de rachat de cotisations, ouvert avant la réforme des retraites de 2003, avait été mis en place à titre provisoire. La date limite de recevabilité des demandes avait, en effet, été fixée en dernier lieu au 31 décembre 2002.

La forclusion des demandes de rachat a cependant été levée par lettre ministérielle, dans l'attente d'une confirmation par décret (lettre min. du 25 mars 2003). Les assurés concernés peuvent ainsi continuer à racheter des cotisations sans date butoir.

Situations pouvant faire l'objet d'un rachat de cotisations

• Affiliation tardive au régime général

400 Les personnes (ou leur conjoint) qui ont appartenu à une catégorie de travailleurs dont l'affiliation au régime général de la sécurité sociale, à un régime de sécurité sociale applicable en Algérie ou au régime de sécurité sociale des DOM a été rendue obligatoire après le 1er juillet 1930 peuvent effectuer un rachat de cotisations d'assurance vieillesse (c. séc. soc. art. L. 351-14).

Sont concernés les travailleurs salariés :
– affiliés au régime général après le 1er juillet 1930 en raison de leur catégorie professionnelle (par exemple : journalistes pigistes, VRP...) ;
– dont le salaire était supérieur au plafond d'assujettissement au régime général de la sécurité sociale avant le 1er janvier 1947 ;
– qui ont exercé une activité salariée en France avant l'âge de fin d'obligation scolaire et ce, avant le 1er janvier 1946 (1er janvier 1948 pour les DOM), si la réalité du salariat est prouvée ;
– qui ont exercé une activité salariée, agricole ou non, dans les DOM avant le 1er janvier 1948 ;
– qui ont exercé une activité salariée non agricole en Algérie avant la date d'affiliation obligatoire au régime de sécurité sociale algérien au plus tard le 1er juillet 1962 (concernant la validation gratuite des périodes réalisées en Algérie, voir § 338).

Les périodes comprises entre le 30 juin 1930 et la date d'affiliation obligatoire peuvent être rachetées sous réserve de l'application des règles de limitation (voir § 407).

• Activité hors de France

401 Les personnes de nationalité française (ou leur conjoint survivant) qui ont exercé une activité salariée, ou assimilée, hors de France depuis le 1er juillet 1930 peuvent racheter des cotisations au titre de ces périodes (c. séc. soc. art. L. 742-2). Peu importe leur lieu de résidence.

Celles qui relèvent des règlements communautaires doivent justifier, à la date de la demande, soit avoir résidé pendant au moins 10 années en France, soit avoir été soumises à la législation française, à titre obligatoire ou facultatif, pendant la même période. Les périodes d'activité exercées sur le territoire français ou sur le territoire dont le demandeur est ressortissant ne peuvent être rachetées.

Peuvent également être rachetées les périodes :
– d'apprentissage à l'étranger et d'activité salariée à l'étranger avant l'âge de fin d'obligation scolaire (à condition de prouver le salariat) ;
– de cotisations au régime légal d'un pays lié à la France par une convention qui prévoit la totalisation des périodes accomplies dans les deux pays pour l'ouverture des droits à pension ;
– d'activité salariée dans les TOM et les collectivités territoriales ;
Par lettre CNAV du 8 août 1996, il avait été décidé que seules les périodes d'activité salariée exercées à Saint-Pierre-et-Miquelon antérieurement au 1er août 1987 étaient susceptibles de donner lieu à rachat de cotisations du fait de la mise en place au 1er août 1987 d'un régime équivalant au régime général. La CNAV est revenue sur sa décision dans une lettre du

10 novembre 2006. Ainsi, les cotisations se rapportant à la totalité des périodes d'activité salariée accomplies à Saint-Pierre-et-Miquelon, donc aussi bien après qu'avant le 1er août 1987, peuvent désormais être rachetées. Cette mesure est d'application immédiate.

– d'activité salariée agricole en Algérie après le 30 juin 1962, si l'intéressé n'a pas la qualité de rapatrié.

La demande de rachat doit porter sur la totalité des périodes comprises entre le 30 juin 1930 et le premier jour du trimestre civil suivant la demande de rachat. Les règles de limitation de rachat sont applicables (voir § 407).

• **Personnes assistant un invalide**

402 **Conditions.** Les personnes qui assurent les fonctions de tierce personne bénévole auprès d'un conjoint ou d'un autre membre de leur famille invalide peuvent racheter des cotisations au titre des périodes pendant lesquelles elles ont exercé ces fonctions.

Aucune condition de résidence ou de nationalité n'est requise.

L'infirme ou l'invalide doit être médicalement reconnu dans l'obligation d'avoir recours à une tierce personne pour accomplir les actes ordinaires de la vie.

Le demandeur doit, quant à lui, remplir les conditions suivantes:
– être membre de la famille de l'infirme ou invalide (conjoint, ascendant, descendant, collatéral ou allié jusqu'au troisième degré) ;
– remplir effectivement les fonctions de tierce personne, même à temps partiel (ce qui suppose une cohabitation ou une résidence à proximité de la personne infirme ou invalide) ;
– ne pas être rémunéré pour les fonctions de tierce personne (mais il est possible d'exercer simultanément des fonctions de tierce personne et une activité professionnelle) ;
– résider en métropole ou dans un DOM.

403 **Justificatifs.** La demande de rachat doit être accompagnée des justificatifs suivants:
– déclaration sur l'honneur signée du demandeur attestant de ses fonctions de tierce personne bénévole auprès de son conjoint ou d'un membre de sa famille pendant une période dont il doit indiquer les dates de début et de fin ;
– preuve du lien de parenté avec l'infirme ou l'invalide ;
– document ou sa photocopie qui servait précédemment à établir une fiche d'état civil ;
– attestation de domicile ;
– tout document de nature à établir que l'état de l'infirme ou de l'invalide nécessite d'avoir recours à l'assistance constante d'une tierce personne (par exemple, un certificat médical établi par le médecin traitant et soumis à l'avis du service chargé du contrôle médical).

Lorsque l'infirme ou l'invalide est décédé, le demandeur doit fournir un document à caractère médical ou un document établissant nettement une situation pathologique (certificat médical de l'époque ou établi d'après les archives ou les souvenirs du médecin traitant, radiographies, anciennes ordonnances, correspondances relatives à l'état pathologique du malade).

• **Périodes de travail pénal**

404 Les personnes qui ont effectué un travail pénal peuvent racheter les cotisations au titre des périodes de détention comprises entre le 1er juillet 1930 et le 31 décembre 1976 (c. séc. soc. art. R. 381-110). Le rachat est également ouvert aux personnes qui, avant le 1er janvier 1977, ont fait l'objet d'une détention pro-

visoire, dans la mesure où la durée de celle-ci n'a pas été imputée sur la durée de la peine (depuis le 1er janvier 1977, ces périodes de détention provisoire sont assimilées à des périodes de chômage ; voir § 351).

En revanche, les détenus placés sous le régime de semi-liberté qui exercent une activité professionnelle dans les mêmes conditions que les travailleurs libres ne peuvent pas demander de rachat.

Le rachat doit porter sur la totalité des périodes effectuées en métropole ou dans les DOM, sauf si les règles de limitation s'appliquent (voir § 407).

Le demandeur doit fournir une attestation délivrée par l'établissement pénitentiaire ou par l'administration centrale du ministère de la Justice précisant qu'un travail pénal a été effectué ainsi que les dates limites de détention.

• **Rapatriés**

405 Les rapatriés peuvent effectuer un rachat de cotisations pour leur activité professionnelle dans des États anciennement placés sous la souveraineté, la tutelle ou le protectorat de la France. Ils peuvent bénéficier d'une aide financière de l'État dont le montant dépend de leurs ressources.

Le secrétaire d'État aux Rapatriés accorde l'aide et notifie le taux de prise en charge des cotisations de rachat au demandeur. Celui-ci décide du rachat et adresse la notification (ou sa photocopie) du taux de prise en charge des cotisations à la caisse compétente. L'aide au rachat est versée à l'organisme compétent.

Sont concernés :
– les Français et leur conjoint survivant, quel que soit leur lieu de résidence ;
– les étrangers et les réfugiés qui ont rendu service à la France et résident en France au moment de la demande de rachat (ainsi que leur conjoint survivant répondant aux mêmes conditions de résidence).

Sont considérées comme ayant rendu service à la France, les personnes :
– qui ont accompli dans l'armée française le temps de service actif correspondant aux obligations de leur classe,
– ou qui ont servi pendant 5 ans dans l'armée française, ou ont contracté un engagement volontaire en temps de guerre dans les armées françaises ou alliées,
– ou qui ont servi dans l'armée française en temps de guerre et ont la qualité de combattants,
– ou qui ont perdu un descendant, un ascendant ou leur conjoint mort pour la France,
– ou qui ont fait preuve de dévouement à l'égard de la France, ou encore lui ont rendu des services exceptionnels.

Peuvent être rachetées les périodes du 1er juillet 1930 à la date du rapatriement, peu important la date d'indépendance du pays. La demande de rachat doit porter sur la totalité des périodes susceptibles d'être rachetées, sauf si les règles de limitation s'appliquent.

• **Bénéficiaires de l'indemnité de soins aux tuberculeux**

406 Les périodes de perception de l'indemnité de soins aux tuberculeux peuvent faire l'objet d'un rachat lorsque ces périodes dépassent 36 trimestres ou lorsque le droit à validation gratuite n'est pas ouvert (voir § 353).

Le rachat doit porter, sous réserve des règles de limitation (voir § 407), sur la totalité des périodes de versement de l'indemnité n'ayant pas donné lieu à validation gratuite. Sont toutefois exclues les périodes :
– d'hospitalisation durant lesquelles l'indemnité de soins n'a pas été servie,
– déjà retenues pour le calcul du montant de la pension de vieillesse,

– postérieures à la date d'effet d'une pension de vieillesse (c. séc. soc. art. R. 742-23 et R. 742-25).

La demande peut être présentée à n'importe quel moment après la cessation du service de l'indemnité de soins aux tuberculeux.

Elle doit être accompagnée d'une attestation délivrée par le service des anciens combattants qui attribue l'indemnité et indiquant :
– les périodes durant lesquelles l'indemnité était servie,
– les périodes durant lesquelles une activité professionnelle a été exercée sans entraîner la suppression de l'indemnité (dans ce cas, le régime d'assurance vieillesse auquel l'assuré a été affilié doit être mentionné).

Limitation de la période de rachat

407 Le rachat doit porter sur la totalité des périodes, sous réserve des règles de limitation.

Il est ainsi limité si le total des périodes d'assurance et des périodes de rachat est supérieur à 80 trimestres d'assurance au régime général, à la date de la demande. La période de rachat peut également être limitée à 160 trimestres pour les assurés ayant droit à une pension au taux plein, indépendamment de la durée d'assurance.

Afin de déterminer ces limites, sont pris en compte :
– les périodes de cotisations au régime général,
– les périodes assimilées,
– la majoration de durée d'assurance pour les mères de famille,
– la majoration d'assurance pour congé parental,
– la majoration de durée d'assurance pour charge d'enfant handicapé,
– les trimestres ayant servi au calcul de la rente garantie inscrite au compte individuel lors du transfert des droits au régime général des assurés des régimes spéciaux intégrés (agents de change, Crédit foncier de France, Compagnie générale des eaux, chambre de commerce et d'industrie de Roubaix).

Les périodes validées gratuitement à la suite d'un rachat ne sont pas prises en compte pour déterminer les 80 trimestres, mais elles sont prises en compte pour le calcul des 160 trimestres.

Le rachat ne peut avoir pour conséquence la prise en compte d'une durée d'assurance supérieure à la durée maximale retenue pour le calcul de la pension. Les périodes postérieures à la date d'effet de la pension ne peuvent pas non plus faire l'objet d'un rachat (c. séc. soc. art. R. 351-37-7).

Décompte des trimestres de rachat

408 Les périodes de rachat de cotisations se décomptent en trimestres civils entiers. Lorsqu'une période commence et/ou se termine au cours d'un trimestre civil, le trimestre incomplet peut donner lieu à rachat.

Si les dates de début et de fin d'activité sont imprécises, chacune des années peut être rachetée intégralement. Les interruptions d'activité au cours d'un trimestre civil n'interrompent pas la période rachetable.

Lorsque, au début ou à la fin d'une période de rachat, le compte présente déjà 4 trimestres validés, l'assuré ne doit pas être tenu de racheter des cotisations pour la même année, mais il peut racheter ces périodes pour le calcul du salaire annuel moyen.

Coût du rachat

• Assiette des cotisations

409 Le montant des cotisations faisant l'objet d'un rachat varie en fonction de la catégorie dans laquelle est classé le demandeur et prévue pour l'assurance volontaire. Il est calculé sur la base de salaires forfaitaires fixés pour chaque catégorie. Les demandeurs sont classés dans la catégorie correspondant à leurs revenus.

La rémunération de référence est, en principe, le dernier salaire déclaré par l'assuré sur la demande de rachat (revalorisé par les coefficients applicables aux salaires). Pour les personnes affiliées tardivement au régime, il s'agit de la rémunération perçue à la date de leur affiliation obligatoire, ou à la date de la cessation de leur activité salariée en cas de non-affiliation. La rémunération retenue pour les personnes ayant exercé leur activité hors de France est celle de la dernière activité à l'étranger.

Assiette des cotisations

Catégorie	Ressources (R)	Assiette des cotisations
1re catégorie	R ⩾ PSS*	100 % PSS*
2e catégorie	1/2 PSS ⩽ R < PSS*	75 % PSS*
3e catégorie	R < 1/2 PSS*	50 % PSS*
4e catégorie	Quelles que soient les ressources, pour les personnes âgées de moins de 22 ans	25 % PSS*

* Plafond annuel de la sécurité sociale.

Certaines personnes sont classées d'office dans certaines catégories. Par exemple, sont notamment classés d'office:
– dans la 3e catégorie, les personnes ayant occupé les fonctions de tierce personne bénévole, les bénéficiaires de l'indemnité de soins aux tuberculeux et les détenus qui ont effectué un travail pénal;
– dans la 2e catégorie, les personnes dont la dernière rémunération est inconnue.

• Montant des cotisations

410 Le montant des cotisations est calculé en appliquant à l'assiette des cotisations:
– les coefficients de revalorisation en vigueur à la date de la demande de rachat ;
– le taux de la cotisation d'assurance volontaire vieillesse correspondant à chacune des périodes rachetées ;
– un coefficient de minoration ou de majoration en fonction de l'âge du demandeur à la date du dépôt de sa demande de rachat (c. séc. soc. art. R. 351-37-5, al. 2 ; voir p. 207).

Paiement des cotisations

• Modalités de paiement

411 Les cotisations peuvent être payées comptant, par versements échelonnés, ou par imputation sur des sommes dues à l'intéressé (dans ce dernier cas, il doit être titulaire d'une pension de vieillesse ou avoir déposé sa demande de retraite dans les deux mois suivant la date d'envoi de la notification de la caisse).

Coefficients de minoration ou de majoration en fonction de l'âge	
Âge à la date du dépôt de la demande de rachat	**Coefficient**
Moins de 30 ans	0,980
De 30 ans à moins de 35 ans	0,986
De 35 ans à moins de 40 ans	0,992
De 40 ans à moins de 45 ans	1,000
De 45 ans à moins de 50 ans	1,013
De 50 ans à moins de 55 ans	1,032
De 55 ans à moins de 60 ans	1,064
De 60 ans à moins de 65 ans	1,113
65 ans et plus	1,186

Source : CNAV

• Délais de paiement

412 Le demandeur dispose d'un délai de 6 mois, à compter de la date de notification d'admission, pour les paiements au comptant. Mais le paiement peut également être échelonné sur 4 ans maximum à partir de la notification. Dans le cas où les cotisations ne seraient pas entièrement versées à ce terme, le rachat serait annulé et les versements remboursés.

Une majoration annuelle est appliquée sur les cotisations dont le paiement est échelonné.

• Décès de l'assuré

413 Lorsque l'assuré décède, son conjoint survivant peut:
– soit continuer de verser les cotisations restant dues (la pension de réversion sera attribuée une fois que le rachat sera soldé),
– soit renoncer au versement; dans ce cas, les sommes versées par l'assuré décédé lui sont remboursées.

Demande de rachat

• Organisme compétent

414 La demande doit, en principe, être adressée à la caisse d'assurance vieillesse du lieu de résidence. Si l'assuré réside à l'étranger, la demande peut être adressée à la caisse de son choix.

Toutefois, lorsqu'une demande de rachat a déjà été déposée auprès d'une caisse, il convient de s'adresser à cet organisme.

De même, lorsque le demandeur est déjà titulaire d'une pension de vieillesse, il doit s'adresser à la caisse qui lui verse cette pension.

• Modalités de la demande

415 L'assuré effectue sa demande de rachat au moyen d'un imprimé unique de demande. Toutefois, la demande peut également être effectuée par lettre simple, à condition :
– que ladite lettre établisse clairement que la personne souhaite racheter des cotisations,
– et que l'imprimé réglementaire soit renvoyé à la caisse compétente dans les 3 mois suivant la date à laquelle celle-ci l'a adressé à l'intéressé.

• **Justificatifs**

416 L'assuré doit joindre à sa demande de rachat les documents suivants :
– photocopie de la carte d'immatriculation à la sécurité sociale ;
– original ou photocopie des documents qui servaient précédemment à établir les fiches familiales d'état civil, avec mention du mariage et du décès, si la demande est faite par le conjoint survivant (il s'agit du livret de famille, d'un extrait ou d'une copie d'acte de naissance ou de mariage, de la carte d'identité, d'un certificat ou livret de famille délivré par l'Office français de protection pour les réfugiés) ;
– photocopie de la carte nationale d'identité ou, à défaut, du certificat de nationalité, si la personne réside à l'étranger au moment de la demande de rachat ;
– original ou photocopie des documents qui servaient à établir une fiche d'état civil pour chaque enfant eu ou élevé, si le demandeur est une mère de famille ;
– carte d'immatriculation au régime algérien, ou sa photocopie, s'il s'agit d'un ancien salarié d'Algérie affilié au régime algérien.

Si le demandeur ne peut pas fournir une ou plusieurs des pièces requises, à l'exception de documents attestant de la nationalité, il peut établir une déclaration sur l'honneur.

Pour une demande de rachat à la suite d'une affiliation tardive au régime général ou au titre d'une activité professionnelle hors de France, ou encore en qualité de rapatrié, l'ancien salarié doit également justifier :
– de son activité salariée, en joignant bulletins de salaire, certificats ou contrats de travail, lettres d'engagement formant contrat...,
– et du montant annuel du dernier salaire à l'étranger ou à la date d'affiliation obligatoire au régime général, ou encore à la date de cessation de l'activité.

Pour une activité à l'étranger, ces documents doivent êtres certifiés et traduits par le consul de France territorialement compétent. Lorsque le demandeur ne peut pas fournir ces documents, une déclaration sur l'honneur est recevable si la signature est légalisée par le consul de France.

Les salaires figurant sur les documents servent à déterminer la classe de cotisations pour le calcul du rachat (voir § 409).

• **Instruction de la demande**

417 Après réception de la demande de rachat, la caisse compétente fournit au demandeur toutes informations utiles lui permettant de décider de la suite à donner à sa demande :
– cotisations rachetables ;
– montant du rachat ;
– conditions de paiement ;
– possibilité d'aide financière de l'État pour les rapatriés ;
– reconstitution de carrière professionnelle ;
– calcul informatif de la pension si la personne remplit la condition d'âge.

Le demandeur communique alors sa décision (acceptation, modification ou annulation de la demande) à la caisse dans un délai de 2 mois suivant la réception des documents d'information. À défaut de réponse, la caisse considère que le demandeur refuse la proposition de rachat. Si la réponse arrive après le délai de 2 mois, la caisse fait droit à la demande sur la base des éléments figurant dans la demande initiale (circ. CNAV 2003/39 du 2 octobre 2003).

Si l'assuré maintient sa demande, il est invité par la caisse à choisir les modalités de paiement.

• Notification de la décision

418 La caisse notifie sa décision à l'intéressé, au plus tôt dans le délai d'un mois suivant l'envoi des documents d'information et dans les 3 mois pour les personnes résidant hors métropole.

Les notifications doivent mentionner les délais et voies de recours. Les demandes d'annulation ou de modification doivent préalablement être portées devant la commission de recours amiable, dans les 2 mois suivant la notification.

• Date d'effet

419 Lorsque la demande de pension de vieillesse est déposée dans les 6 mois suivant la notification d'admission au rachat, la date d'effet de la pension est fixée le premier jour du mois suivant:
– le 60e anniversaire pour l'assuré âgé de moins de 60 ans à la date de demande de rachat ;
– le dépôt de la demande de rachat pour l'assuré âgé de 60 ans à cette date.

Le délai de 6 mois peut être augmenté si l'assuré ne réside pas en métropole.

La date d'effet de la révision de la pension de vieillesse après un rachat est fixée, pour les personnes déjà titulaires d'une pension de vieillesse, au premier jour du mois suivant la date de la demande de rachat.

Possibilité de versement complémentaire de cotisations pour les artistes auteurs

Les cotisations dues au titre des assurances sociales par les artistes auteurs sont calculées, par période de 12 mois, du 1er juillet de l'année en cours au 30 juin de l'année suivante sur la base des revenus artistiques de l'année civile précédente.

L'application de cette règle conduit à ce que les cotisations acquittées au titre de l'assurance vieillesse par les artistes auteurs pour une année donnée ne correspondent pas, comme pour les salariés du régime général, aux revenus de cette même année mais aux revenus des deux années civiles précédentes.

Du fait de ce décalage, les artistes auteurs qui ont été assujettis, entre 1977 et 1994, sur la base de l'assiette forfaitaire minimale de cotisations égale à 800 fois la valeur horaire moyenne du SMIC ne peuvent se voir crédités au plus que 3 trimestres en regard de chacune de ces années.

Pour remédier à cette situation, la Direction de la sécurité sociale a ouvert à ces personnes, à titre exceptionnel, la possibilité d'effectuer un versement complémentaire de cotisations (lettre min. D 4981-06 du 13 juillet 2006; lettre min. 6396-06 du 28 septembre 2006; circ. CNAV 2006-57 du 18 octobre 2006).

Cette possibilité de régularisation est ouverte aux seules personnes actuellement ou anciennement affiliées au régime des artistes auteurs et qui ont été assujetties pendant une ou plusieurs années comprises entre 1977 et 1994 sur la base de l'assiette forfaitaire minimale de 800 fois la valeur horaire du SMIC.

La demande de versement, qui doit être déposée entre le 1er octobre 2006 et le 30 septembre 2008, est limitée aux années n'enregistrant que 3 trimestres d'assurance du fait de cet assujettissement sur la base minimale forfaitaire au cours de la période de 1977 à 1994. Le versement peut être opéré pour une ou plusieurs années, voire pour la totalité de la période visée par le dispositif.

Le montant du versement complémentaire est fixé pour chaque année concernée à 53,40 €.

11

Montant de la pension

§§

Montants maximal et minimal de la pension

- Montant maximal 430
- Montant minimal:
  - minimum contributif 431
  - proratisation 432
  - polypensionnés 433

➟ *Allocation de solidarité aux personnes âgées : page 213*

Minoration de la pension

- Décote 435
- Proratisation 436
- Décote et proratisation 437

Majorations de pension

- Majoration pour enfants:
  - conditions 438
  - montant 439
  - date d'effet 440
- Majoration pour conjoint à charge:
  - conditions 441
  - montant 442
  - date d'effet 443
- Majoration pour « tierce personne »:
  - conditions 444
  - montant 445
  - date d'effet 446
- Majoration pour activité après 60 ans (surcote) :
  - conditions 447
  - durée d'assurance cotisée 448
  - trimestres retenus 449
  - montant 450

Prélèvements sociaux

- Précompte d'assurance maladie .. 452
- CSG et CRDS 453

➟ *Retenues à la source: page 220*

Revalorisation des pensions 454

Montants maximal et minimal de la pension

Montant maximal

430 Le montant de la retraite est au maximum égal (avantages complémentaires non compris) à 50 % du plafond de la sécurité sociale (1 341 € par mois au maximum en 2007).

Les avantages complémentaires sont la majoration pour enfants, la majoration pour conjoint à charge, la majoration pour tierce personne, la majoration pour charge d'enfant (voir § 555) et la rente des retraites ouvrières et paysannes.

En pratique, ce montant n'est pas atteint car les salaires pris en compte pour le calcul de la retraite sont déjà limités au plafond des années correspondantes (voir § 314) et les coefficients de revalorisation de ces salaires sont inférieurs à la progression du plafond.

De plus, le montant maximal de la pension est devenu plus difficile à obtenir compte tenu de l'allongement de la durée d'assurance exigée (voir § 332).

La pension servie peut, toutefois, être supérieure au maximum si l'assuré bénéficie d'une surcote (voir § 448).

Montant minimal

• Minimum contributif

431 La pension de vieillesse au taux plein (avantages complémentaires non compris) est assortie, le cas échéant, d'une majoration permettant de porter cette prestation, lors de sa liquidation, à un montant minimal (dit minimum contributif) tenant compte de la durée d'assurance accomplie par l'assuré dans le régime général (c. séc. soc. art. L.351-10).

Le cas échéant, cette durée d'assurance est rapportée à celle accomplie, tant dans le régime général que dans un ou plusieurs autres régimes obligatoires, lorsque celle-ci dépasse une certaine limite (soit le nombre de trimestres requis pour l'obtention du taux plein).

Ce montant minimal est majoré au titre des périodes ayant donné lieu à cotisations à la charge de l'assuré (minimum contributif majoré). Les périodes cotisées sont les périodes de cotisations à l'assurance vieillesse obligatoire, à l'assurance volontaire vieillesse, les périodes de rachat de cotisations et de versement pour la retraite (au titre du taux et de la durée d'assurance), de validation de carrière au titre de la loi du 26 octobre 1964, de congé de formation, de stage de la formation professionnelle, de cotisations arriérées et de validation par présomption (circ. CNAV 2005-30 du 4 juillet 2005).

En revanche, sont exclues : les périodes assimilées (chômage, maladie, maternité, invalidité, accident du travail, service national, militaire), les périodes reconnues équivalentes, les versements pour la retraite effectués au titre du taux uniquement, les périodes d'assurance vieillesse des parents au foyer (AVPF), la majoration de durée d'assurance pour enfant, pour congé parental, pour enfant handicapé, la majoration de durée d'assurance des assurés de plus de soixante-cinq ans.

En 2007, le minimum contributif est fixé à 6 882,51 € par an. Le montant majoré annuel est égal à 7 301,64 €.

Un assuré né en 1947, qui a droit au taux plein, justifie de 158 trimestres d'assurance cotisés : le minimum contributif annuel est égal à 7 301,64 €.

S'il justifie d'un nombre de trimestres cotisés inférieur à 156 trimestres, le minimum contributif est proratisé (voir § 432).

Au minimum contributif s'ajoutent les avantages complémentaires tels que la majoration pour enfant, la majoration pour conjoint à charge ou encore la majoration pour tierce personne.

Les règles applicables dans le cadre des accords internationaux de sécurité sociale (règlements communautaires et accords bilatéraux de sécurité sociale) sont précisées par circulaire (circ. CNAV 2005-36 du 29 juillet 2005).

• Proratisation du minimum contributif

432 Le minimum est entier si l'assuré réunit la durée d'assurance maximale prévue pour le calcul de la pension (156 trimestres pour les assurés nés en 1946, 158 pour ceux nés en 1947 et 160 pour ceux nés en 1948). S'il ne réunit pas cette durée d'assurance, le minimum est réduit proportionnellement.

La majoration du minimum contributif pour périodes cotisées est réduite compte tenu des trimestres cotisés par rapport à cette durée d'assurance maximale.

En revanche, si le nombre des trimestres cotisés au régime général atteint cette durée d'assurance maximale, la majoration est entière (circ. CNAV 2005-30 du 4 juillet 2005).

Exemples ❶ Un assuré, né en 1947, totalise 162 trimestres dans le régime général, dont 158 cotisés. Sa retraite prend effet au 1er janvier 2007. La durée d'assurance maximale requise pour le calcul de la pension est de 156 trimestres.

Minimum : 6 882,51 € × 158/158 = 6 882,51 €
Majoration : (7 301,64 € – 6 882,51 €) × 158/158 = 419,13 €
Montant du minimum contributif majoré au régime général : 6 882,51 € + 419,13 € = 7 301,64 €.
Ce montant est comparé au montant calculé de la retraite.

❷ Un assuré, né en 1946 et reconnu inapte au travail, totalise 140 trimestres au régime général, dont 40 cotisés. Sa retraite (au taux plein) prend effet le 1er janvier 2007.

Minimum : 6882,51 € × 140/158 = 6 098,43 €
Majoration : (7 301,64 € – 6 882,51 €) × 40/158 = 106,11 €
Montant du minimum contributif majoré au régime général : 6 098,43 € + 106,11 € = 6 204,54 €.
Ce montant est comparé au montant calculé de la retraite.

- **Calcul du minimum lorsque l'assuré a cotisé à plusieurs régimes**

433 Le calcul du minimum dépend de la durée d'assurance à l'ensemble des régimes. Tous les régimes de base obligatoires sont retenus, même s'ils ne prévoient pas de montant minimal.

La durée d'assurance est celle prise en compte pour le calcul de la pension telle qu'elle est indiquée par ces régimes. Les trimestres sont totalisés, même s'ils se superposent, et ne sont pas limités à 4 par an.

Lorsque la durée totale d'assurance ne dépasse pas 160 trimestres, le minimum contributif et sa majoration sont calculés comme si l'assuré avait été affilié seulement au seul régime général (voir § 432).

Lorsque la durée totale d'assurance dépasse 160 trimestres, le minimum contributif est réparti entre les régimes :

$$\text{Minimum non majoré} \times \frac{\text{nombre de trimestres au régime général}}{\text{durée totale d'assurance tous régimes confondus}}$$

La majoration pour périodes cotisées est :
– répartie entre les régimes dans les même proportions,
– puis réduite, compte tenu des trimestres cotisés à l'ensemble des régimes, par rapport à la durée d'assurance maximale pour la pension du régime général. La majoration n'est pas réduite dès lors que le total des trimestres cotisés tous régimes confondus est au moins égal à cette durée maximale.

Majoration entière × (trimestres régime général / trimestres tous régimes confondus)
× (trimestres cotisés tous régimes confondus / durée d'assurance maximale).

Exemples ❶ La durée cotisée dans tous les régimes est égale ou supérieure à la durée d'assurance maximale retenue pour le calcul de la pension :

Un assuré totalise 60 trimestres au régime général, dont 50 cotisés et 140 trimestres au régime des professions libérales, dont 130 cotisés (soit un total de 180 trimestres cotisés).
Sa pension du régime général prend effet au 1er janvier 2007.
Minimum : 6 882,51 € × 60/200 = 2 064,75 €
Majoration : (7 301,64 € – 6 882,51 €) × 60/200 = 125,73 €
Montant du minimum contributif majoré au régime général : 2 064,75 € + 125,73 € = 2 190,48 €.
Ce montant est comparé au montant calculé de la retraite.

❷ La durée cotisée dans tous les régimes est inférieure à la durée d'assurance maximale retenue pour le calcul de la pension :

Un assuré totalise 142 trimestres au régime général, dont 110 cotisés et 30 trimestres cotisés au régime des artisans. Sa pension prend effet au 1er janvier 2007.
Minimum : 6 882,51 € × 142/172 = 5 682,07 €
Majoration : (6 882,51 € – 7 301,64 €) × 142/172 × 140/158 = 306,59 €
Montant du minimum contributif majoré au régime général : 5 682,07 € + 306,59 € = 5 988,66 €.
Ce montant est comparé au montant calculé de la retraite.

Allocation de solidarité aux personnes âgées (ASPA)

L'allocation de solidarité aux personnes âgées remplace l'ensemble des allocations constitutives du minimum vieillesse, soit l'allocation aux vieux travailleurs salariés (AVTS), l'allocation aux vieux travailleurs non salariés (AVTNS), l'allocation de vieillesse agricole, le secours viager, l'allocation aux mères de famille, l'allocation spéciale de vieillesse, l'allocation simple à domicile des personnes âgées, l'allocation supplémentaire prévue à l'article L. 815-2 du code de la sécurité sociale et la majoration prévue à l'article L. 814-2 du code de la sécurité sociale.

La réforme devait entrer en vigueur au 1er janvier 2006, mais les décrets d'application ne sont parus qu'en janvier 2007 (décrets 2007-56 et 2007-57 du 12 janvier 2007).

Régime transitoire. Les bénéficiaires des anciennes allocations constitutives du minimum vieillesse continuent de les percevoir selon les règles applicables avant leur abrogation. Toutefois, ils peuvent y renoncer pour bénéficier de la nouvelle allocation, cette option étant irrévocable. Reste à régler la situation des bénéficiaires des anciennes allocations entre le 1er janvier 2006 et le 31 décembre 2006, qui peuvent prétendre à la nouvelle allocation.

Conditions d'ouverture de l'ASPA. L'allocataire doit avoir atteint 65 ans ou 60 ans en cas d'inaptitude au travail, justifier d'une résidence stable et régulière sur le territoire métropolitain ou dans un DOM et faire valoir en priorité ses droits en matière d'avantages de vieillesse auxquels il peut prétendre au titre de dispositions législatives ou réglementaires françaises ou étrangères, des conventions internationales, ainsi que des régimes propres aux organisations internationales.

L'ASPA n'est due que si le total de cette allocation et des ressources personnelles de l'allocataire et du conjoint, du concubin ou du partenaire lié par un Pacs n'excède pas 7 500,53 € pour une personne seule et 13 137,69 € pour un couple (pour l'année 2006). Les plafonds applicables en 2007 devraient être fixés par décret à paraître.

Si ces plafonds sont dépassés, l'allocation est réduite à due concurrence.

Montant et service de l'ASPA. Le montant maximum servi au titre de l'allocation de solidarité aux personnes âgées est fixé en 2006 :
– pour une personne seule ou lorsqu'un seul membre du couple est allocataire, à 7 323,48 € par an ;
– lorsque les deux membres du couple sont allocataires, à 13 137,69 € par an (dans ce cas, le montant est servi par moitié à chacun des allocataires).

L'allocataire est tenu de déclarer à l'organisme qui lui sert l'allocation tout changement survenu dans ses ressources, sa situation familiale ou sa résidence. Les organismes peuvent procéder également au contrôle des conditions d'attribution.

Ces modifications peuvent donner lieu à révision, suspension ou suppression de l'allocation à tout moment.

Minoration de la pension

434 La pension de retraite peut être minorée lorsque l'assuré ne remplit pas les conditions requises pour avoir le taux plein (décote, voir § 435) et/ou lorsqu'il n'a pas la durée d'assurance requise pour une retraite complète (proratisation de la pension, voir §§ 436 et 437).

Décote

435 L'assuré qui ne réunit pas les 160 trimestres requis pour le taux plein et qui n'est pas placé dans une situation lui en accordant automatiquement le bénéfice voit sa pension minorée par l'application de la décote (voir § 329).

Exemple Un assuré né en 1947 part en retraite en 2007 à 60 ans et n'a réuni que 158 trimestres acquis au seul régime général. Son salaire annuel moyen est égal à 20 000 €.

La décote, calculée sur les 4 trimestres le séparant des 160 requis, sera plus favorable que sur les 20 le séparant de son 65e anniversaire, soit une décote de : 4 × 1 = 4 points à retrancher du taux de 50 %, soit 46 %.

La formule de calcul de la pension applicable est la suivante :
20 000 € × 46 % × (158/158) = 9 200 € par an (766,67 € par mois).

Pour une retraite complète à taux plein, il aurait perçu : 20 000 × 50 % × 158/158 = 10 000 € par an (833 € par mois).

Proratisation

436 L'assuré qui n'a pas réuni au régime général la durée d'assurance requise se voit appliquer une retraite proportionnelle à la durée qu'il a effectivement accomplie au régime général, par l'application de la proratisation de la durée d'assurance (voir § 332).

Exemple Un assuré né en 1947 part en retraite à 60 ans en 2007 avec 160 trimestres tous régimes confondus, mais seulement 152 trimestres acquis au seul régime général, son salaire annuel moyen est égal à 20 000 €.

Aucune décote n'est applicable (taux plein), mais la proratisation joue. Sa pension est ainsi calculée : 20 000 × 50 % (taux plein) × (152/158) = 9 620,25 € par an (801,69 € par mois).

Pour une retraite complète à taux plein il aurait perçu : 20 000 × 50 % × 158/158 = 10 000 € par an (833 € par mois).

Décote et proratisation

437 La pension de l'assuré qui ne réunit ni les trimestres exigés pour le taux plein, ni ceux requis pour la pension de retraite complète subit la décote et la proratisation de sa pension.

Exemple Un assuré né en 1947 part en retraite en 2007 à 60 ans et n'a réuni que 152 trimestres tous régimes confondus, dont seulement 148 acquis au seul régime général. Son salaire annuel moyen est égal à 20 000 €. Pour bénéficier d'un taux plein, il aurait dû réunir 160 trimestres tous régimes confondus et pour bénéficier d'une retraite complète 158 trimestres au régime général sont nécessaires.

La décote, calculée sur 8 trimestres (160 – 152), plus favorable que sur les 20 le séparant de son 65e anniversaire, porte le taux à 42 %. En outre, la pension est proratisée par le rapport 148/158.

La formule applicable est la suivante :
20 000 € × 42 % × (148/158) = 7 868,35 € par an (655,70 € par mois).

Pour une retraite complète à taux plein, il aurait perçu : 20 000 € × 50 % × (158/158) = 10 000 € par an (833 € par mois).

Majorations de pension

Majoration pour enfants

- **Conditions**

438 La majoration pour enfants est servie au père ou à la mère qui a eu au moins 3 enfants.

L'assuré qui a adopté dans le cadre d'une adoption plénière est considéré comme ayant eu l'enfant. L'enfant mort-né est également pris en compte.

L'enfant qui a été recueilli ouvre droit à la majoration s'il a été élevé pendant 9 ans avant son 16e anniversaire par l'assuré et a été à sa charge ou à celle de son conjoint.

- **Montant**

439 La bonification pour enfant augmente de 10 % le montant de la retraite (c. séc. soc. art. L. 351-12 et R. 351-30).

Lorsque l'assuré bénéficie d'une surcote (voir § 447), la majoration est calculée sur la base du montant annuel de la pension majoré par la surcote (circ. CNAV 2004-37 du 15 juillet 2004).

- **Date d'effet**

440 La majoration est due à la date d'effet de la pension lorsque les conditions d'attribution sont remplies à cette date. À défaut, elle est due à compter du premier jour du mois suivant la date à laquelle ces conditions sont remplies (c. séc. soc. art. R. 351-30).

Majoration pour conjoint à charge

- **Conditions**

441 La majoration pour conjoint à charge est servie à l'assuré ayant à charge un conjoint:
– ayant atteint l'âge de 65 ans (60 ans en cas d'inaptitude) ;
– qui n'est pas titulaire d'un avantage vieillesse ou invalidité ;
– qui ne dispose pas de ressources personnelles supérieures à un montant fixé à 7 025,73 € par an en 2007 (c. séc. soc. art. L. 351-13 et R. 351-31).

Ce plafond correspond à la différence entre le plafond de ressources fixé pour l'allocation aux vieux travailleurs salariés et aux personnes seules (7 635,53 € en 2007) et le montant de la majoration pour conjoint entière (609,80 € en 2007).

Sont prises en compte les ressources personnelles du conjoint (biens propres et produits de son travail), à l'exclusion des biens communs aux époux, retenues dans les 3 mois précédant la date d'effet de la majoration. Si les ressources des 3 mois dépassent le plafond, sont retenues les ressources des 12 mois précédents (c. séc. soc. art. R. 815-32).

- **Montant**

442 Son montant est forfaitaire. Il est fixé à 609,80 € par an (50,81 € par mois en 2007).

La majoration pour conjoint à charge est accordée pour son montant intégral :
– aux titulaires d'une pension de vieillesse substituée à une pension d'invalidité,
– et aux titulaires d'une pension correspondant à une durée d'assurance d'au moins 150 trimestres accomplie dans le régime général de sécurité sociale. Lorsque cette durée d'assurance est inférieure à 150 trimestres, la majoration est réduite proportionnellement à la durée d'assurance totalisée (c. séc. soc. art. R. 351-32).

• **Date d'effet**

443 La date d'effet de la majoration est la même que celle de l'avantage de base lorsque le conjoint remplit les conditions requises à cette date. À défaut, la majoration peut être demandée ultérieurement. Elle prend alors effet le premier jour du mois qui suit :
– la période de 3 mois au cours de laquelle les conditions de ressources sont remplies,
– ou bien le mois au cours duquel les autres conditions sont remplies (c. séc. soc. art. R. 351-33).

Mais la majoration ne peut prendre effet avant le premier jour du mois suivant la date de réception de la demande de l'assuré.

Si le conjoint est né le premier jour d'un mois, la date d'effet peut être fixée à compter du jour où il remplit la condition d'âge.

Majoration pour « tierce personne »

• **Conditions**

444 Elle est accordée à l'assuré âgé d'au moins 60 ans :
– qui a besoin, avant 65 ans, d'une tierce personne pour accomplir les actes ordinaires de la vie courante ;
– titulaire d'une pension de vieillesse pour inaptitude au travail, d'une pension de vieillesse au titre d'ancien déporté ou interné, d'ancien combattant et prisonnier de guerre, de mère de famille ouvrière ou d'une pension de vieillesse qui s'est substituée à une pension d'invalidité.

• **Montant**

445 La majoration est égale à 40 % de la pension principale sans pouvoir être inférieure à un minimum fixé à 999,83 € par mois en 2007 (c. séc. soc. art. L. 355-1 et R. 355-1). Elle est attribuée par le régime qui ouvre droit au bénéfice de l'assurance maladie (c. séc. soc. art. R. 171-2). Lorsque plusieurs régimes ouvrent droit à l'assurance maladie, le régime compétent est celui de la dernière affiliation.

En revanche, si le dernier régime compétent n'ouvre pas droit à la majoration ou si l'assuré a été affilié simultanément et en dernier lieu à plusieurs régimes, le régime compétent est celui qui rémunère la plus longue durée d'assurance.

Enfin, lorsque le régime général n'est pas prioritaire pour attribuer la majoration, il peut attribuer une majoration différentielle (c. séc. soc. art. R. 171-2).

• **Date d'effet**

446 La date d'effet de la majoration est la même que celle de la pension si les conditions sont réunies. À défaut, elle prend effet le premier jour du mois suivant la date de réception de la demande (c. séc. soc. art. L. 355-1).

Majoration pour activité après 60 ans (surcote)

• **Conditions**

447 Depuis le 1er janvier 2004, la pension de retraite peut être majorée lorsque l'assuré poursuit son activité après 60 ans et qu'il dispose du nombre de trimestres nécessaires à l'obtention d'une retraite à taux plein, soit 160 trimestres jusqu'au 31 décembre 2008 (voir § 326; c. séc. soc. art. L. 351-1-2).

Ces dispositions s'appliquent également aux régimes d'assurance vieillesse des artisans et des commerçants (c. séc. soc. art. D. 634-1).

La période d'activité après 60 ans doit avoir donné lieu à cotisations à la charge de l'assuré. Les périodes cotisées ne peuvent être antérieures au 1er janvier 2004.

• **Durée d'assurance ayant donné lieu à cotisations**

448 Le 60e anniversaire de l'assuré est positionné le premier jour du trimestre civil qui suit celui au cours duquel est survenu cet anniversaire. Les assurés nés le premier jour d'un trimestre civil sont considérés comme étant nés au cours du trimestre civil (circ. CNAV 2004-37 du 15 juillet 2004).

Sont prises en compte les périodes ayant donné lieu à cotisations obligatoires et volontaires d'assurance vieillesse (y compris les périodes de congé de formation et de stagiaires de la formation professionnelle), les périodes de rachat de cotisations, les périodes de cotisations dans les autres régimes de base et les périodes d'assurance validées par les régimes étrangers dans le cadre des règlements communautaires et des conventions internationales de sécurité sociale.

Sont donc exclues les périodes assimilées (maladie, chômage...), les périodes d'affiliation à l'assurance vieillesse des parents au foyer, les périodes ayant donné lieu à versement pour la retraite au titre des années d'études et des années faiblement rémunérées, ainsi que les majorations de durée d'assurance pour mère de famille, au titre du congé parental et pour les parents d'enfants handicapés.

Lorsque l'assuré a fait liquider ses droits au titre du régime général, la poursuite d'une activité relevant d'un autre régime ne peut donner lieu à majoration au régime général. Il n'y a pas de révision possible.

Seuls les trimestres cotisés depuis le 1er janvier 2004 ouvrent droit à surcote. En conséquence, sont concernées les pensions ayant pris effet depuis le 1er avril 2004 (circ. CNAV 2004-37 du 15 juillet 2004).

• **Trimestres retenus**

449 Si l'assuré réunit au moins 160 trimestres d'assurance, la majoration correspond au nombre de trimestres entiers accomplis à partir du trimestre civil suivant le 60e anniversaire (voir exemple ❶) et, en tout état de cause, à partir du 1er janvier 2004. Si la date d'acquisition du nombre de trimestres requis pour le taux plein (160 trimestres) est postérieure aux 60 ans de l'assuré, le nombre de trimestres est décompté à partir du premier jour du mois qui suit la réunion des 160 trimestres (voir exemple ❸).

Lorsque le 60e anniversaire de l'assuré et la date d'acquisition du nombre de trimestres requis pour le taux plein sont intervenus le 31 décembre 2003 au plus tard, les trimestres sont décomptés à partir du 1er janvier 2004 (voir exemple ❷).

Pour l'année du 60e anniversaire, le nombre de trimestres de majoration est proratisé si la durée d'assurance cotisée est inférieure à 4.

La durée d'assurance prise en compte au-delà de 160 trimestres ne peut excéder 4 trimestres par année.

Les trimestres cessent d'être décomptés à compter du dernier jour du trimestre civil qui précède la date d'effet de la pension au régime général.

Exemples ❶ Un assuré atteint l'âge de 60 ans le 18 mai 2005. Il totalise 160 trimestres à cette date. La date d'effet de sa pension est fixée au 1er mars 2006. Les trimestres ouvrant droit à majoration seront décomptés à partir du 1er juillet 2005 (premier jour du trimestre suivant celui au cours duquel l'assuré a eu 60 ans) et jusqu'au 31 décembre 2005 (dernier jour du trimestre civil qui précède la date d'effet de la pension). Il a donc acquis deux trimestres supplémentaires.

❷ Un assuré atteint l'âge de 60 ans le 3 mars 2003. Il totalise 160 trimestres à cette date. La date d'effet de sa pension est fixée au 1er novembre 2004. Les trimestres ouvrant droit à majoration seront décomptés à partir du 1er janvier 2004 (date d'effet du dispositif) et jusqu'au 30 septembre 2004 (dernier jour du trimestre civil qui précède la date d'effet de la pension). Il a donc acquis 3 trimestres supplémentaires.

❸ Un assuré atteint l'âge de 60 ans en février 2006. La date d'effet de sa pension est fixée au 1er août 2007. Il totalise 162 trimestres à cette date. Il n'a donc acquis ses 160 trimestres qu'au 31 décembre 2006. Les trimestres ouvrant droit à majoration seront décomptés à partir du 1er janvier 2007 (premier jour du mois suivant celui au cours duquel l'assuré a acquis le nombre de trimestres requis pour le taux plein) et jusqu'au 30 juin 2007 (date d'arrêt du compte au régime général). Il a donc acquis deux trimestres supplémentaires.

- **Montant**

450 Pour les pensions prenant effet à compter du 1er janvier 2007, la majoration est progressive (c. séc. soc. art. D. 351-1-4 ; décret 2006-1611 du 15 décembre 2006, JO du 17 ; circ. CNAV 2007-5 du 16 janvier 2007) :
– 0,75 % du 1er au 4e trimestre ;
– 1 % au-delà du 4e trimestre ;
– ou, quel que soit son rang, 1,25 % pour chaque trimestre accompli après le 65e anniversaire de l'assuré.

Elle est appliquée sur le montant annuel de la pension avant comparaison avec le minimum contributif.

Pour les pensions ayant pris effet avant le 1er janvier 2007, la majoration est égale à 0,75 % par trimestre cotisé après 60 ans.

Cette majoration peut porter la pension à un montant supérieur au montant maximal de la pension (voir § 430).

Le ministère de la Santé et des Solidarités a invité les partenaires sociaux à adopter une mesure similaire pour les régimes de retraite complémentaire.

Prélèvements sociaux

451 Les pensions de retraite sont soumises à des prélèvements obligatoires. Les retraités domiciliés fiscalement en France sont redevables de la CSG et la CRDS. Ceux domiciliés fiscalement à l'étranger doivent verser une cotisation d'assurance maladie.

Précompte d'assurance maladie

452 Depuis 1998, la cotisation maladie n'est plus précomptée sur les pensions d'assurance vieillesse, sauf pour les personnes qui ne sont pas fiscalement domiciliées en France mais qui relèvent à titre obligatoire d'un régime français d'assurance maladie. Pour ces dernières, le taux de cotisation maladie est fixé à 3,2 % depuis le 1er janvier 2005.

La cotisation maladie est également prélevée, sous certaines conditions, sur les pensions des personnes de nationalité étrangère qui ne relèvent pas à titre obligatoire d'un régime d'assurance maladie mais qui ont cotisé pendant 15 ans en France (sous réserve des engagements internationaux) (c. séc. soc. art. L. 161-25-3 et D. 161-5-1).

La cotisation est prélevée par la caisse d'assurance vieillesse qui verse la pension. Elle est calculée sur le montant brut des pensions de vieillesse, à l'exclusion de la majoration pour enfants (voir § 438) et de la majoration forfaitaire pour charge d'enfant (voir § 555) (c. séc. soc. art. L. 241-2, 1°).

La cotisation n'est, en revanche, pas prélevée si le retraité est titulaire d'une prestation non contributive (ex. : allocation supplémentaire) ou de l'allocation veuvage.

Le retraité français résidant à l'étranger peut s'assurer à titre volontaire à l'assurance maladie auprès de la caisse des Français à l'étranger (CFE), s'il n'exerce pas d'activité professionnelle et s'il justifie d'une durée d'assurance minimale à un régime français d'assurance vieillesse. La cotisation est prélevée sur le montant brut des avantages de vieillesse (sauf la majoration pour enfants).

CSG et CRDS

453 Les titulaires d'une pension de retraite fiscalement domiciliés en France et à la charge d'un régime obligatoire français d'assurance maladie sont assujettis à la CSG et à la CRDS.

Depuis le 1er janvier 2005, le taux de la CSG est fixé à 6,6 %. Celui de la CRDS est égal à 0,5 %.

L'abattement d'assiette ne s'applique pas aux pensions de retraite. Les deux prélèvements sont appliqués sur le montant brut de la pension, à l'exception de la majoration pour tierce personne.

Ces deux prélèvements peuvent, toutefois, faire l'objet d'une exonération partielle ou totale.

Sont exonérées de CSG et de CRDS sur les revenus de remplacement les personnes dont le « revenu fiscal de référence » de l'avant-dernière année est inférieur ou égal à un seuil qui varie en fonction du nombre de parts retenues pour l'impôt sur le revenu (voir tableau p. 220).

Les personnes qui dépassent ces seuils, mais qui ont été dispensées de l'impôt sur le revenu, sont redevables d'une CSG réduite à 3,8 %. Dans ce cas, la CSG reste due.

Enfin, les retraités titulaires d'un avantage non contributif (ex. : AVTS, allocation supplémentaire) ou de l'allocation veuvage sont exonérés de CSG et de CRDS.

Barème 2007* d'exonération de la CSG et de la CRDS (en €)

Nombre de parts (IR)	Métropole	Résidence en DOM (sauf Guyane)	Guyane
1 part	7 417	8 776	9 176
1,25 part	8 408	9 824	10 439
1,5 part	9 398	10 872	11 702
1,75 part	10 389	11 863	12 693
2 parts	11 379	12 853	13 683
2,25 parts	12 370	13 844	14 674
2,5 parts	13 360	14 834	15 664
Par 1/2 part supplémentaire	1981	1981	1981
Par 1/4 part supplémentaire	991	991	991

* Arrêté du 1er mars 2006, JO du 11 ; circ. CNAV 2006-59 du 18 octobre 2006

Retenues à la source

La retenue à la source est une avance sur impôt. Elle a pour objet de garantir l'État français contre le risque de non-recouvrement. La retenue porte sur les prestations servies aux retraités domiciliés fiscalement à l'étranger ou dans un territoire d'outre-mer (à l'exception de la Nouvelle-Calédonie). Sont exonérés du prélèvement de la retenue à la source les assurés :
– dont le pays de résidence a passé une convention fiscale comportant des dispositions pour éviter une double imposition,
– et dont le montant brut des avantages de vieillesse est inférieur à un montant fixé par décret.
La retenue est prélevée sur le montant net imposable des avantages de vieillesse. Sont exclues de l'assiette de cotisation :
– la majoration pour conjoint à charge ;
– la majoration pour tierce personne ;
– la majoration pour enfants ;
– la majoration pour charge d'enfant ;
– les prestations non contributives.

Revalorisation des pensions

454 Depuis le 1er janvier 2004, les pensions de retraite déjà liquidées sont revalorisées par application d'un coefficient fixé par arrêté ministériel. Ce coefficient est déterminé en fonction de l'évolution prévisionnelle des prix hors tabac prévue dans le rapport économique, social et financier annexé à la loi de finances. Cette revalorisation peut, le cas échéant, être ajustée ou corrigée (c. séc. soc. art. L. 161-23-1).

Liquidation et paiement de la pension

§§

Demande de retraite

- Demande à la charge de l'assuré . 470
- Réponse de la caisse :
  - notification de la décision 471
  - portée 472
- Recours contre la décision de la caisse de retraite :
  - recours devant la commission amiable 473
  - recours contentieux 474

§§

Paiement de la retraite

- Date d'effet de la retraite 475
- Date de paiement 476
- Modalités de paiement 477
- Résidence à l'étranger 478
- Versement forfaitaire unique 479
- Prescription 480
- Saisies sur retraite 481

Demande de retraite

Demande à la charge de l'assuré

470 Pour toucher sa pension de retraite, l'assuré doit en demander la liquidation à sa caisse. Il doit le faire à l'aide d'un formulaire qu'il se procure auprès de sa caisse (caisse régionale d'assurance maladie) ou de la permanence de la Caisse nationale d'assurance vieillesse à Paris. Ce formulaire peut aussi être retiré dans un point d'accueil retraite ou en mairie. Enfin, il est possible de se le procurer via Internet (www.cnav.fr) Il est également possible de demander sa retraite par Internet (voir § 230).

Si l'assuré réside à l'étranger, il doit s'adresser à l'organisme de retraite de l'État dans lequel il réside si la France a passé un accord avec lui. Si tel n'est pas le cas, il doit se tourner vers la caisse de retraite française où il a cotisé en dernier lieu. Il revient à l'assuré lui-même de demander la liquidation de sa pension. La demande d'un relevé de compte ne peut être assimilée à une telle démarche (cass. soc. 6 avril 1995, n° 93-16184, BC V n° 127).

Pour obtenir une pension de retraite de base, l'assuré doit justifier d'au moins un trimestre d'assurance.

La CNAV recommande de procéder à la demande de retraite environ 4 mois avant sa date de prise d'effet.

Réponse de la caisse

- **Notification de la décision**

471 La caisse doit notifier à l'intéressé sa décision portant soit rejet, soit attribution d'une pension, soit droit à un versement forfaitaire (c. séc. soc. art. R. 355-4 ; voir § 479).

La notification comporte le montant de la pension, le détail de son calcul et les voies de recours contre la décision.

- **Portée**

472 La notification emporte caractère définitif de la pension. Elle ne peut pas être annulée à la demande de l'assuré qui invoque des motifs de convenance personnelle (cass. soc. 12 octobre 1988, BC V n° 487). C'est le montant notifié qui sera tous les ans revalorisé (voir § 454).

Lorsque les délais de recours sont expirés (voir §§ 473 et 474), les bases de calcul de la pension ne peuvent plus être modifiées.

Recours contre la décision de la caisse de retraite

- **Recours devant la commission amiable**

473 Si l'assuré est en désaccord avec la décision de la caisse, il doit, avant de former tout recours contentieux, se pourvoir devant la commission de recours amiable (CRA) dans les 2 mois de la notification de la décision de la caisse ou de l'expiration du délai implicite de rejet, si la caisse n'a pas notifié sa décision dans le délai imparti (c. séc. soc. art. R. 142-1). Il doit s'adresser au président de la commission de recours amiable par lettre simple (il lui est conseillé d'indiquer le numéro de sa retraite).

Le délai de 2 mois est impératif: tout recours au-delà est irrecevable (cass. soc. 19 octobre 2000, n° 99-12465).

- **Recours contentieux**

474 Si la décision de la commission ne satisfait pas l'intéressé ou si celle-ci n'a pas donné de réponse dans le délai d'un mois suivant la date de réception de la réclamation, celui-ci peut engager un recours contentieux devant le tribunal des affaires de sécurité sociale (TASS). L'assistance d'un avocat n'est pas nécessaire.

Le TASS peut être saisi par lettre simple ou recommandée dans un délai de 2 mois à compter de la réception de la notification de la décision de la CRA ou bien de l'expiration du délai implicite de rejet si la CRA n'a pas notifié sa décision.

Les contestations relatives à l'allocation supplémentaire sont soumises directement au TASS (c. séc. soc. art. R. 142-7).

La décision du TASS peut faire l'objet d'un appel si le litige excède 4 000 €. Sinon, l'intéressé doit porter l'affaire directement devant la Cour de cassation dans les 2 mois du jugement du tribunal (l'assistance d'un avocat est alors obligatoire).

Paiement de la retraite

Date d'effet de la retraite

475 La date d'effet de la pension de vieillesse est choisie par l'assuré. Elle est fixée le premier jour d'un mois et ne peut pas être antérieure:
– au dépôt de la demande,
– et à l'âge auquel l'assuré a droit à une pension de vieillesse.

La faute de la caisse, constatée et non discutée, ayant adressé à l'assuré une reconstitution de carrière erronée, ne peut donner lieu qu'à dommages-intérêts et non pas au rétablissement du pensionné dans ses droits à compter d'une date antérieure à la date d'entrée en jouissance de la pension qu'il avait indiquée (cass. civ., 2e ch., 21 juin 2006, n° 04-30806).

Si la demande est déposée le premier jour d'un mois, la date d'effet peut être fixée au jour du dépôt sur demande de l'assuré. Si l'assuré n'indique pas la date d'effet, elle est fixée le premier jour du mois suivant la date de réception de la demande (c. séc. soc. art. R. 351-37).

L'assuré né le premier jour d'un mois peut obtenir une pension de vieillesse le jour de son 60e anniversaire.

La date d'effet de la pension de vieillesse substituée à une pension d'invalidité est fixée le premier jour du mois suivant le 60e anniversaire de l'assuré (c. séc. soc. art. R. 341-22). Si l'assuré s'est opposé à la substitution, la date d'effet est déterminée selon les règles habituelles.

En cas d'inaptitude, la date d'effet de la pension ne peut être antérieure au premier jour du mois suivant la date de reconnaissance de l'inaptitude.

En tout état de cause, le service de la pension ne peut être assuré avant le premier jour du mois suivant celui au cours duquel l'assuré a rompu tout lien professionnel avec son employeur ou a cessé son activité « non salariée » relevant du régime général (ex. : gérant minoritaire de SARL ; c. séc. soc. art. D. 161-2-5).

Les versements sont effectués jusqu'à la fin du mois comprenant le décès de l'assuré. Les sommes indûment payées au retraité après son décès doivent être remboursées par les héritiers dans la limite de la prescription biennale (voir § 480).

Date de paiement

476 **Les pensions (majorations et accessoires) sont payables mensuellement et à terme échu (c. séc. soc. art. R. 355-2). Elles le sont le 8e jour du mois suivant celui au titre duquel elles sont dues. Lorsque le 8e jour n'est pas ouvré, elles sont payées le premier jour ouvré suivant.**

En pratique, le paiement des retraites est effectué le 9 de chaque mois (ou le premier jour ouvré qui suit). Par exemple, la retraite du mois de novembre est payée le 9 décembre.

Les retraites sont revalorisées chaque année au 1er janvier (voir § 454). La somme perçue au mois de janvier correspondant à la mensualité de décembre, la revalorisation de la pension n'apparaît donc pas sur cette mensualité. La revalorisation apparaît sur le versement de février.

Modalités de paiement

477 **Les pensions de vieillesse de la sécurité sociale sont payées personnellement à leurs bénéficiaires par mandat postal avec la mention « payable en main propre ». L'assuré peut également demander un paiement par virement à un compte ouvert chez un comptable du Trésor, dans un centre de chèques postaux, dans une banque ou encore dans une caisse d'épargne.**

Le règlement par virement est obligatoire si le titulaire de la prestation le demande par écrit. Le paiement par mandat et lettre-chèque est réservé aux personnes qui ne disposent pas d'un compte bancaire, postal ou d'épargne pour des raisons spécifiques.

Cependant, la prestation peut être payée à un tiers dans certaines situations telles que :
– incapacité de se déplacer ;
– personnes hospitalisées ;
– personnes condamnées à une peine afflictive et infamante ;
– majeurs protégés.

Résidence à l'étranger

478 Les pensions versées à des personnes résidant à l'étranger sont, en principe, versées par mandat-carte international.

La pension peut également être versée sur un compte ouvert en France ou dans l'État où le pensionné réside dès lors que cet État est lié à la France par un accord international (tel est le cas des États membres de l'Union européenne, mais aussi de nombreux États liés à la France par une convention, comme les pays du Maghreb...). Les assurés doivent alors envoyer à leur caisse :
– un relevé d'identité bancaire, postal ou de caisse d'épargne avant le premier paiement de la retraite, et en cas de changement de compte ;
– une attestation de résidence, lors du premier paiement de la retraite ;
– un certificat de vie, en principe une fois par an.

Versement forfaitaire unique

479 Lorsque le montant annuel de la pension, y compris les avantages complémentaires (voir § 430), est inférieur à un minimum (142,36 € en 2007), celle-ci est remplacée par un versement forfaitaire unique égal à 15 fois le montant annuel de la retraite (c. séc. soc. art. R. 351-26). Le versement est effectué à la date à laquelle l'assuré aurait perçu la première mensualité de sa pension.

Si l'assuré décède avant le paiement mais après la date d'effet de la pension, le versement est effectué auprès des héritiers.

Le droit au versement forfaitaire unique est déterminé à la date d'effet de la pension. Il ne peut pas être payé sans l'accord de l'assuré. Une pension déjà attribuée continue à être servie mensuellement, y compris lorsque son montant devient inférieur au seuil.

Le seuil de versement est revalorisé chaque année par le coefficient applicable aux pensions (c. séc. soc. art. R. 351-26).

Prescription

480 Le paiement de la retraite se prescrit sur 5 ans (c. civ. art. 2227), délai pendant lequel le retraité peut demander le paiement de mois de retraite.

La caisse de retraite ne peut quant à elle réclamer de prestations qu'elle aurait indûment versées que dans la limite d'un délai de 2 ans.

Saisies sur retraite

481 Les pensions de retraite sont cessibles et saisissables dans les mêmes conditions et limites que les salaires (c. séc. soc. art. L. 355-2).

Toutefois, elles le sont dans la limite de 90 % au profit des établissements hospitaliers pour le paiement des frais d'hospitalisation.

Une fraction des prestations est absolument insaisissable, elle est égale au montant du revenu minimum d'insertion (RMI).

Cumul emploi-retraite

13

§§

Principe : la cessation d'activité dans le régime général

- Condition nécessaire au service de la pension de vieillesse :
  - cessation de toute activité salariée au sens du code de la sécurité sociale 491
  - notion d'activité « non salariée » visée par le régime de base 492
  - régimes spéciaux visés 493
- Justifications de la cessation d'activité :
  - pièces justificatives à fournir pour la cessation d'une activité « non salariée » 494
  - pièces justificatives à fournir pour la cessation d'une activité salariée 495
  - date d'application 496
- Principe non absolu 497

Première dérogation : les poursuites d'activités autorisées

- Poursuites d'activités autorisées par la loi :
  - activités artistiques spécifiques 499
  - activités artistiques, littéraires ou scientifiques exercées à titre accessoire 500
  - participation aux activités juridictionnelles ou assimilées 501
  - transmission d'entreprise 506
  - activité d'hébergement en milieu rural 507
  - activités de parrainage dans les DOM 508

§§

→ *Dispositif particulier applicable aux médecins et infirmiers retraités : page 229*

- Poursuites d'activités autorisées par l'administration :
  - salariés logés par l'employeur . 509
  - activités de faible importance .. 510
  - activités de nature particulière 511
  - activités exercées à l'étranger 512
  - personnes handicapées travaillant en CAT 513
- Dérogation en cas de droit non ouvert 515

Deuxième dérogation : la reprise d'une activité

- Conditions de reprise d'activité :
  - délai d'attente en cas de reprise chez l'ancien employeur 517
  - plafond de cumul : règles générales 522
  - plafond de cumul pour les personnes percevant des bas salaires 526
- Déclaration de situation 527
- Conséquence de l'inobservation des conditions : la suspension de la pension :
  - reprise d'activité chez l'ancien employeur dans les 6 mois 529
  - dépassement du plafond de cumul 530

→ *Modèle de déclaration de reprise d'activité : page 236*

Principe : la cessation d'activité dans le régime général

490 En principe, pour bénéficier d'une pension de vieillesse, l'assuré doit cesser son activité salariée. Cependant, ce principe n'est pas absolu et des dérogations sont prévues.

Les pensions (voir §§ 540 à 562) de réversion, la retraite progressive (voir annexe 1) et l'exercice d'une activité à l'étranger (sauf si l'assuré est détaché par son employeur français à l'étranger) ne sont pas concernés par la cessation d'activité et le cumul emploi-retraite.

Condition nécessaire au service de la pension de vieillesse

• Cessation de toute activité salariée au sens du code de la sécurité sociale

491 Le service d'une pension de vieillesse par le régime général, le régime des salariés agricoles ou par certains régimes spéciaux est subordonné à la rupture définitive de tout lien professionnel avec l'employeur ou, pour les assurés exerçant une activité non salariée relevant du ou desdits régimes (activité réputée non salariée au sens du droit du travail), à la cessation définitive de cette activité (c. séc. soc. art. L. 161-22, al. 1).

Autrement dit, pour bénéficier d'une pension de vieillesse servie par le régime général, le régime des salariés agricoles ou un régime spécial, l'assuré doit impérativement cesser toute activité relevant de ces régimes. Il ne peut continuer d'exercer une activité relevant du régime des salariés agricoles et percevoir, dans le même temps, une pension de vieillesse du régime général de sécurité sociale.
En revanche, il peut continuer d'exercer une activité non salariée proprement dite (c'est-à-dire industrielle et commerciale, artisanale ou libérale), sans limite.

• Notion d'activité «non salariée» visée par le régime de base

492 Même si certaines activités ne répondent pas aux critères d'activité salariée définis par le droit du travail, les personnes qui les exercent sont obligatoirement affiliées au régime général de sécurité sociale. Les personnes visées sont notamment certains dirigeants d'entreprise ou d'association (c. séc. soc. art. L. 311-3).

Lorsqu'elle utilise le terme d'activité non salariée, l'administration ne fait pas référence aux activités artisanales, industrielles ou commerciales ou aux professions libérales. Elle entend simplement préciser que les personnes visées à l'article L. 311-3 du code de la sécurité sociale doivent respecter les mêmes règles du cumul emploi-retraite applicables aux salariés puisqu'ils bénéficient du même régime d'assurance vieillesse (circ. CNAV 2004-64 du 22 décembre 2004 ; voir «Les cotisations sociales de l'entreprise», *RF* 950, §§ 33 à 48).

• Régimes spéciaux visés

493 Les régimes spéciaux soumis aux règles du cumul emploi-retraite détaillées dans cette fiche sont énumérés à l'article R. 711-1 du code de la sécurité sociale (à savoir : industries électriques et gazières, SNCF, RATP, Mines, Banque de France, clercs et employés de notaire, chambre de commerce et d'industrie de Paris, Opéra national de Paris, Comédie-Française, personnel de la caisse autonome nationale de sécurité sociale dans les mines, port autonome de Strasbourg), à l'exception :
– des régimes spéciaux des fonctionnaires de l'État, des magistrats de l'ordre judiciaire et des militaires, des fonctionnaires territoriaux et hospitaliers, des ouvriers des établissements industriels de l'État et des marins français (circ. DSS/SD3/2004/512 du 27 octobre 2004 ; circ. CNAV 2004-64 du 22 décembre 2004) ;
– de certains régimes spéciaux, énumérés à l'article R. 711-1 du code de la sécurité sociale, soumis à des dispositifs de cumul spécifiques : il en est ainsi dans le régime spécial des mines, des clercs et employés de notaire, de l'Opéra national de Paris et de la Comédie-Française ;

– pour les retraités des régimes spéciaux de la SNCF, de la RATP, de la Banque de France, de la chambre de commerce et d'industrie de Paris, de l'Opéra national de Paris, de la Comédie-Française, du personnel de la caisse autonome nationale de la sécurité sociale dans les mines et du port autonome de Strasbourg, qui cumulent leur pension du régime spécial avec des rémunérations publiques ou parapubliques (décret-loi du 29 octobre 1936, art. 16 modifié).

Justifications de la cessation d'activité

• Pièces justificatives à fournir pour la cessation d'une activité « non salariée »

494 Lorsqu'il a exercé en dernier lieu une activité dite « non salariée » (voir § 492), l'assuré doit établir, par tout mode de preuve, qu'il a cessé définitivement cette activité, notamment par la production, suivant la nature de l'activité, d'un certificat de radiation du registre du commerce et des sociétés, du répertoire des métiers ou du registre des entreprises des départements du Bas-Rhin, du Haut-Rhin et de la Moselle, ou d'un certificat de cessation d'activité du chef d'entreprise délivré par la chambre des métiers (c. séc. soc. art. D. 161-2-5, al. 3).

• Pièces justificatives à fournir pour la cessation d'une activité salariée

495 Lorsqu'il a exercé en dernier lieu une activité salariée, l'assuré doit produire une attestation sur l'honneur mentionnant la date de cessation de toute activité auprès du ou des employeurs dont il relevait au cours des 6 mois précédant la date d'effet de la pension (c. séc. soc. art. D. 161-2-5, al. 4).

Un imprimé « Déclaration sur l'honneur de cessation d'activité salariée » devrait remplacer l'attestation d'activité salariée qui devait être complétée par l'employeur. Une déclaration sur l'honneur de l'assuré, établie sur papier libre et comportant les informations figurant sur l'imprimé, est également valable (circ. CNAV 2004-64 du 22 décembre 2004). À notre connaissance, l'imprimé n'est toujours pas disponible.

L'assuré qui exerçait en dernier lieu une activité salariée relevant d'un régime spécial dont la gestion est assurée par l'employeur (tel est le cas de la SNCF, de la RATP ou de la Banque de France) est dispensé de la production de cette attestation pour le service de la pension de ce régime. En revanche, cette déclaration est exigée par le service de la retraite du régime général.

• Date d'application

496 Ces moyens de preuve s'appliquent aux pensions de vieillesse qui prennent effet à compter du 1er janvier 2005.

Toutefois, les assurés dont la pension de vieillesse prend effet en 2004 peuvent justifier de leur cessation d'activité selon ces nouvelles règles ou selon les règles antérieures (production d'une attestation du dernier employeur mentionnant la date de cessation d'activité, par exemple ; c. séc. soc. art. R. 352-1).

Principe non absolu

497 Le principe de cessation n'est pas absolu : le salarié, dès l'âge de 55 ans (c. séc. soc. art. R. 161-11 et R. 634-2), peut cumuler un emploi et sa pension de retraite soit en poursuivant une activité autorisée par la loi ou par l'administration (1re dérogation), soit en reprenant une activité plafonnée (2e dérogation).

Première dérogation : les poursuites d'activités autorisées

498 Certaines activités spécifiques ou accessoires peuvent être poursuivies par le pensionné. Ces dérogations sont soit d'origine légale, soit d'origine administrative.

Poursuites d'activités autorisées par la loi

- **Activités artistiques spécifiques**

499 Peuvent poursuivre leur activité à titre principal ou accessoire, tout en percevant une retraite (c. séc. soc. art. L. 161-22, al. 4, 1°) :
– les artistes du spectacle et les mannequins affiliés obligatoirement au régime général en application de l'article L. 311-3, 15° du code de la sécurité sociale ;
– les artistes auteurs d'œuvres littéraires et dramatiques, musicales et chorégraphiques, audiovisuelles et cinématographiques, graphiques et plastiques affiliés au régime général en application de l'article L. 382-1 du code de la sécurité sociale ;
– les artistes-interprètes rattachés au régime des professions libérales (étant entendu que la reprise d'activité non salariée est permise sans condition).

- **Activités artistiques, littéraires ou scientifiques exercées à titre accessoire**

500 Les activités artistiques, littéraires ou scientifiques (conférences, publication d'articles de presse, activité de recherche scientifique, publication de livres) peuvent être poursuivies dès lors qu'elles sont exercées à titre accessoire (c. séc. soc. art. L. 161-22, al. 4, 2°).

Elles sont accessoires si le revenu annuel total qu'elles procurent est inférieur à celui d'un salarié rémunéré sur la base du SMIC et employé à tiers temps (circ. CNAV 2006-27 du 11 avril 2006). Les revenus pris en compte sont ceux perçus pendant l'année civile précédant celle au cours de laquelle la retraite prend effet.

Ces revenus sont comparés à un montant égal à 4 fois la valeur mensuelle du SMIC brut en vigueur au 1er janvier de l'année au cours de laquelle la retraite prend effet.

- **Participation aux activités juridictionnelles ou assimilées**

501 Les personnes participant au fonctionnement de la justice occasionnellement ou accessoirement à d'autres activités peuvent poursuivre ces activités (c. séc. soc. art. L. 161-22, al. 4, 3°).

502 **Activités juridictionnelles.** Il s'agit des fonctions de membres ou d'assesseurs de certaines juridictions dès lors qu'elles donnent lieu à la perception d'indemnités sous forme de vacations (juré de cour d'assises ou conseiller des prud'hommes, par exemple).

503 **Activités assimilées.** Il s'agit d'activités d'arbitrage et de celles pouvant éventuellement être exercées au sein de commissions spécialement prévues par les textes pour obtenir la conciliation des parties, dans la mesure où la participation à ces commissions donne lieu à la perception d'indemnités.

504 **Consultations données occasionnellement.** Il s'agit de consultations qui ne sont pas susceptibles d'occuper l'intéressé plus de 15 heures hebdomadaires en moyenne pendant l'année.

505 **Participation à des jurys ou à des instances consultatives ou délibératives.** Il peut s'agir de l'activité des parlementaires ou des conseillers régionaux, généraux ou municipaux, des magistrats honoraires, des membres des conseils d'administration et des diverses commissions ou conseils créés par des textes législatifs ou réglementaires dans le cadre d'établissements publics.

• **Transmission d'entreprise**

506 Les assurés qui transmettent leur entreprise entre 60 et 65 ans sont autorisés à y poursuivre l'exercice d'une activité rémunérée et à percevoir une pension de vieillesse (c. séc. soc. art. L. 161-22, al. 4, 4° ; L. 634-6-1). Cette autorisation de poursuite d'activité est limitée à un délai de 6 mois qui commence à courir à compter du premier jour du mois qui suit celui au cours duquel est intervenue la transmission.

La transmission ne doit pas être antérieure, notamment, à la vente ou promesse de vente du fonds par acte authentique, à la mise en location-gérance, à la cession par le requérant de tout ou partie de ses droits ou parts sociales de telle sorte que les droits ou parts conservés soient inférieurs à ceux du repreneur. Dans une telle hypothèse, le service de la pension est suspendu (c. séc. soc. art. D. 634-13-1).

• **Activité d'hébergement en milieu rural**

507 Les pensionnés peuvent continuer d'exercer des activités d'hébergement avec des biens qui leur appartiennent (gîtes ruraux, camping à la ferme, chambre d'hôtes... ; c. séc. soc. art. L. 161-22, al. 4, 5°).

• **Activités de parrainage dans les DOM et à Saint-Pierre-et-Miquelon**

508 Dans les départements d'outre-mer et à Saint-Pierre-et-Miquelon, un apprenti ou un salarié bénéficiaire d'un contrat d'insertion professionnelle peut, pour une durée limitée, bénéficier du parrainage de personnes pour assurer sa formation au sein de l'entreprise (c. séc. soc. art. L. 161-22, al. 4, 6° ; c. trav. art. L. 811-2). Cette activité de parrainage est compatible avec le service d'une pension de vieillesse (le parrain retraité doit avoir obtenu l'agrément du représentant de l'État dans le département).

Dispositif particulier applicable aux médecins et infirmiers retraités

Des dispositions particulières sont applicables aux pensions servies et aux activités exercées à compter du 1er novembre 2004 par des médecins et infirmiers retraités qui accomplissent des vacations dans des établissements de santé ou des établissements sociaux ou médico-sociaux.

Instauration de deux limites

Le cumul d'une pension de retraite et des revenus afférents à des activités accomplies par des médecins et infirmiers dans des établissements de santé ou des établissements sociaux ou médico-sociaux est autorisé dans la limite (c. séc. soc. art. R. 161-11-1) :
– d'une durée d'activité fixée en heures ou en demi-journées, selon les modalités d'appréciation de la durée du travail applicables au retraité actif ;
– d'un plafond de revenus égal au montant du plafond annuel de la sécurité sociale (étant entendu que les revenus à prendre en compte sont ceux retenus pour le calcul de la CSG).

L'application de ces limites varie en fonction des situations et leur irrespect peut conduire à la réduction ou à l'interruption de la pension de vieillesse.
En effet, lorsque le médecin ou l'infirmier retraité souhaite retravailler chez son ancien employeur sans respecter le délai d'attente de 6 mois, les limites s'appliquent cumulativement. La limite de durée d'activité est fixée, pour 6 mois, à 455 heures ou 130 demi-journées. Elle n'est pas proratisée en fonction de la durée de l'activité exercée au cours de ces 6 mois.

En revanche, lorsqu'il effectue ses vacations chez un nouvel employeur ou après 6 mois, seul le plafond de revenus est applicable (étant entendu que le plafond n'est pas proratisé en fonction de la durée d'activité exercée au cours de l'année civile).

Vacations chez l'ancien employeur sans respecter le délai d'attente de 6 mois
Si le médecin ou l'infirmier retraité effectue des vacations chez son ancien employeur avant l'expiration du délai d'attente de 6 mois, il convient, tout d'abord, de vérifier le respect de la condition de durée d'activité, puis de la condition de ressources.
Ainsi, si la condition de durée d'activité est respectée mais pas le plafond de ressources, la pension est réduite à due concurrence. Cette réduction est égale à la différence entre le montant des revenus perçus au titre des vacations et le plafond (c. séc. soc. art. D. 161-2-21 II).
En revanche, le non-respect de la condition de durée d'activité entraîne la suspension de la pension et le remboursement des arrérages déjà versés (c. séc. soc. art. D. 161-2-21 I). Cette suspension rétroactive n'est applicable que pendant les 6 mois postérieurs à la date d'effet de la pension (pour une application pratique, voir FH 3066-5, § 37).

Autres situations
Si le pensionné effectue des vacations chez un nouvel employeur (ou chez l'ancien mais après expiration du délai d'attente), seule la condition de ressources est requise.
Si le plafond de la sécurité sociale est dépassé, la pension est réduite à due concurrence. En revanche, s'il n'est pas dépassé, le cumul est possible (pour une application pratique, voir FH 3066-5, § 38).

Informations à communiquer
Des obligations informatives s'imposent aux retraités actifs à l'égard de leurs employeurs et aux employeurs à l'égard des organismes de retraite, de façon à ce que ces derniers soient en mesure de mettre en œuvre des règles de cumul (circ. DSS/SD3/2004/512 du 27 octobre 2004).

Poursuites d'activités autorisées par l'administration

• Salariés logés par l'employeur

509 Sont exemptées de la condition de cessation d'activité, les personnes logées par leur employeur si leur rémunération brute mensuelle au cours de l'année précédant la date d'effet de leur pension n'a pas excédé, en moyenne, une fois la valeur mensuelle du SMIC brut correspondant à la durée du travail et au taux en vigueur à la date d'effet de la pension (circ. CNAV 2006-27 du 11 avril 2006).

Si, après liquidation de la pension, le plafond est dépassé, le paiement de la pension est suspendu.

Il s'agit notamment des concierges, gardiens d'immeuble et employés de maison.

• Activités de faible importance

510 De manière générale, il est possible de conserver une activité de faible importance.

L'activité salariée exercée est considérée comme étant de faible importance si elle procure un revenu annuel inférieur à 4 fois la valeur mensuelle du SMIC brut correspondant à la durée légale du travail et au taux en vigueur au 1er janvier de l'année au cours de laquelle la retraite prend effet (soit une rémunération calculée sur la base du SMIC pour une personne employée à tiers temps).

Les revenus pris en compte sont ceux perçus pendant l'année civile précédant celle au cours de laquelle la retraite prend effet (circ. CNAV 2006-27 du 11 avril 2006).

Si, après liquidation de la pension, le plafond est dépassé, le paiement de la pension est suspendu (circ. CNAV 2004-64 du 22 décembre 2004).

• **Activités de nature particulière**

511 Les activités de nourrice, gardienne d'enfants et assistante maternelle ainsi que celles des assurés remplissant les fonctions de tierce personne auprès d'une personne âgée, invalide ou handicapée peuvent être cumulées avec une pension de retraite.

• **Activités exercées à l'étranger**

512 L'exercice d'activités professionnelles salariées et non salariées hors de France ne fait pas obstacle au versement d'une pension si, au moment du dépôt de la demande de pension, les intéressés ne sont pas soumis à la législation française de sécurité sociale.

Tel est le cas des expatriés au sens de l'article L. 762-1 du code de la sécurité sociale et non des détachés.

• **Personnes handicapées travaillant en CAT**

513 Les personnes handicapées travaillant en CAT n'ont pas la qualité de salarié au sens du droit du travail. Elles ne sont donc pas soumises à l'obligation de cessation d'activité.

En revanche, les personnes handicapées qui travaillent en atelier protégé doivent respecter cette condition.

• **Autres professions**

514 Les magistrats recrutés à titre temporaire ainsi que les ministres des cultes et membres de congrégations et collectivités religieuses (au titre de leur activité à caractère religieux donnant lieu à affiliation au régime général) sont également autorisés à poursuivre leurs activités (circ. CNAV 2004-64 du 22 décembre 2004).

Dérogation en cas de droit non ouvert

515 En principe, la condition de cessation d'activité doit être satisfaite, à la fois, au regard du régime général de sécurité sociale, du régime des salariés agricoles et des régimes spéciaux auxquels l'assuré est affilié à la date d'effet de la pension.

Toutefois, lorsque le droit à pension n'est pas encore ouvert, en raison de l'âge de l'assuré, auprès du dernier régime d'activité (en cas d'activités successives) ou de l'un des derniers régimes d'activité (en cas d'activités simultanées), la condition de cessation d'activité n'est pas exigée au titre de ce régime. L'assuré est autorisé à différer la cessation d'activité relevant de ce régime jusqu'à l'âge d'ouverture du droit à pension dans ledit régime.

Dans ce cas de figure, le plafond de ressources (voir §§ 521 à 525) n'est pas opposable au service de la première pension tant que l'âge d'ouverture du droit à l'autre pension n'est pas atteint.

Deuxième dérogation : la reprise d'activité

516 Le retraité est admis à reprendre une activité salariée à certaines conditions. Les développements suivants font état des nouvelles dispositions applicables à compter du 1er janvier 2005 aux pensions de vieillesse dont la date d'effet est postérieure au 31 décembre 2003 (décrets 2004-1130 et 2004-1131 du 19 octobre 2004, JO du 22 ; loi de financement de la sécurité sociale pour 2007, JO du 22 décembre, art. 54).

Les pensions de vieillesse dont la date d'effet est antérieure à cette date sont soumises aux dispositions antérieures. Pour 2004, le service des pensions prenant effet au cours de cette année n'est subordonné qu'à la cessation d'activité. Ces dispositions ne s'appliquent qu'aux personnes âgées de 55 ans qui bénéficient d'une pension prenant effet à compter du 1er janvier 2005.

Rappelons que le retraité du régime général ou d'un régime salarié peut cumuler sa pension avec les revenus tirés d'une activité artisanale, industrielle, commerçante ou libérale, sans limite.

Conditions de reprise d'activité

- **Délai d'attente en cas de reprise chez l'ancien employeur**

517 **Délai de 6 mois.** Lorsqu'elle a lieu chez le dernier employeur ou s'exerce dans la dernière entreprise d'activité du pensionné, la reprise d'activité ne peut intervenir que 6 mois après l'entrée en jouissance de la pension de vieillesse, au plus tôt (c. séc. soc. art. L. 161-22, al. 2).

Si la reprise d'activité a lieu chez un autre employeur, il n'y a pas lieu de respecter le délai d'attente de 6 mois.

518 **Activités antérieures prises en compte.** Les activités antérieures à la date d'effet de la pension qui doivent être prises en considération pour vérifier que l'activité reprise est exercée chez le même employeur sont celles exercées au cours des 6 mois précédant la date d'effet de la pension (c. séc. soc. art. D. 161-2-12, al. 1).

Ces activités sont celles qui ont donné lieu à affiliation au régime général de sécurité sociale, au régime des salariés agricoles ou aux régimes spéciaux, à l'exception des activités qui peuvent être poursuivies par l'assuré (c. séc. soc. art. L. 161-22, al. 4, 1° à 7° ; art. D. 161-2-6 ; voir §§ 498 à 514).

519 **Période d'appréciation de la reprise d'activité.** La situation du pensionné qui reprend une activité est appréciée compte tenu de la date de cessation de l'activité antérieure et de la date de début d'activité reprise (c. séc. soc. art. D. 161-2-12, al. 2).

Si l'activité reprise est une activité salariée, on tient compte de la date de fin du contrat de travail antérieur et de la date d'effet du nouveau contrat de travail.

Exemple Si Monsieur X cesse son activité le 31 décembre 2006, sa retraite au régime général prend effet le 1er janvier 2007.

La reprise d'une activité chez son ancien employeur n'est autorisée qu'à partir du 1er juillet 2007.

520 **Contrôle *a posteriori*.** Des contrôles *a posteriori* sont mis en œuvre pour vérifier si les conditions de poursuite et de reprise d'activité sont respectées (c. séc. soc. art. D. 161-2-17).

Dans le cadre de ce contrôle, l'organisme est amené, en cas de reprise d'activité, à vérifier que les revenus perçus par l'assuré ne dépassent pas le plafond de ressources fixé, et ceci pour chaque échéance de pension. Si, à l'occasion de ce contrôle, l'organisme constate un dépassement du plafond de ressources, il est en droit de réclamer le remboursement des arrérages de pensions non dus.

521 **Dérogation au délai d'attente: les missions de tutorat.** Un ancien salarié, par ailleurs pensionné, peut cumuler sa pension de vieillesse avec les activités de tutorat d'un ou de plusieurs salariés dans une entreprise (loi de financement de la sécurité sociale pour 2007, JO du 22 décembre, art. 54-I, 2°; c. séc. soc. art. L. 161-22, al. 3, 8°) dès lors que:
- cette activité est exercée à titre exclusif,
- auprès de son ancien employeur,
- sous le régime d'un contrat de travail à durée déterminée,
- et dans les limite d'un montant de cumul fixé par décret (à paraître).

La liquidation de la pension de l'ancien salarié est également une condition indispensable à l'exercice de cette mission de tutorat.

Cette nouvelle disposition constitue une modalité particulière de reprise d'activité dérogeant à la règle de délai d'attente de 6 mois en cas de reprise chez l'ancien employeur, et non pas, comme son insertion au troisième alinéa de l'article L. 161-22 peut le laisser penser, une nouvelle poursuite d'activité autorisée par la loi.

• **Plafond de cumul : règles générales**

522 La pension de vieillesse peut être cumulée avec une reprise d'activité lorsque les revenus tirés de la nouvelle activité ajoutés aux pensions de vieillesse et de retraite complémentaire sont inférieurs au dernier salaire d'activité.

523 **Revenus pris en compte pour déterminer le plafond de cumul.** Les revenus pris en compte pour déterminer si le cumul d'une pension et d'une nouvelle activité est possible sont ceux tirés des activités antérieures et des activités postérieures à la date d'effet de la pension et ayant donné lieu à affiliation (c. séc. soc. art. D. 161-2-6):
- au régime général de la sécurité sociale;
- au régime des salariés agricoles ;
- à un régime spécial de retraite.

En revanche, les revenus tirés des activités qui peuvent être poursuivies postérieurement à la date d'effet de la pension et énumérées par l'article L. 161-22 ne sont pas pris en compte (voir §§ 498 à 514).

Rappelons que les revenus d'activité donnant lieu à cotisations aux régimes des commerçants, artisans, professions libérales, avocats, exploitants agricoles, des ministres du culte et membres des congrégations et des collectivités religieuses ainsi qu'aux régimes des fonctionnaires (voir § 493) ne sont pas pris en compte.

524 **Calcul du dernier salaire d'activité.** Le revenu tiré de l'activité antérieure est égal à la moyenne mensuelle des revenus d'activité perçus au cours d'une période de référence et retenus pour le calcul de la CSG (c. séc. soc. art. D. 161-2-7, I).

Pour les périodes d'activité antérieures au 1er février 1991, il s'agit de la moyenne mensuelle des revenus d'activité retenus pour le calcul des cotisations d'allocations familiales.

La prise en compte des revenus est subordonnée à la production des bulletins de salaire ou de tout autre moyen de preuve.

La moyenne mensuelle des revenus de l'activité antérieure est calculée à partir des revenus perçus (c. séc. soc. art. D. 161-2-7, III):

– le mois civil au cours duquel est intervenue la cessation d'activité dans le régime auquel l'assuré a été affilié en dernier lieu,
– et les deux mois civils précédents.

Toutefois, si les revenus d'activité ont été perçus au cours de deux mois civils, le revenu qui doit être pris en compte correspond à la moyenne mensuelle des revenus perçus au cours de ces deux mois. Lorsque, en revanche, les revenus ont été perçus au cours d'un seul mois civil, le revenu retenu est égal au total de ces revenus (c. séc. soc. art. D. 161-2-7, IV).

Lorsque l'assuré a exercé une activité à temps partiel au cours de la période de référence, le revenu retenu au titre de l'activité antérieure ne peut être inférieur à celui correspondant à une activité exercée à temps complet (c. séc. soc. art. D. 161-2-7, II).

Ces dispositions s'appliquent sur demande de l'assuré qui doit produire :
– une attestation du ou des employeurs concernés faisant apparaître la durée du travail de l'intéressé durant la période de référence et la durée du travail à temps complet applicable à l'entreprise durant cette période,
– ou tout autre moyen de preuve.

En cas d'exercice de plusieurs activités à temps partiel, le total des rémunérations est pris en compte. Il ne peut être inférieur à la rémunération correspondant à l'activité rétablie à temps complet la plus élevée (circ. CNAV 2004-64 du 22 décembre 2004).

Le revenu de la dernière activité, le cas échéant revalorisé, ne peut être inférieur au SMIC mensuel en vigueur au 1er janvier (SMIC calculé sur 1 820 heures par année civile, soit 151,67 heures sur le mois).

525 **Revenus postérieurs à comparer au plafond.** Les revenus servant de base au calcul de la CSG tirés de la reprise d'activité postérieure à la date d'effet de la pension sont ajoutés aux pensions servies par le régime de base et par les régimes complémentaires légalement obligatoires (avantages accessoires compris à l'exception, toutefois, de la majoration pour aide d'une tierce personne). Si ce total est inférieur au dernier salaire d'activité, le cumul de la pension avec une reprise d'activité est possible.

Le revenu pris en compte au titre de l'activité postérieure est celui servant de base au calcul de la CSG. Lorsque l'assuré relève simultanément de plusieurs employeurs, c'est l'ensemble des revenus perçus qui est retenu (c. séc. soc. art. D. 161-2-10). Les revenus de remplacement sont exclus.

Les pensions à prendre en compte sont les pensions de droit direct liquidées par le régime général, le régime des salariés agricoles et les régimes spéciaux, quelle que soit leur date d'effet. Les avantages accessoires de ces pensions sont également pris en compte, à l'exception de la majoration pour aide d'une tierce personne. Ces pensions et avantages accessoires sont retenus par leur montant brut (c. séc. soc. art. D. 161-2-11). Les retraites complémentaires versées par l'ARRCO, l'AGIRC, l'IRCANTEC et la caisse de retraite du personnel navigant de l'aviation civile sont également prises en compte. À noter que si l'intéressé perçoit une prestation non contributive, le droit à cette prestation en cas de reprise d'activité doit être réexaminé, compte tenu des nouveaux revenus d'activité, avant la mise en œuvre des règles de cumul emploi-retraite (circ. CNAV 2004-64 du 22 décembre 2004).

- **Plafond de cumul pour les personnes percevant des bas salaires**

526 Pour répondre au souhait exprimé par les partenaires sociaux à l'article 22 de l'accord national interprofessionnel du 13 octobre 2005, et sur la base de l'avis rendu par le Conseil d'orientation des retraites (COR) le 14 février 2006, le cumul emploi-retraite est facilité pour les bas salaires.

Ce plafond de cumul est assoupli en faveur des personnes percevant de faibles revenus (loi de financement de la sécurité sociale pour 2007, JO du 22 décembre, art. 54; Instruction ministérielle CNAV 2007-2 du 16 janvier 2007).

Désormais, le plafond de cumul emploi-retraite à respecter est:
– soit un montant équivalent à 160 % du SMIC,
– soit, si le total des revenus procurés (revenus d'activité + retraites de base et complémentaire) excède 160 % du SMIC, le dernier salaire d'activité perçu par le pensionné avant le départ en retraite (voir §§ 521 à 524).

Exemple Un retraité dont le dernier salaire d'activité s'élevait à 1 800 €, reprend une activité après avoir liquidé sa pension de retraite. Le total de ses revenus (pensions de retraite et revenus issus de la reprise d'activité) s'élève à 1950 €.

En vertu des anciennes règles de cumul, le plafond à ne pas dépasser aurait été 1 800 €.

Les nouvelles règles de cumul lui permettent de percevoir la totalité de ses revenus puisque le nouveau plafond de cumul qui lui est applicable est 2 006,85 € (soit 1 254,28 € × 160 %).

Déclaration de situation

• Déclaration écrite

527 Le pensionné qui reprend une activité salariée est tenu d'en informer, par écrit et dans le mois suivant la date de reprise d'activité, l'organisme qui sert sa pension au titre de son dernier régime d'affiliation.

Les organismes gestionnaires des régimes concernés doivent informer leurs ressortissants, lors de la liquidation de la retraite, puis chaque année, de l'obligation qu'ils ont de déclarer leur reprise d'activité.

En cas d'affiliation simultanée à plusieurs régimes lors du départ à la retraite (affiliation simultanée au régime général de sécurité sociale et au régime des salariés agricoles, par exemple), l'organisme auprès duquel l'assuré doit adresser sa déclaration est celui qui sert la pension correspondant à la plus longue durée d'assurance, périodes reconnues comme équivalentes comprises (c. séc. soc. art. D. 161-2-13).

• Pièces justificatives à fournir

528 Le pensionné doit transmettre à l'organisme compétent un certain nombre d'informations et de pièces justificatives:
– les noms et adresses de la ou des entreprises auprès desquelles il exerce une activité;
– la date de début de cette ou de ces activités;
– le montant et la nature des revenus professionnels afférents à cette ou ces activités ainsi que le ou les régimes de sécurité sociale auxquels il est affilié à ce titre;
– les revenus perçus durant les trois derniers mois de l'activité antérieure (justifiés par des bulletins de salaire ou tout autre document);
– les noms et adresses des autres organismes de retraite de salariés, de base et complémentaires, qui lui servent une pension;
– en cas d'exercice de la dernière activité à temps partiel et si l'assuré a sollicité la prise en compte de son salaire à temps complet, une attestation du ou des employeurs concernés faisant apparaître sa durée de travail durant les trois derniers mois de son activité antérieure et la durée de travail à temps complet applicable à l'entreprise pendant cette même période ou tout autre moyen de preuve.

Déclaration de reprise d'activité au directeur de la caisse régionale d'assurance maladie pour le cumul d'une activité et d'une pension de vieillesse

À ...., le ....

LETTRE RECOMMANDÉE AVEC AR

Objet: reprise d'activité

Monsieur le Directeur,

Actuellement bénéficiaire d'une pension de vieillesse, j'ai repris une activité (préciser laquelle) au sein de la (des) société(s) .... depuis le ....

Les revenus procurés par cette activité s'élèvent à .... € et je perçois actuellement une (ou plusieurs autres) pension(s) de retraite d'un montant total de .... € versée(s) par ....

Au titre de cette (ces) nouvelle(s) activité(s), je suis affilié au(x) régime(s) de sécurité sociale suivant(s) : ....

Je vous remercie de bien vouloir me faire savoir si je peux cumuler ma pension de vieillesse avec les revenus procurés par ma (mes) nouvelle(s) activité(s).

Dans l'attente de votre réponse, je vous prie de croire, Monsieur le Directeur, en l'expression de mes sincères salutations.

Signature

P-S: Vous trouverez, ci-joint, les documents justifiant les revenus que j'ai perçus durant le mois au cours duquel j'ai cessé ma dernière activité et les deux mois précédents.

Conséquence de l'inobservation des conditions: la suspension de la pension

• Reprise d'une activité chez l'ancien employeur dans les six mois

529 La pension est suspendue lorsque l'intéressé reprend, dans les six mois suivant la date d'effet de la pension, une activité salariée pour le compte de l'employeur dont il relevait avant la date d'effet de la pension ou une activité «non salariée» pour le compte de la même entreprise.

La durée de cette suspension est fixée comme suit:
– si la pension est versée à échéance mensuelle: elle est suspendue à compter du premier jour du mois au cours duquel la reprise de l'activité intervient jusqu'au dernier jour du mois au cours duquel cesse l'activité;
– si la pension est versée à échéance trimestrielle: elle est suspendue à compter du premier jour du trimestre au cours duquel la reprise de l'activité intervient jusqu'au dernier jour du trimestre au cours duquel cesse l'activité.

En tout état de cause, la pension est suspendue, au plus tard, jusqu'au dernier jour du 6e mois courant à compter de la date d'effet de la pension (passé ce délai l'intéressé est autorisé, dans la limite du plafond de cumul, à reprendre une activité chez le même employeur).

Exemple Monsieur X cesse son activité le 30 avril 2007. Sa retraite prend effet le 1er mai 2007. Il reprend une activité chez son ancien employeur à compter du 1er juillet 2007. Le service de sa pension est donc suspendu du 1er juillet 2007 jusqu'au 31 octobre 2007 au plus tard. À compter du 1er novembre 2007, la suspension est maintenue si le plafond de cumul est dépassé. S'il ne l'est pas, le service de sa retraite est rétabli à compter du 1er novembre 2007.

Ces dispositions s'appliquent également lorsque l'assuré n'a pas cessé son activité à la date d'effet de la pension. Dans ce cas, la suspension intervient à compter de cette date d'effet (c. séc. soc. art. D. 161-2-15).

• **Dépassement du plafond de cumul**

530 **Suspension pour le mois ou le trimestre.** La pension n'est pas due pour le mois civil ou le trimestre (selon l'échéance de la pension) au cours duquel les revenus tirés de la reprise d'activité sont supérieurs à la différence entre :
– le montant du revenu tiré de l'activité antérieure à la date d'effet de la pension, le cas échéant, ramené sur une base trimestrielle,
– et le total du montant des pensions de retraite perçu par l'assuré.

531 **Date d'effet.** Lorsque l'assuré déclare son activité dans le mois suivant la date de la reprise, la suspension de la pension à échéance mensuelle ou trimestrielle prend effet à compter du premier jour du mois ou du trimestre suivant celui au cours duquel l'organisme compétent notifie sa décision à l'assuré (c. séc. soc. art. D. 161-2-16, IV).

En revanche, en cas de défaut de déclaration de situation dans les délais impartis, la pension est réputée suspendue dès le dépassement du plafond et les arrérages de pension versés alors qu'ils n'étaient pas dus donnent lieu à remboursement (c. séc. soc. art. D. 161-2-22).

Exemple Monsieur X cesse son activité le 31 mars 2007. Sa retraite prend effet à compter du 1er avril 2007.
Il reprend une activité chez son ancien employeur à compter du 1er juillet 2007 et déclare cette reprise le 15 juillet 2007.
La notification de la décision de suspension lui est adressée le 10 septembre 2007. La suspension intervient à compter du 1er octobre 2007.
En revanche, si Monsieur X déclare sa reprise d'activité le 31 juillet 2007, le paiement de la retraite n'est pas dû dès le mois de cette reprise d'activité.

532 **Durée de la suspension.** La suspension dure aussi longtemps que l'assuré ne fait pas état d'une baisse de revenus ou bien de la cessation de son activité. La pension est de nouveau servie à compter du premier jour du mois ou du trimestre au cours duquel les conditions requises pour le cumul sont remplies. Un rappel d'arrérages peut, le cas échéant, être versé (c. séc. soc. art. D. 161-2-16, V).

14

Droits du conjoint survivant

§§

Conditions d'attribution

- Qualité de conjoint 541
- Suppression progressive de la condition d'âge 542
- Conditions de plafond de ressources:
  - montant des plafonds 543
  - ressources à prendre en considération 544
  - ressources exclues 545
  - abattement des revenus d'activité du conjoint survivant de plus de 55 ans 546
  - date d'appréciation des ressources 547
  - contrôle des ressources 548

§§

Calcul de la pension

- Montant de la pension 549
- Majorations 554
- Cas des polypensionnés
  - calcul de la pension 556
  - interlocuteur unique 558

Demande de pension et entrée en jouissance

- Demande 561
- Entrée en jouissance 562

→ *Allocation veuvage: page 250*

Conditions d'attribution

540 Les conditions d'attribution de la pension de réversion exposées dans les paragraphes suivants sont applicables aux pensions prenant effet depuis le 1er juillet 2004.

Qualité de conjoint

541 La pension de réversion est accordée au conjoint et aux ex-conjoints de l'assuré décédé ou disparu depuis plus d'un an (c. séc. soc. art. L. 353-3).

Avant le 1er juillet 2004, le conjoint survivant pouvait bénéficier d'une pension de réversion à condition d'être âgé de 55 ans au moins, d'avoir été marié au moins deux ans avant le décès ou la disparition de l'assuré (sauf enfant issu du mariage) et de ne pas s'être remarié. Désormais, les conditions de durée de mariage et d'absence de remariage sont supprimées.

Il n'est pas nécessaire que le conjoint divorcé soit non remarié pour bénéficier de la pension de réversion. Celle-ci est partagée entre le conjoint survivant et le ou les précédents conjoints divorcés au prorata de la durée respective de chaque mariage (c. séc. soc. art. L. 353-3). Ce partage est effectué lors de la liquidation des droits du premier des conjoints qui en fait la demande. Le décès d'un des bénéficiaires augmente la part du ou des autres conjoints (voir § 553).

La durée de chaque mariage est déterminée de date à date et arrondie au nombre de mois inférieur (c. séc. soc. art. R. 353-4, al. 2).

Suppression progressive de la condition d'âge

542 L'âge minimal requis est progressivement abaissé comme suit :
– 55 ans pour les pensions ayant pris effet au plus tard le 30 juin 2005;
– 52 ans pour les pensions prenant effet au plus tard le 30 juin 2007;
– 51 ans pour les pensions prenant effet au plus tard le 30 juin 2009;
– 50 ans pour les pensions prenant effet au plus tard le 31 décembre 2010.

À compter du 1er janvier 2011, aucune condition d'âge ne sera plus requise pour obtenir la pension de réversion.

Conditions de plafond de ressources

• Montant des plafonds

543 Le conjoint survivant ne peut percevoir la pension de réversion que si ses ressources ne dépassent pas un plafond qui tient compte, le cas échéant, des ressources du ménage (c. séc. soc. art. L. 353-1 et D. 353-1-1).

La prise en compte des ressources du ménage constitue la contrepartie de la suppression de la condition d'absence de remariage.

Le plafond annuel des ressources personnelles est fixé à 2 080 fois le montant horaire du SMIC en vigueur au 1er janvier (soit 17 201,60 € en 2007). Le plafond annuel du ménage est fixé à 1,6 fois le plafond annuel de ressources personnelles (soit 27 522,56 € en 2007).

Les règles d'appréciation des ressources et les modalités de calcul des pensions de réversion dans le cadre des règlements communautaires et des accords internationaux de sécurité sociale sont précisées dans la circulaire CNAV 2006-38 du 8 juin 2006.

• Ressources à prendre en considération

544 Les ressources personnelles sont appréciées dans les conditions prévues pour l'allocation supplémentaire du Fonds national de solidarité (c. séc. soc. art. R. 815-25 à R. 815-28 et R. 815-32, al. 2). Lorsque le conjoint est remarié, ou s'il vit maritalement au moment de la demande, il convient de retenir les ressources du nouveau ménage, c'est-à-dire du couple marié, des partenaires pacsés ou des concubins (circ. CNAV 2005-17 du 11 avril 2005).

Sont donc pris en compte les retraites de réversion des régimes de base, les retraites personnelles de base et complémentaires, les pensions d'invalidité personnelles, les revenus des biens mobiliers et immobiliers personnels dans la limite de 3 % de leur valeur.

Depuis le 1er juillet 2006, les pensions de réversion de base servies par le régime général, les régimes agricoles et les régimes des non-salariés non agricoles (artisans, industriels et commerçants, professions libérales à l'exclusion des avocats) sont prises en compte pour apprécier si le plafond de ressources est atteint ou pas (circ. CNAV 2006-37 du 8 juin 2006).

Plus précisément, les pensions de réversion visées par le dispositif applicable au 1er juillet 2006 sont:
– les pensions de réversion prenant effet à compter du 1er juillet 2006, quelles que soient la date du décès de l'assuré et la date de dépôt de la demande;
– les pensions de réversion auxquelles les règles antérieures à la loi portant réforme des retraites s'appliquent (absence de conditions de ressources, loi 2003-775 du 21 août 2003, art. 31, § V, 2°) dès lors qu'il y a attribution d'un avantage personnel de vieillesse ou d'invalidité prenant effet à compter du 1er juillet 2006 ou

bien substitution, à compter du 1er juillet 2006, d'une pension de vieillesse au titre de l'inaptitude à une pension d'invalidité.

Les pensions de réversion calculées selon les règles applicables entre le 1er juillet 2004 et le 30 juin 2006 (conditions de ressources mais non prise en compte des pensions de réversion de base) ne sont pas visées, même en cas d'attribution d'un avantage personnel de vieillesse ou d'invalidité prenant effet à compter du 1er juillet 2006.

Il s'agit exclusivement des pensions de réversion de base servies sous conditions de ressources au conjoint survivant, issues d'un même assuré décédé.

En revanche, les allocations de réversion servies par les régimes légalement obligatoires complémentaires aux régimes visés par la réforme restent exclues des ressources prises en compte.

La CNAV précise que les pensions de réversion des régimes concernés sont seulement prises en compte pour la détermination du montant de la pension de réversion à servir et non au moment de l'examen des conditions d'ouverture du droit (circ. CNAV 2006-37 du 8 juin 2006).

• **Ressources exclues**

545 Ne doivent pas être retenues toutes les ressources qui sont à exclure pour l'attribution de l'allocation supplémentaire (prestations familiales, allocation de logement social, valeur de l'habitation principale notamment).

Sont, de plus, exclus (circ. CNAV 2006-37 du 8 juin 2006) :
– les pensions de réversion, servies au conjoint survivant, issues d'un autre conjoint décédé;
– les pensions de réversion attribuées avant le 1er juillet 2004 et le 30 juin 2006 (sous conditions de ressources mais sans prise en compte des pensions de réversion de base) même lorsque celles-ci sont issues du même conjoint décédé;
– les pensions de réversion servies au nouveau conjoint ou concubin ou partenaire pacsé;
– les avantages de réversion servis par les régimes légalement obligatoires complémentaires à ces régimes (AGIRC et ARRCO, par exemple) ;
– les revenus des biens mobiliers et immobiliers provenant de la communauté de biens avec le conjoint décédé ou acquis du chef du conjoint décédé ou en raison de ce décès (notamment la pension de veuve de guerre et les avantages résultant d'une assurance décès),
– les revenus d'activité et de remplacement (maladie, chômage, préretraite..., ainsi que les avantages viagers, tels que rentes et pensions d'invalidité ou de vieillesse) de l'assuré décédé.

La majoration pour enfants rattachée aux avantages personnels ou de réversion du conjoint survivant ne doit pas non plus être prise en compte (lettre min. du 22 mars 2005).

Sont ainsi exclues des ressources les majorations pour enfants rattachées:
– à tous les droits personnels servis par des régimes de base au conjoint survivant, quel que soit le régime débiteur ;
– aux pensions de réversion servies au conjoint survivant par le régime général, le régime agricole (salariés et exploitants agricoles), les régimes de non-salariés des commerçants, des artisans et des professions libérales (sauf le régime des avocats).

Les majorations pour enfants attribuées en complément d'avantages exclus (tels les avantages de réversion servis par les régimes légalement obligatoires complémentaires au régime général, ou au régime des salariés ou non-salariés agricoles, ou aux régimes de non-salariés des commerçants, des artisans et des professions libérales, exception faite du régime des avocats) sont de ce fait également exclues.

Les majorations pour enfants sur retraite complémentaire personnelle du titulaire de la pension de réversion ou de son conjoint ne sont, par exemple, pas exclues (circ. CNAV 2006-6 du 13 janvier 2006).

Enfin, l'allocation veuvage, le cas échéant servie lors de la demande de pension de réversion, n'est pas prise en compte pour l'appréciation des ressources (lettre min. du 15 juillet 2005).

Ressources exclues*	Textes
Aide personnalisée au logement et allocation de logement	Loi 77-1 du 3 janvier 1977, art. 15
Aide des personnes tenues à l'obligation alimentaire	Circ. CNAV 13-74 du 23 janvier 1974
Allocations d'aide sociale	Lettre min. 3536-AG du 23 mai 1962
Allocation de compensation accordée aux aveugles et aux grands infirmes travailleurs et les avantages en espèces dont l'intéressé bénéficie au titre de l'aide sociale	C. séc. soc. art. R. 815-25, 7°
Allocation de vétérance des sapeurs-pompiers volontaires	Loi 99-128 du 23 février 1999, art. 1
Allocations allouées aux veuves d'accidentés du travail, pour les enfants à charge	Lettre du ministère de l'Agriculture du 19 février 1960
Allocation de la ville de Paris en raison de son caractère facultatif	Réponse Q° écrite du 29 avril 1976
Allocation supplémentaire mentionnée aux articles L. 815-2 et L. 815-3 (anciens) du code de la sécurité sociale quels que soient le titulaire et la nature du droit	C. séc. soc. art. L. 815-8 (ancien)
Avantages de réversion servis par les régimes complémentaires aux régimes visés par le dispositif	C. séc. soc. art. R. 353-1
Allocation adulte handicapé (AAH) servie au demandeur, à son conjoint, ou concubin ou pacsé si titulaire d'un droit propre de vieillesse ou d'invalidité	Lettre min. 558 G/79 du 19 mars 1982
Allocation veuvage	Lettre min. du 15 juillet 2005
La valeur des locaux d'habitation occupés à titre de résidence principale par l'intéressé et les membres de sa famille	C. séc. soc. art. R. 815-25, 1°
La valeur des terres, du cheptel et des bâtiments de l'exploitation agricole, qu'ils soient utilisés ou non personnellement par l'assuré	C. séc. soc. art. R. 815-25, 2°
La valeur des meubles meublants	Circ. min. 64/SS du 22 juin 1964
Assurance décès	Circ. CNAV 31-75 du 5 mars 1975, § 234
Assurances vie du décédé versées au conjoint survivant en raison de ce décès	Circ. CNAV 31-75 du 5 mars 1975, § 234
Allocation amiante servie au demandeur	Circ. CNAV 2002-56 du 2 octobre 2002, § 21
Assurance vie souscrite par un époux au profit de l'autre. Lors du décès, le capital versé au conjoint survivant est acquis en raison du décès de l'assuré	Circ. CNAV 31-75 du 5 mars 1975, § 234
Biens propres du décédé, biens issus du décès, biens de communauté avec l'assuré décédé	C. séc. soc. art. R. 353-1 Lettre min. 189/AG du 6 octobre 1977 Lettre min. 155/AG du 3 août 1955
Les capitaux décès versés au conjoint survivant consécutivement au décès de l'assuré	Circ. CNAV 31-75 du 5 mars 1975, § 234
Droits de conjoints servis par les NSNA (avantage de conjoint et majoration conjoint à charge) s'éteignant au décès de l'assuré	–
Droits dérivés du vivant servis seuls ou en complément d'un droit propre non salarié agricole s'éteignant au décès du conjoint	–
Montant des cessions consenties à titre onéreux en vue de l'obtention de l'indemnité annuelle de départ ou de l'indemnité viagère de départ ayant le caractère d'un complément de retraite	Décret 84-84 du 1er février 1984, art. 19

Ressources exclues*	Textes
Indemnité viagère de départ (IVD) attribuée avant le 1er juillet 1981	Lettre-circ. CNAVMA n° 8 du 22 juillet 1968
Indemnité complémentaire de restructuration ou prime spéciale assortissant certaines indemnités viagères de départ	Décret 69-1029 du 17 novembre 1969, art. 23
Indemnité au preneur sortant prévue aux articles L. 411-69 et suivants du code rural	Décret 81-88 du 30 janvier 1981, art. 22
Indemnité au preneur sortant bénéficiaire d'une indemnité de départ	Décret 84-84 du 1er février 1984, art. 19
Indemnités de déplacement des agriculteurs membres des organismes de la MSA	Réponse Q écrite du 29 juin 1976
Indemnités de fonction perçues par les maires et adjoints	Lettre min. 180/189 du 9 août 1963
Indemnités de soin aux tuberculeux	C. séc. soc. art. R. 815-25, 4°
Indemnité de départ acquise par l'assuré décédé et versée au décédé ou au conjoint (artisan – commerçant)	C. séc. soc. art. R. 353-1, 3°
Indemnité ou rente viagère versées aux personnes dont les parents ont été victimes de persécutions raciales	Lettre CNAV du 5 décembre 2002
Indemnités en faveur des rapatriés prévues par la loi 70-632 du 15 juillet 1970 et les rentes viagères résultant de la conversion de ces indemnités	Décret 76-470 du 25 mai 1976
Majoration spéciale prévue à l'article L. 52-2 du code des pensions militaires d'invalidité et des victimes de guerre	C. séc. soc. art. R. 815-25, 5°
Majoration de pension ou l'allocation accordée aux personnes dont l'état de santé nécessite l'aide constante d'une tierce personne	C. séc. soc. art. R. 815-25, 6°
Majoration forfaitaire pour charge d'enfant accordée en complément de la pension de réversion	Circ. du ministère de l'Agriculture n° 7024 du 21 juillet 1988
Majoration pour enfants (10 %): – sur droit personnel de base du demandeur, quel que soit le régime débiteur, – sur pension de réversion servie au demandeur par les régimes visés par le dispositif	Circ. CNAV 2006-6 du 13 janvier 2006, § 13
Pension ou allocation d'orphelin versée au demandeur et à son conjoint, concubin ou pacsé	Circ. minis. Aff. sociales n° 85 du 27 juillet 1956, § 29 Loi 70-1218 du 23 décembre 1970
Pensions d'orphelin et toutes les prestations accordées pour subvenir à l'entretien et à l'éducation des enfants par l'aide sociale, le code des pensions militaires d'invalidité et par d'autres législations	Circ. min. 64/SS du 22 juin 1964
Pension alimentaire versée au demandeur par son ex-conjoint pour subvenir à l'entretien et à l'éducation des enfants dont il a la charge	CPI Évreux du 22 décembre 1959
Pensions attachées aux distinctions honorifiques	C. séc. soc. art. R. 815-25, 9°
Prestations familiales	C. séc. soc. art. R. 815-25, 3° C. séc. soc. art. L. 511-1
Prestations algériennes dues aux ressortissants français, mais non payées en raison de la législation algérienne (prestations non exploitables)	Lettre min. du 21 novembre 1994
Pensions de veuve de guerre	Circ. CNAV 31-75 du 5 mars 1975, § 234
Pension d'invalidité de veuve ou de veuf (PIVV) et pension de vieillesse de veuve ou de veuf (PVVV)	Circ. CNAV 2006-6 du 13 janvier 2006, § 5
Pensions de réversion de base servies par le régime général, le RSI vieillesse, le régime des salariés agricoles, le régime des non-salariés agricoles, les sections professionnelles de la CNAVPL: – servies au conjoint, concubin ou pacsé du demandeur de pension de réversion, – servies au demandeur de réversion au titre d'un ex-conjoint, – servies au demandeur de réversion au titre du même conjoint décédé, liquidées selon la législation antérieure au 1er juillet 2006	Circ. CNAV 2006-37 du 8 juin 2006, § 32

Ressources exclues*	Textes
Prime unique à la cessation laitière et prime de conversion	Décret 84-481 du 21 juin 1984
Prime annuelle à la cessation laitière, dans la mesure où le bénéficiaire continue à exploiter	Lettre du ministère de l'Agriculture du 16 octobre 1989
Prime d'abandon de la culture de la vigne	–
Prime de départ versée aux agriculteurs en difficulté	Décret 88-529 du 4 mai 1988, art. 6
Réversion des retraites supplémentaires d'entreprise	C. séc. soc. art. R. 353-1, 3°
Revenus de l'épargne prévoyance du décédé versés au conjoint survivant en raison de ce décès	C. séc. soc. art. R. 353-1, 3°
Revenus d'activité et de remplacement de l'assuré décédé	C. séc. soc. art. R. 353-1, 1°
Rente AT de réversion ou d'ayant droit issue du décès et versée au conjoint survivant	C. séc. soc. art. R. 353-1, 3°
Rente de chevrons de front belge	Circ. min. 98/SS du 22 octobre 1959
Rente viagère au profit des harkis instituée par l'article 47 de la loi 99-1173 du 30 décembre 1999	Décret 2000-840 du 30 août 2000
Rente de réversion des contrats Madelin et la rente de réversion ARIA	C. séc. soc. art. R. 353-1, 3°
Rente de survivant servie par la CNAVPL (hors avocats)	C. séc. soc. art. R. 353-1, 3°
Rentes versées par l'Allemagne en réparation des dommages causés par le régime hitlérien	Lettre min. Travail 7053 du 28 avril 1971 Lettre min. Travail 7053 du 28 avril 1971
Retraite du combattant	C. séc. soc. art. R. 815-25, 8°
Revenu minimum d'insertion (RMI)	Lettre min. AG 216-89 du 7 juillet 1989
Secours d'assistance versés aux ressortissants suisses par les autorités suisses d'assistance	Circ. min. 59/SS du 7 juillet 1958
Secours bénévoles et précaires ou de bienfaisance versés par une collectivité ou une personne non tenue à l'obligation alimentaire	Lettre min. 101-362 du 5 janvier 1962
Secours et prestations versés aux rapatriés	Lettre min. 261-258 du 20 décembre 1962 Circ. min. 71/SS du 27 mai 1963
Versement exceptionnel de 5 € par mois au titre de l'année 2005 par les Pays-Bas aux personnes âgées de plus de 65 ans titulaires d'une pension AOW	Circ. CNAV 2005-14 du 23 février 2005

* *sources:* circ. CNAV 2006-37 du 8 juin 2006

• **Abattement des revenus d'activité du conjoint survivant de plus de 55 ans**

546 Pour l'appréciation des ressources au regard du plafond, les revenus d'activité du conjoint survivant font l'objet d'un abattement de 30 % s'il est âgé de 55 ans ou plus (c. séc. soc. art. R. 353-1). Cet abattement s'applique dès lors que l'assuré a 55 ans ou plus, quel que soit l'âge atteint au moment où ces revenus ont été perçus (circ. CNAV 2006-37 du 8 juin 2006).

Les revenus de remplacement (maladie, maternité, chômage, pension de vieillesse…) ne sont pas visés par cet abattement.

• **Date d'appréciation des ressources**

547 Les ressources à prendre en compte sont celles afférentes:
– aux 3 mois civils précédant la date d'effet de la pension de réversion (et non plus les 3 mois civils précédant la date de la demande),
– ou, lorsqu'elles excèdent le quart du plafond de ressources (voir § 543), celles des 12 mois civils précédant la date d'effet de la pension.

Toutefois, lorsque le point de départ de la pension de réversion est fixé au premier jour du mois suivant le dépôt de la demande, il est admis de retenir les 3 mois ou les 12 mois précédant cette demande (circ. CNAV 2005-17 du 11 avril 2005).

• **Contrôle des ressources**

548 La pension de réversion est révisable en cas de variation dans le montant des ressources, dans les mêmes conditions que pour l'allocation supplémentaire (c. séc. soc. art. R. 815-22 à R. 815-24 et R. 815-40 et R. 815-41).

Ainsi, les personnes qui sollicitent le bénéfice de la pension de réversion sont tenues de faire connaître à l'organisme liquidateur le montant des ressources dont elles disposent ainsi que, par la suite, tout changement survenu dans leurs ressources.

L'organisme liquidateur procède, s'il y a lieu, à toutes enquêtes ou recherches nécessaires et demande tous éclaircissements qu'il juge utiles, à quelque époque que ce soit.

Toutefois, la date de la dernière révision ne peut être postérieure :
– à un délai de 3 mois après la date à laquelle le conjoint survivant est entré en jouissance de l'ensemble des avantages personnels de retraites de base et complémentaire lorsqu'il peut prétendre à de tels avantages ;
– à la date du premier jour du mois qui suit son 60e anniversaire, lorsqu'il ne peut pas prétendre à de tels avantages (c. séc. soc. art. R. 353-1-1°).

La pension de réversion du conjoint survivant n'est donc plus révisable (hormis les revalorisations périodiques).

Cependant, si, à la date d'effet de la pension de réversion, le conjoint survivant est en possession de tous ses droits personnels depuis plus de 3 mois ou est âgé d'au moins 60 ans et n'a jamais cotisé à un régime de base de la sécurité sociale, la pension n'est plus révisable dès son point de départ (circ. CNAV 2006-37 du 8 juin 2006).

Calcul de la pension

Montant de la pension

• **Montant de base de la pension de réversion**

549 La pension de réversion est égale à 54 % de la pension dont bénéficiait ou aurait bénéficié l'assuré décédé ou disparu (c. séc. soc. art. D. 353-1). Elle est revalorisée comme la pension de vieillesse, c'est-à-dire conformément à l'évolution des prix hors tabac.

La pension de réversion ne peut pas être supérieure à 54 % du montant maximal de la pension personnelle (54 % de 50 % du plafond de la sécurité sociale).

Lorsque l'assuré décédé a été marié plusieurs fois, la pension de réversion est partagée entre le conjoint survivant et les ex-conjoints (voir §§ 541 et 553).

Par ailleurs, le régime général calcule une fraction de pension de réversion lorsque l'assuré décédé a été affilié à un régime spécial.

• **Assuré décédé avant sa retraite**

550 Si l'assuré n'était pas titulaire d'une pension de vieillesse ou d'une rente à la date de son décès, le montant de la pension principale est déterminé en fonction des règles applicables aux personnes atteignant 60 ans l'année du décès de l'assuré (nombre de trimestres requis pour la durée d'assurance et pour le taux plein, etc.), sans tenir compte de l'âge du défunt (c. séc. soc. art. R. 353-3).

Cependant, pour les assurés nés à partir du 1er janvier 1934 et pour les pensions de réversion liquidées au 1er janvier 2008, premier jour du mois suivant celui au cours duquel l'assuré est

Nombre d'années à retenir pour le calcul du salaire annuel moyen*			
Point de départ de la pension de réversion	**Année de naissance de l'assuré décédé**	**Date de décès de l'assuré**	**Nombres d'années à retenir**
Du 1/07/2004 au 31/12/2007	Avant le 1/01/1934	Avant le 1/01/2008	10 ans
	À compter du 1/01/1934	Avant le 1/01/1994	10 ans
	À compter du 1/01/1934	Du 1/01/1994 au 31/12/2007	De 11 à 24 ans selon l'année du décès
Le 1/01/2008	N'est pas à considérer	Du 1/12/1994 au 31/12/2007	24 ans
À compter du 1/01/2008	N'est pas à considérer	Autre que décembre 2007	25 ans

* *Source* : CNAV.

décédé, le nombre d'années servant à déterminer le salaire annuel (voir § 316) est fixé à 24 ans (et non pas à 25 ans) et la durée maximale d'assurance demeure fixée à 158 trimestres (au lieu de 160 trimestres à partir du 1er janvier 2008).

• Réduction en cas de dépassement des plafonds de ressources

551 Si le total du montant de la pension de réversion et des ressources du conjoint survivant ou, le cas échéant, du ménage dépasse les plafonds de ressources fixés par décret (voir § 543), la pension de réversion est réduite à due concurrence (ainsi que, le cas échéant, la majoration forfaitaire pour enfants à charge).

• Montant minimal de la pension de réversion

552 La pension de réversion ne peut être inférieure au montant minimal de base correspondant à une durée d'assurance d'au moins 15 ans (soit 60 trimestres) accomplis dans le régime général d'assurance vieillesse. Lorsque cette durée est inférieure à 15 ans, le montant minimal de base est réduit à autant de soixantièmes que l'assuré justifiait de trimestres d'assurance.

Bien entendu, ce minimum est revalorisé dans les conditions prévues pour la pension de vieillesse.

En outre, lorsqu'un assuré a relevé de deux ou plusieurs régimes d'assurance vieillesse différents et que le total des périodes d'assurance qu'il a accomplies dans ces régimes représente plus de 60 trimestres, chaque régime retient, le cas échéant, le montant du minimum de base au prorata de la durée d'assurance accomplie en son sein sur le total des durées d'assurance accomplies dans ces régimes, soit la formule suivante :

Minimum de base × durée d'assurance accomplie dans un régime/durée d'assurance totale.

• Répartition entre conjoint survivant et ex-conjoints

553 La pension de réversion est répartie entre le conjoint survivant et les ex-conjoints proportionnellement à la durée de chaque mariage. Cette durée est calculée de date à date et arrondie au nombre de mois inférieur (c. séc. soc. art. L. 353-3 et R. 353-4).

Le partage est déterminé lors du calcul de la première pension de réversion.

Les parts de la pension de réversion sont attribuées aux autres ayants droit au fur et à mesure que les conditions d'attribution sont remplies (c. séc. soc. art. R. 353-4). Elles sont calculées sur la base de la pension de réversion entière à la date d'effet de chaque fraction de pension de réversion.
La pension de réversion est portée au minimum avant le partage.

La retraite de l'assuré décédé n'est pas recalculée. En revanche, peuvent être recalculés à la date d'effet de chaque fraction de la pension de réversion le taux (actuellement de 54 %), le minimum et le maximum de la pension de réversion (circ. CNAV 2006-6 du 13 janvier 2006).

Dès lors que la situation matrimoniale de l'assuré décédé n'est pas établie avec certitude, la pension de réversion est attribuée à titre provisoire au premier ayant droit qui en fait la demande. Celle-ci est ensuite révisée dès qu'un autre ayant droit se manifeste. Elle est alors répartie proportionnellement à la durée respective des mariages.
La révision prend effet le premier jour du mois qui suit la deuxième demande.

Le décès d'un ayant droit entraîne une nouvelle répartition de la pension de réversion. La date d'effet de la révision est fixée le premier jour du mois qui suit le décès.

Chaque fraction de pension de réversion peut être assortie de :
– la majoration forfaitaire pour charge d'enfant. Cette majoration n'est pas réduite par rapport à la durée du mariage,
– la majoration pour enfants,
– et la majoration article L. 814-2 du code de la sécurité sociale (complément de retraite ; voir encadré p. 213).

Majorations

• Majoration pour enfants

554 Si l'intéressé a eu ou a élevé 3 enfants, sa pension est majorée de 10 % (c. séc. soc. art. L. 353-1, L. 351-12 et R. 351-30).

Cette majoration vaut aussi pour les enfants qui ont été à la charge du survivant pendant au moins 9 ans avant leur 16e anniversaire (c. séc. soc. art. R. 353-2).

• Majoration forfaitaire pour charge d'enfants

555 La pension de réversion est également augmentée forfaitairement pour enfants à charge si :
– à moins de 65 ans au jour de la demande, il a un ou plusieurs enfants à charge, ne dispose pas de pension personnelle ou de prestation d'orphelin servie par un régime d'assurance vieillesse obligatoire, ne s'est pas remarié ou ne vit pas maritalement,
– ses enfants ont moins de 16, 20, voire 21 ans, s'ils poursuivent leurs études ou sont infirmes ou malades chroniques (c. séc. soc. art. L. 353-5 et R. 313-12).

Lorsque l'assuré bénéficiaire d'une ou de plusieurs pensions de réversion résultant de veuvages successifs vient à remplir les conditions d'ouverture du droit à majoration pour enfants à charge, plusieurs situations peuvent se présenter :
– la majoration forfaitaire pour enfants à charge doit être servie en complément de la pension de réversion dont la date d'effet coïncide ou précède celle de ladite majoration ;
– lorsque la pension de réversion à laquelle doit être rattachée la majoration fait l'objet d'un rejet, ou est d'un montant nul, la majoration pour enfants à charge est alors rattachée à la pension de réversion précédente.

Enfin, lorsque la majoration pour enfants à charge est servie en complément d'une pension de réversion, ce rattachement est définitif.

Exemple Une personne, titulaire d'une pension de réversion réduite suite à l'application des règles de cumul avec sa pension d'invalidité, demande une pension de réversion en raison d'un second veuvage. Au moment de cette seconde demande, elle remplit les conditions d'ouverture du droit à majoration forfaitaire pour la charge d'un enfant.

Les revenus professionnels du conjoint survivant conduisent à déterminer une pension de réversion d'un montant nul : la majoration pour charge d'enfants est alors rattachée à la précédente pension de réversion et, de ce fait, réduite dans les mêmes proportions.

Lors de sa cessation d'activité, la seconde pension de réversion peut lui être intégralement servie. Pour autant, la majoration pour charge d'enfants reste rattachée à la première pension de réversion.

Ce dispositif ne remet pas en cause les règles de priorité prévues lorsque l'assuré décédé ouvrant droit à pension de réversion a appartenu à plusieurs régimes servant la majoration (c. séc. soc. art. D. 173-21-1).

Comme pour la retraite personnelle, le montant de pension « net » est obtenu après application de la CSG et de la CRDS.

Cas des polypensionnés

• Calcul de la pension

556 **Principe de calcul.** Si l'assuré décédé a relevé de deux ou plusieurs régimes d'assurance vieillesse différents (régime général, RSI, CNAVPL, régime des salariés agricoles, régime des non-salariés agricoles), son conjoint survivant est en droit de percevoir de chaque régime une pension de réversion. Depuis le 1er juillet 2006, ces pensions de réversion tiennent compte des ressources personnelles du conjoint survivant (ou de son foyer) (voir § 544).

Elles sont versées, sous réserve que leur total, majoré des ressources du conjoint survivant, ne dépasse pas les plafonds de ressources (voir § 543).

557 **Dépassement des plafonds de ressources.** En cas de dépassement du plafond de ressources, l'excédent est imputé sur chaque pension de réversion à due concurrence du rapport entre le montant total des pensions de réversion (c. séc. soc. art. R. 173-17).

Le dépassement est proratisé selon la formule suivante :

$$\frac{\text{Montant de la pension de réversion à réduire}}{\text{Total des pensions de réversion calculées par les régimes visés pour le même conjoint décédé}}$$

Exemple L'assuré décédé a cotisé au régime général et au régime des industriels et commerçants. La date d'effet des pensions de réversion des deux régimes est fixée le 1er juillet 2007.

Le conjoint survivant déclare les ressources suivantes :
- salaires de 800 €
- droit personnel CNRACL de 300 €
- montant de la pension de réversion du régime général de 400 €
- montant de la pension de réversion du régime des commerçants de 250 €

Le plafond mensuel des ressources personnelles est fixé à 1 433,47 € par mois pour une personne célibataire (17 201,60 € / 12 en 2007).

• Calcul du dépassement du plafond :
- total des ressources : 800 € + 300 € = 1 100 €
- montant des pensions de réversion : 400 € + 250 € = 650 €

Soit un total de 1 750 €

Le montant du dépassement du plafond est de : 1 750 € – 1 433,47 € = 316,53 €

• Calcul du prorata de répartition pour le régime général :
400 € / 650 € = 0,61538 arrondi à 0,6154
Montant du dépassement dans le régime général : 316,53 € × 0,6154 = 194,79 €
Montant de la pension de réversion à servir : 400 € – 194,79 € = 205,21 €

• Calcul du prorata de répartition pour le régime des commerçants :
250 € / 650 € = 0,38461 arrondi à 0,3846
Montant du dépassement dans le régime général : 316,53 € × 0,3846 = 121,74 €
Montant de la pension de réversion à servir : 250 € – 121,74 € = 128,26 €

• Interlocuteur unique

558 Un interlocuteur unique est chargé d'apprécier les ressources, de déterminer le montant du dépassement de ressources ainsi que les prorata de répartition, mais également de communiquer aux autres régimes concernés les informations nécessaires à la détermination du montant de leur pension de réversion en fonction du montant de ressources (circ. CNAV 2006-37 du 8 juin 2006).

Cet interlocuteur unique doit assumer ce rôle lors de l'étude du droit à pension de réversion ainsi qu'à chaque révision ultérieure. Il doit également procéder au contrôle des ressources, selon des modalités qui n'ont, pour l'heure, fait l'objet d'aucune précision par la CNAV.

559 **Désignation du régime interlocuteur unique.** Le régime interlocuteur unique est par priorité :
– celui de la plus longue durée d'assurance de l'assuré décédé,
– celui auquel l'assuré décédé a été affilié en dernier lieu, en cas de durées d'assurance identiques,
– celui auprès duquel le conjoint survivant a droit à la pension de réversion la plus élevée (avant réduction des ressources), en cas d'affiliations simultanées.

La caisse du régime interlocuteur unique est déterminée, en principe, par la caisse qui a reçu la demande de pension de réversion (voir § 561).

La détermination du régime interlocuteur unique intervient dès lors qu'il y a au moins deux régimes auxquels le conjoint survivant demande une pension de réversion.

Cependant, lorsque le conjoint survivant souhaite, dans l'immédiat, obtenir sa pension de réversion uniquement du régime général des salariés ou du RSI (au titre de la vieillesse des commerçants ou des artisans), le régime chargé de la liquidation de la pension de réversion est immédiatement désigné comme interlocuteur unique.

La détermination de la caisse du régime interlocuteur unique peut également intervenir lors de la révision de pensions de réversion « ancienne législation » (avant le 1er juillet 2004, voir § 541) suite à l'attribution d'un avantage personnel de vieillesse ou d'invalidité prenant effet à compter du 1er juillet 2006.

En tout état de cause, lorsqu'un régime a été déterminé « régime interlocuteur unique », cette désignation ne peut pas être remise en cause ultérieurement (sauf si la demande fait l'objet d'un rejet).

Exemples 1) Le conjoint survivant demande la liquidation de ses pensions de réversion auprès du RSI vieillesse commerçant et de la MSA. La plus longue durée d'assurance de l'assuré décédé entre ces deux régimes est celle validée par la MSA : ce régime est désigné « régime interlocuteur unique ».

Ultérieurement, le conjoint survivant demande la liquidation de ses droits à pension de réversion auprès du régime général où il se trouve que l'assuré décédé a la plus longue durée d'assurance. Pour autant, cette liquidation ne remet pas en cause le rôle de la MSA en tant que régime interlocuteur unique.

2) Le conjoint survivant demande la liquidation de ses pensions de réversion auprès du RSI vieillesse des commerçants et de la MSA. La plus longue durée d'assurance de l'assuré décédé entre ces deux régimes est celle validée par la MSA, dès lors désignée comme « régime interlo-

cuteur unique». Or, le conjoint survivant ne remplit pas la condition de ressources: la MSA et le RSI vieillesse des commerçants lui notifient un rejet.

Ultérieurement, le conjoint survivant demande à nouveau la liquidation de ses droits à pension de réversion auprès du RSI vieillesse des commerçants et de la MSA, et également auprès du régime général des salariés.

Compte tenu du rejet précédent, il convient de rechercher à nouveau quel est le régime interlocuteur unique. La plus longue durée d'assurance de l'assuré décédé a été accomplie dans le régime général des salariés: ce régime est désigné «régime interlocuteur unique».

560 **Procédure.** La caisse qui reçoit la demande de pension de réversion (caisse d'accueil) détermine le régime interlocuteur unique et communique à la caisse ainsi désignée la copie de la demande de pension de réversion, y compris la déclaration de ressources. Elle adresse aux caisses des autres régimes visés la copie de la demande de pension de réversion, exception faite de la déclaration de ressources, et les informe sur l'identité du régime interlocuteur unique.

Les caisses des régimes visés informent la caisse du régime interlocuteur unique du montant de leur pension de réversion avant l'application du dispositif de ressources pour permettre à cette dernière:
– de calculer le montant du dépassement de ressources,
– de déterminer le prorata de répartition de chacun des régimes en cause.

Après avoir calculé le dépassement de ressources, la caisse du régime interlocuteur unique:
– communique ce dépassement à chaque caisse visée ainsi que le prorata de répartition respectif en cas d'attribution de la pension de réversion,
– informe, en cas de rejet pour ressources, chaque caisse visée de ce rejet.

Chaque caisse notifie alors sa décision au demandeur.

Chaque régime, qu'il soit ou non régime interlocuteur unique, établit et envoie sa propre notification, mentionnant les voies de recours habituelles. En cas de contestation portant sur le montant de la pension de réversion, le régime saisi, s'il n'est pas le régime interlocuteur unique, doit demander à ce dernier les éléments de calcul pour traiter, sur ces bases, la contestation. Le régime interlocuteur unique communique, au régime saisi du contentieux, les éléments détaillés nécessaires, notamment les ressources retenues.

S'il apparaît, lors de l'examen de la contestation ou à l'issue de la procédure contentieuse, que les éléments retenus pour le calcul de la pension de réversion doivent être modifiés, l'ensemble de la procédure est reprise pour effectuer la révision.

Demande de pension et entrée en jouissance

Demande

561 Pour toucher sa pension de réversion, le conjoint doit en faire la demande, à l'aide d'un imprimé réglementaire unique disponible sur le site Internet de la CNAV (www.cnav.fr), à la caisse qui a liquidé les droits du défunt. À défaut, la caisse compétente est celle du lieu de résidence du conjoint survivant.

La demande vaut également pour les régimes des artisans, industriels et commerçants ainsi que pour le régime des salariés et des non-salariés agricoles.

Les régimes des professions libérales ne sont pas visés par le dispositif de demande unique de pension de réversion. Toutefois, afin d'éviter au conjoint ou à l'ex-conjoint survivant d'un assuré décédé ayant appartenu à un ou plusieurs régimes visés par le dispositif de demande unique et à un ou plusieurs régimes de professions libérales (hors avocats) de compléter plusieurs formulaires de demande, il est admis (circ. CNAV 2006-37 du 8 juin 2006) :
– que la copie du formulaire de demande de pension de réversion propre aux caisses de professions libérales communiquée par l'une d'elles à une caisse visée par la demande unique est recevable,
– et, réciproquement, que la copie de la demande unique de pension de réversion communiquée par une caisse visée par le dispositif à une caisse de profession libérale est recevable par cette dernière.

En tout état de cause, le conjoint doit obligatoirement joindre à sa demande la copie de l'acte de naissance de l'assuré. Il reçoit un récépissé de celle-ci.

Entrée en jouissance

562 **Le survivant touchera sa pension de réversion :**
– le premier jour du mois qui suit le décès si la demande est déposée dans le délai d'un an qui suit le décès de l'assuré,
– le premier jour du mois qui suit la disparition si la demande est déposée dans l'année suivant la période de 12 mois écoulée depuis la disparition,
– le premier jour du mois suivant la date de réception de la demande, si cette dernière est déposée après le délai d'un an précité.

La date d'effet de la pension ne peut être antérieure au premier jour du mois suivant la date à laquelle le demandeur remplit la condition d'âge (voir § 542).

Allocation veuvage

L'allocation veuvage est une allocation temporaire, d'un montant unique, accordée sous certaines conditions aux conjoints survivants d'assurés décédés après le 31 décembre 1980.

Les personnes bénéficiant, au 1er juillet 2004, de l'allocation veuvage continuent de la percevoir dans les conditions applicables à la date de publication de la loi portant réforme des retraites (loi 2003-775 du 21 août 2003, art. 102, IV, 3°, JO du 22).

De plus, jusqu'au 31 décembre 2010, les personnes ne remplissant pas la condition d'âge pour bénéficier de la pension de réversion peuvent bénéficier de l'allocation veuvage dans les conditions en vigueur à la date de publication de la loi sur les retraites.

Le bénéfice de l'allocation veuvage restera donc ouvert aux personnes de moins de 52 ans jusqu'au 30 juin 2007, de moins de 51 ans jusqu'au 30 juin 2009 et de moins de 50 ans jusqu'au 31 décembre 2010.

À compter du 1er janvier 2011, les demandes d'allocation veuvage ne seront plus recevables.

la Retraite solidaire

Demande de retraite de réversion
Salarié du régime général, salarié et non salarié agricole (MSA), artisan (RSI/AVA), commerçant (RSI/ORGANIC), professionnel libéral (CNAVPL)

cerfa
N° (en cours)

▶ Justificatifs à joindre

■ **Dans tous les cas, vous devez fournir :**

- ▶ Un relevé d'identité bancaire (RIB) ou postal (RIP) ou de caisse d'épargne (RICE).
- ▶ Une photocopie de l'acte de naissance de votre conjoint(e) ou ex-conjoint(e) décédé(e), comportant les mentions marginales.
- ▶ Une photocopie de votre dernier avis d'impôt sur le revenu.

■ **En fonction de votre situation**	**Vous devez présenter l'original ou fournir une photocopie lisible de :**
Si vous êtes de nationalité française, ou ressortissant(e) de l'Union européenne*, de l'Islande, du Liechtenstein, de la Norvège ou de la Suisse ▶	votre carte d'identité, ou passeport, ou toute autre pièce justificative d'état civil et de nationalité
Si vous êtes d'une autre nationalité ▶	toute pièce justifiant de votre état civil et de la régularité de votre séjour, en cours de validité : titre de séjour ou récépissé de votre demande
Si vous êtes veuf(ve), divorcé(e), séparé(e), remarié(e) ou si vous avez conclu un PACS ▶	votre livret de famille tenu à jour ou un jugement de séparation ou une attestation d'enregistrement d'un pacte civil de solidarité
Si vous avez déclaré avoir eu ou élevé des enfants ▶	votre livret de famille tenu à jour ou un extrait d'acte de naissance des enfants
Pour les enfants recueillis ▶	la décision de justice vous confiant le ou les enfant(s)

* **Liste des pays de l'Union européenne**
Allemagne, Autriche, Belgique, Chypre, Danemark, Espagne, Estonie, Finlande, France, Grèce, Hongrie, Irlande, Italie, Lettonie, Lituanie, Luxembourg, Malte, Pays-Bas, Pologne, Portugal, République Tchèque, Royaume-Uni, Slovaquie, Slovénie, Suède.

IMPORTANT :

après l'attribution de votre retraite de réversion, vous devez nous faire connaître toute modification de vos ressources et/ou de votre situation familiale. En effet, votre retraite de réversion est révisable jusqu'à :

- votre 60ème anniversaire,
- ou, si vous avez des droits personnels à retraite, jusqu'à la fin du 3ème mois suivant la date à laquelle vous percevrez la totalité de vos retraites personnelles de base ou complémentaires.

▶ Pour nous contacter

Vous désirez des informations complémentaires,
Vous souhaitez nous rencontrer,

▶ **consultez le serveur vocal Allo retraite au 0 826 826 700** (0,15 euro/minute)

▶ **connectez-vous : www.retraite.cnav.fr**

IV

la Retraite solidaire — CNAV

Demande de retraite de réversion
Salarié du régime général, (art. L.353-1 et suivants du code de la sécurité sociale)
Salarié et non salarié agricole (art. L.732-41 du code rural), artisan et commerçant (art. L.634-2 du code de la sécurité sociale), professionnel libéral (art. L.643-7 du code de la sécurité sociale)

Cerfa
N° (en cours)

Important : merci de remplir ce formulaire en noir, en lettres majuscules et avec les accents.

Vous-même

Madame ❐ Monsieur ❐

Votre nom *(de naissance)* :
Votre nom d'époux ou d'épouse *(s'il y a lieu)* :
Si vous portez un autre nom, indiquez-le :
Vos prénoms *(soulignez votre prénom courant)* :
Votre date de naissance : Votre nationalité :
Commune de naissance : Département : Pays :
(indiquez l'arrondissement pour Paris, Lyon, Marseille)
Téléphone *(pour nous permettre de vous contacter en cas de nécessité)* :
Votre adresse :
Code postal : Commune : Pays :
Votre n° de Sécurité sociale ou de Mutualité Sociale Agricole :
Votre n° RSI/ORGANIC (commerçants) : Votre n° RSI/AVA (artisans) :
Votre ou vos caisses de profession libérale : n°(s) :

Votre situation de famille actuelle

Veuf(ve) le Séparé(e) le Divorcé(e) le
Votre conjoint(e) est porté(e) disparu(e) depuis le
Vous êtes remarié(e) depuis le Vous vivez en concubinage depuis le
Vous avez conclu un PACS depuis le

Votre conjoint(e) ou ex-conjoint(e), décédé(e) ou disparu(e)

Cette rubrique concerne : votre conjoint(e) décédé(e) ➡ si vous êtes veuf(ve)
votre ex-conjoint(e) décédé(e) ➡ si vous êtes divorcé(e) ou remarié(e)

Son nom *(de naissance)* : Son nom d'époux ou d'épouse :
Ses prénoms *(soulignez son prénom courant)* :
Sa date de naissance : Sa nationalité :
Commune de naissance : Département : Pays :
(indiquez l'arrondissement pour Paris, Lyon, Marseille)
Date de mariage : Sa date de décès ou de disparition :
Son n° de Sécurité sociale ou de Mutualité Sociale Agricole :
Son n° RSI/ORGANIC (commerçants) : Son n° RSI/AVA (artisans) :
Sa ou ses caisses de profession libérale : n°(s) :

Votre conjoint(e) actuel(le) ou partenaire PACS ou concubin(e)

Son nom *(de naissance)* : Son nom d'époux ou d'épouse :
Ses prénoms *(soulignez son prénom courant)* :
Sa date de naissance : Sa nationalité :
Commune de naissance : Département : Pays :
(indiquez l'arrondissement pour Paris, Lyon, Marseille)
Son n° de Sécurité sociale ou de Mutualité Sociale Agricole :
Son n° RSI/ORGANIC (commerçants) : Son n° RSI/AVA (artisans) :
Sa ou ses caisses de profession libérale : n°(s) :

1

la Retraite solidaire — CNAV

Demande de retraite de réversion
Salarié du régime général, salarié et non salarié agricole (MSA), artisan (RSI/AVA), commerçant (RSI/ORGANIC), professionnel libéral (CNAVPL)

cerfa
N° (en cours)

▶ Vos enfants et ceux que vous avez élevés

Mentionnez tous les enfants : les vôtres, ceux de votre conjoint, les enfants recueillis, adoptés, y compris les enfants mort-nés ou décédés.

Indiquez pour chaque enfant : la(les) période(s) durant laquelle(lesquelles) vous l'avez élevé depuis sa naissance ou sa date d'adoption ou sa prise en charge effective jusqu'à son 16ème anniversaire.

Nom de naissance de l'enfant*	Prénom	Lien de parenté	Date de naissance	Date de décès	Période durant laquelle vous avez élevé cet enfant jusqu'à 16 ans
					du ... au ...
					du ... au ...
					du ... au ...
					du ... au ...
					du ... au ...
					du ... au ...
					du ... au ...
					du ... au ...

***Si vous manquez de place, complétez cette liste sur une feuille blanche que vous joindrez à cette demande.**

▶ Vous avez actuellement des enfants à charge

Une majoration peut vous être versée sous certaines conditions.

Nom de naissance de l'enfant*	Prénom	Date de naissance	Percevez-vous des prestations d'orphelin servies par un régime de retraite de base ? oui	non
			❑	❑
			❑	❑
			❑	❑
			❑	❑

***Si vous manquez de place, complétez cette liste sur une feuille blanche que vous joindrez à cette demande.**

▶ Votre conjoint(e) décédé(e) a élevé un ou plusieurs enfants atteints d'une incapacité d'au moins 80% donnant droit à l'une des allocations suivantes :

l'allocation d'éducation de l'enfant handicapé et son complément, l'allocation d'éducation spéciale et son complément, l'allocation spéciale aux mineurs grands infirmes, l'allocation des mineurs handicapés **oui** ❑ **non** ❑

si oui, précisez l'allocation dont il s'agit : ....

Votre conjoint décédé était personnellement titulaire de l'une de ces allocations **oui** ❑ **non** ❑

2

la Retraite solidaire

Demande de retraite de réversion
Salarié du régime général, salarié et non salarié agricole (MSA), artisan (RSI/AVA), commerçant (RSI/ORGANIC), professionnel libéral (CNAVPL)

cerfa
N° (en cours)

▶ L'activité en France et/ou à l'étranger de votre conjoint(e) ou ex-conjoint(e) décédé(e) ou disparu(e) Complétez selon la situation.

Précisez l'activité de votre conjoint et si possible les années de début et de fin d'activité dans chaque régime	Nom et adresse de la dernière caisse à laquelle il était inscrit	N° de cotisant	Votre conjoint percevait ou avait demandé sa retraite oui	N° de retraite
▶ salarié du régime général de ____ à ____	....	....	❑	....
▶ salarié agricole de ____ à ____	....	....	❑	....
▶ non salarié agricole de ____ à ____	....	....	❑	....
▶ artisan de ____ à ____	....	....	❑	....
▶ commerçant de ____ à ____	....	....	❑	....
▶ profession(s) libérale(s) de ____ à ____	....	....	❑	....
▶ autres régimes français (SNCF, fonctionnaires, etc.) de ____ à ____	....	....	❑	....
▶ régimes étrangers de ____ à ____	....	....	❑	....

3

la Retraite solidaire

Demande de retraite de réversion
Salarié du régime général, salarié et non salarié agricole (MSA), artisan (RSI/AVA), commerçant (RSI/ORGANIC), professionnel libéral (CNAVPL)

cerfa
N° (en cours)

▶ Votre demande

Indiquez les régimes auprès desquels vous souhaitez obtenir votre retraite de réversion en cochant la ou les cases correspondant à votre choix.

régime général de sécurité sociale	oui ❑	non ❑	**régime des artisans**	oui ❑	non ❑
régime des salariés agricoles	oui ❑	non ❑	**régime des commerçants**	oui ❑	non ❑
régime des non salariés agricoles	oui ❑	non ❑	**régime de base des professions libérales** (sauf avocats)	oui ❑	non ❑

▶ Vos dépenses de santé sont-elles prises en charge par un organisme de sécurité sociale étranger ? oui ❑ non ❑

J'atteste sur l'honneur l'exactitude des renseignements portés sur cette demande.
Je m'engage - à faciliter toute enquête pour les vérifier,
- à vous faire part de toute modification de ma situation.

Fait à : ....

Signature :

Le |_|_|_|_|_|_|_|_|

La loi rend passible d'amende et d'emprisonnement quiconque se rend coupable de fraudes ou de déclarations inexactes ou incomplètes (art. L.114-13 du code de la sécurité sociale, arts. 313-1, 313-3, 433-19, 441-1 et 441-7 du code pénal, art. L.725-13 du code rural).
La loi n° 78-17 du 6 janvier 1978 modifiée vous garantit un droit d'accès et de rectification pour les données que nous enregistrons à partir de vos réponses.

▶ Vous venez de remplir votre demande de retraite de réversion.
N'oubliez pas de joindre à votre demande les justificatifs indiqués en page IV de la notice jointe ainsi que votre déclaration de ressources.

Partie réservée au conseiller retraite

1ère intervention le : |_|_|_|_|_|_|_|_| demande délivrée le : |_|_|_|_|_|_|_|_| réception le :|_|_|_|_|_|_|_|_|

Je soussigné(e) certifie avoir vérifié à l'aide des pièces justificatives valables que le demandeur m'a présentées, la conformité des renseignements fournis sur sa nationalité, son état civil, celui de son conjoint ou ex-conjoint décédé et le cas échéant de son conjoint actuel, celui des (nombre en toutes lettres) enfants mentionnés ci-dessus.
Fait le : |_|_|_|_|_|_|_|_|

Cachet de l'organisme :

Signature du conseiller retraite :

Réf. S 5136 - 05/2006

4

la Retraite solidaire

Retraite de réversion - déclaration de ressources
Salarié du régime général, salarié et non salarié agricole (MSA), artisan (RSI/AVA), commerçant (RSI/ORGANIC), professionnel libéral (CNAVPL)

Cerfa
N° (en cours)

Vos noms et prénoms : ....

Votre n° de Sécurité sociale : |_|_|_|_|_|_|_|_|_|_|_|_|_| |_|_|

Retraite de réversion - déclaration de ressources

Madame, Monsieur,

Pour me permettre d'examiner vos droits à retraite de réversion, je dois connaître vos ressources.

Vous devez donc compléter et signer ce questionnaire en déclarant :
- **si vous vivez seul(e)**, vos ressources en France et/ou à l'étranger,
- **si vous vivez en couple**, suite à remariage, PACS ou concubinage, les ressources de votre conjoint(e), concubin(e) ou partenaire PACS en France et/ou à l'étranger.

Les ressources à indiquer sont celles des **3 derniers mois.**

Par exemple, si vous déposez votre demande en juillet 2006, vous devez indiquer vos ressources des mois d'avril, mai et juin 2006.

Toutefois, avant de compléter votre déclaration de ressources, lisez attentivement les informations figurant en page III de la notice jointe, notamment le point important précisant les ressources à exclure.

Votre correspondant

la Retraite solidaire

Retraite de réversion - déclaration de ressources
Salarié du régime général, salarié et non salarié agricole (MSA), artisan (RSI/AVA), commerçant (RSI/ORGANIC), professionnel libéral (CNAVPL)

Cerfa
N° (en cours)

Les revenus de votre conjoint(e) actuel(le) ou partenaire PACS ou concubin(e) en France et/ou à l'étranger (y compris ceux versés par une organisation internationale).

Inscrivez, ci-dessous, le montant brut de ses ressources.

	Mois de	Mois de	Mois de
Précisez les 3 derniers mois concernés :	.....	.....	.....
1 Salaires et/ou gains assimilés.	..... €	..... €	..... €
2 Revenus professionnels non salariaux **retenus par l'administration fiscale.**	..... €	..... €	..... €
3 Indemnités maladie, maternité, accident du travail.	..... €	..... €	..... €
4 Allocations chômage, préretraite.	..... €	..... €	..... €
5 Retraites de **réversion** et retraites de **réversion** complémentaires * autres que celles à exclure, (voir point important page III de la notice jointe). Indiquez les noms et adresses des organismes et ses références.			
.....	..... €	..... €	..... €
.....	..... €	..... €	..... €
.....	..... €	..... €	..... €
6 Pensions, retraites, rentes, retraites complémentaires **personnelles.*** Indiquez les noms et adresses des organismes et ses références.			
.....	..... €	..... €	..... €
.....	..... €	..... €	..... €
.....	..... €	..... €	..... €
7 Allocations* Indiquez la nature, les noms et adresses des organismes et ses références.			
.....	..... €	..... €	..... €
8 Autres revenus, précisez :	..... €	..... €	..... €

* dont il est titulaire ou a fait la demande.

III

la Retraite solidaire

Retraite de réversion - déclaration de ressources
Salarié du régime général, salarié et non salarié agricole (MSA), artisan (RSI/AVA), commerçant (RSI/ORGANIC), professionnel libéral (CNAVPL)

Cerfa N° (en cours)

▶ Les revenus de votre conjoint(e) actuel(le) ou partenaire PACS ou concubin(e) en France et/ou à l'étranger (y compris ceux versés par une organisation internationale).

Inscrivez, ci-dessous, le montant brut de ses ressources.

	Mois de	Mois de	Mois de
Précisez les 3 derniers mois concernés :	....	....	....
1 Salaires et/ou gains assimilés.	.... €	.... €	.... €
2 Revenus professionnels non salariaux **retenus par l'administration fiscale.**	.... €	.... €	.... €
3 Indemnités maladie, maternité, accident du travail.	.... €	.... €	.... €
4 Allocations chômage, préretraite.	.... €	.... €	.... €
5 Retraites de **réversion** et retraites de **réversion** complémentaires * autres que celles à exclure, (voir point important page III de la notice jointe). Indiquez les noms et adresses des organismes et ses références.			
....	.... €	.... €	.... €
....	.... €	.... €	.... €
....	.... €	.... €	.... €
6 Pensions, retraites, rentes, retraites complémentaires **personnelles.*** Indiquez les noms et adresses des organismes et ses références.			
....	.... €	.... €	.... €
....	.... €	.... €	.... €
....	.... €	.... €	.... €
7 Allocations* Indiquez la nature, les noms et adresses des organismes et ses références.			
....	.... €	.... €	.... €
8 Autres revenus, précisez :	.... €	.... €	.... €

* dont il est titulaire ou a fait la demande.

III

la Retraite solidaire — CNAV

Retraite de réversion - déclaration de ressources
Salarié du régime général, salarié et non salarié agricole (MSA), artisan (RSI/AVA), commerçant (RSI/ORGANIC), professionnel libéral (CNAVPL)

Cerfa N° (en cours)

▶ Vos biens et, si vous vivez en couple, les biens de votre conjoint(e) actuel(le) ou partenaire PACS ou concubin(e)

Les biens issus de la communauté de votre conjoint(e) décédé(e) ne sont pas à déclarer.

Avez-vous et/ou votre conjoint actuel a-t-il des biens mobiliers et/ou immobiliers en France et/ou à l'étranger ? **oui** ➜ ☐ **complétez ci-après.**
non ➜ ☐ **passez directement, en bas de page, au pavé signature.**

9 ▶ Biens immobiliers (précisez s'il y a lieu indivis, nue-propriété ou usufruit) : maisons, appartements, terrains, commerces, etc. à l'exclusion de votre habitation principale et des bâtiments d'exploitation agricole.

Précisez la nature :	Adresse de chaque bien déclaré	Valeur actuelle
Personnels	....	.... €
Communs au ménage actuel	....	.... €
De votre conjoint actuel	....	.... €

Habitez-vous la maison dont vous êtes propriétaire ? **oui** ☐ **non** ☐
En louez-vous une partie ? **oui** ☐ **non** ☐ Si oui, valeur actuelle de la partie louée .... €

10 ▶ Biens mobiliers : titres, actions, obligations, capitaux d'assurance vie/décès, etc.

Précisez la nature :	Valeur actuelle
Personnels	.... €
Communs au ménage actuel	.... €
De votre conjoint actuel	.... €

11 ▶ Biens dont vous et/ou votre conjoint actuel avez fait donation depuis moins de 10 ans
à l'exclusion de votre habitation principale et des bâtiments d'exploitation agricole.

Biens immobiliers : Qui est le donateur ? vous-même ☐ votre conjoint actuel ☐ vous et votre conjoint actuel ☐

	Adresse du bien déclaré	Valeur actuelle
Propriété :	....	.... €

Date de l'acte de donation ⎿⏊⏊⏊⏊⏊⏊⏊⏌ Lien de parenté avec le donateur : ....

	Adresse du bien déclaré	Valeur actuelle
Propriété :	....	.... €

Date de l'acte de donation ⎿⏊⏊⏊⏊⏊⏊⏊⏌ Lien de parenté avec le donateur : ....

Biens mobiliers : qui est le donateur ? vous-même ☐ votre conjoint actuel ☐ vous et votre conjoint actuel ☐

Titres, actions, obligations, etc. : .... €

Date de l'acte de donation ⎿⏊⏊⏊⏊⏊⏊⏊⏌ Lien de parenté avec le donateur : ....

Titres, actions, obligations, etc. : .... €

Date de l'acte de donation ⎿⏊⏊⏊⏊⏊⏊⏊⏌ Lien de parenté avec le donateur : ....

J'atteste sur l'honneur l'exactitude des renseignements portés sur cette déclaration.

Je m'engage - à faciliter toute enquête pour les vérifier,
- à vous faire connaître toute modification de ma situation.

Fait à : .... Signature :

Le ⎿⏊⏊⏊⏊⏊⏊⏊⏌

La loi rend passible d'amende et d'emprisonnement quiconque se rend coupable de fraudes ou de déclarations inexactes ou incomplètes (art.L.114-13 du code de la sécurité sociale, arts.313-1,313-3, 433-19, 441-1 et 441-7 du code pénal, art. L. 725-13 du code rural)
La loi n° 78-17 du 6 janvier 1978 modifiée vous garantit un droit d'accès et de rectification pour les données que nous enregistrons à partir de vos réponses.

IV

Réf. S (en cours) - 05.2006

Retraite complémentaire

15. Champ d'application .... page 262

16. Formalités d'adhésion .... page 273

17. Cotisations de retraite complémentaire .... page 284

18. Règles de paiement des cotisations .... page 299

19. Calcul et montant de l'allocation .... page 306

20. Liquidation et paiement de l'allocation .... page 324

21. Droits de réversion .... page 337

Champ d'application

15

§§

Entreprises concernées

- Champ d'application professionnel 570
- Champ d'application territorial:
  - cas général 573
  - détachement des Français à l'étranger 574
  - détachement des étrangers en France 575
  - expatriation 576
  - territoires d'outre-mer 577

Bénéficiaires

- Bénéficiaires du régime ARRCO :
  - cadres et non-cadres 578
  - plafond d'assujettissement 579
- Bénéficiaires du régime AGIRC :
  - participants «article 4» 580
  - participants «article 4 bis» 581
  - participants «article 36», annexe 1 582
- Cas particuliers :
  - dirigeants d'entreprise 583
  - salariés à employeurs multiples 584
  - salariés en formation 585
  - salariés exerçant une activité principale relevant d'un régime spécial 586
  - salariés seuls représentants d'entreprises situées à l'étranger 587
  - salariés des ambassades et consulats étrangers situés en France 588
  - VRP 589
  - chauffeurs de taxi 590
  - intermittents des professions du spectacle 591
  - interprètes de conférences salariés 592
  - journalistes 593
  - stagiaires 594
  - avocats salariés 595
  - experts comptables salariés 596
  - créateurs d'entreprise 597

Entreprises concernées

Champ d'application professionnel

• Régimes légalement obligatoires depuis 1972

570 Initialement imposés à toutes les entreprises des branches professionnelles entrant dans le cadre de compétence du CNPF (aujourd'hui Medef), les régimes de retraite complémentaire AGIRC et ARRCO ont été progressivement étendus à d'autres secteurs d'activité pour finir par être généralisés par voie législative à toutes les entreprises dont le personnel relève de l'assurance vieillesse du régime général de sécurité sociale et des assurances sociales agricoles (loi de généralisation de la retraite complémentaire 72-1223 du 29 décembre 1972, JO du 30).

Les assurés qui ont débuté leur carrière salariée avant 1972 peuvent ne pas avoir acquis de droits à retraite complémentaire pour les périodes antérieures à 1972. Tout dépend de la branche professionnelle à laquelle leur employeur appartenait. Soit leur employeur n'était pas tenu conventionnellement d'adhérer aux régimes AGIRC et ARRCO, soit il l'était.

Certains salariés se sont vu remettre une attestation d'acquisition de droits à retraite complémentaire au titre des périodes antérieures à 1972, fournie par les institutions gestionnaires.

Il est à noter que les périodes de service national effectuées avant 1972 ne font pas l'objet d'une validation par les régimes de retraite complémentaire.

• **Exclusions**

571 Toutes les entreprises qui entrent dans le champ d'application de l'accord national interprofessionnel du 8 décembre 1961 (donnant naissance à l'ARRCO) et de la convention collective nationale de retraite et de prévoyance des cadres du 14 mars 1947 (donnant naissance à l'AGIRC), quelle que soit la nature de leur activité, doivent donc affilier leur personnel à une institution de retraite complémentaire, à l'exclusion de celles dont l'activité relève :
– d'un régime spécial de sécurité sociale (autre que les mines) ;
– d'un régime de retraite complémentaire institué par voie législative ou réglementaire : Institution de retraite complémentaire des agents non titulaires de l'État et des collectivités publiques (IRCANTEC) et Caisse de retraite du personnel navigant professionnel de l'aéronautique civile (CRPNPAV).

Ces exclusions ne sont toutefois pas applicables aux personnels non titulaires des entreprises ou organismes relevant d'un régime spécial s'ils ne sont pas affiliés auxdits régimes spéciaux et ne relèvent pas de l'IRCANTEC.

Enfin, s'ils sont obligatoirement affiliés à l'assurance vieillesse du régime général pendant leur période de détention, les détenus effectuant un travail pénal ne sont pas obligatoirement affiliés aux régimes de retraite complémentaire, régimes réservés aux salariés (cass. civ., 2e ch., 11 octobre 2006, n° 05-10634 FSPB).

• **Cas particuliers**

572 Certains personnels employés dans les entreprises ou organismes relevant d'un régime spécial de sécurité sociale ont cependant été rattachés à l'ARRCO et/ou à l'AGIRC. Il s'agit notamment :
– des personnels des études et offices notariaux qui ne relèvent pas de la CRPCEN ;
– des agents contractuels et des médecins d'EDF-GDF ;
– des agents contractuels, des médecins et du personnel social de la SNCF ;
– des agents contractuels, des médecins et dentistes-conseils de la RATP ;
– des agents contractuels des Charbonnages de France, etc.

Champ d'application territorial

• **Cas général**

573 Les entreprises exerçant leur activité sur le territoire métropolitain, dans les départements d'outre-mer (Guyane, Guadeloupe, Martinique et La Réunion), à Saint-Pierre-et-Miquelon, en Nouvelle-Calédonie et dans la principauté de Monaco doivent affilier leurs salariés aux régimes de retraite complémentaire AGIRC et ARRCO.

Par ailleurs, sont pris en charge tous les services accomplis en Algérie (avant l'accession à son indépendance), sous certaines conditions. Des dispositions similaires ont été prises pour les salariés français de Tunisie et du Maroc.

• **Détachement des salariés français à l'étranger**

574 Les salariés détachés dans un pays étranger ou dans un territoire d'outre-mer par une entreprise établie en France métropolitaine ou dans les DOM restent obligatoirement affiliés à l'AGIRC et à l'ARRCO.

Rappelons que, pour être considéré comme détaché, le salarié doit:
– être titulaire d'un contrat de travail établi en France,
– être envoyé temporairement à l'étranger,
– continuer de percevoir sa rémunération de l'employeur qui l'a détaché, pendant le temps de sa mission,
– conserver le bénéfice du régime général de sécurité sociale français.

Le code de la sécurité sociale distingue deux formes de détachement:
– le détachement prévu par un règlement international: règlement communautaire ou convention bilatérale de sécurité sociale;
– le détachement prévu par une disposition d'ordre interne (cas du détachement dans un pays qui n'a pas conclu de convention de sécurité sociale avec la France).

La durée du maintien au régime français est soit prévue par le règlement communautaire ou par la convention bilatérale, soit d'une durée maximale de 3 ans renouvelable une fois en cas de détachement prévu par une disposition d'ordre interne (pour des précisions sur les règles communautaires du détachement, voir annexe 2).

Au-delà, la personne en mission est affiliée au régime vieillesse de l'État sur le territoire duquel elle exerce son activité.

En cas de détachement interne, si les lois sociales du pays de détachement l'exigent, il y a double affiliation et double prélèvements sociaux correspondants.

Liste des conventions de sécurité sociale

Durée de détachement	Pays concerné	Renouvellement possible
6 mois	Cameroun	Aucune disposition spécifique
6 mois	San Marin	Durée indéterminée
6 mois	Guernesey, Avrigny Herm, Jéthou	6 mois
1 an	Monaco	Durée indéterminée
1 an	Andorre	1 an
1 an	Jersey	Durée indéterminée
1 an	Bénin	Durée indéterminée
1 an	Congo	Durée indéterminée
2 ans	Gabon	Non
1 an	Israël	Durée indéterminée
1 an	Niger	Durée indéterminée
2 ans	Chili	2 ans
2 ans	Côte d'Ivoire	Durée indéterminée
2 ans	Madagascar	Aucune disposition spécifique
2 ans	Mali	1 an, renouvelable 1 fois
3 ans	Algérie	2 ans
3 ans	Canada	Durée indéterminée
3 ans	Cap Vert	Durée indéterminée
3 ans	Maroc	3 ans
3 ans	Mauritanie	Aucune disposition spécifique
3 ans	Québec	2 ans
3 ans	Roumanie	Durée indéterminée
3 ans	Sénégal	Durée indéterminée
3 ans	Philippines	3 ans
3 ans	Togo	Durée indéterminée
3 ans	Tunisie	3 ans
3 ans	Turquie	Durée indéterminée
3 ans	Ex-Yougoslavie (1)	Non
5 ans	États-Unis	Non

(1) République Fédérale de Yougoslavie (Serbie, Montenegro, Vojvodine, Kosovo), Slovénie, Macédoine, Bosnie-Herzégovine, Croatie.

• **Détachement de salariés étrangers en France**

575 En principe, les salariés doivent être affiliés aux régimes de retraite complémentaire, quelle que soit leur nationalité.

En effet, sous réserve des traités et accords internationaux régulièrement ratifiés ou approuvés, toutes les personnes, quels que soient leur âge, leur sexe, leur nationalité ou leur lieu de résidence, sont affiliées aux régimes obligatoires de sécurité sociale dès lors qu'elles exercent sur le territoire français, à titre temporaire ou permanent, à temps plein ou à temps partiel :
– soit une activité pour le compte d'un ou de plusieurs employeurs, ayant ou non un établissement en France, et quels que soient le montant et la nature de leur rémunération, la forme, la nature ou la validité de leur contrat,
– soit une activité professionnelle non salariée (c. séc. soc. art. L. 111-2-2).

• **Expatriation**

576 Le salarié expatrié est celui qui est envoyé en poste fixe à l'étranger et qui est recruté :
– soit par une entreprise qui n'a pas opté pour le détachement,
– soit directement par une entreprise étrangère,
– soit pour une durée de mission prévue excédant les limites autorisées pour le détachement,
– soit pour une mission prolongée au-delà d'une durée permettant son maintien dans le régime français de sécurité sociale.

L'expatrié peut maintenir son affiliation aux régimes de retraite complémentaire à la condition qu'une extension territoriale du champ d'application de ces régimes soit demandée par l'entreprise (extensions territoriales appelées « cas A et cas B ») ou à titre individuel (extension cas D) auprès de la caisse de retraite pour la France et l'extérieur (CRE) et/ou à l'institution de retraites des cadres et assimilés de France et de l'extérieur (IRCAFEX).

Trois cas d'extension territoriale ont été prévus (voir tableau récapitulatif des cas d'extension, p. 266).

• **Territoires d'outre-mer**

577 Dans les territoires d'outre-mer (TOM) autres que celui de la Nouvelle-Calédonie, l'adhésion au régime complémentaire de retraite reste facultatif. Pour pouvoir en bénéficier, il faut recourir à la procédure d'extension territoriale dite « extension C' » (voir tableau récapitulatif des cas d'extension, p. 266). Les entreprises situées dans ces TOM doivent adresser leur demande d'extension à la caisse de retraite des français de l'extérieur (CRE) pour l'application du régime ARRCO, et à l'IRCAFEX pour le régime AGIRC.

Bénéficiaires

Bénéficiaires du régime ARRCO

• **Cadres et non-cadres**

578 Le régime ARRCO a vocation à bénéficier à l'ensemble des salariés, quelle que soit leur catégorie professionnelle. Il suffit d'exercer une activité salariée au sens de la législation de la sécurité sociale (voir *RF* 950, §§ 1 à 16).

Cas d'extension territoriale ouverts aux expatriés et aux salariés des TOM				
Type d'extension	**Cas A**	**Cas B**	**Cas C' ouvert aux salariés des TOM**	**Cas D**
Bénéficiaires	Salariés recrutés en France et envoyés à l'étranger	Salariés recrutés à l'étranger par une entreprise française implantée à l'étranger	Salariés français et salariés ayant la nationalité d'un État membre de l'Union européenne, exerçant leur activité dans les TOM	
Secteurs d'activité	Secteurs visés par les accords AGIRC et ARRCO	Secteurs visés par les accords AGIRC et ARRCO	Secteurs visés par les accords AGIRC et ARRCO ou secteur public (pour les non-fonctionnaires)	Secteurs visés par les accords AGIRC et ARRCO
Demandeurs	Entreprise	Entreprise	Entreprise ou organisme	Salarié
Caisse compétente	Caisse d'affiliation ou CRE/IRCAFEX	CRE/IRCAFEX	CRE/IRCAFEX	CRE/IRCAFEX
Conditions d'application			• accord des salariés, sauf en cas d'accords de branche ou interprofessionnels ; • respect des dispositions de l'accord pour tous les salariés ; • communication des états nominatifs ; • versement des cotisations	• participation au régime français de sécurité sociale au titre de l'assurance volontaire, • ou titularisation de droits inscrits à l'ARRCO et à l'AGIRC
Assiette de cotisations	Salaire perçu en France pour des fonctions équivalentes, augmenté des primes et avantages en nature prévus dans le contrat d'expatriation	Nombre de points déterminé en fonction du salaire lié à la fonction de l'expatrié et assorti d'éventuels avantages en nature	Salaire perçu en France pour des fonctions équivalentes, augmenté des primes et avantages en nature prévus dans le contrat de travail ou salaire perçu sur le territoire	Nombre de points déterminé en fonction du salaire lié à la fonction de l'expatrié et assorti d'éventuels avantages en nature
Taux de cotisations		6 % T1 (et TA) 16 % T2 16,24 % TB (si cadre)		6 % T1 (et TA) 16 % T2 16,24 % TB (si cadre)

Sont donc obligatoirement affiliés, sans condition d'âge ni de nationalité, à la date d'effet de leur contrat de travail :
– l'ensemble des salariés non cadres de l'industrie, du commerce et des services, de l'agriculture et des mines ;
– les salariés cadres de ces mêmes secteurs.

• **Plafond d'assujettissement**

579 L'intervention de l'ARRCO est limitée à :
– la fraction de rémunération ne dépassant pas trois fois le plafond de sécurité sociale, pour les non-cadres ;
– la fraction de rémunération ne dépassant pas le plafond de sécurité sociale (cette fraction étant appelée tranche A), pour les salariés cadres.

Pour la partie supérieure au plafond de sécurité sociale (dans la limite de huit fois ce plafond), les cadres relèvent de l'AGIRC.

Bénéficiaires du régime AGIRC

• **Participants « article 4 » : ingénieurs et cadres**

580 Sont affiliés à une institution du régime AGIRC les cadres et ingénieurs définis par les arrêtés de mise en ordre des salaires des diverses branches professionnelles (dits arrêtés « Parodi-Croizat ») ou par les conventions et accords collectifs nationaux ou régionaux qui s'y sont substitués.

Selon les arrêtés Parodi-Croizat :
– les ingénieurs sont des collaborateurs qui, sans exercer des fonctions de commandement, ont une formation technique constatée généralement par un diplôme, ou reconnue équivalente, et qui occupent dans l'entreprise un poste où ils mettent en œuvre les connaissances qu'ils ont acquises ;
– les cadres sont des agents possédant une formation technique, administrative, juridique ou financière et exerçant par délégation de l'employeur un commandement sur des collaborateurs de toute nature : ouvriers, employés, techniciens, agents de maîtrise, ingénieurs, collaborateurs administratifs ou commerciaux.

Selon l'article 4 de la convention collective nationale du 14 mars 1947, la qualification de cadre s'effectue indépendamment du niveau de la rémunération perçue et du coefficient hiérarchique ou des diplômes détenus. Seule la nature des fonctions réellement exercées est déterminante, en tant qu'elle implique la mise en œuvre d'une formation technique poussée ou l'exercice d'un pouvoir de commandement avec, en contrepartie, des responsabilités.

Sont également affiliés à l'AGIRC les VRP (voir § 589), les dirigeants de sociétés (voir § 583), les médecins et chirurgiens-dentistes considérés comme salariés au regard de la sécurité sociale, ainsi que les conseillères du travail et les surintendantes d'usine diplômées.

• **Participants « article 4 bis » assimilés cadres**

581 Certains personnels qui n'occupent pas des fonctions d'encadrement ou d'ingénierie et ne relèvent pas de l'article 4 à un autre titre sont assimilés à des cadres, sous respect de certaines conditions.

Ainsi, les employés, techniciens et agents de maîtrise occupant des fonctions classées à une cote hiérarchique brute égale ou supérieure à 300 (par référence aux arrêtés Parodi-Croizat), ou une position hiérarchique équivalente dans des classifications d'emplois résultant de conventions ou d'accords collectifs nationaux ou régionaux, sont affiliés à l'AGIRC.

L'expression « cote hiérarchique brute » renvoie au coefficient hiérarchique minimal de fonction, tel que fixé dans chaque branche professionnelle par les arrêtés de mise en ordre des salaires ou les conventions collectives qui s'y sont substituées, à l'exclusion de toute autre considération.

La prise en compte de toute nouvelle classification est subordonnée à l'agrément de la commission paritaire de l'AGIRC.

- **Participants « article 36 », annexe 1**

582 Certaines catégories de salariés qui ne sont pas affiliés de plein droit à l'AGIRC peuvent toutefois bénéficier de ce régime en vertu de l'article 36, annexe 1, de la convention collective nationale du 14 mars 1947. Ce ne sont ni des ingénieurs, ni des cadres « article 4 », ni même des assimilés cadres « article 4 bis », mais du personnel d'exécution.

Plus précisément, il s'agit de personnes dont les fonctions sont classées à un coefficient hiérarchique au moins égal à 200 (par référence aux arrêtés Parodi-Croizat) ou à un niveau correspondant pour les classifications ne faisant pas référence aux coefficients de fonction.

L'entreprise ne peut en demander le bénéfice qu'à la suite de la conclusion d'une convention ou d'un accord collectif de retraite, ou encore d'un accord entre l'employeur et la majorité des employés concernés par l'extension. De plus, cette demande d'extension est subordonnée à la résiliation de l'affiliation du personnel concerné à l'ARRCO (sur la tranche B).

L'adhésion d'un groupe « article 36 », facultative et globale (puisqu'elle s'applique à l'ensemble du personnel concerné d'une même entreprise) présente, une fois conclue, un caractère définitif et irrévocable.

Cas particuliers

- **Dirigeants d'entreprise**

583 Pour bénéficier des régimes ARRCO et AGIRC, le dirigeant doit être impérativement considéré comme salarié pour l'application de la législation de sécurité sociale (voir *RF* 950, § 33 ; *RF* 2006-1 « La protection sociale des non-salariés », §§ 101 à 176). Sont notamment concernés :
– les présidents-directeurs généraux, les directeurs généraux de SA et des sociétés d'exercice libéral à forme anonyme, les membres du directoire (à l'exclusion des présidents du conseil de surveillance et des membres du conseil d'administration qui n'exercent pas les fonctions de P-DG et de DG) ;
– les gérants de sociétés en nom collectif non associés qui perçoivent une rémunération en contrepartie de leurs fonctions ;
– les gérants de société en commandite simple ou par actions, non associés ;
– les gérants et administrateurs salariés de sociétés civiles ;
– les gérants minoritaires ou égalitaires de SARL et de sociétés d'exercice libéral à responsabilité limitée (à condition qu'ils ne possèdent pas ensemble plus de la moitié du capital social, étant entendu que les parts appartenant en toute propriété ou en usufruit au conjoint et aux enfants mineurs non émancipés d'un gérant sont considérées comme possédées par ce dernier).

- **Salariés à employeurs multiples**

584 En principe, le salarié travaillant pour le compte de plusieurs entreprises doit être affilié auprès de chacune des caisses membres de l'ARRCO et de l'AGIRC qui a reçu l'adhésion de ses différents employeurs, à charge pour ces derniers d'adresser leur déclaration d'emploi et des salaires à leur institution d'adhésion.

Auparavant, le salarié cadre dans plusieurs entreprises devait être affilié à une seule institution membre de l'AGIRC: celle de son principal employeur.

- **Salariés en formation**

585 Relèvent de l'ARRCO:
– les apprentis;
– les personnes titulaires d'un contrat initiative-emploi, d'un contrat de professionnalisation, d'un contrat d'adaptation, d'un contrat de qualification, d'un contrat d'orientation, d'un contrat emploi consolidé ou d'un contrat d'insertion-RMA;
– les personnes sous contrat emploi-jeune créé par la loi 97-940 du 16 octobre 1997.

Les titulaires d'un contrat emploi-solidarité sont exclus de l'ARRCO (circ. ARRCO 90-13 du 19 avril 1990).

- **Salariés exerçant une activité principale relevant d'un régime spécial**

586 Les personnes qui relèvent d'un régime spécial de sécurité sociale pour leur activité principale ne peuvent pas acquérir de droits à l'ARRCO et à l'AGIRC pour leur activité accessoire de salarié, même si les cotisations patronales restent dues.

- **Salariés seuls représentants d'entreprises situées à l'étranger**

587 Bien qu'il ne soit pas possible aux institutions membres de l'ARRCO et de l'AGIRC de contraindre les employeurs étrangers d'affilier leur unique représentant en France, il est admis que ce personnel puisse relever des régimes de retraite complémentaire français.

Dès lors qu'ils perçoivent des rémunérations au sens de l'article L. 242-1 du code de sécurité sociale, les salariés concernés peuvent choisir une caisse ARRCO et, le cas échéant, AGIRC et s'y affilier. Aucun délai ne peut leur être opposé. Toutefois, ils doivent s'engager à prendre en charge la totalité des cotisations (parts patronale et salariale).

- **Salariés des ambassades et consulats étrangers situés en France**

588 Les salariés des ambassades et consulats étrangers situés en France ou dans les DOM peuvent être affiliés à une institution membre de l'ARRCO (CRE) et de l'AGIRC (IRCAFEX), sous certaines conditions. L'affiliation ne concerne que les personnels relevant du régime général de sécurité sociale. En outre, pour adhérer à ces institutions, les ambassades et consulats doivent:
– apporter la preuve que la majorité du personnel concerné a donné son accord pour participer aux régimes,
– s'engager à cotiser auprès de ces régimes pour la totalité des salariés qu'ils emploient,
– et apporter la preuve de leur adhésion à la CRE et à l'IRCAFEX (ainsi qu'à l'institution d'assurance chômage désignée par l'Unédic).

• VRP

589 Il y a lieu de distinguer entre les VRP unicartes et les VRP multicartes (pour une étude approfondie des VRP, voir *RF* 2005-6 « Agents commerciaux-VRP », §§ 400 à 862).

Les premiers travaillent pour un seul employeur. S'ils exercent des fonctions de commandement sur d'autres VRP ou s'ils ont suivi une formation analogue à celle des cadres de la profession considérée, ou encore s'ils ont délégation de l'autorité du chef d'entreprise, ils sont considérés comme cadres au sens de l'article 4 précité et relèvent de l'AGIRC (les conditions étant alternatives). Ces VRP sont, en principe, affiliés aux mêmes institutions que les autres cadres de l'entreprise, même si l'employeur peut décider d'adhérer à l'IRPVRP.

Les seconds travaillent pour un ou plusieurs employeurs et ne sont pas considérés comme ingénieurs ou cadres au sens de l'article 4. Le régime de retraite complémentaire des cadres leur est cependant applicable s'ils exercent leur profession d'une façon exclusive et constante, s'ils rendent compte de leur activité à leur employeur et s'ils ne font pas d'opérations à titre personnel (conditions cumulatives). Ces VRP relèvent exclusivement de l'IRREP pour la tranche A, et de l'IRPVRP pour les tranches B et C. Les VRP multicartes dont la rémunération ne dépasse pas le plafond de la sécurité sociale doivent être, en principe, affiliés exclusivement auprès de l'IRREP (caisse ARRCO).

• Chauffeurs de taxi

590 Les chauffeurs de taxi locataires de leur véhicule relèvent de l'ARRCO depuis le 1er novembre 1986, bien qu'ils ne soient pas titulaires d'un contrat de travail. Il en est ainsi dès lors qu'ils sont assujettis au régime général en application de l'article L. 311-3-7° du code de la sécurité sociale (lettre-circ. ARRCO 87-10 du 29 janvier 1987).

L'adhésion doit être souscrite par les entreprises ou les personnes physiques propriétaires des véhicules.

• Intermittents des professions du spectacle

591 Doivent être affiliés auprès de la CAPRICAS (ARRCO) :
– les personnels artistiques non titulaires d'un contrat d'exclusivité prévoyant une période d'emploi de 12 mois consécutifs ou plus ;
– les personnels techniques et administratifs non titulaires d'un contrat à durée indéterminée comportant une garantie d'emploi d'au moins 12 mois consécutifs.

Par ailleurs, ces personnels sont affiliés, à titre obligatoire, à l'IRCPS (Institution de retraite des cadres de la presse et du spectacle) pour toutes les périodes durant lesquelles ils accomplissent des fonctions relevant de la convention nationale du 14 mars 1947 : ils sont traités comme des participants à employeurs multiples.

• Interprètes de conférence salariés

592 Dès lors qu'ils ont la qualité de salarié et qu'ils sont assujettis au régime général de la sécurité sociale, les interprètes de conférence sont toujours cadres (délib. AGIRC D. 37). Quel que soit leur employeur, ils relèvent exclusivement, pour les tranches B et C, de l'IRCPS. En tranche A, c'est l'Institution de retraite de la presse et du spectacle (IRPS) qui est compétente.

• Journalistes

593 Les journalistes professionnels assurant des fonctions d'encadrement et les journalistes titulaires (titularisation obtenue après deux ans d'exercice de la profession) sont considérés comme des cadres. Les journalistes pigistes ne relèvent, quant à eux, jamais de l'AGIRC. Quant aux journalistes stagiaires, en principe, ils ne sont pas cadres, même si certaines entreprises les assimilent à des cadres.

• Stagiaires

594 Seuls les stagiaires titulaires d'un véritable contrat de travail doivent être affiliés à une institution de retraite complémentaire (lettre-circ. ARRCO 96-16 du 14 février 1996).

• Avocats salariés

595 Les personnes titulaires d'un contrat de travail mais non assujetties à l'assurance vieillesse ne relèvent ni de l'ARRCO ni de l'AGIRC (c. séc. soc. art. L. 921-1). Tel est le cas des avocats salariés qui relèvent de la CNBF pour les retraites de base et complémentaire.

• Experts comptables salariés

596 Un expert comptable salarié, inscrit au tableau de l'Ordre des experts comptables, est, malgré son statut salarié, redevable des cotisations d'assurance vieillesse au régime complémentaire obligatoire des travailleurs non salariés des professions libérales. Ces cotisations, prises en charge par l'employeur en tout ou partie, sont recouvrées par la Caisse d'allocation vieillesse des experts comptables et des comptables agréés (CAVEC).

Les cotisations dues à la CAVEC prises en charge par l'employeur ne constituent pas une contribution de l'employeur au financement de prestations complémentaires de retraite et de prévoyance exclue de l'assiette des cotisations de sécurité sociale (cass. civ., 2e ch., 21 septembre 2004, n° 03-30122). Il convient donc d'intégrer cette contribution dans l'assiette des cotisations sociales.

• Créateurs d'entreprise

597 Les créateurs d'entreprise bénéficiant des aides prévues à l'article L. 351-24 du code du travail doivent ou peuvent être affiliés aux régimes de retraite complémentaire AGIRC et ARRCO (accord nat. interprof. ARRCO du 8 décembre 1961, délib. 13 B; conv. coll. nat. AGIRC du 14 mars 1947 délib. D. 40), selon leur statut.

Si le créateur d'entreprise occupe un poste au titre duquel il est réputé salarié, il doit être affilié à l'ARRCO et/ou à l'AGIRC et cotiser sur les rémunérations qu'il perçoit, y compris pendant la période de 12 mois durant laquelle il se voit maintenir, sans contrepartie de cotisations, une couverture sociale auprès du régime général de sécurité sociale dont il relevait au titre de sa dernière activité.

S'il accomplit des fonctions non salariées, il peut, pendant 12 mois, opter pour le versement de cotisations lui assurant l'acquisition d'avantages retraite ARRCO et/ou AGIRC.

Le créateur d'entreprise doit faire connaître son choix à sa dernière institution d'affiliation au plus tard dans l'année civile qui suit celle à laquelle cette option se rapporte. Si la période de

12 mois sur laquelle porte l'option chevauche deux années civiles (N et N + 1), ce choix doit être effectué au plus tard au cours de l'année N + 2.

Pour aller plus loin

➞ Sur les cas particuliers : *RF* 950, « Les cotisations sociales de l'entreprise », §§ 110 à 151.

➞ Sur le détachement et l'expatriation : *RF* 950, « Les cotisations sociales de l'entreprise », §§ 160 à 178.

➞ Sur les salariés en contrat d'insertion professionnelle et les apprentis : *RF* 952, « Mémento social : l'entreprise et le salarié », §§ 380 à 544.

➞ Sur le statut des VRP : *RF* 2005-6 « Agents commerciaux – VRP », §§ 400 à 862.

➞ Sur la protection sociale des dirigeants de société : *RF* 2006-1, « La protection sociale des non-salariés », §§ 101 à 176.

Service Relations Clients • 0 826 80 52 52 (0,15 € ttc/min)

Formalités d'adhésion

16

§§

Adhésion des entreprises

- Adhésion à un même groupe de protection sociale:
  - principe d'unicité 600
  - exception: création d'un établissement distinct 602
- Choix de la caisse:
  - caisses du domaine professionnel 603
  - caisses du domaine interprofessionnel 605
- Cas dérogatoires:
  - dérogation I: compétence catégorielle ou territoriale de certaines caisses 609
  - dérogation II: adhésion aux caisses visées par une convention non étendue 610
  - dérogation III: entreprise nouvelle ayant des liens avec une entreprise préexistante 611
- Changement d'institutions:
  - cas de figure 612
  - conditions préalables au changement 615
  - statut commun en matière de retraite complémentaire 616
  - alignement des taux de cotisation 617
  - alignement des seuils d'accès à « l'article 36 » 618
  - délai 619
  - choix de l'institution 621
  - cas particuliers 622

Affiliation des salariés

- Responsabilité:
  - responsabilité de l'employeur .. 624
  - responsabilité du salarié 625
- Formalités à accomplir 626
- Cessation de l'affiliation 627

Adhésion des entreprises

Adhésion à un même groupe de protection sociale

• Principe d'unicité

600 Les entreprises nouvelles, créées à partir du 1er janvier 2002, sont soumises à une nouvelle réglementation d'adhésion. Elles doivent adhérer aux institutions de retraite complémentaire AGIRC et ARRCO relevant d'un même groupe de protection sociale, ceci pour l'ensemble de leurs salariés.

Les salariés non cadres (sur la totalité de leurs rémunérations) et les salariés cadres (sur la tranche A) sont affiliés à l'institution ARRCO d'un groupe de protection sociale donné, les salariés cadres (sur les tranches B et C) à l'institution AGIRC du même groupe.

Le choix du groupe de protection sociale est déterminé soit en fonction du secteur professionnel auquel appartient l'entreprise, soit, à défaut, en fonction de sa situation géographique (voir §§ 603 à 608).

601 L'adhésion des entreprises s'applique en principe à l'ensemble de leurs établissements présents et futurs.

• Exception : création d'un établissement distinct

602 La seule exception au principe d'unicité des adhésions est prévue en cas de création d'un établissement. L'entreprise peut, lorsqu'elle crée un établissement distinct, décider de le faire adhérer à d'autres institutions de retraite complémentaire que celles de l'entreprise.

Un établissement est considéré comme distinct dès lors qu'il possède une certaine autonomie (isolement géographique, personnel propre, direction propre) sans être doté de la personnalité morale.

Un établissement nouveau dont l'activité principale relève du domaine professionnel peut opter pour une adhésion à une institution relevant du domaine professionnel alors même que les institutions dont dépend l'entreprise appartiennent au domaine interprofessionnel.

Choix de la caisse

• Caisses du domaine professionnel

603 **Compétence obligatoire.** Certaines entreprises doivent adhérer à un groupe de protection sociale déterminé en raison de leur secteur d'activité : c'est ce que l'on appelle le domaine professionnel.

Ces caisses professionnelles sont obligatoirement compétentes :
– soit parce qu'elles ont vocation à l'être : elles ont la charge exclusive de certains secteurs (c'est le cas du secteur de l'agriculture, du bâtiment, des travaux publics, de l'alimentation, du commerce et de la réparation automobile, de l'imprimerie, de la presse...),
– soit parce qu'elles ont été désignées comme compétentes par les conventions collectives de branche étendues par arrêté ministériel.

L'ARRCO et l'AGIRC ont élaboré un répertoire des caisses professionnelles compétentes par secteur (circ. AGIRC-ARRCO 2004-11 du 14 juin 2004).

604 **Détermination du secteur d'activité.** Pour savoir si elle doit s'affilier à des caisses du domaine professionnel, l'entreprise doit se référer à son activité principale. Celle-ci est réputée correspondre au code NAF attribué par l'INSEE. En cas de contestation, l'activité retenue est celle visée par la convention collective appliquée par l'entreprise.

À défaut de l'un ou l'autre de ces critères, il convient de se référer à l'activité engendrant le plus gros chiffre d'affaires ou à celle requérant le plus grand nombre d'heures de travail.

La désignation d'un groupe de protection sociale au répertoire professionnel implique l'obligation d'adhérer aux institutions AGIRC et ARRCO de ce groupe, même si la convention collective du secteur d'activité n'a désigné que l'une de ces institutions.

• Caisses du domaine interprofessionnel

605 **Compétence supplétive.** Si l'activité de l'entreprise ne figure pas sur le répertoire professionnel, c'est la situation géographique de l'entreprise qui va déterminer le groupe de protection sociale compétent : c'est ce que l'on appelle le domaine interprofessionnel.

L'AGIRC et l'ARRCO ont établi un répertoire géographique qui désigne, par département ou par arrondissement pour Paris, deux groupes d'institutions compétents pour recevoir les adhésions (voir carte p. 276).

606 **Délai de 3 mois pour choisir.** L'entreprise dispose d'un délai de trois mois à compter de la date d'inscription au registre du commerce (pour les entreprises commerciales) ou du répertoire des métiers (pour les artisans) ou de la déclaration en préfecture (pour les associations) pour choisir entre ces deux groupes (circ. AGIRC-ARRCO 2004-2 du 7 janvier 2004).

607 **Caisse compétente en cas de dépassement du délai de trois mois.** Passé ce délai, l'entreprise défaillante adhère automatiquement au groupe désigné comme compétent par l'AGIRC et l'ARRCO, dit groupe «balai» (en pratique, cette défaillance se rencontre dans le cas où l'entreprise est sans personnel). L'immatriculation d'office oblige les institutions de retraite complémentaire du groupe «balai» à veiller à la régularité de la situation de l'entreprise sans personnel par le rappel périodique des obligations à remplir en cas d'embauche de salariés (adhésion effective, affiliation du ou des salariés embauchés...).

608 **Choix en l'absence de salarié.** L'entreprise qui n'envisage pas d'embaucher de salarié dans les trois mois suivant son immatriculation peut tout de même signer une demande d'adhésion pour ordre afin de concrétiser son choix en faveur de l'un des deux groupes de protection sociale compétents.

Cas dérogatoires

• Dérogation I: compétence catégorielle ou territoriale de certaines caisses

609 Deux situations peuvent conduire l'entreprise à méconnaître le principe de l'unicité d'adhésion et l'application des règles relatives aux domaines professionnels et interprofessionnels:
– la compétence catégorielle de certaines caisses: certains salariés exercent une profession particulière (il s'agit des VRP, des intermittents du spectacle, employés de maison, journalistes en possession de la carte de journaliste...). La spécificité de leurs fonctions conduit l'entreprise à les affilier à une institution désignée comme compétente pour cette profession;
– la compétence territoriale: d'autres salariés exercent leur activité sur certains territoires (expatriés, départements et territoires d'outre-mer, Monaco...). L'entreprise ou ses établissements doivent adhérer aux institutions compétentes à titre local (voir tableau p. 276).

La compétence territoriale prime sur la compétence catégorielle. Ainsi, les salariés des DOM doivent être affiliés aux institutions locales, peu importe l'activité exercée. Une seule exception à cette prévalence: l'institution du secteur du bâtiment et des travaux publics prime sur l'institution compétente en Guadeloupe, en Martinique et en Guyane.

• Dérogation II: adhésion aux caisses visées par une convention non étendue

610 Si l'activité de l'entreprise ne figure pas au répertoire professionnel et qu'une convention collective non étendue visant un groupe d'institutions est applicable à l'entreprise, l'entreprise dépend normalement des caisses interprofessionnelles du lieu de sa domiciliation et doit donc se référer au répertoire géographique.

Cependant, elle peut, si elle le souhaite, adhérer aux caisses visées par la convention collective non étendue qui lui est applicable. La demande, qui doit être présentée dans le délai du libre choix (3 mois), doit être initiée par l'entreprise et non par les institutions de retraite complémentaire.

Retraite complémentaire

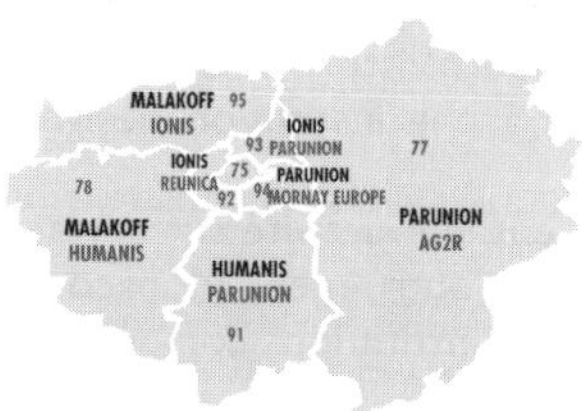

☐ Groupe « balai »

☐ Groupe non « balai »

Arrondissements de Paris					
1er	**OREPA**	ARIES	11e	**BCP**	BRP
2e	**BCP**	HUMANIS	12e	**MORNAY EUROPE**	BCP
3e	**ARIES**	TAITBOUT	13e	**MEDERIC**	OREPA
4e	**MEDERIC**	MORNAY EUROPE	14e	**OREPA**	APRI
5e	**OREPA**	APRI	15e	**OREPA**	MALAKOFF
6e	**AG2R**	MALAKOFF	16e	**PARUNION**	MALAKOFF
7e	**AG2R**	HUMANIS	17e	**MEDERIC**	MALAKOFF
8e	**MALAKOFF**	REUNICA	18e	**REUNICA**	IONIS
9e	**BRP**	MEDERIC	19e	**BCP**	OREPA
10e	**REUNICA**	TAITBOUT	20e	**BCP**	OREPA

Compétences territoriales	Institutions ARRCO	AGIRC
Guadeloupe	**CGRR**	**UGRC**
Guyane	**IGRC**	**UGRC**
Martinique	**IRCOM**	**UGRC**
Entreprises des professions du bâtiment et des travaux publics des Antilles et de la Guyane	**CRR-BTP**	**CNRBTPIC**
Monaco	**UGRR (AMRR)**	**UGRC**
Nouvelle-Calédonie	**CRE**	**IRCAFEX**
La Réunion	**CRR**	**CAPIMMEC**
Saint-Pierre-et-Miquelon	**CRE**	**IRCAFEX**
Ambassades et consulats en France	**CRE**	**IRCAFEX**

Cette dérogation n'est ouverte qu'aux entreprises membres d'une organisation professionnelle signataire d'une convention collective non étendue qui avait été retenue pour l'établissement de l'ancien répertoire professionnel AGIRC-ARRCO. En outre, la convention collective appliquée doit être impérativement une convention collective nationale, les conventions collectives infranationales (étendues ou non étendues) ne pouvant pas conduire à la non-application du répertoire géographique.

• Dérogation III: entreprise nouvelle ayant des liens avec une entreprise préexistante

611 Une entreprise nouvelle qui a des liens avec une entreprise préexistante peut choisir d'adhérer aux caisses de retraite complémentaire professionnelles ou interprofessionnelles ou d'adhérer aux caisses de l'entreprise préexistante.

Cette faculté lui est ouverte à la condition que l'entreprise préexistante détienne au moins 34 % de son capital ou (pour les sociétés autres qu'en capital) que les critères requis pour la reconnaissance de l'union économique et sociale (UES) soient réunis (il est inutile que l'UES soit expressément reconnue).

Les critères requis pour la reconnaissance de l'UES sont:
– les activités identiques ou complémentaires,
– la concentration des pouvoirs de direction,
– la permutabilité des salariés,
– l'existence d'un statut commun en matière de droit du travail.

Changement d'institutions

• Cas de figure

612 L'AGIRC et l'ARRCO ont établi une liste limitative des cas dans lesquels l'entreprise est autorisée à changer d'institutions. Selon les cas, il s'agit soit d'une faculté ouverte aux entreprises, soit d'une obligation.

613 **Faculté de changer d'institutions.** L'entreprise a la possibilité de changer d'institutions:
– lorsqu'elle fusionne et que cette transformation laisse subsister les entreprises parties à la fusion sous forme d'établissements distincts (l'établissement distinct est défini selon trois critères: isolement géographique, personnel propre et direction propre);
– en cas de prises de participations financières à hauteur d'au moins 34 % du capital, si elles s'accompagnent de transformations portant sur les conditions d'emploi des salariés (tels que des transferts de personnel, application au personnel de l'entreprise dans laquelle des participations ont été prises du statut commun au personnel du groupe qui a acquis les participations...);
– en cas de constitution d'un groupe économique (unité économique et sociale, entreprises ayant créé un comité de groupe, sous réserve de conditions identiques à celles requises pour la reconnaissance de l'UES);

L'unité économique et sociale est définie selon 4 critères: activités identiques ou complémentaires, concentration des pouvoirs de direction, permutabilité des salariés, existence d'un statut commun en matière de droit du travail. L'existence de l'UES doit être attestée par l'employeur.

– dans le cadre d'une location-gérance d'une entreprise par une entreprise préexistante, sous réserve qu'elle soit le prélude à une fusion et que cette fusion soit notifiée dans le contrat de location-gérance ;
– en cas de transmission universelle de patrimoine de l'associé unique (circ. AGIRC-ARRCO 2005-10 du 2 mai 2005);

Lorsque les droits sociaux d'une société (parts ou actions) se trouvent réunis entre les mains d'une seule personne, la dissolution de cette société peut être prononcée et entraîne la transmission universelle du patrimoine à l'associé unique (c. civ. art. 1844-4). Cette procédure permet à l'associé unique de recueillir l'intégralité du patrimoine social et de se substituer à la société dissoute dans ses biens, droits et obligations.

– en cas de prises de participations indirectes (circ. AGIRC-ARRCO 2005-10 du 2 mai 2005).

Il s'agit des prises de participations réalisées par l'intermédiaire d'une filiale (qui peut être une entreprise sans personnel). Un regroupement d'adhésions peut être autorisé non seulement entre la filiale et l'entreprise au sein de laquelle les participations ont été prises, mais également entre cette dernière et la société contrôlant la filiale (sous réserve que les autres conditions requises soient satisfaites).

614 **Obligation de changer d'institutions.** L'entreprise est tenue de changer d'institutions en cas de fusion conduisant les entreprises anciennes à être confondues au sein d'un établissement unique.

• Conditions préalables au changement

615 Une entreprise peut envisager de changer d'institutions de retraite complémentaire, à condition d'être à jour des règlements de ses cotisations et de toutes sommes dues auprès de l'institution quittée.

L'entreprise doit avoir requis l'accord exprès des salariés concernés, par référendum ou accord collectif conclu avec leurs représentants, si le changement s'accompagne de modifications des conditions d'affiliation. En revanche, si aucune modification n'est à craindre, l'information et la consultation des instances représentatives du personnel suffisent.

Peut constituer une modification des conditions d'affiliation :
– l'alignement des taux de cotisations à un niveau inférieur au taux moyen avec versement d'une contribution de maintien des droits,
– ou encore la résiliation totale ou partielle d'une extension de l'article 36, annexe I, de la convention collective nationale du 14 mars 1947.

En revanche, l'unification des taux de cotisations sur la base du taux moyen de la tranche concernée et l'unification des conditions d'application de l'article 36 par référence au critère plus extensif retenu au sein des entreprises ne sont pas considérées comme de véritables modifications par les régimes de retraite complémentaire.

• Statut commun en matière de retraite complémentaire

616 Le regroupement des adhésions doit obligatoirement s'accompagner de la mise en place d'un statut commun de retraite complémentaire. Ce statut doit prévoir l'alignement des taux de cotisations (voir § 617) et les conditions d'application de l'article 36 pour l'AGIRC (généralisation ou suppression de l'extension, alignement des seuils ; voir § 618).

• Alignement des taux de cotisations

617 Au titre d'engagements antérieurs au 2 janvier 1993, certaines entreprises cotisent, sur tranche 1 ARRCO, à un taux supérieur au taux obligatoire (voir § 651).

Si cette entreprise est autorisée à regrouper son adhésion aux institutions de retraite complémentaire avec celles d'autres entreprises, un alignement des taux de cotisations est nécessaire.

L'alignement de taux de cotisations doit être réalisé sur la base d'un taux moyen (sauf résiliation accompagnée d'une contribution de maintien des droits ou démission entraînant la suppression des droits afférents à la fraction de taux supprimée) (circ. AGIRC-ARRCO 2005-10 du 2 mai 2005). Le taux moyen doit être arrondi au multiple de 0,05 supérieur au résultat du calcul.

Certaines entreprises souhaitant conserver le taux de cotisations supérieur au taux obligatoire qu'elles appliquaient avant le fait générateur du changement d'institutions, des dérogations sont acceptées à titre exceptionnel, pour permettre un arrondi plus important, dans la limite de 0,25 %. Les demandes de dérogation doivent être soumises aux fédérations AGIRC et ARRCO.

Ces demandes, dûment motivées, doivent être accompagnées des informations suivantes :
– nature du fait générateur, date d'effet de l'opération juridique et date d'effet de l'unification ;
– pour chacune des entreprises concernées : raison sociale, adresse, n° SIRET, code NAF et convention collective appliquée ;
– pour les salariés non cadres : institution ARRCO, effectifs, taux et masse salariale des tranches 1 et éventuellement 2 (si le taux est supérieur à 16 %) ;
– pour les salariés « article 36 » : institution ARRCO, effectifs, taux et masse salariale de tranche 1 ;
– en cas de fusion : raison sociale de l'entreprise issue de la fusion, adresse, n° SIRET, code NAF et convention collective appliquée.

En outre, il faut préciser le résultat du calcul du taux moyen et le taux d'alignement souhaité sur tranche 1 globalement pour toutes les catégories ou individuellement pour chaque catégorie.

L'arrondi exceptionnel de 0,25 % ne peut pas être admis si le calcul du taux moyen donne un résultat s'écartant de plus de 0,25 % du taux antérieur le plus favorable (circ. AGIRC -ARRCO 2005-10 du 2 mai 2005 ; circ. AGIRC-ARRCO 2006-11 du 12 juillet 2006).

Exemple Dans le cas d'une fusion entre deux entreprises cotisant l'une à 8 %, l'autre à 6 %, si le taux moyen est inférieur à 7,75 %, l'arrondi de 0,25 % ne peut pas être appliqué puisqu'il ne permet pas de maintenir le taux antérieur plus favorable.

Les deux arrondis de 0,05 % (règle générale) et de 0,25 % (dérogation exceptionnelle) ne sont pas cumulables.

• Alignement des seuils d'accès à « l'article 36 »

618 En cas de regroupement d'adhésions entre plusieurs entreprises, l'alignement des seuils d'accès à l'article 36 est nécessaire.

Antérieurement, l'alignement des seuils d'accès à l'article 36 devait intervenir sur le seuil le plus extensif, une résiliation totale ou partielle étant toutefois possible lorsque la généralisation du seuil le plus extensif entraînait un accroissement notable des charges de l'entreprise.

Aujourd'hui, il est admis que les entreprises puissent résilier, en partie, voire en totalité, leurs engagements au titre de l'article 36, sous réserve d'un accord avec leurs salariés ou leurs représentants, sans qu'il soit nécessaire de justifier d'une aggravation de charges. L'accord préalable de l'AGIRC n'est pas requis (circ. AGIRC-ARRCO 2005-10 du 2 mai 2005).

À défaut d'accord interne à l'entreprise, l'alignement sur le seuil le plus extensif est obligatoire.

Les entreprises restent tenues de respecter les seuils fixés par leur convention collective professionnelle.

• **Délai**

619 **Délai en cas de changement facultatif.** Lorsque le changement demeure une simple faculté (voir § 613), l'entreprise dispose d'un délai qui court à compter de la transformation juridique jusqu'au plus tard le 31 décembre de l'exercice qui suit la date de la transformation.

620 **Délai en cas de changement obligatoire.** Lorsque le changement d'institutions devient obligatoire (à savoir en cas de fusion avec confusion des entreprises anciennes en un établissement unique ; voir § 614), l'entreprise procède au changement, même en cas de demande tardive. Dans ce cas, le regroupement des adhésions prendra effet au 1er janvier de l'exercice au cours duquel il est demandé afin d'éviter les effets d'une régularisation rétroactive.

• **Choix de l'institution**

621 Le regroupement sur un même groupe de protection sociale doit, autant que faire ce peut, être privilégié parce qu'il permet à l'entreprise d'avoir un interlocuteur unique. À défaut, le regroupement s'effectue auprès de l'une des institutions de régimes complémentaires de retraite en présence ou par catégorie de salariés.

Le choix du groupe de protection sociale est déterminé selon que l'entreprise appartient ou non au domaine professionnel (voir §§ 603 à 608).

En cas de fait générateur impliquant des entreprises du domaine professionnel, le regroupement des adhésions ne peut intervenir qu'auprès des institutions désignées au répertoire professionnel.

L'AGIRC et l'ARRCO précisent les modalités d'application de cette dernière règle (circ. AGIRC-ARRCO 2005-10 du 2 mai 2005) :
– pour déterminer si des institutions désignées à ce répertoire sont compétentes, il convient de se référer au code NAF de l'entreprise issue de l'opération ou à la convention collective qu'elle applique ;
– lorsqu'un fait générateur met en présence des entreprises adhérentes aux mêmes institutions (autres que celles désignées au répertoire professionnel), la prépondérance des institutions professionnelles n'est pas applicable dès lors que l'unification des situations ne nécessite aucun transfert d'adhésion ;
– des dérogations de compétences professionnelles restent possibles en cas de fusion entre les entreprises de taille disproportionnée en termes d'effectifs cotisants, sous contrôle des fédérations AGIRC et ARRCO.

• **Cas particuliers**

622 **Changement d'activité.** Lorsqu'une entreprise change d'activité principale, elle peut également changer de caisses de retraite complémentaire.

Si sa nouvelle activité est inscrite au répertoire professionnel établi par l'AGIRC et l'ARRCO, elle peut adhérer aux caisses professionnelles. Si cette activité nouvelle sort du domaine professionnel, l'entreprise peut quitter ces caisses professionnelles au profit de caisses de retraite complémentaire interprofessionnelles.

Il en va de même si l'entreprise ne relève plus d'institutions spécifiques. En revanche, si cette entreprise était adhérente des caisses spécifiques du régime ARRCO et des caisses interprofessionnelles pour le régime AGIRC, elle est tenue de rejoindre la caisse du régime ARRCO du groupe de la caisse du régime AGIRC.

623 **Entreprises monégasques.** Dans la principauté de Monaco, depuis le 1er janvier 1968, l'UGRR a compétence exclusive pour recevoir les adhésions des entre-

prises nouvellement implantées sur ce territoire. Cette compétence territoriale a été étendue à l'UGRC, à compter du 1er janvier 2002.

Les entreprises monégasques qui ont antérieurement adhéré à d'autres institutions sont autorisées à rejoindre l'UGRR et l'UGRC, en l'absence des faits générateurs prévus par les règles de changement d'institutions (circ. AGIRC-ARRCO 2006-10 du 12 juillet 2006 ; voir §§ 613 et 614).

Cette mesure concerne exclusivement les entreprises et établissements dont les personnels sont affiliés au régime de base monégasque.

Ces transferts d'adhésion ne peuvent intervenir que sur demande individuelle des entreprises intéressées.

Affiliation des salariés

Responsabilité

• Responsabilité de l'employeur

624 L'affiliation du salarié doit être une initiative patronale. Si l'employeur n'affilie pas le salarié ou s'il l'affilie pour un montant insuffisant, sa responsabilité est engagée (cass. soc. 30 janvier 1974, n° 73-40365, BC V n° 73). L'action du salarié se prescrit par 30 ans décomptés à partir de la connaissance de la situation (par exemple, à compter de la liquidation de sa retraite: cass. soc. 18 décembre 1991, n° 88-45083, BC V n° 598).

Toutefois, si un salarié exerce dans l'entreprise des fonctions qui lui permettent de connaître et d'apprécier sa situation, la responsabilité de l'employeur peut être atténuée (cass. soc. 21 juin 1978, n° 77-40056, BC V n° 491), voire non retenue (par exemple, pour le chef d'un service comptable responsable des déclarations: cass. soc. 6 octobre 1977, BC V n° 564).

• Responsabilité du salarié

625 Certains salariés sont tenus de procéder eux-mêmes à leur affiliation. Il s'agit:
– des VRP multicartes: ils bénéficient d'un délai d'un mois à compter de leur prise de fonctions pour effectuer leur affiliation auprès de l'IRPVRP et de l'IRREP (conv. collect. 14 mars 1947, ann. IV, art. 2; voir *RF* 2005-6, §§ 787 et 788);
– du salarié unique représentant en France d'une entreprise étrangère: le salarié doit s'affilier aux institutions désignées au répertoire géographique pour son département de résidence;
– des interprètes de conférences : ils relèvent exclusivement de l'IRCPS et leur affiliation à cette caisse nécessite d'indiquer le nom et l'adresse de leurs différents employeurs, ainsi que le montant des rémunérations versées;
– des bénéficiaires d'une extension territoriale individuelle, cas « D » (voir p. 266).

Formalités à accomplir

626 La demande d'affiliation doit être effectuée par l'entreprise dès l'embauche des salariés auprès de l'institution de retraite qui en fixe les modalités pratiques.

Elle peut prendre la forme d'une demande d'inscription individuelle (voir p. 283) ou d'un état des entrées (voir p. 282).

Lorsque la demande est recevable, la caisse adresse au participant, par l'intermédiaire de son employeur, un certificat d'inscription.

Si l'affiliation, une fois opérée, entraîne le paiement des cotisations afférentes, elle ne confère pas, à elle seule, la qualité de cadre au regard du droit du travail (cass. soc. 10 novembre 1992, n° 89-43890 et 18 janvier 1995, n° 92-44775).

Cessation de l'affiliation

627 **La cessation d'affiliation résulte, en principe, de la rupture du contrat de travail.**

La reprise d'un emploi ouvrant droit au bénéfice du régime dans une autre entreprise conduit à une nouvelle affiliation auprès de la caisse à laquelle adhère la nouvelle entreprise. Les droits acquis auprès de la première institution sont transférés à la seconde institution.

Raison sociale : ....

Dossier n° GT ....

Etat des entrées

(Année : ....)

Attention : ce document n'est à remplir que pour les déclarations aux institutions ARRCO

Nom patronymique *(nom de jeune fille pour les femmes)*	Prénom	Nom marital	Sexe 1 = M 2 = F	Date de naissance (JJ/MM/AA)	N° de Sécurité sociale	Date d'affiliation dans la catégorie (JJ/MM/AA)	Personnel concerné C = Cadres M = Mensuels	Lieu de naissance (préciser le pays s'il y a lieu)	Nationalité (si étrangère)
	Adresse du salarié :								
	Adresse du salarié :								
	Adresse du salarié :								
	Adresse du salarié :								
	Adresse du salarié :								
	Adresse du salarié :								

DORP/CIA/Etat Entrées/12.01

agirc
RETRAITE DES CADRES

N° de Siren :
N° de dossier :

Convention collective appliquée par lentreprise :
Critère dextension :

DEMANDE DINSCRIPTION

ETAT CIVIL DU PARTICIPANT (à remplir par le participant)

M, Mme, Mlle (rayer les mentions inutiles) Nationalité :

Nom patronymique : Prénom :

Nom marital : Date de naissance : |_|_|_|_|_|_|

N° de Sécurité sociale : |_|_|_|_|_|_|_|_|_|_|_|_|_| |_|_|

Adresse :

Code postal : |_|_|_|_|_| Ville : Pays :

SITUATION DANS LENTREPRISE (à remplir par lemployeur)

Merci de vous reporter à la page suivante pour remplir chacune des rubriques suivantes :
Catégorie de personnel concerné : article 4, 4 bis ❑ article 36 ❑ Coefficient ou niveau :

Fonction exercée par le participant :

N° interne à lentreprise (facultatif) :

Si promotion, date dentrée dans lentreprise : |_|_|_|_|_|_|

Date deffet de linscription : |_|_|_|_|_|_|

Si le participant est VRP
Critère (A,B ou C) :

SITUATION DANS LE RÉGIME DES CADRES (à remplir par le participant)

- Avez-vous plusieurs employeurs simultanés ? OUI ☐ NON ☐
- Avez-vous déjà été inscrit au régime des cadres ? OUI ☐ NON ☐

Si OUI, merci de les décrire ci-dessous :

Raison sociale de votre dernier employeur ou de ceux qui vous emploient encore	Vos références caisse cadre	Intitulé de la caisse cadre	Date dentrée (j/mm/aa)	Date dentrée (j/mm/aa)

La loi n° 78-17 du 6 janvier 1978 relative à linformatique, aux fichiers et aux libertés sapplique aux réponses faites au présent formulaire. Elle garantit au participant pour les données le concernant un droit daccès et de rectification auprès de linstitution destinataire de la demande.

RÉSERVÉ AU PARTICIPANT
Je soussigné, certifie complets et exacts les renseignements portés sur la présente demande.
Fait à Le
Signature

RÉSERVÉ À LEMPLOYEUR
En ce qui concerne mon entreprise, je certifie exactes les indications portées sur la présente demande dinscription.
Fait à Le
Cachet Nom et qualité du signataire

17

Cotisations de retraite complémentaire

§§

Assiette des cotisations génératrices de points de retraite

- Calcul de l'assiette : cas général :
  - éléments entrant dans le champ de l'assiette 635
  - exclusion d'assiette 636
- Traitement des bases forfaitaires URSSAF 637
- Assiettes fictives 640
- Limites d'assiette 641
- Régularisation annuelle 643
- Calcul d'assiette : cas particuliers :
  - entreprise pratiquant le décalage de paie 644
  - salariés à temps partiel 645
  - salariés à employeurs multiples .. 647
  - salarié exerçant son activité principale dans un régime spécial 648
  - sommes isolées 649

Taux de cotisations ARRCO et AGIRC générateurs de points

- Taux ARRCO :
  - taux contractuels actuels 650
  - suppression de la possibilité d'appliquer un taux supérieur .. 651
  - répartition employeur/salarié ... 652
  - répartition en cas de transformation d'entreprise 653
- Taux AGIRC :
  - taux contractuel unique 654
  - répartition employeur/salarié ... 655
  - taux dérogatoires 656
- Taux d'appel commun 657
- Spécificité de l'AGIRC : la GMP ... 658
- Cotisations volontaires 664

→ *Régime social des contributions patronales de retraite complémentaire : page 293*

Cotisations non génératrices de points

- AGFF 665
- Contribution exceptionnelle temporaire (CET) 668

→ *Autres cotisations AGIRC : page 298*

Assiette des cotisations génératrices de points de retraite

Calcul de l'assiette : cas général

- **Éléments entrant dans le champ de l'assiette**

635 L'assiette des cotisations de retraite complémentaire étant identique à celle des cotisations de sécurité sociale, les cotisations ARRCO et AGIRC sont donc calculées sur les éléments de rémunération entrant dans l'assiette de cotisations de sécurité sociale (c. séc. soc. art. L. 242-1).

Ainsi, sont incluses dans l'assiette de cotisations de retraite complémentaire toutes les sommes versées aux salariés en contrepartie ou à l'occasion du travail.

Il s'agit plus précisément :
– des salaires et gains ;
– des indemnités de congés payés (y compris celles versées par l'intermédiaire d'un tiers comme, par exemple, les caisses de congés payés) ;
– du montant de la part salariale des cotisations ;
– des indemnités, primes et gratifications ;
– des avantages en argent ou en nature ;
– des sommes perçues directement ou par l'entreprise d'un tiers à titre de pourboire ;
– de l'indemnité compensatrice de préavis (si le salarié reprend une activité en cours de préavis, l'employeur ou le salarié cadre sont en droit de demander l'application du calcul des cotisations de retraite complémentaire au prorata, comme dans le cadre de salariés à employeurs multiples).

• **Exclusion d'assiette**

636 Sont, en revanche, exclus de cette assiette les sommes reçues à un autre titre que celui de salarié (par exemple, les jetons de présence), l'indemnité de licenciement et l'indemnité de clientèle des VRP, les frais professionnels et les sommes versées dans le cadre de la participation ou de l'intéressement aux résultats de l'entreprise, ainsi que la prise en charge par l'employeur de tout ou partie de la part salariale des cotisations de retraite complémentaire (y compris par la fraction susceptible d'être réintégrée dans l'assiette sociale ; circ. AGIRC-ARRCO 2006-1 du 8 février 2006 ; voir encadré page 293).

Traitement des bases forfaitaires applicables aux cotisations URSSAF

• **Non-application aux cotisations de retraite complémentaire**

637 Certaines professions bénéficient d'une assiette forfaitaire pour le calcul de leurs cotisations de sécurité sociale. Il s'agit des artistes de spectacle et mannequins travaillant pour des employeurs occasionnels, des personnels de centres de loisirs ou de vacances, des formateurs occasionnels, des vendeurs par réunions à domicile à temps choisi, des vendeurs colporteurs et porteurs de presse et des personnels exerçant une activité dans le cadre d'une personne morale à objet sportif, d'une association de jeunesse ou d'éducation populaire.

Cette assiette forfaitaire n'est pas applicable aux cotisations de retraite complémentaire. Les cotisations ARRCO et AGIRC de ces catégories de salariés doivent être calculées sur la base de leur salaire réel.

• **Application aux cotisations de retraite complémentaire**

638 En revanche, les régimes de retraite complémentaire admettent que les cotisations de retraite complémentaire des personnels des hôtels, cafés, restaurants auxquels les pourboires sont versés directement ou pour lesquels le pourcentage pour service n'est pas centralisé et/ou réparti par l'employeur soient calculées sur une base forfaitaire.

De même, les cotisations patronales de retraite complémentaire des apprentis qui travaillent dans une entreprise inscrite au RCS (registre du commerce et des sociétés) ou dans une entreprise occupant plus de 11 salariés inscrite au répertoire des métiers sont calculées sur une base forfaitaire.

Cette base forfaitaire est égale à la rémunération minimale fixée par décret en pourcentage du SMIC après déduction d'une fraction égale à 11 % du SMIC (c. trav. art. L. 118-5).

Exemple Un apprenti perçoit, en janvier 2007, une rémunération égale à 41 % du SMIC.

Sa base forfaitaire est donc égale à 30 % du SMIC (sachant qu'il convient de calculer ce SMIC pour 169 heures), à savoir: (169 × 8,27) × 30 % = 419 €.

Le montant de la cotisation patronale s'élève donc à: 419 × 4,5 % = 18,86 €.

• **Cas particuliers des employés de maison**

639 Les cotisations de retraite complémentaire des employés de maison, employés au pair et stagiaires aides familiaux (gérées par l'institution de retraite complémentaire des employés de maison) peuvent être calculées sur le salaire réel ou sur une assiette forfaitaire.

Assiettes fictives

640 Dans certaines situations, les cotisations de retraite complémentaire peuvent être calculées sur un salaire fictif.

Ainsi, les salariés travaillant à l'étranger peuvent être affiliés à un régime de retraite complémentaire dont les cotisations sont calculées sur la base d'un salaire fictif (voir le tableau des extensions territoriales page 266).

Il en est de même des personnes en situation d'inactivité totale ou partielle qui ne peuvent bénéficier de droits dans le cadre des dispositions relatives à la validation gratuite des périodes de chômage. Il s'agit, plus précisément, des salariés bénéficiant de conventions de préretraite progressive, des salariés bénéficiant de conventions FNE d'aide au passage à temps partiel, des salariés acceptant la transformation de leur contrat de travail à temps plein en contrat à temps partiel, des salariés réduisant leur temps de travail ou leur salaire dans un contexte économique difficile, des salariés bénéficiaires de la cessation d'activité des salariés âgés (CASA) et des salariés en congé parental d'éducation.

Pour ce faire, un accord d'entreprise ou un accord entre l'employeur et la majorité des personnels concernés doit être conclu (le salarié qui passe d'un temps plein à un temps partiel pouvant toutefois refuser expressément l'application de l'assiette fictive).

En outre, faisant écho au régime général d'assurance vieillesse, les commissions paritaires de l'AGIRC et de l'ARRCO ont étendu aux régimes de retraite complémentaire la possibilité de cotiser sur un temps plein pour les salariés à temps partiel, sans distinction (circ. AGIRC-ARRCO 2005-21 du 21 décembre 2005).

Désormais, les salariés à temps partiel peuvent obtenir des points de retraite complémentaire comme si l'exercice de leur emploi s'effectuait sur un temps complet, à condition d'avoir opté pour cette assiette fictive auprès du régime de retraite de base.

La décision de cotiser sur un salaire à temps plein n'a pas de caractère collectif, elle doit résulter de l'accord du salarié et de l'employeur et figurer dans le contrat de travail.

Ce dispositif n'est pas applicable aux participants en situation de retraite progressive (voir annexe 1).

Limites de l'assiette

• Limites d'assiette ARRCO

641 La rémunération soumise à cotisations ARRCO est limitée:
– pour les non-cadres, à trois fois le plafond de la sécurité sociale. Cette assiette se décompose, elle-même, en deux tranches:
  - la tranche 1 limitée à une fois le plafond de la sécurité sociale
  - et la tranche 2 comprise entre une fois et trois fois ce plafond.
– pour les cadres, à une fois le plafond de la sécurité sociale (tranche A).

• Limites d'assiette AGIRC

642 Les cadres doivent également cotiser auprès d'une institution membre de l'AGIRC sur les rémunérations comprises entre une fois et huit fois le plafond de la sécurité sociale. Cette assiette se décompose en deux tranches (tranches B et C) comme suit:
– tranche B: entre une fois et quatre fois le plafond de la sécurité sociale;
– tranche C: entre quatre fois et huit fois le plafond de la sécurité sociale.

Exemple Salaire mensuel brut de 15 000 € (salarié cadre)
Échelle: 1 plafond de sécurité sociale = 2 682 € en 2007

Tranche A: salaire limité au plafond = 2 682 €
Tranche B: (salaire – Tranche A) limité à 3 plafonds = (15 000 – 2 682) limité à 8 046 €
Tranche C: (salaire – Tranche A – Tranche B) limité à 4 plafonds = (15 000 – 2 682 – 8 046) = 4 272 €.

Remarque: 4 272 € est bien inférieur à 10 728 € (4 fois le plafond de la sécurité sociale).

Régularisation annuelle

643 Compte tenu de l'alignement des cotisations de retraite complémentaire sur l'assiette des cotisations de sécurité sociale, une régularisation des cotisations de retraite complémentaire peut s'avérer nécessaire si la rémunération des salariés est variable.

La régularisation annuelle est l'opération qui consiste à totaliser tous les salaires perçus par un salarié au cours de l'année civile, dans le but de les comparer au plafond de la sécurité sociale et de déterminer les différentes tranches de cotisations.

En cas d'entrée ou de sortie en cours d'année, l'employeur doit retenir autant de 1/30 du plafond mensuel que le salarié a été présent pour les mois incomplets.

Exemple Un cadre est embauché, le 22 mars 2007, dans une entreprise. Son salaire brut du 22 mars au 31 décembre 2007 s'élève à 29 867 €.

Pour le calcul du plafond, on prend en compte 10 jours (ouvrables ou non) + 9 plafonds mensuels entiers (2 682 € × 9 mois = 24 138 €).

La régularisation de l'entreprise faite, au titre de l'année 2007, sera de:

• Limite inférieure (tranche A):

– mars (2 682 € × 10/30)	894 €
– avril à décembre (2 682 € × 9 mois)	24 138 €
Soit	25 032 €

• Limite supérieure de la tranche B:

– mars (2682 € × 4 × 10/30)	3 576 €
– avril à décembre (2 682 € × 4 × 9 mois)	96 552 €
Soit	100 128 €

- Limite supérieure à la tranche C:
  - mars (2 682 € × 8 × 10/30) .... 7 152 €
  - avril à décembre (2 682 € × 8 × 9 mois) .... 193 104 €

Soit... .... 200 256 €

Le salaire de 29 867 € étant inférieur à la limite supérieure de la tranche B, il sera soumis aux cotisations AGIRC sur la tranche B pour: 29 867 € – 25 032 € = 4 835 €.

Calcul d'assiette: cas particuliers

• Entreprise pratiquant le décalage de la paie

644 Les entreprises qui pratiquent le décalage de la paie doivent, pour déterminer l'assiette des cotisations de retraite complémentaire, se référer aux dispositions régissant les cotisations de sécurité sociale (lettre-circ. ARRCO 96-17 du 14 février 1996).

Pour les entreprises de plus de 9 salariés: les cotisations de retraite complémentaire sont calculées sur la base du plafond de sécurité sociale en vigueur à la date de paiement effectif des rémunérations, et non pas sur le plafond de sécurité sociale de la période d'emploi à laquelle elles se rapportent.

Exemple Pour l'année 2006, un salarié présent toute l'année dans une entreprise de plus de 9 salariés qui pratique le décalage de la paie aura un plafond régularisateur calculé sur la base de 11 plafonds mensuels de sécurité sociale 2006 (soit 2 589 × 11 = 28 479 €) et d'un plafond de sécurité sociale 2007 (soit 2 682 €), soit un total de 31 161 €.

Pour les entreprises de moins de 10 salariés: si les entreprises sont autorisées à rattacher fiscalement et de façon constante les rémunérations à la période d'emploi pour le calcul des cotisations de sécurité sociale (salaires versés dans les 15 premiers jours qui suivent le mois de référence), les cotisations de retraite complémentaire peuvent être calculées sur la base du plafond de sécurité sociale en vigueur à la date d'emploi.

Exemple Pour l'année 2006, un salarié présent toute l'année dans une entreprise de moins de 10 salariés qui pratique le décalage de la paie et est autorisée à rattacher fiscalement les rémunérations à la période d'emploi aura un plafond régularisateur calculé sur la base de 12 plafonds mensuels de sécurité sociale 2006 (soit 2 589 × 12 = 31 068 €).

• Salariés à temps partiel

645 **Assiette réduite.** Est considéré à temps partiel le salarié dont la durée de travail est inférieure à la durée légale du travail ou, si elle est inférieure, à la durée conventionnelle du travail.

L'assiette réduite applicable aux cotisations de sécurité sociale en cas de contrat de travail à temps partiel s'applique également aux cotisations ARRCO et AGIRC (voir «Les cotisations sociales de l'entreprise», *RF* 950, § 1560).

Ainsi, la proratisation est effectuée sur la tranche 1 ou A selon la formule suivante:

$$\frac{\text{Plafond de sécurité sociale} \times \text{salaire brut à temps partiel}}{\text{salaire brut à temps complet}}$$

La tranche 2 des non-cadres est alors constituée de la différence entre ce plafond réduit et la rémunération réellement perçue dans la limite de 3 fois cette tranche 1. Pour les cadres, la limite inférieure de la tranche B correspond à la limite de la tranche A proratisée. Les limites supérieures B et C sont respectivement égales à 4 et 8 fois la limite inférieure ainsi déterminée.

Exemple En 2007, un cadre travaillant à mi-temps perçoit un salaire annuel brut de 20 000 €. Le salaire qu'il percevrait s'il travaillait à temps plein est de : 20 000 × (151,67 / 75,83) = 40 002,64 €.

La tranche A est de : 32 184 × 20 000 / 40 002,64 = 16 091 €

La limite supérieure de la tranche B est de : 16 091 × 4 = 64 364 €

Son salaire étant inférieur à la limite supérieure de la tranche B, la tranche B est de :
20 000 € – 16 091 € = 3 909 €.

646 **Assiette fictive.** Les salariés à temps partiel peuvent obtenir des points de retraite complémentaire calculés comme si l'exercice de leur emploi s'effectuait sur un temps complet, à condition d'avoir opté pour cette assiette fictive auprès du régime de retraite de base (circ. AGIRC-ARRCO 2005-21 du 21 décembre 2005 ; voir § 640).

Lorsque les cotisations génératrices de points sont appelées sur l'assiette fictive, la cotisation AGFF doit également être appelée sur le salaire fictif (circ. AGIRC-ARRCO 2006-5 du 11 avril 2006).

- **Salariés à employeurs multiples**

647 L'assiette de cotisations de retraite complémentaire peut être proratisée si le salarié est occupé régulièrement et simultanément par plusieurs employeurs.

Concernant les cadres, l'assiette de cotisations ARRCO et AGIRC est déterminée au prorata du salaire versé par chaque employeur par rapport à la totalité des rémunérations qu'il a perçues, étant entendu que, pour les tranches B et C, la formule de proratisation est appliquée à 4 et 8 fois le plafond de la sécurité sociale.

Exemple En 2007, un cadre perçoit annuellement d'une entreprise X un salaire brut de 40 000 €, un salaire de 60 000 € d'une entreprise Y et un salaire brut de 70 000 € d'une entreprise Z (soit un total de 170 000 €).

Pour chaque employeur, la tranche A est égale à :
– pour l'entreprise X : 32 184 × 40 000 / 170 000 = 7 573 €
– pour l'entreprise Y : 32 184 × 60 000 / 170 000 = 11 359 €
– pour l'entreprise Z : 32 184 × 70 000 / 170 000 = 13 252 €

- Les plafonds de calcul des cotisations sur tranches B et C doivent également être proratisées :

– limite supérieure de la tranche B : entreprise X : 7 573 × 4 = 30 292 €
entreprise Y : 11 359 × 4 = 45 436 €
entreprise Z : 13 252 × 4 = 53 008 €

– limite supérieure de la tranche C : entreprise X : 7 573 × 8 = 60 584 €
entreprise Y : 11 359 × 8 = 90 872 €
entreprise Z : 13 252 × 8 = 106 016 €

- Assiette de cotisations :

– entreprise X : cotisation sur tranche A (ARRCO) = 7 573 €
cotisation sur tranche B (AGIRC) = 30 292 – 7 573 = 22 719 €
cotisation sur tranche C (AGIRC) = 40 000 – 30 292 = 9 708 €

– entreprise Y : cotisation sur tranche A = 11 359 €
cotisation sur tranche B = 45 436 – 11 359 = 34 077 €
cotisation sur tranche C = 60 000 – 45 436 = 14 564 €

– entreprise Z : cotisation sur tranche A = 13 252 €
cotisation sur tranche B = 53 008 – 13 252 = 39 756 €
cotisation sur tranche C = 70 000 – 53 008 = 16 992 €

• Salarié exerçant une activité principale relevant d'un régime spécial

648 Les entreprises relevant de l'ARRCO et de l'AGIRC qui emploient du personnel affilié à un régime spécial pour leur activité principale doivent verser les cotisations patronales, mais les cotisations salariales ne sont pas dues.

Le versement de ces cotisations patronales ne donne cependant pas droit à l'acquisition de points de retraite complémentaire.

• Sommes isolées

649 L'employeur peut être amené à verser au salarié cadre qui part de l'entreprise, en plus de sa rémunération normale, des sommes présentant un caractère exceptionnel. Ces sommes (appelées «sommes isolées»), versées au cadre le dernier jour de son activité ou postérieurement, sont soumises aux cotisations AGIRC selon des règles particulières.

Sont considérés comme des sommes isolées l'indemnité compensatrice de congés payés, l'indemnité de fin de contrat à durée déterminée, l'intéressement exceptionnel sur le chiffre d'affaires versé à un gérant après son départ de l'entreprise (cass. soc. 10 décembre 1992, n° 4258 D), les sommes versées en considération de travaux antérieurs (telles que les gratifications et certains rappels de salaire pour travaux antérieurs, reliquats de commission versée à l'occasion du départ de l'entreprise), les sommes représentant des indemnités de départ à la retraite ou versées lors du départ en préretraite.

En revanche, un treizième mois, une prime de vacances ou l'indemnité compensatrice de préavis ne sont pas des sommes isolées.

Contrairement aux salaires normaux, qui n'entrent dans l'assiette des cotisations AGIRC qu'à concurrence des tranches B et C, les sommes isolées sont soumises à cotisations AGIRC dès le premier euro à concurrence d'une limite.

La somme isolée soumise à cotisations AGIRC est limitée à 7 fois le plafond de la sécurité sociale de l'année du départ.

Si les rémunérations n'ont pas atteint la tranche C, la somme isolée est affectée intégralement à la tranche B et des points sont acquis comme en tranche B. En revanche, si les rémunérations atteignent la tranche C, la somme isolée est soumise au taux de cotisation de la tranche B à hauteur de 3 plafonds et, dans la limite de 4 plafonds supplémentaires, soumise aux taux de cotisation de la tranche C (avec acquisition de points sur cette tranche).

Si la somme isolée participe à la régularisation de la tranche A du salarié (c'est-à-dire que la somme isolée lui permet d'atteindre le plafond de la sécurité sociale), elle ne sera soumise à cotisations AGIRC sur la tranche B que pour la part qui excède le plafond de la sécurité sociale.

Exemple Un cadre perçoit une rémunération de 2 000 € en janvier 2007. Le plafond de sécurité sociale est fixé à 2 682 €. Il quitte l'entreprise le 31 janvier et perçoit, à cette occasion, une indemnité compensatrice de congés payés de 1 452 €. Cette indemnité n'est pas considérée comme une somme isolée dans sa totalité puisqu'elle sert à compléter la tranche A. Seuls 770 € sont soumis à cotisations AGIRC.

Taux de cotisations ARRCO et AGIRC générateurs de points

Taux ARRCO

• Taux contractuels actuels

650 Le taux contractuel est un taux de cotisation qui permet de calculer les points servant à l'évaluation future des droits à retraite du salarié.

Le taux contractuel applicable à la tranche 1 (jusqu'au plafond de la sécurité sociale) est fixé à 6 %. Celui applicable à la tranche 2 (donc jusqu'à 3 fois le plafond de sécurité sociale) est fixé à 16 %.

• Suppression de la possibilité d'appliquer un taux supérieur

651 Avant le 1er janvier 1996, des taux contractuels minima étaient prévus sur les tranches 1 et 2. Ils étaient fixés à 4 %. S'agissant d'un minimum, les entreprises gardaient la possibilité d'appliquer des taux supérieurs, dans la limite de 8 % pour la tranche 1 et 16 % pour la tranche 2.

À partir du 2 janvier 1993, l'ARRCO décidait de n'autoriser le relèvement de taux que dans la limite de 6 % (tranche 1) et 16 % (tranche 2) et, parallèlement, de relever progressivement les taux contractuels obligatoires de sorte que les taux supérieurs appliqués par les entreprises qui avaient fait ce choix ont été rejoints par les taux obligatoires.

Les entreprises qui avaient décidé de cotiser, sur tranche 1, à un taux de 7 ou 8 % (antérieurement au 2 janvier 1993), ont le choix entre conserver ce taux ou le réduire à 6 %.

Cette réduction à 6 % exige, cependant, le respect de certaines conditions:
– le versement d'une contribution financière,
– et une modification de la convention collective de branche (au cas où l'application du taux relevé résulte d'une disposition conventionnelle de branche) ou la conclusion d'un accord au sein de l'entreprise (au cas où cette application résulte d'une décision unilatérale de l'employeur).

• Répartition employeur/salarié

652 En principe, depuis le 1er janvier 1999, la répartition du taux de cotisations ARRCO est de 60 % à la charge de l'employeur et de 40 % à la charge du salarié.

Si cette répartition s'impose aux entreprises nouvelles créées après le 1er janvier 1999 (ou existant à cette date mais sans salarié), les entreprises existantes au 1er janvier 1999 (ou les entreprises créées à compter de cette date lorsqu'elles sont visées par une convention ou un accord collectif de branche antérieur au 25 avril 1996) peuvent conserver la répartition des taux qu'elles appliquaient avant le 31 décembre 1998. S'agissant d'une possibilité, elles peuvent également opter pour une répartition 60/40. Dès lors, elles doivent obtenir l'accord de leur personnel.

Antérieurement, la répartition des cotisations ARRCO variait d'une institution à l'autre. Elle pouvait être de 60 % pour l'employeur et 40 % pour le salarié ou être égalitaire (50 % / 50 %). Le régime ARRCO a été unifié en 1999 et la répartition du taux entre employeur et salarié arrêtée pour toutes les institutions ARRCO.

Les entreprises peuvent s'écarter de la répartition de principe (60 % / 40 %) dans un sens plus favorable pour les salariés (circ. AGIRC-ARRCO 2004-25 du 14 octobre 2004).

Afin que la prise en charge par l'employeur des cotisations salariales de retraite complémentaire sur le supplément d'assiette n'entraîne pas une réintégration dans l'assiette sociale, la répartition des cotisations « employeur/salarié » ne s'impose pas aux salariés à temps partiel cotisant sur une rémunération à temps plein (circ. AGIRC-ARRCO 2006-4 du 11 avril 2006).

• Répartition en cas de transformation d'entreprise

653 Lors de transformations entre plusieurs entreprises appliquant des répartitions différentes, l'alignement des répartitions peut intervenir :
– soit par un alignement sur la répartition de principe (60/40),
– soit par un alignement sur des répartitions plus favorables aux salariés.

Toutefois, à titre dérogatoire, une répartition comportant une part patronale inférieure à 60 % peut être retenue au titre de l'ARRCO, s'il s'agit de la répartition appliquée par l'entreprise partie à l'opération dont l'effectif cotisant est le plus important (circ. AGIRC-ARRCO 2004-25 du 14 octobre 2004).

Taux AGIRC

• Taux contractuel unique

654 Le taux contractuel applicable à la tranche B et C est fixé à 16,24 % depuis le 1er janvier 2006 (accord AGIRC-ARRCO du 13 novembre 2003 ; circ. AGIRC-ARRCO 2004-5 du 5 mars 2004).

Auparavant, le taux était porté à 16 %.

• Répartition employeur/salarié

655 Au 1er janvier 2006, les cotisations AGIRC sur la tranche B sont réparties entre l'employeur et le salarié à hauteur de 62,07 % pour l'employeur et 37,93 % pour le salarié (accord AGIRC-ARRCO du 13 novembre 2003 étendu et élargi par arrêté ministériel du 29 juin 2004; circ. AGIRC-ARRCO 2004-25 du 14 octobre 2004).

Auparavant, ces cotisations étaient réparties entre l'employeur et le salarié à hauteur de 75 % pour l'employeur et 25 % pour le salarié jusqu'à 8 % et à hauteur de 50 % au-delà (soit 62,50 % pour l'employeur et 37,50 % pour le salarié). Pour tendre progressivement à une harmonisation de la répartition AGIRC et ARRCO, la cotisation salariale à l'AGIRC a été majorée de 0,16 point et la cotisation patronale de 0,08 point.

La répartition des cotisations AGIRC sur la tranche C résulte d'un accord entre l'entreprise et le personnel concerné, mais doit tenir compte de l'augmentation de 0,24 % au 1er janvier 2006, à hauteur de 0,16 % pour le cadre et de 0,08 % pour l'employeur.

• Taux dérogatoires

656 Il convient de noter les exceptions suivantes :
– les entreprises qui, avant l'avenant 3 du 22 octobre 1949, cotisaient au-delà de 16 % ont pu être autorisées à conserver ce taux ;
– les entreprises qui cotisaient avant le 31 décembre 1987 auprès d'un régime intégré en tranche C ont pu conserver leur ancien taux dans la limite de 18 %.

Régime social des contributions patronales de retraite complémentaire au 1er janvier 2006

Principe : exonération de cotisations sociales

Les contributions patronales finançant les régimes de retraite complémentaire légalement obligatoires (AGIRC et ARRCO, entre autres) sont totalement exonérées de cotisations de sécurité sociale. Cette exonération ne s'applique, toutefois, qu'à hauteur de la part patronale, telle qu'elle résulte de la répartition « part salariale/part patronale » prévue par les dispositions légales réglementaires ou prévue par les accords nationaux interprofessionnels régissant ces régimes (c'est-à-dire, la répartition de principe prévue par la convention collective nationale du 14 mars 1947 pour l'AGIRC et l'accord national interprofessionnel de retraite complémentaire du 8 décembre 1961 pour l'ARRCO ; voir §§ 652 et 655) (c. séc. soc. art. L. 242-1 ; loi de financement de la sécurité sociale pour 2006, JO du 20 décembre 2005, art. 14-II, 2°).

Cette exonération appelle plusieurs précisions.

Tempéraments

Si les accords nationaux interprofessionnels AGIRC et ARRCO ont renvoyé expressément aux accords de branche et d'entreprise le soin de fixer la part de cotisations supportée respectivement par l'employeur et le salarié, les contributions patronales en découlant peuvent bénéficier de l'exonération de cotisations sociales (circ. DSS/5B 2006-36 du 24 janvier 2006). C'est le cas :
- des cotisations AGIRC tranche C (voir § 655),
- des cotisations ARRCO tranches 1 et 2 pour certaines entreprises créées avant le 1er janvier 1999 ou visées par un accord collectif de branche antérieur au 25 avril 1996 (voir § 652),
- des cotisations AGIRC et ARRCO en cas de transformation d'entreprise (voir § 653).

Par ailleurs, pour les entreprises qui appliquent des taux de cotisations ARRCO supérieurs aux taux de cotisations obligatoires (voir § 651), il n'y a pas lieu de distinguer la part patronale afférente aux taux obligatoires de celle aux taux supplémentaires dès lors que le niveau de la part patronale est fixé par accord de branche ou d'entreprise (circ. DSS/5B 2006-36 du 24 janvier 2006).

Enfin, s'agissant de salariés à temps partiel cotisant sur une rémunération à temps plein, la prise en charge par l'employeur des cotisations salariales de retraite complémentaire sur le supplément d'assiette n'entraîne pas une réintégration dans l'assiette sociale (circ. AGIRC-ARRCO 2006-4 du 11 avril 2006).

Qu'en est-t-il des contributions patronales résultant d'une répartition plus favorable que la répartition de principe ? L'entreprise qui choisit de s'écarter de la répartition de principe dans un sens plus favorable aux salariés n'est pas tenue de valider ce choix par accord collectif (circ. AGIRC-ARRCO 2004-25 du 14 octobre 2004 ; voir § 652). Dès lors, la part patronale supplémentaire devrait, en toute logique, être intégrée à l'assiette des cotisations sociales, que la répartition dérogatoire soit mise en place par accord collectif ou par décision unilatérale de l'employeur. Pour l'heure, cette hypothèse n'a pas été confirmée par l'administration.

Toujours est-il que, afin d'éviter d'entrer dans un mécanisme de cotisations de retraite complémentaire sur cotisations de retraite complémentaire, les commissions paritaires ont décidé de maintenir le principe d'exclusion de l'assiette AGIRC et ARRCO des contributions patronales versées auxdits régimes, y compris pour la fraction susceptible d'être réintégrée dans l'assiette du régime général de la sécurité sociale (circ. AGIRC-ARRCO 2006-1 du 8 février 2006).

Taux d'appel commun

657 Appliqué aux taux contractuels de retraite complémentaire AGIRC-ARRCO, le taux d'appel n'est pas générateur de points de retraite. Les majorations générées

par l'application de ce taux d'appel sont donc non productrices de droit mais augmentent simplement le prix d'acquisition du point.

Les cotisations patronales et salariales effectivement payées à l'ARRCO et à l'AGIRC sont déterminées de la manière suivante :

taux contractuel × taux d'appel = taux effectif

La répartition des cotisations entre l'employeur et le salarié ne supporte pas ce taux d'appel.

Le taux d'appel est fixé à 125 % et touche non seulement les cotisations contractuelles, mais également la garantie minimale de points et les majorations de retard. Par exception, le taux d'appel n'est pas appliqué à la contribution exceptionnelle temporaire (CET ; voir § 670).

Tableau récapitulatif des taux de cotisations de retraite complémentaire 2006

Cotisation visée	Taux contractuel	Taux effectif	Taux patronal	Taux salarial
ARRCO tranche 1 ou A	6 %	7,5 %	4,5 %	3 %
ARRCO tranche 2	16 %	20 %	12 %	8 %
AGIRC tranche B	16,24 %	20,30 %	12,6 %	7,7 %
AGIRC tranche C	16,24 %	20,30 %	Répartition libre (1)	Répartition libre (1)
AGFF tranche 1 ou A		2 %	1,20 %	0,80 %
AGFF tranche 2 ou B		2,2 %	1,30 %	0,90 %
CET	0,35 %		0,22 %	0,13 %

(1) La répartition doit tenir compte de la répartition adoptée au moment de l'augmentation du taux au 1er janvier 2006 : 0,16 % pour le cadre et 0,08 % pour l'employeur.

Spécificité de l'AGIRC : la GMP

• Principe

658 Instituée depuis le 1er janvier 1989, cette garantie obligatoire est destinée à garantir un minimum de points aux cadres dont le niveau de rémunération est inférieur à un salaire dit « charnière ».

L'objectif de la GMP est de garantir l'acquisition de 120 points par an.

• Bénéficiaires

659 Tous les participants relevant des articles 4, 4 bis et de l'article 36 de l'annexe I de la convention collective nationale de retraite et de prévoyance des cadres du 14 mars 1947 sont concernés (voir §§ 580 à 582).

En revanche, un participant non appointé (comme, par exemple, un gérant minoritaire non rémunéré) ne peut bénéficier de la GMP.

• Salaire « charnière » et assiette de cotisations

660 Pour le 1er trimestre 2007, l'AGIRC n'a pas fixé de salaire charnière pour le calcul de la GMP : celui-ci sera vraissemblablement fixé au cours du mois de mars.

Pour le calcul des payes relatives au 1er trimestre 2007, il convient d'appliquer le salaire charnière calculé ci-dessous et d'effectuer une régularisation une fois les données de 2007 connues.

La charnière au-dessous de laquelle s'applique la GMP est égale à :

salaire différentiel + plafond de sécurité sociale

Le salaire différentiel étant fixé à 3 360 € pour 2006 (soit 280 € par mois), le salaire charnière en dessous duquel la GMP s'applique au cours du 1er trimestre 2007 est égal à 35 544 € par an (soit 2 962 € par mois).

Pour le cadre dont la rémunération brute est inférieure au plafond de sécurité sociale (2 682 € par mois pour 2007), les cotisations AGIRC sont calculées sur l'assiette fictive (280 € par mois en 2007, au cours du 1er trimestre, et donnant lieu à régularisation ultérieure) au titre de la GMP.

Exemple Un cadre est rémunéré 2 300 € par mois pour 151,67 heures de travail effectif. Le montant de sa rémunération conduit à l'application de la GMP. Les cotisations de retraite complémentaire sont donc calculées en tranche B sur 280 €.

Pour le cadre dont la rémunération excède le plafond de sécurité sociale sans toutefois dépasser le salaire charnière (2 682 € par mois en 2007), les cotisations sont calculées sur la tranche B réelle et, au titre de la GMP, sur une assiette égale à l'assiette minimale diminuée de la tranche B réelle.

Exemple Un salarié cadre rémunéré 2 800 € par mois pour 151,67 heures de travail effectif. Le montant de sa rémunération conduit à l'application de la GMP. Les cotisations de retraite complémentaire sont donc calculées en tranche B d'une part sur :
– 2 800 – 2 682 = 118 €,
et d'autre part sur :
– 280 – 118 = 162 €.

• **Montant et taux de cotisations**

661 La GMP est répartie entre employeur et salarié cadre dans les mêmes conditions que les cotisations en tranche B. Le montant des cotisations est communiqué par l'AGIRC, en principe, à la fin de l'exercice N – 1.

Pour le premier trimestre 2007, le montant de la cotisation mensuelle GMP s'élève donc à 56,83 €.

• **Paiement**

662 Les cotisations salariales sont précomptées par l'employeur lors de chaque échéance de paie. Elles figurent sur le bulletin de paie et sont versées à l'institution d'adhésion de l'entreprise en même temps et selon les mêmes modalités que les cotisations contractuelles ; elles sont assorties du même taux d'appel.

• **Cas particuliers**

663 La GMP est proratisée en cas de travail à temps partiel, y compris si la rémunération ne dépasse pas le plafond.

Pour les salariés en CDD et ceux embauchés ou partis en cours d'année, la GMP est calculée au prorata du temps de présence. Il en est de même lorsqu'un salarié change de catégorie en cours d'année (passe de non-cadre à cadre, par exemple) sans changer d'employeur.

Pour les salariés à employeurs multiples, chaque employeur calcule le montant de la GMP sans tenir compte des autres employeurs. Il utilise, pour le calcul du prorata, la même méthode que pour le calcul du plafond et des tranches A, B et C (voir § 647). En cas d'arrêt de travail sans garantie de salaire complète, le cadre peut être amené à cotiser en GMP si son salaire en tranche B devient inférieur au minimum requis. Il faudra, dès lors, opérer une régularisation annuelle. Mais lorsqu'il ne perçoit plus aucune rémunération soumise à cotisations, la GMP n'est plus précomptée.

Seule la part patronale de la GMP est due si le participant relève d'un régime spécial au titre de son activité principale ou s'il reprend une activité après liquidation de sa pension.

Cotisations volontaires

664 Les entreprises ou les salariés (cadres et non-cadres) peuvent être amenés, dans certains cas d'inactivité totale ou partielle, ou en cas d'expatriation (voir tableau page 266), à cotiser à l'ARRCO et à l'AGIRC selon des mécanismes volontaires.

Cotisations non génératrices de points

L'AGFF

- **Champ d'application**

665 Une association pour la gestion du fonds de financement de l'AGIRC et de l'ARRCO (AGFF) a été créée, par accord du 10 février 2001, afin de financer le départ à la retraite à 60 ans dans les régimes de retraite complémentaire.

Les employeurs sont donc redevables d'une cotisation non génératrice de points, prélevée sur les salaires versés à compter du 1er avril 2001.

La part salariale des cotisations AGFF est due sur les rémunérations des personnes handicapées travaillant dans des entreprises adaptées ou dans des centres de distribution de travail à domicile. Cette décision s'applique à toutes les rémunérations versées à partir du 1er janvier 2007. La situation des personnes handicapées travaillant dans les CAT est inchangée (l'exonération reste applicable) (lettre-circ. ARRCO 2006-5 du 5 décembre 2006).

Les cotisations AGFF sont recouvrées par les caisses de retraite complémentaire dans les mêmes conditions que les cotisations de retraite complémentaire (lettre-circ. ARRCO 2001-16 du 16 mars 2001).

Un accord AGIRC-ARRCO avait prorogé l'AGFF jusqu'au 1er janvier 2004. Un nouvel accord du 13 novembre 2003 a reconduit l'AGFF pour la période allant du 1er janvier 2004 au 31 décembre 2008.

- **Assiette**

666 L'assiette de cotisation AGFF est identique à celle des cotisations de retraite complémentaire (voir §§ 635 à 649).

Ainsi, les cotisations AGFF sont calculées sur les éléments de rémunération entrant dans l'assiette des cotisations de sécurité sociale. De plus, l'assiette forfaitaire des cotisations de retraite complémentaire appliquée à certaines catégories de salariés (apprentis, personnels des hôtels, cafés, restaurants rémunérés au pourboire, etc.) et les règles de prorata applicables aux travailleurs à temps partiel et à employeurs multiples (voir §§ 645 à 647) sont retenues pour le calcul de cette cotisation.

Les personnes reprenant une activité après avoir liquidé leur pension de retraite et les fonctionnaires exerçant une activité accessoire dans une entreprise adhérente ne sont pas redevables de la part salariale de la cotisation AGFF. Seule la part patronale de cette cotisation est due.

En principe, les salaires reconstitués fictivement et les revenus de remplacement donnant lieu à cotisations de retraite complémentaire pour les salariés dispensés d'exercer tout ou partie de leur activité sont exclus de l'assiette de la cotisation AGFF.

Sont notamment visés les salariés concernés par des mesures de réduction du temps d'emploi décidées au niveau de l'entreprise, les bénéficiaires de systèmes de préretraite, les bénéficiaires des congés de conversion institués par l'article R. 322-1, 5° du code du travail, les salariés en congé parental d'éducation ou en congé de présence parentale, les salariés qui acceptent de réduire leur temps de travail ou leur salaire dans un contexte économique difficile, les bénéficiaires des conventions du FNE d'aide au passage à temps partiel, les bénéficiaires de l'ARPE, les bénéficiaires des conventions d'allocations spéciales du FNE, les travailleurs de l'amiante bénéficiaires de l'allocation de cessation anticipée d'activité, les bénéficiaires de l'allocation de congé-solidarité ou d'un congé de reclassement (délib. AGIRC D 25 et ARRCO 22 B) et les bénéficiaires de la préretraite progressive (conv. AGIRC, ann. 1, art. 8 bis et accord ARRCO, ann. A, art. 23).

À ce principe d'exclusion, une exception: à compter du 1er janvier 2006, la cotisation AGFF est appelée sur les rémunérations reconstituées fictivement pour les salariés pour lesquels les cotisations d'assurance vieillesse et de retraite complémentaire sont calculées, en vertu de l'article L. 241-3-1 du code de la sécurité sociale, sur la base de la rémunération correspondant à un temps plein (circ. AGIRC-ARRCO 2006-5 du 11 avril 2006).

• Taux

667 Le taux de l'AGFF est fixé à 2 % sur la tranche A ou 1 et à 2,2 % sur la tranche B ou 2.

Ces cotisations ne supportent pas le taux d'appel de 125 %.

Les cotisations AGFF pour 2007

		Part salariale	Part patronale
Salariés cadres	Tranche A (de 0 à 2682 €)	0,80 %	1,20 %
	Tranche B (de 2682 à 10728 €)	0,90 %	1,30 %
Salariés non cadres	Tranche 1 (de 0 à 2682 €)	0,80 %	1,20 %
	Tranche 2 (de 2 682 à 10728 €)	0,90 %	1,30 %

La contribution exceptionnelle temporaire (CET)

• Champ d'application

668 Instituée en vue de compenser la diminution des cotisations entraînée par la suppression des systèmes de garantie forfaitaire (garanties A et B, garantie A 17, garantie réservée aux participants de l'annexe 1 de l'article 36), la contribution exceptionnelle temporaire (CET) est due par toutes les entreprises adhérant à une institution relevant de l'AGIRC. Applicable depuis le 1er janvier 1997, elle a été prorogée pour 2007. Elle est recouvrée dans les mêmes conditions et sous les mêmes sanctions que les cotisations contractuelles AGIRC.

• Assiette

669 La contribution exceptionnelle temporaire est assise sur les rémunérations d'activités prises en compte par les régimes de retraite complémentaire (ARRCO et AGIRC) à hauteur de 8 plafonds de sécurité sociale.

Seule la part patronale est due lorsque le cadre est exonéré de cotisations salariales (comme ce peut être le cas d'un cadre qui reprend une activité après liquidation de sa pension de retraite ou le cas d'un cadre appartenant à un régime spécial et exerçant une activité à titre accessoire relevant du régime général).

Les sommes isolées sont soumises à CET à hauteur de 7 plafonds de sécurité sociale. Ainsi, l'année de départ, et en cas de versement de sommes isolées en plus des rémunérations normales, l'assiette maximale de la CET est de 15 plafonds : 8 pour les rémunérations et 7 pour les sommes isolées (avenant A 180 du 10 mars 1997).

Sont en revanche exclus de la base CET :
– l'assiette des cotisations versées à partir d'un nombre de points par les chômeurs créateurs d'entreprise, les chômeurs au titre de la tranche C, les ex-mandataires sociaux indemnisés par la Garantie sociale des chefs d'entreprise (GSC) ;
– le salaire journalier de référence Unédic servant au calcul de points gratuits, les salaires reconstitués déclarés par les entreprises servant de base à l'inscription de points supplémentaires (allocations chômage, préretraite progressive...) ;
– les sommes versées aux bénéficiaires de congé de conversion pour lesquels l'État prend en charge totalement ou partiellement les rémunérations et certaines cotisations à hauteur du taux contractuel.

• **Taux**

670 Le taux de la CET est fixé à 0,35 %. Il ne supporte pas le taux d'appel de 125 % et n'est pas générateur de points de retraite : 0,13 % est à la charge du salarié et 0,22 % à la charge de l'employeur.

Autres cotisations AGIRC

• **Cotisation d'assurance décès.** Les employeurs tenus d'affilier leur personnel cadre à l'AGIRC ont l'obligation de contracter une assurance décès pour les cadres (art. 4) et assimilés (art. 4 bis), cette assurance étant facultative pour les salariés bénéficiaires de l'annexe 1 de l'article 36.

L'employeur peut choisir librement sa compagnie d'assurances, sa mutuelle ou son institution de prévoyance, à moins qu'un accord ou une convention collective (de branche ou d'entreprise) ne lui impose de faire appel à un organisme spécifique.

La cotisation plafonnée (plafond de sécurité sociale), fixée à 1,5 %, est obligatoire et à la charge exclusive de l'employeur.

Si l'employeur n'acquitte pas cette cotisation, il doit verser à l'ayant droit du cadre décédé une somme égale à 3 fois le plafond annuel de la sécurité sociale en vigueur lors du décès (conv. AGIRC du 14 mars 1947, art. 7, § 3).

• **Cotisations à l'Agence pour l'emploi des cadres (APEC).** Tous les salariés relevant de l'AGIRC doivent payer des cotisations APEC pour les cadres des articles 4 et 4 bis. Cette cotisation, assise sur la tranche B des rémunérations, est versée auprès de l'institution membre de l'AGIRC d'adhésion, selon la même périodicité que les cotisations contractuelles. Il existe deux sortes de cotisation :
– une cotisation proportionnelle aux salaires à un taux fixé à 0,06 % (0,036 % à la charge de l'employeur et 0,024 % à la charge du salarié),
– et une cotisation annuelle forfaitaire appelée pour tous les participants en fonction au 31 mars de l'année en cours, dont le montant est de 19,31 € pour l'année 2007 (soit 11,59 € à la charge de l'employeur et 7,72 € à la charge du salarié). Cette cotisation doit être prélevée sur la paie du mois de mars.

Règles de paiement des cotisations

§§

Responsabilité du paiement

- Employeur :
  - principe : responsabilité patronale 680
  - responsabilité patronale renforcée 681
- Exceptions 682

Exigibilité des cotisations et périodicité de paiement

- Date d'exigibilité des cotisations .. 683
- Délais de paiement 684

Procédure de recouvrement

- Obligations déclaratives :
  - déclarations trimestrielles 685
  - état nominatif annuel des salaires 686
- Régularisation annuelle 687
- Sanctions :
  - sanction du défaut ou de la production tardive de l'ENA 688
  - sanction du paiement tardif des cotisations 691
  - sanction du paiement tardif du solde régularisateur 692
- Recouvrement contentieux :
  - mise en demeure 693
  - inscription au privilège 694
  - contentieux 695
- Prescription :
  - prescription des cotisations 696
  - prescription des majorations de retard 697
  - paiement des cotisations prescrites 698

Responsabilité du paiement

Employeur

• Principe : responsabilité patronale

680 C'est à l'employeur qu'il appartient de verser la totalité des cotisations AGIRC et ARRCO aux institutions de retraite complémentaire. Il doit acquitter la part patronale et la part salariale. Ainsi, il doit effectuer lui-même le précompte de la part salariale au moment de l'établissement de la paie.

Pour les cadres à employeurs multiples, il peut être convenu qu'un seul employeur paie la totalité des cotisations dues au titre des différents emplois.

• Responsabilité patronale renforcée

681 Cette responsabilité patronale est accentuée par la possibilité qu'a le salarié de réclamer en justice des dommages et intérêts à son employeur en cas de perte de droits à retraite complémentaire (en raison de l'absence de versement des cotisations aux institutions de retraite complémentaire ou d'insuffisance de décla-

ration des salaires, par exemple ; voir, pour une application pratique : cass. soc. 25 janvier 2005, n° 03-40195, BC V n° 17).

La chambre sociale de la Cour de cassation considère que la demande de dommages et intérêts est pleinement justifiée puisque l'employeur contrevient à ses obligations en matière de protection sociale complémentaire. Et c'est à compter de la réalisation du dommage ou de la date à laquelle il est révélé à la victime (le dommage est souvent révélé à la victime lors de la liquidation de sa pension de retraite) que se situe le point de départ de la prescription extinctive trentenaire (cass. soc. 18 décembre 1991, n° 88-45083, BC V n° 598).

En revanche, le salarié privé de retraite complémentaire ne peut poursuivre les institutions AGIRC et ARRCO (CA Paris 3 décembre 2003).

Exceptions

682 Dans certains cas particuliers, la déclaration ou le versement incombe à une autre personne que l'employeur.

La responsabilité du paiement est assurée par :
– la caisse de congés payés pour les indemnités de congés payés ;
– les créateurs d'entreprise non salariés qui peuvent, pendant une période de 12 mois, opter pour le versement de cotisations de retraite complémentaire (voir § 597) ;
– les entreprises propriétaires des véhicules loués aux chauffeurs de taxi, bien qu'elles ne soient pas leur employeur (voir § 590) ;
– les salariés occupés à l'étranger ou dans un territoire d'outre-mer bénéficiaires d'une extension territoriale à titre individuel (cas D) (voir § 576) ;
– les interprètes de conférences qui sont responsables des déclarations auprès des institutions ARRCO et AGIRC de la raison sociale, du taux de cotisations des différentes entreprises qui les emploient, ainsi que des rémunérations qui leur sont versées par chacune d'elles (voir § 592).

Exigibilité des cotisations et périodicité de paiement

Date d'exigibilité des cotisations

683 Les cotisations sont calculées sur les salaires payés au cours de chaque trimestre civil. Elles sont exigibles dès le premier jour du mois qui suit le trimestre de référence.

En pratique, ce sont les institutions qui fixent les dates de paiement des cotisations (le 15 du mois, par exemple).

Les institutions de retraite complémentaire peuvent autoriser les entreprises qui en font la demande à verser mensuellement les cotisations. Dans ce cas, les cotisations sont exigibles dès le premier jour du mois suivant.

Les cotisations appelées chaque trimestre ne sont pas définitives. Elles font l'objet d'une régularisation annuelle lors du versement du 4e trimestre de cotisations au vu des déclarations de salaires ou des états nominatifs annuels (voir § 686).

Délais de paiement

684 Le paiement des cotisations doit correspondre aux cotisations réellement dues sur les salaires de la période de référence (trimestre ou mois).

Toutefois, dans l'attente des déclarations de salaires permettant la régularisation annuelle, les cotisations peuvent être chiffrées à titre provisionnel à 110 % des cotisations dues au cours du précédent exercice pour la même période.

Les entreprises disposent d'un délai d'un mois, à compter de la date d'exigibilité, pour le versement des cotisations.

Les institutions peuvent accorder des délais de paiement, à condition, toutefois, que le précompte salarial ait été versé. Les facilités de paiement ne peuvent, en principe, excéder six mois. À titre exceptionnel, et pour des raisons dûment motivées, des délais plus longs, et sans versement du précompte salarial, peuvent être consentis.

En tout état de cause, l'octroi de délais de paiement donne lieu à majorations de retard (voir § 691).

Procédure de recouvrement

Obligations déclaratives

- **Déclarations trimestrielles**

685 À chaque fin de trimestre, l'institution de retraite complémentaire adresse, en principe, aux entreprises adhérentes des bordereaux de déclaration de salaires et de cotisations qu'elles doivent compléter et retourner avec le paiement des cotisations. La déclaration des salaires peut également être effectuée par la DUCS.

- **État nominatif annuel des salaires**

686 Afin de permettre la régularisation annuelle et l'inscription des points de retraite complémentaire au compte des participants, les employeurs doivent adresser à leur institution de retraite complémentaire des état nominatifs annuels de salaires (ENA) sur support papier, support informatique (soit par DADS-CRC, soit par DADS-U qui regroupe la DADS et la DADS-CRC), ou *via* Internet. La date limite de transmission de ces états est fixée au 31 janvier, exception faite des déclarations effectuées sur support informatique ou par télétraitement (dans ce cas, la date limite est fixée au 28 février).

Régularisation annuelle et calcul du solde régularisateur

687 Les institutions de retraite complémentaire doivent calculer et notifier aux entreprises, en fonction des états nominatifs annuels de salaires, le montant du solde régularisateur des cotisations. Elles notifient ce solde avant le 1er juin si les états sont complets et exacts. Le solde régularisateur est alors exigible le 1er juin (la date limite de paiement étant fixée au 30 juin).

En cas de défaut de fourniture de l'ENA avant la date limite, les institutions doivent relancer l'entreprise par lettre simple, au plus tard le 15 avril. Ce courrier de rappel doit faire état des pénalités de retard encourues (voir § 688).

Après réception des ENA, les institutions notifient aux adhérents le solde régularisateur dans les deux mois de leur réception, l'entreprise disposant alors d'un délai de paiement d'un mois pour verser le solde.

Le paiement tardif du solde régularisateur donne lieu à l'application de majorations de retard (voir § 691).

Lorsqu'il ressort du calcul du solde régularisateur que l'employeur est débiteur ou créditeur d'une somme jugée faible (c'est-à-dire, de moins de 200 €), ce solde minime est reporté en plus ou en moins sur l'exercice suivant.

Sanctions

• Sanction du défaut ou de la production tardive de l'ENA

688 **Défaut d'ENA : montant provisionnel des cotisations.** Si l'employeur ne fournit pas les états nominatifs annuels de salaires, il est redevable, après mise en demeure, de cotisations d'un montant égal, à titre provisionnel, à 110 % des cotisations dues pour la même période au cours de l'exercice précédent, la régularisation n'intervenant alors qu'après production des déclarations.

689 **Production tardive de l'ENA : les pénalités de retard.** L'entreprise qui ne fournit pas l'ENA dans les délais impartis est redevable, par mois de retard à compter de la date limite de production de l'ENA (voir § 666), d'une pénalité de retard égale à 1 % des cotisations de la dernière année civile connue, revalorisée en fonction du taux d'évolution du salaire moyen AGIRC-ARRCO (circ. AGIRC-ARRCO 2004-17 du 22 juillet 2004). Le montant minimal de la pénalité de retard est fixé à 25 €.

Le montant des pénalités ne peut cependant pas excéder 5 % des cotisations du dernier exercice connu et ce, dans la limite d'un montant de 15 000 € (circ. AGIRC-ARRCO 2004-17 du 22 juillet 2004).

Exemple Une société transmet, sur support papier, l'ENA des salaires 2005 en août 2006 (soit avec un retard de 7 mois). Le montant des cotisations de l'exercice 2004 (dernier exercice connu), une fois revalorisé d'après le taux d'évolution du salaire moyen, s'élève à 23 410 €.

Les pénalités de retard dues par cette société s'élèvent ainsi à :
– montant mathématique des pénalités : (23 410 € × 1 %) × 7 mois = 1 638,70 € ;
– calcul de la limite : 23 410 € × 5 % = 1 170,50 € ;
– les pénalités de retard étant plus élevées que la limite de 5 %, la société doit régler des pénalités de retard d'un montant de 1 170,50 €.

Par exception, après réception de l'ENA, il pourra être procédé au recalcul des pénalités de retard sur la base des cotisations de l'exercice concerné par l'ENA (2005, dans notre exemple). Deux cas sont visés :
– lorsqu'une baisse importante des effectifs de l'entreprise par rapport à l'exercice précédent est constatée, l'institution pourra recalculer les pénalités sur la base des cotisations de l'exercice actuel ;
– lorsque les pénalités sont calculées sur une base de cotisations provisionnelles (parce que les cotisations du dernier exercice ne sont pas connues), l'institution pourra appliquer cette dérogation.

690 **Remise totale ou partielle des pénalités de retard.** Une remise totale des pénalités de retard peut être accordée par l'institution en cas de première infraction, quelle que soit la durée du retard constaté. En outre, une remise totale ou partielle des pénalités peut être également accordée aux entreprises (même si elles ont déjà, par le passé, fourni tardivement l'ENA) en cas de circonstances exceptionnelles assimilables à un cas de force majeure (catastrophe naturelle, par exemple) ou de difficultés particulières liées à l'entreprise (telles que des difficultés informatiques ou un changement de système informatique, une restructuration économique, un changement de direction administrative…).

• **Sanction du paiement tardif des cotisations : les majorations de retard**

691 Les cotisations qui sont versées à l'institution plus d'un mois après la date d'exigibilité font l'objet de majorations de retard dont le taux est fixé par le conseil d'administration de l'AGIRC et de l'ARRCO.

Le taux des majorations de retard est fixé à 0,90 % par mois.

Ces majorations sont au moins égales à un minimum fixé chaque année, sauf si ce minimum est supérieur aux cotisations dues (circ. AGIRC-ARRCO 2003-21 du 29 décembre 2003).

Il peut être accordé une remise des majorations de retard aux entreprises qui ont réglé complètement les cotisations passées et actuelles.

Les conditions relatives à cette remise varient en fonction du comportement de l'entreprise pendant une période de référence comprenant l'exercice en cours et les deux années précédentes. Ainsi, la remise est systématique pour les entreprises qui ont payé régulièrement leurs cotisations pendant la période de référence. La remise totale des majorations est également accordée aux entreprises qui, bien qu'ayant connu un incident de paiement pendant la période de référence, ont payé régulièrement les quatre trimestres précédents, et aux entreprises qui viennent d'embaucher leur premier salarié dans les quatre trimestres précédents. À défaut, une remise partielle peut être accordée.
Les entreprises qui ont connu un ou plusieurs lourds incidents de paiement, pendant la période de référence, peuvent bénéficier, à titre tout à fait exceptionnel et au vu de justificatifs spécifiques, d'une remise de majorations.

En cas de redressement ou de liquidation judiciaires, la remise des majorations de retard est obligatoirement accordée (c. séc. soc. art. L. 922-7 et L. 243-5, dernier al.).

• **Sanction du paiement tardif du solde régularisateur**

692 Actuellement, le paiement tardif d'un solde régularisateur (dont le montant est supérieur à 10 % des cotisations dues pour l'exercice concerné par la régularisation et à 1 500 €), postérieur au 30 juin de l'année suivant celle concernée par la régularisation et intervenant plus d'un mois après la notification du solde par l'institution, est sanctionné de majorations de retard. Les sommes isolées sont prises en considération par l'appréciation des seuils d'application des majorations (circ. AGIRC-ARRCO 2004-17 du 22 juillet 2004).

Toutefois, s'il est constaté que le dépassement du seuil est uniquement dû au versement d'une somme isolée ; une remise partielle des majorations de retard peut être accordée.

Le point de départ du calcul des majorations de retard est fixé au premier jour du mois qui suit la notification du solde régularisateur.

Recouvrement contentieux

• **Mise en demeure**

693 En cas de retard dans le paiement des cotisations, des démarches amiables sont immédiatement entreprises par les institutions de retraite complémentaire. Si ces démarches échouent, une mise en demeure est envoyée à l'entreprise par lettre recommandée avec accusé de réception avant la fin du deuxième mois suivant la date d'exigibilité pour l'ARRCO et dans le délai de six mois suivant cette même date pour l'AGIRC.

Cette mise en demeure doit notamment comporter la mention de la somme due (chiffrée ou évaluée) ainsi que l'invitation à régler ces sommes dans un délai de 15 jours. Elle doit également préciser les possibilités d'inscription de privilège et de recours à des poursuites judiciaires.

• **Inscription au privilège**

694 Aux termes de l'article L. 922-7 du code de la sécurité sociale, le privilège applicable à la sécurité sociale sur les biens meubles du débiteur (c. séc. soc. art. L. 243-4 et 5) l'est aussi aux cotisations de retraite complémentaire et aux majorations et pénalités de retard.

Les institutions de retraite complémentaire disposent, pour prendre cette inscription de privilège, d'un délai de six mois suivant la date limite de paiement pour toute créance globale de cotisations, majorations et pénalités de retard égales ou supérieures à des seuils définis par le conseil d'administration de l'AGIRC et de l'ARRCO.

Ces seuils sont fixés à 12 000 €, 4 000 € et 1 000€ suivant la situation de l'entreprise (il est envisagé d'unifier ces seuils). Toutefois, les institutions peuvent prendre une inscription de privilège en deçà des seuils si elles l'estiment nécessaire pour l'efficacité de leur recouvrement (circ. AGIRC-ARRCO 2004-17 du 22 juillet 2004).

Ces seuils réglementaires ne devraient pas être remis en cause par la suppression du seuil légal de 12 000 € (circ. AGIRC-ARRCO 2005-18 du 14 novembre 2005).

Cette inscription doit être faite au greffe du tribunal de commerce pour les cotisations dues par des commerçants et sociétés commerciales, au greffe du tribunal de grande instance pour les personnes morales de droit privé non commerçantes. Elle a toujours pour effet de conserver le privilège pendant deux années et six mois à compter du jour où elle a été effectuée.

• **Contentieux**

695 Les actions contentieuses ou mesures conservatoires (une saisie sur compte bancaire, par exemple) sont engagées à partir du huitième mois suivant la date limite de paiement de la première échéance non honorée, et sous réserve qu'un certain seuil soit atteint.

Incidence de la loi de sauvegarde des entreprises sur la gestion contentieuse des cotisations de retraite complémentaire

La loi 2005-845 du 26 juillet 2005 (entrée en vigueur le 1er janvier 2006) réforme le droit des entreprises en difficulté (voir FH 3112, §§ 7-1 à 7-20). Son objectif principal est de parvenir à un meilleur traitement des difficultés des entreprises par leur prise en charge le plus tôt possible.

En attendant la publication des décrets d'application, l'attention des institutions de retraite complémentaire est notamment attirée (circ. AGIRC-ARRCO 2005-18 du 14 novembre 2005):
– sur les incidences de la procédure de conciliation: les institutions peuvent accepter de participer à un accord, en remettant les majorités et pénalités de retard et en accordant pour les cotisations des délais de paiement supérieurs à 12 mois par référence aux dispositions réglementaires relatives aux critères spécifiques d'octroi des délais de paiement (circonstances exceptionnelles définies par une délibération du conseil d'administration de l'institution);
– sur les incidences de la procédure de sauvegarde: cette procédure entraînant l'interruption des poursuites et des voies d'exécution, les institutions de retraite complémentaire ne peuvent plus exercer de poursuites judiciaires à l'encontre du débiteur, tant pour les créances antérieures au jugement d'ouverture de cette procédure que pour les créances postérieures.

Elles ne peuvent qu'adresser les déclarations de créances au mandataire judiciaire. Bien entendu, les institutions peuvent remettre les majorations et pénalités de retard et accepter des délais de paiement des cotisations plus longs (en revanche, un abandon, même partiel, sur les cotisations n'est, en principe, pas envisageable).

Prescription

• Prescription des cotisations

696 Les cotisations se prescrivent par :
– 30 ans si l'adhérent au régime n'est pas commerçant ;
– 10 ans si l'adhérent est commerçant ;
– 5 ans dans tous les cas si la caisse dispose de tous les éléments lui permettant de chiffrer sa créance.

La prescription court à compter de la date limite de versement des cotisations.

• Prescription des majorations de retard

697 Elles se prescrivent par cinq ans à compter de la date à laquelle les cotisations ont été payées.

• Paiement des cotisations prescrites

698 Les institutions de retraite complémentaire peuvent accepter le paiement des cotisations prescrites émanant d'entreprises désireuses de rétablir la situation de participants au titre de salaires n'ayant pas donné lieu à versement de cotisations.

Cette faculté est également ouverte à l'entreprise successeur économique, non tenue des dettes du précédent exploitant, qui souhaite néanmoins payer tout ou partie des cotisations non réglées par son prédécesseur, qu'elles soient ou non prescrites.

Le paiement des cotisations prescrites est subordonné à la double condition que les cotisations réglées dans ce contexte soient assorties de majorations de retard et que la régularisation concerne l'ensemble des anciens salariés de l'entreprise (y compris le dirigeant) pour lesquels les cotisations n'avaient pas été versées (circ. AGIRC-ARRCO 2004-21 du 7 octobre 2004).

Calcul et montant de l'allocation

§§

Acquisition de points de retraite par cotisations

- Transformation des cotisations en points 700
- Calcul des points la dernière année d'activité 701

Attribution gratuite de points

- Périodes d'incapacité de travail ... 703
- Périodes de chômage partiel indemnisées 710
- Périodes de chômage total indemnisées par l'Unédic 715
- Périodes de chômage et de préretraite indemnisées par l'État 721
- Périodes de détention provisoire 724
- Périodes de guerre et de service national en temps de paix 725
- Autres cas 727

Rachat optionnel de points

- Périodes de chômage et de préretraite indemnisées par l'employeur 731

§§

- Périodes de congé parental d'éducation et de présence parentale 732
- Congé de solidarité familiale 733
- Périodes d'études supérieures 734
- Autres cas 741

Montant de la pension

- Principe :
  – formule de calcul 742
  – valeur du point 743
- Majorations et minoration de l'allocation de retraite :
  – minoration de l'allocation de retraite 744
  – majoration pour enfant à charge prévue par l'ARRCO 745
  – majoration pour 3 enfants et plus prévue par l'ARRCO 746
  – majoration pour enfants prévue par l'AGIRC 747

Acquisition de points de retraite par cotisations

Transformation des cotisations en points

700 Chaque année, le participant acquiert un nombre de points proportionnel au montant des cotisations versées à la caisse de retraite complémentaire. Pour déterminer le nombre de points acquis pendant l'année, le participant doit multiplier la rémunération annuelle ayant servi de base au calcul des cotisations par le taux de cotisations contractuel (non affecté du taux d'appel). Le produit de cette multiplication doit être enfin divisé par le salaire de référence de l'année. Ce salaire de référence est fixé chaque année au 1er avril.

Le salaire de référence ARRCO pour l'année 2006 est fixé à 13,0271 €, celui de l'AGIRC à 4,5444 €.

Depuis 2004, et jusqu'en 2008, le salaire de référence est indexé sur le salaire moyen annuel (et non plus sur les prix à la consommation).

Exemples Un cadre perçoit un salaire annuel de 40 000 € dans une entreprise qui applique le taux de 6 % sur la tranche A et de 16,24 % sur la tranche B. En 2006, il a acquis les points de retraite suivants (le plafond de sécurité sociale 2006 est de 31 068 €):
– tranche A: (31 068 € × 6 %)/13,0271 € = 143,09 points ARRCO
– tranche B: (8 932 € × 16,24 %)/4,5444 € = 319,20 points AGIRC

Un salarié non cadre qui perçoit la même rémunération annuelle acquiert en 2006:
– tranche 1: (31 068 € × 6 %)/13,0271 € = 143,09 points ARRCO
– tranche 2: (8 932 € × 16 %)/13,0271 € = 109,70 points ARRCO
Soit un total de 252,79 points ARRCO

Calcul des points la dernière année d'activité

701 La valeur du salaire de référence étant fixée au cours du premier trimestre de chaque année pour l'exercice en cours, les institutions ne disposent pas de la valeur du salaire de référence pour le calcul des points de l'année en cours lorsque le participant prend sa retraite pendant les premiers mois de l'exercice.

Pour pallier cet inconvénient, l'AGIRC et l'ARRCO ont décidé de calculer les droits du participant à partir du salaire de référence de l'exercice précédent, chaque fois que l'opération de liquidation intervient avant le 1er avril de l'exercice. En revanche, si la liquidation intervient à compter du 1er avril de l'exercice, les points de retraite sont calculés à partir du salaire de référence dudit exercice (circ. AGIRC-ARRCO 2004-6 du 8 mars 2004).

Illustration Si le salarié prend sa retraite le 1er février 2007, les points acquis au titre du mois de janvier 2007 sont déterminés en fonction du salaire de référence fixé pour 2006. En revanche, s'il prend sa retraite au 1er mai 2007, les points acquis au titre des mois de janvier à avril 2006 sont calculés à partir du salaire de référence 2007.

Attribution gratuite de points

702 Certaines périodes peuvent donner lieu à l'attribution gratuite de points, même si le participant n'a pas cotisé pour ces périodes.

Périodes d'incapacité de travail

- **Période validée**

703 Les périodes d'incapacité de travail supérieure à 60 jours consécutifs occasionnées par une maladie, une maternité ou un accident du travail donnent lieu à attribution de points de retraite, sans contrepartie de cotisations (accord du 8 décembre 1961, ann. A, art. 22; conv. coll. nat. du 14 mars 1947, ann. 1, art. 8).

Le début de l'indemnisation de cette période d'incapacité doit se situer dans le délai d'un mois, de date à date, suivant la suspension du contrat de travail.

Exemple Si la suspension du contrat de travail intervient le 4 mars 2007, l'incapacité de travail de plus de 60 jours ouvre droit à une attribution de points dès lors que le premier jour indemnisé est, au plus tard, le 4 avril 2007.

Harmonisation des règles de calcul de points attribués gratuitement pour les périodes d'incapacité de travail

Avant le 13 juillet 2004, les institutions de retraite complémentaire AGIRC et ARRCO appliquaient non seulement des règles de calcul de points différentes entre AGIRC et ARRCO ,mais également des règles de calcul différentes selon la période d'incapacité de travail.

Dorénavant, il est fait application de la dernière réglementation en vigueur au moment du calcul des points à attribuer pour toutes périodes d'incapacité de travail n'ayant pas encore donné lieu à un calcul des droits par une institution.

Toutefois, certaines règles antérieures continuent de s'appliquer (circ. AGIRC-ARRCO 2004-15 du 13 juillet 2004).

• **Public visé**

704 Le requérant doit apporter la preuve:
– qu'il perçoit régulièrement du régime général de sécurité sociale des indemnités journalières au titre de la maladie, de la maternité ou d'un accident,
– ou qu'il est titulaire, auprès du même régime, d'une pension d'invalidité ou d'une rente allouée en réparation d'un accident du travail (ou d'une maladie professionnelle) et correspondant à un taux d'incapacité permanente des 2/3 au moins.

• **Conditions d'application**

705 La période d'incapacité doit interrompre soit:
– une période d'activité,
– une période reconnue validable par les régimes,
– une période de chômage non validable mais indemnisée par les Assédic,
– un stage de formation professionnelle suivi d'une activité salariée ou d'une période de chômage indemnisée et validable.

• **Justificatifs à fournir**

706 Le participant doit pouvoir soit fournir le relevé des indemnités journalières de sécurité sociale, soit justifier de son incapacité de travail par le biais des mentions portées par l'employeur sur la DADS.

• **Calcul des droits**

707 La période d'incapacité de travail est validée sur la base de la moyenne journalière des droits inscrits au compte du participant au titre de l'année précédant celle au cours de laquelle se situe l'interruption de travail et sur la base du taux contractuel de cotisations en vigueur dans l'entreprise pendant la période d'incapacité de travail.

Sont exclus des points servant de référence ceux inscrits en contrepartie des cotisations payées sur les sommes versées en dehors de la rémunération normale, appelées «sommes isolées».

Les droits pris en compte pour le calcul de la moyenne journalière doivent avoir été acquis par le participant dans des conditions d'emploi identiques à celles qui lui sont applicables à la date de l'arrêt de travail: même employeur, même qualification cadre ou non cadre, même temps de travail, par exemple (circ. AGIRC-ARRCO 2004-15 du 13 juillet 2004).

Le nombre de jours à prendre en compte pour calculer la moyenne journalière correspond à la durée du contrat de travail au cours de l'année précédente (soit 365 jours pour une année complète de travail). Si l'année précédente est incomplète (notamment en cas d'embauche ou de changement de qualification professionnelle en cours d'année), la moyenne journalière est établie en divisant le nombre de points acquis l'année précédente par le nombre de jours au titre desquels ces points ont été inscrits (circ. AGIRC-ARRCO 2004-15 du 13 juillet 2004).

Si le participant n'a pas acquis de points de retraite l'année précédente (notamment parce qu'il a pris un congé sabbatique ou qu'il a été embauché récemment), la moyenne journalière est calculée à partir des droits acquis au cours de l'année de l'arrêt de travail et des jours correspondants avant l'interruption de travail.

• Limitation

708 Le total des points attribués pour l'incapacité de travail et des points cotisés pour cette même année ne doit pas être supérieur au montant des droits de l'année précédente.

Cette règle s'applique aux années suivant celle de l'interruption de travail si l'incapacité de travail se prolonge sur plusieurs années.

• Cessation de l'attribution gratuite

709 L'attribution de droits de retraite cesse au retour du salarié dans l'entreprise, si le degré d'incapacité devient inférieur à 50 % ou si le participant obtient une pension de vieillesse pour inaptitude.

Cette attribution cesse, en tout état de cause, au plus tard au 65e anniversaire du participant.

Périodes de chômage partiel indemnisées

710 Les salariés au chômage partiel perçoivent, en contrepartie de leur réduction de temps de travail, des indemnités légales et conventionnelles exonérées de cotisations sociales (et donc de cotisations de retraite complémentaire). De ce fait, le nombre de points acquis au titre de l'année durant laquelle ils étaient au chômage partiel devrait être réduit.

Pour pallier cet inconvénient, l'AGIRC et l'ARRCO attribuent un certain nombre de points, sans contrepartie, aux salariés se trouvant dans cette situation (accord du 8 décembre 1961, ann. A, art. 24; conv. coll. nat. du 14 mars 1947, ann. 1, art. 8 ter).

• Période validée

711 Seules donnent droit à l'attribution de points gratuits les périodes indemnisées de chômage partiel d'une durée supérieure à 60 heures, consécutives ou non, dans l'année civile.

Le nombre d'heures est apprécié une seule fois par année civile pour un même salarié, peu importe qu'il ait été occupé successivement dans plusieurs entreprises qui l'ont toutes mis au chômage partiel.

• Public visé

712 Les salariés bénéficiaires de cette validation gratuite sont:
– les salariés au chômage partiel indemnisés au titre de l'accord du 21 février 1968;
– les salariés indemnisés au titre des accords professionnels de même objet applicables dans les branches professionnelles des textiles naturels et artificiels.

• Justificatif à fournir

713 Le calcul des points est établi à partir d'une attestation de l'employeur. Cette attestation doit être remise, par l'employeur ou le salarié, à l'institution ARRCO pour le salarié non cadre et à l'institution AGIRC pour le cadre (qui se charge de transmettre les éléments d'information intéressant l'ARRCO pour la tranche A).

• Plafond

714 Le nombre de points attribués gratuitement est limité au plafond de sécurité sociale pour l'ARRCO et à la tranche B pour l'AGIRC.

Périodes de chômage total indemnisées par l'Unédic

715 Les participants chômeurs ne peuvent, en principe, acquérir de droits à retraite puisqu'ils n'ont plus de liens avec leur ancien employeur. Pour pallier cette situation problématique, l'AGIRC et l'ARRCO ont décidé de valider les périodes de chômage, sans contrepartie du versement de cotisations du participant (accord du 8 décembre 1961, ann. A, art. 23 ; conv. coll. nat. du 14 mars 1947, ann. 1, art. 8 bis). En revanche, cette validation est tout de même subordonnée à la participation financière de l'Unédic (règlt ass. chôm., 18 janvier 2006).

La participation financière de l'Unédic est, en pratique, partagée avec le chômeur indemnisé. En effet, un prélèvement est opéré sur le salaire journalier de référence. Ce prélèvement est fixé à 3 % (règlt ass. chôm., 18 janvier 2006, art. 27).

Mais ce prélèvement ne peut être considéré comme une véritable cotisation puisque le nombre de points attribués n'est pas fonction du pourcentage de la participation financière. Il s'agit donc, bel et bien, d'une attribution gratuite de points de retraite complémentaire.

• Périodes validées

716 Donnent lieu à attribution de points de retraite les périodes durant lesquelles le participant est indemnisé par l'Unédic et perçoit une des allocations suivantes :
– l'allocation d'aide au retour à l'emploi (ARE) (voir § 161),
– l'allocation d'aide au retour à l'emploi formation (AREF),
– l'allocation unique dégressive (AUD),
– l'allocation de formation de fin de stage (AFFS-ARE),
– l'allocation de chômeurs âgés (ACA) ;
– l'allocation spécifique de reclassement versée dans le cadre de la convention de reclassement personnalisé (circ. AGIRC-ARRCO 2005-12 du 20 juin 2005).

Les titulaires d'une allocation de préretraite ARPE bénéficient également de l'attribution gratuite de points de retraite complémentaire dans les mêmes conditions qu'une préretraite progressive (voir encadré p. 60).

• Conditions d'application

717 Pour avoir droit à l'attribution de points de retraite, le participant doit avoir été affilié aux régimes de retraite complémentaire à la date de rupture du contrat de travail ou de la modification du contrat donnant lieu à indemnisation de l'Assédic.

• Justificatif à fournir

718 En principe, le participant ne doit fournir aucun justificatif, dans la mesure où les attestations d'indemnisation par les Assédic sont automatiquement transmises aux institutions de retraite complémentaire du participant.

Cependant, en cas de litige, le participant peut être amené à justifier de cette indemnisation. Il est donc dans son intérêt de conserver l'attestation annuelle d'indemnisation remise par l'Assédic.

• **Calcul des points**

719 Les points de retraite, attribués pour chaque jour indemnisé par l'Assédic, sont calculés en fonction du salaire journalier de référence (utilisé comme base de salaire fictif pour les calculs), du taux de cotisation de l'entreprise à la date de rupture du contrat de travail et du salaire de référence (voir § 700).

Exemple Un cadre, licencié le 31 janvier 2006 à l'âge de 45 ans, d'une entreprise qui cotise 6 % à l'ARRCO (tranche A) et 16,24 % à l'AGIRC (tranche B) perçoit l'allocation d'aide au retour à l'emploi (ARE) à compter du 1er avril 2006 jusqu'au 31 décembre 2006, soit pendant 275 jours.

Le plafond de sécurité sociale en 2006 est égal à 31 068 €. Le salaire de référence de l'ARRCO est fixé à 13,0271 € et celui de l'AGIRC à 4,5444 €.

Le salaire journalier de référence déterminé par l'Unédic est de 102 € par jour.

• Calcul des points:
– salaire fictif retenu: 102 € × 275 jours = 28 050 €
– plafond de sécurité sociale retenu: 31 068 € × (275 / 365) = 23 407 €
– tranche B: 28 050 € – 23 407 € = 4 643 €
– montant des cotisations sur tranche A: 23 407 € × 6 % = 1 404,42 €
– montant des cotisations sur tranche B: 4 643 € × 16,24 % = 754,02 €
– nombre de points ARRCO attribués gratuitement: 1 404,42 €/13,0271 € = 107,81 points
– nombre de points AGIRC attribués gratuitement: 754,02 €/4,5444 € = 165,92 points

• **Limites**

720 Si le salaire fictif du cadre au chômage est inférieur au plafond de la sécurité sociale ou supérieur, sans toutefois dépasser le salaire charnière applicable à la GMP, le cadre obtiendra des points qui relèvent du mécanisme de la GMP (voir § 658).

L'attribution de points est limitée à la tranche B. Au-dessus de cette tranche, les points ne sont inscrits que moyennant le versement de cotisations correspondantes.

Attribution de points de retraite aux bénéficiaires de l'allocation de transition professionnelle

Un nouveau dispositif d'aide au retour à l'emploi des salariés licenciés pour motif économique par les entreprises de moins de 1 000 salariés, dénommé contrat de transition professionnelle, a été mis en place en 2006, à titre expérimental (le dispositif s'appliquant aux procédures de licenciement engagées entre le 15 avril 2006 et le 1er mars 2007), dans sept bassins d'emploi (Charleville-Mézières, Montbéliard, Morlaix, Saint-Dié, Toulon, Valenciennes et Vitré) (ord. 2006-433 du 13 avril 2006, JO du 14).

Le contrat de transition professionnelle est conclu pour une durée de 12 mois entre le salarié et la filiale de l'AFPA créée dans chacun des sites pour gérer le dispositif. Il permet aux intéressés de bénéficier d'un accompagnement de recherche d'emploi, de périodes de formation et de l'allocation de transition professionnelle versée pendant 12 mois à hauteur de 80 % du salaire journalier de référence.

Une convention, conclue le 21 septembre 2006 entre l'État, la filiale de l'AFPA, l'AGIRC et l'ARRCO, prévoit le financement des avantages de retraite au titre des périodes de perception de l'allocation de transition professionnelle dans les mêmes conditions que pour les bénéficiaires de l'allocation d'aide au retour à l'emploi (ARE) (voir §§ 715 à 720 ; circ. AGIRC-ARRCO 2006-13 du 13 octobre 2006).

Périodes de chômage et de préretraite indemnisées par l'État

721 Répondant au même souci d'attribuer des points de retraite aux participants en situation de chômage, la validation de ces périodes est subordonnée à la participation financière de l'État. En revanche, elle ne nécessite pas le versement de cotisations du participant (accord du 8 décembre 1961, ann. A, art. 23, I; conv. coll. nat. du 14 mars 1947, ann. 1, art. 8 bis).

• Périodes validées

722 Donnent lieu à attribution de points les périodes durant lesquelles le participant perçoit l'une des allocations suivantes:
– la préretraite progressive (voir encadré p. 60),
– la préretraite «amiante» (voir § 116),
– les allocations spéciales du Fonds national de l'emploi (ASFNE) (voir § 91),
– l'allocation de solidarité spécifique (ASS) (voir § 176),
– les congés de conversion visés à l'article R. 322-1, 4° du code du travail (faculté de prise en charge par l'État),
– l'allocation «équivalent retraite» (AER) pour les demandeurs d'emploi de moins de 60 ans et justifiant de 160 trimestres validés dans les régimes de base obligatoires (voir § 185).

Il semble que les bénéficiaires de l'allocation de préparation à la retraite n'en bénéficient pas puisque l'État n'a pas prévu de financement (voir § 170).

Depuis le 30 janvier 2005, l'État ne prend plus en charge la retraite complémentaire au titre de l'allocation versée dans le cadre d'une convention de cessation d'activité pour métiers pénibles (CATS) (décret 2005-58 du 27 janvier 2005, JO du 29).

• Calcul des points

723 Les points de retraite, attribués pour chaque jour indemnisé par l'État, sont calculés en fonction:
– du salaire journalier de référence pour l'ASFNE (limité à 4 plafonds de sécurité sociale si la convention est conclue avant le 5 mai 1997 et à 2 plafonds si la convention est conclue après cette date),
– du salaire qu'aurait perçu le participant s'il avait continué de travailler pour la préretraite progressive et les congés de conversion,
– des points de l'année précédente pour l'ASS,
– du taux de participation étatique: l'État ne s'étant engagé qu'à hauteur de 4 % pour l'attribution des points ARRCO et à hauteur de 8 % (entreprises créées avant 1981) ou de 12 % (pour les entreprises créées à partir de 1981) pour l'attribution de points AGIRC, c'est sur la base de ces taux minima que les points ARRCO et AGIRC sont inscrits sans contrepartie de cotisations (des possibilités d'acquisition de points supplémentaires ont cependant été prévues dans un certain nombre de cas: l'entreprise et/ou le cadre doivent alors s'acquitter des cotisations correspondantes au plus tard le 31 mars de la deuxième année civile suivant celle à laquelle se rapportent les versements),
– du salaire de référence.

Exemples ❶ Un cadre est licencié, le 31 janvier 2006, d'une entreprise créée après 1981 qui cotise à hauteur de 6 % au régime ARRCO et de 16,24 % au régime AGIRC. Il perçoit une allocation spéciale du Fonds national de l'emploi (ASFNE) à compter du 1er avril 2006 jusqu'au 31 décembre 2006, soit 275 jours.

Le plafond de la sécurité sociale est de 31 068 € (soit un plafond proratisé de 23 407 € et une tranche B de 4 643 €), le salaire journalier de référence étant de 102 € ; le salaire fictif retenu est de 28 050 € (102 × 275).

• Le nombre de points attribué est:
– sur tranche A: (23 407 € × 4 %)/13,0271 € = 71,87 points ARRCO
– sur tranche B: (4 643 € × 12 %)/4,5444 € = 122,60 points AGIRC

• Les points supplémentaires ARRCO que le cadre peut acquérir moyennant cotisations:
– taux différentiel: 6 % – 4 % = 2 %
– calcul des points à racheter: (23 407 € × 2 %)/13,0271 € = 35,94 points
– financement de ces points: 468,14 € × 125 % de taux d'appel = 585,18 €

• Les points supplémentaires AGIRC que le cadre peut acquérir moyennant cotisations:
– taux différentiel: 16 % – 12 % = 4 %
– calcul des points à racheter: (4 643 € × 4 %)/4,5444 € = 40,87 points
– financement de ces points: 185,72 € × 125 % de taux d'appel = 232,15 € à régler avant le 31 mars 2008.

❷ Un cadre qui a épuisé ses droits au chômage perçoit, à compter du 1er avril 2006, l'allocation de solidarité spécifique. Au cours de l'année 2006, il a acquis 110 points ARRCO et 210 points AGIRC (l'entreprise ayant été créée avant 1981):
– points ARRCO ramenés à 4 %: 110 points × (4 %/6 %) = 73,33 points
– points AGIRC 2006 ramenés à 8 %: 210 points × (8 %/16 %) = 105 points
– calcul des points ARRCO attribués pour 2006: 73,33 points × (275/365) = 55,25 points
– calcul des points AGIRC attribués pour 2006 : 105 points × (275/365) = 79,11 points

Attention: les bénéficiaires de l'ASS ne peuvent bénéficier de points supplémentaires moyennant cotisations.

Périodes de détention provisoire

724 Les périodes de détention provisoire peuvent donner lieu à l'attribution de points gratuits à certaines conditions (accord du 8 décembre 1961, ann. A, art. 26; délib. AGIRC D 33):
– la période de détention doit être prise en compte par le régime général d'assurance vieillesse de la sécurité sociale,
– la détention provisoire ne doit pas être suivie d'une condamnation pénale (le jugement de relaxe ou l'ordonnance de non-lieu devra être remis aux institutions de retraite complémentaire),
– et le détenu doit participer à des institutions de retraite complémentaire au moment de son incarcération.

Cette attribution gratuite de points est ouverte au participant détenu de moins de 60 ans ainsi qu'au participant détenu âgé de plus de 60 ans et de moins de 65 ans qui n'a pas acquis la durée d'assurance nécessaire au taux plein de la pension de vieillesse.

Périodes de guerre et de service national en temps de paix

• Service national

725 Le service national actif de 12 mois qui interrompt une activité salariée ou une période de chômage indemnisée donne lieu à attribution de points ARRCO.

En revanche, cette période n'est pas considérée comme validable par l'AGIRC.

• Périodes de guerre

726 Des points de retraite complémentaire, sans contrepartie de cotisations, sont attribués aux salariés qui ont participé à un fait de guerre.

Tableau récapitulatif des cas d'attribution gratuite de points de retraite complémentaire au titre de certaines périodes			
Publics visés	**Conditions d'application**	**Limitation prévue**	**Justificatifs à fournir**
Périodes d'incapacité de travail (1)			
Les bénéficiaires sont ceux percevant : - des prestations en espèces de maladie, maternité, AT ou maladie professionnelle (MP), - ou une pension d'invalidité, - ou une rente d'AT ou de MP correspondant à un taux d'incapacité d'au moins 2/3, - ou une rente d'invalidité correspondant à un taux d'incapacité d'au moins 2/3.	• Période d'incapacité supérieure à 60 jours consécutifs • Période d'incapacité devant interrompre une période d'activité, une période reconnue validable par les régimes, une période de chômage non validable mais indemnisée par les Assédic ou un stage de formation professionnelle suivi d'une activité salariée ou d'une période de chômage indemnisée et validable (2).	Le nombre de points attribués gratuitement est limité aux droits inscrits au compte du participant au titre de l'année précédant celle au cours de laquelle se situe l'interruption de travail.	- Relevé des indemnités journalières de sécurité sociale, - ou éventuellement, mentions portées par l'employeur sur la DADS.
Périodes de chômage partiel (1)			
Ce sont les salariés indemnisés : - soit au titre du chômage partiel au titre de l'accord national du 21 février 1968, - soit au titre des accords professionnels de même objet applicables dans les branches professionnelles des textiles naturels ou artificiels.	• Périodes d'une durée supérieure à 60 heures consécutives ou non, dans l'année civile.	L'attribution gratuite est limitée au plafond de la sécurité sociale pour l'ARRCO et à la tranche B pour l'AGIRC.	- Attestation à remplir par l'employeur et à renvoyer aux institutions.
Périodes de chômage total indemnisées par les Assédic (1)			
Ce sont les bénéficiaires des allocations suivantes : - allocation unique dégressive; - allocation ARE; - aide au retour à l'emploi formation; - allocation chômeurs âgés; - allocation de fin de stage; - allocation spécifique de reclassement versée dans le cadre de la convention de reclassement personnalisé; - allocation de transition professionnelle (3).	• Appartenance aux régimes AGIRC et ARRCO avant la perception de l'allocation (à la date de rupture du contrat de travail pour l'AGIRC, mais pas pour l'ARRCO) • Financement des points par l'Unédic, l'ARRCO, l'AGIRC ou l'État selon les cas (4).	L'attribution gratuite de points est limitée aux tranches 1 et 2 pour les non-cadres et aux tranches A et B pour les cadres.	- En principe, pas de justificatif à produire - En cas de litige, attestation annuelle remise par les Assédic à produire.
Périodes de chômage et de préretraite indemnisées par l'État (1)			
Ce sont les bénéficiaires : - d'une préretraite spéciale du FNE; - d'une préretraite progressive; - d'une préretraite amiante; - de l'allocation de solidarité spécifique; - des congés de conversion visés à l'article R. 322-1, 4° du code du travail; - de l'allocation « équivalent retraite ».	• Préretraite allouée au titre d'une période validable dans le cadre de l'ARRCO • Appartenance au régime des cadres lors de la rupture du contrat de travail ou de la transformation du temps plein en temps partiel pour l'AGIRC • Financement de points par l'État (4).	L'attribution gratuite est limitée aux tranches 1 et 2 pour les non-cadres et tranches A et B et à hauteur de taux contractuels différents pour l'AGIRC et l'ARRCO (Voir § 723).	

Tableau récapitulatif des cas d'attribution gratuite de points de retraite complémentaire au titre de certaines périodes			
Publics visés	**Conditions d'application**	**Limitation prévue**	**Justificatifs à fournir**
Périodes de détention provisoire (1)			
Il s'agit du : - participant détenu provisoirement et âgé de moins de 60 ans; - participant détenu provisoirement âgé d'au moins 60 ans et de moins de 65 ans qui n'a pas acquis la durée d'assurance du régime de base.	• Période devant être prise en compte par le régime général de la sécurité sociale • Détention provisoire non suivie d'une condamnation pénale • Participation du détenu à des institutions AGIRC et ARRCO au moment de son incarcération (5).		- Jugement de relaxe ou ordonnance de non-lieu à remettre aux institutions.
Périodes de guerre (1)			
- salarié cadre ou non cadre ayant cessé toute activité salariée pour participer à un fait de guerre entre 1939 et le 1er juin 1946 et entre 1914 et le 1er juillet 1919 (mobilisation, captivité, déportation…) ; - salarié non cadre ayant effectué des périodes militaires en Indochine entre le 9 mars 1945 et le 1er octobre 1957 ; - salarié non cadre ayant participé à la guerre d'Algérie ; - salarié non cadre ayant effectué son service militaire en Afrique du Nord entre le 1er janvier 1952 et le 2 juillet 1962; - cadre rappelé sous les drapeaux en raison des événements d'Algérie (à l'exclusion de ceux qui ont vu leur service militaire effectué en Algérie prolongé en raison de la guerre).	Avoir occupé un emploi relevant du régime général au moment de l'interruption pour faits de guerre ou dans les 6 mois suivant le retour à la vie civile (6).	- Attribution de points gratuits correspondant à ceux que les participants auraient acquis s'ils étaient restés en activité ; - déduction de la période normale de service national pour l'AGIRC. Attention : possibilité de contourner ces conditions.	- Carte de combattant, - ou obtention du titre de la reconnaissance de la nation.
Service national (1)			
	- Service national actif interrompant une activité salariée ou une période de chômage indemnisée; - durée de présence sous les drapeaux excédant 12 mois.		

(1) AGIRC et ARRCO, sauf pour les périodes de service national (attribution de points ARRCO uniquement).
(2) Cessation de l'attribution gratuite : en cas de diminution du taux d'incapacité jusqu'à hauteur de 50 %; en cas d'obtention d'une pension de vieillesse pour inaptitude; au plus tard au 65e anniversaire du participant.
(3) L'allocation de transition professionnelle s'applique aux procédures de licenciement engagées entre le 15 mars 2006 et le 1er mars 2007 par les entreprises de moins de 1 000 salariés de 7 bassins d'emploi : Charleville-Mézières, Montbéliard, Morlaix, Saint-Dié, Toulon, Valenciennes et Vitré.
(4) Cessation de l'attribution gratuite : dès lors que le salarié remplit les conditions requises pour l'obtention de la pension de vieillesse à taux plein du régime de base.
(5) Cessation de l'attribution gratuite : fin de la période de détention provisoire.
(6) La validation des services accomplis en Algérie avant le 1er juillet 1962 était notamment subordonnée à la condition que les intéressés résident, au moment de leur demande de retraite, en France métropolitaine, dans les DOM ou les TOM, à Monaco ou dans l'un des États de l'EEE. Cette condition est supprimée pour les personnes dont l'allocation ARRCO prend effet au 1er octobre 2005, au plus tôt (circ. ARRCO 2005-4 du 29 septembre 2005).

Les bénéficiaires sont :
– les salariés cadres et non cadres ayant cessé toute activité salariée pour participer à un fait de guerre entre 1914 et le 1er juillet 1919 et entre 1939 et le 1er juin 1946 (la mobilisation, la captivité, la déportation sont considérées comme des faits de guerre) ;
– les salariés non cadres ayant effectué des périodes militaires en Indochine entre le 9 mars 1945 et le 1er octobre 1957 ;
– les salariés non cadres ayant effectué leur service militaire en Afrique du Nord entre le 1er janvier 1952 et le 2 juillet 1962 ;
– le salarié cadre rappelé sous les drapeaux en raison des événements d'Algérie (à l'exclusion de ceux qui ont effectué leur service militaire en Algérie, même si celui-ci a été prolongé en raison de la guerre).

Pour pouvoir bénéficier de ces points, le participant doit avoir occupé un emploi relevant du régime général de la sécurité sociale au moment de l'interruption pour faits de guerre ou dans les 6 mois suivant son retour à la vie civile. Il doit fournir sa carte de combattant ou avoir obtenu le titre de la reconnaissance de la nation.

Les points attribués gratuitement correspondent à ceux qu'il aurait acquis s'il était resté en activité (déduction faite de la période normale de service national pour le régime AGIRC).

La validation des services accomplis en Algérie avant le 1er juillet 1962 était notamment subordonnée à une condition de résidence en France métropolitaine, dans les DOM ou les TOM, à Monaco ou dans l'un des États membres de l'EEE, au moment de la demande de retraite. Cette condition est supprimée pour les personnes dont l'allocation ARRCO prend effet au 1er octobre 2005, au plus tôt (circ. ARRCO 2005-4 du 29 septembre 2005).

Autres cas

• Validation des services passés

727 Les périodes d'activité salariée antérieures, notamment, à l'obligation faite à l'entreprise d'adhérer à un régime de retraite complémentaire peuvent être validées sans contrepartie de cotisations, à condition qu'elles soient justifiées.

• Services accomplis dans des entreprises en situation irrégulière

728 Si l'employeur ne verse pas les cotisations de retraite complémentaire qu'il doit, aucune somme n'est reportée au compte individuel du participant. Le salarié ne peut payer ni les cotisations salariales manquantes ni les cotisations patronales. Une « clause de sauvegarde » des droits du participant est prévue par les régimes AGIRC et ARRCO, sur présentation de justificatifs différents selon les périodes visées.

Ainsi, par exemple, pour l'ARRCO, les services effectués par certains participants à compter du 1er janvier 1976 dans des entreprises en situation irrégulière ne peuvent être validés que sous réserve du pouvoir d'appréciation de l'ARRCO et si, au minimum, ces périodes ont donné lieu au versement de cotisations vieillesse de sécurité sociale et ont fait l'objet du précompte correspondant à la part salariale des cotisations ARRCO (accord national interprofessionnel du 8 décembre 1961, ann. A, art. 21-3).

• Périodes d'apprentissage antérieures au 1er juillet 1973

729 Depuis le 1er juillet 1973, les apprentis acquièrent des droits de retraite complémentaire ARRCO en contrepartie des cotisations, que celles-ci soient prises en charge par l'employeur ou par l'État.

Les services antérieurs à cette date peuvent toutefois être validés sous certaines conditions, dès lors qu'ils ont donné lieu à affiliation au régime général de la sécurité sociale, à la MSA ou au régime local d'Alsace-Moselle.

Rachat optionnel de points

730 Certaines périodes de non-travail peuvent donner lieu à l'attribution de points de retraite complémentaire moyennant versement de cotisations.

Périodes de chômage et de préretraite indemnisées par l'employeur

731 Il arrive que l'employeur soit son propre assureur en matière de chômage ou qu'il fasse bénéficier ses salariés âgés de 55 ans et plus d'une préretraite « maison » (voir § 145). Sous réserve du respect de certaines conditions, ces périodes peuvent donner lieu, moyennant versement de cotisations, à l'attribution de points de retraite.

Rappelons que le paiement des cotisations de retraite complémentaire des bénéficiaires de congés de conversion institués par l'article R. 322-1-4° du code du travail est assuré par l'employeur et que l'État peut rembourser une partie des cotisations à l'employeur (mais ce n'est qu'une faculté).

Périodes de congé parental d'éducation et de congé de présence parentale

732 Si l'employeur s'engage à verser les cotisations de l'ensemble des salariés en congé parental d'éducation ou en congé de présence parentale aux caisses de retraite complémentaire, ces périodes donnent droit à des points de retraite.

Rappelons que le congé parental d'éducation est un congé accordé au salarié pour élever son enfant et que le congé de présence parentale permet au salarié dont l'enfant est atteint d'une maladie, d'un handicap ou victime d'un accident d'une particulière gravité rendant indispensables une présence soutenue et des soins contraignants, de bénéficier de jours de congé.

Attention. La nature du congé de présence parentale ayant été profondément modifiée par la loi de financement de la sécurité sociale pour 2006, les modalités de rachat optionnel concernant ce congé risquent d'être modifiées.

Congé de solidarité familiale

733 Un congé, ou une activité à temps partiel, peut être accordé, pour une durée maximale de trois mois, au salarié dont un ascendant, un descendant ou une personne partageant son domicile souffre d'une pathologie mettant en jeu le pronostic vital (c. trav. art. L. 225-15).

Le participant qui se trouve dans cette situation a la possibilité d'obtenir, dans le cadre d'un accord au sein de l'entreprise, des points de retraite complémentaire pendant ces congés, moyennant le versement de cotisations calculées comme s'il avait poursuivi son activité dans des conditions normales (circ. AGIRC-ARRCO 2004-14 du 13 juillet 2004).

Périodes d'études supérieures

734 Les périodes d'études supérieures peuvent également faire l'objet d'un rachat de points AGIRC et ARRCO (circ. AGIRC-ARRCO 2004-8 du 10 mars 2004).

• **Périodes d'études ouvertes au rachat**

735 Les périodes d'études ouvertes au rachat de points sont celles ne donnant pas lieu à affiliation dans un régime d'assurance vieillesse et accomplies dans les établissements d'enseignement supérieur, écoles techniques supérieures, grandes écoles et les classes du second degré préparatoires à ces grandes écoles, qui ont conduit à l'obtention d'un diplôme.

L'admission dans les grandes écoles et classes de second degré préparatoires à ces écoles est assimilée à l'obtention d'un diplôme. Les diplômes équivalents délivrés par les États membres de l'Union européenne sont également retenus.

• **Exercice et périodes de rachat limités**

736 La faculté de rachat ne peut être exercée qu'une seule fois au titre de l'AGIRC et au titre de l'ARRCO. Les demandes adressées à l'un ou l'autre régime peuvent être dissociées et concerner des périodes différentes.

L'acquisition de points ne peut porter, dans la limite de 3 ans (soit 12 trimestres), que sur les périodes d'études ayant fait l'objet d'un rachat auprès du régime de base. Le salarié n'est néanmoins pas tenu d'acquérir la totalité des points correspondant aux périodes d'études retenues par ce régime. Une fois arrêté, le choix des périodes d'études n'est plus modifiable.

• **Âge minimum requis pour le rachat**

737 Seuls les participants âgés d'au moins 54 ans pouvaient racheter des points de retraite complémentaire au titre de l'année 2004, et ceux d'au moins 55 ans au titre de l'année 2005. Cette faculté a été ouverte en 2006 aux personnes âgées d'au moins 20 ans et de moins de 60 ans à la date de présentation de la demande.

Coefficients de rachat d'études selon l'âge

Âge	Coefficient	Âge	Coefficient
20 ans	7,1	40 ans	11,8
21 ans	7,3	41 ans	12,1
22 ans	7,5	42 ans	12,4
23 ans	7,7	43 ans	12,7
24 ans	7,9	44 ans	13,0
25 ans	8,1	45 ans	13,3
26 ans	8,3	46 ans	13,7
27 ans	8,5	47 ans	14,0
28 ans	8,7	48 ans	14,4
29 ans	8,9	49 ans	14,7
30 ans	9,2	50 ans	15,1
31 ans	9,4	51 ans	15,5
32 ans	9,6	52 ans	15,9
33 ans	9,9	53 ans	16,3
34 ans	10,1	54 ans	16,7
35 ans	10,4	55 ans	17,1
36 ans	10,6	56 ans	17,6
37 ans	10,9	57 ans	18,1
38 ans	11,2	58 ans	18,5
39 ans	11,5	59 ans	19,0

Cas d'attribution de points de retraite complémentaire par versement optionnel de cotisations		
Publics visés	**Conditions d'ouverture des droits**	**Limitation prévue**
Périodes de chômage et de préretraite indemnisées par l'employeur (1)		
Il s'agit des: - anciens salariés des entreprises ne relevant pas de l'Unédic et étant leur propre assureur en ce domaine; - anciens salariés en préretraite progressive ou non financée par leur employeur (versement supplémentaire); - anciens salariés bénéficiaires de congés de conversion institués par l'article R. 322-1, 4° du code du travail.	Pour les périodes de chômage, l'employeur doit: - conclure une convention avec l'institution ; - s'engager à exécuter des formalités administratives similaires à celles délivrées par les Assédic. Pour les périodes de préretraite, il doit conclure: - un accord collectif, - ou un accord entre l'entreprise et la majorité des travailleurs intéressés.	Les points sont attribués à hauteur d'un taux contractuel de 6 % pour la tranche 1 ou A et de 16 % pour la tranche 2, ou de 16,24 % pour la tranche B (3).
Périodes de congé parental d'éducation (1)		
Il s'agit des bénéficiaires d'un congé parental d'éducation.	- Affiliation préalable aux caisses de retraite complémentaire; - accord collectif ou accord entre l'employeur et la majorité des personnels concernés, prévoyant cette attribution optionnelle; - application à l'ensemble du personnel.	Attribution de points sur la base des rémunérations qu'ils auraient perçues s'ils avaient continué à travailler (4).
Périodes de chômage parallèlement à une création d'entreprise (1)		
Il s'agit des chômeurs créateurs d'entreprise occupant des fonctions non salariées. Attention: ils ne bénéficient pas de l'attribution gratuite de points au titre du chômage indemnisé par l'Unédic.	Ils doivent: - conserver le bénéfice de la couverture sociale des assurances sociales ; - formuler leur demande dans l'année civile suivant celle à laquelle cette option se rapporte.	Les points sont attribués pendant 12 mois et calculés suivant les règles applicables aux périodes de maladie (5).
Périodes de chômage des mandataires sociaux non indemnisés par l'Unédic (2)		
Il s'agit des chômeurs mandataires sociaux.	Ils doivent être: - indemnisés par la garantie sociale des chefs et dirigeants d'entreprise ; - verser des cotisations sur les tranches B et C dès lors qu'au cours de leur mandat, ils percevaient une tranche C ; - déposer leur demande au plus tard le 31 décembre de l'année suivant celle à laquelle se rapporte l'option.	L'acquisition est limitée à une période de 12 mois (5).
Périodes de congé individuel de formation de droit commun (2)		
Il s'agit du salarié cadre effectuant des stages non rémunérés dans le cadre d'un congé individuel de formation.	Le bénéficiaire doit: - avoir un contrat de travail qui le lie à l'entreprise ; - ne pas percevoir de rémunération ou la percevoir partiellement. L'employeur doit: - conclure un accord collectif ou un accord avec la majorité des personnels concernés (3) ; - appliquer ce droit à l'ensemble du personnel concerné.	

Cas d'attribution de points de retraite complémentaire par versement optionnel de cotisations		
Publics visés	**Conditions d'ouverture des droits**	**Limitation prévue**
	Périodes d'études supérieures (1)	
Les bénéficiaires sont: - ceux qui ont accompli des études dans des établissements d'enseignement supérieur, - ceux qui ont accompli des études dans des écoles techniques supérieures, - ceux qui ont accompli des études dans des grandes écoles et dans les classes du second degré préparatoires à ces grandes écoles.	Ils doivent: - avoir obtenu un diplôme ou assimilé, - ne pas être affilié à un régime d'assurance vieillesse pour ces périodes, - adresser leur demande à la dernière institution d'affiliation.	- Exercice unique mais pouvant être dissocié, - périodes à racheter devant faire l'objet d'un rachat préalable auprès du régime de base d'assurance vieillesse, dans la limite de 3 ans, - âge du demandeur limité entre 20 et 60 ans (54 ans et + pour 2004), - nombre de points limité à 70 par an (5).
	Périodes de chômage et de préretraite des cadres supérieurs (2)	
Il s'agit des cadres privés d'emploi auxquels sont attribués des points sur la tranche B.	L'option est levée soit par voie d'accord collectif, soit par décision individuelle.	L'attribution de points est limitée à la tranche C (6).

(1) AGIRC et ARRCO.
(2) AGIRC.
(3) Financement pris en charge par l'employeur et l'ancien salarié.
(4) Financement pris en charge par l'intéressé et éventuellement par l'employeur.
(5) Financement pris en charge par l'intéressé.
(6) Versement de cotisations patronales et salariales dans les mêmes conditions que pour les cotisations contractuelles normales en cas d'accord collectif ; versement de cotisations salariales et éventuellement patronales en cas de décision individuelle.

- **Nombre de points rachetés limité**

738 Les salariés ont la possibilité d'acquérir 70 points par année d'études auprès de chacun des régimes. Si la période d'études rachetée ne couvre pas une année civile, le nombre de points est proratisé pour un nombre entier de trimestres.

- **Coût du rachat**

739 Le montant du rachat est égal au produit des points à acquérir par la valeur du point AGIRC ou ARRCO, affecté d'un coefficient variable selon l'âge révolu du participant à la date de versement.

- **Démarches administratives à effectuer**

740 Le salarié doit adresser sa demande d'acquisition (accompagnée de la notification d'admission au rachat des cotisations d'assurance vieillesse par le régime de base) aux dernières institutions d'affiliation, à titre personnel et avant liquidation de l'allocation AGIRC et ARRCO. La notification d'admission, qui mentionne le nombre de trimestres que l'intéressé est admis à racheter et les modalités de paiements retenues, vaut engagement de versement.

Autres cas

741 Des points sont également attribués en contrepartie de cotisations, notamment aux chômeurs créateurs d'entreprise (délib. ARRCO 13 B; délib. AGIRC D 40 ; voir § 597) et aux mandataires sociaux chômeurs indemnisés par la garantie sociale des chefs et dirigeants d'entreprise (délib. AGIRC 46).

Montant de la pension

Principe

• Formule de calcul

742 Le montant annuel de la retraite complémentaire est déterminé à partir du nombre de points acquis au cours de la carrière du participant. En effet, les versements des cotisations de retraite complémentaire se traduisent chaque année par l'inscription au compte de chaque salarié de points de retraite, déterminés en divisant le montant des cotisations annuelles par le salaire de référence (voir § 700).

En fin de carrière, le nombre de points acquis par le participant auprès de chaque institution à la date de liquidation de sa retraite est multiplié par la valeur du point de retraite pour l'année correspondante.

• Valeur du point

743 La valeur du point de retraite est fixée annuellement au 1er avril.
Pour la période 2004-2008, le point de retraite est revalorisé en fonction de l'évolution annuelle moyenne de l'indice des prix à la consommation hors tabac.

Au 1er avril 2006, la valeur du point ARRCO est fixée à 1,1287 € et la valeur du point AGIRC à 0,4005 €.

Exemple Un salarié cadre liquide sa pension de retraite le 1er juillet 2006. Il a acquis 4 400 points au titre de l'ARRCO et 8 400 points au titre de l'AGIRC.

Le montant de son allocation annuelle sera de:
– au titre de l'ARRCO: 4 400 points × 1,1287 = 4 966,28 €
– au titre de l'AGIRC: 8 400 points × 0,4005 = 3 364,20 €
– soit un total de: 4 966,28 € + 3 364,20 € = 8 330,48 €
– sur 6 mois: 8 330,48 € × (6/12) = 4 165,24 €

Majorations et minoration de l'allocation de retraite

• Minoration de l'allocation de retraite

744 Les personnes âgées de 55 à 65 ans ne remplissant pas les conditions d'âge (voir § 759) peuvent faire liquider leur retraite, mais avec application d'un coefficient de minoration. Cette minoration, généralement définitive, est fonction de l'âge du participant ou du nombre de trimestres d'assurance de la sécurité sociale.

Pour une durée égale ou inférieure à 140 trimestres ou pour les âges inférieurs à 60 ans et jusqu'à 55 ans, le coefficient d'abattement est déterminé uniquement en fonction de l'âge du participant. Pour une durée supérieure à 140 trimestres ou pour les âges égaux ou supérieurs à 60 ans, le coefficient d'abattement est déterminé en fonction de l'âge du participant ou de la durée d'assurance, en retenant la solution la plus avantageuse pour l'assuré (voir tableau page suivante).

• Majoration pour enfant à charge prévue par l'ARRCO

745 Le participant qui, à la date de liquidation de sa pension, a encore un ou plusieurs enfants à charge, bénéficie, pour chaque enfant, d'une majoration de sa pension aussi longtemps que l'enfant reste à sa charge (accord du 8 décembre 1961, ann. A, art. 17).

Cette majoration est applicable aux droits de l'ensemble de la carrière du participant.

Taux de minoration				
Âge de départ	**Coefficient d'abattement**	**Âge de départ**	**Coefficient d'abattement**	**Durée d'assurance**
55 ans (1)	0,43	60 ans (2)	0,78	140 trimestres
+ 1 trimestre	0,4475	+ 1 trimestre	0,7925	
+ 2 trimestres	0,4650	+ 2 trimestres	0,8050	
+ 3 trimestres	0,4825	+ 3 trimestres	0,8175	
56 ans	0,50	61 ans	0,83	144 trimestres
+ 1 trimestre	0,5175	+ 1 trimestre	0,8425	
+ 2 trimestres	0,5350	+ 2 trimestres	0,8550	
+ 3 trimestres	0,5525	+ 3 trimestres	0,8675	
57 ans	0,57	62 ans	0,88	148 trimestres
+ 1 trimestre	0,5875	+ 1 trimestre	0,89	
+ 2 trimestres	0,6050	+ 2 trimestres	0,90	
+ 3 trimestres	0,6225	+ 3 trimestres	0,91	
58 ans	0,64	63 ans	0,92	152 trimestres
+ 1 trimestre	0,6575	+ 1 trimestre	0,93	
+ 2 trimestres	0,6750	+ 2 trimestres	0,94	
+ 3 trimestres	0,6925	+ 3 trimestres	0,95	
59 ans	0,71	64 ans	0,96	156 trimestres
+ 1 trimestre	0,7275	+ 1 trimestre	0,97	
+ 2 trimestres	0,7450	+ 2 trimestres	0,98	
+ 3 trimestres	0,7625	+ 3 trimestres	0,99	

(1) Pour une durée inférieure ou égale à 140 trimestres ou pour les âges inférieurs à 60 ans et jusqu'à 55 ans, le coefficient d'abattement est déterminé uniquement en fonction de l'âge du participant.
(2) Pour une durée supérieure à 140 trimestres ou pour les âges égaux ou supérieurs à 60 ans, le coefficient d'abattement est déterminé en fonction de l'âge du participant ou de la durée d'assurance, en retenant la solution la plus avantageuse pour l'assuré.

Un enfant est à charge lorsque, légitime, naturel reconnu ou adopté, recueilli par le participant tuteur légal, élevé par le participant au moins 9 ans avant sa 16e année, il est âgé de moins de 18 ans ou de moins de 25 ans (s'il est étudiant, apprenti, demandeur d'emploi inscrit à l'ANPE et non indemnisé par les Assédic, chômeur percevant des allocations d'insertion ou lorsque, quel que soit son âge, il est reconnu invalide avant son 21e anniversaire).

Les majorations sont supprimées dès lors que les enfants ne sont plus à charge.

Aucune majoration n'est accordée pour des enfants qui sont à la charge du bénéficiaire de la pension de retraite ultérieurement à la date d'effet de celle-ci. En revanche, le pensionné peut solliciter le rétablissement de cet avantage dès lors que les enfants antérieurement à sa charge le redeviennent.

La majoration est fixée à 5 % par enfant à charge, quel que soit le nombre d'enfants. Elle est calculée sur les droits de base du participant, sans tenir compte des coefficients de minoration dont ses droits ont pu être affectés.

• **Majoration pour 3 enfants et plus prévue par l'ARRCO**

746 L'assuré qui a élevé au moins 3 enfants pendant 9 ans avant leur 16e anniversaire bénéficie d'une majoration de 5 % de la part de sa pension correspondant à la partie de sa carrière postérieure au 31 décembre 1998 (la partie antérieure faisant l'objet de majorations pour enfants nés et élevés prévues par les règlements de certains régimes, qui peuvent se cumuler avec la majoration pour enfant à charge).

Cette majoration ne peut être attribuée que lorsque le dernier enfant du participant a cessé d'être à sa charge (accord du 8 décembre 1961, ann. A, art. 17).

La majoration, fixée à 5 % pour 3 enfants élevés ou plus, est calculée sur les droits de base du participant sans tenir compte des coefficients de minoration affectant éventuellement ses droits.

L'ARRCO prévoit une majoration de pension pour enfants à charge et une majoration pour 3 enfants et plus. Le bénéfice de ces 2 majorations ne se cumulent pas. Cependant, la majoration pour 3 enfants et plus prend le relais de la majoration pour enfants à charge lorsque le dernier enfant a cessé d'être à la charge du participant.

• Majoration pour enfants prévue par L'AGIRC

747 L'assuré qui a eu au moins 3 enfants a droit à une majoration du total de ses points de retraite AGIRC égale à :
- 8 % pour 3 enfants,
- 12 % pour 4 enfants,
- 16 % pour 5 enfants,
- 20 % pour 6 enfants,
- 24 % pour 7 enfants et au-delà.

Les majorations pour 3 enfants sont fixées à 10 % pour 3 enfants et augmentent de 5 % par enfant supplémentaire dans la limite de 30 %. Ces taux subissent un abattement de 20 % pour les allocations servies à compter du 1er janvier 1997 (mesures d'économie). Les taux indiqués plus haut tiennent compte de cet abattement.

Sont pris en considération les enfants légitimes, naturels ou adoptés avant leur 21e anniversaire, les enfants à charge pendant au moins 9 ans avant leurs 21 ans ou leurs 25 ans s'ils ont poursuivi des études.

Ces majorations s'appliquent aux pensionnés autres que les parents qui ont élevé à leur charge des enfants pendant au moins 9 ans.

En cas d'adoption simple, la majoration familiale est attribuée à la famille de sang et à la famille adoptive. En cas d'adoption plénière, seuls les adoptants peuvent bénéficier de cette majoration.

Les majorations sont accordées aux 2 parents titulaires d'une retraite AGIRC en leur nom propre.

Les anciennes majorations ARRCO

Avant l'entrée en vigueur au 1er janvier 1999 du régime unique de l'ARRCO, certaines institutions prévoyaient le bénéfice de majorations pour ancienneté ou en faveur des déportés et internés politique ou de la Résistance.

Les premières majorations ne sont applicables qu'aux seuls droits inscrits par l'institution d'adhésion correspondant aux périodes d'activité effectuées avant le 1er janvier 1999, dans une même entreprise ou dans une même profession, et ne sont pas applicables aux droits assimilés.

Les secondes majorations sont maintenues pour les liquidations intervenues à compter du 1er janvier 1999. Elles s'appliquent sur les droits de base et sur les droits assimilés (circ. ARRCO 98-15 du 11 mai 1998).

Pour aller plus loin

➞ Sur les congés : *RF* 952 « Durée du travail, congé et rémunération », §§ 1461 à 1502.

20 Liquidation et paiement de l'allocation

§§

Première condition d'ouverture : la condition d'âge

- Départ à la retraite à taux plein à 60 ans :
  - participant justifiant d'une durée d'assurance de 160 trimestres .. 752
  - participant reconnu inapte au travail 753
  - mère de famille ouvrière salariée 754
  - ancien déporté et interné 755
  - ancien combattant et prisonnier de guerre 756
- Départ à la retraite à taux plein avant 60 ans :
  - participant justifiant d'une longue carrière 757
  - participant lourdement handicapé 758
- Départ à la retraite à taux minoré ou majoré 759

Deuxième condition d'ouverture : cesser son activité

- Principe 760
- Poursuite d'activités autorisées ... 761
- Reprise d'une activité après liquidation des pensions 764

Liquidation de l'allocation de retraite complémentaire

- Processus administratif de liquidation 768
- Date d'effet de la liquidation :
  - principe 771
  - date d'effet en cas de demande tardive 772
  - date d'effet en cas de révision des droits 773
  - traitement des cas particuliers 774

Paiement de l'allocation de retraite complémentaire

- Périodicité de paiement :
  - paiement trimestriel 775
  - paiement des droits de faible montant 776
  - revalorisation des allocations ... 778
- Prélèvements opérés sur l'allocation 779
- Incidents de paiement 785
- Cessation du paiement 787

Première condition d'ouverture : la condition d'âge

750 En principe, l'âge auquel le participant perçoit sa retraite à taux plein (sans minoration de points) est fixé à 65 ans. Toutefois, à titre dérogatoire, le participant peut liquider sa retraite dès l'âge de 55 ans, avec ou sans minoration, selon les cas. Il peut également décider de liquider sa retraite après 65 ans.

Départ à la retraite à taux plein à 60 ans

751 Le participant peut demander le bénéfice de ses droits à retraite complémentaire entre 60 et 65 ans sans application du coefficient de minoration dans plusieurs cas.

• 1er cas : participant justifiant d'une durée d'assurance de 160 trimestres

752 Le participant justifiant de la durée d'assurance requise pour l'obtention du taux plein de la pension de vieillesse du régime de base peut liquider sa retraite complémentaire à 60 ans, sans minoration (accord national interprofessionnel du 8 décembre 1961, ann. E, art. 2). La liquidation est limitée à la retraite ARRCO et à celle de l'AGIRC correspondant aux points acquis sur la tranche B, les points acquis sur la tranche C ne pouvant être liquidés, à taux plein, qu'à partir de 65 ans.

Le participant peut toutefois décider de liquider les points AGIRC acquis sur la tranche C avant 65 ans. Dans ce cas, un coefficient de minoration lui est appliqué.

Pour pouvoir y prétendre, le participant doit :
– être âgé de plus de 60 ans et de moins de 65 ans à la date d'effet de la liquidation de son allocation,
– justifier d'une durée d'assurance nécessaire à l'obtention du taux plein de la pension de vieillesse du régime de base (voir § 326),
– avoir fait liquider sa pension de vieillesse auprès du régime général (voir § 470),
– avoir cotisé à l'ASF (l'AGFF, à compter du 1er avril 2001).

La condition d'appartenance à une catégorie particulière n'est plus exigée pour les retraites prenant effet à compter du 1er janvier 2004.

Avant le 1er janvier 2004, un participant ne pouvait liquider son allocation de retraite complémentaire à taux plein à 60 ans qu'à la condition d'être un salarié en activité, un ancien salarié ayant cessé son activité à au moins 59 ans et 6 mois et justifiant d'une durée d'activité d'au moins 6 mois durant les 12 mois précédant le jour de la cessation d'activité, un chômeur indemnisé par l'Unédic ou non indemnisé mais inscrit comme demandeur d'emploi à l'ANPE, un ancien combattant d'Afrique du Nord bénéficiant de l'allocation de préparation à la retraite ou, sous certaines conditions, un agent des professions minières.

Les autres participants subissaient un abattement sur leur allocation. Ces participants ne peuvent obtenir, aujourd'hui, une révision de leur allocation de retraite complémentaire, les nouvelles règles n'étant pas rétroactives.

• 2e cas : participant reconnu inapte au travail

753 Les participants reconnus inaptes au travail par le régime général de sécurité sociale peuvent liquider leur retraite complémentaire à 60 ans sans minoration (accord national interprofessionnel du 8 décembre 1961, ann. A, art. 19-5 ; conv. coll. nationale des cadres du 14 mars 1947, ann. 1, art. 6).

Peut être reconnu inapte au travail l'assuré qui n'est pas en mesure de poursuivre l'exercice de son emploi sans nuire gravement à sa santé et qui se trouve définitivement atteint d'une incapacité de travail médicalement constatée, compte tenu de ses aptitudes physiques et mentales à l'exercice d'une activité professionnelle, et dont le taux est fixé à 50 % (c. séc. soc. art. L. 531-7 et R. 351-21).

Le participant reconnu inapte doit avoir fait liquider préalablement sa pension de vieillesse du régime de base et justifier du bénéfice de cette pension au titre de son inaptitude (voir § 325).

• 3e cas : mère de famille ouvrière salariée

754 Les mères de famille ouvrières salariées peuvent également bénéficier d'une allocation de retraite complémentaire à 60 ans et sans minoration, à condition d'avoir fait liquider leur pension de vieillesse servie par le régime de base et justifier du

bénéfice de cette pension au titre de mère de famille ouvrière (accord national interprofessionnel du 8 décembre 1961, ann. A, art. 19-3; conv. coll. nationale des cadres du 14 mars 1947, ann. 1, art. 6).

Pour pouvoir liquider leur pension de vieillesse à taux plein dès l'âge de 60 ans, les mères de famille salariées doivent avoir élevé au moins trois enfants, avoir réuni au moins 30 années d'assurance dans le régime général (ou dans celui des salariés agricoles) et avoir exercé pendant au moins 5 ans, au cours des 15 dernières années précédant la demande de liquidation de pension, un travail manuel ouvrier (c. séc. soc. art. R. 351-23).

Un emploi est considéré comme ouvrier dès lors qu'il est rémunéré sur la base d'un tarif horaire ou mensuel, qu'il renvoie à des travaux de fabrication et traitements industriels, des travaux d'entretien et de réparation des constructions, installations et machines, des travaux de fourniture d'énergie et des fluides nécessaires au fonctionnement des installations et des machines, des travaux de manutention, de conditionnement et de transport ou des travaux du bâtiment et des travaux publics (c. séc. soc. art. R. 351-23). Bien souvent, il faut se référer aux classifications professionnelles prévues dans la convention collective applicable à l'entreprise.

• 4e cas: ancien déporté et interné

755 Les anciens déportés ou internés de la Résistance et les anciens déportés ou internés politiques peuvent liquider leur retraite complémentaire à 60 ans sans minoration, à condition d'avoir liquidé leur pension de vieillesse et de justifier de leur qualité en produisant à l'appui de leur demande leur carte de déporté ou d'interné ou une attestation délivrée par le ministère des Anciens Combattants et Victimes de guerre (accord national interprofessionnel du 8 décembre 1961, ann. A, art. 19-1; conv. coll. nationale des cadres du 14 mars 1947, ann. 1, art. 6).

• 5e cas: ancien combattant et prisonnier de guerre

756 Les anciens combattants et prisonniers de guerre peuvent également bénéficier de cette anticipation sans minoration dans les mêmes conditions que celles visées plus haut (accord national interprofessionnel du 8 décembre 1961, ann. A, art. 19-2; conv. coll. nationale des cadres du 14 mars 1947, ann. 1, art. 6). Des conditions d'âge et de durée de captivité ou de service actif analogues à celles prévues par le régime général de la sécurité sociale doivent être respectées (c. séc. soc. art. D. 351-1 et D. 351-2). Pour pouvoir y prétendre, ils doivent justifier de leur durée de captivité et de leur service militaire en temps de guerre (dans les forces françaises ou alliées) en produisant leur livret militaire ou une attestation délivrée par le ministère des Anciens Combattants et Victimes de guerre.

Ainsi, peuvent liquider leur retraite les anciens combattants et prisonniers de guerre à l'âge de:
– 64 ans, s'ils justifient d'une durée de captivité ou de service militaire en temps de guerre de 6 à 17 mois;
– 63 ans, s'ils justifient d'une durée de captivité ou de service militaire en temps de guerre de 18 à 29 mois;
– 62 ans, s'ils justifient d'une durée de captivité ou de service militaire en temps de guerre de 30 à 41 mois;
– 61 ans, s'ils justifient d'une durée de captivité ou de service militaire en temps de guerre de 42 à 53 mois;
– 60 ans, s'ils justifient d'une durée de captivité ou de service militaire en temps de guerre d'au moins 54 mois (les anciens prisonniers de guerre évadés doivent justifier d'une captivité d'au moins 6 mois ou avoir été rapatriés pour maladie).

Départ à la retraite à taux plein avant 60 ans

• Participant justifiant d'une longue carrière

757 Le participant qui a commencé à travailler jeune et qui justifie d'une longue carrière est autorisé à liquider sa retraite complémentaire à taux plein avant 60 ans s'il remplit les conditions prévues en cas de départ anticipé à la retraite de base (voir § 282).

• Participant lourdement handicapé

758 Les participants lourdement handicapés (justifiant d'un taux d'incapacité permanente d'au moins 80 % ou souffrant d'un handicap de niveau comparable) peuvent obtenir la retraite complémentaire à taux plein à partir de 55 ans (circ. AGIRC-ARRCO 2004-12 du 8 juillet 2004). Plusieurs conditions sont exigées:
– seules les retraites complémentaires prenant effet à compter du 1er juillet 2004 sont concernées,
– le participant est en droit de liquider uniquement les points acquis sur les tranches A et B des rémunérations,
– le participant doit avoir liquidé sa pension de vieillesse au titre de son handicap (voir pour les conditions § 290),
– la mise en paiement de l'allocation est subordonnée à la notification de la pension de vieillesse du régime de base.

Départ à la retraite à taux minoré ou majoré

759 Le participant âgé de 55 à 65 ans qui ne justifie pas des 160 trimestres requis par le régime général, peut néanmoins anticiper son départ en retraite mais à un taux minoré (voir § 744 et p. 322).

Il peut également décider de continuer à travailler après 65 ans. Dans ce cas, il continue de cotiser et d'acquérir des points de retraite.

Avant le 1er janvier 1999, en cas de liquidation de la retraite ARRCO après 65 ans, la situation différait selon les institutions. Certaines institutions appliquaient des majorations d'ajournement, d'autres laissaient au participant la possibilité de cotiser.

L'ARRCO a dû se prononcer sur le sort des participants âgés de plus de 65 ans avant le 1er janvier 1999 qui liquident leur retraite après cette date: les périodes d'emploi antérieures au 1er janvier 1999 doivent-elles se voir appliquer ces majorations d'ajournement? L'ARRCO répond par l'affirmative (circ. ARRCO 98-15 du 11 mai 1998).

Liquidation des allocations AGIRC et ARRCO sans abattement pour les pensionnés du régime de base calédoniens

À titre exceptionnel et temporaire, les personnes titulaires d'une pension de base à taux plein de la CAFAT (organisme de gestion du régime de base en Nouvelle-Calédonie) peuvent obtenir, sous certaines conditions, la liquidation de leurs droits AGIRC tranche B et/ou ARRCO sans abattement pour la totalité de la carrière (circ. AGIRC-ARRCO 2006-12 du 13 octobre 2006).

Rappelons que la liquidation de la pension du régime de la CAFAT, intervenant normalement à 60 ans, peut être anticipée sans application d'un abattement:
– à partir de 50 ans pour les personnes reconnues inaptes au travail ou justifiant d'une durée minimale d'activité dangereuse,

– à partir de 55 ans pour les personnes justifiant de 10 ans d'activité reconnue pénible ou d'au moins 30 ans d'activité en Nouvelle-Calédonie depuis 1961.

Seules les personnes dont la durée d'activité salariée en Nouvelle-Calédonie prise en compte par les régimes AGIRC et ARRCO représente au moins 50 % du temps total de la carrière validée par ces régimes peuvent bénéficier de la mesure exceptionnelle adoptée par l'AGIRC et l'ARRCO. Si tel est le cas, la liquidation des droits à retraite complémentaire afférents à l'ensemble de la carrière est réalisée sans abattement. Si tel n'est pas le cas, la liquidation des droits à retraite complémentaire afférents à l'ensemble de la carrière est réalisée avec abattement (si, bien entendu, les conditions générales d'obtention de la retraite complémentaire à taux plein ne sont pas remplies).

Les personnes susceptibles d'obtenir leurs allocations AGIRC et/ou ARRCO sans abattement dans le cadre de ce dispositif particulier devront le signaler au moment de leur demande de retraite complémentaire et produire la notification de la CAFAT.

Cette mesure s'applique aux retraite complémentaires prenant effet à compter du 1er janvier 2007, quelle que soit la date d'effet de la pension CAFAT. Les retraites complémentaires qui ont pris ou prennent effet avant le 1er janvier 2007 ne feront l'objet d'aucune révision.

Un nouvel examen du dispositif par les commissions paritaires de l'AGIRC et de l'ARRCO interviendra fin 2009 pour décider de son éventuelle reconduction à partir de 2010 au vu, notamment, de l'évolution des conditions de liquidation dans les régimes de base.

Deuxième condition d'ouverture : cesser son activité

Principe

760 **Le participant doit, en principe, cesser toute activité et ne plus bénéficier de mesures l'assimilant à un cotisant (il s'agit des personnes titulaires d'un revenu de remplacement : personnes en incapacité de travail, chômeurs...). Sont visées la cessation d'activité salariée ayant justifié l'affiliation au régime AGIRC et/ou ARRCO, ou à un autre régime de retraite complémentaire, et la cessation d'activité salariée relevant d'un régime spécial ou particulier de retraite. Cette condition reste applicable pour l'ensemble des retraites complémentaires, y compris pour celles servies à taux plein avant 60 ans au titre des « longues carrières » (instr. AGIRC-ARRCO 2004-18 du 11 février 2004).**

La condition de cessation d'activité adoptée par les régimes de retraite complémentaire étant plus large que celle retenue par le régime général de sécurité sociale, il arrive qu'un participant bénéficie de sa pension de vieillesse sans obtenir la liquidation de sa pension de retraite complémentaire. Les nouvelles règles du cumul emploi-retraite applicables au régime de base auraient dû pallier cet inconvénient (voir §§ 490 à 531).

Malheureusement, les dispositifs du régime de base et de retraite complémentaire n'ont pas été totalement unifiés : dans le régime de base, l'activité devant être cessée est celle des six derniers mois précédant la date d'effet de la pension. Ainsi, un fonctionnaire qui a débuté sur le marché du travail par une activité salariée, pourra liquider sa pension de base au titre de cette activité tout en continuant à exercer une activité salariée. En revanche, il ne pourra pas liquider sa retraite complémentaire.

Poursuite d'activités autorisées

• Retraite progressive

761 Les participants âgés d'au moins 60 ans qui remplissent les conditions pour bénéficier d'une retraite à taux plein peuvent continuer d'exercer une activité réduite (à titre exclusif et à temps partiel) et percevoir une fraction de leur pension de retraite (voir annexe 1).

Les salariés en retraite progressive continuent d'acquérir, au moyen des cotisations assises sur leur salaire à temps partiel, des points de retraite qui seront liquidés au moment de la cessation totale de leur activité. Cette possibilité leur permet d'améliorer leur retraite lors de la liquidation définitive.

• Poursuite d'une activité non salariée

762 Depuis le 1er janvier 2004, l'exercice d'une activité non salariée ne fait plus obstacle à la liquidation de la retraite complémentaire, qu'elle intervienne entre 60 et 65 ans, ou à compter de 65 ans (instr. AGIRC-ARRCO 2004-18 du 11 février 2004).

• Poursuite d'une activité de «tierce personne» ou de «famille d'accueil»

763 Les personnes employées en qualité de «tierce personne» ou de «famille d'accueil» peuvent liquider leur allocation de retraite complémentaire tout en poursuivant leur activité d'assistance (lettre-circ. AGIRC-ARRCO 98-13 du 6 avril 1998). Une seule condition est exigée: le montant de la rémunération due au titre de cette activité d'assistance ne doit pas excéder 50 % du SMIC,

Par ailleurs, en cas de reprise d'une activité de «tierce personne» ou de «famille d'accueil» après la liquidation de la pension, le retraité peut continuer de percevoir sa pension:
– lorsque le salaire de sa nouvelle activité n'excède pas 50 % du SMIC;
– ou, s'il excède 50 % du SMIC, lorsque, ajouté à l'ensemble des retraites, le salaire dû au titre de cette activité d'assistance n'excède pas le dernier salaire de la carrière.

Reprise d'une activité salariée après liquidation des pensions

• Information aux institutions de retraite complémentaire

764 Le retraité qui reprend une activité salariée après avoir fait liquider sa pension de vieillesse et ses allocations de retraite complémentaire doit le signaler à ses caisses de retraite, la reprise d'activité pouvant conduire à la suspension de la pension.

La reprise d'une activité non rémunérée ou rémunérée sous une autre forme qu'un salaire est, en revanche, compatible avec le versement d'une pension de retraite complémentaire salariée.

Force est de constater que, malgré une volonté législative certaine, l'unification des dispositifs de cumul emploi-retraite du régime de base (voir §§ 490 à 531) et des régimes de retraite complémentaire n'est pas encore complète, puisque le délai de 6 mois à respecter en cas de reprise d'activité, imposé par le régime de base, n'est pas requis pour les régimes de retraite complémentaire.

Lettre au directeur de la caisse de retraite complémentaire pour le cumul d'une activité avec la pension de retraite

À...., le....

LETTRE RECOMMANDÉE AVEC AR

Objet: reprise d'activité

Monsieur le Directeur,

Actuellement bénéficiaire d'une pension de retraite complémentaire, je souhaiterais reprendre une activité (préciser salariée ou non salariée) à compter du .....

Les revenus procurés par cette activité seraient de .... euros et je perçois actuellement la somme de .... euros au titre de ma pension de retraite de base.

Je vous serais obligé de me faire savoir si je peux cumuler ma pension de retraite avec les revenus d'une activité salariée (ou non salariée).

Veuillez agréer, Monsieur le Directeur, mes sincères salutations.

Signature

- **Suspension de la pension en fonction des gains du retraité**

765 La suspension n'est pas automatique. Lorsque les revenus tirés de la reprise d'activité salariée, augmentés des pensions et allocations de retraite perçues, sont supérieurs au dernier salaire brut d'activité revalorisé du retraité, les allocations sont suspendues à compter du premier jour du trimestre suivant la reprise d'activité jusqu'au premier jour du trimestre suivant la nouvelle cessation d'activité, l'activité reprise étant considérée comme réduite.

Les pensions et allocations de retraite retenues pour ce calcul sont celles des régimes obligatoires de retraite, après application des majorations familiales et autres avantages annexes et avant déduction des cotisations maladies, de la CSG et de la CRDS. Le capital et les rentes versées par un régime supplémentaire de retraite optionnel, ainsi que les revenus issus de placements volontaires mobiliers et immobiliers, ne sont pas pris en compte.

Que faut-il entendre par dernier salaire brut d'activité? L'AGIRC et l'ARRCO font référence aux revenus soumis à cotisations sociales et à une période de salaire considérée comme significative.

Ainsi, le versement d'une prime exceptionnelle au moment du départ n'est pas nécessairement pris en compte par l'AGIRC et l'ARRCO pour apprécier le dernier salaire. Là encore, les règles diffèrent de celles applicables au régime de base.

- **Non-acquisition de droits à retraite**

766 En cas de reprise d'activité salariée, le retraité en activité n'acquiert plus de droits à la retraite. Dès lors, il est exonéré de la part salariale des cotisations de retraite complémentaire, de la cotisation AGFF et du CET (la part patronale reste due).

- **Participants terminant leur carrière en tant qu'intermittents du spectacle**

767 Des règles dérogatoires sont adoptées par les régimes AGIRC et ARRCO, en cas de reprise d'activité d'un participant qui a terminé sa carrière en qualité d'intermittent du spectacle (délib. ARRCO 9 A et délib. AGIRC D 23).

La pension de retraite complémentaire servie à ce participant est suspendue si les revenus issus de la reprise d'activité salariée excèdent, au cours d'un exercice N le plafond annuel de la sécurité sociale de cet exercice.

L'allocation est suspendue:
– le premier trimestre de l'exercice N + 2, si ses revenus n'excèdent pas 125 % du plafond de la sécurité sociale ;
– deux trimestres de l'exercice N + 2, si ses revenus, supérieurs à 125 % du plafond de la sécurité sociale, n'excèdent pas 150 % de ce plafond ;
– 3 trimestres de l'exercice N + 2, si ses revenus, supérieurs à 150 % du plafond de la sécurité sociale, n'excèdent pas 175 % de ce même plafond ;
– l'exercice N + 2 entier, si ses revenus excèdent 175 % du plafond de la sécurité sociale.

Liquidation de l'allocation de retraite complémentaire

Processus administratif de liquidation

• **Demande de liquidation faite par le participant**

768 La liquidation de la pension de retraite complémentaire n'est pas automatique. Elle est faite à l'initiative du salarié.

Depuis 2005, la demande de liquidation de la retraite complémentaire n'est plus à faire distinctement à l'ARRCO et à l'AGIRC, mais au moyen d'un imprimé commun AGIRC-ARRCO (circ. AGIRC-ARRCO 2004-32 du 27 décembre 2004).

La demande est généralement effectuée sur un imprimé spécial (voir § 236).

• **Institution compétente à recevoir la demande**

769 La demande de liquidation de la retraite complémentaire doit être adressée soit à la dernière institution d'affiliation, soit au CICAS du département de résidence.

Pour l'ARRCO, l'institution de liquidation est celle de la dernière période de la carrière, à la condition que celle-ci intervienne pour une durée minimale d'affiliation de 3 ans. À défaut, la liquidation incombe à l'institution ARRCO de la plus longue période d'affiliation.

Pour l'AGIRC, l'institution de liquidation est celle de la dernière période de la carrière (sans condition de durée minimale).

Toutefois, pour satisfaire au principe d'unicité de service (voir § 600), les règles suivantes s'appliquent dans certains cas de figure (circulaire commune AGIRC et ARRCO du 10 juillet 2006):
– participants ayant terminé leur carrière en qualité de non-cadre après avoir exercé des fonctions relevant de l'AGIRC: la liquidation des droits des intéressés, au titre de l'ARRCO, incombe à l'institution ARRCO compétente au regard de la règle ARRCO exposée ci-dessus. La liquidation des droits des intéressés, au titre de l'AGIRC, incombe à l'institution AGIRC du même groupe de protection sociale que l'institution ARRCO compétente ;
– participants ayant terminé leur carrière dans des fonctions relevant de l'AGIRC: la liquidation des droits des intéressés, au titre de l'AGIRC, incombe à l'institution AGIRC compétente au regard de la règle AGIRC exposée ci-dessus. La liquidation des droits des intéressés, au titre de l'ARRCO, incombe à l'institution ARRCO du même groupe de protection sociale que l'institution AGIRC compétente.

Si le participant se trompe d'institution, celle-ci doit tout de même enregistrer sa demande et la faire suivre à l'institution compétente.

Le salarié a la possibilité de remplir un formulaire disponible sur www.agirc-arrco.fr, rubrique «Pour faire votre demande de retraite complémentaire». Après réception de ce formulaire, l'institution de retraite ou la CICAS compétente adresse au salarié un dossier de retraite par courrier ou prend contact avec lui par téléphone. Le salarié doit déposer le dossier dûment complété et accompagné de pièces justificatives.

Une fois déposée, la demande est définitive et irrévocable.

• Documents à joindre à la demande

770 Le participant qui souhaite liquider sa retraite complémentaire doit fournir, à l'appui de sa demande, un certain nombre de justificatifs (voir § 237).

Date d'effet de la liquidation

• Principe

771 La date d'effet des allocations de retraite complémentaire est fixée, en principe, au premier jour du mois civil qui suit la demande du participant (circ. AGIRC-ARRCO 2003-2 du 12 février 2003). Le participant peut également demander que sa retraite complémentaire soit liquidée à une date postérieure.

Le dépôt de la demande de liquidation de retraite unique garantit la même date d'effet aux allocations servies par l'AGIRC et l'ARRCO.

• Date d'effet de la pension en cas de demande tardive

772 Les régimes de retraite complémentaire ont adopté des dispositions spécifiques lorsque la demande de liquidation est formulée avec un certain retard.

La date d'effet des allocations de retraite complémentaire doit être rétroactivement fixée à la date d'effet de la pension de vieillesse, lorsque la demande de liquidation est déposée dans les trois mois qui suivent la notification de la pension de base, quelles que soient les conditions de liquidation de cette pension.

Si la demande de liquidation est déposée avant la fin du trimestre civil qui suit la cessation d'activité du participant, la date d'effet des allocations AGIRC et ARRCO doit être fixée le premier jour du mois civil qui suit cette cessation d'activité (il en est de même lorsque la demande est déposée à la suite de la fin de l'indemnisation de chômage ou de l'incapacité de travail).

Si la demande de liquidation est déposée avant la fin du trimestre civil suivant le 65e anniversaire du participant, la date d'effet des allocations est fixée au premier jour du mois civil qui suit ce 65e anniversaire.

En cas de retraite progressive, la liquidation complète des allocations de retraite complémentaire doit intervenir le premier jour du mois civil qui suit la cessation de l'activité à temps partiel.

• Date d'effet en cas de révision des droits

773 Les droits nouveaux résultant d'une révision doivent être rétroactivement ouverts à la date d'effet de la liquidation d'origine, si la demande de révision du participant est présentée dans les 6 mois qui suivent la notification de sa retraite complémentaire.

Il en est de même si le fait générateur à l'origine de la révision était préalablement connu de l'ARRCO et de l'AGIRC ou avait été déclaré lors de la constitution du dossier (même si le justificatif correspondant est transmis tardivement).

Dans le cas contraire, les droits nouveaux sont attribués au premier jour du mois civil qui suit la demande de révision.

En principe, le rappel d'arrérages des droits à pension ne peut porter sur une période supérieure à 5 ans (c. civ. art. 2277). Cependant, cette prescription quinquennale doit être écartée lorsque la révision est réalisée pour rectifier une erreur de l'institution de retraite complémentaire.

• **Traitement des cas particuliers**

774 Si, dans la plupart des cas, la perte de droits du fait de la demande tardive est évitée par l'application des dispositions spécifiques visées plus haut (voir §§ 772 et 773), certaines situations ne permettent pas aux institutions de verser un rappel d'arrérages à la date à laquelle les conditions d'ouverture des droits sont satisfaites. Ces situations font l'objet d'une attention particulière de la part des institutions (circ. AGIRC-ARRCO 2004-16 du 22 juillet 2004, circ. AGIRC-ARRCO 2005-8 du 26 avril 2005).

Des dérogations sont accordées dans les cas suivants:
– cas de force majeure ayant empêché le participant ou un ayant droit de formuler sa demande (état de santé...),
– informations incomplètes données au participant ou à un ayant droit sur la date d'ouverture de ses droits,
– cas des participants relevant des institutions AGIRC et ARRCO d'un même groupe et n'ayant pas appréhendé la nécessité de devoir formuler deux demandes de retraite séparées,
– participants radiés depuis plus de 10 ans,
– droits constitués sur une période inférieure à 3 ans.

Dans ces cas de figure, le rappel d'arriérés est limité à 5 ans (sauf si le retard de la demande de liquidation est imputable à une institution ou à un CICAS: dans ce cas, aucune limitation ne devra être apportée au rappel d'arrérages).

Paiement de l'allocation de retraite complémentaire

Périodicité de paiement

• **Paiement trimestriel**

775 Le paiement de la pension est, en principe, effectué d'avance au début de chaque trimestre civil par l'institution de retraite complémentaire.

• **Paiement des droits de faible montant**

776 **Versement en capital unique.** Un capital unique est systématiquement versé lorsque le montant de la pension est inférieur ou égal à une somme équivalant à un nombre minimal de points (seuils de référence). Ce nombre minimal de points est différent selon qu'il s'agit d'une pension servie par l'ARRCO ou par l'AGIRC (circ. AGIRC-ARRCO 2003-12 du 16 octobre 2003). Le seuil de référence ARRCO est fixé à 100 points, celui de l'AGIRC à 500 points.

Le versement en capital correspond à un paiement d'avance de la valeur viagère des allocations. Le capital unique est égal au produit du montant de l'allocation annuelle qui aurait été servie, par un coefficient fonction de l'âge révolu du bénéficiaire à la date d'effet de la liquidation des droits. Les coefficients sont différents selon que le capital unique est servi au titre de droits directs ou de droits de réversion (conjoints, ex-conjoints et orphelins).

Le versement d'un capital unique aux bénéficiaires de droits directs supprime tout droit à réversion. Le droit de réversion des orphelins d'un participant décédé (qu'il soit décédé avant ou après la liquidation de ses droits) est, en revanche, ouvert en cas de décès de l'autre parent, même si celui-ci avait reçu un capital unique au titre de la réversion.

777 **Versement de l'ARRCO sous forme d'allocation annuelle.** Lorsque le montant à servir est supérieur à l'équivalent de 100 points ARRCO, mais inférieur à 200 points ARRCO, le versement d'allocations annuelles est obligatoire. Le participant ne peut pas choisir le versement d'un capital unique.

- **Revalorisation des allocations de retraite**

778 La valeur du point de retraite étant fixée chaque année au 1er avril, c'est à cette même date et selon cette valeur que la pension de retraite complémentaire est revalorisée.

Prélèvements opérés sur l'allocation

- **Précompte d'une cotisation d'assurance maladie**

779 **Principe.** Les allocations de retraite complémentaire donnent lieu, en principe, au paiement d'une cotisation d'assurance maladie spécifique de 1 %, dès lors que l'allocataire est fiscalement domicilié en France métropolitaine ou dans les départements d'outre-mer (c. séc. soc. art. D. 242-8).

Les retraités bénéficiaires du régime d'Alsace-Moselle doivent une cotisation supplémentaire, fixée à 1,80 %.

Cette cotisation est précomptée par l'institution au moment du paiement de la pension et reversée à la sécurité sociale par cette même institution.

780 **Cas particuliers.** Le taux de la cotisation d'assurance maladie est fixé à 4,2 % depuis 2005, pour les retraités ayant leur domiciliation fiscale à l'étranger (sauf pour les retraités monégasques) ou dans un territoire d'outre-mer (à l'exception de la Nouvelle-Calédonie pour les retraités bénéficiaires d'un régime local - CAFAT) et qui relèvent à titre obligatoire d'un régime français d'assurance maladie.

Lorsque les allocations sont versées à terme à échoir, le taux de 4,2 % s'applique aux arrérages et rappels versés à compter du 1er janvier 2005.

Pour les allocations versées à terme échu, cas de certaines allocations AGIRC, le taux de 4,2 % ne s'applique qu'aux arrérages et rappels versés à compter du 1er avril 2005 (circ. AGIRC-ARRCO 2005-6 du 3 mars 2005).

Depuis le 1er janvier 2000, la cotisation d'assurance maladie ne doit pas être prélevée sur les pensions de retraite complémentaire des retraités résidant dans un État membre de l'Espace économique européen autre que la France et dont la couverture maladie n'est pas à la charge du régime français (justifié par un certificat d'affiliation établi par le régime local en charge de la couverture maladie).

- **Assiette de la cotisation maladie**

781 La cotisation est calculée sur le montant de la retraite après déduction des majorations pour enfants. Il n'en est pas de même pour la cotisation supplémentaire

d'Alsace-Moselle qui est prélevée sur le montant de la retraite et sur les majorations pour enfants.

• **Exonérations possibles**

782 Les pensions de retraite complémentaire peuvent être totalement ou partiellement exonérées du paiement de cette cotisation, dans les mêmes conditions que celles applicables à la CSG (voir § 784).

• **CSG et CRDS**

783 **Assiette et taux.** Sont assujettis à la CSG et à la CRDS sur leurs pensions de retraite supplémentaire les retraités fiscalement domiciliés en France et assujettis à un régime obligatoire français d'assurance maladie. Le taux de la CRDS est fixé à 0,5 % ; celui de la CSG à 6,6 % depuis le 1er janvier 2005 (loi 2004-810 du 13 août 2004, JO du 17, p. 14598, art. 72-II; voir FH 3049-3, § 3). Ces contributions sont calculées sur le montant brut de la retraite et sur les majorations pour enfants.

Il existe des cas d'exonération totale ou partielle de CSG appliqués en fonction du revenu fiscal de référence du retraité (voir *RF* 950, §§ 1082 et 1083).

784 **Exonérations.** L'exonération de la CSG est partielle (application d'un taux fixé à 3,8 %) pour les allocataires non redevables de l'impôt sur le revenu, mais dont le revenu fiscal de référence de l'avant-dernière année excède le seuil retenu pour l'exonération de la taxe d'habitation ou de la taxe foncière (voir § 454).

L'exonération de la CSG est totale pour les allocataires dont le revenu fiscal de référence de l'avant-dernière année n'excède pas le revenu retenu pour l'exonération de la taxe d'habitation ou de la taxe foncière.

Le prélèvement de la CSG et de la CRDS ne doit pas avoir pour effet de réduire le montant net des allocations en deçà du SMIC brut.

Incidents de paiement

• **Saisie et cession des pensions**

785 Les pensions servies par les institutions de retraite complémentaire sont cessibles et saisissables dans les mêmes conditions et limites que les salaires (c. séc. soc. art. L. 922-7 et art. L. 355-2).

Le créancier d'un pensionné peut obtenir paiement de sa créance en se faisant verser la pension due au débiteur, alors même qu'elle se trouve entre les mains de l'institution de retraite complémentaire. Lorsque ce paiement s'effectue sans le consentement du débiteur, on dit qu'il y a «saisie», lorsqu'il s'effectue avec son consentement, on dit qu'il y a «cession».

Compte tenu du caractère alimentaire de la pension de retraite complémentaire, la saisie de cette pension est limitée (selon le barème applicable à la saisie des salaires, fixé chaque année par décret, qui tient compte, le cas échéant, des charges de famille, et dans la limite du RMI). Toutefois, les pensions sont cessibles et saisissables dans la limite de 90 % au profit des établissements hospitaliers et des caisses de sécurité sociale pour le paiement des frais d'hospitalisation.

La saisie n'intervient qu'au terme d'une procédure spéciale: la saisie des rémunérations.

Selon la Cour de cassation, les saisies sur pensions sont faites en application des règles relatives aux saisies-arrêts sur salaires et non pas en application des règles relatives aux saisies-attributions (cass. civ., 2e ch., 16 mars 2000, n° 98-18728, BC V n° 50).

• Remboursement de sommes indûment versées

786 La pension indûment versée à l'allocataire à la suite d'une erreur peut faire l'objet d'une action en répétition de l'indu.

Les sommes indûment versées sont intégralement réclamées et dans tous les cas même en l'absence de fraude. Dès la constatation de l'indu, l'institution de retraite complémentaire adresse à l'allocataire une lettre pour lui demander le remboursement de l'intégralité des sommes indûment perçues par lui. Si ces sommes sont d'un faible montant, elles ne sont réclamées que si elles peuvent être récupérées auprès de l'allocataire sur ses allocations à venir.

L'action en répétition de l'indu se prescrit par trente ans (c. civ. art. 2262; circ. AGIRC-ARRCO 2003-1 du 6 février 2003).

Cessation du paiement

787 Les allocations cessent d'être versées au décès de l'assuré, le trimestre du décès étant dû.

Les allocations de retraite AGIRC liquidées avant le 1er janvier 1992 et versées au début du trimestre civil du décès restent acquises au conjoint survivant ou aux orphelins à charge. Elles doivent être restituées à l'institution s'il n'existe pas d'orphelins à charge, ni de conjoint survivant.

Les allocations de retraite AGIRC liquidées à compter du 1er janvier 1992 restent toujours acquises aux ayants droit.

Pour aller plus loin

→ Sur la CSG et les revenus de remplacement: *RF* 950 «Les cotisations sociales de l'entreprise», §§ 1079 à 1085.

Droits de réversion

§§

Droit de réversion du conjoint survivant

- Conditions d'attribution :
  - condition de non-remariage 801
  - condition d'âge 802
  - âge de réversion fixé par l'ARRCO 803
  - âge de réversion fixé par l'AGIRC 804
  - cas particulier des conjoints invalides 805
  - cas particulier des conjoints ayant deux enfants à charge 806
- Montant de la réversion :
  - taux de réversion 807
  - minoration appliquée par l'AGIRC 808
  - majoration pour enfants 809
- Demande de liquidation et date d'effet de l'allocation de réversion 810

§§

Droit de réversion de l'ex-conjoint divorcé non remarié

- Éléments d'information nécessaires au calcul de l'allocation 813
- Partage de la réversion :
  - ex-conjoint divorcé unique 816
  - pluralité d'ex-conjoints divorcés non remariés 817
  - coexistence d'un conjoint survivant et d'ex-conjoints divorcés 818

Droit de réversion des orphelins de père et mère

- Ouverture des droits 819
- Montant de la réversion 821

Droit de réversion du conjoint survivant

800 Au décès de l'assuré, le conjoint survivant a droit à une fraction de la pension du défunt (perçue ou à percevoir), à condition de ne pas s'être remarié, d'avoir au moins deux enfants à charge (ou être invalide) ou bien d'avoir atteint un certain âge.

Conditions d'attribution

• Condition de non-remariage

801 Une allocation de réversion est attribuée au conjoint survivant d'un participant décédé à condition que le conjoint ne se soit pas remarié.

Les droits de réversion sont définitivement supprimés en cas de remariage, même si le remariage est postérieur à l'entrée en jouissance de la pension de réversion. Un veuf, ou une veuve, ne peut en aucun cas être rétabli dans ses droits à réversion à la suite du décès du second conjoint ou après un divorce.

L'allocation de réversion est attribuée au conjoint survivant, quelles que soient la durée de son mariage et ses conditions de ressources.

• Condition d'âge

802 En principe, la condition d'âge varie selon le régime de retraite complémentaire visé (AGIRC ou ARRCO).

Elle varie également selon la date à laquelle est survenu le décès du participant. En effet, certaines périodes de carrière sont concernées par le principe communautaire d'égalité de traitement entre les hommes et les femmes, d'autres non.

• Âge de réversion fixé par l'ARRCO

803 **Principes.** Si le décès de l'assuré est intervenu avant le 1er juillet 1996 (même si les conditions de réversion sont remplies après cette date), une distinction est opérée selon qu'il s'agit d'un veuf ou d'une veuve.

Les premiers arrêts de la Cour de justice des Communautés européennes (CJCE) relatifs à l'égalité de traitement datent du 17 mai 1990 (CJCE C-262/88 du 17 mai 1990). À compter de cette date, et jusqu'au 1er juillet 1996 (date d'alignement de l'âge de réversion entre veuf et veuve), l'ARRCO a appliqué des règles particulières d'attribution de l'allocation de réversion.

Décès survenus avant le 17 mai 1990. Pour les décès survenus avant le 17 mai 1990, la carrière du décédé ne comportant aucune période concernée par le principe d'égalité de traitement, la condition d'âge est fixée à 50 ans pour les veuves. Pour les veufs, elle est fixée par les règlements intérieurs des institutions.

Décès survenus entre le 17 mai 1990 et le 30 juin 1996. Lorsque le décès est survenu entre le 17 mai 1990 et le 30 juin 1996, l'âge de réversion des veuves reste fixé à 50 ans. En revanche, pour les veufs, l'âge de réversion est fixé à 50 ans pour les droits correspondant à la fraction de carrière concernée par le principe d'égalité de traitement, et, pour la fraction de carrière antérieure, l'âge de réversion dépend des règlements intérieurs des différentes institutions ARRCO.

Décès survenu à compter du 1er juillet 1996. Aujourd'hui, et pour un décès survenu à compter du 1er juillet 1996, l'âge de réversion est fixé indistinctement à 55 ans. L'ARRCO ne contrevient donc plus au principe communautaire d'égalité de traitement entre les hommes et les femmes.

• Âge de réversion fixé par l'AGIRC

804 **Principes.** Là encore, avant l'intervention communautaire et la transposition du principe d'égalité de traitement entre les hommes et les femmes pour l'attribution de la pension de réversion en droit français, la condition d'âge n'était pas la même selon que l'on était un veuf ou une veuve.

Décès survenus avant le 1er mars 1994. Si le décès de l'assuré était intervenu avant le 1er mars 1994, l'âge de réversion des veuves était fixé à 50 ans et celui des veufs à 65 ans.

Décès survenus à compter du 1er mars 1994. Aujourd'hui, pour un décès intervenu après le 1er mars 1994, l'âge de réversion est fixé, pour tous, à 60 ans.

Le conjoint survivant a toutefois la possibilité d'anticiper la demande de pension de réversion à l'âge de 55 ans (voir § 808).

Plusieurs associations de retraités ont tenté vainement de faire bénéficier de ce dispositif les veuves dont les maris avaient fait liquider leur retraite avant le 9 août 1994 (cass. soc. 21 septembre 2004, n° 03-10026, BC II n° 407).

• Cas particulier des conjoints invalides

805 L'allocation de réversion est attribuée sans condition d'âge aux conjoints survivants invalides à la date du décès du participant ou ultérieurement.

La notion d'invalidité est celle retenue par la législation de la sécurité sociale.

Si l'état d'invalidité cesse, la réversion est suspendue jusqu'au 55e anniversaire de l'ayant droit.

• Cas particulier des conjoints ayant deux enfants à charge

806 Le conjoint survivant qui a au moins deux enfants à charge bénéficie également d'une allocation de réversion sans condition d'âge.

Est considéré comme à charge l'enfant âgé de moins de 18 ans, l'enfant âgé de 18 à 25 ans s'il est étudiant, apprenti ou demandeur d'emploi inscrit à l'ANPE et non indemnisé par l'Assédic, ainsi que l'enfant invalide, quel que soit son âge, à condition que l'état d'invalidité ait été constaté avant le 21e anniversaire (circ. AGIRC-ARRCO 2004-26 du 26 octobre 2004).

Tout enfant à la charge du conjoint survivant est pris en compte pour l'ouverture des droits de réversion, même si la filiation avec le participant décédé n'est pas établie.

En outre, tout enfant conçu avant le décès du participant et né au cours du délai de viduité de 300 jours doit également être pris en compte pour l'ouverture de ces droits.

La réversion reste accordée au conjoint survivant, même lorsque les enfants cessent d'être à sa charge.

Montant de la réversion

• Taux de réversion

807 La pension de réversion est égale à 60 % des droits du conjoint décédé, à l'exception des veufs d'une assurée décédée avant le 1er juillet 1996 pour lesquels le taux de réversion varie selon les anciens règlements des institutions ARRCO.

Il n'est pas tenu compte des coefficients de minoration ou d'ajournement qui affectent les droits du participant décédé.

En revanche, si le défunt bénéficiait d'une allocation de retraite complémentaire au moment de son décès, l'allocation de réversion de son conjoint survivant ne peut être supérieure à l'allocation de retraite complémentaire perçue par le défunt (après application éventuelle des coefficients de minoration).

• Minoration appliquée par l'AGIRC en cas de demande à partir de 55 ans

808 L'AGIRC prévoit la possibilité, pour le conjoint survivant valide et sans charge d'enfants, d'anticiper la demande de pension de réversion dès l'âge de 55 ans moyennant l'application d'une minoration. Le coefficient de minoration varie selon l'âge du conjoint à la date de la demande. Ces coefficients sont les suivants :
- 52 % des points de retraite du défunt si le demandeur a 55 ans,
- 53,6 % s'il a 56 ans,
- 55,2 % s'il a 57 ans,
- 56,8 % s'il a 58 ans,
- 58,4 % s'il a 59 ans.

Ces coefficients sont appliqués à la pension à titre définitif.

• Majoration pour enfants

809 La pension de réversion est susceptible d'être majorée pour les enfants nés ou élevés ou encore à charge au moment de la liquidation de la pension de réversion.

Ces majorations sont les mêmes que celles applicables à la pension de retraite complémentaire (voir §§ 744 à 747).

Demande de liquidation et date d'effet de l'allocation de réversion

- **Demande de liquidation**

810 La demande de pension doit être faite par le veuf ou la veuve soit auprès de la dernière institution d'affiliation du décédé ou du CICAS du département de résidence (si le conjoint décédé n'était pas retraité), soit auprès de l'une des institutions de retraite dont il relevait ou du CICAS du département de résidence (s'il était retraité).

- **Date d'effet**

811 La date d'effet varie selon que le participant décédé était ou n'était pas encore retraité.

S'il était retraité au jour de son décès, la date d'effet de l'allocation de réversion est fixée au premier jour du mois civil qui suit le décès (si les conditions d'ouverture sont remplies) ou, à défaut, à la date à laquelle les conditions d'ouverture sont remplies.

Si le veuf ou la veuve demande le bénéfice de cette réversion plus d'un an après le décès ou après la date à laquelle les conditions d'ouverture sont remplies, l'allocation prend effet au premier jour du mois civil qui suit cette demande (voir §§ 772 à 774 pour les dérogations accordées).

S'il était retraité, l'allocation de réversion prend effet au premier jour du trimestre civil qui suit le décès.

Si les conditions d'ouverture ne sont pas remplies à cette date, l'allocation prend effet au premier jour du mois civil qui suit la date à laquelle les conditions sont réunies.

Droit de réversion de l'ex-conjoint divorcé non remarié

812 Depuis le 1er juillet 1980, les ex-conjoints divorcés non remariés se voient attribuer des droits de réversion. Selon les cas de figure, ils peuvent être amenés à partager cette pension. Dès lors, il est nécessaire de déterminer la durée de mariage et la durée d'assurance acquise par le défunt.

Éléments d'information nécessaires au calcul de la pension

- **Formule**

813 La pension de l'ex-conjoint divorcé est calculée à partir de l'allocation de réversion, calculée à partir des droits du participant décédé, affectée du rapport entre la durée du mariage dissous par le divorce et la durée d'assurance du participant limitée à un certain nombre de trimestres (sans que ce rapport puisse excéder 1) :

Pension de réversion de l'ex-conjoint = 60 % des points acquis par le défunt × (durée du mariage dissous/durée d'assurance du participant)

Cette formule de calcul est modifiée dans certains cas particuliers, notamment lorsque le ou les ex-conjoints divorcés sont en présence d'un conjoint survivant ou si la durée totale des mariages du défunt est supérieure au plafond de la durée d'assurance.

• Durée de mariage

814 Les mariages pris en considération pour le calcul de la pension de réversion sont ceux contractés par le participant décédé avec l'ensemble des ayants droit potentiels non remariés et toujours en vie à cette date.

La durée de mariage est calculée de date à date et arrondie au nombre de mois inférieur.

Pour déterminer la durée de mariage du conjoint survivant, on tient compte de la date du mariage et de la date du décès du participant.

Pour déterminer la durée de mariage d'un ex-conjoint divorcé, on tient compte de la date du mariage et de la date de prononcé du jugement de divorce.

• Durée d'assurance

815 La durée d'assurance retenue comprend les périodes cotisées et les périodes assimilées ou validables par le régime de base de la sécurité sociale (voir §§ 310 à 368), les majorations de durée d'assurance pour enfants et les périodes reconnues comme équivalentes.

Initialement fixé à 150 trimestres, le plafond de la durée d'assurance passe progressivement à :
– 154 trimestres pour les allocations de réversion ayant pris effet à compter du 1er janvier 2005 ;
– 156 trimestres pour les allocations de réversion ayant pris effet à compter du 1er janvier 2006 ;
– 158 trimestres pour les allocations de réversion prenant effet à compter du 1er janvier 2007 ;
– 160 trimestres pour les allocations de réversion prenant effet à compter du 1er janvier 2008 (circ. AGIRC-ARRCO 2004-23 du 8 octobre 2004).

Partage de la réversion

• Ex-conjoint divorcé unique

816 Si le décédé laisse uniquement un ex-conjoint, la réversion est calculée au prorata de la durée de mariage par rapport à la durée d'assurance du décédé (dans la limite du plafond). Si la durée du mariage est supérieure à la durée d'assurance, il perçoit l'intégralité de la réversion.

Exemple Monsieur A a acquis 6 000 points ARRCO et 15 000 points AGIRC pour 160 trimestres.

Il a été marié du 11 juillet 1970 au 2 mars 1982, soit 139 mois et 22 jours, que l'on arrondit au mois inférieur (139 mois). Ce chiffre n'est pas supérieur au plafond de trimestres cotisés ramenés au nombre de mois (158 × 3 = 474).

Il décède en mai 2007. Son ex-conjoint divorcé a droit à une pension de réversion qui s'élève à :
– au titre de l'ARRCO : (6 000 × 60 %) × (139/474) = 1055,70 points ;
– au titre de l'AGIRC : (15 000 × 60 %) × (139/474) = 2639,24 points.

• Pluralité d'ex-conjoints divorcés non remariés

817 Si le décédé laisse plusieurs ex-conjoints, chacun a droit à une réversion calculée en tenant compte du rapport entre la durée de chaque mariage et la durée d'assurance plafonnée.

Si la durée totale des mariages est supérieure à la durée d'assurance limitée, l'allocation de réversion est affectée du rapport entre la durée de chaque mariage avec le défunt et la durée globale des mariages du défunt (conv. coll. nat. des cadres du 14 mars 1947, ann. I, art. 13 quinquies; accord national interprofessionnel, ann. A, art. 28).

Exemples ❶ Monsieur A a acquis 6 000 points ARRCO et 15 000 points AGIRC pour 160 trimestres. Il a été marié avec Madame X du 11 juillet 1970 au 2 mars 1982 (soit 139 mois), puis à Madame Y du 13 février 1984 au 12 mai 1985 (soit 15 mois), puis enfin à Madame Z du 1er janvier 1995 au 3 décembre 2003 (soit 95 mois).

Il décède en mai 2007. La durée de ses mariages (soit 249 mois) n'est pas supérieure au plafond des trimestres cotisés ramenés au nombre de mois (474 mois).

Ses ex-conjointes ont droit à:
- Madame X: 1 055,70 points ARRCO et 2 639,24 points AGIRC (voir exemple précédent) ;
- Madame Y: (6 000 × 60 %) × (15/474) = 113,92 points ARRCO
  (15 000 × 60 %) × (15/474) = 284,81 points AGIRC ;
- Madame Z: (6 000 × 60 %) × (95/474) = 721,52 points ARRCO
  (15 000 × 60 %) × (95/474) = 1 803,80 points AGIRC.

❷ Monsieur A a acquis 6 000 points ARRCO et 15 000 points AGIRC pour 160 trimestres. Il a été marié avec Madame X du 11 juillet 1965 au 2 mars 1982 (soit 259 mois), puis avec Madame Y du 13 février 1983 au 12 mai 1995 (soit 147 mois), puis enfin à Madame Z du 1er janvier 1996 au 3 décembre 2004 (soit 95 mois). Il décède en mai 2007.

La durée de ses mariages (soit 501 mois) est supérieure au plafond des trimestres cotisés ramenés au nombre de mois (soit 474 mois).

Dès lors, les ex-conjointes du défunt ont droit à:
- Madame X: (6 000 × 60 %) × (259/501) = 1 861,08 points ARRCO
  (15 000 × 60 %) × (259/501) = 4 652,69 points AGIRC ;
- Madame Y: (6 000 × 60 %) × (147/501) = 1 056,29 points ARRCO
  (15 000 × 60 %) × (147/501) = 2 640,72 points AGIRC ;
- Madame Z: (6 000 × 60 %) × (95/501) = 682,63 points ARRCO
  (15 000 × 60 %) × (95/501) = 1 706,59 points AGIRC.

• **Coexistence d'un conjoint survivant et d'ex-conjoints divorcés**

818 Si le participant décédé laisse un conjoint survivant et un ou plusieurs ex-conjoints, le conjoint survivant perçoit, en principe, comme les ex-conjoints, une réversion calculée au prorata de la durée respective de chaque mariage par rapport à la durée totale des mariages.

Une seule exception est prévue: lorsque le conjoint survivant s'est marié avant le 13 janvier 1998 à un allocataire divorcé avant le 1er juillet 1980, il a droit à l'intégralité de la pension de réversion, et le ou les ex-conjoints perçoivent une allocation au prorata de la durée des mariages rapportée à la totalité des mariages.

Exemples ❶ Monsieur B a acquis, pour 160 trimestres, 10 000 points ARRCO.

Il a été marié une première fois du 22 juin 1973 au 23 décembre 1979. Il s'est remarié le 30 juin 2000.

Il décède le 31 mars 2007. La durée de ses différents mariages s'élève à 78 mois pour le premier et 81 mois pour le suivant, soit un total de 159 mois.

L'allocation de réversion attribuée à son ex-conjointe est de:
(10 000 × 60 %) × (78 / 159) = 2 943,40 points

L'allocation de sa conjointe survivante est de:
(10 000 × 60 %) × (81 / 159) = 3 056,60 points

❷ Monsieur B a acquis, pour 160 trimestres, 10 000 points ARRCO.
Il a été marié une première fois du 22 juin 1973 au 23 décembre 1979. Il s'est remarié le 1er janvier 1998.

Il décède le 31 mars 2007. La durée de ses différents mariages s'élève à 78 mois pour le premier et 111 mois pour le suivant (soit un total de 189 mois).

L'allocation de réversion attribuée à son ex-conjointe est de :
(10 000 × 60 %) × (78/189) = 2 476,19 points.

L'allocation de sa conjointe survivante n'est pas proratisée puisque le participant s'est remarié avant le 13 janvier 1998 et était divorcé avant le 1er juillet 1980 :
10 000 × 60 % = 6 000 points.

Droit de réversion des orphelins de père et mère

Ouverture des droits

- **Conditions d'ouverture**

819 Les orphelins de père et de mère ont droit à une pension de réversion s'ils sont âgés de moins de 21 ans à la date du décès du dernier parent ou de moins de 25 ans et à charge à la date du décès du dernier parent, ou reconnus invalides avant 21 ans, quel que soit leur âge à la date de décès du dernier parent.

La reconnaissance de l'invalidité avant 21 ans est satisfaite dès lors que l'orphelin fournit un dossier médical qui prouve la date de cette reconnaissance ou une carte d'invalidité faisant état d'un taux d'invalidité de 80 % depuis ses 21 ans. L'invalidité est également incontestable si l'orphelin a été placé sous tutelle ou curatelle avant son 21e anniversaire.

Chaque parent salarié donne droit à une allocation de réversion d'orphelin et l'attribution de l'allocation de réversion n'est pas subordonnée à une condition de ressources.

- **Démarches administratives**

820 La demande de pension doit être faite par le bénéficiaire ou par la personne ayant sa charge légale soit auprès de la dernière institution de retraite de chaque parent, soit auprès du CICAS du département de résidence.

Montant de la réversion

- **Taux de réversion**

821 La pension de réversion servie par l'ARRCO est égale, pour chaque orphelin, à 50 % des droits des parents décédés (non grevés des coefficients de minoration et d'ajournement), auxquels s'ajoutent d'éventuelles majorations pour enfants.

Celle servie par l'AGIRC est égale à 30 % des points acquis par le cadre décédé.

- **Pluralité d'orphelins**

822 Cette allocation est attribuée à chaque orphelin, quel que soit leur nombre, même si le total des points attribués dépasse le nombre de points inscrits au compte du participant.

- **Cessation de l'allocation**

823 L'allocation cesse d'être servie lorsque l'orphelin atteint l'âge de 21 ans (ou l'âge de 25 ans s'il était encore à charge).

En revanche, elle continue d'être versée aux orphelins invalides.

Retraite supplémentaire

22. Présentation des différents régimes de retraite d'entreprise .... page 345

23. Différents types de gestion des régimes .... page 356

24. Modalités de mise en place de la retraite supplémentaire .... page 365

25. Régime fiscal des cotisations et prestations .... page 377

26. Régime social des cotisations et prestations .... page 386

27. Plan d'épargne pour la retraite collectif (PERCO) .... page 405

22

Différents régimes de retraite d'entreprise

§§

Choix de l'employeur en fonction de son degré d'engagement 850

Régime de retraite collectif à prestations définies

- Caractéristiques générales 854
- Types de régimes proposés :
  - régime différentiel 856
  - régime additif 857
  - régime mixte 858
- Prestations servies :
  - conditions de versement 859
  - forme de la prestation : la rente viagère 860
  - niveau de la prestation 861
- Mode de financement 862
- Publics visés 863

Régimes de retraite collectifs à cotisations définies

- Caractéristiques générales :
  - traits communs entre régimes fermés et régimes ouverts 864
  - différences existant entre les régimes fermés et les régimes ouverts 865
- Types de régimes proposés :
  - contrat d'épargne bloquée 867
  - contrat de rente viagère différée 868
- Prestations servies :
  - forme de la prestation : la rente viagère 869
  - détermination du niveau de la prestation 870
- Mode de financement 871
- Publics visés 872

→ *Plan d'épargne-retraite d'entreprise (PERE) – contrat hybride : page 353*

→ *Tableau comparatif des différents produits proposés : pages 354 et 359*

Choix de l'employeur en fonction de son degré d'engagement

Multiplicité des produits proposés

850 Pour pallier les carences du système de retraite par répartition reposant sur une solidarité intergénérationnelle mise à mal par la baisse du nombre d'actifs et l'augmentation parallèle du nombre de retraités, des dispositifs de retraite supplémentaire, non légalement obligatoires, fonctionnant par capitalisation sont proposés aux employeurs. Ils permettent d'offrir une couverture, individuelle ou collective, qui complète les pensions de retraite servies par les régimes obligatoires de retraite par répartition et constituent par là même un outil de gestion de ressources humaines non dépourvu d'intérêt.

Le choix entre les différents produits proposés dépend assez nettement du degré d'engagement de l'entreprise.

Choix entre contrat d'assurance individuel ou régime de retraite d'entreprise

851 Le choix patronal est très souvent fonction du nombre et de la catégorie de salariés que l'employeur souhaite avantager :
– soit il privilégie une poignée de salariés déterminée de manière subjective : il conclut dès lors un contrat individuel d'assurance-vie et fait figurer, le cas échéant, cet avantage dans le contrat de travail du salarié bénéficiaire,
– soit il octroie un avantage retraite à la collectivité des salariés ou à une catégorie d'entre eux déterminée de manière objective : il mettra alors en place un régime de retraite supplémentaire et souscrira, s'il confie la gestion de ce régime à un organisme assureur extérieur, un contrat d'assurance-groupe.

Rappelons que la terminologie « contrat d'assurance-groupe » renvoie au contrat signé entre l'employeur et l'organisme assureur et que la notion « régime de retraite d'entreprise » renvoie aux relations employeurs/salariés.

Choix entre différents régimes de retraite d'entreprise

852 Plusieurs types de régimes collectifs de retraite supplémentaire sont proposés :
– soit l'employeur décide de laisser aux salariés la faculté d'adhérer au régime et met en place un régime de retraite supplémentaire collectif dit « ouvert »,
– soit il choisit d'imposer cet avantage retraite aux salariés concernés et l'adhésion au régime de retraite supplémentaire est obligatoire pour tous (le régime est dit « fermé »).

Les régimes collectifs de retraite supplémentaire à adhésion obligatoire proposés à l'employeur sont soit des régimes à prestations définies (dits « régimes art. 39 »), soit des régimes à cotisations définies (dits « régimes art. 83 »). Les régimes collectifs de retraite à adhésion facultative (dits « régimes art. 82 ») ne peuvent être qu'à cotisations définies. Le mode de financement, les risques encourus par l'employeur ou les salariés et les prestations servies varient d'un régime à l'autre.

Création de nouveaux produits en 2003

853 De nouveaux produits d'épargne-retraite ont également été créés en 2003. À côté du PERCO mis en place dans l'entreprise et du PERP proposé à titre individuel (voir §§ 1100 à 1135), un dispositif bâtard est offert par la loi : le PERE ou PERP-Entreprises. Il combine les règles applicables à un régime de retraite d'entreprise à cotisations définies et les règles applicables au PERP (voir encadré p. 353).

Régime de retraite collectif à prestations définies

Caractéristiques générales

854 Le régime de retraite à prestations définies est, en principe, un régime de retraite supplémentaire collectif à adhésion obligatoire qui garantit aux salariés de l'entreprise, ou à une catégorie d'entre eux déterminée de manière objective, un niveau de retraite prédéterminé.

Qu'entend-on par « catégorie de salariés déterminée objectivement » ? Un groupe de salariés d'une même entreprise qui obéit à un certain nombre de critères professionnels communs constitue, à n'en pas douter, une catégorie de salariés déterminée de manière objective. Ainsi, sont des catégories déterminées objectivement la catégorie des cadres, celle des commerciaux ou celle du personnel d'un établissement donné.

En mettant en place un tel régime, l'entreprise s'engage à respecter une obligation de résultat puisqu'elle garantit, quelle que soit sa situation financière au départ du salarié à la retraite, soit le versement d'un montant déterminé à l'avance, soit un niveau de prestation exprimé en pourcentage du dernier salaire.

Dès lors, l'entreprise supporte un risque financier non négligeable.

Bien entendu, elle peut minimiser l'effort financier consenti lors du départ à la retraite en se constituant une épargne qui couvre, totalement ou en partie seulement, le montant de ses engagements de retraite.

Pour ce faire, elle peut confier la gestion de son régime à un organisme assureur extérieur. Elle peut également choisir de financer ses engagements de retraite supplémentaire avec son capital disponible : elle gère alors directement ses engagements de retraite (voir § 890 et annexe 5).

Types de régimes proposés

855 Il existe trois types de régimes de retraite à prestations définies. On les différencie généralement par l'expression de la garantie de retraite.

• Régime différentiel (dit « régime chapeau »)

856 Dans ce type de régime, l'entreprise garantit un niveau global de retraite exprimé en pourcentage du dernier salaire, tous régimes confondus.

Ainsi, le régime verse une retraite différentielle qui vient coiffer les pensions de retraite servies par le régime de base et les régimes de retraite complémentaire légalement obligatoires (régimes AGIRC et ARRCO), voire également un autre régime supplémentaire d'entreprise à cotisations définies, jusqu'à un niveau garanti prédéterminé lors de la mise en place du régime.

Exemple Le dernier salaire mensuel perçu par Monsieur A, cadre dans une entreprise, s'élève à 9 000 €. Le régime de retraite à prestations définies mis en place par l'entreprise dans laquelle il travaille garantit 75 % du dernier salaire d'un cadre qui part en retraite.

À 65 ans, Monsieur A décide de liquider sa retraite. Le total des pensions de retraite servies par les régimes obligatoires se chiffre à 5 400 € (soit 60 % du dernier salaire).

Monsieur A percevra dès lors une retraite totale de :
5 400 + [(9 000 × 75 %) – 5 400] = 6 750 € dont 1 350 € servis par le régime différentiel (soit 75 % – 60 % = 15 % de son dernier salaire).

• Régime additif

857 Dans ce cas, l'entreprise garantit un niveau de retraite s'ajoutant aux prestations des autres régimes. Le montant de la prestation est donc indépendant des pensions servies par le régime de base et les régimes complémentaires de retraite ; il vient s'y ajouter.

Ainsi, le régime sert une retraite additionnelle généralement calculée en pourcentage du dernier salaire.

Exemple Reprenons l'exemple précédent. Un cadre ayant perçu un salaire de 9 000 € part à la retraite avec 5 ans d'ancienneté dans l'entreprise. Le régime de retraite à prestations définies dont il bénéficie garantit 2 % par année d'ancienneté dans la limite de 20 % du dernier salaire. Le total des pensions de retraite servies par les régimes obligatoires se chiffre à 5 400 € (soit 60 % du dernier salaire).

Le retraité percevra ainsi une retraite totale de 2 % × 5 ans = 10 % du dernier salaire, soit [5 400 € + (9 000 × 10 %)] = 6 300 € dont 900 € servis par le régime additif.

• **Régime mixte**

858 L'entreprise peut enfin garantir à la fois un niveau global de retraite et un montant, donc combiner les deux régimes précédents.

Exemple Le régime garantit 2 % par année d'ancienneté plafonnés à 20 % du dernier salaire dans la limite de 75 % de ce dernier salaire. Le dernier salaire du cadre qui souhaite partir à la retraite s'élève à 9 000 €.

Le montant cumulé des pensions de retraite des régimes obligatoires s'élève à 5 400 €.

Le salarié part à la retraite avec 15 ans d'ancienneté: il a donc droit à 30 % de son dernier salaire plafonné à 20 % (soit 1 800 €) dans la limite de 75 % de son dernier salaire (soit 6 750 €).

Le montant de la rente s'élève donc à : 6 750 – 5 400 = 1 350 € (il ne peut percevoir 1 800 €, soit 20 % de son dernier salaire, puisqu'il dépasserait le niveau global de retraite garanti à 75 %).

Prestations servies

• **Conditions de versement**

859 Les droits à retraite acquis dans ces régimes sont hypothétiques parce qu'ils dépendent de l'ancienneté acquise par le salarié dans l'entreprise, et parce qu'ils dépendent de la présence du salarié dans l'entreprise le jour de son départ en retraite. En effet, les rentes ne sont versées au retraité que dans la mesure où il fait encore partie de l'effectif de l'entreprise au moment de son départ en retraite.

• **Forme de la prestation: la rente viagère**

860 La prestation servie par un régime de retraite à prestations définies se présente sous forme d'un revenu périodique qui débute au moment de la liquidation de la pension vieillesse du régime de base et qui se termine au décès du bénéficiaire: c'est ce que l'on appelle la rente viagère.

• **Niveau de la prestation**

861 Le niveau de la prestation, prédéterminé lors de la mise en place du régime, est peu susceptible de variation à la baisse.

En effet, d'une part, même si elle se constitue une épargne, l'entreprise ne peut refuser de verser le montant de la prestation si les placements financiers constitutifs de son épargne ne permettent pas de faire face au coût de l'avantage retraite garanti. Le montant ou le niveau des prestations ne dépend ni de la valeur des placements financiers du régime ni de la santé financière de l'entreprise. Ces prestations doivent être égales au montant ou niveau déterminé initialement, même si les placements financiers choisis ou la santé financière de l'entreprise ne permettent pas de faire face aux dépenses liées au versement des rentes. Ainsi, en cas d'insuffisance des fonds, l'entreprise doit combler la différence.

D'autre part, si le niveau de la rente est peu susceptible de variations à la baisse, le régime de retraite à prestations définies prévoit, généralement, la revalorisation des rentes servies.

Cette revalorisation est différente selon que l'entreprise a opté pour une gestion directe ou une gestion externe.

En gestion directe, la revalorisation est souvent fonction de l'évolution des salaires ou s'aligne sur celle appliquée par les régimes de retraite complémentaire légalement obligatoires AGIRC et ARRCO (voir § 778).

En gestion externe, le capital constitutif de la rente est prélevé du fonds collectif pour être transféré dans le fonds de gestion des rentes. La rente est revalorisée de la différence entre le rendement net du fonds de gestion et du taux technique de rente retenu.

Mode de financement

862 En principe, le financement du régime est pris en charge par l'entreprise.

L'employeur alimente le régime en fonction des capacités financières de son entreprise et de son choix de provisionnement du coût.

Pour minimiser l'effort financier consenti lors des départs en retraite, il est généralement conseillé à l'employeur d'externaliser la gestion de son régime de retraite d'entreprise, en tout ou partie, en faisant appel à un organisme assureur (voir § 894).

Publics visés

863 Le régime de retraite à prestations définies constitue, pour l'entreprise, un outil de gestion des ressources humaines très apprécié. En effet, l'avantage retraite consenti par l'entreprise fidélise les salariés les plus précieux puisque le bénéfice de la rente viagère est subordonné à la présence du salarié dans l'entreprise au moment de son départ à la retraite. Dès lors, les entreprises qui doivent nécessairement conserver leur capital humain et un savoir-faire particulier s'orientent plus volontiers vers ce type de régime.

Côté salarié, l'avantage retraite consenti dans le cadre de ce régime constitue un complément de retraite très avantageux pour les salariés anciens et âgés puisque le niveau de la prestation est déterminé par référence au dernier salaire d'activité et dépend de l'ancienneté du salarié et non de la durée de cotisation.

Régimes de retraite collectifs à cotisations définies

Caractéristiques générales

- **Traits communs entre régimes fermés et régimes ouverts**

864 L'entreprise a la possibilité de mettre en place un régime de retraite supplémentaire à cotisations définies. Ce régime peut s'imposer à l'ensemble du personnel ou à une catégorie de salariés (on dit que le régime est fermé ou à adhésion obligatoire) ou présenter une simple faculté pour les salariés visés qui sont libres d'y adhérer ou non (on dit que le régime est ouvert ou à adhésion facultative). Que le régime soit ouvert ou fermé, sa gestion est toujours externalisée (l'employeur souscrit un contrat d'assurance-groupe avec un organisme assureur) et son mode de financement est toujours le même (voir § 871).

En mettant en place un régime de retraite supplémentaire à cotisations définies, l'entreprise ne doit respecter qu'une obligation de moyens puisqu'elle s'engage à verser une cotisation pour financer le système et ne garantit pas le niveau de la prestation de retraite. L'employeur ne s'engage donc que sur le niveau du financement et le risque financier est donc supporté par le salarié.

• **Différences existant entre les régimes fermés et les régimes ouverts**

865 Outre la liberté d'adhésion ou non et la nature de la prestation servie, la principale différence entre le régime collectif à adhésion obligatoire et le régime collectif à adhésion facultative touche au régime fiscal applicable aux cotisations qui financent ces régimes.

Le traitement fiscal et social des cotisations des régimes ouverts est moins favorable que celui applicable aux régimes fermés (voir §§ 990 à 1086). D'une part, le montant de la cotisation pris en charge par l'entreprise constitue fiscalement un salaire et est soumis à cotisations sociales et aux prélèvements alignés, d'autre part, la part de cotisations prise en charge par le salarié n'est pas déductible du revenu imposable.

Types de régimes proposés

866 Deux types de régimes sont proposés : le premier est un contrat d'épargne bloquée; l'autre prend la forme d'un contrat de rente viagère différée.

• **Contrat d'épargne bloquée (dit «régime de rente viagère immédiate»)**

867 Ce régime comprend deux phases: une phase d'épargne puis une phase de service de rente. Plus précisément, un compte, ouvert pour chaque salarié, est alimenté par le versement de cotisations qui font l'objet de placements sur les marchés financiers (le montant des cotisations est donc exprimé en unités de compte telles que des fonds communs de placement ou des SICAV). Les revenus issus de ces placements financiers sont réinvestis. Cette épargne est bloquée jusqu'au départ en retraite du salarié. Le capital constitué est alors transformé en rente viagère.

Des frais de gestion sont prélevés par l'organisme assureur tant pour la phase d'épargne qu'au moment de la transformation en rente.

• **Contrat de rente viagère différée**

868 À chaque exercice, le salarié rachète, par le versement des cotisations, des droits à retraite qui prennent la forme de points ou d'euros (les cotisations sont donc immédiatement transformées en acquisition de droits à rente). Ces droits à retraite sont cumulés et valorisés à chaque exercice (ce qui permet d'évaluer immédiatement le montant de la rente à obtenir) mais ne sont liquidés qu'à la date de départ en retraite du salarié. Le montant de la rente dépend donc de la valeur accordée à chaque élément de rente.

Ce type de régime est beaucoup plus rare.

Prestations servies

• **Forme de la prestation: la rente viagère**

869 Le régime de retraite à adhésion obligatoire entraîne nécessairement le versement du capital épargné sous forme de rente viagère et uniquement au moment du départ à la retraite du bénéficiaire: la rente viagère est donc différée. Au moment du départ en retraite, le capital acquis est transféré sur un fonds de gestion des rentes et va servir à payer les arrérages de rente. La rente versée au salarié est nécessairement exprimée en euros.

En revanche, le régime de retraite à adhésion facultative est plus souple. Les prestations peuvent être servies en capital ou sous forme de rente. Leur montant est déterminé en fonction des cotisations accumulées et des revenus de placement. La date de versement de la prestation peut ne pas correspondre à la date de départ en retraite : si les prestations sont servies sous forme de rente, la rente peut donc être immédiate.

Mais quelle que soit la forme de la prestation, le montant de la rente ou du capital dépend forcément, d'une part, de l'accumulation des cotisations et, d'autre part, des revenus de placements financiers.

- **Détermination du niveau de la prestation**

870 Le niveau des droits à retraite du salarié dépend du taux et de l'assiette choisis par l'entreprise (en d'autres termes, des cotisations versées), de la performance de gestion financière (c'est-à-dire des placements financiers), mais également de l'âge de départ à la retraite, des frais de gestion et de fonctionnement, de l'espérance de vie du futur retraité et du taux d'intérêt technique choisi. Certains paramètres de calcul appellent des développements complémentaires.

D'une part, la durée de cotisation conditionne directement le montant de la retraite. Le contrat d'assurance peut prévoir, à titre exceptionnel, une option de rachat des années antérieures pour le personnel entré tardivement dans l'entreprise par rapport à la mise en place du régime (voir § 924).

D'autre part, l'espérance de vie du bénéficiaire de la rente est déterminée par des tables de mortalité, établies à partir des statistiques de l'INSEE et homologuées par arrêté ministériel, indiquant les probabilités de décès à un âge donné. L'assureur a la possibilité d'utiliser ses propres tables dans la mesure où elles ont fait l'objet d'une certification par un actuaire indépendant et agréé.

Enfin, le taux d'intérêt technique de la rente est le taux minimum de rendement que l'assureur est certain de trouver sur le marché financier pour faire face à son engagement. Ce taux est choisi directement par l'entreprise lors de la mise en place du régime ou bien, en cas de propositions multiples de taux, choisi par le salarié au moment de son départ en retraite.

Mode de financement

871 Le financement du régime repose principalement sur des cotisations versées par l'entreprise, qui les prend en charge en totalité ou en partie seulement. Généralement, les cotisations sont réparties entre employeur et salarié lorsqu'il s'agit d'un régime fermé, et prises en charge intégralement par l'employeur lorsqu'il s'agit d'un régime ouvert.

Les cotisations sont, généralement, assises sur l'intégralité des salaires mais peuvent être également calculées seulement sur certaines tranches de salaire (tranches A et B, par exemple, et le taux est librement choisi). L'entreprise peut choisir de moduler le taux de cotisations, selon les niveaux de salaire.

Publics visés

872 Le régime de retraite à cotisations définies constitue, pour les grandes et moyennes entreprises, un élément de politique salariale non négligeable puisque le régime octroie une rémunération différée fiscalement et socialement intéressante pour l'entreprise et pour le salarié (voir §§ 990 et 1086). Les petites entreprises se servent souvent de ce régime pour garantir un produit de retraite à leurs cadres dirigeants.

Côté salarié, il intéresse plus particulièrement les salariés les plus jeunes puisque son efficacité repose sur la durée de cotisation. De plus, le départ de l'entreprise avant l'âge de la retraite est sans influence sur ses droits à pension qui lui restent acquis.

Le Plan d'épargne-retraite d'entreprise (PERE) : un contrat hybride

La loi portant réforme des retraites (loi 2003-775 du 21 août 2003, JO du 22) a introduit une nouveauté : le plan d'épargne-retraite d'entreprise ou PERE. C'est un contrat d'assurance-groupe obligatoire à cotisations définies souscrit par l'entreprise qui permet également aux salariés bénéficiaires de verser volontairement des cotisations à titre individuel et de déduire fiscalement ces versements.

On peut donc considérer que le PERE constitue une variante du régime de retraite à cotisations définies, puisqu'il prévoit un niveau supplémentaire de cotisation pouvant être alimenté par le seul salarié.

Cette faculté individuelle est soumise à certaines conditions :
– le régime de retraite d'entreprise doit nécessairement être un régime collectif à adhésion obligatoire, à cotisations définies, mis en place soit par convention ou accord collectif, soit par référendum, soit par décision unilatérale de l'employeur ;
– le contrat d'assurance-groupe doit prévoir les modalités de financement des missions du comité de surveillance et la faculté pour l'adhérent (le salarié), lorsqu'il n'est plus tenu d'adhérer (parce qu'il a quitté l'entreprise, par exemple), de transférer ses droits vers un PERP ou un régime de retraite d'entreprise avec option d'alimentation individuelle ;
– le contrat d'assurance groupe doit respecter certaines règles applicables au PERP, notamment celles relatives à l'objet du dispositif, aux parties du contrat, à la création d'un comité de surveillance, aux obligations de l'organisme d'assurance gestionnaire et à celles applicables en cas d'insuffisance de représentation des engagements du plan (voir encadré p. 415).

Ces cotisations individuelles sont déductibles du revenu imposable du participant.

Le décret d'application de ce dispositif n'est pas encore paru.

Tableau comparatif des produits proposés à l'employeur et au salarié

	Épargne-retraite		Retraite d'entreprise avec épargne-retraite : le PERE (voir §§ 1100 à 1135)
	PERP (voir §§ 1100 à 1135)	**PERCO** (voir §§ 1100 à 1135)	
Nature du contrat	Assurance-vie	Épargne salariale	Régime à cotisations définies à droits définitivement acquis
Types de gestion		Gestion externalisée	Gestion externalisée
Conditions d'accès	Ouvert à tous, sauf aux retraités	• être salarié de l'entreprise • accès à un PEE	• être salarié de la catégorie visée par le régime • éligible au PERP
Mode de mise en place	Souscription individuelle	Collective par accord collectif d'entreprise ou de branche	Catégorielle par accord collectif, référendum ou décision unilatérale
Alimentation	Cotisations individuelles	• Intéressement, participation, transfert de PEE et PEI • Versements volontaires individuels • Abondement éventuel de l'entreprise	• cotisations patronales • cotisations salariales éventuelles • versements volontaires salariés
Supports	Euros, points, unités de compte	Fonds commun de placement d'épargne	Euros, points, unités de compte
Limites de versement	Non	• Salarié : 25 % du salaire annuel • Employeur : 300 % du versement salarié et limité à 8 % du PASS	Limites fiscales
Traitement social à l'entrée	Non	• Pas d'avantages sur les versements du salarié • Défiscalisation de l'abondement patronal	• Exonération des cotisations sociales plafonnées • Assujettissement à la CSG et à la CRDS
Traitement fiscal à l'entrée	Versements déductibles du revenu imposable avec limites	Assujettissement à une taxe patronale si l'abondement est supérieur à 2 300 €	• Versements du salarié déductibles du revenu imposable avec limites • Versement patronal exonéré avec limite
Prestations servies	Rente viagère avec ou sans réversion	• Capital • Rente viagère	Rente viagère
Traitement social à la sortie		• Plus-values soumises aux prélèvements sociaux	Rentes soumises aux prélèvements sociaux
Traitement fiscal à la sortie	Rentes soumises à l'impôt sur le revenu	• Rente soumise à l'impôt sur le revenu après abattement si sortie en rente • Plus-values défiscalisées	Rentes soumises à l'impôt sur le revenu

Tableau comparatif des produits proposés à l'employeur et au salarié			
	Régimes de retraite d'entreprise collectifs à adhésion obligatoire		**Régime de retraite d'entreprise à adhésion facultative** (voir §§ 851 et 852, §§ 1075 et 1076)
	Régimes à cotisations définies (voir §§ 864 à 872)	**Régimes à prestations définies** (voir §§ 854 à 863)	
Nature du contrat	Régime à droits individualisés et définitivement acquis	Régime à droits non individualisés et définitivement acquis si le salarié est présent dans l'entreprise au moment de son départ à la retraite	Régime à cotisations définies, à droits individualisés et définitivement acquis
Types de gestion	Gestion externalisée	Gestion interne ou externalisée	Gestion externalisée
Conditions d'accès	• Être salarié de la catégorie visée par le régime	• Être salarié de la catégorie visée par le régime	• Être salarié de la catégorie visée par le régime • Vouloir y adhérer
Mode de mise en place	Catégorielle par accord collectif, référendum ou décision unilatérale	Catégorielle par accord collectif, référendum ou décision unilatérale	
Alimentation	• Cotisations patronales • Cotisations salariales éventuelles	• Cotisations patronales	• Cotisations patronales • Cotisations salariales éventuelles
Supports	Euros, points, unités de compte	Euros	Euros, points, unités de compte
Limites de versement	Limites fiscales	Limités au montant de l'engagement	Non
Traitement social à l'entrée	• Exonération des cotisations sociales plafonnées • Assujettissement à la CSG et à la CRDS	• Exonération totale de charges sociales • Assujettissement à une contribution spéciale	Assujettissement aux cotisations sociales
Traitement fiscal à l'entrée	• Versements du salarié déductibles du revenu imposable avec limites • Versement patronal exonéré avec limite	Cotisations patronales défiscalisées	Aucun avantage fiscal, sauf pour certains contrats d'assurance-vie, les contrats de rente-survie et les contrats d'épargne-handicap
Prestations servies	Rente viagère	Rente viagère	• Capital • Rente viagère
Traitement social à la sortie	Rentes soumises aux prélèvements sociaux	Rentes soumises aux prélèvements sociaux	
Traitement fiscal à la sortie	Rentes soumises à l'impôt sur le revenu	Rentes soumises à l'impôt sur le revenu	Rentes ou capital soumis à l'impôt sur le revenu

23 Différents types de gestion des régimes

§§

Choix entre gestion directe et gestion externe 890

Gestion directe

- Type de régime concerné 891
- Gestionnaire unique : l'entreprise 892
- Garanties offertes 893

Gestion externalisée

- Type de régime concerné 894
- Choix du gestionnaire :
  - sociétés d'assurances 896
  - mutuelles 899
  - institutions de prévoyance 902
  - cas particuliers des institutions de retraite supplémentaire 905

§§

- Technique de gestion proposée pour un régime à prestations définies :
  - alimentation d'un compte global appelé « fonds collectif » 907
  - expression des droits à retraite....................................... 908
  - supports financiers 909
  - garanties offertes 910
- Techniques de gestion proposées pour un régime à cotisations définies :
  - alimentation d'un compte individuel 915
  - expressions des droits à retraite 916
  - supports financiers proposés ... 917
  - garanties offertes 922

Choix entre gestion directe et gestion externe

890 La retraite par capitalisation mise en place dans un cadre collectif permet au salarié d'accumuler des droits personnels qui seront liquidés au moment de son départ à la retraite sans dépendre de la solidarité intergénérationnelle sur laquelle s'appuient les régimes de retraite obligatoires par répartition (régime de base et régimes complémentaires).

L'entreprise qui décide de mettre en place un régime de retraite d'entreprise doit, en conséquence, être particulièrement vigilante sur le choix de la gestion du régime puisque l'efficacité de la gestion conditionne le montant de la prestation de retraite servie dans les régimes à cotisations définies et peut alléger l'effort financier consenti par l'entreprise dans les régimes à prestations définies.

Deux types de gestion sont proposés : soit l'entreprise gère directement ses engagements de retraite supplémentaire, soit elle en confie la gestion à un organisme de protection sociale complémentaire.

Le choix entre les deux types de gestion proposés est toutefois limité par le choix préalable du type de régime de retraite. En effet, si l'entreprise met en place un régime de retraite collectif à prestations définies, elle peut choisir entre gérer elle-même ses engagements de retraite ou faire appel à un organisme extérieur. En revanche, si elle met en place un régime de retraite à cotisations définies, son choix est pratiquement inexistant: elle doit confier la gestion du régime à un organisme assureur extérieur.

Mais, quel que soit le régime choisi, l'entreprise doit traduire ses engagements de retraite dans sa comptabilité (voir annexe 5).

Gestion directe

Type de régime concerné

891 L'option d'une gestion directe, assumée entièrement par l'entreprise sans recourir à un organisme de protection sociale complémentaire, n'est ouverte qu'à un type de régime de retraite d'entreprise: le régime de retraite collectif à adhésion obligatoire à prestations définies (§§ 854 à 863).

Gestionnaire unique: l'entreprise

892 L'entreprise peut faire le choix de garantir elle-même ses engagements de retraite supplémentaire sans faire appel à un organisme assureur extérieur à l'entreprise: elle gère directement ses engagements et conserve, dès lors, la propriété et la libre disposition des sommes qui serviront, dans le futur, à financer les rentes viagères dues.

L'entreprise doit cependant traduire ses engagements de retraite dans sa comptabilité. Elle peut décider d'inscrire ses engagements dans l'annexe au bilan comptable ou constituer des provisions comptables (voir annexe 5).

La gestion directe d'un régime de retraite à prestations définies est particulièrement risquée pour l'entreprise puisqu'elle fait dépendre le niveau de l'avantage retraite de l'assuré de la santé financière de son entreprise.

En effet, l'entreprise contracte une dette à l'égard de ses salariés qu'elle doit honorer, quelle que soit sa situation financière au moment du départ en retraite. Si l'entreprise ne provisionne pas ses engagements de retraite, elle peut, au moment des départs à la retraite, ne pas disposer de suffisamment d'actifs pour honorer cette dette. Pour autant, elle reste tenue au versement de la rente viagère.

Ce mode de gestion se rencontre peu en pratique. L'entreprise qui a choisi de mettre en place un régime de retraite à prestations définies préfère généralement confier, totalement ou partiellement, la gestion du régime à un organisme assureur extérieur.

Garanties offertes

893 Outre la prédétermination du niveau de la prestation servie (voir § 870), l'entreprise peut décider de revaloriser les rentes en prenant en compte, par exemple, l'évolution des salaires ou en se basant sur la revalorisation appliquée par les caisses de retraite complémentaire (AGIRC et ARRCO).

Gestion externalisée

Type de régime concerné

894 L'entreprise peut également confier la gestion de son régime de retraite supplémentaire à des organismes de protection sociale complémentaire.

Si l'externalisation de la gestion du régime de retraite à prestations définies reste une option pour l'entreprise, elle s'impose, en revanche, pour les régimes de retraite à cotisations définies (qu'il s'agisse de contrats collectifs à adhésion obligatoire ou à adhésion facultative).

L'entreprise qui externalise la gestion de son régime de retraite aura tout intérêt à surveiller le rendement des placements financiers des cotisations, primes ou dotations exceptionnelles versées à l'organisme gestionnaire. En effet, dans les régimes de retraite à cotisations définies, les prestations servies aux retraités sont très largement fonction de ce rendement. Dans les régimes de retraite à prestations définies, le rendement des placements financiers limitera l'effort financier que l'entreprise devra fournir : l'organisme gestionnaire n'est engagé qu'à hauteur du fonds collectif constitué et, en cas d'insuffisance de ce fonds, l'entreprise doit compléter la rente avec ses propres fonds.

L'entreprise peut toutefois provisionner la différence entre le montant de la prestation consentie et l'épargne constituée (voir annexe 5).

Choix du gestionnaire

895 L'entreprise qui met en place un régime de retraite supplémentaire a le choix entre différents organismes gestionnaires.

- **Sociétés d'assurances**

896 **Définition.** Les sociétés d'assurances sont des personnes morales de forme civile (sociétés d'assurances mutuelles, sociétés mutuelles d'assurances, sociétés à forme tontinière) ou de forme commerciale (sociétés anonymes d'assurances) régies par le code des assurances.

897 **Sociétés contrôlées.** Ces sociétés d'assurances font l'objet d'un contrôle administratif assuré par le ministère de l'Économie et des Finances (par le biais de l'agrément) et d'un contrôle financier assuré par la commission de contrôle des assurances, des mutuelles et des institutions de prévoyance.

898 **Garanties financières offertes par les sociétés d'assurances.** Elles doivent présenter des garanties financières concernant les engagements pris envers les assurés. Pour ce faire, elles doivent justifier d'une garantie technique (provisions techniques des engagements de retraite inscrites au bilan des sociétés), de l'existence d'une marge de solvabilité suffisante qui corresponde aux fonds propres de l'entreprise (capital social, réserves, bénéfices reportés, fonds provenant de l'émission de titres ou emprunts subordonnés) et d'un fonds de garantie incompressible indépendant de la taille de l'entreprise (il est égal au tiers du montant nominal de la marge de solvabilité).

- **Mutuelles**

899 **Définition.** Régies par le code de la mutualité, les mutuelles sont des personnes morales de droit privé à but non lucratif. Elles sont administrées par leurs membres participants : elles sont donc directement gérées par les assurés.

900 **Personnes morales agréées et contrôlées.** Elles sont soumises à l'agrément délivré par l'autorité administrative et à un contrôle financier assuré par la commission des assurances, mutuelles et institutions de prévoyance.

901 **Garanties offertes par les mutuelles.** Elles doivent garantir le règlement intégral des engagements qu'elles contractent. Dès lors, elles constituent des provisions techniques, un fonds minimum de garantie et doivent justifier d'une marge de solvabilité suffisante.

- **Institutions de prévoyance**

902 **Définition.** Les institutions de prévoyance sont des personnes morales de droit privé à but non lucratif, administrées paritairement par des membres adhérents et des membres participants (c. séc. soc. art. L. 931-1).

Les membres adhérents sont les entreprises qui ont souscrit à un règlement de l'institution ou à un contrat auprès de l'institution. Les membres participants sont les salariés affiliés à l'institution, les anciens salariés de membres adhérents ainsi que leurs ayants droit qui sont affiliés à l'institution.

Ces institutions sont constituées sur la base d'une convention ou d'un accord collectif, d'un projet d'accord proposé par le chef d'entreprise et ratifié par référendum ou par accord entre les membres adhérents et les membres participants réunis en assemblée générale.

903 **Institutions contrôlées.** Ces institutions sont soumises au contrôle administratif du ministère de la Santé et des Solidarités (sous forme d'un agrément) et à un contrôle financier assuré par la commission des assurances, mutuelles et institutions de prévoyance.

904 **Garanties offertes par les institutions de prévoyance.** Elles appliquent les mêmes règles techniques, financières et comptables que les sociétés d'assurances, présentent les mêmes garanties pour les engagements envers leurs assurés (provisions techniques suffisantes, marge de solvabilité suffisante, adhésion à un fonds de garantie).

- **Cas particulier des institutions de retraite supplémentaire**

905 **Définition.** Ces institutions paritaires sont des personnes morales de droit privé destinées à gérer des régimes de retraite à prestations définies ou des systèmes d'indemnité de fin de carrière.

906 **Suppression ou transformation avant le 31 décembre 2008.** Parce que leur mode de fonctionnement ne permet pas de garantir les engagements souscrits par l'entreprise (ce qui est contraire aux principes communautaires), le législateur a décidé de les supprimer.

En effet, elles gèrent leurs engagements sans constituer de capitaux de couverture et, dès lors, leurs règlements prévoient la révision, à la baisse, des engagements en cas d'insuffisance des cotisations versées par l'employeur et le salarié. Ces institutions fonctionnent un peu comme un régime par répartition.

Elles doivent, avant le 31 décembre 2008, soit se transformer en institution de prévoyance agréée (ou fusionner avec une telle institution), soit se transformer en institution de gestion de retraite supplémentaire (sans constitution de personne morale), institution nouvelle qui ne peut accomplir que des opérations de gestion administrative de régimes de retraite complémentaire.

Jusqu'au 31 décembre 2008, les contributions des employeurs versées à une institution de retraite supplémentaire, avant le dépôt de la demande d'agrément ou la transformation en institution de gestion de retraite supplémentaire, ne sont pas soumises aux cotisations de sécurité sociale, à la CSG, à la CRDS et à la contribution spécifique à certains régimes de retraite à prestations définies dès lors qu'elles ont pour objet de constituer des provisions pour engagements de retraite évalués au 31 décembre 2003 (loi de financement de la sécurité sociale pour 2004, art. 11, JO du 19 décembre 2003).

Technique de gestion proposée pour un régime à prestations définies

• Alimentation d'un compte global dit « fonds collectif »

907 L'organisme gestionnaire n'ouvre pas de compte individuel pour chaque salarié. Ce dernier acquiert des droits à retraite par le versement de primes ou de cotisations mais le gestionnaire n'ouvre qu'un seul compte global (appelé « fonds collectif de gestion des cotisations »). Le gestionnaire accumule des réserves qui permettront de garantir la prestation par des placements financiers destinés à couvrir les engagements souscrits. Mais, quelle que soit la valeur de ces placements, le salarié a droit au montant de la retraite promise.

Le fonds collectif est alimenté par le versement patronal de primes régulières ou de dotations exceptionnelles, en fonction des capacités financières de l'entreprise et de son choix de provisionnement du coût (provisionnement intégral ou partiel, immédiat ou progressif).

• Expression des droits à retraite

908 Les droits à retraite acquis dans le cadre d'un régime de retraite à prestations définies sont nécessairement exprimés en euros.

Plus précisément, les droits à retraite peuvent être exprimés en pourcentage d'un montant de salaire (exprimé en euros) et/ou être fonction de l'ancienneté du salarié, selon qu'il s'agit d'un régime additif, différentiel ou mixte (voir §§ 855 à 858).

• Supports financiers

909 Les cotisations versées par l'entreprise dans le fonds collectif sont investies, au choix de l'entreprise, dans un fonds garanti en euros ou dans des OPCVM sélectionnés par l'entreprise et l'organisme gestionnaire (voir § 917).

Ce choix est important puisque l'organisme gestionnaire n'est engagé qu'à hauteur du fonds collectif constitué.

• Garanties offertes

910 **Revalorisation des rentes.** Le contrat d'assurance peut prévoir la revalorisation de la rente. Le plus souvent, l'organisme assureur propose à l'entreprise l'utilisation de deux fonds distincts : un fonds de gestion des cotisations (le fonds collectif) et un fonds de gestion des rentes. Lorsque le salarié prend sa retraite, le montant de la rente à laquelle il a droit est prélevé dans le fonds collectif et versé dans le fonds de gestion des rentes et affecté d'un éventuel taux d'intérêt technique. La rente est revalorisée de la différence entre le rendement net du fonds de gestion des rentes et du taux d'intérêt technique retenu.

Le taux d'intérêt technique de la rente constitue le taux minimum de rendement que l'organisme assureur est certain de trouver sur le marché financier pour faire face à l'engagement qu'il a pris dans le contrat d'assurance.

911 **Réversion des rentes.** En principe, l'acte de mise en place d'un régime à prestations définies doit prévoir une clause de réversibilité au profit du conjoint divorcé non remarié (§ 970). Une révision est également envisageable par le conjoint survivant.

Le taux de réversion varie généralement entre 50 et 100 % et la notion de conjoint survivant est celle retenue par les régimes de retraite complémentaire légalement obligatoires. Ainsi, ce n'est que très exceptionnellement que le régime prévoit le versement d'une pension de réversion au concubin ou au partenaire d'un PACS.

La réversibilité de la rente au conjoint survivant du bénéficiaire décédé peut être effectuée après le départ en retraite ou avant son départ en retraite (dans ce cas de figure, le bénéfice de la pension de réversion est souvent subordonné à une condition d'ancienneté).

912 **Autres garanties.** Des garanties en cas d'incapacité de travail peuvent être également prévues par le régime (comme, par exemple, la prise en compte des années d'invalidité dans le calcul de l'ancienneté). Cette garantie est assez rare, le régime à prestations définies n'offrant, en principe, aucune prestation complémentaire.

913 **Pas de transfert des droits.** Dans la mesure où, en principe, le fonds de gestion des rentes est collectif et que la prestation est servie à la condition d'être présent dans l'entreprise au moment du départ en retraite, le salarié actif n'acquiert pas de droits individualisés et ne peut donc pas les transférer lorsqu'il change d'employeur. Le salarié décédé, démissionnaire ou licencié perd donc ses droits.

La transférabilité des droits n'est pas applicable aux régimes de retraite à prestations définies (ord. 2006-344 du 23 mars 2006, art. 1, JO du 24 ; décret 2006-740 du 27 juin 2006, JO du 29 ; c. ass. art. L. 143-2, dernier al.).

914 **Information de l'assuré.** De nouvelles obligations d'information sont imposées aux organismes gestionnaires (ord. 2006-344 du 23 mars 2006, JO du 24 ; décret et arrêté du 27 juin 2006, JO du 29). Les assurés doivent recevoir des informations annuelles succinctes. Le souscripteur et/ou les assurés peuvent également solliciter l'envoi de diverses informations plus complètes telles que le montant dû en cas d'exercice de la faculté de « rachat », et le niveau que les prestations de retraite doivent atteindre.

Techniques de gestion proposées pour un régime à cotisations définies

• Alimentation d'un compte individuel

915 L'organisme gestionnaire ouvre, pour chaque salarié, un compte individuel sur lequel sont versées les cotisations. Le capital ainsi accumulé peut être directement transformé en points ou en euros ou être investi dans un fonds de placement qui peut être monosupport ou multisupport.

L'alimentation du compte individuel est pris en charge par l'entreprise intégralement ou partiellement : les cotisations peuvent être également salariales.

• Expressions des droits à retraite

916 Les droits à retraite peuvent être exprimés :
– en points (cas très rare) : chaque année, le salarié acquiert des points (calculés en divisant le montant des cotisations versées par la valeur d'acquisition du point). À son départ en retraite, les points cumulés sont multipliés par la valeur de service du point (ce système est identique à celui des régimes de retraite complémentaire légalement obligatoires ; voir § 742),

– en euros (voir §§ 908, 918),
– en unités de compte : la cotisation versée permet d'acheter des parts d'actifs mobiliers (fonds communs de placement [FCP] ou sociétés d'investissement à capital variable [SICAV]) et, au moment du départ en retraite, les parts sont vendues et converties en euros.

Les FCP et les SICAV font partie de la catégorie des organismes de placement collectif de valeurs mobilières (OPCVM).

• Supports financiers proposés

917 **Présentation.** L'organisme gestionnaire propose généralement deux types de contrat:
– le contrat de type monosupport libellé en euros ou en unités de compte: l'assureur propose d'investir soit dans un fonds garanti en euros (fonds sécuritaire avec investissement majoritairement obligataire), soit dans des FCP ou des SICAV,
– le contrat de type multisupport libellé généralement en unités de compte (même si l'assureur propose fréquemment, en plus, un fonds garanti en euros).

918 **Contrat monosupport libellé en euros.** Le contrat qui propose d'investir le capital accumulé dans un fonds en euros est plus sûr puisque l'assureur garantit le capital investi et les intérêts qui en découlent. Le risque de perte n'est donc pas assumé par l'assuré. Chaque année, le capital augmente au gré des intérêts générés. Tous les profits sont définitivement engrangés et capitalisés: c'est ce que l'on appelle l'«effet de cliquet». L'assuré n'a pas à se soucier de la manière dont l'assureur gère son épargne.

La loi pour la confiance et la modernisation de l'économie prévoit la neutralisation des conséquences fiscales attachées à la transformation d'un contrat monosupport, libellé en euros, en contrat dont une part ou l'intégralité des primes versées est affectée à l'acquisition de droits exprimés en unités de compte (multisupport) (loi 2005-842 du 26 juillet 2005, JO du 27; BOI du 4 novembre 2005).

919 **Contrats libellés en unités de compte.** En revanche, les contrats libellés en unités de compte, qu'ils soient de type monosupport ou de type multisupport, suivent l'évolution du support financier (actions, parts de SICAV ou de sociétés immobilières), à la hausse ou à la baisse. Ils ne garantissent donc pas de rémunération minimale. C'est donc sur l'assuré que repose le risque. L'assureur ne garantit rien et la valorisation des supports dépend uniquement de leur progression.

920 **Contrats multisupports.** Les organismes gestionnaires proposent généralement des contrats en unités de compte de type multisupport. Dans ce type de contrat, l'offre financière est souvent limitée à quelques fonds «profilés». L'offre financière met à la disposition des épargnants différents fonds correspondant au risque que souhaite encourir l'épargnant et dénommés par référence au type de risque encouru (prudent, équilibré, dynamique). Généralement, plus le risque est grand, plus les profits peuvent être importants. L'offre financière peut également être constituée de fonds qui couvrent l'essentiel des classes d'actifs (monétaire, obligataire, actions) et des zones géographiques différentes (France, Europe, monde) et peut même comporter des fonds spécialisés (fonds sectoriels, indiciels ou thématiques).

Le choix des fonds de placement peut être fait directement par l'entreprise mais, le plus souvent, ce choix est individualisé (c'est le salarié qui choisit le fonds).

Toutefois, les salariés n'ont pas la capacité d'orienter la gestion des fonds, puisqu'aucun choix individuel relatif au placement des sommes n'est permis.

921 **Contrat multisupport à gestion « à horizon ».** De plus en plus souvent, l'organisme gestionnaire propose à l'assuré de minimiser le risque encouru par le biais d'un contrat multisupport géré « à horizon ». Cette gestion particulière permet d'effectuer des placements en fonction de l'âge du salarié et de sécuriser l'épargne acquise à l'approche du départ en retraite du salarié.

Concrètement, le gestionnaire va essayer de constituer un maximum d'épargne en effectuant des placements financiers risqués lorsque l'assuré est jeune. Puis, les placements financiers se font moins risqués au fur et à mesure que l'assuré vieillit. Enfin, à l'approche de la retraite, le gestionnaire sécurise l'épargne et, généralement, place l'épargne constituée sur un fonds qui ne présente que très peu de risques de pertes.

• **Garanties offertes**

922 **Revalorisation des prestations.** Comme pour les régimes de retraite à prestations définies gérés en externe, les rentes servies par les régimes de retraite à cotisations définies donnent lieu à une revalorisation (voir § 910).

923 **Réversion des rentes.** Les régimes de retraite supplémentaire mis en place par convention ou accord collectif, référendum ou décision unilatérale de l'employeur doivent prévoir une clause de réversibilité de la rente au conjoint séparé de corps ou divorcé et non remarié (voir § 970).

La réversion des rentes est possible au profit du conjoint ou d'un autre bénéficiaire selon un taux choisi par le salarié.

924 **Possibilité de rachat des années antérieures.** Exceptionnellement, le contrat du régime à cotisations définies peut prévoir une faculté de rachat des années antérieures.

Cette faculté de rachat des années antérieures permet au salarié entré tardivement dans l'entreprise de rétablir, partiellement ou totalement, par le versement d'un capital les droits à retraite dont il aurait pu bénéficier s'il avait été présent dès l'origine du contrat.

925 **Déblocage de l'épargne dans des cas exceptionnels : les clauses de « rachat ».** Avant la cessation de son activité professionnelle, l'assuré peut solliciter le versement de son épargne sur son compte individuel en cas de circonstances exceptionnelles (c. ass. art. L. 132-23). Ce déblocage est plus connu, dans le jargon du droit des assurances, sous le vocable « rachat ».

Les circonstances justifiant ce rachat sont :
– le classement en invalidité de 2e catégorie (invalides absolument incapables d'exercer une profession quelconque) ou 3e catégorie (invalides qui, étant absolument incapables d'exercer une profession, sont, en outre, dans l'obligation d'avoir recours à l'assistance d'une tierce personne pour effectuer les actes ordinaires de la vie) ;
– la cessation des droits aux allocations d'assurance chômage accordées en cas de licenciement ;
– la cessation de l'activité non salariée de l'assuré par suite d'un jugement de liquidation judiciaire.

926 **Maintien des droits.** L'organisme gestionnaire peut proposer à l'entreprise qui souscrit le contrat d'assurance de garantir le versement de cotisations sur le compte individuel d'un salarié invalide ou en arrêt de travail.

Il peut également garantir le maintien des droits des salariés même en cas d'arrêt du versement des cotisations pour cause de liquidation judiciaire, de fusion ou d'absorption de l'entreprise.

927 **Transfert des droits.** Le salarié conserve les droits à retraite qu'il a définitivement acquis, même s'il quitte l'entreprise avant son départ en retraite. Dès lors, le contrat d'assurance groupe doit lui permettre de transférer son épargne vers le nouveau régime à cotisations définies de l'entreprise qui l'emploie.

Si le transfert n'est pas possible, les droits acquis par le salarié continuent de fructifier jusqu'à son départ à la retraite.

La notice d'information du contrat d'assurance remise par l'organisme gestionnaire à l'assuré doit préciser les modalités d'exercice de la clause de transférabilité (ord. 2006-344 du 23 mars 2006, JO du 24; décret 2006-740 du 27 juin 2006, JO du 29).

928 **Information de l'assuré.** De nouvelles obligations d'information sont imposées aux organismes gestionnaires (ord. 2006-344 du 23 mars 2006, JO du 24; décret et arrêté du 27 juin 2006, JO du 29). Les assurés doivent recevoir des informations annuelles succinctes. Le souscripteur et/ou les assurés peuvent également solliciter l'envoi de diverses informations plus complètes telles que les modalités d'exercice du transfert des droits, le montant dû en cas d'exercice de la faculté de «rachat», le niveau que les prestations de retraite doivent atteindre, etc.

Mise en œuvre de la retraite supplémentaire

§§

Modalités de mise en œuvre

- Conventions et accords collectifs :
  - application de droit commun ... 941
  - signataires à la négociation de l'accord collectif ... 942
  - champ d'application de la négociation ... 943
  - contenu de la convention ou de l'accord ... 944
  - durée et remplacement de la convention ou de l'accord à durée déterminée ... 945
  - durée et dénonciation de la convention ou de l'accord à durée indéterminée ... 946
  - force obligatoire ... 947
- Projet d'accord ratifié par référendum :
  - mode dérogatoire au droit commun de la négociation collective ... 948
  - élaboration d'un projet d'accord ... 949
  - modalités d'organisation du référendum ... 950
  - règle de majorité ... 951
  - contentieux électoral ... 952
  - durée de l'accord ... 953
  - force obligatoire ... 954
  - modification, remise en cause et dénonciation ... 955
- Décision unilatérale de l'employeur :
  - mise en place ... 956
  - information et consultation du comité d'entreprise ... 957
  - nécessité d'un écrit ... 958
  - contenu de l'écrit ... 959
  - preuve de l'écrit ... 960
  - régime juridique ... 961
  - force obligatoire pour les salariés ... 962
  - force obligatoire pour l'employeur ... 963
  - restructuration de l'entreprise 964
  - dénonciation ... 965

➡ *Modalités de révision du régime : page 373*

Contenu des actes négociés

- Clauses obligatoires :
  - réexamen du choix de l'organisme assureur ... 967
  - clause relative à la pension de réversion ... 970
- Clauses prohibées :
  - discrimination fondée sur le sexe ... 972
  - perte des droits à prestations de retraite ... 973
  - discrimination fondée sur le lieu de résidence ... 974

➡ *Contenu minimal recommandé : page 376*

Modalités de mise en œuvre

940 L'instauration d'un régime de protection sociale complémentaire doit se fonder sur un acte juridique. Cet acte peut être soit une convention ou un accord collectif, soit une ratification par référendum, soit une décision unilatérale du chef d'entreprise (c. séc. soc. art. L. 911-1).

Informations préalables

Quel que soit le mode de mise en œuvre du régime de protection sociale complémentaire, il convient, préalablement à toute opération :
– de vérifier la convention collective de branche : en effet, celle-ci peut déjà prévoir le niveau de cotisations, leur répartition et le niveau de garantie minimal pour chaque risque. Si l'employeur ne met pas en place un régime couvrant les engagements pris par l'accord de branche vis-à-vis des salariés, il doit supporter la charge complémentaire (cass. soc. 19 juin 1990, n° 87-43560, BC V n° 294) ;
– de vérifier l'existence d'une clause de désignation : la convention collective de branche peut également comporter une clause désignant l'organisme assureur en charge du régime de ladite branche. S'il en existe une, l'entreprise ne peut y déroger ;
– d'informer et de consulter le comité d'entreprise ou, à défaut, les délégués du personnel, préalablement à la mise en place ou à la modification d'un régime de protection sociale complémentaire (c. trav. art. L. 432-3).

Conventions et accords collectifs

• Application de droit commun

941 L'employeur a la possibilité d'instituer un régime collectif de retraite supplémentaire par voie de convention ou d'accord collectif d'entreprise ou d'établissement (c. séc. soc. art. L. 911-1). Le régime peut donc être institué soit par avenant modifiant ou complétant une convention ou un accord collectif préexistant, soit par la conclusion d'un nouvel accord d'entreprise. Dans les deux cas, l'acte est régi par les dispositions de droit commun relatives à la négociation, la conclusion, la durée, la révision et la dénonciation des conventions et accords collectifs de travail (c. séc. soc. art. L. 911-3).

• Signataires à la négociation de l'accord collectif

942 L'employeur doit, en principe, négocier l'accord collectif avec les délégués syndicaux de l'entreprise. La nouvelle loi sur le dialogue social modifie les conditions de validité des accords collectifs d'entreprise conclus avec des délégués syndicaux (loi 2004-391 du 4 mai 2004, JO du 5 ; voir *RF Social*, Cahier juridique 35 « Négocier un accord collectif d'entreprise » ; Guide RF 2005-2 « Négocier un accord d'entreprise »).

D'une part, la validité de l'accord est désormais soumise soit à la signature d'organisations syndicales ayant recueilli au moins la moitié des suffrages exprimés au premier tour des dernières élections du comité d'entreprise ou, à défaut, des délégués du personnel, soit à l'absence d'opposition de telles organisations. En cas de carence aux élections professionnelles ou si la ou les organisations syndicales signataires n'ont pas obtenu la majorité aux dernières élections professionnelles, la convention ou l'accord collectif d'entreprise signé par un ou plusieurs délégués syndicaux devra impérativement être soumis à l'approbation de la majorité des salariés.

Pour savoir quelle est la condition de validité applicable à son entreprise, l'employeur doit se référer à la convention ou à l'accord collectif de branche applicable à son entreprise. Si la convention ou l'accord de branche ne prévoit rien en la matière, la validité de son accord d'entreprise est subordonnée à l'absence d'opposition d'organisations syndicales majoritaires aux dernières élections.

D'autre part, l'employeur a la possibilité de conclure un accord collectif d'entreprise avec des salariés mandatés, en l'absence de délégués syndicaux dans son entreprise, sous certaines conditions. Une convention ou un accord collectif de branche étendu doit prévoir cette possibilité et déterminer les thèmes ouverts à ce mode de négociation, les conditions d'exercice du mandat, etc.

• Champ d'application de la négociation

943 Les conventions et accords mettant en place des régimes de protection sociale complémentaire peuvent être conclus au niveau de la branche professionnelle d'application territoriale nationale, régionale ou locale (c. trav. art. L. 132-11 à L. 132-17) ou au niveau de l'entreprise (c. trav. art. L. 132-18 à L. 132-26).

• Contenu de la convention ou de l'accord

944 Outre les clauses obligatoires (voir §§ 967 à 970), la convention ou l'accord collectif doit décrire sommairement le mode de fonctionnement du régime. Il convient cependant de ne pas tomber dans une trop grande précision, laquelle pourrait conduire à une inadaptation du contrat d'assurance par rapport aux stipulations conventionnelles.

L'accord doit cependant (voir encadré p. 376):
– désigner les parties à l'accord,
– déterminer les établissements et salariés concernés,
– préciser si le régime est à adhésion obligatoire ou non,
– définir le type de garanties collectives servies par le régime et les décrire (ou renvoyer au contrat d'assurance souscrit),
– fixer l'assiette, le taux et la répartition des cotisations éventuelles,
– contenir les clauses obligatoires aux régimes de retraite supplémentaire,
– fixer la durée de l'accord, ses modalités de révision et de dénonciation, ainsi que les règles de publicité et de dépôt.

• Durée et remplacement de la convention ou de l'accord à durée déterminée

945 Si la convention ou l'accord peut être conclu pour une durée déterminée, en pratique cette limitation est incompatible avec la pérennité qu'implique un dispositif de retraite supplémentaire.

Les accords à durée déterminée sont donc peu fréquents.

À défaut de stipulations contraires, la convention ou l'accord à durée déterminée qui arrive à expiration continue de produire ses effets comme une convention ou un accord à durée déterminée (c. trav. art. L. 132-6, al. 1er).

Les partenaires sociaux peuvent cependant prévoir une clause de rupture automatique de l'accord collectif en cas de résiliation ou de non-renouvellement du contrat de garanties collectives.

• Durée et dénonciation de la convention ou de l'accord à durée indéterminée

946 Lorsqu'ils sont conclus pour une durée indéterminée, les conventions et accords collectifs peuvent cesser de s'appliquer par la volonté des parties. En effet, la loi prévoit qu'ils peuvent être dénoncés par leurs signataires. Ces accords doivent prévoir les conditions dans lesquelles ils peuvent être dénoncés et, notamment, la durée du préavis qui doit précéder la dénonciation. En l'absence de stipulation expresse, cette durée est de trois mois (c. trav. art. L. 132-8, al. 1er).

La dénonciation est notifiée par son auteur aux autres signataires de la convention ou de l'accord et doit donner lieu à dépôt auprès de la direction départementale du travail et de l'emploi du lieu de signature ainsi qu'au secrétariat-greffe du conseil de prud'hommes du lieu de conclusion (c. trav. art. L. 132-8, al. 2, L. 132-10 et R. 132-1).

Les salariés mis à la retraite avant la dénonciation de l'accord collectif instituant un régime de retraite à prestations définies ont droit au maintien du niveau de leur pension selon les modalités de revalorisation initiales (cass. soc. 17 mai 2005, n° 02-46581, BC V n° 170).

Toutefois, les retraités ne peuvent se prévaloir du bénéfice des modalités de revalorisation initiales que pour autant qu'aucun accord collectif se substituant à l'accord dénoncé ne soit applicable (cass. soc. 17 octobre 2006, n° 04-47183).

• Force obligatoire

947 La convention ou l'accord collectif relatif au régime collectif de retraite supplémentaire s'applique à l'ensemble des salariés concernés.

Projet d'accord ratifié par référendum

• Mode dérogatoire au droit commun de la négociation collective

948 Le régime collectif de retraite supplémentaire peut être mis en place par la ratification à la majorité des salariés intéressés d'un projet d'accord proposé par le chef d'entreprise, après information et consultation du comité d'entreprise (c. séc. soc. art. L. 911-1 et L. 911-5).

• Élaboration d'un projet d'accord

949 Contrairement à la solution retenue en matière d'intéressement et de participation où le choix du recours à la technique référendaire nécessite une consultation préalable des organisations syndicales (c. trav. art. L. 441-1), en matière de protection sociale complémentaire, ce choix relève de la seule décision du chef d'entreprise. L'employeur propose aux salariés un projet d'accord relatif aux garanties collectives de protection sociale complémentaire.

Le projet d'accord proposé par l'employeur peut comporter des dispositions plus favorables aux salariés que les dispositions légales et réglementaires en vigueur. Il ne peut toutefois pas déroger aux dispositions d'ordre public (c. séc. soc. art. L. 911-5 renvoyant à c. trav. art. L. 132-4).

À cet égard, il semble opportun d'introduire, dès le stade du projet d'accord, les clauses qui devront obligatoirement figurer dans l'accord et prohiber celles dont la mention est interdite par le code de la sécurité sociale. En effet, si le code de la sécurité sociale (art. L. 912-1 et s.) ne vise que l'«accord» et non le «projet d'accord», ce dernier pourrait voir sa validité remise en cause en cas de non-respect de ces dispositions d'ordre public.

Le cadre géographique de la mise en place d'une garantie collective par référendum est identique au champ d'application du régime de protection sociale complémentaire: l'établissement, un groupe d'établissements, l'entreprise ou le groupe.

• **Modalités d'organisation du référendum**

950 Les modalités d'organisation du référendum n'ont pas été fixées par le législateur, mais devaient être précisées par décret (c. séc. soc. art. L. 911-5). Ce dernier n'étant jamais paru, il est vivement conseillé de respecter les principes du droit électoral et les règles en matière d'élections professionnelles. Les modalités d'organisation du référendum peuvent donc se décomposer en plusieurs étapes successives:

❶ Information du comité d'entreprise. Le comité d'entreprise est obligatoirement informé et consulté préalablement à la mise en place des garanties collectives complémentaires (c. trav. art. L. 432-3, al. 8). La méconnaissance de cette obligation peut caractériser le délit d'entrave au fonctionnement régulier du comité d'entreprise.

❷ Information des intéressés. L'employeur doit communiquer à toutes les personnes entrant dans le champ d'application du futur régime de retraite supplémentaire le projet d'accord à ratifier afin que celles-ci puissent voter en connaissance de cause. Le délai entre la remise du projet d'accord et le vote des salariés concernés doit être suffisant. Une réunion d'information peut également être organisée.

❸ Rédaction facultative d'un protocole préélectoral. L'entreprise peut rédiger un protocole préélectoral dans un souci de transparence: celui-ci mentionnera les modalités pratiques de vote, la composition et le rôle du bureau de vote (voir *RF Social*, Cahier juridique 9, § 1).

❹ Déroulement du vote. Le vote doit se dérouler pendant le temps de travail et sur le site de l'entreprise ou de l'établissement. Les règles de droit électoral s'appliquent (vote à bulletin secret, isoloir, etc.). Une liste d'émargement est établie, les bulletins sont dépouillés et les résultats sont proclamés dans les conditions de droit commun. Le vote par correspondance est également admis.

❺ Proclamation des résultats, publicité et dépôt. Un procès-verbal est établi par le bureau de vote et annexé à l'accord ratifié. Il n'existe pas de formalité de dépôt, ni de publication, *a contrario* des accords collectifs de travail.

On notera que la Cour de cassation a validé un référendum qui n'avait été formalisé que par la signature d'un courrier à l'assureur, par la majorité des salariés, sans respecter aucune formalité spécifique de vote (cass. soc. 21 mars 2002, n° 1032 FD). Mais il s'agit, selon nous, d'un arrêt d'espèce et il est conseillé de respecter les principes du droit électoral afin d'assurer l'objectivité et la sincérité du vote.

• **Règle de majorité**

951 Le projet est ratifié à la majorité des salariés intéressés (c. séc. soc. art. L. 911-1). Ceux-ci s'entendent des salariés de l'entreprise appartenant aux catégories concernées par la couverture et des bénéficiaires directs de prestations. Il s'agit d'une majorité simple des suffrages valablement exprimés, sous réserve que la

totalité des personnes intéressées ait pu prendre part au vote (rép. min. QE 5324, JO AN 14 janvier 1953, p. 76).

Exemple Une décision concernant 1 000 travailleurs peut être considérée comme ayant recueilli l'accord des intéressés lorsque 200 d'entre eux s'étant abstenus, 50 ayant remis un bulletin blanc et 30 un bulletin nul, 361 au moins ont émis un vote favorable.

À la différence du référendum en matière d'intéressement ou de participation (c. trav. art. L. 441-1), il n'est pas exigé une majorité des deux tiers du personnel pour la ratification du projet d'accord sur la protection sociale complémentaire.

• **Contentieux électoral**

952 Les accords référendaires sont soumis aux dispositions du code du travail relatives au contentieux électoral. Ainsi, les contestations relatives à l'électorat et à la régularité des opérations électorales sont de la compétence du tribunal d'instance qui statue en dernier ressort. Le jugement peut faire l'objet d'un pourvoi en cassation (c. séc. soc. art. L. 911-5 renvoyant à c. trav. art. L. 423-15).

• **Durée de l'accord**

953 Comme pour la convention ou l'accord collectif, l'accord ratifié par référendum peut être conclu pour une durée déterminée, sans toutefois que cette durée ne puisse dépasser cinq ans, ou pour une durée indéterminée. À défaut de stipulations contraires, l'accord ratifié à durée déterminée qui arrive à expiration continue à produire ses effets comme un accord ratifié à durée indéterminée (c. séc. soc. art. L. 911-5 renvoyant à c. trav. art. L. 132-6).

Lorsqu'il entend ne faire ratifier un accord que pour une durée déterminée, le chef d'entreprise devra veiller à introduire dans le projet une clause claire et précise excluant toute prorogation des effets après l'arrivée du terme. Sans cette mention expresse, l'accord aura les effets d'un accord à durée indéterminée.

Seule une dénonciation peut mettre fin à la tacite prorogation d'un accord.

En pratique, très peu d'accords sont conclus à durée déterminée parce qu'il est difficile de concevoir qu'un régime de retraite puisse s'arrêter brutalement. De tels accords sont, de ce fait, très souvent reconduits.

• **Force obligatoire**

954 Le projet d'accord ratifié par référendum a la même force obligatoire qu'un accord collectif. Il s'impose donc à tous les salariés concernés, même à ceux qui ont voté négativement ou qui se sont abstenus, et autorise ainsi l'employeur à précompter une cotisation sur leur rémunération.

• **Modification, remise en cause et dénonciation**

955 Les modalités de modification, de remise en cause en raison, notamment, d'une fusion, d'une cession, d'une scission ou d'un changement d'activité, ou la dénonciation de l'accord obtenu par référendum doivent être fixées par décret en Conseil d'État (c. séc. soc. art. L. 911-5). Ce dernier n'étant jamais paru, il convient de se référer aux décisions rendues par les juges en la matière.

Qu'il ait été créé par voie d'accord collectif ou à la suite d'une ratification par la majorité des intéressés d'une proposition patronale, le régime de retraite supplémentaire peut indifféremment être modifié ou révisé selon l'une ou l'autre forme. Même si les salariés ratifient le projet d'accord, celui-ci met en place des droits collectifs qui ne s'incorporent pas aux contrats de travail. Il peut donc être modifié sans l'accord du salarié (cass. soc. 10 février 1999, n° 97-13015, BC V n° 63).

Le fait qu'un régime résulte d'un engagement unilatéral ratifié par référendum ne fait pas obstacle à sa dénonciation unilatérale par l'employeur dès lors que cette dénonciation intervient en dehors de toute condition fautive et qu'elle respecte les règles suivantes: information et consultation du comité d'entreprise, information individuelle des salariés, respect d'un délai de prévenance (cass. soc. 26 septembre 2002 n° 01-00550).

Lors d'une opération de fusion, le régime de retraite supplémentaire mis en place par référendum n'est pas automatiquement remis en cause, il reste en vigueur nonobstant toute clause du contrat de travail (cass. soc. 6 décembre 2005, n° 03-46538). Les statuts collectifs de l'entreprise absorbée et de l'entreprise absorbante coexistent tant qu'aucune dénonciation n'intervient et les salariés transférés peuvent se prévaloir du bénéfice des deux statuts.

Décision unilatérale de l'employeur

- **Mise en place**

956 L'employeur peut instituer, par simple décision unilatérale, des garanties collectives de protection sociale complémentaire (c. séc. soc. art. L. 911-1).

- **Information et consultation du comité d'entreprise**

957 Le comité d'entreprise doit être informé et consulté préalablement à la mise en place des garanties collectives complémentaires (c. trav. art. L. 432-3, al. 8).

- **Nécessité d'un écrit**

958 La décision unilatérale de l'employeur d'instituer un régime de protection sociale complémentaire doit faire l'objet d'un écrit adressé à chaque salarié concerné (c. séc. soc. art. L. 911-1).

- **Contenu de l'écrit**

959 La loi ne précise pas quel doit être le contenu de cet écrit, à l'exception des clauses obligatoires prévues (c. séc. soc. art. L. 912-1). Ce document écrit doit régler l'ensemble des rapports juridiques existants entre l'employeur et ses salariés à l'occasion de la mise en place du système de protection sociale complémentaire. Il doit, notamment, comporter des explications sur la nature et les modalités d'application des garanties souscrites, sur le taux et la répartition des cotisations, la durée de l'engagement souscrit, les modalités de remise en cause ou de dénonciation de l'engagement.

- **Preuve de l'écrit**

960 L'employeur devra apporter la preuve qu'il a effectivement remis l'écrit matérialisant sa décision à chaque salarié concerné. En cas de litige, ce document est susceptible d'apporter des précisions sur les droits du salarié et les obligations de l'employeur.

- **Régime juridique**

961 Aucun régime juridique spécifique à la décision unilatérale n'est prévu par la loi et celle-ci ne renvoie à aucune disposition du code du travail.

La décision du chef d'entreprise ne vaut, dès lors, que comme un simple engagement unilatéral pris envers ses salariés dont ceux-ci peuvent se prévaloir tant que le terme fixé pour son application n'est pas atteint (décision unilatérale à durée déterminée) ou tant que l'engagement n'est pas remis en cause (décision unilatérale à durée indéterminée).

• **Force obligatoire pour les salariés**

962 La décision unilatérale permet, en principe, à l'employeur d'obliger les salariés à adhérer au régime. Un employeur ne peut toutefois pas imposer unilatéralement à un salarié le paiement d'une cotisation servant à financer un système de protection sociale complémentaire si ces garanties ont été instituées postérieurement à son embauche.

Cependant, si le régime mis en place ne comporte pas de cotisation salariale, ou si cette dernière est prise en charge par l'employeur, les salariés concernés seront obligatoirement affiliés à la nouvelle couverture.

S'il y a une cotisation salariale, l'employeur doit s'assurer que les salariés ne s'opposent pas à son précompte. Si un ou plusieurs salariés manifestent leur refus, la couverture sera nécessairement à adhésion facultative, avec les conséquences fiscales que cela implique.

Par contre, en ce qui concerne les salariés embauchés après la mise en place de la couverture, celle-ci faisant partie de leurs conditions d'embauche, l'affiliation sera obligatoire (rép. min. QE 29840, JO AN du 6 novembre 1995 ; cass. soc. 17 octobre 2000, n° 98-40288, BC V n° 330).

• **Force obligatoire pour l'employeur**

963 Si un tel régime n'a pas obligatoirement de force obligatoire pour le salarié, il est pour l'employeur nécessairement contraignant. En effet, une fois que l'employeur a pris un tel engagement, il ne peut en sortir qu'en le dénonçant. Pire, s'il s'est engagé à assurer un certain niveau de prestations, la non-exécution d'un tel engagement, même si elle résulte d'une faute de l'organisme assureur, oblige l'employeur à financer directement cet avantage (cass. soc. 9 juillet 1997, n° 93-41798, BC V n° 259).

• **Restructuration de l'entreprise**

964 En cas de restructuration de l'entreprise, la décision unilatérale de l'employeur est transférée au nouvel employeur. À défaut de précisions dans les textes, la décision unilatérale obéit au même régime juridique que l'usage.

En cas de restructuration, l'usage se transfère au nouvel employeur (cass. soc. 6 avril 1994, n°s 92-43258 et 92-43310, BC V n° 131 ; cass. soc. 11 décembre 2001, n° 99-41565). Ce dernier est donc tenu de respecter la décision unilatérale de l'ancien employeur, sauf à la dénoncer en respectant la procédure de dénonciation des usages.

• **Dénonciation**

965 Les textes ne prévoient pas les conditions dans lesquelles le régime de protection sociale complémentaire mis en place par décision unilatérale de l'employeur peut être modifié ou dénoncé. Il convient donc d'appliquer les principes dégagés par les juges concernant les modification, dénonciation ou remise en cause des usages, accords atypiques ou engagements unilatéraux de l'employeur.

Pour qu'une telle modification ou dénonciation soit opposable aux salariés concernés, il est nécessaire de respecter trois conditions cumulatives :
– informer et consulter les institutions représentatives du personnel,
– respecter un délai de préavis suffisant,
– établir une notification individuelle par écrit à chaque intéressé.

La dénonciation de l'usage instituant une prime postérieurement à la mise à la retraite du salarié ne remet pas en cause cet avantage après la liquidation de la retraite (cass. soc. 30 novembre 2004, n° 02-45367, BC V n° 307).

Modalités de révision du régime

La loi prévoit expressément la possibilité de substituer (c. séc. soc. art. L. 911-5, al. 2) :
– une convention collective ou un accord d'entreprise à une décision unilatérale de l'employeur ou à un accord ratifié par référendum,
– ou ce même accord ratifié à la décision unilatérale de l'employeur.

Les conditions de substitution doivent être déterminées par un décret à paraître.

Ainsi :
– un accord collectif pourra modifier un accord obtenu par référendum ou une décision unilatérale de l'employeur ;
– un accord obtenu par référendum ne pourra pas modifier un accord collectif mais pourra modifier une décision unilatérale ou un autre accord obtenu par référendum ;
– une décision unilatérale ne pourra pas modifier un accord collectif ou un accord obtenu par référendum mais pourra se substituer à une autre décision unilatérale.

Les salariés admis à la retraite postérieurement à la date d'entrée en vigueur d'un nouveau régime résultant d'un accord collectif, qui se substitue au précédent accord, n'ont aucun droit à bénéficier d'une liquidation de leur retraite supplémentaire selon les modalités du régime antérieur (cass. soc. 28 mai 2002, n° 00-12918, BC V n° 181).

De plus, un régime de retraite supplémentaire créé par voie d'accord collectif ou à la suite d'une ratification par la majorité des intéressés d'une proposition de l'employeur peut être indifféremment modifié ou révisé selon l'une ou l'autre forme (cass. soc. 10 février 1999, n° 97-13015, BC V n° 63).

Les différentes possibilités de révision du régime de protection sociale complémentaire sont récapitulées dans le tableau ci-après.

Modalités de révision du régime

Modalités de mise en place du régime / Modalités de révision du régime	Accord collectif d'entreprise	Projet d'accord ratifié par référendum	Décision unilatérale de l'employeur
Accord collectif	Oui	Oui	Oui
Accord ratifié par référendum	Non	Oui	Oui
Décision unilatérale	Non	Non	Oui

Contenu des actes négociés

966 Les clauses devant obligatoirement figurer dans les conventions, accords et décisions en application du code de la sécurité sociale sont peu nombreuses mais sont très importantes.

Par ailleurs, seules quelques clauses sont prohibées.

En dehors de ces quelques obligations, le contenu des accords et décisions unilatérales relève de la libre appréciation des parties à l'acte.

Clauses obligatoires

- **Réexamen du choix de l'organisme assureur**

967 **Validité des clauses de désignation.** Les accords professionnels ou interprofessionnels peuvent prévoir une mutualisation des risques dont ils organisent la couverture auprès d'un ou de plusieurs organismes auxquels adhèrent obligatoirement les entreprises relevant du champ d'application de ces accords.

Des clauses dites de désignation choisissent alors un organisme assureur (société d'assurances, institution de prévoyance ou mutuelle nommément désignée) comme gestionnaire exclusif des garanties de prévoyance.

La validité de ces clauses est reconnue dès lors que les accords ou les décisions dans lesquels elles sont insérées prévoient une mutualisation des risques et précisent les conditions d'organisation de cette mutualisation (loi 94-678 du 8 août 1994, JO du 10). Toutefois, elle impose un réexamen du choix de l'organisme.

Antérieurement, cette validité était dénoncée, principalement par les sociétés d'assurances, lesquelles y voyaient une atteinte au principe de libre concurrence. Elles ont ainsi mis en cause la validité de la désignation de l'IRPVRP-INRP par l'accord ayant mis en place le régime obligatoire de prévoyance des cadres (« convention collective » nationale du 14 mars 1947, art. 7) pour l'affiliation des entreprises employant des VRP. À tort, a répondu la Cour de cassation, puisque ce régime n'est pas soumis au principe de libre concurrence (cass. soc. 10 mars 1994, n° 91-11516, BC V n° 87).

968 **Modalités de révision de la clause de désignation.** Lorsqu'une clause de désignation est prévue dans un accord professionnel ou interprofessionnel, les modalités de révision de la clause doivent être précisées (c. séc. soc. art. L. 912-1).

Cette obligation existe également lorsque l'accord d'entreprise, l'accord ratifié ou la décision unilatérale de l'employeur contient une clause de désignation (c. séc. soc. art. L. 912-2).

Quel que soit l'accord, la révision doit avoir lieu au moins tous les 5 ans (c. séc. soc. art. L. 912-1 et L. 912-2).

Concernant les conditions dans lesquelles le réexamen quinquennal doit être effectué, un appel d'offre ou une procédure d'audit externe peut notamment être envisagé (rép. min. QE 18186, JO AN 25 janvier 1999).

969 **Mise en conformité de la clause de désignation.** Le problème de la mise en conformité se pose dans l'hypothèse suivante : un accord professionnel ou interprofessionnel comportant une clause de désignation s'applique à une entreprise qui, antérieurement à sa date d'effet, a adhéré ou souscrit un contrat auprès d'un organisme différent de celui qui a été désigné pour garantir les mêmes risques à niveau équivalent.

Dans ce cas, les dispositions de l'accord d'entreprise doivent être adaptées en conséquence (c. séc. soc. art. L. 912-1, al. 2 ; c. trav. art. L. 132-23).

Cette règle ne s'applique que si le contrat conclu antérieurement prévoit les mêmes risques à un niveau équivalent.

• **Clause relative à la pension de réversion**

970 L'acte de mise en place doit obligatoirement définir les conditions d'attribution d'une pension de réversion au conjoint séparé de corps ou divorcé non remarié (quelle que soit la cause de la séparation de corps ou du divorce). En cas d'attribution d'une pension de réversion au conjoint survivant et au conjoint divorcé, les droits de chacun d'eux ne peuvent pas être inférieurs à la part qui lui reviendrait si celle-ci était calculée en fonction de la durée respective de chaque mariage (c. séc. soc. art. L. 912-4).

Clauses prohibées

971 Le code de la sécurité sociale interdit, à peine de nullité, la mention de certaines dispositions dans les conventions, accords ou décisions.

• **Discrimination fondée sur le sexe**

972 Aucune disposition comportant une discrimination fondée sur le sexe ne peut être insérée dans les conventions, accords ou décisions (c. séc. soc. art. L. 913-1).

Ce principe de non-discrimination ne fait cependant pas obstacle à des dispositions particulières ayant trait à la protection de la femme en cas de maternité.

En particulier, les prestations en cas de décès doivent concerner les veufs et non plus seulement, comme cela pouvait être le cas auparavant, les seules veuves.

En effet, la rédaction antérieure de l'article L. 913-1 du code de la sécurité sociale faisait exception à ce principe, s'agissant de la fixation de l'âge de la retraite et des conditions d'attribution des pensions de réversion. Mais, pour mettre le droit français en conformité avec les dispositions communautaires, l'ordonnance 2001-178 du 22 février 2001 a abrogé le dernier alinéa de l'article L. 913-1 du code de la sécurité sociale.

L'article 119 du traité de Rome s'applique aux régimes de retraite complémentaire tel que le régime français de retraite des cadres (AGIRC). Il s'oppose à ce que ces régimes opèrent une discrimination entre travailleurs masculins et féminins au regard de l'âge auquel leur conjoint peut bénéficier d'une pension de réversion à la suite du décès de ces travailleurs (CJCE 25 mai 2000, aff. 50/99).

• **Perte des droits à prestations de retraite**

973 Il est interdit d'insérer dans les actes instituant la retraite supplémentaire des dispositions entraînant, pour les salariés (ou anciens salariés), la perte des droits à retraite acquis ou en cours d'acquisition (y compris les droits à réversion), en cas d'insolvabilité de l'employeur ou de transfert d'entreprises, d'établissements ou de parties d'établissements à un autre employeur, résultant d'une cession conventionnelle ou d'une fusion (c. séc. soc. art. L. 913-2).

• **Discrimination fondée sur le lieu de résidence**

974 Les salariés, ou leurs ayants droit, doivent bénéficier des mêmes prestations, dans des conditions identiques, qu'ils résident sur le territoire national ou dans un autre État membre de l'Union européenne ou de l'Espace économique européen : aucuns frais supplémentaires ne peuvent être réclamés (c. séc. soc. art. L. 913-3). Les clauses qui assureraient différemment le maintien des droits à retraite suivant la domiciliation des bénéficiaires seraient donc nulles.

Contenu minimal recommandé

Il est vivement recommandé que les conventions, accords ou décisions prévoient :
– la définition des salariés qui bénéficieront de la couverture. Devront notamment être précisées la ou les catégories de salariés qui seront couverts (définition géographique et/ou professionnelle, par exemple). La situation de certains salariés (salariés en arrêt de travail, par exemple) au regard de l'affiliation pourra, par ailleurs, être définie ;
– la nature du régime : celui-ci peut être collectif ou individuel, obligatoire ou facultatif ;
– le niveau de chacune des garanties et, le cas échéant, les possibilités de choix, pour chaque salarié, entre plusieurs garanties ou niveaux de garanties ;
– les limitations et les exclusions de garanties ;
– les modalités de calcul, de versement et de réévaluation des prestations ;
– le taux et le montant des cotisations, ainsi que les modalités de leur répartition entre les employeurs et salariés (le taux des cotisations garanties pourra être mentionné) ;
– la durée des conventions, accords ou décisions (durée déterminée ou indéterminée) ;
– les modalités de révision et de dénonciation des conventions, accords ou décisions.

Régime fiscal des cotisations et prestations

§§

Régime fiscal des cotisations applicable à l'entreprise 990

Régime fiscal des cotisations applicable au salarié bénéficiaire d'un régime collectif obligatoire

- Présentation générale 991
- Conditions de déductibilité :
  - – régime permettant la constitution d'une véritable pension de retraite 993
  - – pension stipulée payable, au plus tôt, à l'âge normal 994
  - – participation effective de l'employeur 995
  - – contrats passés avec un organisme d'assurance 996
  - – taux uniforme 997
  - – régime exclusif de tout versement en capital 998
- Limites de déductibilité :
  - – principe 999
  - – limite d'exonération 1000
  - – imposition des excédents 1002

§§

- Salariés impatriés et autres salariés venant travailler en France :
  - – salariés impatriés 1003
  - – situation des autres salariés venant travailler en France 1004
- Période transitoire :
  - – affiliation à un régime obligatoire avant le 25 septembre 2003 .. 1005
  - – anciennes limites de déductibilité 1006
  - – choix annuel et global 1009

➡ *Tableau récapitulatif : page 383*

Fiscalité applicable au salarié bénéficiaire d'un régime facultatif

- Fiscalité des contrats d'assurance facultatifs (collectif ou individuel) 1010
- Cas particulier des régimes à prestations définies facultatifs ... 1011

Régime fiscal des prestations

- Pensions versées par l'entreprise à d'anciens membres du personnel 1012
- Impôt sur le revenu 1013

Régime fiscal des cotisations applicable à l'entreprise

990 Il s'agit, ici, de déterminer si les primes et les cotisations patronales destinées à financer le régime de retraite supplémentaire peuvent ou non être déduites du résultat imposable de l'entreprise.

En principe, seules les cotisations finançant un régime de retraite supplémentaire collectif à adhésion obligatoire géré par un organisme juridiquement indépendant sont déductibles du résultat imposable de l'entreprise (pour les règles générales de déduction, voir « Détermination du résultat (BIC-IS) », *RF* 946, §§ 222 et 340, et §§ 550 à 554).

Les cotisations aux régimes collectifs gérés directement par l'entreprise ou par un organisme extérieur, mais facultatifs pour le personnel, ne sont pas déductibles (pour les provisions pour retraite du personnel, voir *RF* 946, §§ 880 et 881).

Régime fiscal des cotisations applicable au bénéficiaire d'un régime collectif obligatoire

Présentation générale

991 Les cotisations versées aux régimes de l'assurance vieillesse de la sécurité sociale ainsi qu'aux régimes de retraite légalement obligatoires sont intégralement déductibles. En revanche, la déduction des cotisations aux régimes de retraite supplémentaire est limitée. Il s'agit, ici, de déterminer si les cotisations versées par le salarié à des régimes supplémentaires sont déductibles de sa rémunération et si les cotisations patronales constituent ou non une rémunération imposable au titre de l'impôt sur le revenu.

Conditions de déductibilité

992 Pour permettre au salarié de déduire les cotisations de sa rémunération, le régime de retraite d'entreprise doit répondre aux conditions suivantes (BO 5 F-15-05; voir «Retraite et prévoyance», RF 943, §§ 2-1 à 2-29):
– il doit s'agir d'un régime collectif à adhésion obligatoire à gestion externalisée: l'adhésion doit s'imposer à l'ensemble du personnel, ou à une catégorie de salariés définie de manière objective;
– le taux des cotisations finançant le régime, dont une part est assurée par l'entreprise, doit être uniforme à l'égard de toutes les personnes appartenant à la même catégorie de personnel;
– la prestation doit être servie à l'âge de la retraite, sous forme de rente viagère et être réversible.

• Régime permettant la constitution d'une véritable pension de retraite

993 Les cotisations ou primes sont déductibles dans la limite d'un plafond exprimé en pourcentage de la rémunération annuelle brute, si elles sont versées aux régimes de retraite supplémentaire:
– mis en place dans l'entreprise, dans les conditions prévues à l'article L. 911-1 du code de la sécurité sociale (voir fiche 24);
– auxquels le salarié est affilié à titre obligatoire.

• Pension stipulée payable, au plus tôt, à l'âge normal de départ à la retraite

994 La pension doit être stipulée payable, au plus tôt, à l'âge normal de départ à la retraite, c'est-à-dire à l'âge à partir duquel le salarié peut bénéficier de la pension vieillesse d'un régime obligatoire d'assurance vieillesse, de base ou complémentaire, ou à l'âge de 60 ans.

La pension peut être stipulée réversible sur la tête du conjoint survivant ou des enfants à charge, ou, le cas échéant, sur celle d'un bénéficiaire désigné.

• Participation effective de l'employeur

995 Les cotisations doivent comporter une participation effective de l'employeur. Cette participation peut présenter, au minimum, une part significative ou, au maximum, la totalité des cotisations.

La seule prise en charge, par l'employeur, des frais de mise en place et de gestion du régime ne constitue pas une participation significative de sa part au financement de ce régime.

- **Contrats passés avec un organisme d'assurance**

996 L'employeur qui met en place un régime de retraite supplémentaire doit avoir passé un contrat d'assurance de groupe qui s'impose à la totalité du personnel appartenant à une catégorie donnée.

Une entreprise ne comportant qu'un nombre limité de salariés ou même un seul, appartenant à une catégorie donnée, définie de manière générale et impersonnelle selon des critères non restrictifs, a la possibilité d'adhérer à un contrat d'assurance de groupe. En pareil cas, le contrat peut se présenter sous la forme d'un contrat collectif obligatoire ouvert à plusieurs entreprises. Le groupe ainsi constitué doit répondre aux exigences de la réglementation particulière à ce type d'assurance.

- **Taux uniforme**

997 Les cotisations doivent être fixées à un taux uniforme à l'égard de toutes les personnes appartenant à une même catégorie objective de personnel. Ces dispositions n'interdisent pas une modulation du taux de cotisation par tranche de rémunération, c'est-à-dire par fraction de rémunération égale au plafond de la sécurité sociale.

Bien entendu, les sommes issues d'un compte épargne-temps, qui correspondent à un abondement en temps ou en argent de l'employeur, versées par les bénéficiaires en application d'une convention ou d'un accord collectif à un régime de retraite supplémentaire collectif et obligatoire sont sans incidence sur l'application de la règle du taux uniforme.

- **Régime exclusif de tout versement en capital**

998 Les cotisations doivent correspondre à un régime exclusif de tout versement d'un capital, même s'il s'agit d'une option entre cette formule et le versement d'arrérages au moment du départ à la retraite.

Ainsi, les régimes ne peuvent prévoir de faculté de rachat, même partiel, excepté en cas d'expiration des droits de l'assuré aux allocations d'assurance chômage prévues par le code du travail en cas de licenciement, en cas de cessation d'activité non salariée de l'assuré à la suite d'un jugement de liquidation judiciaire, en cas d'invalidité de l'assuré de 2e et 3e catégories (voir § 924).

Le rachat des rentes est autorisé également lorsque les quittances d'arrérages mensuelles ne dépassent pas 40 € (72 € précédemment ; c. ass. art. A 160-2).

Aussi, le fait que les contrats d'assurance de groupe prévoient le versement de rentes variables ou par paliers ayant pour effet soit de liquider une fraction significative des droits viagers sur une très courte période, soit, au contraire, d'en différer la liquidation à une date très tardive, de sorte qu'il pourrait s'analyser en une sortie partielle en capital, serait susceptible de remettre en cause la déductibilité des cotisations.

En revanche, les contrats d'assurance de groupe peuvent prévoir des garanties complémentaires en cas de décès de l'adhérent avant (contre-assurance décès qui, le cas échéant, peut valablement consister en la contrepartie de la provision mathématique) ou après la mise en service de la rente viagère (réversion, notamment), ainsi qu'en cas d'invalidité ou d'incapacité.

Limites de déductibilité

• Principe

999 Sauf application du régime transitoire (voir § 1005), les cotisations ou primes versées aux organismes de retraite supplémentaire sont déductibles de la rémunération imposable du salarié bénéficiaire dans la limite d'un plafond annuel.

• Limite d'exonération

1000 **8 fois le plafond annuel de la sécurité sociale.** Les cotisations et primes versées aux régimes obligatoires de retraite supplémentaire sont déductibles du salaire brut dans la limite de 8 % de la rémunération annuelle brute retenue à concurrence de 8 fois le plafond annuel de la sécurité sociale.

Ainsi, pour 2007, le plafond est fixé à:
8 % × (8 × 32 184 €) = 20 597,76 €, arrondis à 20 598 €.

1001 **Modalités d'appréciation de cette limite d'exonération.** Pour apprécier ce plafond, il convient de tenir compte des cotisations salariales et patronales finançant les régimes collectifs de retraite et l'abondement éventuel versé par l'entreprise dans le cadre d'un PERCO.

Lorsque l'abondement de l'employeur au PERCO est supérieur au plafond de déduction dont bénéficie le salarié, compte tenu du montant de sa rémunération:
– la possibilité de déduction au titre des cotisations obligatoires de retraite supplémentaire est utilisée en totalité,
– mais la fraction excédentaire correspondant à l'abondement de l'employeur ne constitue pas un complément de rémunération imposable.

Seules les cotisations à des régimes de retraite supplémentaire sont prises en compte pour le calcul du plafond de déductibilité, les cotisations versées aux régimes de retraite complémentaire obligatoires étant exonérées.

Les sommes issues du compte épargne-temps, qui correspondent à un abondement en temps ou en argent de l'employeur, versées en application d'une convention ou d'un accord collectif à un régime de retraite supplémentaire collectif et obligatoire sont exonérées d'impôt sur le revenu, dans la limite globale du plafond visé ci-dessus. Elles bénéficient en effet du régime des cotisations de retraite supplémentaire (y compris dans le cadre du régime transitoire ; voir § 1005).

• Imposition des excédents

1002 La part de cotisations dépassant la limite d'exonération constitue un revenu à inclure dans la rémunération du salarié: la part salariale n'est pas déductible de la rémunération brute et la part patronale est considérée comme un complément de salaire.

Exemple Un cadre supérieur est affilié à un régime de retraite supplémentaire obligatoire. Sa rémunération annuelle brute en 2006 est de 65 000 €. Les cotisations de retraite supplémentaire sont de 5 % de la rémunération brute, dont 1,8 % de part salariale et 3,2 % de part patronale (1 170 € en part salariale et 2 080 € en part patronale, soit 3 250 €).

1) Les cotisations patronales et salariales représentent au total 3 250 €, tandis que sa limite d'exonération sur 2006 est de 65 000 × 8 % = 5 200 €. Il n'y a donc pas de réintégration fiscale à opérer.

2) Si le cadre bénéficie d'un abondement à un PERCO pour 3 500 €, la limite est de 5 200 € – 3 500 € = 1 700 €. Le plafond de déduction est alors dépassé: il convient donc de réintégrer dans la rémunération un total de 3 250 – 1 700 = 1 550 €.

L'excédent doit être ventilé en une part patronale et une part salariale, au prorata de la part de cotisations supportée respectivement par l'employeur et le salarié.

Exemple Dans le cas visé au 2) de l'exemple précédent, l'excédent de part salariale s'élève à :

1 550 € × (1 170 € / 3 250 €) = 414 €.

L'excédent de part patronale s'élève à :

1 550 € × (2 080 € / 3 250 €) = 736 €.

La somme de 414 € n'est pas déductible de la rémunération brute et celle de 736 € doit être ajoutée à la rémunération brute.

Salariés impatriés et autres salariés venant travailler en France

• Salariés impatriés

1003 Les salariés et mandataires sociaux appelés par une entreprise établie à l'étranger à exercer temporairement leur activité auprès d'une entreprise établie en France (impatriés) peuvent déduire, jusqu'au 31 décembre de la cinquième année suivant celle de leur prise de fonctions en France, dans certaines limites qui tiennent compte des versements de l'employeur, les cotisations aux régimes de retraite supplémentaire auxquels ils étaient affiliés, ès qualités, avant leur arrivée en France.

La limite de déduction est égale à 8 % de la rémunération brute annuelle retenue :
– hors supplément de salaire versé au titre de l'impatriation, qui est exonéré,
– dans la limite de 8 fois le plafond annuel de sécurité sociale.

Rappelons que ce régime concerne uniquement les salariés et certains dirigeants (CGI art. 80 ter) qui n'étaient pas domiciliés fiscalement en France au cours de la période de 5 années précédant leur venue pour occuper un emploi auprès d'une entreprise établie en France (CGI art. 81 B-I).

Les cotisations aux régimes de retraite sont déductibles dans les conditions suivantes (BO 5 F-12-05, nos 34 à 41) :
– elles doivent respecter soit la définition de l'article 3 de la directive 98/49/CE du conseil du 29 juin 1998 relative à la sauvegarde des droits à pensions complémentaires des travailleurs salariés et non salariés qui se déplacent à l'intérieur de l'UE, soit des conditions prévues par une convention ou un accord de sécurité sociale ;
– il doit s'agir d'une affiliation à des régimes de retraite professionnels, facultatifs ou obligatoires, fonctionnant en répartition ou en capitalisation, à l'exclusion des contrats individuels d'assurance retraite souscrits à titre personnel, sans relation avec l'emploi occupé ;
– ces régimes doivent être reconnus par une attestation de l'entreprise étrangère remise au salarié certifiant son affiliation antérieure et le versement des cotisations annuelles.

• Situation des autres salariés venant travailler en France

1004 Sans préjudice, le cas échéant, des stipulations des conventions fiscales internationales, les autres salariés venant exercer leur activité professionnelle en France peuvent déduire de leur rémunération imposable, dans les conditions et limites définies prévues aux paragraphes 992 à 1002, les cotisations qu'ils continuent de verser :
– aux régimes de retraite supplémentaire répondant aux conditions définies par la directive 98/49/CE du 29 juin 1998,
– auxquels ils étaient affiliés, avant leur arrivée en France, dans un État membre de l'UE, en Islande ou en Norvège.

Période transitoire

• Affiliation à un régime obligatoire mis en place avant le 25 septembre 2003

1005 Pour les salariés affiliés à des régimes collectifs de retraite supplémentaire à adhésion obligatoire mis en place avant le 25 septembre 2003, les anciennes limites de déductibilité des cotisations peuvent continuer à s'appliquer, si elles sont plus favorables, et ce, jusqu'à l'imposition des revenus 2008 (CGI art. 83-2° 0 bis).

En pratique, les entreprises seront généralement amenées à procéder à deux séries de calcul (nouvelles règles, anciens mécanismes) pour déterminer le régime à appliquer au salarié.

Si, à la lecture du texte de loi (loi 2003-775 du 21 août 2003, art. 111, JO du 22), ce dispositif ne semblait concerner que les salariés présents dans l'entreprise avant le 25 septembre 2003, l'administration fiscale a souhaité éviter que des salariés affiliés aux mêmes régimes d'entreprise de retraite supplémentaire soient traités différemment selon leur date d'entrée dans l'entreprise (BO 5 F-15-05). Ainsi, les salariés entrés dans l'entreprise à compter du 25 septembre 2003 et affiliés à des régimes institués avant le 25 septembre 2003 bénéficient des mesures transitoires, si elles leur sont plus favorables, aux taux de cotisation en vigueur avant le 25 septembre 2003.

Par ailleurs, si les taux de cotisation évoluent alors que le salarié a bien été affilié à titre obligatoire avant le 25 septembre 2003, seuls seront pris en compte, dans le dispositif de calcul transitoire, les taux en vigueur à cette date.

• Limites de déductibilité du régime transitoire

1006 **Plafond.** Dans le régime transitoire, les cotisations aux régimes obligatoires de retraite ou de prévoyances complémentaires sont déductibles dans une limite fixée à 19 % d'une somme égale à 8 fois le plafond annuel de la sécurité sociale.

Pour 2007, le plafond s'élève à:
19 % × (32 184 € × 8) = 48 919,68 €, arrondis à 48 919 €.

À l'intérieur de ce plafond, les versements aux seuls régimes complémentaires de prévoyance sont déductibles dans la limite de 3 % du plafond annuel de la sécurité sociale.

1007 **Cotisations à prendre en compte.** Doivent être prises en compte, pour vérifier le respect de cette limite, les cotisations patronales et salariales, d'assurance vieillesse de la sécurité sociale, les cotisations de retraite complémentaire AGIRC et ARRCO (y inclus la CET mais hors cotisations AGFF et APEC) et les cotisations de prévoyance complémentaire et de retraite supplémentaire obligatoire dans l'entreprise.

Seuls les taux de cotisations en vigueur avant le 25 septembre 2003 seront pris en compte dans le dispositif de calcul transitoire.

Selon l'AGIRC et l'ARRCO (lettre commune AGIRC-ARRCO du 12 avril 2001), on ne doit pas tenir compte des cotisations AGFF. Cette position a été confirmée par l'administration fiscale.

1008 **Tempérament en cas de dépassement du seuil de 19 %.** En cas de dépassement de la limite, il convient de distinguer deux hypothèses (doc. adm. 5 F 2312-36 à 2312-45) :
– lorsque les contributions de retraite légalement obligatoires (sécurité sociale, AGIRC, ARRCO), hors prévoyance et retraite supplémentaire, n'excèdent pas,

à elles seules, la limite de 19 % ; l'excédent fiscal global doit être réintégré en totalité.
– lorsque les contributions de retraite légalement obligatoires (sécurité sociale, AGIRC, ARRCO), hors prévoyance et retraite supplémentaire, dépassent, à elles seules, le seuil de 19 %, le surplus ainsi dégagé est déduit de l'excédent global à réintégrer pour la fraction correspondant à des cotisations ne permettant pas d'acquérir des points de retraite (notamment, fraction des cotisations de retraite complémentaire correspondant au taux d'appel, CET).

• **Tableau récapitulatif**

Régime fiscal des cotisations	
Régime fiscal de déductibilité des cotisations	**Régime transitoire de déductibilité des cotisations**
Date d'application (1)	
• Cotisations versées à compter du 1er janvier 2004	• Jusqu'à l'imposition des revenus de 2008
Limites d'exonération	
8 % de la rémunération brute annuelle retenue à concurrence de 8 fois le plafond annuel de la sécurité sociale Si PERCO : réduire la limite de l'abondement versé par l'entreprise au salarié	19 % de 8 fois le plafond annuel de la sécurité sociale
Cotisations à comparer au plafond	
• Cotisations salariales et patronales de retraite supplémentaire	• Cotisations salariales et patronales de prévoyance complémentaire • Cotisations d'assurance vieillesse de sécurité sociale • Cotisations de retraite complémentaire • Cotisations de retraite supplémentaire

(1) Pour les salariés dont l'adhésion obligatoire au régime est faite avant le 25 septembre 2003 (voir § 1005).

• **Choix annuel et global**

1009 Il appartient à l'employeur de choisir les dispositions les plus favorables pour chaque salarié.

Ce choix peut être opéré chaque année. Cela étant, en pratique, si le régime antérieur est plus favorable au début de la période transitoire, il est probable qu'il le restera au cours de l'ensemble de cette période.

Lorsque le choix pour le régime antérieur est effectué, il porte obligatoirement sur les cotisations de retraite supplémentaire et de prévoyance complémentaire (voir « Retraite et prévoyance » RF 943, §§ 2-16 à 2-29).

Régime fiscal des cotisations applicables au salarié bénéficiaire d'un régime facultatif

Fiscalité des contrats d'assurance facultatifs (collectif ou individuel)

1010 En principe, les exonérations fiscales sont réservées aux régimes collectifs à adhésion obligatoire.

Ainsi, les cotisations ou primes versées par les salariés au titre de régimes collectifs facultatifs ou au titre de contrats d'assurance individuels ne sont pas déductibles du revenu imposable. Les cotisations ou primes prises en charge par l'employeur constituent un supplément de rémunération à intégrer au revenu imposable.

Cas particulier des régimes à prestations définies facultatifs

1011 Le versement de cotisations patronales dans le cadre d'un régime à prestations définies facultatif à gestion externe constitue un élément de rémunération imposable pour le salarié. Il s'agit d'un avantage en nature imposable pour le salarié, peu important que le versement de la rente ou du capital par l'organisme assureur soit reporté dans le temps et subordonné à la survenance d'un événement aléatoire. Toutefois, lorsque l'assuré n'est pas le bénéficiaire exclusif du contrat, seule une fraction des primes est retenue pour calculer l'avantage en nature (CE 3 février 2003, n° 231506).

Fiscalité du PERE

Les cotisations et primes versées par les salariés, à titre individuel et facultatif, aux régimes de retraite collectifs à adhésion obligatoire à cotisations définies (les cotisations facultatives alimentant un PERE – voir fiche encadré page 353) sont déductibles du revenu global du foyer fiscal du salarié dans une limite commune avec les cotisations et primes versées dans le cadre d'un PERP.

Ainsi, le plafond d'exonération pour l'ensemble des cotisations et primes versées pour le financement d'une retraite dans le cadre du PERE à titre facultatif et dans le cadre du PERP est égal à la différence, constatée au titre de l'année précédente entre (CGI art. 163 quatervicies) :
– une fraction égale à 10 % des revenus de l'activité professionnelle, retenus dans la limite de 8 fois le plafond annuel de la sécurité sociale, ou, si elle est plus élevée, à 10 % de ce même plafond ;
– et le montant des cotisations salariales et patronales correspodant à l'épargne retraite constituée dans le cadre professionnel (voir §§ 991 à 1009).
À partir de l'imposition des revenus de 2007, le plafond d'exonération sera déterminé conjointement dans les couples (mariés ou Pacsés) soumis à imposition commune (loi 2006-1640 du 21 décembre 2006).

Régime fiscal des prestations

Pensions versées par l'entreprise à d'anciens membres du personnel

1012 Le régime d'imposition des pensions dépend du caractère déductible ou non des versements par l'entreprise :
– si le montant des prestations versées constituent une charge d'exploitation pour l'entreprise, les prestations sont imposables à l'impôt sur le revenu au titre des pensions et rentes viagères (CGI art. 79) ;

– en revanche, si elles ne constituent pas une charge d'exploitation déductible, elles sont imposables au titre des revenus de capitaux mobiliers si l'entreprise est soumise à l'impôt sur les sociétés.

Impôt sur le revenu : abattement spécifique de 10 %

1013 Les pensions et retraites font l'objet d'un abattement de 10 % qui ne peut excéder un minimum par pensionné et un plafond qui s'applique au montant total des pensions et retraites perçues par l'ensemble des membres du foyer fiscal (CGI art. 158-5 a, al. 2 et 3).

Pour l'imposition des revenus de 2006, ce minimum est fixé à 352 € par personne et le plafond à 3 446 €.

Rappellons que l'abattement de 20 % est supprimé à partir de l'imposition des revenus de 2006.

Pour aller plus loin

→ RF 958 « Détermination du résultat imposable (BIC-IS) ».

→ RF 948 « Votre déclaration personnelle 2006 ».

Service Relations Clients • 0 826 80 52 52 (0,15 € ttc/min)

26

Régime social des cotisations et prestations

§§

Régime social de droit commun des cotisations alimentant un régime collectif obligatoire

- Exonération de cotisations sociales plafonnée :
  - limites d'exonération de cotisations de sécurité sociale 1030
  - assujettissement à la CSG et à la CRDS 1036
- Régimes de retraite concernés :
  - régime collectif à adhésion obligatoire 1038
  - régime dont les prestations sont versées par un organisme habilité 1042
  - régime mis en place selon une procédure déterminée 1043
  - non-substitution à un élément de rémunération 1044
- Opérations de retraite concernées :
  - prestations complémentaires à celles des régimes imposés par la loi 1045
  - contrat d'assurance souscrit avec des organismes précis 1047
  - contrat d'assurance prévoyant l'acquisition d'une rente et des garanties complémentaires 1048
  - possibilités de rachat limitées ... 1049
- Régime transitoire 1051

Régime social des cotisations alimentant certains régimes collectifs obligatoires à prestations définies

- Principe :
  - assujettissement à une contribution patronale spécifique 1055
  - exonération totale de cotisations sociales 1056
- Régimes de retraite à prestations définies concernées :
  - régimes liant les prestations à la fin de la carrière dans l'entreprise 1057
  - régimes prévoyant des incidents pouvant survenir avant la fin de la carrière 1058
- Modalités de calcul de la contribution spécifique :
  - assiette et taux de la contribution au choix de l'entreprise 1059
  - option 1 : le montant des rentes versées 1060
  - option 2 : le financement de l'employeur 1064
  - moment et modalités d'exercice de l'option 1069
- Recouvrement de la contribution spécifique 1070

Régime social des cotisations alimentant d'autres régimes de retraite supplémentaire

- Régimes collectifs de retraite à adhésion facultative :
  - régime définitif : soumission intégrale aux cotisations sociales 1075
  - régime transitoire pour les régimes de retraite créés avant le 1er janvier 2005 1076
- Régimes de retraite à prestations définies non soumis à la contribution patronale spécifique 1077

Régime social des prestations

- Cotisations sociales dues 1081
- Retraités redevables des cotisations sociales 1082
- Modalités de calcul et de recouvrement des cotisations 1084

Régime social de droit commun des cotisations alimentant un régime collectif obligatoire

Exonération de cotisations sociales plafonnée

• Limites d'exonération de cotisations de sécurité sociale

1030 **Limites.** Les contributions patronales aux régimes de retraite supplémentaire qui remplissent les conditions exigées par la loi et l'administration (voir §§ 1037 à 1050) sont exonérées de cotisations de sécurité sociale dans la limite du montant le plus élevé entre :
– 5 % du plafond annuel de la sécurité sociale,
– et 5 % de la rémunération soumise à cotisations de sécurité sociale du salarié, retenue dans la limite de 5 fois le plafond de sécurité sociale (décret 2005-435 du 9 mai 2005).

La fraction des contributions patronales excédant cette limite doit être intégrée dans l'assiette des cotisations de sécurité sociale.

Le bénéfice de l'exonération n'étant possible que pour les personnes bénéficiant, dans l'entreprise, d'une rémunération soumise à cotisations de sécurité sociale, le mandataire social non rémunéré ne peut s'en prévaloir (circ. DSS/5B 2006-330 du 21 juillet 2006 question n° 15).

Plus précisément, la limite d'exonération déterminée sur la base de la rémunération est égale à zéro en l'absence de toute rémunération. De même, la limite d'exonération déterminée sur la base du plafond appliqué au salaire est égale à zéro.

Illustrations pour des salariés à temps plein présents toute l'année 2007 (1)

	Salarié 1	**Salarié 2**	**Salarié 3**
Rémunération soumise à cotisations	25 000 €	90 000 € (dont 88 000 € de salaire et 2 000 € de contributions patronales à un régime de retraite suppl. facultatif)	160 000 €
5 % du plafond de la sécurité sociale	1 609 €	1 609 €	1609 €
5 % de la rémunération soumise à cotisations (2)	1 250 €	4 400 € (3)	8 046 € (4)
Limites d'exonération 2007 à retenir	**1 553 €**	**4 400 €**	**8 046 €**

(1) Le montant du plafond annuel de sécurité sociale pour 2007 est fixé à 32 184 €.
(2) Rémunération brute soumise à cotisations de sécurité sociale (hors contributions patronales à des régimes de retraite et de prévoyance complémentaire soumises à cotisations), retenue dans la limite de 5 plafonds de sécurité sociale.
(3) [(90 000 € – 2 000 €) × 5 %] = 4 400 €.
(4) [(32 184 € × 5) × 5 %] = 8 046 €.

1031 **Notion de contribution patronale.** Seules les contributions patronales qui financent des prestations supplémentaires de retraite sont susceptibles d'être exonérées de cotisations de sécurité sociale dans la limite des plafonds fixés par décret.

Leur dénomination (cotisations, dotations, subventions, appels de fonds ou refacturation, etc.) et la période d'ouverture de droits à laquelle elles se rapportent importent peu mais elles doivent avoir pour objet soit de financer la création de droits nouveaux, soit de consolider des droits déjà acquis. La notion de droits déjà acquis recouvre les droits acquis par les seuls salariés et ceux acquis par les retraités (revalorisation, écarts actuariels, etc.).

1032 **Cotisations exonérés.** Les cotisations visées par cette exonération sont les cotisations de sécurité sociale et les prélèvements dont l'assiette est alignée sur celle des cotisations de sécurité sociale.

1033 **Rémunération de référence.** La rémunération qui sert de référence au calcul de la limite d'exonération est la rémunération soumise à cotisations de sécurité sociale en application de l'article L. 242-1 du code de la sécurité sociale (pour une étude approfondie de l'assiette des cotisations: voir « Guide des cotisations sociales de l'entreprise » RF 950, §§ 200 à 491).

Toutefois, il ne faut pas tenir compte de la fraction des éventuelles contributions patronales à des régimes de retraite complémentaire ou de prévoyance qui seraient elles-mêmes soumises à cotisations de sécurité sociale (ex.: contributions patronales à un régime de retraite supplémentaire facultatif) (lettre-circ. ACOSS 2005-89 du 9 juin 2005).

Par ailleurs, dès lors qu'elle est considérée comme une contribution de l'employeur soumise à cotisations de sécurité sociale, la prise en charge de la part salariale des cotisations au régime de retraite complémentaire légalement obligatoire (AGIRC et ARRCO notamment) doit être déduite de la rémunération servant de référence au calcul de la limite d'exonération (circ. DSS/5B 2006-330 du 21 juillet 2006, question n° 4).

1034 **Plafond de référence.** Le plafond de référence utilisé pour le calcul de la limite d'exonération est celui retenu pour la régularisation annuelle pour le salarié en cause (voir RF 950, §§ 1620 à 1632), ce qui peut conduire à des montants variables selon les situations de chacun.

Ainsi, le plafond annuel peut être réduit:
– en fonction des périodes d'absence non rémunérées (c. séc. soc. art. R 243-11); (voir RF 950, §§ 1552 à 1557): c'est notamment le cas des salariés embauchés ou ayant quitté l'entreprise en cours d'année;
– en fonction du plafond proratisé, pour les salariés à employeurs multiples pour lesquels l'employeur établit la paye en pratiquant la proratisation du plafond (voir *RF* 950, §§ 1561 à 1573);
– en cas d'abattement sur le plafond pour les salariés à temps partiel, sauf option pour le maintien de l'assiette des cotisations d'assurance vieillesse des salariés à temps partiel (voir encadré p. 134).

1035 **Incidence de l'abondement patronal au PERCO ou d'un CET utilisé pour financer un régime de retraite supplémentaire.** L'abondement de l'employeur à un plan d'épargne collectif pour la retraite (PERCO – voir § 1114) vient en déduction de la limite d'exonération applicable à hauteur du montant pour lequel il est exonéré de cotisations (16 % du plafond annuel de la sécurité sociale, soit 5 149 € en 2007).

Par ailleurs, le bénéficiaire d'un compte épargne-temps (CET) peut aussi utiliser un CET pour financer un PERCO: dans ce cas, les sommes issues du CET, qui correspondent à un abondement en temps ou en argent de l'employeur, sont assimilées à un abondement de l'employeur au PERCO.

Illustration La limite d'exonération des contributions patronales de retraite supplémentaire applicable à Monsieur X est fixée à 1700 € au titre de l'année 2007.

Si l'employeur verse en 2007 un abondement de 500 € sur le PERCO de Monsieur X, la limite d'exonération qui lui est applicable pour les contributions versées en 2007 est alors égale à 1700 € – 500 € = 1200 €.

Si l'employeur a versé en 2006 un abondement de 2000 € sur le PERCO de ce salarié, la limite d'exonération devient nulle et les contributions de retraite supplémentaire sont intégralement soumises à cotisations de sécurité sociale. L'abondement du PERCO demeure exclu de l'assiette des cotisations de sécurité sociale mais est soumis à la CSG et à la CRDS.

• Assujettissement à la CSG et à la CRDS

1036 Les contributions patronales de retraite supplémentaire sont assujetties à CSG et CRDS, après abattement d'assiette de 3 %, tout au long de l'année.

Pour éviter tout assujettissement double, l'excédent de cotisations à réintégrer dans l'assiette des cotisations de sécurité sociale ne doit donc jamais être réintégré dans la base CSG/CRDS.

Régimes de retraite concernés

1037 Pour être exonérés de cotisations de sécurité sociale dans les nouvelles limites réglementaires, les régimes de retraite supplémentaire doivent répondre à des conditions bien précises.

• Régime collectif

1038 **Viser une catégorie objective de personnel.** Le régime de retraite institué par l'entreprise doit revêtir un caractère collectif, c'est-à-dire bénéficier de façon générale et impersonnelle à l'ensemble du personnel salarié ou à certaines catégories objectives de personnel. Le régime doit avoir vocation à s'appliquer de manière générale, peu important qu'en pratique, il ne bénéficie qu'à un nombre restreint de personnes.

Par catégories de personnel, il faut entendre celles qui sont retenues pour l'application du droit du travail : ouvriers, employés, agents de maîtrise, ingénieurs et cadres.

D'autres catégories s'inspirant d'usages (constants, généraux et fixes) et des accords collectifs en vigueur dans les professions peuvent être retenues dès lors que celles-ci sont déterminées à partir de critères objectifs, non restrictifs et clairement définis.

Sont également retenus comme formant une catégorie autonome :
– les cadres dirigeants (c. trav. art. L. 212-15-1),
– les cadres dits « intégrés à un horaire collectif » dont la nature des fonctions conduit à suivre l'horaire collectif applicable au sein de l'atelier, du service ou de l'équipe auquel ils sont intégrés (c. trav. art. L. 212-15-2),
– et les cadres intermédiaires (c. trav. art. L. 212-15-3).

Le niveau de classification et le coefficient de rémunération ne constituent pas des catégories objectives (circ. DSS/5B 2006-330 du 21 juillet 2006, question n° 6).

Les mandataires sociaux ne constituent pas, en tant que tels, une catégorie objective de personnel (circ. min. DSS/5B 2005-396 du 25 août 2005 ; lettre-circ. ACOSS 2005-130 du 13 septembre 2005). Toutefois, le régime de retraite supplémentaire ouvert à la catégorie des cadres affiliés à l'AGIRC vise une catégorie objective de personnel. Peu important qu'il ne bénéficie de fait qu'au mandataire social dans la mesure où tout cadre embauché ultérieurement a vocation à être couvert par le régime (circ. DSS/5B 2006-330 du 21 juillet 2006, question n° 14).

1039 **Interdiction relative de critères d'accès.** Sans remettre en cause son caractère collectif, l'accès au bénéfice du régime ne peut reposer sur des critères de durée du travail, de nature du contrat de travail (CDD ou CDI), d'âge (c. trav. art. L. 122-45) ou d'ancienneté du salarié.

Toutefois, l'administration tolère deux exceptions (circ. DSS/5B 2005-396 du 25 août 2005 ; circ. DSS/5B 2006-330 du 21 juillet 2006) :
– le régime peut prévoir une condition d'ancienneté ne pouvant excéder 12 mois, étant entendu que la condition d'ancienneté doit être appréciée au regard de la

seule durée d'appartenance juridique à l'entreprise, et non pas à la durée d'appartenance à la catégorie bénéficiaire du régime;
– le régime peut prévoir que son accès soit subordonné au respect d'une condition d'âge lorsqu'il résulte de la fermeture d'un régime préexistant afin, notamment, de se conformer aux nouvelles conditions légales et réglementaires de limites d'exonération (ex.: création d'un régime de retraite à cotisations définies suite à la fermeture d'un régime de retraite à prestations définies).

Si, à l'issue d'une opération de fusion, le régime de retraite supplémentaire ne bénéficie qu'aux salariés de l'une des entreprises fusionnées et pas aux salariés des autres entreprises fusionnées, il ne revêt pas le caractère collectif et ne devrait donc pas bénéficier de l'exonération de cotisations de sécurité sociale. Toutefois, par analogie avec l'article L. 132-8 du code du travail, l'exonération continue, pour une durée déterminée (15 mois, soit 12 mois + un préavis de 3 mois), de s'appliquer aux salariés bénéficiaires du régime (circ. DSS/5B 2006-330 du 21 juillet 2006, question n° 8).

1040 **Contribution patronale uniforme.** La contribution de l'employeur doit être fixée à un taux ou à un montant uniforme selon les mêmes modalités à l'égard de tous les salariés appartenant à une même catégorie objective de personnel (circ. DSS/5B 2005-396 du 25 août 2005):
– même montant en cas de contribution forfaitaire,
– et, en cas de cotisation proportionnelle à la rémunération, même taux et même assiette, le taux pouvant être modulé selon des tranches de rémunération.

En cas de modulation sur les tranches de rémunération, ces tranches ne peuvent être fixées librement sans remettre en cause le caractère collectif du régime (circ. DSS/5B 2006-330 du 21 juillet 2006, question n° 11). Elles doivent être définies par référence au plafond de la sécurité sociale.

En revanche, un accord prévoyant que la contribution patronale est proportionnelle à un pourcentage de la rémunération du salarié avec un plafond et un plancher doit être considéré comme revêtant un caractère collectif (circ. DSS/5B préc. question n° 12).

Exemple Un régime de retraite supplémentaire prévoit que pour les salariés dont la rémunération est inférieure à 800 €, la contribution patronale est fixée forfaitairement à 10 % de 800 € et pour ceux dont la rémunération est supérieure à 1 500 € elle est fixée à 15 % de 1 500 €.

Le respect du taux uniforme ne s'applique pas aux sommes issues d'un compte épargne-temps qui correspondent à un abondement en temps ou argent de l'employeur.

• Régime à adhésion obligatoire

1041 Seules les contributions des employeurs aux régimes auxquels l'adhésion du salarié est obligatoire peuvent être exonérées de cotisations de sécurité sociale dans la limite des seuils réglementaires.

Dans le cadre d'un régime mis en place par décision unilatérale de l'employeur, si le comité d'entreprise se substitue à l'employeur pour le financement de ce régime, les contributions versées à ce titre par le comité d'entreprise sont exclues de l'assiette des cotisations de sécurité sociale (circ. DSS/5B 2006-330 du 21 juillet 2006, question n° 28). En effet, la participation du comité d'entreprise est assimilée à une contribution de l'employeur dès lors que le régime est en place par l'employeur à titre obligatoire.

Rappelons, toutefois, que le respect du caractère obligatoire du régime n'est pas apprécié au regard des éventuels ayants droit du salarié.

Ainsi, le fait que la couverture de l'ayant droit soit facultative n'est pas de nature à remettre en cause le caractère obligatoire du régime à l'égard des salariés. Mais dans ce cas, l'adhésion de l'ayant droit étant facultative, la contribution de l'employeur à son bénéfice est intégralement soumise à cotisations, comme n'importe quel élément de salaire.

Le caractère obligatoire du régime de retraite supplémentaire n'est pas remis en cause s'il prévoit la liberté d'adhérer pour une ou plusieurs des catégories suivantes :
– les salariés sous CDD ;
– les travailleurs saisonniers ;
– les salariés bénéficiant d'une couverture complémentaire obligatoire dans le cadre d'un autre emploi (ce peut être le cas des salariés à employeurs multiples).

Cette possibilité d'adhérer facultativement ne peut être étendue aux salariés à temps partiel inférieur à un mi-temps n'ayant qu'un seul employeur (circ. DSS/5B 2006-330 du 21 juillet 2006, question n° 26).

• Régime dont les prestations sont versées par un organisme habilité

1042 Les contributions patronales destinées au financement de prestations supplémentaires de retraite sont exonérées de cotisations de sécurité sociale dans les limites réglementaires, à la condition que ces prestations soient servies aux bénéficiaires (directement, par l'intermédiaire de l'employeur ou par un délégataire de gestion) par l'un des organismes suivants (voir §§ 895 à 904) :
– une institution de prévoyance régie par le titre III du livre IX du code de la sécurité sociale ;
– une mutuelle relevant du livre II du code de la mutualité ;
– une société d'assurances relevant du code des assurances ;
– une institution de gestion de retraite supplémentaire régie par le titre IV du livre IX du code de la sécurité sociale ;
– une institution de retraite supplémentaire régie par le titre IV du livre IX du code de la sécurité sociale.

Rappelons que les institutions de retraite supplémentaire doivent, avant le 31 décembre 2008, se transformer (voir § 906). Jusqu'à cette date, les contributions patronales versées à une institution de retraite supplémentaire, avant transformation, ne sont pas soumises aux cotisations de sécurité sociale, à la CSG, à la CRDS et à la contribution patronale spécifique applicable à certains régimes de retraite à prestations définies (voir §§ 1055 à 1074).

• Régime mis en place selon une procédure déterminée

1043 Le régime en cause doit avoir été mis en place selon l'une ou l'autre des trois procédures prévues par la loi (c. séc. soc. art. L. 911-1 ; §§ 941 à 965) :
– convention ou accord collectif,
– ratification à la majorité des intéressés d'un projet d'accord proposé par le chef d'entreprise,
– décision unilatérale du chef d'entreprise constatée dans un écrit remis par celui-ci à chaque intéressé.

• Non-substitution à un élément de rémunération

1044 Pour les régimes de retraite supplémentaire créés après le 31 décembre 2004, un principe de non-substitution à un élément de rémunération doit être respecté.

La date de création est appréciée en fonction :
– de la date de conclusion de la convention ou de l'accord collectif l'instituant, celle de la ratification par la majorité des intéressés de l'accord proposé par le chef d'entreprise ou celle de la décision unilatérale du chef d'entreprise ;

– ou, s'il s'agit d'un régime mis en place en application d'un arrêté d'extension d'une convention ou d'un accord collectif, la date de cet arrêté.

Pour éviter que la mise en place d'un régime de retraite supplémentaire ne se fasse au détriment des salaires, la contribution patronale destinée au financement des prestations supplémentaires de retraite versée pour la première fois moins de 12 mois après le dernier versement d'un élément de rémunération en tout ou partie supprimé doit être intégrée dans l'assiette des cotisations de sécurité sociale (c. séc. soc. art. L. 242-1, al. 7 ; circ. DSS/5B 2005-396 du 25 août 2005).

La contribution bénéficie à nouveau de l'exonération de cotisations si l'entreprise rétablit pour l'avenir tout ou partie de l'élément de rémunération supprimé.

Exemple Pour une contribution dont le premier versement est fait le 15 juin 2007, il faut vérifier qu'aucun élément de rémunération en tout ou partie supprimé n'a été versé pour la dernière fois entre le 16 juin 2006 et le 15 juin 2007.

Opérations de retraite concernées

1045 Pour être exonérées de cotisations de sécurité sociale dans les nouvelles limites réglementaires, les opérations de retraite financées doivent répondre à des conditions bien précises, sachant que les régimes de retraite à prestations définies non soumis à la contribution patronale spécifique font l'objet d'un traitement particulier (voir §§ 1055 à 1074).

• Prestations complémentaires à celles des régimes imposés par la loi

1046 Les contributions patronales doivent financer des prestations de retraite complétant celles servies par les régimes d'assurance vieillesse obligatoire de base et les régimes complémentaires de retraite légalement obligatoires (AGIRC et ARRCO, notamment).

• Contrat d'assurance souscrit avec des organismes précis

1047 Les opérations de retraite doivent être organisées par des contrats d'assurance souscrits par un ou plusieurs employeurs (ou tout groupe d'employeurs) exclusivement auprès d'entreprises d'assurances, d'institutions de prévoyance ou de mutuelles.

Ainsi, une opération de retraite gérée exclusivement par une institution de retraite supplémentaire ou une institution de gestion de retraite supplémentaire ne bénéficie pas de l'exonération dans le cadre du nouveau régime social mais peut, le cas échéant, ouvrir droit au régime transitoire (voir § 1051).

• Contrat d'assurance prévoyant l'acquisition d'une rente et des garanties complémentaires

1048 Les contrats doivent avoir pour objet l'acquisition et la jouissance de droits viagers personnels payables au membre participant à compter de la date de liquidation de sa pension dans un régime obligatoire d'assurance vieillesse, de base ou complémentaire, ou à l'âge de 60 ans (lettre-circ. ACOSS 2005-89 du 9 juin 2005 ; voir §§ 917 à 921) :

– soit par l'acquisition d'une rente viagère différée dans laquelle les droits sont exprimés en euros de rentes ;

– soit par la constitution d'une épargne qui sera obligatoirement convertie en rente viagère ;

– soit dans le cadre de contrats dits à points dont les droits sont exprimés en unité de rentes.

Les contrats peuvent prévoir, par ailleurs, des garanties complémentaires en cas de décès de l'adhérent (avant ou après la date de mise en service de la rente viagère), ainsi qu'en cas d'invalidité ou d'incapacité.

Les garanties complémentaires prévues en cas de décès de l'adhérent avant ou après la date de mise en service de la rente viagère, ainsi qu'en cas d'invalidité ou d'incapacité, peuvent prendre la forme d'un capital qui est la contrepartie de provisions mathématiques (montant de l'engagement de l'assureur à l'égard de l'associé). Le versement peut également prendre la forme d'une rente viagère (pension de réversion notamment) (circ. DSS/5B 2006-330 du 21 juillet 2006, question n° 31).

Si les garanties offertes excèdent les droits acquis par l'assuré au jour de la survenance du décès, de l'invalidité et de l'incapacité, la fraction de la contribution de l'employeur destinée à les financer est considérée comme une cotisation patronale de prévoyance complémentaire (et non plus de retraite supplémentaire) : elle est alors exonérée de cotisations de sécurité sociale dans les conditions et limites prévues pour les contributions patronales de prévoyance complémentaire, soumise à la taxe de 8 % et assujettie à la CSG et à la CRDS (voir FH 3125, §§ 2-5, 2-30 à 2-36, 2-47 et 2-61).

• **Possibilités de rachat limitées**

1049 Le contrat ne peut comporter aucune clause de rachat même partiel (c'est-à-dire la faculté, pour le salarié, de percevoir l'épargne constituée avant le départ à la retraite), sauf exceptions (voir § 925).

En conséquence, le versement de rentes dites « variables » ou « par paliers » qui auraient pour effet soit de liquider une fraction significative des droits viagers sur une très courte période, soit au contraire de différer cette liquidation à une date très tardive, pourrait s'analyser en une sortie partielle en capital, ce qui remettrait en cause le bénéfice de l'exonération.

• **Transfert des droits à partir de 2007**

1050 Le contrat doit prévoir la faculté pour le participant, lorsqu'il n'est plus tenu d'y adhérer, de transférer ses droits vers un plan d'épargne retraite populaire (PERP) ou vers un autre contrat respectant les mêmes règles (décret 2005-435 du 9 mai 2005).

Pour permettre aux entreprises de procéder à la modification de leurs contrats, l'administration a admis que cette condition n'entre en vigueur qu'au 1er janvier 2007.

Cette faculté de transfert n'est pas exigée pour les régimes, dont les droits à retraite sont exprimés en points (voir § 927), créés avant le 1er janvier 2005.

Régime transitoire applicable jusqu'au 30 juin 2008

• **Maintien provisoire du régime social antérieur pour certains régimes de retraite**

1051 **Régimes de retraite concernés.** Jusqu'au 30 juin 2008, les contributions des employeurs au financement de régimes de retraite supplémentaire mis en place avant le 1er janvier 2005 et qui bénéficiaient, avant cette date, des anciennes limites d'exonération de cotisations sociales (soit 85 % du plafond de la sécurité sociale), peuvent continuer d'en bénéficier si elles leur sont plus favorables (loi 2003-775 du 21 août 2003, art. 113-IV, JO du 22).

Cette ancienne limite d'exonération concernait tant les contributions patronales versées à un régime de retraite complémentaire légalement obligatoire qu'à un régime de retraite supplémentaire, à cotisations définies ou à prestations définies, collectifs ou individuels, à adhésion obligatoire ou facultative (lettre-circ. ACOSS 2005-89 du 9 juin 2005).

Le maintien provisoire des anciens seuils d'exonération s'applique à tous les régimes de retraite supplémentaire mis en place avant le 1er janvier 2005 (y compris aux régimes collectifs et obligatoires), et pas seulement aux régimes individuels et/ou à adhésion facultative.

Rappelons qu'un régime de retraite supplémentaire résultant d'un usage antérieur au 1er janvier 2005 bénéficie du régime transitoire puisqu'il est considéré comme mis en place par décision unilatérale de l'employeur.

Pour se mettre en conformité avant le 1er juillet 2008 avec les règles relatives aux modes de mise en place (voir § 1042), l'employeur devra remettre aux intéressés un écrit constatant l'existence d'un régime antérieur au 1er janvier 2005 et ses caractéristiques (collectif, obligatoire, etc.) (circ. DSS/5B 2006-330 du 21 juillet 2006, question n° 41).

1052 **Appréciation de la date.** Pour être considéré comme institué avant le 1er janvier 2005, le régime en cause doit résulter d'une convention ou d'un accord collectif conclu avant cette date, d'un accord proposé par l'employeur ratifié par la majorité des salariés avant le 1er janvier 2005 ou d'une décision unilatérale de l'employeur antérieure à cette même date (circ. DSS/5B 2005-396 du 25 août 2005).

Ce n'est donc ni la date de souscription du contrat avec l'organisme assureur, ni la date de versement de la contribution, ni la date d'entrée en vigueur du régime qui conditionne le bénéfice des mesures transitoires, mais celle de la date de création de la couverture de l'entreprise.

De même, le changement d'organisme assureur n'a aucune incidence.

1053 **Incidences du changement de paramètres après le 1er janvier 2005.** Si le montant des contributions, la nature ou le niveau des prestations est modifié après le 1er janvier 2005, ces contributions sont considérées comme ayant été instituées après cette date. Dans ce cas, elles perdent le bénéfice du régime transitoire à compter de ces modifications.

Toutefois, l'extension du champ des bénéficiaires de la couverture complémentaire de retraite à l'ensemble du personnel ou à une catégorie objective de personnel et, d'une manière générale, toute modification du régime de retraite visant à le conformer aux nouvelles conditions légales et réglementaires d'exonération ne remettent pas en cause le bénéfice du régime transitoire dès lors que:
– les contributions finançant cette garantie ont été initialement instituées avant le 1er janvier 2005,
– et qu'elles étaient prises en considération, avant cette date, pour l'appréciation du dépassement de la limite d'exclusion de 85 % du plafond de la sécurité sociale.

• **Contrat de groupe mis en place avant 2005 et adhésions postérieures.** Si une entreprise adhère par avenant au contrat de groupe après le 31 décembre 2004, les conséquences de cette adhésion, dans l'hypothèse où l'entreprise nouvellement adhérente et celles déjà adhérentes au contrat groupe bénéficiaient du régime transitoire jusqu'au 1er juillet 2008, sont les suivantes (circ. DSS/5B 2006-330 du 21 juillet 2006, question n° 39):
– au niveau du groupe, l'extension du champ des bénéficiaires suite à la nouvelle adhésion ne remet pas en cause l'application du régime transitoire pour les entreprises du groupe qui en bénéficiaient au jour de l'adhésion de la filiale;
– au niveau de l'entreprise nouvellement adhérente, l'adhésion au contrat de groupe soit modifie le régime dont bénéficient les salariés, soit ouvre droit au bénéfice d'une nouvelle prestation: dans les deux cas, l'entreprise ne peut se prévaloir du régime transitoire.

• **Fusion d'une entreprise bénéficiant du régime transitoire et d'une entreprise sans couverture supplémentaire.** Dans l'hypothèse où une entreprise A bénéficiant du régime transitoire fusionne avec une entreprise B n'ayant pas de régime de retraite supplémentaire, le personnel de l'ex-entreprise B est désormais couvert par le régime de retraite de l'entreprise A. Le régime transitoire est applicable aux contributions qui financent la couverture des salariés de l'ex-entreprise B, au même titre que celles versées au titre du personnel de l'entreprise A (circ. DSS/5B 2006-330 du 21 juillet 2006, question n° 40).

• **Pratique du double calcul**

1054 Dans de nombreux cas, l'employeur doit donc, jusqu'au 30 juin 2008, opérer deux calculs, confronter le résultat obtenu pour chaque régime (régime définitif et régime transitoire) et réintégrer dans l'assiette des cotisations de sécurité sociale la somme la moins élevée.

Rappelons qu'antérieurement, les contributions patronales destinées au financement de prestations complémentaires de retraite (AGIRC et ARRCO, notamment) étaient exclues de l'assiette des cotisations de sécurité sociale propre à chaque assuré pour une fraction n'excédant pas 85 % du plafond de la sécurité sociale.
Pour la comparaison avec ce seuil, l'employeur doit:
– prendre en compte les contributions patronales finançant les régimes de retraite complémentaire légalement obligatoires (principalement, AGIRC, ARRCO, y inclus l'AGFF et le CET, mais hors APEC);
– inclure également les contributions patronales qui financent des régimes de retraite supplémentaire, à l'exception de celles finançant des régimes mis en place depuis le 1er janvier 2005;
– ignorer les cotisations finançant des régimes entrant dans le champ de la contribution spécifique à certains régimes de retraite supplémentaire à prestations définies.

SI les contributions patronales finançant des régimes de retraite complémentaire légalement obligatoires (AGIRC et ARRCO, notamment) dépassent à elles seules le seuil de 85 %, elles restent intégralement exonérées de cotisations sociales.

Lorsqu'il existe un régime de retraite supplémentaire et un régime de prévoyance complémentaire, il convient de réintégrer la somme la moins élevée, au titre de l'ensemble des contributions patronales de retraite et de prévoyance complémentaire, quelles que soient leurs dates d'institutions, pour l'année.

Exemple Un employeur verse en 2007, au profit d'un salarié, des contributions d'un montant équivalant à:
– 40 % du plafond de la sécurité sociale au titre des cotisations AGIRC, ARRCO et AGFF,
– 20 % du plafond de la sécurité sociale au titre d'un régime de retraite supplémentaire institué avant le 1er janvier 2005 et ne revêtant pas de caractère collectif.

Nouveau régime social	• Les contributions ARRCO et AGIRC sont exonérées. • S'agissant d'un régime n'ayant pas de caractère collectif, les contributions de retraite supplémentaire devraient être intégrées dans l'assiette des cotisations de sécurité sociale.
Régime transitoire	• La somme des cotisations AGIRC, ARRCO, AGFF et des contributions de retraite supplémentaire ne dépasse pas la limite de 85 % du plafond. Il n'y a pas d'excédent à réintégrer.
Solution à retenir	• L'employeur doit appliquer le régime transitoire puisqu'il est plus favorable.

Régime social des cotisations alimentant certains régimes collectifs obligatoires à prestations définies

Principe

• Assujettissement à une contribution patronale spécifique

1055 Les sommes versées par l'employeur à certains régimes de retraite obligatoires à prestations définies sont soumises à une contribution patronale spécifique dont l'assiette peut être choisie (c. séc. soc. art. L. 137-11).

• Exonération totale de cotisations sociales

1056 En contrepartie, ces sommes sont totalement exonérées des cotisations de sécurité sociale, des cotisations et prélèvements alignés sur l'assiette des cotisations de sécurité sociale, de la CSG et de la CRDS.

Régime de retraite à prestations définies concernées

• Régimes liant les prestations à la fin de la carrière dans l'entreprise

1057 Seuls sont assujettis les régimes de retraite à prestations définies qui conditionnent le versement des prestations à l'achèvement de la carrière du salarié dans l'entreprise et dont le financement n'est pas individualisé salarié par salarié (décret 2004-201 du 4 mars 2004; circ. DSS 2004-105 du 8 mars 2004; lettre-circ. ACOSS 2004-84 du 8 avril 2004).

Ne sont donc pas visés par cette contribution les régimes de retraite à prestations définies dont le financement est constitutif de droits individuels acquis et certains affectés à un compte nominatif et individuel.

En revanche, peu importe qu'ils soient gérés par un organisme tiers ou directement par l'entreprise.

Seuls les régimes dont les règlements ou statuts énoncent expressément la condition d'achèvement de la carrière du bénéficiaire dans l'entreprise sont assujettis à la nouvelle contribution patronale.

Ainsi, un régime qui ne prévoit pas expressément la condition de fin de carrière du bénéficiaire dans l'entreprise, mais qui pose d'autres conditions aboutissant, en pratique, au respect de cette exigence (telles que des conditions d'âge et de durée minimum de service), n'entre pas dans le champ d'application de cette contribution. Les sommes versées par l'employeur à ce régime restent soumises au régime social des cotisations patronales dans les conditions de droit commun (voir §§ 1030 à 1049).

• Régimes prévoyant des incidents pouvant survenir avant la fin de la carrière

1058 Sont admis dans le champ d'application de cette taxe patronale les régimes qui prévoient dans leur règlement ou leur statut le maintien de l'ouverture des droits dérivés (pension de réversion ou d'orphelin) en cas de décès avant le départ de l'entreprise, la prestation étant alors versée soit au moment du décès, soit ultérieurement, en fonction des conditions d'âge des ayants droit éventuellement requises (étant précisé que l'ouverture des droits dérivés intervient lors du décès du bénéficiaire).

Par ailleurs, les régimes maintenant l'ouverture du droit à prestations de retraite lors de la liquidation des droits à pension de vieillesse au titre du régime de base de la sécurité sociale du bénéficiaire, en cas de classement en invalidité dans les catégories 2° et 3°, depuis la mise en invalidité jusqu'à la liquidation des droits au titre du régime de base, sont assujettis à la contribution, même s'ils ne conditionnent pas expressément le maintien de droit à la non-reprise d'une activité professionnelle pendant cette période.

En revanche, les régimes de retraite prévoyant le maintien des droits à prestations en cas de licenciement après 55 ans, sans condition de non-reprise d'activité professionnelle, n'entrent pas dans le champ de la contribution. Toutefois, par mesure de tolérance, ils sont inclus dans le champ d'application de cette taxe s'ils ont été créés avant le 5 mars 2004.

Les régimes maintenant l'ouverture des droits dérivés en cas de décès du bénéficiaire, alors qu'il était licencié, classé en situation d'invalidité ou bien encore dans une situation de préretraite, entrent également dans le champ d'application de la taxe.

Modalités de calcul de la contribution spécifique

• Assiette et taux de la contribution au choix de l'entreprise

1059 L'employeur est libre de choisir l'assiette sur laquelle est calculée la contribution:
– soit elle est assise sur le montant des rentes versées (voir § 1060),
– soit elle est calculée sur le financement de l'employeur (voir § 1064).

Ce choix d'assiette conduit également à l'application de taux différents.

Les modalités d'application de cette contribution varient également en fonction du mode de gestion choisi pour le régime (voir §§ 1065 à 1067).

Sous réserve des décisions de justice passées en force de chose jugée, il est fait application de la contribution de 6 % assise sur le financement patronal (donc sans option possible) aux litiges en cours au 1er janvier 2004 portant sur les contributions patronales de ces régimes ainsi qu'aux redressements consécutifs à des contrôles URSSAF portant sur les mêmes contributions afférentes aux années antérieures au 1er janvier 2004.

• Option 1: le montant des rentes versées

1060 **Rentes versées depuis le 1er janvier 2004 et liquidées depuis le 1er janvier 2001.** Si l'employeur choisit de déterminer l'assiette de la contribution par rapport au critère des rentes, la contribution s'applique aux rentes liquidées à compter du 1er janvier 2001 et versées à partir du 1er janvier 2004, quelle que soit la période à laquelle elles se rapportent. La date de liquidation correspond à la date d'effet de la rente. L'employeur doit conserver tous les éléments en justifiant.

Par ailleurs, les pensions de réversion et rentes d'orphelins servies à compter du 1er janvier 2004 sont soumises à la contribution, à la condition que la pension principale ait été liquidée après le 31 décembre 2000.

1061 **Assujettissement de la fraction excédant le tiers du plafond de sécurité sociale.** La contribution s'applique au montant des rentes versées, pour la fraction excédant le tiers du plafond de la sécurité sociale.

Si le salarié bénéficie de plusieurs prestations de retraite dans le cadre de régimes de retraite à prestations définies différents pour lesquels l'employeur a choisi l'assujettissement des rentes, l'abattement au tiers du plafond est appliqué à l'ensemble des rentes versées (circ. DSS du 7 juin 2004).

1062 **Taux de la contribution assise sur les rentes.** La taxe est prélevée au taux de 8 % et est à la charge exclusive de l'employeur.

En cas de mobilité du salarié au sein de différentes entités du groupe, pour lequel la prestation est financée par les différents employeurs, la contribution est à la charge du dernier employeur, que le régime soit à gestion externe ou à gestion interne. Cette charge peut cependant être mutualisée au sein du groupe.

1063 **État récapitulatif annuel.** Quel que soit le mode de gestion du régime, l'employeur doit établir, sur support papier ou magnétique, un état récapitulatif annuel indiquant, pour chaque ancien salarié bénéficiaire de la rente, la date de prise d'effet de la rente et le montant des rentes payées (avant précompte de la CSG, de la CRDS et de la cotisation maladie à la charge du retraité) à chaque échéance de versement intervenu au cours de l'année civile écoulée.

En principe, l'état doit indiquer uniquement le montant des rentes liquidées après le 1er janvier 2001. Toutefois, l'employeur demeure tenu de préciser, en cas de contrôle de l'URSSAF, quels sont les anciens salariés bénéficiaires concernés, percevant des rentes liquidées avant cette date. Pour ce faire, il doit conserver tous les éléments justificatifs relatifs à la date de prise d'effet (circ. DSS du 7 juin 2004).

À défaut d'établissement et de production des états justificatifs, l'intégralité des rentes versées serait réintégrée dans l'assiette de la contribution lors du contrôle opéré par l'URSSAF.

Dans l'hypothèse d'une gestion externe, l'organisme payeur de rentes doit communiquer à l'employeur, par LRAR, tous les éléments de calcul permettant de chiffrer la contribution due au titre des rentes versées au cours de l'année civile écoulée. Cette communication doit intervenir à l'issue de chaque année civile et au plus tard le 15 janvier (10 janvier pour le régime agricole) de l'année suivant celle au titre de laquelle la contribution est due (15 janvier de l'année N + 1 pour l'année N).

- **Option 2 : le financement de l'employeur**

1064 Si l'employeur préfère fixer l'assiette de la contribution par rapport au financement patronal, il faut distinguer selon que le régime est à gestion interne ou à gestion externe.

1065 **Régime à gestion externe.** La contribution est calculée au taux de 6 % sur les primes versées aux organismes externes si elles sont afférentes à des engagements nés au cours d'exercices comptables ouverts après le 31 décembre 2003.

Dans certains cas particuliers, l'employeur ne verse pas directement la totalité des primes finançant le régime à l'organisme tiers chargé du versement des prestations, mais en verse une partie à un organisme intermédiaire (ex.: société d'assurances). Dans cette situation, la contribution est prélevée sur les primes versées par l'employeur aux deux organismes tiers.

En revanche, les transferts de ces mêmes fonds opérés, le cas échéant, de l'organisme intermédiaire à l'organisme chargé du versement des prestations ne sont pas soumis à cette contribution.

Il peut arriver qu'un employeur verse lui-même les prestations de retraite au retraité, bien qu'elles soient gérées par un organisme tiers qui perçoit de l'employeur des primes destinées à alimenter le fond collectif couvrant ces prestations : dans cette situation, l'employeur joue seulement un rôle d'intermédiaire entre l'organisme tiers et le retraité pour le versement des prestations et le régime doit donc être considéré comme étant à gestion externe.

1066 **Régime à gestion interne.** L'entreprise qui assure elle-même la charge des engagements de retraite supplémentaire qu'elle a pris vis-à-vis de tout ou partie de ses salariés et qui ne verse pas de prime à un organisme tiers doit déterminer le contenu de la couverture de retraite supplémentaire, procéder à la liquidation des droits et assurer le versement des prestations correspondantes.

Si l'entreprise inscrit une provision à son bilan, cette dotation est soumise à la contribution, pour la partie correspondant au coût des services rendus au cours de l'exercice.

Si l'entreprise ne constitue pas de provision à son bilan pour la totalité de son engagement, l'engagement de retraite non comptabilisé et constaté obligatoirement dans son annexe au bilan est également soumis à la contribution, pour la part correspondant au coût des services rendus en cours d'exercice.

La contribution est due à la date de clôture de l'exercice comptable, sur les dotations comptabilisées ou mentions figurant en annexe au bilan à compter des exercices comptables ouverts après le 31 décembre 2003.

Le taux de la contribution est de 6 % sur la partie de dotation aux provisions et/ou du montant mentionné en annexe au bilan, correspondant au coût des services rendus au cours de l'exercice.

Le taux passera à 12 % pour les comptabilisations ou mentions correspondantes réalisées à compter des exercices comptables ouverts à partir du 1er janvier 2009.

Si ces mêmes sommes sont versées à un organisme tiers du fait du passage d'un mode de gestion interne à un mode de gestion externe, elles ne sont pas soumises à la contribution à l'occasion de ce transfert.

1067 **Combinaison entre gestion externe et gestion interne.** Lorsque le régime est à double gestion, il peut y avoir simultanéité d'assiettes.

Le régime de retraite à double gestion organisée dans les statuts, règlements ou contrats peut être, par exemple, un régime dont la couverture des engagements fait l'objet d'une gestion externe, organisée par un contrat conclu avec un organisme tiers, pour une partie seulement des bénéficiaires (les cadres dirigeants, par exemple), la couverture des engagements et le versement des prestations de retraite afférents aux autres bénéficiaires (les autres cadres, par exemple) étant gérés directement par l'entreprise.

Lorsqu'il est constaté une différence entre le total des engagements pris au titre du régime et la part de ces engagements gérés en externe, la différence positive donne lieu à constitution de provisions ou, tout au moins, à mention d'un engagement dans les annexes au bilan qui doit être traité comme un engagement géré de manière interne.

Les versements opérés aux organismes tiers sont, quant à eux, traités comme des primes versées à un organisme gestionnaire externe.

Si la différence positive qui a été assujettie à la contribution a fait ultérieurement l'objet d'une reprise de provisions afin d'alimenter un organisme tiers, elle n'est pas soumise à contribution lors de ce versement à l'organisme tiers. Mais pour cela, il faut toutefois établir que la reprise de provisions et ce versement sont comptablement liés et d'égal montant.

1068 **Documents comptables à tenir à la disposition de l'URSSAF.** En cas de gestion interne, l'employeur tient, dans tous les cas, à la disposition de l'URSSAF le montant du coût des services rendus par régime et entité concernés et tous les éléments nécessaires à sa détermination. À défaut, la totalité de la dotation aux provisions et/ou du montant mentionné en annexe au bilan est soumise à contribution.

En cas de gestion externe, l'employeur tient, dans tous les cas, à la disposition de l'URSSAF tous les éléments comptables nécessaires à la détermination de la valeur actualisée de l'obligation au titre des prestations définies et des actifs au régime au 31 décembre 2003, par régime et entité concernés. À défaut, la totalité des primes versées à compter des exercices comptables ouverts après le 31 décembre 2003 est soumise à la contribution patronale spécifique.

• **Moment et modalités d'exercice de l'option**

1069 Le choix entre l'assujettissement des rentes ou celui du financement du régime est effectué de manière irrévocable pour chaque régime de retraite concerné.

L'employeur exerce son droit d'option en envoyant à l'URSSAF compétente, dans les deux mois de la création du régime, une LRAR précisant :
– son choix quant à l'assiette de la contribution,
– le mode de gestion du régime,
– et la date de clôture de l'exercice social de l'entreprise.

Il faut par ailleurs joindre à cette lettre les statuts et règlements du régime de retraite concerné.

À défaut d'option dans le délai de deux mois, l'employeur est redevable de la contribution selon les deux formules possibles jusqu'à la date de clôture de l'exercice social de l'entreprise suivant la date à laquelle l'employeur formule son option.

Recouvrement de la contribution spécifique

• **Dates d'exigibilité**

1070 **Contribution calculée sur les rentes.** Lorsque la contribution est calculée sur les rentes versées, l'organisme chargé du versement des rentes communique à l'employeur, par LRAR, les éléments nécessaires au calcul de la contribution au titre de l'année civile écoulée. La contribution due sur les rentes versées une année N doit être payée en une seule fois, au plus tard à la première date d'exigibilité des cotisations de sécurité sociale applicable à l'entreprise et postérieure au 31 janvier de l'année N + 1.

1071 **Contribution calculée sur les primes versées à l'organisme tiers.** Lorsque l'employeur a retenu le critère du financement patronal et que la contribution est calculée sur les primes versées à un organisme tiers, la contribution est due à la date de versement des primes en question à l'organisme tiers. La contribution doit être versée en une seule fois. La date limite de versement est fixée à la première date d'exigibilité des cotisations de sécurité sociale applicable à l'entreprise intervenant 4 mois après la date de clôture de l'exercice social.

1072 **Contribution calculée sur la dotation aux provisions ou sur l'annexe au bilan.** Lorsque c'est la partie de la dotation aux provisions ou le montant mentionné en annexe au bilan correspondant au coût des services rendus au cours de chaque exercice qui sert d'assiette, la contribution est due à la date de clôture de l'exercice social de l'entreprise. Elle doit être versée en une seule fois, au plus tard à la première date d'exigibilité des cotisations de sécurité sociale applicable à l'entreprise intervenant 4 mois après la date de clôture de l'exercice social de l'entreprise.

- **Déclarations**

1073 L'assiette et le montant de la contribution doivent figurer sur le bordereau récapitulatif des cotisations (BRC) et sur le tableau récapitulatif annexé à la DADS.

Même si aucune assiette n'est taxable, l'employeur reste tenu à ses obligations déclaratives annuelles.

- **URSSAF compétente**

1074 L'employeur remplit ses obligations relatives à la déclaration et au versement de la contribution auprès de l'URSSAF dont relève son siège social.

Toutefois, l'URSSAF compétente est:
– celle dont relève l'établissement qu'il a désigné à cet effet, si le siège social est établi hors de France;
– celle chargée de la centralisation des recouvrements, si l'employeur acquitte ses cotisations de sécurité sociale par le biais de la procédure de versement en un lieu unique (voir *RF* 950, §§ 2073 à 2078).

Régime social des cotisations alimentant d'autres régimes de retraite supplémentaire

Régimes collectifs de retraite à adhésion facultative

- **Régime définitif: soumission intégrale aux cotisations sociales**

1075 Le régime social des contributions patronales alimentant un régime de retraite collectif à adhésion facultative a été profondément modifié par la loi portant réforme des retraites.

Si ces contributions patronales étaient exonérées de cotisations sociales dans la limite de 85 % du plafond de la sécurité sociale, désormais, elles sont intégralement soumises à cotisations sociales et aux prélèvements alignés.

- **Régime transitoire pour les régimes de retraite créés avant le 1er janvier 2005**

1076 Le régime social des contributions patronales finançant un régime de retraite facultatif s'applique progressivement.

En effet, les cotisations patronales au financement de régimes de retraite supplémentaire institués avant le 1er janvier 2005 peuvent continuer à suivre le traitement social qui leur était applicable avant la réforme opérée par la loi portant réforme des retraites, jusqu'au 30 juin 2008 (voir §§ 1051 à 1054).

Certaines entreprises qui ont des régimes de retraite à adhésion facultative mis en place avant le 1er janvier 2005 peuvent très bien, par accord, modifier ce régime pour qu'il devienne à adhésion obligatoire pour l'ensemble des salariés au 1er juillet 2008.

L'entrée en vigueur du caractère obligatoire peut être prévue en deux étapes:
– dès l'entrée en vigueur de l'avenant portant révision du régime pour les salariés qui étaient adhérents au régime facultatif et les nouveaux embauchés ;
– au plus tard au 1er juillet 2008 pour les autres, à savoir ceux qui n'étaient pas adhérents au régime facultatif.

Cette transformation en régime obligatoire s'inscrit bien dans un objectif de mise en conformité avec les nouvelles conditions d'exonération. Dès lors, elle n'entraîne pas la perte du régime transitoire (circ. DSS/5B 2006-3330 du 21 juillet 2006, question n° 35).

Régimes de retraite à prestations définies non soumis à la contribution patronale spécifique

• Régimes collectifs obligatoires à gestion externe créés avant le 1er janvier 2005

1077 Les régimes de retraite à prestations définies institués avant le 1er janvier 2005 et qui n'entrent pas dans le champ de la contribution patronale spécifique à certains régimes de retraite à prestations définies (voir §§ 1055 à 1074) sont exonérés de cotisations sociales dans la limite des seuils de droit commun (voir §§ 1030 à 1036), sans être soumis au respect des conditions spécifiques aux opérations de retraite servies par les autres régimes de retraite supplémentaire (voir §§ 1045 à 1050), à condition :
– qu'ils soient collectifs (voir §§ 1038 à 1040), obligatoires (voir § 1041), mis en place selon une procédure déterminée (voir § 1043) et que les prestations qu'ils servent soient versées par un organisme habilité (c'est-à-dire qu'ils soient des régimes de retraite à gestion externe – voir §§ 1042) ;

Cette dernière condition suppose donc que les prestations soient versées directement ou par l'entremise de l'employeur, par une entreprise d'assurances, une mutuelle, une institution de prévoyance, une institution de retraite supplémentaire ou une institution de gestion de retraite supplémentaire.

– qu'ils n'acceptent plus de nouveaux adhérents à compter du 30 juin 2008.

Il est impératif que les statuts, les règlements ou tout avenant aux actes juridiques instituant ces régimes soient modifiés avant le 1er juillet 2008 afin de prévoir expressément qu'aucun nouvel adhérent n'est accepté à compter du 30 juin 2008. À défaut, ces régimes ne pourront plus bénéficier, à compter du 1er juillet 2008, du nouveau dispositif d'exonération.

Un régime à gestion interne dans lequel les prestations sont versées par l'employeur n'est pas éligible à l'exonération, sauf si l'employeur ne joue qu'un rôle d'intermédiaire entre le retraité et l'organisme habilité.

• Régimes collectifs obligatoires à gestion interne créés avant le 1er janvier 2005

1078 Dans les régimes (collectifs et obligatoires) de retraite à prestations définies à gestion interne (c'est-à-dire dont les contributions patronales les alimentant ne font pas l'objet d'un versement à un organisme tiers), l'intégralité du financement patronal est assujetti à cotisations sociales dès le premier euro.

L'assiette des cotisations de sécurité sociale est déterminée de la manière suivante (circ. DSS/5B 2005-396 du 25 août 2005) :
– si l'entreprise comptabilise une provision pour engagements de retraite, l'assiette est constituée de la partie de la dotation correspondant au coût des services rendus au cours de l'exercice ;
– si l'entreprise ne constitue pas de provision pour la totalité de son engagement, l'assiette comprend également la part de l'engagement de retraite non comptabilisé et constaté obligatoirement dans son annexe au bilan correspondant au coût des services rendus au cours de l'exercice (voir annexe 5).

Dans l'hypothèse où ces mêmes sommes sont versées ultérieurement à un organisme tiers, elles ne sont pas soumises, à l'occasion de ce transfert, aux cotisations et contributions de sécurité sociale afin de ne pas procéder à un double assujettissement.

Il appartient à l'employeur de fournir les éléments précis pour la répartition individuelle de la contribution au régime. À défaut de données chiffrées, la contribution globale est individualisée par répartition au prorata des rémunérations perçues annuellement par chaque bénéficiaire.

- **Régime provisoire applicable aux régimes créés avant le 1er janvier 2005**

1079 L'application du régime transitoire jusqu'au 30 juin 2008 (voir §§ 1051 à 1054) devrait pouvoir s'appliquer aux régimes de retraite à prestations définies non soumis à la contribution patronale spécifique.

En effet, l'ancienne limite d'exonération était applicable aux régimes de retraite supplémentaire, qu'ils soient à cotisations définies ou à prestations définies, collectifs ou individuels, obligatoires ou facultatifs.

Les entreprises qui ont mis en place de tels régimes devraient donc avoir le choix entre l'application des anciennes limites d'exonération et celle des nouvelles limites d'exonération.

Cette opportunité, déduite des dispositions législatives, n'a pas été confirmée explicitement par l'administration.

- **Régimes créés après le 1er janvier 2005**

1080 Les contributions patronales destinées à financer des régimes de retraite à prestations définies, à gestion externe ou à gestion interne, institués après le 1er janvier 2005, sont soumises à cotisations sociales dès le premier euro dès lors qu'elles n'entrent pas dans le champ d'application de la contribution patronale spécifique (voir §§ 1055 à 1074).

Régime social des prestations

Cotisations sociales dues

1081 Les avantages de retraite supplémentaires sont assujettis à une cotisation d'assurance maladie spéciale, à la CSG et à la CRDS.

Ces prélèvements sont identiques à ceux opérés sur les pensions servies par les régimes de retraite complémentaire (voir §§ 779 à 784).

Retraités redevables des cotisations sociales

- **Retraités assujettis à la cotisation spéciale d'assurance maladie**

1082 Sont assujettis à la cotisation spéciale d'assurance maladie :
– les retraités résidant fiscalement en France,
– et les retraités qui ne résident pas fiscalement en France mais qui relèvent à titre obligatoire d'un régime français d'assurance maladie.

- **Retraités assujettis à la CSG et à la CRDS**

1083 Sont assujettis à la CSG et à la CRDS les retraités fiscalement domiciliés en France et assujettis à un régime obligatoire français d'assurance maladie.

Modalités de calcul et de recouvrement

- **Assiette des cotisations**

1084 Les cotisations sont assises sur la totalité des avantages retraite considérés comme pensions pour l'application de l'impôt sur le revenu. Il s'agit des pensions, retraites, allocations financées en tout ou partie par l'employeur, quelles que soient leurs conditions d'attribution (à titre bénévole, conventionnel ou contractuel), les modalités de versement (en capital ou sous forme de rente), la qualité du bénéficiaire (droits propres ou réversion), sa nationalité, la qualité du débiteur (société d'assurances, mutuelles, institutions de prévoyance et de retraite supplémentaire, employeur).

• **Taux des cotisations**

1085 Le taux de la cotisation d'assurance maladie spéciale est fixé à 1 % dans le cas général et à 4,20 % pour les retraités résidant fiscalement à l'étranger mais qui relèvent d'un régime français d'assurance maladie.

Le taux de la CSG est fixé à 6,6 % et celui de la CRDS à 0,5 %.

• **Paiement des cotisations**

1086 Lorsque la prestation est servie par un organisme assureur, c'est à lui de précompter les cotisations et d'en reverser le produit à l'URSSAF dont il dépend.

Lorsque les prestations sont servies par l'entreprise, c'est à l'employeur d'effectuer le précompte et d'en reverser le produit à l'URSSAF. Il précompte les cotisations comme s'il s'agissait d'une rémunération. Il doit reverser le produit de ses retenues dans les mêmes conditions, dans les mêmes délais ou sous les mêmes sanctions que les cotisations sur salaire.

Pour aller plus loin

- Dictionnaire Paye 2007 « Cotisations de retraite et de prévoyance (régime social) ».
- RF 950 « Les cotisations sociales de l'entreprise », §§ 370 à 491 et 1430 à 1450.

Service Relations Clients • 0 826 80 52 52 (0,15 € ttc/min)

Plan d'épargne pour la retraite collectif (PERCO)

§§

Définition

- Objet 1100
- Origine 1101

Participants

- Même public que les autres plans d'épargne 1102
- Frais de tenue de compte des anciens salariés 1103

Conditions de mise en place

- Caractère nécessairement complémentaire 1104
- Non-substitution de l'abondement au salaire 1105
- Niveau de conclusion 1106
- Modes de conclusion 1107
- Investissement dans un fonds solidaire 1109

➡ *À propos des accords d'entreprise et de groupe : page 407*

Alimentation

- Versements volontaires 1111
- Versement de la participation 1113
- Abondement de l'employeur 1114
- Transferts du PEE 1115

§§

Gestion des droits

- Liberté de choix des adhérents . 1117
- Diversification des avoirs du PERCO 1118
- Investissement dans des fonds solidaires 1119

Déblocage des sommes

- Déblocage lors du départ en retraite 1120
- Déblocage anticipé 1123

Régime fiscal

- Régime fiscal pour l'employeur :
  – provision pour investissement 1124
  – conditions de déduction 1125
  – utilisation de la provision 1126
  – sort de la provision 1127
  – PERCO créé dans un groupe .. 1128
- Régime fiscal pour le salarié 1129

Régime social

- Exonération de l'abondement 1133
- Contribution patronale de 8,20 % 1134
- Prélèvements sociaux au titre des produits de placement 1135

➡ *Plan d'épargne retraite populaire (PERP) : page 415*

Définition

Objet

1100 Le plan d'épargne pour la retraite collectif (PERCO) est un plan d'épargne d'entreprise dont l'objet est de préparer la retraite. Les sommes ou valeurs inscrites aux comptes des participants sont, en principe, détenues jusqu'au départ à la retraite (c. trav. art. L. 443-1-2).

Origine

1101 Le PERCO a pour origine le plan partenarial d'épargne salariale volontaire (PPESV).

Après une période de transition entre les 2 dispositifs, le PPESV a totalement disparu le 22 août 2006.

Participants

Même public que les autres plans d'épargne

1102 Tout comme les autres plans d'épargne, le PERCO a vocation à bénéficier (c. trav. art. L. 443-1) :
– aux salariés (condition d'ancienneté maximale de 3 mois ; c. trav. art. L. 444-4) ;
– aux anciens salariés partis en retraite ou préretraite ;
– aux dirigeants des entreprises de 1 à 100 salariés ainsi qu'au conjoint du chef d'entreprise s'il a le statut de conjoint collaborateur ou de conjoint associé.

Plus spécifiquement, un ancien salarié d'une entreprise peut continuer d'effectuer des versements sur le PERCO s'il n'existe pas de tel plan dans sa nouvelle entreprise. Cependant, le salarié concerné ne peut pas bénéficier d'un abondement de l'entreprise et les frais afférents à la gestion du plan sont à sa charge exclusive (c. trav. art. L. 443-1-2, II).

Frais de tenue de compte des anciens salariés

1103 Les frais de tenue de compte-conservation des anciens salariés de l'entreprise, qui n'ont pas à être pris en charge par l'entreprise, peuvent être perçus par prélèvement sur les avoirs dans les conditions fixées par l'accord collectif instituant les plans mentionnées ci-avant ou, à défaut, par le règlement du fonds (c. trav. art. R. 443-5, dernier al.).

Conditions de mise en place

Caractère nécessairement complémentaire

1104 Le PERCO a vocation à compléter un plan d'épargne d'entreprise (ou interentreprises) traditionnel. En effet, la loi prévoit qu'il ne peut être mis en place que si les participants ont la possibilité d'opter pour un plan de durée plus courte (c. trav. art. L. 443-1-2).

À noter, l'entreprise qui a mis en place un plan d'épargne d'entreprise (PEE) depuis plus de cinq ans est tenue d'ouvrir une négociation en vue de la mise en place d'un PERCO ou d'un plan d'épargne retraite d'entreprise (PERE) ou d'un régime de retraite supplémentaire à cotisations définies (c. trav. art. L. 443-1-2).

Non-substitution de l'abondement au salaire

1105 Comme tout plan d'épargne d'entreprise, le PERCO suppose une aide de l'entreprise. Celle-ci peut prendre la forme d'une prise en charge des frais de fonctionnement et/ou d'un abondement.

Cet abondement de l'employeur ne peut se substituer à aucun des éléments de rémunération en vigueur dans l'entreprise au moment de la mise en place du plan ou qui deviennent obligatoires en vertu de règles légales ou contractuelles. Toutefois, cette règle ne peut avoir pour effet de remettre en cause les exonérations fiscales et sociales attachées à l'abondement dès lors qu'un délai de 12 mois s'est écoulé entre le dernier versement de l'élément de rémunération en tout ou partie supprimé et la date de mise en place du plan (c. trav. art. L. 443-7).

Niveau de conclusion

1106 Le PERCO peut être mis en place soit au niveau d'une entreprise, soit au niveau d'un groupe constitué par des entreprises juridiquement indépendantes mais qui ont établi entre elles des liens financiers et économiques (c. trav. art. L. 444-3). Il peut également être institué en tant que plan d'épargne interentreprises (c. trav. art. L. 443-1-2).

À propos des accords d'entreprise et de groupe

- Accord d'entreprise

➟ *Représentants des salariés*

En principe, un accord collectif d'entreprise est négocié entre l'employeur et les organisations syndicales de salariés représentatives dans l'entreprise (pour une étude approfondie, voir Guide RF 2005-2 « Négocier un accord d'entreprise »).

Il existe toutefois un mode de négociation dérogatoire pour les entreprises dépourvues de délégués syndicaux : dans ce cas, les représentants élus du personnel au comité d'entreprise ou, à défaut, les délégués du personnel peuvent négocier et conclure des accords collectifs de travail, sous réserve de l'autorisation et de l'encadrement d'un accord de branche étendu et de l'approbation d'une commission paritaire nationale de branche.

Il en existe un également pour les entreprises dépourvues à la fois de délégués syndicaux et de représentants du personnel (constaté par un P-V de carence) : dans ce cas, un accord d'entreprise peut être conclu avec un ou plusieurs salariés mandatés par une ou plusieurs organisations syndicales représentatives au plan national. Il doit être approuvé par les salariés de l'entreprise à la majorité des suffrages exprimés.

➟ *Accord majoritaire et droit d'opposition*

L'accord collectif d'entreprise est applicable dès lors qu'il n'a pas fait l'objet d'une opposition d'un ou des syndicats représentatifs ayant recueilli ensemble au moins la moitié des suffrages exprimés aux dernières élections au comité d'entreprise ou, à défaut, des délégués du personnel, et ce, dans un délai de 8 jours suivant la notification de l'accord.

Mais un accord de branche étendu peut imposer au niveau de l'entreprise le principe de l'accord majoritaire : dans ce cas, l'accord d'entreprise n'entre en vigueur que s'il est signé par un ou plusieurs syndicats représentatifs ayant recueilli ensemble au moins la moitié des suffrages exprimés aux dernières élections du comité d'entreprise ou, à défaut, des délégués du personnel. Si cette condition de majorité n'est pas remplie, l'accord instituant le PERCO peut être soumis à un référendum d'entreprise. Le texte est adopté s'il recueille au moins 50 % des suffrages exprimés (c. trav. art. L. 132-2-2).

- Accord de groupe

Si le PERCO est institué par accord de groupe, l'accord est conclu au sein de chacune des entreprises du groupe selon les modalités ci-dessus, chacune des entreprises concernées manifestant sa volonté d'être partie à l'accord (circ. intermin. du 14 septembre 2005).

Il peut aussi être conclu par un ou plusieurs coordonnateurs syndicaux de groupe choisis parmi les délégués syndicaux du groupe et habilités à négocier un accord de groupe (c. trav. art. L. 132-19-1). Le coordonnateur syndical n'est désigné que pour la négociation en cause ; il ne constitue par une institution pérenne au sein d'un groupe (circ. intermin. du 14 septembre 2005).

Modes de conclusion

• Accord collectif indispensable

1107 Le PERCO doit obligatoirement être institué par un accord collectif (c. trav. art. L. 443-1-2). Ce plan ne peut donc, à la différence du PEE, être établi de façon unilatérale par l'employeur. Il ne peut pas non plus être institué selon les modalités spécifiques à l'intéressement ou à la participation.

• Sauf pour le PERCO-Interentreprises

1108 Le PERCO peut être mis en place entre plusieurs entreprises, sur le modèle du plan d'épargne interentreprises (PEI). On parle alors de PERCO-interentreprises ou PERCO-I.

Comme pour le PEI, il peut s'agir :
– d'un accord de branche instituant un PERCO pour l'ensemble des entreprises comprises dans un même champ d'application professionnel et territorial. Un PERCO-I de branche ne peut être mis en place que par voie d'accord collectif conclu entre une ou plusieurs organisations syndicales représentatives au niveau de la branche et une ou plusieurs organisations représentant les employeurs à ce même niveau ;
– d'un accord instituant un PERCO entre plusieurs entreprises prises individuellement. Les modes de conclusion de l'accord sont alors plus diversifiés : le plan peut être mis en place soit par accord collectif d'entreprise, soit au sein d'un comité d'entreprise, soit à la ratification aux 2/3 du personnel de chaque entreprise (c. trav. art. L. 443-1-1).

Investissement dans un fonds solidaire

1109 L'accord à l'origine du PERCO doit obligatoirement offrir aux participants la possibilité d'investir dans un FCPE solidaire (c. trav. art. L. 443-1-2).

Obligation de dépôt

1110 L'ouverture du droit aux exonérations sociales et fiscales liées au PERCO est subordonnée au dépôt du règlement du plan auprès de la direction départementale du travail, de l'emploi et de la formation professionnelle du lieu où il a été établi.

Ce dépôt ne peut être effectué avant la fin du délai d'opposition, si un tel délai s'applique (8 jours pour un accord d'entreprise, 15 jours pour un accord de branche) (circ. intermin. du 14 septembre 2005).

Alimentation

Versements volontaires

• Versements volontaires des salariés et dirigeants

1111 Les participants peuvent effectuer des versements volontaires sur le PERCO, dont la prime d'intéressement. Ces versements peuvent donner lieu à abondement.

Pour être exonérée d'impôt sur le revenu, la prime d'intéressement doit être versée sur le PERCO dans les 15 jours suivant la date à laquelle elle a été perçue (c. trav. art. L. 441-6 et R. 443-8).

Les salariés ont également la possibilité d'utiliser tout ou partie des droits affectés sur le compte épargne temps (CET) pour effectuer des versements sur le PERCO (c. trav. art. L. 443-1-2).

Les versements volontaires sont limités à un quart de la rémunération annuelle du participant ou de ses revenus professionnels imposés à l'impôt sur le revenu au titre de l'année précédente. Les droits inscrits au CET utilisés pour alimenter un PERCO ne sont pas pris en compte pour l'appréciation de ce plafond (c. trav. art. L. 443-2).

• Versements volontaires des anciens salariés

1112 Les retraités et préretraités ayant quitté l'entreprise peuvent continuer à effectuer des versements dans le PERCO (c. trav. art. L. 443-1). Il en va de même des anciens salariés qui ne bénéficient pas d'un PERCO dans leur nouvelle entreprise (c. trav. art. L. 443-1-2).

Ces versements ne peuvent pas faire l'objet d'un abondement de l'entreprise.

Versement de la participation

1113 Le PERCO peut, à l'initiative des participants, recevoir les sommes issues de la participation. L'entreprise peut abonder les sommes versées sur le PERCO qui sont issues de la participation (c. trav. art. L. 443-1-2).

L'affectation de la participation au plan n'est pas considéré comme un versement volontaire ; ce versement n'est donc pas pris en compte pour l'appréciation du plafond annuel de versement individuel de 25 % de la rémunération de chaque participant.

Notons, par ailleurs, qu'un salarié détenant des sommes au titre de la réserve spéciale de participation et qui n'en a pas demandé la délivrance au moment de la rupture du contrat de travail peut choisir d'affecter ces sommes dans le PERCO de son nouvel employeur (c. trav. art. L. 444-9, al. 1).

Abondement de l'employeur

1114 L'abondement de l'employeur ne peut ni excéder le triple du versement du salarié ni être supérieur à 16 % du plafond annuel de la sécurité sociale par an et par salarié. Cette enveloppe d'abondement est distincte de celle du plan d'épargne d'entreprise (PEE). Les abondements peuvent être déduits, par l'entreprise, de son bénéfice pour l'assiette de l'impôt sur les sociétés ou de l'impôt sur le revenu. Ils sont par ailleurs exonérés de cotisations de sécurité sociale et, pour les bénéficiaires, d'impôt sur le revenu. Cependant, les abondements qui sont supérieurs à un montant égal au plafond de l'abondement du PEE (8 % du plafond annuel de la sécurité sociale) sont assujettis à une taxe de 8,2 % (voir § 1073).

Transferts du PEE

1115 À la demande du salarié, les sommes détenues dans un PEE (ou un PEI) peuvent être transférées dans un PERCO.

Les sommes qui font l'objet d'un transfert ne sont pas prises en compte pour l'appréciation du plafond de versement individuel de 25 %. Elles ne donnent pas lieu à abondement sauf dans deux cas :

– si le transfert a lieu à l'expiration du délai d'indisponibilité,

– ou si les sommes sont transférées d'un PEE ou un PEI vers un PERCO (c. trav. art. L. 444-9).

Transfert en provenance d'un autre PERCO

1116 Le PERCO peut être alimenté par des transferts en provenance d'un autre PERCO : PERCO de groupe, PERCO-I si les accords le prévoient et PERCO de l'ancien employeur (circ. intermin. du 14 septembre 2005).

En cas de rupture du contrat de travail, le salarié dispose d'une possibilité générale de transfert de ses avoirs vers un plan d'épargne auquel il a accès au titre de son nouvel emploi. Par exception, le transfert d'un PERCO à un PEE, un plan d'épargne groupe (PEG) ou un PEI n'est pas autorisé. Par conséquent, s'il n'existe pas de PERCO chez le nouvel employeur, l'adhérent conserve ses avoirs sur le PERCO de l'ancien employeur.

Gestion des droits

Libérté de choix des adhérents

1117 Le PERCO doit proposer à ses adhérents au moins trois choix d'investissement présentant des orientations de gestion différentes, dans une logique de diversification des risques. L'adhérent au PERCO peut ainsi bénéficier d'un choix de placement entre trois OPCVM ou entre trois compartiments d'un même FCPE ou d'une même SICAV, dès lors que leurs profils de risques diffèrent.

Diversification des avoirs du PERCO

1118 Contrairement au PEE et au PPESV, le PERCO ne peut pas servir de support à l'actionnariat salarié.

En effet, le règlement du plan ne peut pas prévoir l'achat de parts de FCPE dédiés (fonds dont plus du tiers de l'actif est composé de titres émis par l'entreprise qui a mis en place le plan ou par les sociétés qui lui sont liées ; c. mon. et fin. art. L. 214-40), ni de titres émis par des SICAV d'actionnariat salarié (c. mon. et fin. art. L. 214-40-1), ni de titres de l'entreprise ou d'une entreprise qui lui est liée (c. trav. art. L. 443-1-2).

En outre, si l'actif est investi en parts de FCPE diversifiés (fonds dont l'actif ne comporte pas plus d'un tiers de titres émis par l'entreprise ou par toute autre société qui lui est liée ; c. mon. et fin. art. L. 214-39), ces FCPE ne peuvent détenir plus de 5 % de titres de l'entreprise qui a mis en place le plan ou d'entreprises qui lui sont liées. Cette limitation ne s'applique pas aux parts et actions d'OPCVM éventuellement détenues par le fonds.

Enfin, pour assurer la liquidité des avoirs, ces FCPE ne peuvent pas détenir plus de 5 % de titres non admis aux négociations sur un marché réglementé.

Investissement dans des fonds solidaires

1119 En outre, le PERCO doit offrir la possibilité de placer les sommes dans des parts de fonds investis dans les entreprises solidaires (c. trav. art. L. 443-3-1).

Cette possibilité d'investissement ne constitue pas un quatrième profil d'investissement obligatoire : ainsi, un PERCO peut ne proposer qu'un fonds solidaire, un fonds monétaire et un fonds actions (circ. intermin. du 14 septembre 2005).

Déblocage des sommes

Déblocage lors du départ en retraite

• Conditions de liquidation du plan

1120 Les avoirs placés dans le PERCO sont débloqués uniquement lorsque le bénéficiaire en fait la demande, dans les conditions définies dans le règlement du plan. Toutefois, la liquidation du PERCO est de droit à partir de la date à laquelle l'adhérent a fait liquider sa pension dans un régime obligatoire d'assurance vieillesse.

Cette règle est également valable pour les dirigeants d'entreprise partis à la retraite, qu'ils soient rattachés au régime général de la sécurité sociale ou qu'ils soient rattachés à un régime de non-salariés (voir Guide *RF* 936, «Les cotisations sociales de l'entreprise», §§ 33 et 34 et *RF* 2006-1 «La protection sociale des non-salariés»).

• Modalités de déblocage

1121 L'accord collectif instituant le PERCO peut prévoir, au moment du déblocage de l'épargne acquise par le salarié (c. trav. art. L. 443-1-2):
– soit uniquement le versement d'une rente viagère à titre onéreux,
– soit le versement, au choix des participants, d'un capital ou d'une rente. Dans ce cas, chaque participant exprime son choix au moment du déblocage des sommes ou valeurs dans les conditions prévues par l'accord.

• Cas de la sortie de rente

1122 Lorsque le PERCO prévoit le versement d'une rente, la société de gestion doit, au moment du déblocage, donner ordre au dépositaire de liquider les avoirs du bénéficiaire et de transférer le capital constitutif de cette rente:
– à une entreprise relevant du code des assurances et agréée pour les opérations mentionnées à la branche 20 de l'article R. 321-1 du même code,
– à une institution de prévoyance régie par le titre III du livre IX du code de la sécurité sociale et agréée pour les opérations mentionnées à la branche 20 de l'article R. 931-2-1 du même code ou par le livre VII du code rural,
– ou à un organisme mutualiste relevant du livre II du code de la mutualité et agréé pour les opérations mentionnées à la branche 20 de l'article R. 211-2 du même code.

Il est souhaitable que l'accord prévoie la désignation de cette entreprise, de cette institution ou de cet organisme et précise les modalités de ce transfert (circ. intermin. du 14 septembre 2005).

Déblocage anticipé

1123 Le déblocage des droits constitués au profit des participants au PERCO peut avoir lieu avant leur départ à la retraite en cas de (c. trav. art. R. 443-12):
– décès du bénéficiaire, de son conjoint ou de la personne qui lui est liée par un pacte civil de solidarité (PACS);

En cas de décès du participant lui-même, il appartient à ses ayants droit de demander la liquidation de ses droits. Dans ce cas, les personnes concernées ont intérêt à présenter la demande de déblocage avant la date limite de dépôt de la déclaration de succession (6 mois à compter du décès, en règle générale). En effet, l'exonération d'impôt sur le revenu attachée à ces droits cesse de s'appliquer une fois ce délai écoulé (CGI art. 150-0-A, III, 4° et 641). Ces dispositions existaient déjà sous le régime du PPESV (voir *RF* 2002-3, fiche 30, § 7).

– expiration des droits à l'assurance chômage du titulaire;
– invalidité du bénéficiaire, de ses enfants, de son conjoint ou de la personne qui lui est liée par un pacte civil de solidarité (PACS);

L'invalidité est appréciée selon les mêmes modalités que pour le PPESV (voir *RF* 2002-3, fiche 30, § 6). Ce déblocage pour chacun de ces motifs ne peut intervenir qu'une seule fois.

– situation de surendettement du participant définie à l'article L. 331-2 du code de la consommation;

La demande de déblocage doit être adressée à l'organisme gestionnaire des fonds ou à l'employeur soit par le président de la Commission de surendettement des particuliers, soit par le juge (voir *RF* 2002-3, fiche 30, § 5).

– affectation des sommes épargnées à l'acquisition de la résidence principale ou à sa remise en état lorsqu'elle a été endommagée à la suite d'une catastrophe naturelle reconnue par arrêté ministériel.

Régime fiscal

Provision pour investissement de l'employeur

1124 Les entreprises qui complètent, par un abondement, les sommes versées par les salariés à un PERCO peuvent constituer, en franchise d'impôt, une provision pour investissement (CGI art. 237 bis A-II-1, 5e al.). Cette provision est égale à 25 % du montant des abondements versés sans possibilité de majoration.

En pratique, la disposition fiscale qui prévoit la majoration du taux de provision pour investissement (50 %) pour les versements complémentaires investis en titre donnant accès au capital de l'entreprise (CGI art. 237 bis A-II-1, 5e al.) n'est pas applicable au PERCO puisque l'investissement direct en titres de l'entreprise ou d'entreprises liées n'y est pas autorisé (c. trav. art. L. 443-1-2.

La provision pour investissement au titre des abondements dans le PERCO peut se cumuler avec les autres provisions pour investissement relatives aux abondements de l'entreprise dans les plans d'épargne.

Conditions de déduction de la provision

1125 La déduction de la provision pour investissement est subordonnée à sa comptabilisation dans les écritures de l'exercice (CGI art. 39-1-5°). Par ailleurs, le relevé des provisions doit être complété par (CGI, ann. II, art. 171 bis et ann. III, art. 38-II):
– un état faisant apparaître distinctement les modalités de calcul des sommes affectées au compte de la réserve spéciale de participation et au compte de la provision pour investissement;
– d'un état comportant l'indication de l'emploi de la provision.

Emploi de la provision

1126 La provision pour investissement doit être utilisée, dans le délai de deux ans, à l'acquisition ou à la création d'immobilisation. Rappelons que toutes les acquisitions ou créations de biens présentant le caractère d'immobilisations pour l'entreprise peuvent constituer un emploi valable de la provision, y compris l'acquisition d'un bien en crédit-bail prise en compte à la date de signature du contrat.

Le point de départ du délai d'utilisation est l'ouverture de l'exercice suivant celui à la clôture duquel la provision a été constituée.

Les entreprises qui constituent une provision pour investissement calculée sur les abondements dans un PERCO peuvent également utiliser le montant de cette provision pour investissement au titre de certaines dépenses de formation (c. trav. art. L. 444-1).

Ces dépenses correspondent aux stages de formation économique (5 jours maximum) des administrateurs ou des membres du conseil de surveillance représentant les salariés actionnaires ou élus par les salariés (dans les conditions et limites prévues à l'article L. 451-3 du code du travail). Cette formation doit être dispensée par un organisme figurant sur une liste arrêtée par le préfet de région, après avis du comité de coordination régional de l'emploi et la formation professionnelle.

Sort de la provision

1127 Lorsque la provision d'un exercice est utilisée conformément à son objet dans le délai imparti, elle est définitivement exonérée d'impôt sur le revenu ou d'impôt sur les sociétés. À défaut d'emploi dans le délai imparti, la provision doit être rapportée au bénéfice imposable de l'exercice en cours à la date d'expiration de ce délai.

En cas d'utilisation partielle, seul l'excédent non employé à l'expiration de ce délai doit être rapporté au bénéfice imposable de l'exercice en cours à la date d'expiration du délai.

PERCO créé dans le cadre d'un accord de groupe

1128 Lorsque l'accord instituant le PERCO est conclu entre un groupe d'entreprises et leur personnel, le bénéfice des avantages fiscaux lié à l'abondement de l'entreprise à un PERCO est réservé à celles de ces entreprises qui contribuent effectivement à cet abondement, et dans la limite de leurs contributions respectives.

Toutefois, sous réserve d'une autorisation préalable du ministre chargé des Finances, une entreprise peut transférer tout ou partie de son droit à constituer une provision à l'une des autres sociétés du groupe ou à plusieurs d'entre elles (CGI art. 237 bis A-II-6).

Régime fiscal pour le salarié

• Régime fiscal du PERCO pendant la période d'indisponibilité

1129 Pendant la période d'indisponibilité, le régime fiscal du PERCO est similaire à celui du PEE (voir *RF* 2002-3, fiche 22, § 15).

• Régime fiscal du PERCO après le départ à la retraite

1130 **Délivrance sous forme de rente viagère à titre onéreux.** Le capital constitutif de la rente est exonéré d'impôt sur le revenu. En revanche, les prélèvements sociaux additionnels (11 % pour la part des revenus acquis depuis le 1er janvier 2005) sont dus, au moment de la délivrance des avoirs, sur le revenu constitué par la différence entre :
– les sommes ou valeurs provenant du PERCO,
– et le montant des sommes ou valeurs versées dans ce plan (CGI art. 1600-0 D, 1600-0 F bis et 1600-0 J).

La rente servie est imposable à l'impôt sur le revenu dans la catégorie des pensions et rentes viagères à titre onéreux, compte tenu de l'âge du crédirentier lors de l'entrée en jouissance de la rente (CGI art. 158-6). Le montant imposable correspond à la quote-part des arrérages représentatifs des intérêts produits par le capital postérieurement à la conversion de rente. Les prélèvements sociaux additionnels sont dus sur la même assiette que celle soumise à l'impôt sur le revenu.

1131 **Délivrance des avoirs en capital.** Lorsque l'accord instituant le PERCO prévoit des modalités de délivrance des avoirs en capital, en un versement unique ou de manière fractionnée, de conversion en rente de ce capital ou de panachage entre ces deux modes de sortie :
– le capital perçu est exonéré d'impôt sur le revenu. Il est assujetti aux prélèvements sociaux selon les modalités précisées au paragraphe 1135 (pour la partie concernant le capital) ;
– en cas de conversion du capital en rente, la rente est soumise à l'impôt sur le revenu et aux prélèvements sociaux selon les modalités précisées au paragraphe (pour la partie concernant la rente).

• **Déblocage anticipé**

1132 Les avoirs débloqués par anticipation sont délivrés sous forme de capital. Les modalités d'imposition sont donc celles précisées au paragraphe précédent pour la sortie en capital.

Régime social

Exonération de l'abondement

1133 Dès lors que les conditions et plafonds d'exonération (voir § 1114) sont remplis, l'abondement échappe aux cotisations sociales. Seules la CSG (7,50 %) et la CRDS (0,50 %) sur les revenus d'activité sont dues, après abattement d'assiette de 3 %.

Contribution patronale de 8,20 %

1134 Toutefois, une contribution patronale au Fonds de réserve des retraites de 8,20 % est due sur la fraction d'abondement qui excède, annuellement pour chaque participant, 8 % du plafond annuel de la sécurité sociale (c. séc. soc. art. L. 137-5). Elle ne peut s'imputer sur l'abondement.

Lorsqu'elle est due sur un abondement versé au profit d'un salarié, cette contribution est recouvrée par les URSSAF en même temps et selon les mêmes modalités que les cotisations sur salaires. Elle est soumise aux mêmes règles de recouvrement, de contrôle et de contentieux que la taxe sur les contributions patronales de prévoyance.

La contribution due sur l'abondement versé au profit du dirigeant d'entreprise non assimilé à un salarié est recouvrée dans les mêmes conditions que la contribution due sur l'abondement versé au profit d'un salarié.

Prélèvements sociaux au titre des produits de placement

1135 Bien qu'ils soient exonérés d'impôt sur le revenu, les revenus des sommes placées dans le PERCO sont assujettis, au titre des produits de placements financiers, à la CSG (8,2 %, à la CRDS (0,5 %) et au prélèvement social de 2,3 %. Ces prélèvements sont dus lors de la délivrance des titres et valeurs à l'adhérent.

Plan d'épargne retraite populaire (PERP)

La loi portant réforme des retraites permet aux salariés de s'assurer un complément de retraite à titre privé dans le cadre d'un régime fiscal favorable. Le plan d'épargne retraite populaire (PERP) s'adresse à toute personne privée, indépendamment de toute activité professionnelle. Il s'agit d'un contrat d'assurance souscrit par un groupement individuel pour la retraite, en vue de l'adhésion de ses membres. Il est souscrit auprès d'une entreprise relevant du code des assurances, d'une institution de prévoyance ou d'un organisme mutualiste.

Ce plan a pour objet l'acquisition de droits viagers personnels payables à l'adhérent, à compter de la date de liquidation de sa pension de vieillesse dans un régime obligatoire d'assurance vieillesse ou à 60 ans. Toute personne peut y adhérer, y compris à titre purement privé.

Les cotisations ou primes versées par chaque membre du foyer fiscal sur le PERP sont déductibles du revenu global dans une limite annuelle et individuelle égale à la différence constatée, au titre de l'année précédente, entre (CGI art. 163 quatervicies-1-2) ;

– une fraction égale à 10 % de ses revenus d'activité professionnelle retenus dans la limite de huit fois le montant annuel du plafond de sécurité sociae (c. séc. soc. art. L. 241-3), ou si elle est plus élevée, 10 % de ce même plafond,

– et le montant des cotisations ou primes correspondant à l'épargne retraite autre qu'obligatoire constituée, le cas échéant, dans le cadre professionnel.

Annexes

1. Retraite progressive .... page 418
2. Règles communautaires .... page 437
3. Retraite des artisans et des commerçants .... page 446
4. Retraite des professions libérales .... page 457
5. Traitement comptable des engagements de retraite .. page 468
6. Adresses utiles .... page 473

1. Retraite progressive

	§§		§§
• Principe : retraité à temps partiel	1160	• Montant de la fraction de retraite	1171
• Activité professionnelle à temps partiel	1161	• Paiement de la retraite progressive	1172
• Durée de l'activité à temps partiel	1162	• Suspension et suppression de la retraite progressive	1173
• Conditions d'accès	1163	• Versement des cotisations sociales	1174
• Demande de retraite progressive	1167	• Liquidation de la pension complète	1175
• Liquidation provisoire de la pension	1169	• Régimes complémentaires ARRCO et AGIRC	1176
• Calcul de la retraite progressive	1170		

➟ *Articulation avec les règles de cumul emploi-retraite : page 426*

Principe : retraité à temps partiel

1160 La retraite progressive offre la possibilité aux salariés, artisans, industriels, commerçants et agriculteurs âgés d'au moins 60 ans de poursuivre à temps partiel une activité, tout en bénéficiant d'une fraction de leur pension de vieillesse, inversement proportionnelle à la durée travaillée. L'intéressé continue en outre à améliorer ses droits à retraite définitifs puisqu'il cotise au titre de son activité rémunérée (c. séc. soc. art. L. 351-15 et L. 351-16, L. 634-3-1, R. 351-39 à R. 351-44, D. 351-15, D. 634-15 à D. 634-19).

Le dispositif de la retraite progressive, créé par la loi 88-16 du 5 janvier 1988, a été modifié par la loi portant réforme des retraites (loi 2003-775 du 21 août 2003, art. 30). Les modalités d'application de cette réforme ont été précisées par deux décrets du 7 juin 2006 (décrets 2006-668 et 2006-670). Deux circulaires apportent des précisions sur sa mise en œuvre (circ. DSS/3A/2006/419 du 26 septembre 2006 ; circ. CNAV 2006-66 du 2 novembre 2006).

La liquidation de la pension de l'assuré qui bénéficie des dispositions de la retraite progressive revêt un caractère provisoire. La pension complète et définitive est liquidée compte tenu du montant de la pension initiale et de la durée d'assurance accomplie depuis l'entrée en jouissance de la retraite progressive.

Les dispositions relatives à la retraite progressive ci-après développées sont applicables aux pensions prenant effet postérieurement au 30 juin 2006 et avant le 31 décembre 2008 (décret 2006-668 du 7 juin 2006, art. 3 ; décret 2006-670 du 7 juin 2006, art. 4). À ce terme, le dispositif fera l'objet d'une évaluation au regard de ses effets sur le taux d'emploi des seniors.

Activité professionnelle à temps partiel

1161 L'assuré qui exerce une activité à temps partiel peut, sous certaines conditions (voir § 1163), obtenir la liquidation de sa retraite au régime général et le service d'une fraction de celle-ci au titre de la retraite progressive.

Un contrat de travail à temps partiel prenant effet à la même date que la retraite progressive est valable (circ. DSS/3A/2006/419 du 26 septembre 2006).

Peuvent également bénéficier de ce dispositif les agents non titulaires de l'État et les agents non titulaires des collectivités territoriales et des établissements publics de l'État (circ. intermin. du 29 septembre 1989 et lettre min. du 26 octobre 1989).

En revanche, ce dispositif ne concerne pas les artisans taxis affiliés à l'assurance volontaire du régime général (lettre min. du 29 mars 1993), les VRP, sauf dans les cas exceptionnels où ils sont soumis à un horaire de travail précis (rép. Tranchant, JO 27 février 1989, AN quest. p. 1060), les mandataires sociaux ou dirigeants de sociétés puisque, sauf exception, ils ne sont pas en mesure de produire un contrat de travail à temps partiel (lettre min. AG. 51/90 du 26 avril 1990).

Les règles relatives à la retraite progressive s'appliquent également aux artisans, industriels et commerçants, à l'exception des professions libérales. Ils peuvent bénéficier du dispositif de retraite progressive dans des conditions analogues à celles des salariés, étant précisé que le service de la fraction de pension prend effet au 1er janvier qui suit la demande (c. séc. soc. art. L. 634-3-1 ; D. 634-15 à D. 634-19). Afin d'apprécier l'activité à temps partiel, il est tenu compte de la diminution de leurs revenus professionnels.

Durée de l'activité à temps partiel

1162 La retraite progressive peut être accordée aux salariés titulaires d'un contrat de travail à temps partiel, c'est-à-dire ceux dont les horaires de travail sont inférieurs d'au moins 20 % à la durée légale ou conventionnelle du travail applicable à l'entreprise.

Sont visés par ces dispositions les salariés des entreprises, professions et organismes mentionnés à l'article L. 212-4-1 du code du travail, dans lesquels le travail à temps partiel est régi, notamment, par l'article L. 212-4-2 du code du travail (circ. CNAV 2006-66 du 2 novembre 2006).

Précisons :
– que la durée légale du travail ne peut intégrer les heures d'équivalence,
– que la durée de travail à temps partiel s'entend de celle prévue au contrat, heures complémentaires non comprises,
– que le travail intermittent, alternance de périodes travaillées et de périodes non travaillées sur l'année, ne répond pas au critère du travail à temps partiel,
– et qu'il n'existe pas de limite minimum de la durée du travail à temps partiel (circ. DSS/3A/2006/419 du 26 septembre 2006).

Conditions d'accès

• Trois conditions à remplir

1163 Les personnes qui exercent une activité à temps partiel peuvent obtenir une retraite progressive, sous réserve de remplir trois conditions relatives à l'âge, à la durée d'assurance et à l'activité professionnelle (c. séc. soc. art. L. 351-15).

• Avoir au moins 60 ans

1164 L'assuré doit au moins avoir atteint l'âge de 60 ans à la date d'effet de la fraction de pension de retraite progressive (c. séc. soc. art. L. 351-1, al. 1er).

• Justifier de 150 trimestres d'assurance

1165 La durée d'assurance et de périodes reconnues équivalentes (c. séc. soc. art. R. 351-4) requise est au minimum de 150 trimestres (c. séc. soc. art. R. 351-39). Les régimes pris en considération pour déterminer cette durée d'assurance et de périodes reconnues équivalentes sont ceux pris en compte pour apprécier la condition d'ouverture du droit à une pension de vieillesse au taux plein, à l'exception toutefois des régimes spéciaux de salariés et assimilés (c. séc. soc. art. L. 351-15, 2°).

Est prise en compte la durée d'assurance et de périodes reconnues équivalentes accomplie dans les régimes suivants (circ. DSS/3A/2006/419 du 26 septembre 2006) :
– régime général des salariés, y compris le régime local d'Alsace-Moselle et les périodes accomplies dans le régime de la chambre de commerce et d'industrie de Paris (CCIP) et le régime des ministres des cultes ;
– régime des artisans, des industriels et commerçants (y compris les périodes antérieures au 1er janvier 1973) ;
– régime des salariés agricoles ;
– régime des non-salariés agricoles ;
– régimes des professions libérales ;
– régime des avocats.

Sont également prises en compte les périodes accomplies dans les régimes étrangers pour les pays liés à la France par un accord de sécurité sociale (règlements communautaires et conventions bilatérales de sécurité sociale). Ne sont concernées que les périodes prises en compte par les accords, c'est-à-dire attestées par les institutions compétentes des États concernés.

À l'inverse, sont exclues les périodes accomplies au sein des régimes suivants :
– régime des fonctionnaires de l'État, des magistrats et des militaires ;
– régime des fonctionnaires hospitaliers et des collectivités locales ;
– régime des ouvriers des établissements industriels de l'État ;
– régime de retraite des fonctionnaires de l'Assemblée nationale et du Sénat ;
– régime des industries électriques et gazières (CNIEG) ;
– régime des marins (ENIM) ;
– régime de la RATP ;
– régime des clercs et employés de notaires (CRPCEN) ;
– régime de la SNCF ;
– régime de la Banque de France ;
– régime de la Comédie-Française ;
– régime des personnels de l'Opéra national de Paris ;
– régime du port autonome de Strasbourg.

Il y a lieu de prendre en considération les versements pour la retraite (pour racheter les années d'études ou incomplètes, voir § 380), effectués dans le cadre du taux, et dans le cadre du taux et de la durée d'assurance (c. séc. soc. art. D. 351-7 ,1° et 2°). Par contre, la majoration de durée d'assurance pour les assurés de plus de 65 ans (voir § 366) n'est pas prise en compte pour la détermination de la durée d'assurance ouvrant droit à la retraite progressive (circ. DSS/3A/2006/419 du 26 septembre 2006).

• Travailler à temps partiel à titre exclusif

1166 L'activité à temps partiel doit être exercée à titre exclusif et l'ensemble des autres activités (salariées et non salariées) doit être cessé (c. séc. soc. art. L. 351-15-3). En revanche, une activité non rémunérée, c'est-à-dire exercée à titre bénévole et ne donnant pas lieu à affiliation à un régime obligatoire de sécurité sociale, peut être poursuivie parallèlement à l'activité à temps partiel ouvrant droit à la retraite progressive (circ. CNAV 2006-66 du 2 novembre 2006).

Assurés n'ayant pas intérêt à demander une retraite progressive

Certains assurés n'ont pas intérêt à solliciter le bénéfice d'une retraite progressive. Il s'agit des personnes:
– qui exercent une activité non soumise à cessation d'activité, notamment celles qui exercent simultanément une activité salariée et une activité non salariée,
– ou qui cessent leur activité et prennent une activité à temps partiel chez un nouvel employeur,
– ainsi que celles dont le calcul de la pension entière aboutit à un versement forfaitaire unique (voir § 479).

Demande de retraite progressive

• Dépôt de la demande

1167 L'assuré qui souhaite obtenir une retraite progressive doit adresser sa demande à la caisse compétente du régime dont relève l'activité exercée à temps partiel. Elle doit être formulée au moyen de l'imprimé « Demande de retraite progressive » (voir p. 430).

La CNAV recommande de déposer la demande de préférence 4 mois avant la date choisie comme point de départ de la retraite progressive.

Des règles de priorité sont prévues en cas de dépôt simultané ou successif d'une demande de retraite de droit commun et d'une demande de retraite progressive (circ. DSS/3A/2006/419 du 26 septembre 2006).

En cas de dépôt simultané, l'assuré doit être informé sur ses droits, afin de lui permettre de choisir entre la retraite progressive qui permet d'acquérir de nouveaux droits et la retraite de droit commun liquidée à titre définitif. Si l'assuré demande la retraite progressive, celle-ci est liquidée et payée, dès lors que les conditions d'ouverture du droit sont remplies (voir §§ 1163 à 1166) et que l'assuré a produit les pièces justificatives (voir § 1168). La demande de retraite de droit commun étant sans objet, une décision de rejet de cette demande doit être notifiée à l'intéressé. Si l'assuré demande la retraite de droit commun, cette dernière peut être liquidée dès lors que l'intéressé renonce expressément à la retraite progressive. Si l'assuré choisit de poursuivre son activité, les deux demandes (retraite progressive et retraite personnelle) doivent faire l'objet d'une décision de rejet.

Lorsque l'assuré dépose successivement, dans un bref laps de temps, une demande de retraite progressive et une demande de retraite de droit commun, cette dernière se substitue à la première pour prendre effet à la même date, dans la mesure où les conditions légales sont remplies à cette date et où la caisse l'aura reçue avant d'avoir notifié sa décision sur la demande initiale. La même solution s'applique lorsque la pension de droit commun est demandée avant la retraite progressive.

• Justificatifs à fournir

1168 À l'appui de sa demande, l'assuré doit produire (c. séc. soc. art. R. 351-40):
– son contrat de travail à temps partiel (ou une copie certifiée conforme) précisant la qualification du salarié, les éléments de rémunération, la durée hebdomadaire ou mensuelle du travail à temps partiel ainsi que la répartition de cette durée du travail entre les jours de la semaine ou les semaines du mois ou, dans le cas d'un contrat de temps partiel modulé (c. trav. art. L. 211-4-6), la durée hebdomadaire ou mensuelle de référence et les conditions de la modification éventuelle de cette répartition ;

Le contrat de travail doit être en cours à la date d'effet de la retraite progressive; ainsi un contrat prenant effet à la même date que la pension est valable. Cette situation suppose qu'il y ait eu négociation préalable avec l'employeur, aucune des deux parties (salarié et employeur) ne pouvant imposer à l'autre le mécanisme de la retraite progressive.

– une déclaration sur l'honneur attestant qu'il n'exerce plus aucune autre activité professionnelle que celle qui fait l'objet du contrat de travail ;

Cette déclaration sur l'honneur doit être accompagnée, lorsqu'il exerçait une ou plusieurs activités non salariées, des attestations ou certificats suivants :
– un certificat de radiation du registre du commerce et des sociétés, du répertoire des métiers ou du registre des entreprises des départements du Haut-Rhin, du Bas-Rhin et de la Moselle, ou un certificat de cessation d'activité du chef d'entreprise délivré par la chambre des métiers ;
– une attestation de radiation du tableau de l'ordre professionnel dont il relevait ;
– une attestation de radiation des rôles de la taxe professionnelle ;
– une attestation de radiation du répertoire national des agents commerciaux ;
– une attestation de cessation d'activité délivrée par la caisse de mutualité sociale agricole à laquelle il était affilié en qualité de personne non salariée des professions agricoles.

Pour l'assuré relevant du régime des professions artisanales ou de celui des professions industrielles et commerciales, il doit également joindre une attestation du dernier employeur, public ou privé, dont il relevait antérieurement à la date de d'entrée en jouissance de la pension, mentionnant la date de cessation de toute activité de l'assuré auprès de cet employeur (c. séc. soc. art. D. 634-15).

– une attestation de son employeur indiquant la durée légale ou conventionnelle de travail à temps complet applicable à l'entreprise.

Liquidation provisoire de la pension

1169 La demande de retraite progressive entraîne la liquidation provisoire et le service de la même fraction de pension dans chacun des régimes de base dans lesquels l'intéressé a acquis des droits à pension (c. séc. soc. art. L. 351-15). La date de point de départ de la retraite progressive est fixée selon les règles habituelles, sans pouvoir être antérieure :
– au 1er juillet 2006,
– au premier jour du mois suivant le soixantième anniversaire,
– au premier jour du mois suivant le dépôt de la demande (circ. CNAV 2006-66 du 2 novembre 2006).

Le caractère provisoire du montant de la liquidation ne concerne que les pensions prenant effet du 1er juillet 2006 au 31 décembre 2008. Le bénéfice de la retraite progressive permet aux assurés de continuer à améliorer leurs droits à retraite en cotisant sur les rémunérations générées par leur activité à temps partiel. Pour les pensions qui ont pris effet avant le 1er juillet 2006, le calcul de la pension est définitif, les cotisations versées ultérieurement au titre de l'activité à temps partiel ne sont pas prises en considération (décret 2006-670 du 7 juin 2006, art. 4).

La retraite progressive peut être liquidée également au titre soit de déporté-interné, soit d'ancien combattant-prisonnier de guerre, soit d'ouvrière mère de famille. Par contre, la retraite progressive ne peut être liquidée au titre de l'inaptitude au travail, ni dans le cadre d'une substitution à une pension d'invalidité (c. séc. soc. art. L. 341-15), ni dans le cadre général d'une pension pour inaptitude au travail (c. séc. soc. art. L. 351-7).

Toutefois, la personne titulaire d'une pension d'invalidité peut bénéficier d'une retraite progressive, sous réserve de remplir les conditions applicables par ailleurs, lorsqu'elle renonce à l'attribution d'une pension de vieillesse substituée, conformément aux règles définies à l'article L. 341-16 du code de la sécurité sociale. Dans ce cas, la retraite progressive est liquidée et servie dans les conditions de droit commun, c'est-à-dire sans application des règles relatives à la pension pour inaptitude au travail, s'agissant notamment du taux de liquidation provisoire ou des règles de cumul, durant le versement de la retraite progressive. Lors de la liquidation définitive, sont applicables les dispositions définies aux deuxième et troisième alinéa de l'article L. 341-16 (circ. DSS/3A/2006/419 du 26 septembre 2006).

Calcul de la retraite progressive

1170 La retraite est calculée, à titre provisoire, dans les conditions de droit commun, compte tenu du salaire annuel moyen (voir § 313), mais l'assuré ne perçoit qu'une fraction de pension calculée en fonction de la durée de travail à temps partiel par rapport à la durée du travail à temps complet dans l'entreprise (c. séc. soc. art. L. 351-15). Les éléments de calcul sont déterminés au dernier jour du trimestre civil précédant la date d'effet de la retraite progressive.

La retraite progressive peut être calculée avec un taux minoré (c. séc. soc. art. article R. 351-27, 2°). Elle peut être déterminée au taux plein si l'assuré est âgé d'au moins 65 ans ou s'il remplit, à partir de 60 ans, les conditions pour les catégories particulières (ouvrière mère de famille, ancien combattant prisonnier de guerre, ancien déporté ou interné).

Le droit à la majoration de pension applicable aux assurés handicapés (c. séc. soc. art. 351-1-3) doit également être examiné. La situation est celle de l'assuré qui demande une retraite progressive et qui a rempli, avant 60 ans et après le 31 décembre 2005, les conditions pour partir en retraite anticipée au titre des assurés handicapés (voir § 291). La comparaison est effectuée, sur demande de l'assuré, entre :
– le montant de la pension anticipée majorée fictive qu'il aurait perçu au premier jour du mois précédant son soixantième anniversaire et,
– la base entière de la retraite progressive, donc sans tenir compte de la majoration.

Si le montant de la retraite anticipée majorée fictive est supérieur au montant de la retraite progressive sans majoration, c'est le premier montant qui est retenu et réduit en fonction de la durée de travail à temps partiel. Dans le cas contraire, le pourcentage de fractionnement est appliqué au montant de la retraite progressive sans majoration (circ. CNAV 2006-66 du 2 novembre 2006).

Montant de la fraction de retraite

1171 Le montant de la retraite progressive est proportionnel à l'activité conservée. Il est égal à (c. séc. soc. art. R. 351-41) :
– 30 % pour une durée du travail à temps partiel au plus égale à 80 % et au moins égale à 60 % de la durée de travail à temps complet;
– 50 % pour une durée du travail inférieure à 60 % et au moins égale à 40 % de la durée de travail à temps complet;
– 70 % pour une durée du travail inférieure à 40 % de la durée de travail à temps complet.

Durée de l'activité à temps partiel par rapport à la durée légale applicable	Pourcentage de la retraite « complète » à servir
moins de 40 %	70 %
de 40 % à 59,99 %	50 %
de 60 à 80 %	30 %

Notons que le pourcentage de réduction n'est pas appliqué sur les majorations pour conjoint à charge (voir § 441) et pour tierce personne (voir § 444), ou en cas de versement forfaitaire unique (voir § 479).

Par contre, le pourcentage de fractionnement s'applique au montant de l'avantage principal et, le cas échéant, au montant de la pension majorée applicable aux assurés handicapés, ramené au maximum ou porté au minimum contributif et augmenté de la majoration pour enfants (voir § 438) (circ. DSS/3A/2006/419 du 26 septembre 2006).

Lorsque l'assuré, titulaire d'une retraite liquidée à titre provisoire, décède avant l'attribution de la retraite liquidée à titre définitif, le montant de la retraite de réversion (voir § 549) est calculé, le cas échéant, sur la base de la pension liquidée à titre définitif à laquelle l'assuré aurait pu prétendre à la date du décès, c'est-à-dire en tenant compte, notamment, des salaires soumis à cotisation et des trimestres d'assurance acquis entre la liquidation provisoire et la date du décès. La pension servant de base au calcul de la pension de réversion est calculée au taux plein (c. séc. soc. art. R. 353-6 ; circ. DSS/3A/2006/419 du 26 septembre 2006).

Paiement de la retraite progressive

1172 La retraite progressive est payée mensuellement. Son montant est revalorisé dans les mêmes conditions que la retraite complète (voir § 454).

Un contrôle de la durée d'activité à temps partiel est effectué tous les ans (c. séc. soc. art. R. 351-42). Ainsi, lorsque la durée du travail augmente ou diminue, le pourcentage de réduction du montant de la pension est modifié en conséquence. Une telle modification ne peut toutefois intervenir avant un délai d'un an après le début de la retraite.

L'assuré est tenu de faire connaître à la caisse assurant le versement de la fraction de pension (c. séc. soc. art. R. 351-43):
– la cessation de son activité;
– l'exercice d'une activité à temps partiel autre que celle qui lui ouvre des droits au paiement de la pension fractionnée;
– l'exercice d'une activité à temps complet.

Suspension et suppression de la retraite progressive

1173 La retraite progressive est suspendue si l'intéressé (c. séc. soc. art. L. 351-16):
– cesse son activité sans demander le paiement de sa retraite complète;
– s'il ne répond pas au questionnaire de contrôle de la durée du travail à temps partiel.

Le service de la fraction de retraite progressive est suspendu à compter du premier jour du mois suivant :
– la date de la cessation de l'activité à temps partiel,
– ou la date fixée pour la révision de la fraction de pension, lorsque l'assuré n'a pas répondu au questionnaire de contrôle de la durée d'activité à temps partiel.

Tous les éléments constitutifs de la fraction de retraite sont suspendus.

L'assuré qui cesse son activité à temps partiel sans demander la retraite complète peut à nouveau bénéficier de la retraite progressive au titre d'un nouveau contrat de travail à temps partiel, soit chez son dernier employeur, soit chez un autre (circ. CNAV 2006-66 du 2 novembre 2006).

Elle est, en revanche, supprimée si l'assuré:
– cesse son activité à temps partiel et demande le paiement de sa retraite complète;
– reprend une deuxième activité à temps partiel ou une activité à temps complet.

L'assuré ne peut, en cas de suppression, demander de nouveau le bénéfice de la retraite progressive (c. séc. soc. art. L. 351-16).

La suppression prend effet le 1er jour du mois qui suit la cessation ou la modification de l'activité. Tous les éléments sont supprimés, y compris la majoration pour tierce personne.

L'assuré, dont la fraction de pension a été supprimée, ne peut pas bénéficier à nouveau du dispositif de la retraite progressive (circ. DSS/3A/2006/419 du 26 septembre 2006).

Versement des cotisations sociales

1174 Les cotisations sociales obligatoires sont prélevées sur les salaires perçus au titre de l'activité à temps partiel, comme pour n'importe quel autre salarié à temps partiel.

La pension de retraite progressive est, quant à elle, soumise aux mêmes prélèvements que la pension de retraite elle-même (voir § 451).

Liquidation de la pension complète

1175 Depuis le 1er juillet 2006, la pension complète est liquidée compte tenu du montant de la pension initiale et de la durée d'assurance accomplie depuis son entrée en jouissance (c. séc. soc. art. L. 351-16). Il est donc procédé à un nouvel examen de l'ensemble des éléments à prendre en compte pour le calcul de la retraite.

La pension complète est liquidée dans les conditions de droit commun. Toutefois, elle ne peut être inférieure au montant entier ayant servi de base au calcul de la fraction de pension provisoire, le cas échéant revalorisée, calculée en fonction de la durée du travail à temps partiel par rapport à la durée du travail à temps complet dans l'entreprise (c. séc. soc. art. D. 351-15).

Il y a donc lieu de retenir, pour déterminer le montant à servir, le montant le plus élevé entre :
– la base revalorisée sur laquelle a été appliquée la fraction de pension servie à titre provisoire, c'est-à-dire la somme revalorisée des éléments suivants, selon leur valeur à la date de la liquidation à titre provisoire :
– l'avantage principal, le cas échéant ramené lors de la liquidation à titre provisoire au maximum ou porté au minimum contributif ;
– la majoration pour enfant de 10 % (voir § 438) ;
– la surcote (voir § 447) et la majoration de pension pour des assurés lourdement handicapés (voir § 298) ;
– la somme de ces éléments, calculés dans les conditions de droit commun à la date de la liquidation à titre définitif.

À ce montant sont ensuite ajoutés, le cas échéant, les éléments suivants :
– la majoration pour conjoint à charge (voir § 441) ;
– la majoration pour aide constante d'une tierce personne (voir § 444) ;
– les avantages constitutifs du minimum vieillesse (circ. DSS/3A/2006/419 du 26 septembre 2006).

L'examen de la demande de retraite définitive s'effectue au moyen de l'imprimé servant aux demandes de retraite personnelle de droit commun. Le service de la pension liquidée à titre définitif ne peut donc prendre effet que le premier jour du mois suivant celui au cours duquel l'assuré aura produit les pièces justifiant la cessation définitive de son activité.

L'obligation de déposer cette demande concerne uniquement les retraites progressives liquidées à titre provisoire dont le point de départ est fixé à partir du 1er juillet 2006. Pour les retraites progressives dont la date d'effet est antérieure au 1er juillet 2006, l'imprimé « Retraite personnelle - Demande de paiement intégral » doit continuer à être utilisé. Ces retraites ne sont pas visées par le nouveau calcul lors de la cessation de l'activité à temps partiel (circ. CNAV 2006-66 du 2 novembre 2006).

Articulation avec les règles de cumul emploi-retraite

Les personnes qui bénéficient de la retraite progressive ne sont pas soumises à l'obligation de cessation d'activité. Ainsi, les règles de cumul emploi-retraite qui subordonnent le service de la retraite à la cessation de l'activité ne sont pas applicables à l'assuré qui bénéficie d'une fraction de pension au titre du dispositif de retraite complémentaire (c. séc. soc. art. L. 161-22, dem. al.).

En revanche, les personnes titulaires d'une retraite progressive, qui cessent leur activité à temps partiel et demandent le service de la retraite complète, sont soumises aux règles de cessation d'activité et de cumul emploi-retraite (lettre DSS/SD 7382-05 du 27 septembre 2005; note technique CNAV 2005-13 du 7 novembre 2005).

Lorsque la date d'effet de la retraite progressive et la mise en paiement de la retraite complète sont intervenues avant le 1er janvier 2004, les dispositions du cumul emploi-retraite issues de l'ordonnance n° 82-290 du 30 mars 1982 s'appliquent.

Si la mise en paiement de la retraite complète intervient postérieurement au 31 décembre 2003, ce sont les règles de cumul emploi-retraite issues de la loi du 21 août 2003 et du décret 2004-1131 du 19 octobre 2004 qui sont mises en œuvre en cas de reprise d'activité salariée (voir §§ 517 à 530).

Dans cette hypothèse, la reprise d'activité salariée pour le compte du dernier employeur est possible sous réserve de respecter un délai de six mois, qui s'apprécie à compter de la date de mise en paiement de la retraite complète.

Le salaire de référence déterminant la limite de cumul (voir § 522) est apprécié compte tenu du mois de la cessation de l'activité salariée et des deux mois civils précédents (c. séc. soc. art. D. 161-2-7). À la demande de l'assuré, les salaires bruts soumis à CSG pris en compte peuvent être rétablis sur la base d'une activité à temps plein.

Les règles sur le plafond de revenus doivent être également respectées pour les retraites dont le point de départ est postérieur au 31 décembre 2003 et pour les revenus perçus à compter du 1er janvier 2005 au titre d'une activité salariée.

Exemple – Un salarié exerce deux activités à temps partiel pour le compte des employeurs A et B.
– Cessation de l'activité à temps partiel exercée pour l'employeur A le 30 juin 2002.
– Attribution d'une retraite progressive au 1er juillet 2002 et poursuite de l'activité à temps partiel pour le compte de l'employeur B.
– Cessation de l'activité à temps partiel pour l'employeur B le 30 avril 2005 et demande de paiement de la retraite complète.
– Le service de la retraite complète intervient à partir du 1er mai 2005.
– L'intéressé souhaite reprendre une activité pour le compte de l'employeur B.

Les règles de cumul emploi-retraite à appliquer sont celles en vigueur au 1er mai 2005. La reprise de l'activité salariée pour l'employeur B peut intervenir au plus tôt au 1er novembre 2005. En cas de reprise d'activité pour l'employeur B avant cette date, le paiement de la retraite est suspendu.

La reprise d'une activité salariée pour l'employeur A est possible dès le 1er mai 2005 (note technique CNAV 2005-13 du 7 novembre 2005).

Le salaire de référence correspond à la moyenne mensuelle des salaires bruts soumis à CSG perçus le mois de la cessation d'activité (avril 2005) et les deux mois civils précédents (mars et février 2005). À la demande de l'assuré, le revenu ainsi défini peut être rétabli sur la base d'une activité à temps complet. Le service de la retraite est maintenu si la limite de cumul n'est pas dépassée (note technique CNAV 2005-13 du 7 novembre 2005).

Régimes complémentaires ARRCO et AGIRC

1176 Le bénéfice de la retraite progressive a été conventionnellement étendu aux salariés relevant des régimes ARRCO et AGIRC (accord ARRCO, ann. A, art. 20 et conv. AGIRC, ann. I, art. 4 bis).

• **Conditions d'accès**

1177 Les salariés qui souhaitent bénéficier du dispositif de retraite progressive « nouvelle formule» doivent demander la liquidation de leur pension d'assurance vieillesse auprès du régime général de sécurité sociale et la liquidation de leur allocation de retraite complémentaire auprès de leur dernière institution ARRCO ou AGIRC d'affiliation.

Les conditions d'accès sont les mêmes que celles nécessaires au bénéfice de la retraite progressive servie par le régime général de sécurité sociale (voir § 1163).

• **Calcul de la pension de retraite progressive**

1178 **Salarié justifiant d'une durée d'assurance lui permettant de bénéficier du taux plein.** Le salarié qui exerce une activité à temps partiel dans le cadre de la retraite progressive reçoit une partie de son allocation de retraite complémentaire calculée par application du même taux que celui retenu par le régime général de sécurité sociale (voir § 1170).

Exemple Un salarié né le 28 août 1946 demande la liquidation de ses droits à la retraite progressive le 1er septembre 2006. Il exercera une activité à temps partiel dont la durée est de 70 % de celle correspondant à un travail à temps complet.

À la date de la liquidation de la retraite progressive, 6 000 points sont inscrits au compte de l'intéressé.

Au 1er septembre 2006, sa durée d'assurance est de 150 trimestres et sa retraite progressive est fixée à 30 %.

Au 1er juillet 2008, il demande la liquidation totale de sa retraite avec une durée d'assurance égale à 156 trimestres.

Date d'effet	Âge	Durée d'assurance	Liquidations
1/09/2006	60 ans	150 trimestres	6 000 × 30 % × 0,733
1/07/2008	61 ans et 9 mois	156 trimestres	(6 000 + points acquis au cours de la retraite progressive) × 0,96

Salarié ne justifiant pas d'une durée d'assurance suffisante pour bénéficier du taux plein. Lorsqu'il bénéficie d'une retraite progressive d'une durée d'assurance inférieure à 160 trimestres, son allocation progressive au titre de l'ARRCO (tranches 1 et 2) et au titre de l'AGIRC (tranche B) est affectée d'un coefficient d'anticipation spécifique temporaire (voir tableau p. 428).

Exemple Un salarié né le 28 août 1946 demande la liquidation de ses droits à la retraite progressive le 1er septembre 2006. Il exercera une activité à temps partiel dont la durée est de 70 % de celle correspondant à un travail à temps complet.

À la date de la liquidation de la retraite progressive, 6 000 points sont inscrits au compte de l'intéressé.

Au 1er septembre 2006, sa durée d'assurance est de 153 trimestres et sa retraite progressive est fixée à 30 %.

Au 1er septembre 2007, il réduit son temps de travail et exerce une activité à mi-temps. Sa durée d'assurance est de 157 trimestres et sa retraite progressive passe à 50 %.

Au 1er octobre 2011, il demande la liquidation totale de sa retraite.

Date d'effet	Âge	Durée d'assurance	Liquidations
1/09/2006	60 ans	153 trimestres	6 000 × 30 % × 0,783
1/09/2007	61 ans	157 trimestres	6 000 × 50 % × 0,882
1/10/2011	65 ans	+ de 160 trimestres	6 000 + points acquis au cours de la retraite progressive

Coefficient applicable à la retraite progressive servie par l'ARRCO et l'AGIRC*										
	Trimestres validés									
Âge	150	151	152	153	154	155	156	157	158	159
60,00 ans	0,733	0,747	0,762	0,783	0,804	0,826	0,847	0,885	0,924	0,962
60,25 ans	0,731	0,745	0,760	0,781	0,803	0,825	0,846	0,885	0,923	0,962
60,50 ans	0,729	0,744	0,758	0,780	0,802	0,823	0,845	0,884	0,923	0,961
60,75 ans	0,727	0,742	0,756	0,778	0,800	0,822	0,844	0,883	0,922	0,961
61,00 ans	0,725	0,740	0,755	0,777	0,799	0,821	0,843	0,882	0,921	0,961
61,25 ans	0,723	0,738	0,753	0,775	0,797	0,820	0,842	0,881	0,921	0,960
61,50 ans	0,721	0,736	0,751	0,773	0,796	0,818	0,841	0,881	0,920	0,960
61,75 ans	0,719	0,734	0,749	0,772	0,794	0,817	0,840	0,880	0,920	0,960
62,00 ans	0,717	0,732	0,747	0,770	0,793	0,816	0,838	0,879	0,919	0,960
62,25 ans	0,715	0,730	0,746	0,769	0,791	0,814	0,837	0,878	0,919	0,959
62,50 ans	0,713	0,728	0,744	0,767	0,790	0,813	0,836	0,877	0,918	0,959
62,75 ans	0,727	0,727	0,742	0,765	0,789	0,812	0,835	0,876	0,918	0,959
63,00 ans	0,740	0,740	0,740	0,764	0,787	0,810	0,834	0,875	0,917	0,958
63,25 ans	0,762	0,762	0,762	0,762	0,786	0,809	0,833	0,875	0,916	0,958
63,50 ans	0,784	0,784	0,784	0,784	0,784	0,808	0,832	0,874	0,916	0,958
63,75 ans	0,807	0,807	0,807	0,807	0,807	0,807	0,830	0,873	0,915	0,958
64,00 ans	0,829	0,829	0,829	0,829	0,829	0,829	0,829	0,872	0,915	0,957
64,25 ans	0,871	0,871	0,871	0,871	0,871	0,871	0,871	0,871	0,914	0,957
64,50 ans	0,913	0,913	0,913	0,913	0,913	0,913	0,913	0,913	0,913	0,957
64,75 ans	0,956	0,956	0,956	0,956	0,956	0,956	0,956	0,956	0,956	0,956

* circ. AGIRC - ARRCO 2006-9 DRE du 10 juillet 2006.

Ces coefficients sont déterminés de sorte qu'il y ait égalité, pour un individu d'un âge donné, entre la somme viagère des allocations perçues dans le cadre de la retraite progressive « nouvelle formule » (liquidation provisoire avant les conditions du taux plein) et les allocations qui auraient été perçues dans le cadre de la retraite progressive « ancienne formule » (liquidation avec les conditions du taux plein).

Cas particulier des points acquis en tranche C. Les droits AGIRC sur tranche C étant exclus du dispositif de l'AGFF permettant le versement de pension sans coefficient d'abattement entre 60 et 65 ans, le salarié a le choix entre :
– liquider ses droits acquis sur la tranche C au titre de la retraite progressive, ces droits étant alors affectés d'un coefficient d'anticipation définitif pour âge (voir § 744),
– différer la liquidation de ses droits acquis sur la tranche C jusqu'à 65 ans.

- **Cotisations et contributions patronales dues en cas de retraite progressive**

1179 Les cotisations patronales et salariales de retraite complémentaire sont dues sur le salaire d'activité à temps partiel et permettent l'acquisition de points postérieurement à la liquidation de la retraite progressive.

La même règle trouve application en cas d'activité à temps plein dans la même entreprise succédant immédiatement à l'activité à temps partiel effectuée dans le cadre de la retraite progressive.

L'allocation complémentaire de retraite progressive est, quant à elle, soumise aux mêmes cotisations que les retraites complémentaires (voir § 779).

• **Liquidation complète**

1180 Une nouvelle liquidation, tenant compte de l'ensemble des droits inscrits au compte de l'intéressé, intervient soit au terme de l'activité à temps partiel lorsque celle-ci est suivie d'une cessation totale d'activité, soit à la fin de l'activité à temps plein qui succède éventuellement à celle à temps partiel.

La liquidation complète intervient à la cessation totale d'activité en retenant pour l'ensemble des droits (à l'exception des droits AGIRC sur tranche C) les conditions d'âge et de durée d'assurance réglementaires normales, compte tenu de la notification de pension de vieillesse du régime général de sécurité sociale.

Cette liquidation, portant sur la totalité des droits (pourcentage des droits liquidés provisoirement, pourcentage des droits qui n'ont as été servis du fait du maintien à temps partiel et droits inscrits au titre de l'activité exercée au cours de la retraite progressive) est donc soumise aux règles de droit commun (circ. AGIRC-ARRCO 2006-9 DRE du 10 juillet 2006).

• **Entrée en vigueur**

1181 Les dispositions régissant le nouveau dispositif sont applicables pour les liquidations de retraite progressive prenant effet à compter du 1er juillet 2006 jusqu'au 31 décembre 2008.

la Retraite solidaire — CNAV

Demande de retraite progressive

Salarié du régime général

cerfa

N° (en cours)

▶ Informations pratiques

Un nouveau dispositif de retraite progressive est mis en place à compter du 1er juillet 2006. Il concerne les retraites attribuées après le 30.06.2006 et avant le 31.12.2008.

Vous pouvez donc obtenir une retraite progressive si :

- vous avez **au moins 60 ans,**
- vous totalisez une durée d'assurance et de périodes reconnues équivalentes **au moins égale à 150 trimestres.** Si vous avez cotisé auprès de plusieurs régimes de base français et étrangers, tous vos trimestres sont pris en compte, à l'exception de ceux des régimes spéciaux,
- vous exercez **une seule activité à temps partiel relevant du régime général et** n'exercez **aucune autre activité.**

Le montant de votre retraite progressive est fonction de la durée de votre activité salariée à temps partiel. Votre retraite est alors calculée à titre provisoire et une fraction de retraite vous est servie selon votre durée de travail à temps partiel.

Durée de travail à temps partiel		Retraite progressive à payer
Vous travaillez moins de 40% du temps plein	▶	la retraite est versée à 70%
Vous travaillez de 40% à 59,99% du temps plein	▶	la retraite est versée à 50%
Vous travaillez de 60% à 80% du temps plein	▶	la retraite est versée à 30%

Important : l'attribution de votre retraite progressive au régime général entraîne obligatoirement le calcul et le service de la même fraction de pension aux autres régimes de base français auxquels vous avez cotisé : régime agricole (salariés et exploitants), régime social des indépendants (artisans et commerçants) et régime des professions libérales.

▶ **Nous vous recommandons de déposer votre demande de préférence auprès de la caisse de votre lieu de résidence, quatre mois avant la date que vous choisissez comme point de départ de votre retraite.**

Si vous ne souhaitez pas vous déplacer, envoyez-nous votre demande complétée, signée et accompagnée des photocopies des pièces à joindre.

▶ **Vous trouverez dans ce dossier ce dont vous avez besoin pour faire votre demande de retraite :**

- une demande de retraite progressive,
- la liste des pièces justificatives à joindre selon votre situation en page III et dans tous les cas en page IV,
- comment nous contacter en page IV.

S'il vous manque de la place pour remplir certaines rubriques, utilisez une feuille blanche que vous joindrez à votre demande.

CNAV — la Retraite solidaire

Demande de retraite progressive

Salarié du régime général

cerfa

N° (en cours)

▶Justificatifs à joindre

En fonction de votre situation	Vous devez fournir l'original ou une photocopie lisible
Si vous êtes de nationalité française, ou ressortissant(e) de l'Union européenne*, de l'Islande, de Liechtenstein, de la Norvège ou de la Suisse	votre carte d'identité, ou passeport, ou toute autre pièce justificative d'état civil et de nationalité
SI vous êtes d'une autre nationalité	toute pièce justifiant de votre état civil et de la régularité de votre séjour, en cours de validité : titre de séjour ou récépissé de votre demande
Si vous avez déclaré avoir eu ou élevé des enfants	votre livret de famille tenu à jour ou un extrait d'acte de naissance des enfants
Si vous élevez ou si vous avez élevé un ou plusieurs enfants handicapés	Complétez la rubrique page 2 de la demande. Pour les justificatifs à fournir, nous vous contacterons.
Pour les enfants recueillis	la décision de justice vous confiant l'enfant
Si vous exercez une activité autre que celle à temps partiel du régime général	Vous devez justifier de votre cessation d'activité, en produisant : • pour les salariés agricoles : une déclaration sur l'honneur • pour les exploitants agricoles : l'attestation de cessation d'activité délivrée par la MSA • pour les artisans et les commerçants : notamment un certificat de radiation du répertoire des métiers et/ou du registre des commerces et des sociétés • pour les professionnels libéraux : l'attestation de radiation du tableau professionnel de l'ordre dont vous relevez
Si votre activité professionnelle a été interrompue par des périodes de chômage	les attestations des Assédic ou toute autre pièce justificative
Si vous êtes salarié(e) du régime général et si vous avez été en activité au cours de la dernière année	les bulletins de salaire de la dernière année
Si vous êtes salarié(e) du régime général et si vous avez été au chômage ou en préretraite au cours de la dernière année	les attestations Assédic ou toute autre pièce justificative de la dernière année
Si vous êtes salarié(e) du régime général et si vous avez été malade ou accidenté(e) du travail au cours des 2 dernières années	les décomptes d'indemnités journalières ou une attestation délivrés par votre caisse primaire d'assurance maladie pour les 2 dernières années
Si vous êtes retraité(e) d'un autre régime des salariés	le titre de pension
Si votre conjoint(e) déclare être médicalement inapte au travail	le certificat médical disponible dans nos points d'accueil et complété par le médecin de votre conjoint(e)
Si vous êtes ancien(ne) combattant(e) ou dans une situation similaire	votre carte du combattant et votre livret militaire ou un état signalétique et des services
Si vous avez rempli vos obligations militaires	votre livret militaire ou un état signalétique et des services

* **Liste des pays de l'Union européenne**

Allemagne, Autriche, Belgique, Chypre, Danemark, Espagne, Estonie, Finlande, France, Grèce, Hongrie, Irlande, Italie, Lettonie, Lituanie, Luxembourg, Malte, Pays-Bas, Pologne, Portugal, République Tchèque, Royaume-Uni, Slovaquie, Slovénie, Suède.

la Retraite solidaire — CNAV

Demande de retraite progressive

Salarié du régime général

cerfa

N° (en cours)

▶ Justificatifs à joindre dans tous les cas

- **un relevé d'identité bancaire (RIB), ou postal (RIP) ou de caisse d'épargne (RICE),**
- **une photocopie de votre dernier avis d'impôt sur le revenu,**
- **une photocopie de votre contrat de travail à temps partiel,**
- **l'attestation d'activité à temps partiel complétée par votre employeur.**
  Vous trouverez cette attestation dans nos points d'accueil retraite.

▶ Quelques précisions

Après attribution de votre retraite progressive :

- sachez que vous êtes tenu de nous aviser de toute modification de votre durée de travail, nous reverrons éventuellement la fraction de votre retraite à l'issue de chaque période d'1an suivant son point de départ ;
- lorsque vous déciderez de demander votre retraite complète, un nouveau calcul interviendra pour en déterminer le montant. En effet, votre retraite progressive vous permet d'acquérir de nouveaux droits.
  Les éléments de calcul de votre retraite pourront être actualisés : votre salaire annuel moyen, le taux et votre durée d'assurance.
  Ainsi, les trimestres acquis du fait de votre activité à temps partiel depuis le point de départ de votre retraite progressive seront pris en compte.
  Le moment venu, pour obtenir votre retraite complète, vous devrez obligatoirement :
  - faire votre demande au moyen de **l'imprimé réglementaire de demande de retraite personnelle**.
  - et justifier de la cessation de votre activité à temps partiel.

▶ Vous êtes gravement handicapé(e) et vous n'avez pas demandé la retraite avant 60 ans des assurés handicapés

Sachez qu'un **dispositif spécifique de majoration de retraite** s'applique sous certaines conditions aux personnes gravement handicapées qui n'ont pas demandé la retraite avant 60 ans des assurés handicapés. Pour cela, vous deviez notamment présenter avant votre 60 ème anniversaire : soit un état d'incapacité permanente égale à 80% reconnu par la COTOREP ou la Commission des droits et de l'autonomie des personnes handicapées, soit un handicap d'un niveau comparable.
Si vous souhaitez l'examen de vos droits à cette majoration, cochez la case prévue à cet effet en bas de la page 2 de votre demande de retraite progressive.

▶ Pour nous contacter

Vous désirez des informations complémentaires,
Vous souhaitez nous rencontrer,

▶ consultez le serveur vocal Allo retraite :
✆ 3960 (0,12 euro / mn)

▶ connectez-vous : www.retraite.cnav.fr

CNAV — la Retraite solidaire

Demande de retraite progressive

Salarié du régime général (arts L351-15 et L351-16 du code de la sécurité sociale)

cerfa
N° (en cours)

Important : merci de remplir ce formulaire en noir, en lettres majuscules et avec les accents.

Vous-même

Madame ❑ Monsieur ❑

Votre nom *(de naissance)* : ....

Votre nom d'époux ou d'épouse *(s'il y a lieu)* : ....

Si vous portez un autre nom, indiquez-le : ....

Vos prénoms *(soulignez votre prénom courant)* : ....

Téléphone *(pour nous permettre de vous contacter en cas de nécessité)* : |_|_|_|_|_|_|_|_|_|_|

Votre date de naissance : |_|_|_|_|_|_|_|_| Votre nationalité : ....

Commune de naissance : .... Département : .... Pays : ....
(indiquez l'arrondissement pour Paris, Lyon, Marseille)

Votre adresse : ....

Code postal : |_|_|_|_|_| Commune : .... Pays : ....

Votre n° de Sécurité sociale ou de Mutualité Sociale Agricole : |_|_|_|_|_|_|_|_|_|_|_|_|_| |_|_|

Votre n° RSI/ORGANIC (commerçant) : |_|_|_|_|_|_|_|_|_|_|_| Votre n° RSI/AVA (artisan) : |_|_|_|_|_|_|_|

Votre situation de famille

Célibataire ❑ [Marié(e) ❑ Depuis le |_|_|_|_|_|_|_|_|] [Divorcé(e) ❑, Séparé(e) de corps ❑, Séparé(e) de fait ❑, Veuf(ve) ❑ Depuis le |_|_|_|_|_|_|_|_|]

Votre conjoint(e)

Son nom *(de naissance)* : .... Son nom d'époux ou d'épouse : ....

Ses prénoms *(soulignez le prénom courant)* : ....

Sa date de naissance : |_|_|_|_|_|_|_|_| Sa nationalité : ....

Commune de naissance : .... Département : .... Pays : ....
(indiquez l'arrondissement pour Paris, Lyon, Marseille)

Son n° de Sécurité sociale ou de Mutualité Sociale Agricole : |_|_|_|_|_|_|_|_|_|_|_|_|_| |_|_|

Son n° RSI/ORGANIC (commerçant) : |_|_|_|_|_|_|_|_|_|_|_| Son n° RSI/AVA (artisan) : |_|_|_|_|_|_|_|

Vos enfants et ceux que vous avez élevés

Mentionnez tous les enfants : les vôtres, ceux de votre conjoint ou de votre (vos) précédent(s) conjoint(s), les enfants recueillis, adoptés y compris les enfants mort-nés ou décédés.

Indiquez pour chaque enfant : la (les) période(s) durant laquelle (lesquelles) vous l'avez élevé depuis sa naissance ou sa date d'adoption ou sa prise en charge effective jusqu'à son 16ème anniversaire.

Nom de naissance de l'enfant*	Prénom	Lien de parenté	Date de naissance	Date de décès	Période durant laquelle vous avez élevé cet enfant jusqu'à 16 ans
					du ...... au ......
					du ...... au ......
					du ...... au ......
					du ...... au ......
					du ...... au ......
					du ...... au ......

* Si vous manquez de place, complétez cette liste sur une feuille blanche que vous joindrez à cette demande. ●●●●●●●●●●●●●●● ▶

Partie réservée au conseiller retraite

1ère intervention le : |_|_|_|_|_|_|_|_| demande délivrée le : |_|_|_|_|_|_|_|_| réception le : |_|_|_|_|_|_|_|_|

Je soussigné(e) certifie avoir vérifié à l'aide des pièces justificatives valables que le demandeur m'a présentées, la conformité des renseignements fournis sur sa nationalité, son état civil et celui de son conjoint.

Signature du conseiller retraite : Fait le : |_|_|_|_|_|_|_|_|

Cachet de l'organisme :

1

la Retraite solidaire

Demande de retraite progressive

Salarié du régime général

cerfa

N° (en cours)

Vous avez ou avez eu à votre charge 1 ou plusieurs enfants gravement handicapés

Une majoration de trimestres peut vous être accordée sous certaines conditions.

- Vous élevez ou avez élevé un ou plusieurs enfants atteints d'une incapacité d'au moins 80% donnant droit à l'une des allocations suivantes : l'allocation d'éducation de l'enfant handicapé et son complément, l'allocation d'éducation spéciale et son complément, l'allocation spéciale aux mineurs grands infirmes, l'allocation d'éducation spécialisée des mineurs infirmes, l'allocation des mineurs handicapés — oui ❑ non ❑
  si oui, préciser l'allocation dont il s'agit : ....
- Vous êtes ou étiez personnellement titulaire de l'une de ces allocations — oui ❑ non ❑

Majoration de retraite pour conjoint(e) âgé(e) de 60 ans et plus

Une majoration peut vous être accordée si votre conjoint(e) est âgé(e) d'au moins 65 ans, ou s'il est âgé de 60 à 65 ans et reconnu inapte au travail par un médecin. Dans les deux cas, ses ressources personnelles doivent être inférieures au plafond fixé par la loi. (Pour en savoir plus, vous pouvez contacter un conseiller retraite).

Attention : Ne remplissez cette rubrique que si vous souhaitez bénéficier de cette majoration.

- Votre conjoint(e) a disposé de ressources personnelles au cours des 3 mois précédent cette demande — oui ❑ non ❑
- Votre conjoint(e) perçoit une retraite personnelle — oui ❑ non ❑
- L'inaptitude au travail de votre conjoint(e) est médicalement reconnue — oui ❑ non ❑

Votre demande

A quelle date désirez-vous fixer le point de départ de votre retraite progressive ?

Vous devez fixer le point de départ de votre retraite **après votre 60ème anniversaire.**

Votre demande doit parvenir à notre caisse avant la date que vous avez choisie.

Date choisie (toujours fixée le premier jour d'un mois) : le |0|1| | |2|0|0| |

Important : vous avez cotisé à un ou plusieurs régimes de base français : salarié ou non salarié agricole, artisan, commerçant, profession libérale ⟶ votre demande de retraite progressive au régime général entraîne le calcul et le service de la même fraction de retraite progressive dans chacun de ces régimes.

Faites-vous également votre demande à l'un des titres énoncés ci-dessous ?

- Vous êtes mère de trois enfants ou plus, ayant exercé un travail manuel ouvrier pénible pendant 5 ans au cours des 15 dernières années — oui ❑ non ❑
- Vous êtes ancien(ne) combattant(e) ou dans une situation similaire (prisonnier(e) de guerre, déporté(e), etc. — oui ❑ non ❑
- Vous êtes gravement handicapé(e) et vous souhaitez l'examen de vos droits à la majoration de retraite prévue par les textes — oui ❑ non ❑

CNAV — la Retraite solidaire

Demande de retraite progressive
Salarié du régime général

cerfa
N° (en cours)

▶ Votre activité professionnelle en France

Cochez les cases correspondant à vos différentes activités		Indiquez si possible les années de début et de fin d'activités dans chaque régime
▶ **Salarié(e) du régime général**	❑	de ____ (Année) à ____ (Année)
▶ **Salarié(e) du régime agricole**	❑	de ____ (Année) à ____ (Année)
▶ **Non salarié(e) agricole**		
Chef d'exploitation	❑	de ____ (Année) à ____ (Année)
Conjoint(e) ou aide familial(e)	❑	de ____ (Année) à ____ (Année)
Commune et département de l'exploitation :		
▶ **Commerçant(e) (RSI/ORGANIC)**		
Commerçant(e)	❑	de ____ (Année) à ____ (Année)
Aide familial(e)	❑	de ____ (Année) à ____ (Année)
Nom de la dernière caisse à laquelle vous êtes inscrit(e) :		
Son adresse :		
▶ **Artisan(e) (RSI/AVA)**		
Artisan(e)	❑	de ____ (Année) à ____ (Année)
Aide familial(e)	❑	de ____ (Année) à ____ (Année)
Nom de la dernière caisse à laquelle vous êtes inscrit(e) :		
Son adresse :		
▶ **Profession libérale**	❑	de ____ (Année) à ____ (Année)
Nom de la dernière caisse à laquelle vous êtes inscrit(e)		
Son adresse :		
Votre n° de cotisant(e) :		
▶ **Régimes spéciaux des salariés** (Fonctionnaires, EDF-GDF, SNCF, ...)	❑	de ____ (Année) à ____ (Année)
Précisez le(s)quel(s) :		
• Vous êtes en activité à ce régime spécial	❑	
Nom de votre employeur actuel :		
Son adresse :		

A quelle date cesserez-vous votre activité ? __ __ ____

• Vous avez cessé votre activité à ce régime spécial depuis le __ __ ____

• Vous êtes retraité de ce régime spécial : **oui** ❑ depuis le __ __ ____ **non** ❑

3

la Retraite solidaire — CNAV

Demande de retraite progressive
Salarié du régime général

cerfa
N° (en cours)

Votre activité professionnelle à l'étranger

Si vous avez exercé une activité professionnelle à l'étranger, contactez un de nos conseillers retraite. Il vous renseignera sur la démarche à suivre

Période(s) à l'étranger de ____ Année à ____ Année | de ____ Année à ____ Année

Activité exercée : ....

Lieu de l'emploi : ....

Pays : ....

Votre n° de cotisant(e) : ....

Si vous manquez de place, complétez cette liste sur une feuille blanche que vous joindrez à cette demande.

Avez-vous demandé ou percevez-vous actuellement une des prestations suivantes ?

❑ une pension d'invalidité ❑ la préretraite agricole

❑ l'allocation aux adultes handicapés ❑ l'allocation de préparation à la retraite

❑ une ou des retraites de reversion (n'indiquez pas les retraites de reversion des régimes complémentaires)

Complétez, ci-dessous, selon votre situation :

Nom de l'organisme : ....

Son adresse : ....

Nature de la prestation : ....

Date d'attribution de votre prestation : ....

N° de dossier : ....

Nom de votre conjoint décédé si retraite de réversion : ....

Si vous manquez de place, complétez cette liste sur une feuille blanche que vous joindrez à cette demande.

Vos dépenses de santé sont-elles prises en charge par un organisme de Sécurité sociale étranger ? oui ❑ non ❑

- **J'atteste sur l'honneur :**
  - **n'exercer aucune autre activité professionnelle que cette activité salariée à temps partiel,**
  - **l'exactitude des renseignements portés sur cette demande.**
- **Je m'engage à :**
  - **faciliter toute enquête pour les vérifier,**
  - **vous faire connaître toute modification dans ma situation professionnelle, familiale et tout changement de domicile.**

Fait à .... **Le** ____

- La loi rend passible d'amende et d'emprisonnement quiconque se rend coupable de fraudes ou de déclarations inexactes ou incomplètes (art.L.114-13 du code de la sécurité sociale, arts. 313-1, 313-3, 433-19, 441-1 et 441-7 du code pénal).
- La loi n° 78-17 du 6 janvier 1978 modifiée vous garantit un droit d'accès et de rectification pour les données que nous enregistrons à partir de vos réponses.

Signature :

Vous venez de remplir votre demande de retraite progressive.
Pour que votre dossier soit complet, vous devez obligatoirement joindre les justificatifs indiqués en pages III et IV de la notice.

4

Réf. S5131 - 10/2006

2. Règles communautaires

§§

Présentation générale des règles communautaires

- Principe de territorialité et de souveraineté des États 1190
- Tempéraments : le détachement et les règles européennes de coordination 1191
- États concernés 1192

Le détachement communautaire

- Conditions :
  - définition 1194
  - durée 1195
  - salarié embauché en vue d'être détaché 1198
  - interdiction des détachements en cascade 1199
- Formalités :
  - détachement inférieur à 3 mois 1200
  - détachement d'une durée comprise entre 3 et 12 mois 1201
  - détachement d'une durée comprise entre 12 et 24 mois .. 1203
  - détachement exceptionnel 1204

Règles de coordination européennes applicables à la retraite

- Champ d'application matériel et personnel 1207

§§

- Calcul de la pension :
  - mécanisme du calcul en fonction de l'ouverture des droits à pension 1209
  - droit à pension ouvert sans recours à la totalisation 1210
  - droit à pension ouvert en recourant à la totalisation ... 1211
  - pension minimale garantie 1212

  ➞ *Périodes d'assurance à prendre en compte dans la totalisation : page 444*
- Démarches à effectuer :
  - institution compétente à recevoir la demande 1213
  - forme de la demande 1214
  - concomitance des demandes de liquidation 1215
  - exceptions à la concomitance des liquidations 1216
- Paiement 1218

  ➞ *Sauvegarde des droits acquis au titre des régimes de retraite supplémentaire : page 445*

Présentation générale des règles communautaires

Principe de territorialité et de souveraineté des États européens

1190 En principe, la personne qui exerce une activité salariée sur le territoire d'un État membre est soumise à la législation de cet État, même si elle réside sur le territoire d'un autre État membre ou si l'entreprise ou l'employeur qui l'occupe a son siège ou son domicile sur le territoire d'un autre État membre (règlt CEE 1408/71 du 14 juin 1971, art. 13). C'est ce que l'on appelle le principe de territorialité.

Ainsi, un ressortissant français qui travaille en Angleterre est soumis à la législation anglaise.

Par ailleurs, si les prestations vieillesse servies par différents États peuvent se cumuler, chaque prestation est calculée sur la base de la période validée dans le régime de retraite de l'État sans tenir compte des périodes validées dans les autres États, en vertu du principe de souveraineté des États.

Dérogation et tempérament: le détachement et les règles de coordination

1191 Une dérogation est apportée au principe de territorialité:
– le salarié envoyé en mission de courte durée dans un État étranger par son employeur peut être maintenu au régime de protection sociale de son pays habituel d'emploi et continuer à cotiser dans ce pays (sa mission n'aura, dès lors, aucune incidence sur sa pension de vieillesse): c'est l'hypothèse du détachement (règlt CEE 1408/71 du 14 juin 1971, art. 14 ; voir §§ 1193 à 1205).

Par ailleurs, le principe de souveraineté d'un État dans les régimes de sécurité sociale d'un autre État est quelque peu tempéré:
– les droits à prestations d'un travailleur non détaché qui a été assujetti à la législation de deux ou plusieurs États membres sont établis conformément aux règles de coordination européenne (art. 41 à 42 CE; règlt CEE 1408/71 du 14 juin 1971, titre III, chap. 3; règlt CEE 572/72 du 21 mars 1972 ; voir §§ 1206 à 1218). Ces règles de coordination garantissent au travailleur qui a effectué tout ou partie de sa carrière professionnelle à l'international un certain niveau de prestations.

États concernés

1192 Les dispositions européennes développées dans cette annexe s'appliquent:
– aux États membres de l'UE: Allemagne, Autriche, Belgique, Chypre, Danemark, Espagne, Estonie, Finlande, France, Grèce, Hongrie, Irlande, Italie, Lettonie, Lituanie, Luxembourg, Malte, Pays-Bas, Pologne, Portugal, Royaume-Uni, République tchèque, Slovaquie, Slovénie, Suède;
– aux États non membres de l'UE mais parties à l'accord sur l'Espace économique européen: Islande, Norvège, Liechtenstein;
– à la Suisse (conv. du 21 juin 1999, art. 8);
– aux ressortissants d'un État tiers, qui ont travaillé dans un État membre de l'UE, à l'exception du Danemark, dès lors qu'ils possèdent un titre de séjour temporaire ou permanent (règlt CE 859/03 du 14 mai 2003);
– aux réfugiés et aux apatrides.

Le détachement communautaire

1193 Si le salarié français a travaillé dans un État membre de l'UE ou de l'EEE dans le cadre d'un détachement, il reste affilié au régime d'assurance vieillesse et au régime de retraite complémentaire français. Le travail effectué à l'étranger n'a aucune incidence sur ses droits à retraite, le salarié continuant à cotiser dans les régimes français.

Conditions du détachement

• Définition du détachement

1194 Le salarié détaché par son employeur dans un pays membre de l'UE ou de l'EEE reste affilié à la législation de son pays habituel d'emploi pendant la durée de sa mission, si les conditions suivantes sont remplies:

– il exerçait, dans l'État habituel d'emploi, une activité salariée pour l'entreprise qui détache ;
– il relevait, avant son départ en mission, du régime d'assurance vieillesse auquel il est maintenu (sauf s'il est embauché pour être détaché) ;
– dans l'État d'accueil, il doit accomplir un travail déterminé pour le compte de l'entreprise qui le détache ;
– la mission doit être temporaire (voir développements sur la durée, §§ 1195 à 1199) ;
– pendant la durée de la mission, un lien organique et un rapport de subordination doivent subsister entre le salarié et l'entreprise qui détache.

L'employeur français qui détache un salarié pour exécuter une mission dans un État membre de l'Union européenne continue donc à verser les cotisations afférentes aux droits à retraite de ce salarié à l'URSSAF, l'ARRCO et/ou l'AGIRC.

• Durée du détachement

1195 **Détachement initial.** La durée prévisible du détachement ne doit pas excéder 12 mois (règlt CEE 1408/71 du 14 juin 1971, art. 14-1-a).

1196 **Prolongation.** Des circonstances imprévisibles peuvent conduire l'entreprise qui détache à prolonger le détachement du travailleur au-delà de la durée initialement prévue. Cette prolongation, requérant l'autorisation de l'État d'accueil (formalité remplie par l'employeur), ne peut être supérieure à 12 mois (règlt CEE 1408/71 du 14 juin 1971, art. 14-1-b). Si la durée prolongée vient à être dépassée, le salarié est assujetti à la législation du pays d'accueil.

1197 **Détachement exceptionnel.** À titre exceptionnel, l'assujettissement du salarié détaché à la législation du pays d'emploi peut être maintenu au-delà des 24 mois. Ce détachement nécessite l'autorisation préalable et conjointe de l'État d'accueil et de l'État d'emploi (règlt CEE 1408/71 du 14 juin 1971, art. 17).

Ce détachement exceptionnel est justifié pour « certains travailleurs qui en raison de leurs connaissances et aptitudes particulières, ou du caractère particulier des objectifs de l'entreprise ou de l'organisation qui les occupe, sont détachés dans l'intérêt de cette entreprise ou organisation ou au nom ou pour le compte de celle-ci, pendant plus de 12 mois, dans un État membre autre que celui où ils sont normalement occupés... » (recommandation 16 de la commission administrative des Communautés européennes pour la sécurité sociale des travailleurs migrants du 12 décembre 1984). Ainsi, cette exonération peut concerner le personnel détaché dans le cadre d'une coopération interétatique en vue d'une opération technologique (aéronautique), scientifique, culturelle ou humanitaire commune, les journalistes de la presse écrite et audiovisuelle et les personnels d'associations internationales non gouvernementales à but non lucratif.

L'administration française précise qu'il doit être fait application de ce détachement exceptionnel dès le début d'activité si l'activité prévisible du travail à effectuer dépasse un an et, en toute hypothèse, que ce détachement exceptionnel ne peut prendre la suite d'un détachement de droit commun.

La durée d'exonération maximale est limitée à six ans, en ce qui concerne la France.

• Salarié embauché en vue d'être détaché

1198 Il est possible d'embaucher pour détacher. Dans ce cas de figure, le lien de subordination doit bien sûr subsister mais, en outre, l'entreprise qui détache doit exercer une activité significative sur le territoire où elle est établie. En d'autres termes, l'entreprise doit employer habituellement du personnel dans l'État membre où elle est établie (commission administrative des Communautés européennes pour la sécurité sociale des travailleurs migrants, décision 181 du 13 décembre 2000, JOCE L. 329 du 14).

• **Interdiction du détachement en cascade**

1199 Le détachement en cascade est interdit. Ainsi, les règles communautaires ne s'appliquent pas dans les cas suivants :
– l'entreprise auprès de laquelle le travailleur est détaché ne peut pas mettre le travailleur à la disposition d'une autre entreprise dans l'État membre où elle est établie ;
– le salarié détaché dans un État membre ne peut être mis à disposition dans un autre État membre ;
– un travailleur ne peut pas être embauché dans un État pour être maintenu à la législation d'un deuxième État et détaché dans un troisième ou encore dans le premier.

Formalités

• **Détachement d'une durée inférieure à trois mois**

1200 Avant le départ du salarié détaché, l'employeur doit compléter une « attestation concernant la législation applicable » (formulaire E 101) en deux exemplaires : l'un est remis au salarié détaché, l'autre transmis à la caisse compétente (en France, la caisse primaire d'assurance maladie : CPAM) (lettre-circ. Acoss 2005-39 du 21 février 2005).

Aussi longtemps qu'il n'est pas retiré ou déclaré invalide par les autorités de l'État membre l'ayant délivré, le certificat E 101, délivré conformément aux dispositions communautaires, lie l'institution compétente et les juridictions de l'État membre dans lequel sont détachés les travailleurs. Par conséquent, une juridiction de l'État membre d'accueil desdits travailleurs n'est pas habilitée à vérifier la validité d'un certificat E 101 en ce qui concerne l'attestation des éléments sur la base desquels un tel certificat a été délivré, notamment l'existence d'un lien organique entre l'entreprise établie dans un État membre et les travailleurs qu'elle a détachés sur le territoire d'un autre État membre, pendant la durée du détachement de ces derniers (CJCE C 2/05 du 26 janvier 2006).

• **Détachement d'une durée comprise entre 3 et 12 mois**

1201 **Procédure de droit commun.** En principe, l'employeur doit recueillir l'autorisation préalable de la caisse compétente (CPAM). La demande d'autorisation préalable doit préciser les motifs et le lieu de la mission et, le cas échéant, la dénomination et l'adresse de l'entreprise au service de laquelle le salarié va temporairement se trouver.

Une fois le dossier instruit, la CPAM adresse à l'employeur un formulaire E 101 à compléter. Un exemplaire est remis au détaché, l'autre est transmis à la CPAM.

S'il est préférable de procéder à ces dernières formalités avant le départ du salarié détaché, l'administration admet qu'elles puissent être remplies au cours du détachement ou à l'expiration de la période.

1202 **Procédure simplifiée.** Les formalités de détachement ont été allégées par une circulaire ministérielle (circ. min. DSS/DAEI 2000-63 du 4 février 2000). Après autorisation de la CPAM, l'employeur peut procéder à une déclaration préalable trimestrielle des personnes susceptibles d'être concernées par un détachement, ou utiliser au fur et à mesure de ses besoins un carnet à souches préalablement établi par la CPAM.

La CPAM vérifie inopinément que les détachés ont bien été maintenus au régime général et que les cotisations ont bien été versées à l'URSSAF.

Pour justifier de la situation de détaché devant les institutions compétentes, l'employeur doit procéder en urgence à la régularisation de la situation de son salarié, en confirmant l'existence d'une mission et les dates précises de début et de fin de cette mission au moyen du formulaire E 101.

- **Détachement d'une durée comprise entre 12 et 24 mois**

1203 Lorsque la durée de la mission se prolonge au-delà de la période initialement prévue en raison de circonstances imprévisibles, l'employeur doit demander le maintien de l'affiliation du détaché au régime français au moyen du formulaire E 102.

L'employeur peut se procurer ce formulaire auprès de l'autorité administrative compétente de l'État membre de détachement ou auprès du centre de liaisons européennes et internationales de sécurité sociale (CLEISS : 11 rue de la Tour-des-Dames – 75436 Paris Cedex 09 – www.cleiss.fr).

Rappelons que la prolongation du détachement nécessite l'autorisation préalable du pays d'accueil.

- **Détachement exceptionnel**

1204 Un formulaire doit être complété par l'employeur. C'est le service juridique du CLEISS qui en assure le traitement.

Pluriactivité

1205 Si un salarié se rend de façon habituelle, pour le compte de son employeur, dans un autre pays (ex. : dans une filiale ou une succursale de l'employeur) de l'UE, de l'EEE et en Suisse, la législation communautaire désigne comme législation de sécurité sociale celle du pays de résidence du salarié s'il y exerce une partie de son activité. Dans ce cas, le formulaire E 101, établi pour attester du maintien du salarié au régime français, a une validité permanente dans la mesure où il ne se réfère pas à une situation de détachement mais à une situation de pluriactivité (lettre-circ. ACOSS 2005-39 du 21 février 2005).

Règles de coordination européennes applicables à la retraite

1206 Si le salarié français part travailler en Europe (hors détachement), il n'est plus affilié aux régimes français et acquiert des droits à retraite dans les différents pays d'emploi. Pour garantir les droits acquis dans plusieurs États membres, le droit communautaire prévoit l'application de règles de coordination qui oblige, d'une certaine manière, à tenir compte des périodes d'assurance acquises dans d'autres États membres pour le calcul de la retraite.

Dans le but de simplifier et de clarifier les règles communautaires relatives à la coordination des systèmes de sécurité sociale des États membres, le Parlement européen et le Conseil ont approuvé le règlement (CE) 883/2004 du 29 avril 2004.

Ce règlement, destiné à remplacer le règlement initial 1408/71 du 14 juin 1971, constituera le nouveau point de référence en ce qui concerne la coordination des systèmes de sécurité sociale des États membres.

Il ne sera applicable qu'à partir de la date d'entrée en vigueur du nouveau règlement d'application.

Champ d'application matériel et personnel

- **Champ d'application matériel**

1207 Les règles européennes de coordination s'appliquent aux législations qui concernent les prestations de vieillesse et de survie, à l'exclusion des majorations ou suppléments de pension pour enfants et des pensions d'orphelins qui obéissent à des dispositions spécifiques (règlt CEE 1408/71 du 14 juin 1971, art. 44, § 3, modifié par règlt 883/2004 du 29 avril 2004).

Il n'y a pas lieu de distinguer selon que le régime d'assurance vieillesse est général ou spécial et les règles de coordination européennes s'appliquent à toute mesure législative, réglementaire et administrative adoptée par les États membres ainsi qu'aux dispositions conventionnelles servant à la mise en œuvre d'une obligation d'assurance résultant de la législation relative aux régimes et branches de sécurité sociale (lorsque l'État l'a déclaré).

Sont concernés par ces dispositions européennes le régime d'assurance vieillesse du régime de base français et les régimes complémentaires français légalement obligatoires (AGIRC et ARRCO). En revanche, les régimes supplémentaires obéissent à d'autres règles (voir encadré p. 445).

- **Champ d'application personnel**

1208 Les règles de coordination européenne s'appliquent aux travailleurs salariés ou non salariés, aux étudiants et aux pensionnés qui sont ou ont été soumis à la législation de l'un des États membres et qui sont ressortissants d'un État membre ou bien aux réfugiés et apatrides résidant sur le territoire d'un État membre.

Certains travailleurs sont soumis à des dispositions spécifiques dérogatoires en raison de la particularité de leur activité. Il s'agit des travailleurs frontaliers, des travailleurs saisonniers, des gens de mer, du personnel des services diplomatiques et des postes consulaires et des agents auxiliaires des communautés européennes.

Calcul de la pension

- **Mécanisme de calcul en fonction de l'ouverture des droits à pension**

1209 Il convient de distinguer deux situations :
– le droit à pension est ouvert en recourant aux périodes accomplies sous la législation d'un ou de plusieurs autres États membres (totalisation des périodes d'assurance) ;
– le droit à pension est ouvert sans avoir besoin de recourir à ces périodes.

- **Droit à pension ouvert sans recours à la totalisation**

1210 Si le travailleur remplit les conditions d'ouverture des droits à retraite, chaque institution auprès de laquelle il a cotisé procède à un double calcul de la pension qu'elle doit verser.

L'institution calcule tout d'abord la pension nationale en fonction de sa seule législation et des périodes qu'elles valident (c'est le calcul de la prestation autonome).

Puis, elle calcule la pension à laquelle l'assuré pourrait prétendre si toutes les périodes d'assurance avaient été exclusivement réalisées sous sa législation (c'est le calcul de la pension théorique) et proratise le montant de cette pension en fonction des périodes d'assurance effectivement accomplies sous sa législation.

Après comparaison de la pension nationale et de la pension communautaire proratisée, l'institution retient le montant le plus avantageux pour le retraité (règlt CEE 1408/71 du 14 juin 1971, art. 46, § 3).

- **Droit à pension ouvert en recourant à la totalisation**

1211 Si le travailleur ne remplit les conditions d'ouverture qu'en totalisant les périodes d'assurance accomplies sous la législation d'autres États membres, l'institution saisie procède directement au calcul de la pension théorique et proratise le montant de cette pension en fonction des périodes d'assurance effectivement accomplies sous sa législation (règlt CEE 1408/71 du 14 juin 1971, art. 46, § 2 a et b).

Ces calculs doivent être effectués en tenant compte, le cas échéant, des clauses nationales d'anti-cumul.

Rappelons que les périodes accomplies dans un autre État membre de l'UE sont prises en compte pour déterminer les conditions d'ouverture du droit à la retraite et le taux de la pension susceptible d'être immédiatement versée par un autre État membre (CJCE 7 juillet 1994, aff. 146/93; cass. soc. 24 mai 1995, n° 90-19499, BC V n° 167; cass. soc. 17 mai 2005, n° 03-44856, BC V n° 169 ; voir encadré p. 444).

• **Pension minimale garantie**

1212 Si les prestations versées par les différents États membres n'atteignent pas le minimum prévu par la législation de l'État de résidence du pensionné, ce dernier perçoit de l'institution de son État de résidence, pour le temps où il y réside, un complément égal à la différence entre le montant total des prestations dues et le montant de la prestation minimale (règlt CEE 1408/71 du 14 juin 1971, art. 50). Il est cependant nécessaire que l'État de résidence lui verse un élément de pension.

Démarches à effectuer

• **Institution compétente à recevoir la demande**

1213 Pour simplifier les démarches administratives, l'assuré adresse sa demande de liquidation de pension à l'institution de son État de résidence, mais conserve la possibilité d'adresser directement sa demande à l'institution de l'État d'assurance (règlt CEE 574/72 du 21 mars 1972, art. 36, II).

Si l'assuré n'a jamais été affilié à la législation de son État de résidence, l'institution du lieu de résidence transmet la demande à l'institution de l'État membre à la législation duquel l'assuré a été soumis en dernier lieu (règlt CEE 574/72 du 21 mars 1972, art. 36, I), au moyen d'un formulaire de liaison.

Si l'assuré réside dans un État non membre, il doit adresser sa demande de liquidation à l'institution du dernier État d'assurance. Si, dans ce cas de figure, l'assuré envoie sa demande à l'institution de l'État membre dont il est ressortissant, cette institution doit transmettre cette demande à l'organisme compétent (règlt CEE 574/72 du 21 mars 1972, art. 36, III).

• **Forme de la demande**

1214 La demande est faite au moyen d'un formulaire réglementaire disponible dans l'institution compétente et doit être accompagnée d'un certain nombre de pièces justificatives.

L'exactitude des renseignements donnés par l'assuré doit être établie par des pièces officielles annexées au formulaire ou confirmées par l'institution du lieu de résidence compétente.

L'assuré doit indiquer, dans la mesure du possible, la ou les institutions des États membres auxquelles il a été affilié, ou le ou les employeurs par lesquels il a été occupé sur le territoire de tout État membre, en produisant les certificats de travail qu'il a en sa possession (règlt CEE 574/72 du 21 mars 1972, art. 37).

• **Concomitance des liquidations**

1215 Toute demande de liquidation adressée à l'institution d'un État membre entraîne automatiquement la liquidation concomitante des pensions dues par les autres États membres auxquels l'assuré était affilié, dans la mesure où, bien sûr, il remplit les conditions d'ouverture (règlt CEE 1408/71 du 14 juin 1971, art. 44, § 2 ; règlt CEE 574/72 21 mars 1972, art. 36, IV).

Périodes d'assurance à prendre en compte dans la totalisation

Pour autant qu'elles ne se superposent pas, les périodes d'assurance, de résidence ou d'emploi susceptibles d'être prises en considération en vertu de la législation des différents États membres sont totalisées en vue de l'acquisition, du maintien ou du recouvrement du droit aux prestations.

• **Principe.** Les périodes d'assurance, de chômage ou de résidence accomplies dans différents États européens sont prises en compte et, si nécessaire, totalisées pour la détermination des droits à retraite du régime français. Dans ce but, la caisse de retraite tient compte de ces périodes comme s'il s'agissait de périodes accomplies sous la législation française (règlt CEE 1408/71 du 14 juin 1971, art. 45, § 1).

• **Périodes de chômage.** Une période de chômage complet au cours de laquelle le travailleur salarié a bénéficié des prestations de chômage est prise en considération par l'État membre de résidence, conformément à la législation qu'applique cet État, comme s'il avait été soumis à cette législation au cours de son dernier emploi (règlt CEE 1408/71 du 14 juin 1971, art. 45, § 6).

Si l'État applique une législation prévoyant des retenues de cotisations à la charge des chômeurs pour la couverture des pensions de vieillesse, elle est autorisée à opérer ces retenues.

Si la période de chômage complet accomplie dans l'État de résidence de l'intéressé ne peut être prise en compte que si des périodes de cotisations ont été accomplies dans ce même pays, la condition est censée être remplie si les périodes de cotisations ont été accomplies dans un autre État membre.

• **Exclusion des périodes superposées.** Les périodes d'assurance accomplies dans différents États européens se totalisent à la condition qu'elles ne se superposent pas. Si elles se superposent, elles ne sont comptées qu'une seule fois.

Certains États admettent, conjointement aux périodes d'assurance ou de résidence accomplies au titre d'une assurance obligatoire, des périodes d'assurance volontaire ou facultative continuée ou des périodes dites assimilées (telles que les périodes de service militaire ou de maladie…). Or, de telles périodes peuvent être prises simultanément en compte par plusieurs États membres.

Afin d'éviter des cumuls injustifiés, le droit européen appliquent des règles de priorité:
– priorité est donnée aux périodes d'assurance ou de résidence accomplies au titre d'une assurance obligatoire sur les périodes d'assurance volontaire ou facultative continue (sauf si le cumul est admis);
– priorité est donnée aux périodes d'assurance ou de résidence effective sur les périodes assimilées;
– en cas de reconnaissance simultanée d'une période assimilée, priorité est donnée à celle prise en compte par l'institution compétente dont relevait l'intéressé, à titre obligatoire, en dernier, avant ladite période.

Il existe un tempérament: si les périodes d'assurance ou de résidence ne peuvent être déterminées de façon précise, elles sont présumées ne pas se superposer.

• **Équivalence des périodes.** Les États européens expriment parfois leurs périodes d'assurance dans des unités différentes (heure, jour, semaine, mois, trimestre). Dès lors, des règles de conversion ont été établies (règlt CEE 574/72 du 21 juin 1972, art. 15, § 3).

- **Exceptions à la concomitance des liquidations**

1216 **Situations visées.** L'assuré peut surseoir à la liquidation concomitante de ses pensions de vieillesse en le demandant expressément. Dans ce cas, l'assuré doit indiquer dans sa demande les pensions qu'il souhaite liquider.

Il peut également arriver que l'assuré ne remplisse pas simultanément les conditions d'ouverture des droits à retraite, qui sont requises par les législations des États membres où il a travaillé. Dans ce cas, toutes ses pensions de vieillesse ne peuvent pas être liquidées en même temps. Cette hypothèse résulte essentiellement d'un âge légal de départ à la retraite différent dans les divers États membres.

Enfin, l'assuré peut ne pas avoir informé la caisse liquidatrice de ses droits.

1217 **Conséquences.** Dans les trois cas de figure visés ci-dessus, l'institution saisie effectue le calcul de la pension conformément aux règles explicitées ci-dessus, puis il y aura révision de cette prestation au fur et mesure que les conditions requises par d'autres législations auxquelles l'assuré a été assujetti sont remplies. Lorsque l'assuré demandera sa retraite dans un autre État membre, de nouveaux calculs seront effectués tenant compte des périodes dans l'autre État membre. La pension ainsi obtenue sera à nouveau comparée à la pension nationale et le montant le plus élevé sera versé (règlt CEE 1408/71 du 14 juin 1971, art. 49).

La mise en œuvre de cette procédure est automatique.

Paiement

1218 Le paiement des pensions est effectué directement par l'institution débitrice ou par l'intermédiaire d'un organisme de liaison de l'État membre auquel elle appartient, ou de l'institution du lieu de résidence (règlt CEE 574/72 du 21 mars 1972, art. 53).

Lorsque le pensionné de l'un ou de plusieurs États membres transfère sa résidence du territoire d'un État sur celui d'un autre État, il est tenu de le notifier à l'institution ou aux institutions débitrices des pensions et à l'organisme de liaison (règlt CEE 574/72 21 mars 1972, art. 59).

Sauvegarde des droits acquis au titre des régimes de retraite supplémentaire

Pour pallier l'exclusion des régimes de pension surcomplémentaire (dite « supplémentaire » en France), dont la mise en œuvre n'est pas légale, du champ d'application du règlement 1408/71, le conseil de l'Union européenne a adopté une directive relative à la sauvegarde des droits à pension surcomplémentaire des travailleurs qui se déplacent à l'intérieur de la Communauté (dir. 98/49/CE du 29 juin 1998).

Ainsi, les États membres doivent assurer le maintien des droits à pension acquis par les affiliés à un régime surcomplémentaire de pension pour lesquels les cotisations ne sont plus versées du fait de leur déplacement dans un autre État membre, à un niveau comparable à celui dont bénéficient les affiliés pour lesquels les cotisations ne sont plus versées mais qui restent dans le même État (art. 4).

De plus, en cas de détachement, les États membres doivent s'assurer que les cotisations au régime surcomplémentaire de pension (régime de retraite supplémentaire en France) du pays habituel d'emploi puissent continuer à être versées par ou au nom du salarié détaché. De surcroît, le détachement ne peut conduire au versement obligatoire de cotisations à un régime surcomplémentaire de pension dans l'État d'accueil (art. 6). Ces dernières dispositions peuvent n'être applicables qu'aux détachements commençant à compter du 25 juillet 2001.

3. Retraite des artisans et des commerçants

§§

Assurance vieillesse de base

- Cotisations :
  - assiette des cotisations 1221
  - dérogation : revenus estimés par l'assuré 1222
  - assiettes maximale et minimale 1223
  - taux 1224
  - déclaration des revenus 1225
  - paiement des cotisations 1226
  - début d'activité 1227
  - report et étalement des cotisations de début d'activité 1228
- Prestations d'assurance vieillesse de base :
  - condition d'ouverture des droits 1230
  - formule de calcul 1231
  - revenu annuel moyen de base .. 1232
  - durée d'assurance 1233
  - rachat de cotisations 1234
  - taux 1235
  - pension minimale et maximale .. 1236
  - majorations de pension 1237
  - paiement des pensions 1238
- Cumul activité-retraite :
  - cessation d'activité 1239
  - dérogation 1240
  - information des assurés 1241
  - déclaration de la reprise d'activité 1242
  - suspension de la pension 1243

§§

Régimes complémentaires obligatoires

- Dispositions communes aux cotisations :
  - assiette des cotisations 1244
  - base minimale des cotisations .. 1245
  - taxation d'office 1246
  - majorations de retard 1247

➡ *Rachat de cotisations : page 454*

- Cotisations dues au régime des artisans 1248
- Cotisations propres aux industriels et commerçants 1249
- Prestations de retraite complémentaire :
  - artisans 1250
  - industriels et commerçants........ 1251

Retraite supplémentaire

- Retraite supplémentaire des artisans 1252
- Retraite supplémentaire des commerçants 1253

Assurance vieillesse de base

Cotisations

• Assiette des cotisations

1221 Les cotisations sont calculées, à titre provisionnel, sur les revenus professionnels non salariés non agricoles de l'avant-dernière année tels qu'ils sont retenus pour l'assiette de l'impôt sur le revenu avant l'application des déductions, abattements ou allégements suivants (c. séc. soc. art. L. 131-6).

Une nouvelle assiette s'appliquera aux cotisations calculées sur les revenus de 2006 et des années suivantes : l'assiette des cotisations change sur les points suivants (loi de financement de la sécurité sociale pour 2007 ; c. séc. soc. art. L. 131-6) :
– les allégements d'impôt sur les bénéfices (exonérations et abattements) en faveur des entreprises nouvelles ou situées en ZFU ou encore dans des pôles de compétitivité (CGI art. 44 sexies, 44 octies, 44 octies A et 44 undecies) ne sont pas pris en compte ;
– le coefficient de majoration de 1,25 appliqué pour déterminer le bénéfice fiscal des non-salariés n'ayant pas adhéré à un centre ou à une association de gestion agréé est neutralisé (CGI art. 158-7) ;
– le taux d'abattement appliqué au chiffre d'affaires ou aux recettes des exploitants relevant du régime d'imposition des microentreprises, BIC ou BNC, serait fixé à 71 %, 50 % ou 34 %, selon le cas.

Les autres éléments à réintégrer au bénéfice fiscal pour déterminer l'assiette des cotisations (contrats d'assurance de groupe, déficits, provisions, par exemple) ne seraient pas modifiés.

Il n'est pas tenu compte des déficits des années antérieures, des provisions pour investissement et pour dépenses de mise en conformité (CGI art. 39 octies E et 39 octies F) et des plus-values à long terme.

Lorsque les revenus réels sont connus, la cotisation est régularisée.

Les artisans et commerçants imposés au régime des micro BIC (ou au régime micro BNC pour les bénéfices non commerciaux) peuvent demander que leurs cotisations soient calculées sur la base de leur revenu réel dès l'année au titre de laquelle elles sont dues.

• **Dérogation : revenus estimés par l'assuré**

1222 Par dérogation, les cotisations provisionnelles peuvent être calculées, à la demande de l'assuré, sur la base des revenus estimés par celui-ci. Toutefois, lorsque le revenu définitif est supérieur de plus d'un tiers au revenu estimé par l'assuré, une majoration de retard de 10 % est appliquée sur le complément de cotisation appelée (c. séc. soc. art. L. 131-6).

• **Assiettes maximale et minimale**

1223 Le revenu servant de base aux cotisations est retenu dans la limite du plafond de la sécurité sociale (32 184 € en 2007).

La cotisation minimale est calculée sur un revenu égal à 200 fois le SMIC horaire au 1er janvier de l'année, soit 1 654 € pour 2007.

Les assurés qui apportent la preuve qu'ils se sont trouvés dans l'impossibilité de poursuivre leur activité pour un motif indépendant de leur volonté et étranger à la nature même de la profession exercée (notamment, pour raison de santé ou en cas de sinistre) sont dispensés du paiement d'un trimestre de la cotisation provisionnelle pour toute période de cessation d'exercice d'au moins 90 jours consécutifs (c. séc. soc. art. D. 633-9).

• **Taux**

1224 Il est fixé, depuis le 1er janvier 2006, à 16,65 %, dans la limite du plafond de la sécurité sociale (c. séc. soc. art. L. 633-10).

En 2007, la cotisation maximale est donc fixée à 5 358 € (32 184 € × 16,65 %) et la cotisation minimale à 275 € (1 654 € × 16,65 %).

- **Déclaration des revenus**

1225 Les non-salariés déclarent leurs revenus professionnels de l'année précédente sur une seule déclaration, adressée le 1er mai au plus tard à l'organisme conventionné d'assurance maladie auquel ils sont affiliés (qui la retransmet aux autres organismes concernés). Le défaut de déclaration a pour conséquence une taxation d'office et le paiement de pénalités.

- **Paiement des cotisations**

1226 Les cotisations doivent être versées en deux échéances semestrielles, les 15 février et 31 juillet au plus tard. Toutefois, lorsque l'assuré s'est libéré, à la date de versement semestriel, d'au moins la moitié de la somme demandée, le solde est payable, au plus tard, le dernier jour du 4e mois du semestre considéré, soit les 30 avril et 31 octobre. Des paiements mensuels sont également possibles.

Les cotisations qui n'ont pas été versées dans les délais font l'objet de majorations de retard. Ces majorations peuvent faire l'objet de remises partielles ou totales (c. séc. soc. art. D. 633-15).

Mise en place du régime social des indépendants depuis le 1er janvier 2006

Afin de simplifier les démarches des travailleurs non salariés, un régime social des indépendants (RSI) est mis en place depuis le 1er janvier 2006.

Ce régime regroupe les caisses d'assurance maladie des artisans, des industriels et commerçants et des professions libérales (régime de la CANAM) ainsi que les caisses d'assurance vieillesse de base et complémentaire et d'invalidité décès des artisans et commerçants (ORGANIC et CANCAVA).

Les caisses d'assurance vieillesse des professions libérales ne sont, quant à elles, pas intégrées dans le RSI.

Ce régime social des indépendants n'apporte toutefois, dans un premier temps, aucune modification au calcul des cotisations. De même, les droits des assurés restent les mêmes.

Un interlocuteur social unique sera, par ailleurs, institué pour le recouvrement de l'ensemble des cotisations et contributions personnelles des travailleurs indépendants. Il sera mis en place le 1er janvier 2008 (ord. 2005-1529 du 8 décembre 2005 ; circ. RSI 2006-34 du 4 août 2006 ; décret 2006-1745 du 23 décembre 2006).

- **Début d'activité**

1227 Les cotisations de début d'activité sont calculées, à titre provisionnel, sur une assiette forfaitaire qui ne peut excéder:

– pour la première année civile d'activité: 18 fois la valeur de la base mensuelle de calcul des prestations familiales (BMAF) en vigueur au 1er octobre de l'année précédente (soit 6 621,6 € pour un début d'activité en 2007);

– 27 fois la BMAF retenue pour la 1re année civile d'activité, pour la deuxième année (9 932 € pour une 2e année d'activité en 2008).

Une fois le revenu réel connu, les cotisations sont régularisées.

Le créateur ou repreneur d'entreprise (chômeur ou salarié) bénéficie, sous certaines conditions, d'exonérations de cotisations.

• **Report et étalement des cotisations de début d'activité**

1228 Sur demande du professionnel, aucune cotisation n'est appelée pendant les douze premiers mois d'activité. Le paiement est reporté jusqu'au calcul définitif des cotisations. Ces cotisations définitives peuvent alors faire l'objet d'un paiement par fractions annuelles sur 5 ans au maximum, sans majoration de retard. Chaque fraction annuelle ne peut être inférieure à 20 % du montant total des cotisations dues.

Prestations d'assurance vieillesse de base

1229 Pour les droits acquis depuis le 1er janvier 1973, les régimes d'assurance vieillesse de base sont alignés sur le régime des salariés.

Avant cette date, les cotisations ouvraient droit à une retraite calculée en points.

• **Condition d'ouverture des droits**

1230 L'artisan ou le commerçant peut bénéficier d'une pension à taux plein à partir de 60 ans s'il justifie de 160 trimestres d'assurance, tous régimes confondus (voir § 325).

Cette condition d'assurance pour le taux plein n'est pas requise pour les assurés âgés de 65 ans ou appartenant à une catégorie particulière (inapte au travail, ancien prisonnier de guerre ou interné politique, grand invalide de guerre).

Une retraite anticipée pour les assurés handicapés ou ayant commencé à travailler jeunes est également possible (c. séc. soc. art. L. 634-3-2 et L. 634-3-3 ; voir §§ 282 et 290). Toutefois, les trimestres pris en compte au titre de la maladie ou d'un accident du travail concernent les seuls salariés (voir §§ 343 et 346).

L'intéressé doit en principe cesser l'activité relevant du régime au titre duquel il demande la liquidation de sa retraite. Il existe toutefois des dérogations à ce principe (retraite progressive, reprise d'une activité ; voir annexe 1 et §§ 1239 à 1243).

• **Formule de calcul**

1231 La retraite est calculée selon la formule suivante :

RAMB* × taux × durée d'assurance dans le régime/durée d'assurance maximum (progressivement augmentée pour atteindre 160 trimestres ; voir § 332)

* RAMB : revenu annuel moyen de base.

La pension est donc calculée de la même façon que dans le régime des salariés (taux et durée d'assurance), sous réserve de certaines particularités propres aux régimes des artisans et des commerçants (c. séc. soc. art. L. 634-2 et D. 634-1).

• **Revenu annuel moyen de base**

1232 Le RAMB est la moyenne des meilleures années cotisées au régime d'assurance vieillesse des industriels et commerçants et des artisans. Il augmente progressivement pour atteindre les 25 meilleures années au 1er janvier 2013 (au lieu du 1er janvier 2008 pour les salariés).

Il correspond à l'ensemble des cotisations permettant la validation d'au moins un trimestre d'assurance (c. séc. soc. art. R. 634-1).

Nombre d'années pris en compte dans le calcul du RAMB et du SAM (1)		
Année de naissance de l'assuré	**Régime des artisans et commerçants** (2)	**Régime général** (3)
Avant le 1er janvier 1934	10 années	10 années
En 1934	11 années	11 années
1935	11 années	12 années
1936	12 années	13 années
1937	12 années	14 années
1938	13 années	15 années
1939	13 années	16 années
1940	14 années	17 années
1941	14 années	18 années
1942	15 années	19 années
1943	15 années	20 années
1944	16 années	21 années
1945	17 années	22 années
1946	18 années	23 années
1947	19 années	24 années
1948	20 années	
1949	21 années	
1950	22 années	
1951	23 années	
1952	24 années	

(1) L'augmentation du nombre d'années pris en compte dans le calcul du revenu moyen n'a pas le même rythme dans tous les régimes : le régime général retiendra 23 années en 2006 pour atteindre 25 en 2008, alors que les régimes des artisans et des commerçants retiendront 18 années en 2006 pour atteindre 25 en 2013.
(2) À compter de 2013 : 25 années, quelle que soit l'année de naissance (sauf pour les assurés nés en décembre 1952 dont la pension prend effet au 1er janvier 2013 : les 24 meilleures années seront prises en compte).
(3) À compter de 2008 : 25 années, quelle que soit l'année de naissance (sauf pour les assurés nés en décembre 1947 dont la pension prend effet au 1er janvier 2008 : les 24 meilleures années seront prises en compte).

- **Durée d'assurance**

1233 Pour l'ouverture du droit à pension, sont prises en considération, non seulement les périodes de cotisations aux régimes des artisans et des commerçants, mais également des périodes assimilées postérieures au 31 décembre 1972 énumérées ci-dessous (sous réserve que les cotisations éventuellement dues au titre de l'année civile au cours de laquelle elles se situent aient été acquittées ; c. séc. soc. art. D. 634-2) :
– le trimestre civil au cours duquel se situe le 60e jour d'hospitalisation de l'assuré, un trimestre étant également décompté pour chaque nouvelle période d'hospitalisation de 60 jours ;
– chaque trimestre civil au cours duquel l'assuré a bénéficié, pour raison de santé, d'une dispense de paiement de la cotisation correspondante (c. séc. soc. art. D. 633-9) ;
– chaque trimestre civil au titre duquel sont versés des arrérages d'une pension d'invalidité servie au titre des régimes obligatoires d'assurance invalidité-décès des professions artisanales ou industrielles et commerciales, ou comportant une échéance de paiement des arrérages d'une telle pension servie au titre de l'assurance volontaire ;
– chaque trimestre civil comportant au moins 50 jours de chômage involontaire constaté après la cessation de l'activité artisanale, industrielle et commerciale ;

– chaque trimestre civil comportant une échéance de paiement des arrérages d'une rente d'accident du travail correspondant à une incapacité permanente au moins égale à 66 % servie au titre de l'assurance volontaire;
– les périodes de détention provisoire (dans la mesure où elles ne s'imputent pas sur la durée de la peine) et certaines périodes militaires (mentionnées à l'article R. 351-12, 6°), dans le cas où l'intéressé était précédemment affilié au régime d'assurance vieillesse des professions artisanales ou industrielles et commerciales.

La durée d'assurance est majorée pour les mères de famille, les parents d'un enfant handicapé et les assurés de plus de 65 ans.

• **Rachat de cotisations**

1234 Les artisans et commerçants peuvent effectuer un versement pour la retraite au titre des années d'études supérieures et des années pour lesquelles moins de 4 trimestres ont été validées comme dans le régime général (c. séc. soc. art. L. 634-2-2; voir § 382). Le barème de rachat est identique à celui des salariés.

Toutefois, pour les salariés ayant effectué leur carrière dans le régime des professions artisanales ou commerciales avant le 1er janvier 1973 et n'ayant pas été affiliés, depuis, à ces régimes, deux autres barèmes sont applicables.

Par ailleurs, des possibilités de rachat spécifiques sont ouvertes aux artisans et aux commerçants (c. séc. soc. art. L. 634-2 et D. 634-2-1):
– en cours d'activité, l'assuré est autorisé à effectuer un versement complémentaire de cotisations lorsqu'il est retenu un nombre de trimestres d'assurances inférieur à quatre par année civile d'exercice, à titre exclusif, d'une activité non salariée artisanale, industrielle ou commerciale,
– en cas de cessation d'activité, l'assuré est autorisé à effectuer, au cours de l'année de la cessation, le versement complémentaire afférent à la cotisation de l'année régularisée.

• **Taux**

1235 Le taux plein (50 %) est attribué:
– aux assurés âgés de 65 ans;
– à partir de 60 ans, aux assurés ayant acquis le nombre de trimestres nécessaires (160 trimestres);
– dès 60 ans, aux assurés appartenant à une catégorie particulière (inaptitude, ancien prisonnier de guerre...).

Lorsque ces conditions ne sont pas remplies, le taux est minoré comme dans le régime général (voir § 329).

• **Pension minimale et maximale**

1236 La pension ne peut être inférieure, comme dans le régime des salariés, à un montant minimum lorsque son taux est égal à 50 % (voir § 431).

Toutefois, lorsque l'assuré justifie également de périodes d'assurance ou d'activité professionnelle non salariée antérieures au 1er janvier 1973, valables au titre du régime d'assurance vieillesse en vigueur au 31 décembre 1972, le total des pensions allouées au titre des périodes d'assurance antérieures et postérieures au 1er janvier 1973 ne peut être supérieur au minimum de pension calculé au prorata de la durée totale d'assurance par rapport à 150 trimestres (c. séc. soc. art. D. 634-6).

Le montant maximal de la pension est également identique à celui de la pension du régime de base des salariés (voir § 430).

• **Majorations de pension**

1237 Le montant de la pension est majoré, comme dans le régime des salariés:
– majoration pour enfants (voir § 438),
– majoration pour conjoint à charge (voir § 441),
– majoration pour tierce personne (voir § 444),
– majoration pour activité après 60 ans (voir § 447).

• **Paiement des pensions**

1238 Le service de la pension de vieillesse est assuré à compter du premier jour du mois suivant celui au cours duquel l'assuré a cessé définitivement son activité professionnelle non salariée (c. séc. soc. art. D. 634-11).

Elle est payable mensuellement à terme échu (c. séc. soc. art. D. 634-12).

Cumul activité retraite

• **Cessation d'activité**

1239 Le service d'une pension de retraite liquidée au titre des régimes d'assurance vieillesse des artisans ainsi que des industriels et des commerçants est subordonné à la cessation définitive des activités relevant desdits régimes (sous réserve de la retraite progressive). Ce service est assuré à compter du premier jour du mois suivant celui au cours duquel l'assuré a cessé définitivement son activité professionnelle non salariée (c. séc. soc. art. D. 634-11-1).

L'assuré doit établir qu'il a cessé son activité par tout mode de preuve et, notamment, par la production:
– d'un certificat de radiation du registre du commerce et des sociétés, du répertoire des métiers ou du registre des entreprises des départements du Haut-Rhin, du Bas-Rhin et de la Moselle, ou d'un certificat de cessation d'activité du chef d'entreprise délivré par la chambre des métiers;
– d'une attestation de radiation des rôles de la taxe professionnelle;
– d'une attestation de radiation du répertoire national des agents commerciaux.

Par ailleurs, rien n'empêche l'assuré de poursuivre une activité salariée.

• **Dérogation**

1240 Par dérogation au principe de cessation d'activité, le cumul d'une pension de retraite liquidée au titre des régimes d'assurance vieillesse des artisans, des industriels et des commerçants avec une activité relevant de ces régimes peut être autorisé (c. séc. soc. art. L. 634-6).

Pour que ce cumul soit possible, les revenus professionnels annuels non salariés procurés par l'exercice de cette activité ne doivent pas excéder (c. séc. soc. art. D. 634-11-2):
– la moitié du plafond de la sécurité sociale (soit 16 092 € en 2007) rapportée à la durée de l'exercice lorsque cette durée est inférieure à un an,
– ou le plafond de la sécurité sociale (soit 32 184 € en 2007) dans les zones de revitalisation rurale et dans les zones urbaines sensibles (visées au CGI art. 1465 A et 1466 A.I).

Ces seuils s'appliquent aussi bien en cas de poursuite d'activité que lorsque l'assuré décide de reprendre ultérieurement une activité non salariée. En effet, la pension peut être servie sans cessation préalable de l'activité, lorsque l'assuré déclare vouloir exercer, postérieurement à l'entrée en jouissance de sa pension, une activité non salariée lui procurant des revenus inférieurs aux seuils indiqués ci-dessus (c. séc. soc. art. D. 634-11-1). Le versement des cotisations dues au titre de l'activité ne permet toutefois pas de faire réviser la pension qui a déjà été liquidée.

En revanche, il est possible de cumuler sans limite une retraite artisanale ou commerciale dans le cas d'une reprise d'activité salariée, agricole, libérale, etc.

• **Information des assurés**

1241 Les caisses de retraite doivent rappeler aux assurés avant la liquidation de la pension, puis chaque année, non seulement qu'ils ont l'obligation de déclarer la reprise d'activité mais également que la pension peut être suspendue en cas de dépassement des seuils (c. séc. soc. art. D. 634-11-4).

• **Déclaration de la reprise d'activité**

1242 Lorsque l'artisan ou le commerçant reprend une activité lui procurant des revenus supérieurs aux plafonds, il doit en informer la caisse qui assure le service de la pension (c. séc. soc. art. L. 634-6, 3e al.). Le versement de la pension est alors suspendu (c. séc. soc. art. D. 634-11-3).

Si l'assuré ne déclare pas la reprise d'activité à la caisse compétente, le service de la pension est suspendu à titre conservatoire jusqu'à ce que la déclaration soit effectuée (c. séc. soc. art. D. 634-11-6).

• **Suspension de la pension**

1243 Les caisses de retraite signalent le dépassement des seuils à l'assuré qui dispose d'un délai d'un mois pour faire valoir ses observations. La suspension de la pension est notifiée par la caisse à l'expiration de ce délai. Elle prend effet au premier jour du mois suivant l'envoi de la notification à l'assuré.

La pension est suspendue pour un nombre de mois égal au rapport entre le montant du dépassement constaté et le montant mensuel net de la pension, arrondi à l'entier inférieur, sans que ce nombre puisse être inférieur à un (c. séc. soc. art. D. 634-11-5).

Régimes complémentaires obligatoires

Dispositions communes aux cotisations

• **Assiette des cotisations**

1244 Les cotisations annuelles aux régimes complémentaires obligatoires d'assurance vieillesse (et d'assurance invalidité-décès) des artisans et des commerçants sont calculées sur les revenus professionnels non-salariés de l'avant-dernière année (c. séc. soc. art. L. 131-6).

Ces cotisations sont calculées à titre définitif sur l'année N – 2 ; elles ne font pas l'objet d'une régularisation comme les cotisations d'assurance vieillesse de base.

Elles sont recouvrées dans les mêmes conditions que les cotisations d'assurance vieillesse de base, sous réserve des dispositions spécifiques aux artisans (voir § 1248) et aux commerçants (voir § 1249; c. séc. soc. art. D. 635-2 et D. 635-12).

La dispense de paiement des cotisations provisionnelles d'assurance vieillesse de base en faveur des assurés qui apportent la preuve qu'ils se sont trouvés dans l'impossibilité de poursuivre leur activité pour un motif indépendant de leur volonté et étranger à la nature même de la profession exercée est également applicable aux cotisations d'assurance vieillesse complémentaire et invalidité-décès. Ces assurés sont ainsi dispensés du paiement d'un trimestre de la cotisation d'assurance vieillesse complémentaire et d'invalidité-décès pour toute période de cessation d'exercice d'au moins 90 jours consécutifs (c. séc. soc. art. D. 633-9).

• **Base minimale des cotisations**

1245 **Le montant des cotisations de retraite complémentaire ne peut être inférieur à celui qui serait dû au titre d'un revenu égal à 200 fois le SMIC horaire en vigueur au 1er janvier de l'année considérée (c. séc. soc. art. D. 635-2).**

Les artisans et les commerçants doivent également cotiser auprès du régime invalidité-décès. Le montant des cotisations ne peut être inférieur à 800 fois le SMIC horaire en vigueur le 1er janvier de l'année considérée (c. séc. soc. art. D. 635-12).

Par ailleurs, des dispositions spécifiques s'appliquent aux débuts d'activité (voir §§ 1248 et 1249).

Rachat de cotisations

Les périodes d'activité ayant fait l'objet d'un rachat dans le régime d'assurance vieillesse de base peuvent également faire l'objet d'un rachat dans les régimes complémentaires obligatoires (c. séc. soc. art. D. 635-4). Le calcul des cotisations et leur versement s'effectuent dans les mêmes conditions que dans le régime de base (c. séc. soc. art. D. 634-2-2 à D. 634-2-4).

• **Taxation d'office**

1246 **L'assuré qui n'a pas souscrit la déclaration commune des revenus (c. séc. soc. art. D. 633-3) est redevable d'une cotisation provisoire d'assurance vieillesse complémentaire (et d'assurance invalidité-décès) calculée et notifiée dans les mêmes conditions que les cotisations du régime de base (c. séc. soc. art. R. 242-14).**

Le montant de cette cotisation provisoire ne peut toutefois excéder le montant de la cotisation due sur le plafond applicable au régime concerné.

Par exemple, les cotisations provisoires d'assurance vieillesse complémentaire ne peuvent excéder celles qui seraient dues sur 4 fois le plafond de la sécurité sociale pour les artisans et 3 fois ce plafond pour les industriels et commerçants.

• **Majorations de retard**

1247 **Les majorations pour retard de paiement des cotisations dues au titre des régimes d'assurance vieillesse de base (c. séc. soc. art. D. 633-13 à D. 633-15) s'appliquent aux régimes de retraite complémentaires et d'assurance invalidité-décès (c. séc. soc. art. D. 635-3 et D. 635-13).**

Cotisations dues au régime des artisans

1248 Au 1er janvier 2007, le taux de la cotisation annuelle d'assurance vieillesse complémentaire des artisans est fixé à 7 % (c. séc. soc. art. D. 635-7).

Ce taux s'applique sur le revenu professionnel retenu dans une limite fixée :
– à 4 fois, au plus, le plafond de la sécurité sociale ;
– à 200 fois, au moins, le SMIC horaire.

La cotisation annuelle d'assurance vieillesse complémentaire des aides familiaux est, quant à elle, calculée sur un revenu égal au tiers du plafond de la sécurité sociale ou sur un revenu égal à celui du chef d'entreprise, si celui-ci est inférieur.

Les cotisations de début d'activité sont calculées sur un revenu égal :
– au tiers du plafond de la sécurité sociale pour l'année ou la fraction d'année de début d'exercice ;
– à la moitié du plafond de la sécurité sociale la deuxième année.

Cotisations propres aux industriels et commerçants

1249 Le taux de la cotisation annuelle d'assurance vieillesse complémentaire des industriels et commerçants est fixé, pour l'année 2007, à 6,50 % (c. séc. soc. art. D. 635-10).

Ce taux s'applique sur le revenu professionnel retenu dans une limite fixée à :
– 3 fois au plus le plafond de la sécurité sociale ;
– 200 fois au moins le SMIC horaire.

Pour les assurés commençant l'exercice de leur activité, la cotisation annuelle est calculée sur des revenus forfaitaires qui ne peuvent excéder :
– 18 fois la base mensuelle de calcul des allocations familiales (BMAF) en vigueur au 1er octobre de l'année précédant la première année civile d'activité ;
– 27 fois cette même base la deuxième année civile.

Les cotisations de retraite complémentaire de début d'activité sont, contrairement à celles des artisans, calculées sur les mêmes assiettes que les cotisations de début d'activité d'assurance vieillesse de base, mais elles ne font pas l'objet de régularisation comme dans le régime de base.

Prestations de retraite complémentaire

• Artisans

1250 Le montant de la pension d'assurance vieillesse complémentaire des artisans est obtenu en multipliant le total des points acquis par la valeur du point.

La revalorisation de cette valeur de service du point ne peut excéder l'évolution de l'indice des prix à la consommation hors tabac de l'année précédente ou celle des revenus soumis à cotisation au titre de l'année en cours, lorsque cette dernière est inférieure (c. séc. soc. art. D. 635-8).

La valeur du point annuelle est fixée à 0,29012 € du 1er avril 2006 au 31 mars 2007.

La retraite complémentaire est attribuée à taux plein aux personnes qui ont obtenu leur retraite de base à taux plein.

• Industriels et commerçants

1251 La retraite complémentaire obligatoire mise en place le 1er janvier 2004 peut être perçue à partir de 60 ans, en même temps que la retraite de base. La liquidation de la retraite complémentaire obligatoire peut également être effectuée dans le cadre d'un départ en retraite anticipée.

Jusqu'au 31 décembre 2003, les assurés cotisaient à l'ancien régime complémentaire obligatoire dit « régime des conjoints ». Ils pouvaient bénéficier d'une majoration de leur retraite de base, sous certaines conditions (durée de mariage, âge du conjoint, durée d'activité, revenus).

Depuis le 1er janvier 2004, la retraite complémentaire se calcule en points (dont la valeur est revalorisée chaque année).

Pour l'année 2006, la valeur de service du point était fixée à 1,036 € (pour une valeur d'achat de 14,389 €). Les valeurs pour l'année 2007 ne sont pas parues à l'heure où nous mettons sous presse.

Retraite supplémentaire

Retraite supplémentaire des artisans

1252 Aria est une retraite volontaire gérée dans le cadre du code de la mutualité.

Elle offre aux artisans et à leur conjoint la possibilité de moduler le montant de leur future retraite, en complément des régimes obligatoires. Aria s'inscrit dans les dispositifs fiscaux du plan d'épargne populaire, de l'assurance vie et de la loi Madelin.

Retraite supplémentaire des commerçants

1253 Les commerçants peuvent adhérer, à titre facultatif, à Médicis retraite.

Il s'agit d'un contrat individuel de retraite dans le cadre de la loi Madelin qui permet de déduire du revenu professionnel le montant des cotisations versées pour la retraite supplémentaire.

L'assuré dispose de trois options au choix avec, pour chacune, 10 classes de cotisation possibles.

Toute cotisation permet d'acquérir des points de retraite qui se cumulent au fil des années. Pour connaître le montant de la rente, il suffit de multiplier le nombre de points acquis par la valeur du point de retraite.

Pour obtenir plus de renseignements, consulter le site : www.mutuelle-medicis.com

4. Retraite des professions libérales

§§

Assurance vieillesse de base

- Organisation du régime vieillesse des professions libérales 1260
- Cotisations d'assurance vieillesse :
  - – assiette des cotisations 1261
  - – taux de cotisations 1262
  - – cotisation maximale 1263
  - – cotisation minimale 1264
  - – calcul des cotisations 1265
  - – déclaration des revenus 1266
  - – exigibilité des cotisations d'assurance vieillesse 1267
  - – majorations de retard 1268
  - – début d'activité 1269
  - – report et étalement des cotisations de début d'activité 1270

➡ *Cotisations des experts-comptables : page 461*

- Prestations d'assurance vieillesse de base :
  - – âge de départ 1271
  - – départ anticipé au titre de longues carrières 1272
  - – décompte de la durée d'assurance 1273
  - – calcul de la prestation de base ... 1274
  - – nombre de points acquis 1275
  - – attribution supplémentaire de points 1276
  - – pension portée au montant de l'AVTS 1277
  - – rachat de cotisations d'assurance vieillesse 1278
  - – minoration de la pension 1279
  - – majoration de la pension 1280
  - – cumul emploi-retraite 1281
  - – demande de liquidation de la pension de base 1282
  - – paiement de la pension 1283

Retraite complémentaire

- Cotisations de retraite complémentaire 1285
- Prestations 1286

Retraites supplémentaires

- Cotisations :
  - – montant 1288
  - – paiement 1289
- Calcul de la rente 1290

Assurance vieillesse de base

Organisation du régime vieillesse des professions libérales

1260 L'Organisation autonome d'assurance vieillesse des professions libérales comprend une Caisse nationale, la CNAVPL, et onze sections professionnelles, dotées de la personnalité juridique et de l'autonomie financière. Ces sections professionnelles :

– assurent, pour le compte de la CNAVPL, le recouvrement des cotisations et le service des prestations du régime de base ;

– gèrent un ou plusieurs régimes complémentaires ou supplémentaires (obligatoires ou facultatifs).

Sections professionnelles de la CNAVPL		
CRN	Caisse de Retraite des Notaires	Notaires
CAVOM	Caisse d'Assurance Vieillesse des Officiers Ministériels, officiers publics et des compagnies judiciaires www.cavom.org	Avoués près les cours d'appel Huissiers de justice Commissaires-priseurs judiciaires et personnes habilitées à diriger les ventes dans les conditions prévues à l'article L. 321-8 du code de commerce Administrateurs judiciaires Mandataires judiciaires au redressement et à la liquidation des entreprises Greffiers des tribunaux de commerce Arbitres près les tribunaux de commerce
CARMF	Caisse Autonome de Retraite des Médecins de France www.carmf.fr	Médecins
CARCD	Caisse Autonome de Retraite des Chirurgiens Dentistes www.carcd.tm.fr	Chirurgiens dentistes
CAVP	Caisse d'Assurance Vieillesse des Pharmaciens www.cavp.fr	Pharmaciens Directeurs de laboratoires d'analyses médicales non médecins
CARSAF	Caisse Autonome de Retraite des Sages-femmes Françaises www.carsaf.fr	Sages-femmes
CARPIMKO	Caisse Autonome de Retraite et de Prévoyance des Infirmiers, Masseurs-kinésithérapeutes, Pédicures-podologues, Orthophonistes et Orthoptistes www.carpimko.fr	Infirmiers Masseurs-kinésithérapeutes Pédicures-podologues Orthophonistes Orthoptistes
CARPV	Caisse Autonome de Retraite et de Prévoyance des Vétérinaires www.carpv.veterinaire.fr	Vétérinaires
CAVAMAC	Caisse d'Allocation Vieillesse des Agents généraux d'assurance www.cavamac.fr	Agents généraux d'assurance
CAVEC	Caisse d'Allocation Vieillesse des Experts-comptables et des Commissaires aux comptes www.cavec.org	Experts-comptables inscrits à l'une des sections du Tableau de l'Ordre Commissaires aux comptes exerçant leur profession à titre indépendant
CIPAV	Caisse Interprofessionnelle de Prévoyance et d'Assurance Vieillesse www.cipav-berri.org	Notamment, les personnes qui exercent à titre libéral la profession d'architecte, d'agréé en architecture, d'ingénieur-conseil, d'expert, de géomètre, de conseil (notamment, les conseils de gestion, conseils en brevets d'invention, conseils en relations publiques, psychologues-conseils, audit conseil), d'actuaire, de consultant, d'analyste programmeur, d'archéologue, de psychothérapeute, de psychanalyste (non médecin), d'attaché de presse, de diététicien, de traducteur technique, d'interprète, de métreur, de vérificateur, de dessinateur technique, de dessinateur projeteur, de maître d'oeuvre, d'économiste de la construction, de technicien (notamment, les techniciens du bâtiment), de sténotypiste de conférences, d'interprète de conférences, d'agent privé de recherches et de renseignements, de chargé d'enquêtes, de secrétaire à domicile, d'écrivain public, d'esthéticienne, de vigile Les professeurs de musique Les personnes exerçant leur activité dans le domaine des arts graphiques et plastiques et n'étant pas considérées comme créatrices d'œuvres originales Les personnes exerçant ou ayant exercé une activité d'enseignement de toute discipline, notamment en qualité de professeur, moniteur, répétiteur ou éducateur Les personnes non salariées exerçant la profession de guide touristique et accompagnateur de groupe, sportif et joueur professionnel, pilote, hôtesse d'exposition, mannequin libre et modèle, conférencier, animateur et speaker, correspondant local de presse écrite

Cotisations d'assurance vieillesse

• Assiette des cotisations

1261 Les cotisations sont calculées sur le revenu professionnel non salarié ou, le cas échéant, sur des revenus forfaitaires (c. séc. soc. art. L. 642-2). Le revenu professionnel correspond à celui qui est retenu pour le calcul de l'impôt sur le revenu, avant application de certains abattements, déduction ou exonération admis en matière fiscale (c. séc. soc. art. L. 131-6, al. 2 et 3).

• Taux de cotisations

1262 Une cotisation d'assurance vieillesse de base unique pour toutes les sections professionnelles et proportionnelle aux revenus non salariés a été instituée au 1er janvier 2004 (c. séc. soc. art. L. 642-1). Le taux de cette cotisation, qui varie en fonction de deux tranches de revenus, est fixé à (c. séc. soc. art. D. 642-3) :
– 8,60 % sur la part des revenus n'excédant pas 85 % du plafond annuel de la sécurité sociale en vigueur au 1er janvier de l'année au titre de laquelle la cotisation est appelée (soit 27 356 € en 2007) ;

– 1,60 % pour la part comprise entre le seuil de 85 % et 5 fois le plafond annuel de la sécurité sociale (fraction comprise entre 27 356 € et 160 920 €, soit une assiette de 133 564 € en 2007).

Exemples ❶ Un professionnel qui a perçu 25 000 € en 2007 (revenu inférieur à 85 % du plafond de la sécurité sociale) sera redevable d'une cotisation égale à: 25 000 € × 8,60 % = 2 150 €.

❷ S'il perçoit 60 000 € au titre de 2007, il sera redevable de:
• 27 356 € × 8,60 % = 2 352 €.
• (60 000 € – 27 356 €) × 1,60 % = 522 €
Soit une cotisation totale de **2 874 €** (2 352 € + 522 €).

Ces plafonds sont toutefois réduits au prorata des trimestres d'affiliation lorsque la période d'affiliation est inférieure à une année.

• Cotisation maximale

1263 La cotisation maximale pour 2007 est égale :
– sur la tranche 1, à : 27 356 € × 8,60 % = 2 352 €
– sur la tranche 2, à : (160 920 – 27 356 €) × 1,60 % = 2 137 €

Soit une cotisation maximale de 4 489 € en 2007.

• Cotisation minimale

1264 Les professionnels libéraux sont redevables d'une cotisation minimale d'assurance vieillesse.

Cette cotisation ne peut être inférieure à celle qui serait due sur un revenu égal à 200 fois le SMIC horaire en vigueur au 1er janvier de l'année considérée (c. séc. soc. art. D. 642-4). Elle est proratisée en fonction du nombre de trimestres d'affiliation, lorsque cette dernière est inférieure à une année.

Exemple En 2007, la cotisation minimale est égale à 1 654 € (200 × 8,27 €) × 8,60 % = 142 €.

Elle n'est, toutefois, pas due par :
– les personnes dont l'activité libérale n'est pas l'activité professionnelle principale ;
– les personnes bénéficiaires d'un avantage de retraite ou d'une pension d'invalidité.

Dans ces cas, la cotisation est appelée au premier euro.

• **Calcul des cotisations**

1265 Depuis le 1er janvier 2004, les cotisations sont calculées, chaque année, à titre provisionnel, en pourcentage du revenu professionnel de l'avant-dernière année ou de revenus forfaitaires (voir § 1269). Lorsque le revenu professionnel est définitivement connu, les cotisations font l'objet d'une régularisation (c. séc. soc. art. L. 642-2, al. 3).

Les cotisations provisionnelles dues au titre de l'année 2007 sont calculées sur la base des revenus de l'année 2005 et seront régularisées lorsque les revenus 2007 seront connus.

Cette régularisation n'est toutefois pas effectuée lorsque l'assuré n'exerce plus une activité relevant d'une des 11 sections professionnelles ou a fait liquider sa pension de retraite de base l'année au cours de laquelle la régularisation aurait dû avoir lieu (c. séc. soc. art. D. 642-6).

• **Déclaration des revenus**

1266 Les professionnels libéraux doivent, avant le 31 décembre de chaque année, déclarer à la section professionnelle dont ils relèvent les revenus professionnels non salariés de l'année civile précédente.

Cette déclaration doit être effectuée sur un imprimé spécifique que la section professionnelle concernée adresse à ses assurés au plus tard le 1er octobre de chaque année.

Rappelons toutefois que ces dispositions ne s'appliquent pas lorsque le professionnel est tenu de retourner la déclaration commune des revenus à l'organisme conventionné le 1er mai au plus tard.

À défaut de déclaration dans les délais évoqués ci-dessus, les cotisations sont appelées d'office sur un revenu égal au maximum de chacune des tranches de revenus (voir § 1262).

Lorsque l'administration fiscale n'a pas fixé le revenu de l'année précédente avant le 31 décembre, l'assiette des cotisations est déterminée compte tenu des revenus déclarés par l'assuré à cette administration. Une fois le revenu fixé, l'assuré doit effectuer une déclaration rectificative dans les trente jours suivant la réception de la notification de l'administration fiscale (c. séc. soc. art. D. 642-3).

• **Exigibilité des cotisations d'assurance vieillesse**

1267 Les cotisations d'assurance vieillesse de base des professions libérales sont exigibles annuellement et d'avance. Elles sont dues à compter du 1er jour du trimestre civil suivant le début d'activité et jusqu'au dernier jour du trimestre civil au cours duquel intervient la radiation du régime (c. séc. soc. art. D. 642-1).

Dès lors que les cotisations n'ont pas été versées dans un délai de 5 ans à compter de la date de leur exigibilité, les périodes correspondantes ne sont pas prises en compte pour le calcul de la pension de retraite.

• **Majorations de retard**

1268 Lorsque les cotisations ne sont pas payées aux échéances fixées par la caisse ou par la section professionnelle compétente, des majorations de retard sont dues.

Le taux de ces majorations est fixé par les statuts de la CNAVPL. Il ne peut toutefois dépasser le taux de majorations de retard applicable aux travailleurs salariés et assimilés (c. séc. soc. art. D. 642-2), soit au maximum 10 %, augmentés de 2 % par trimestre ou fraction de trimestre écoulé après l'expiration d'un délai de trois mois à compter de la date limite d'exigibilité (c. séc. soc. art. R. 243-18).

• **Début d'activité**

1269 Les cotisations d'assurance vieillesse sont calculées, à titre provisionnel, sur une base forfaitaire (c. séc. soc. art. L. 642-2, al. 4) égale à :
– 18 fois la base mensuelle d'allocations familiales (BMAF) en vigueur au 1er octobre de l'année précédente pour la première année ;
– 27 fois cette même base la seconde année.

Les cotisations de début d'activité ne sont toutefois pas calculées sur des bases forfaitaires l'année de réaffiliation et l'année suivante si la section professionnelle connaît les revenus professionnels non salariés de l'avant-dernière année (c. séc. soc. art. D. 642-7). Dans ce cas, en effet, les règles de droit commun s'appliquent.

• **Report et étalement des cotisations de début d'activité**

1270 Sur demande du professionnel, aucune cotisation n'est appelée pendant les douze premiers mois. Le paiement est reporté jusqu'au calcul définitif des cotisations. Ces cotisations définitives peuvent alors être étalées sur 5 ans maximum, sans majoration de retard. Chaque fraction annuelle ne peut toutefois être inférieure à 20 % du montant total des cotisations dues.

Cotisations des experts-comptables

Les experts-comptables et les comptables agréés inscrits au tableau de l'Ordre sont tenus de cotiser auprès de la caisse d'allocation vieillesse des experts comptables (CAVEC), y compris s'ils sont affiliés au régime général de la sécurité sociale. Ils sont toutefois dispensés de la cotisation de 1,60 % sur la tranche de revenus excédant 85 % du plafond de la sécurité sociale (voir § 1262). La cotisation de 8,60 % est, quant à elle, assise sur un revenu réputé égal à 85 % du plafond annuel de la sécurité sociale en vigueur au 1er janvier. L'employeur précompte la cotisation sur la rémunération de l'assuré et la verse à la CAVEC. La cotisation est répartie à hauteur de 60 % pour l'employeur et 40 % pour l'assuré (c. séc. soc. art. D. 642-5). Les cotisations de retraite complémentaire et d'invalidité sont réparties et recouvrées selon les mêmes modalités (décret 2004-461 du 27 mai 2004, art. 9).

Prestations d'assurance vieillesse de base

• **Âge de départ**

1271 L'âge de liquidation et la durée d'assurance requise pour obtenir une pension de retraite à taux plein sont alignés, depuis le 1er janvier 2004, sur le régime général d'assurance vieillesse des salariés. Le professionnel libéral peut donc liquider sa pension à taux plein à partir de 60 ans, s'il justifie d'une durée d'assurance minimale de 160 trimestres, tous régimes confondus (étant entendu que cette durée d'assurance sera progressivement augmentée d'un trimestre par année à partir de 2009, pour atteindre 164 trimestres en 2012) ou s'il relève d'une catégorie particulière (totalement et définitivement inapte au travail, invalide de guerre à 85 % au moins, titulaire de la carte de déporté ou interné de la résistance, titulaire de la carte de déporté ou interné politique, ancien combattant ou ancien prisonnier de guerre, sous certaines conditions de durée de captivité ou de mobilisation, bénéficiaire de l'allocation aux adultes handicapés).

À défaut, il peut bénéficier d'une pension complète à 65 ans.

• **Départ anticipé au titre de longues carrières**

1272 Les assurés ayant commencé à travailler jeunes peuvent liquider leur pension de retraite à taux plein avant 60 ans (c. séc. soc. art. D. 643-8).

Le bénéfice de ce départ anticipé à la retraite à taux plein obéit aux mêmes conditions que celles requises par le régime général d'assurance vieillesse des salariés (voir § 282).

À titre de rappel, l'assuré peut liquider sa retraite à taux plein avant 60 ans s'il justifie avoir validé au régime de base, avant 16 ou 17 ans, un nombre de trimestres variable selon l'âge de départ à la retraite et avoir réuni 168 trimestres dont un certain nombre de trimestres cotisés variable selon l'âge de départ à la retraite.

• **Décompte de la durée d'assurance**

1273 Sont comptées comme périodes d'assurance dans le régime des professions libérales (c. séc. soc. art. D. 643-2) :
– les périodes qui ont donné lieu au versement effectif de cotisations ;
– les périodes qui ont donné lieu aux exonérations de cotisations accordées aux professionnels libéraux atteints d'une incapacité d'exercice de leur profession pour plus de 6 mois (c. séc. soc. art. L. 642-3) ;
– les périodes de mobilisation et de captivité ainsi que les périodes de service national légal.

Pour la détermination des périodes d'assurance, il y a lieu de retenir autant de trimestres que les revenus professionnels ayant servi d'assiette au calcul des cotisations représentent de fois le montant du SMIC en vigueur au 1er janvier de l'année considérée sur la base de 200 heures, avec un maximum de 4 trimestres par année d'affiliation.

• **Calcul de la prestation de base**

1274 Depuis le 1er janvier 2004, la pension de retraite servie aux assurés du régime des professions libérales est calculée en fonction d'un nombre de points acquis par l'assuré (et déterminé par le versement de ses cotisations) multiplié par la valeur de service du point. Un taux de liquidation s'applique à la pension en fonction de la durée d'assurance dans l'ensemble des régimes de base de l'assuré (voir § 1279).

La valeur de service du point est fixée à 0,512 € pour 2007 (c. séc. soc. art. D. 643-1, al. 8).

• **Nombre de points acquis**

1275 Depuis le 1er janvier 2004, le versement de la cotisation annuelle fixée au taux de 8,60 % ouvre droit à un maximum de 450 points de retraite. Le versement de la cotisation annuelle fixée au taux de 1,60 % ouvre droit à un maximum de 100 points de retraite.

Ces points sont calculés au prorata des cotisations acquittées sur chacune des tranches et sont arrondis à la décimale la plus proche.

En d'autres termes :
– la cotisation maximale sur la tranche T1 permet d'acquérir 450 points ;
– la cotisation maximale sur la tranche T2 permet d'acquérir 100 points.

• **Attribution supplémentaire de points**

1276 Des points de retraite supplémentaires sont attribués à certaines catégories d'assurés (c. séc. soc. art. D. 643-1).

Les personnes atteintes d'une incapacité d'exercice de leur profession de plus de 6 mois se voient attribuer 400 points supplémentaires.

100 points supplémentaires sont attribués aux femmes ayant accouché au cours de l'année civile d'affiliation au régime d'assurance vieillesse des professions libérales, au titre du trimestre civil au cours duquel survient l'accouchement.

200 points sont attribués, par année civile, aux personnes obligées d'avoir recours à une tierce personne pour effectuer les actes ordinaires de la vie.

• **Pension portée au montant de l'AVTS**

1277 La pension de retraite est portée au montant de l'allocation aux vieux travailleurs salariés (c. séc. soc. art. D. 643-9 ; voir toutefois encadré p. 213) lorsque :
– les périodes d'assurance telles que définies au paragraphe 1273 sont inférieures à 15 ans,
– et que le total de ces périodes, ajouté aux périodes d'exercice de l'activité libérale antérieures au 1er janvier 1949 ou à la date à laquelle l'activité professionnelle exercée a été rattachée à l'organisation autonome d'assurance vieillesse des professions libérales, atteint au moins 15 ans.

• **Rachat de cotisations d'assurance vieillesse**

1278 Le professionnel libéral peut racheter les périodes d'années d'études supérieures ou d'années n'ayant pas permis de valider 4 trimestres d'assurance (c. séc. soc. art. D. 643-4).

Les conditions de rachat sont les mêmes que celles requises par le régime général de sécurité sociale des salariés (voir § 380), à quelques exceptions près. L'assuré qui sollicite ce rachat doit notamment être immatriculé à une section professionnelle et être âgé d'au moins 20 ans et de moins de 65 ans. Le régime des professions libérales doit avoir été le premier régime d'affiliation après lesdites études.

Entre le 1er janvier 2004 et le 31 décembre 2005, seules les demandes faites par des assurés âgés de 54 ans et plus sont recevables. Les dispositions applicables en 2006 n'ont pas encore été précisées à l'heure où nous mettons sous presse.

L'assuré a le choix entre :
– diminuer le coefficient de minoration sans attribution de points de retraite,
– ou diminuer le coefficient de minoration avec attribution de points de retraite (le nombre de points de retraite attribués est égal, pour chaque trimestre au titre duquel le versement est pris en compte, au quart du nombre de points correspondant aux cotisations calculées sur un revenu égal au revenu pris en compte pour le calcul de la pension de référence).

La pension de référence est déterminée en fonction de la moyenne annuelle du total des revenus d'activité non salariée et des salaires perçus par l'assuré au cours des trois dernières années.

Le choix est irrévocable (c. séc. soc. art. D. 643-5).

Le barème du rachat de cotisations, fixé par arrêté, tient compte de l'option choisie par l'assuré, de son âge et de sa rémunération.

• **Minoration de la pension**

1279 Si l'assuré ne justifie pas de la durée d'assurance requise pour l'obtention d'une pension à taux plein (160 trimestres jusqu'en 2008), le taux de la pension est diminué par application d'un coefficient de minoration.

Cette minoration est égale à 1,25 % par trimestre manquant, pour atteindre soit 65 ans, soit 160 trimestres, dans la limite de 20 trimestres, la solution la plus avantageuse pour l'assuré étant retenue (c. séc. soc. art. L. 643-3 et R. 643-7).

Le nombre de trimestres manquants est arrondi au chiffre immédiatement supérieur.

• **Majoration de la pension**

1280 Lorsque la pension de retraite est liquidée au-delà de l'âge de 60 ans et de 160 trimestres, l'assuré bénéficie d'une majoration fixée à 0,75 % par trimestre supplémentaire de cotisations accompli après le 1er janvier 2004 (c. séc. soc. art. R. 643-8).

• **Cumul emploi-retraite**

1281 En principe, pour pouvoir bénéficier de sa pension de retraite, l'assuré doit cesser toute activité libérale (c. séc. soc. art. L. 643-6).

Le retraité peut toutefois reprendre une activité libérale sous réserve que les revenus nets tirés de cette activité ne dépassent pas le plafond annuel de la sécurité sociale, à savoir 32 184 € en 2007 (les revenus tirés de la participation des médecins à la permanence des soins visée à l'article L. 6315-1 du code de la santé publique ne sont, toutefois, pas pris en compte pour la détermination de ce plafond). Dans le cas contraire, le versement de la pension est suspendu (c. séc. soc. art. D. 643-10).

L'intéressé qui reprend une activité génératrice de revenus doit le signaler à sa section professionnelle.

Les revenus issus de la reprise d'une activité sont soumis à cotisations dans la limite du plafond annuel de la sécurité sociale. Cependant, le versement de ces cotisations n'entraîne pas la révision de la pension de retraite déjà liquidée.

Les sections professionnelles peuvent, par ailleurs, autoriser le cumul de la retraite complémentaire avec des revenus dans les mêmes conditions que celles retenues pour le régime de base (ex. : CARMF).

• **Demande de liquidation de la pension de base**

1282 En principe, la demande de liquidation de la pension de retraite est adressée à la section professionnelle à laquelle est affilié l'assuré. Lorsque l'assuré a exercé successivement plusieurs professions libérales relevant de sections professionnelles distinctes, la demande de liquidation doit être adressée à la dernière section professionnelle d'affiliation (c. séc. soc. art. R. 643-11).

• **Paiement de la pension**

1283 L'entrée en jouissance de la pension de retraite est fixée au premier jour du trimestre civil qui suit la demande de l'assuré (c. séc. soc. art. R. 643-6).

La pension est versée à trimestre échu ou bien aux échéances prévues pour le versement des retraites complémentaires, à moins qu'en raison de son faible montant, elle puisse faire l'objet d'un versement annuel unique.

Retraite complémentaire

1284 Les cotisations et les prestations de retraite complémentaire varient en fonction de la section professionnelle dont relève chaque professionnel libéral (voir tableau ci-dessous).

Cotisations de retraite complémentaire

1285 Le montant des cotisations de retraite complémentaire et leur date d'exigibilité varient d'une section à l'autre. Les cotisations peuvent être forfaitaires et/ou proportionnelles aux revenus.

Nous récapitulons dans le tableau suivant les principales cotisations applicables pour l'année 2007.

Les modalités de contrôle, les règles relatives au contentieux et à la contrainte applicables aux cotisations de base (c. séc. soc. art. L. 243-7 à 14, L. 244-1 à 5, L. 244-7, L. 244-9 à 12, R. 244-4, R. 244-5 et R. 244-7) sont également applicables aux cotisations d'assurance vieillesse complémentaire et d'assurance invalidité-décès des professions libérales (c. séc. soc. art. R. 644-2).

Cotisations 2007 du régime complémentaire (1)

Section	Cotisation (2)	Observations
Notaires	Section C : 4,50 % de la moyenne des produits de base réalisés au cours des 3 années précédant l'année antérieure à celle du recouvrement (N – 2 à N – 4) dans la limite de 1 005 270 €. Section B : 7 classes de cotisations de 807,20 € à 12 915,20 €/an (Classe 1 : 1 640,14 €)	
Officiers ministériels	De 372 € (Classe spéciale) à 7 440€	
Médecins	Cotisation proportionnelle : 9 % des revenus professionnels, dans la limite de 108 500 €	Cotisation maximum : 9 765 €
Chirurgiens dentistes	Cotisation forfaitaire : 2 112 € Cotisation proportionnelle : 9,80 % des revenus professionnels non salariés compris entre 32 184 € et 160 920 €	
Pharmaciens	Classe 1 (obligatoire) : 4 500 €	Classes d'options: de 900 € à 10 800 €
Auxiliaires médicaux	Cotisation forfaitaire : 912 € Cotisation proportionnelle : 3 % des revenus 2005 (tranche de revenus comprise entre 25 246 € et 108 846 €)	
Agents d'assurances	9 % des commissions et rémunérations brutes 2006 comprises entre 30 520 € et 366 240 €	Le taux contractuel est de 6,30 % (taux d'appel de 142,90 %)
Experts-comptables	Classe 4 : 2 184 €	Classe 3 : 1 638 €. Classe 5 : 2 730 € Classe 7 : 3 822 €. Classe 10 : 5 460 € Classe 12 : 6 552 €. Classe 15 : 8 190 € Classe 18 : 9 828 €
CIPAV	De 864 € à 8640 € selon tranche des revenus professionnels	Cotisation majorée (33 %) pour les adhérents de la CARGE ayant intégré la CIPAV
Vétérinaires	De 705,88 € à 8 470,56 € selon tranche des revenus professionnels	Taux d'appel inclus : 90 %

(1) Sous réserve de leur approbation par les autorités de tutelle.
(2) Cotisations susceptibles d'exonérations ou de réductions.

Prestations

1286 Les sections professionnelles gèrent des régimes de retraite complémentaire et d'invalidité.

Régimes complémentaires existants		
Sections	**Assurance vieillesse complémentaire**	**Assurance invalidité-décès**
CRN (notaires)	Oui (+ assurance vieillesse des notaires de la cour de Colmar)	Non
CAVOM (officiers ministériels)	Oui	Oui
CARMF (médecins)	Oui (+ régime spécial des avantages sociaux vieillesse des médecins conventionnés – ASV – et cessation anticipée d'activité des médecins – ADR)	Oui
CARCD (chirurgiens dentistes)	Oui (+ régime spécial des avantages sociaux vieillesse des chirurgiens dentistes exerçant dans le cadre des conventions : ASV)	Oui
CAVP (pharmaciens)	Oui (+ ASV des directeurs de laboratoires conventionnés)	Oui
CARSAF (sages-femmes)	Non, mais régime spécial des avantages sociaux vieillesse des sages-femmes conventionnées : ASV	Oui
CARPIMKO (auxiliaires médicaux : masseurs, kinésithérapeutes, etc.)	Oui (+ régime spécial des avantages sociaux vieillesse des auxiliaires médicaux conventionnés : ASV)	Oui Oui
CARPV (vétérinaires)	Oui	Oui
CAVAMAC (agents d'assurances)	Agents généraux d'assurances : Oui	Oui (régime conventionnel)
CAVEC (experts-comptables)	Oui	Oui
CIPAV (architectes, géomètres, ingénieurs, experts, conseils, etc.)	Oui	Oui

Les pensions de retraite complémentaire sont calculées, compte tenu du nombre de points acquis par les cotisations.

Retraites supplémentaires

1287 « FONLIB », créé par la CNAVPL, permet au professionnel libéral et à son conjoint collaborateur de se constituer un complément de retraite par capitalisation, en effectuant des versements annuels déductibles fiscalement dans certaines limites. Peuvent y adhérer tout professionnel libéral en exercice et tout conjoint collaborateur à jour de leurs cotisations sociales obligatoires, âgés de moins de 70 ans.

Cotisations

- **Montant**

1288 Les cotisations varient en fonction des classes (10 classes) et de l'option choisie (option I ou II). Le choix de l'option est définitif.

L'adhérent choisit librement chaque année sa classe de cotisation. La cotisation est revalorisée chaque année en fonction de l'évolution du plafond de la sécurité sociale.

• **Paiement**

1289 Le paiement est effectué soit par un versement unique au plus tard le 30 juin, soit en deux fractions égales au plus tard le 31 mars et le 30 septembre, soit par dix prélèvements mensuels de janvier à octobre.

Il est toujours possible d'effectuer un versement complémentaire (ou de cotiser) en fin d'année. Ce dernier ouvre droit à la déductibilité fiscale mais donne des points calculés sur la valeur d'achat du point de l'année suivante.

Calcul de la rente

1290 Chaque versement annuel, net des frais de gestion, donne lieu à l'attribution de points.

Les frais de gestion sont fixés annuellement par le conseil d'administration, dans la limite maximum de 3,8 % des cotisations. Le nombre de points acquis est affecté d'un coefficient tenant compte de l'âge l'année du versement et donc, de la durée de l'épargne.

La liquidation de la rente est demandée entre 60 et 70 ans. Le nombre de points acquis est affecté d'un des coefficients en fonction de l'âge.

Le montant annuel de la rente correspond au produit du nombre de points ainsi obtenu par la valeur de service du point, déduction faite d'un prélèvement de 2 % pour frais de gestion.

5. Traitement comptable des engagements de retraite

§§

Le contexte français relatif aux engagements de retraite ... 1310

Portée de la recommandation

- Une information équivalente, que l'entreprise provisionne ou non ... 1311
- Exception pour les petites et moyennes entreprises:
  - le seuil des 250 salariés ... 1312
  - la méthode utilisable par les petites structures ... 1313
- Engagements de fin de carrière visés par la recommandation ... 1314

Les avantages postérieurs à l'emploi

- Distinction entre les régimes à cotisations définies ou à prestations définies:
  - régimes à cotisations définies ... 1316
  - régimes à prestations définies ... 1317
- Évaluation et comptabilisation d'un régime à prestations définies:
  - utiliser des techniques actuarielles ... 1319
  - appliquer la méthode des unités de crédit projetées ... 1320
  - déterminer la juste valeur des actifs du régime ... 1321
  - déterminer les écarts actuariels ... 1322
  - comptes annuels ... 1323

Modalités de mise en œuvre

- Changement de méthode ... 1325
- Entrée en vigueur ... 1326

Le contexte français relatif aux engagements de retraite

1310 Les textes applicables aux engagements en matière de retraite et engagements similaires laissent actuellement la faculté aux entreprises de comptabiliser sous forme de provision tout ou partie de ces engagements (c. com. art. L. 123-13; PCG art. 335-1).

La comptabilisation de provisions représentant la totalité des engagements de retraite et avantages similaires est cependant considérée comme la méthode préférentielle. À défaut, les engagements doivent être mentionnés en annexe (PCG art. 531-2 et règlt 99-02, § 300).

Par ailleurs, un avis du Comité d'urgence du Conseil national de la comptabilité a conduit à interdire le provisionnement partiel pour les entreprises qui ne le pratiquaient pas déjà et à figer les pratiques antérieures de provisionnement partiel (CNC, Comité d'urgence, avis 00-A du 6 juillet 2000; voir *RF Comptable* 265, septembre 2000, pp. 14 à 17). C'est dans ce contexte juridique que s'est inscrite la recommandation 03 R-01 du Conseil national de la comptabilité qui précise les règles à suivre en matière de comptabilisation des engagements de retraite et avantages similaires (voir *RF Comptable* 298, septembre 2003, pp. 25 à 64).

Portée de la recommandation

Une information équivalente, que l'entreprise provisionne ou non

1311 Compte tenu du cadre légal qui vient d'être rappelé, la recommandation préconise la comptabilisation au bilan des engagements de retraite et des avantages similaires (méthode préférentielle), mais ne l'impose pas.

Toutefois, que l'entreprise provisionne ou qu'elle mentionne simplement ses engagements en annexe, elle évalue les engagements conformément aux dispositions de la recommandation. Ainsi, si elle applique les dispositions de la recommandation, l'entreprise qui a choisi de ne pas provisionner ses engagements de retraite et engagements similaires doit fournir en annexe la même qualité d'information établie sur des bases identiques à celle exigée des entreprises qui ont choisi de les provisionner.

Exception pour les petites et moyennes entreprises

- **Le seuil de 250 salariés**

1312 Le CNC considère que, pour l'évaluation des engagements de retraite et avantages similaires, la méthode actuarielle prévue par le texte n'est recommandée que pour les entreprises ou les groupes dont l'effectif dépasse le seuil de 250 salariés.

- **La méthode utilisable par les petites structures**

1313 En dessous du seuil de 250 salariés, une entreprise peut définir sa propre méthode d'évaluation des engagements de retraite et avantages similaires puisque, en dessous de ce seuil, la méthode actuarielle préconisée par la recommandation peut être estimée non adaptée.

L'entreprise peut, par exemple, faire abstraction de la probabilité de départ à la retraite ou de décès avant l'âge de la retraite. Elle peut aussi négliger les hypothèses tenant à la croissance des rémunérations, à condition d'en tenir compte dans le choix du taux d'actualisation.

Quelle que soit la méthode retenue, l'entreprise doit décrire en annexe ses principales caractéristiques. En revanche, elle n'est pas tenue de fournir les informations exigées des entreprises ou des groupes dont les effectifs dépassent le seuil de 250 salariés.

Engagements de fin de carrière visés par la recommandation

1314 Pour la plupart des entreprises, les engagements de retraite et avantages similaires visés par la recommandation englobent les indemnités de fin de carrière. Ils peuvent aussi inclure des avantages complémentaires, à prestations définies, consentis à certaines catégories de personnel, comme les couvertures médicales bénéficiant aux retraités. Selon l'analyse de la recommandation, les indemnités de fin de carrière entrent dans la catégorie des « avantages postérieurs à l'emploi » dont nous précisons le régime ci-après.

Les avantages postérieurs à l'emploi

Distinction entre les régimes à cotisations définies ou à prestations définies

1315 Les régimes d'avantages postérieurs à l'emploi sont classés en régimes à cotisations définies ou en régimes à prestations définies.

- **Régimes à cotisations définies**

1316 Dans les régimes à cotisations définies, l'obligation de l'entreprise se limite au montant qu'elle s'engage à payer au fonds. Par conséquent, aucune hypothèse actuarielle n'est nécessaire pour évaluer l'obligation ou la dépense et les écarts actuariels n'existent pas. En outre, les obligations sont évaluées sur une base non actualisée, sauf lorsqu'elles sont exigibles plus de douze mois après la fin de l'exercice au cours duquel les services correspondants sont effectués par les membres du personnel.

En France, les régimes de retraite de base de la sécurité sociale, ainsi que les régimes AGIRC et ARRCO, sont des régimes entrant dans la catégorie des régimes à cotisations définies.

Aussi, pour ces régimes, lorsqu'un membre du personnel a rendu des services à une entreprise, au cours de l'exercice, celle-ci doit comptabiliser au passif et en charges la cotisation à payer au régime (après déduction des cotisations déjà payées).

- **Régimes à prestations définies**

1317 Dans les régimes à prestations définies, l'entreprise a l'obligation de payer les prestations convenues aux membres de son personnel en activité et aux anciens membres de son personnel. Le risque actuariel (risque que les prestations coûtent plus cher que prévu) et le risque de placement incombent à l'entreprise.

En France, les indemnités de fin de carrière sont considérées comme des avantages à prestations définies. Si l'entreprise est assurée, le régime est également considéré comme un régime à prestations définies lorsque l'entreprise reste tenue au versement des indemnités de fin de carrière malgré l'existence du contrat. Les sommes versées à la compagnie d'assurances sont alors analysées comme des actifs du régime.

Évaluation et comptabilisation d'un régime à prestations définies

1318 La comptabilisation des régimes à prestations définies implique, pour l'entreprise notamment, les obligations suivantes.

- **Utiliser des techniques actuarielles**

1319 Pour estimer de façon fiable le montant des avantages accumulés par les membres du personnel en contrepartie des services rendus pendant l'exercice et les exercices antérieurs, l'entreprise doit utiliser des techniques actuarielles. Cela suppose qu'elle détermine le montant des prestations imputables à l'exercice et aux exercices antérieurs et qu'elle fasse des estimations (hypothèses actuarielles) sur les variables démographiques (mortalité et rotation du personnel) et financières (taux d'actualisation, augmentations futures des salaires et des coûts médicaux) qui influeront sur le coût des prestations.

Les hypothèses actuarielles doivent être objectives et mutuellement compatibles. Le taux d'actualisation à appliquer doit être déterminé par référence à un taux de marché à la date de clôture fondé sur les obligations d'entreprises de première catégorie. Dans les pays où ce type de marché n'est pas actif, il faut prendre le taux (à la clôture) des obligations d'État.

• Appliquer la méthode des unités de crédit projetées

1320 L'entreprise doit utiliser la méthode des unités de crédit projetées (méthode préconisée par la norme IAS 19) pour déterminer la valeur actualisée de son obligation au titre des prestations définies, le coût correspondant des services rendus au cours de l'exercice et, le cas échéant, le coût des services passés. Cette méthode considère que chaque période de services donne lieu à une unité supplémentaire de droits à prestations et évalue séparément chacune de ces unités pour obtenir l'obligation finale (sur cette méthode, voir *RF Comptable* 298, septembre 2003).

• Déterminer la juste valeur des actifs du régime

1321 La juste valeur des actifs du régime (s'ils existent), utilisés directement pour éteindre les obligations, vient en diminution du montant à comptabiliser au bilan.

• Déterminer les écarts actuariels

1322 Les écarts actuariels pourront résulter d'augmentations ou de diminutions de la valeur actualisée d'une obligation au titre des prestations définies ou de la juste valeur des actifs du régime correspondant.

Parmi les causes susceptibles de générer ces écarts actuariels, on peut citer :
– les taux exceptionnellement élevés ou faibles de rotation du personnel, de départ en retraite anticipée, de mortalité ou d'augmentation des salaires, des avantages consentis au personnel ou des coûts médicaux ;
– l'incidence d'un changement dans l'estimation des taux futurs de rotation du personnel, de départ en retraite anticipée, de mortalité ou d'augmentation des salaires, des droits à prestations ou des coûts médicaux ;
– l'impact de l'évolution du taux d'actualisation ;
– les différences entre le rendement attendu des actifs du régime et celui effectif.

Sur le long terme, les écarts actuariels pouvant se compenser, les estimations de l'obligation sont considérées comme une fourchette (ou un corridor) autour d'une meilleure estimation. L'entreprise est autorisée – mais non tenue – à comptabiliser les écarts actuariels se situant dans cette fourchette ou corridor qui est égal au plus élevé des deux montants, à savoir :
– 10 % de la dette actuarielle ;
– 10 % des actifs de couverture.

Si les écarts actuariels excèdent les limites du corridor, l'excédent au-delà du seuil de 10 % est étalé sur la durée d'activité moyenne résiduelle des bénéficiaires du régime.

• Comptes annuels

1323 **Bilan.** Dans le cadre de la comptabilisation des engagements de retraite (méthode préférentielle), le montant à porter au passif du bilan est égal à la valeur actualisée de l'obligation au titre des prestations définies à la date de clôture :
– majorée des profits actuariels ou minorée des pertes actuarielles non encore comptabilisés ;
– diminuée du coût des services passés non encore comptabilisés,
– diminuée de la juste valeur des actifs du régime à la date de clôture.

1324 **Annexe.** L'information à fournir dans l'annexe est considérablement alourdie. Elle porte notamment sur:
– la méthode de comptabilisation des écarts actuariels,
– une description générale du type de régime,
– un rapprochement montrant les mouvements au cours de l'exercice du passif (ou de l'actif) net comptabilisé au bilan,
– les hypothèses actuarielles utilisées à la date de clôture.

Modalités de mise en œuvre

1325 Les changements résultant de la première application de la recommandation sont traités selon les dispositions relatives aux changements de méthodes prévus par l'article 314-1 du Plan comptable général qui s'appliquent aux entreprises:
– qui ne provisionnaient pas leurs engagements,
– qui provisionnaient partiellement leurs engagements,
– qui provisionnaient en totalité leurs engagements, mais selon des modalités différentes.

6. Adresses utiles

Caisses et organismes nationaux

AGIRC-ARRCO (GIE)
16 à 18 rue Jules-César
75592 Paris Cedex 12
Tél. : 01 71 72 12 00
www.agirc.fr ; www.arrco.fr

APEC (Association pour l'emploi
des cadres ingénieurs techniciens)
51 boulevard Brune
75689 Paris Cedex 14
Tél. : 08 10 80 58 05
www.apec.asso.fr

CANCAVA (Caisse autonome nationale
de compensation de l'assurance vieillesse des artisans)
www.cancava.fr

CLEISS (Centre de liaisons européennes
et internationales de sécurité sociale)
11 rue de la Tour des Dames
75436 Paris Cedex 09
Tél. : 01 45 26 33 41 -www.cleiss.fr

CNAV (Caisse nationale d'assurance vieillesse)
110 avenue de Flandre
75951 Paris Cedex 19
Tél. : 01 40 37 37 37 - www.cnav.fr

CNAVPL (Caisse nationale d'assurance vieillesse
des professions libérales)
102 rue de Miromesnil
75008 Paris
Tél. : 01 44 95 01 50 - www.cnavpl.fr

DDTEFP (Directions départementales du travail,
de l'emploi et de la formation professionnelle)
Site : www.travail.gouv.fr

DGEFP (Délégation générale à l'emploi
et à la formation professionnelle)
7 square Max Hymans
75741 Paris Cedex 15
Tél. : 01 44 38 38 38

Maison des Français de l'étranger (MFE)
30-34 rue La Pérouse
75116 Paris
Tél. : 01 43 17 60 79
www.mfe.org

ORGANIC (Caisse nationale du régime
d'assurance vieillesse-invalidité-décès des non-salariés
de l'industrie et du commerce)
www.organic.fr

Unédic
80 rue de Reuilly
75605 Paris Cedex 12
Tél. : 01 53 17 20 00
Site : www.unedic.fr ; www.assedic.fr

URSSAF (Union de recouvrement de la sécurité
sociale et des allocations familiales)
3 rue Franklin
93518 Montreuil Cedex
Tél. : 01 49 20 10 10
Site : www.urssaf.fr

Caisses du régime social des Indépendants (RSI)

Caisse nationale du RSI
260/264 avenue du Président-Wilson
93247 La-Plaine-Saint-Denis Cedex

RSI des ALPES
immeuble « Le Grand Sablon »
2 avenue de l'Obiou
38706 La Tronche Cedex
Tél. : 04 38 42 00 00
Fax. : 04 38 42 00 69

RSI ALSACE
91 route des Romains - BP 50011
67035 Strasbourg Cedex 2
Tél. : 03 88 30 88 88
Fax. : 03 88 30 86 53

RSI ANTILLES-GUYANE
rue Piétonne-ZAC de Rivière-Roche-BP 558
97242 Fort-de-France Cedex
Tél. : 05 96 42 78 00
Fax. : 05 96 50 62 66

RSI AQUITAINE
3 rue Jean-Claudeville - Technoparc Bordeaux Lac
33525 Bruges Cedex
Tél. : 05 56 43 47 00
Fax. : 05 56 43 47 40

RSI AUVERGNE
33-35 avenue du Maréchal-Leclerc
63057 Clermont-Ferrand Cedex 1
Tél. : 04 73 14 75 75
Fax. : 04 73 14 75 85

Annexe 6

RSI BASSE-NORMANDIE
37 rue Fred-Scamaroni
14039 Caen Cedex 9
Tél. : 08 11 46 78 14
Fax. : 02 31 23 97 01

RSI BOURGOGNE
41 rue de Mulhouse
BP 97803
21079 Dijon Cedex
Tél. : 03 80 77 53 00
Fax. : 03 80 77 53 39

RSI BRETAGNE
2 cours des Alliés - CS 64320
35043 Rennes Cedex
Tél.: 02 99 67 86 50
Fax.: 02 99 67 86 99

RSI CENTRE
20 avenue des Droits-de-l'Homme
BP 71149
45001 Orléans Cedex 1
Tél. : 02 38 84 89 89
Fax. : 02 38 84 88 90

RSI CHAMPAGNE-ARDENNES
16 rue du Clou-dans-le-Fer
51096 Reims Cedex
Tél. : 03 26 61 40 50
Fax. : 03 26 61 40 60

RSI CORSE
quartier Finosello
rue Maréchal-Lyautey - BP 522
20189 Ajaccio Cedex 2
Tél. : 04 95 23 70 30
Fax. : 04 95 23 70 31

RSI CÔTE D'AZUR
33-35 rue Trachel - BP 1216
06004 Nice Cedex 1
Tél. : 08 10 66 86 68
Fax. : 04 93 87 80 47

RSI FRANCHE-COMTÉ
Pôle Retraite Artisans
3 route de Châtillon
ZAC de Valentin - BP 3005
25045 Besançon Cedex
Tél. : 03 81 54 36 00
Fax. : 03 81 88 31 50

RSI HAUTE-NORMANDIE
22 rue de Crosne
76000 Rouen
Tél. : 02 32 76 20 20
Fax. : 02 32 76 20 10

RSI ILE-DE-FRANCE CENTRE
66-72 rue Stendhal
75480 Paris Cedex 20
Tél. : 01 43 15 43 15
Fax. : 01 43 15 01 20

RSI ILE-DE-FRANCE EST
14 avenue Thiers
77008 Melun Cedex
Tél. : 01 64 10 40 77
Fax. : 01 64 37 31 16

RSI ILE-DE-FRANCE OUEST
35 avenue Philippe-Auguste
75011 Paris
Tél. : 01 55 34 20 00
Fax. : 01 55 34 20 01

RSI LANGUEDOC-ROUSSILLON
43 avenue du Pont-Juvenal
CS 19019
34965 Montpellier Cedex 2
Tél. : 04 67 13 77 77
Fax. : 04 67 13 77 60

RSI LIMOUSIN
31 avenue Baudin -BP 229
87006 Limoges Cedex
Tél. : 08 10 15 19 26
Fax. : 05 55 32 36 61

RSI LORRAINE
5 bis rue Saint-Léon
BP 80421
54001 Nancy Cedex
Tél. : 03 83 91 93 93
Fax. : 03 83 91 93 99

RSI MIDI-PYRÉNÉES
7 avenue Léon Blum
31088 Toulouse Cedex 5
Tél. : 05 61 61 68 68
Fax. : 05 61 61 68 10

RSI NORD–PAS-DE-CALAIS
270 rue Nationale
59045 Lille Cedex
Tél. : 03 20 12 36 00
Fax. : 03 20 57 91 89

RSI PAYS DE LA LOIRE
8 rue Albert-de-Dion
BP 25
44701 Orvault Cedex
Tél. : 02 28 07 35 35
Fax. : 02 28 07 35 00

RSI PICARDIE
646 rue de Cagny
80094 Amiens Cedex 3
Tél. : 03 22 46 81 50
Fax. : 03 22 46 81 51

RSI PROFESSIONS LIBÉRALES
ILE-DE-FRANCE
22 rue Violet
75730 Paris Cedex 15
Tél. : 01 45 78 32 00
Fax. : 01 45 78 32 39

RSI PROFESSIONS LIBÉRALES PROVINCES
44 boulevard de la Bastille
75578 Paris Cedex 12
Tél. : 01 53 33 56 56
Fax. : 01 53 33 56 00

RSI POITOU-CHARENTES
24 rue des Grands-Champs
BP 8712 (pôle retraite)
79027 Niort Cedex 9
Tél. : 05 49 77 24 77
Fax. : 05 49 06 98 04

SITE ANNEXE (RSI POITOU-CHARENTES)
26 rue des Grands-Champs - BP 88713 (pôle santé)
79027 Niort Cedex 9
Tél. : 05 49 32 47 00
Fax. : 05 49 73 58 19

RSI PROVENCE-ALPES
215 ancien chemin de Cassis
13297 Marseille Cedex 09
Tél. : 08 11 46 78 90
Fax. : 04 91 82 55 25

RSI RÉUNION
14 avenue Thiers
97494 Sainte-Clotilde-Cedex
Tél. : 02 62 92 42 00
Fax. : 02 62 92 42 22

RSI RHÔNE
55 avenue Maréchal Foch
69453 Lyon Cedex 06
Tél. : 04 78 17 11 11
Fax. : 04 78 93 27 31

Caisses régionales d'assurance maladie

CRAM d'Aquitaine
80 avenue de la Jallère - Quartier du lac
33053 Bordeaux Cedex
Tél. : 05 56 11 64 00

CRAM d'Auvergne
Cité administrative
Rue Pélissier
63036 Clermont-Ferrand Cedex 9
Tél. : 04 73 42 82 00

CRAM de Bourgogne et Franche-Comté
38 rue de Cracovie - ZAE Capnord
21044 Dijon Cedex
Tél. : 03 80 70 50 50

CRAM de Bretagne
236 rue de Châteaugiron
35030 Rennes Cedex 9
Tél. : 02 99 26 74 74

CRAM du Centre
30 boulevard Jean-Jaurès
45033 Orléans Cedex 1
Tél. : 02 38 81 50 00

CRAM du Centre-Ouest
37 avenue du Président-René-Coty
87048 Limoges Cedex
Tél. : 05 55 45 38 00

CRAM d'Île-de-France
110 avenue de Flandre
75951 Paris Cedex 19
Tél. : 01 55 45 50 00

CRAM du Languedoc-Roussillon
29 cours Gambetta
CS 49001
34068 Montpellier Cedex 2
Tél. : 04 67 12 91 41

CRAM du Midi-Pyrénées
2 rue Georges-Vivent
31065 Toulouse Cedex
Tél. : 05 62 14 28 28

CRAM du Nord-Est
81 à 85 rue de Metz
54073 Nancy Cedex
Tél. : 03 83 34 49 49

CRAM de Nord-Picardie
11 allée Vauban
59662 Villeneuve-d'Ascq Cedex
Tél. : 08 20 19 59 59

CRAM de Normandie
Avenue du Grand-Cours, 2022 X
76028 Rouen Cedex
Tél. : 02 35 03 45 45

CRAM des Pays de Loire
2 place de Bretagne - BP 93405
44034 Nantes Cedex 01
Tél. : 02 51 72 82 92

CRAM de Rhône-Alpes
35 rue Maurice-Flandrin
69436 Lyon Cedex 3
Tél. : 04 72 91 91 91

CRAM du Sud-Est
35 rue George
13386 Marseille Cedex 20
Tél. : 08 26 82 67 00

CRAV d'Alsace-Moselle
36, rue du Doubs
67011 Strasbourg Cedex 1
Tél. : 03 88 65 20 21

CGSS de la Guadeloupe
Quartier de l'Hôtel-de-Ville - BP 486
97159 Pointe-à-Pitre Cedex
Tél. : 05 90 90 57 71

CGSS de la Guyane
Espace Turenne-Radamonthe
Route de Raban - BP 7015
97307 Cayenne Cedex
Tél. : 05 94 39 60 00

CGSS de la Martinique
Place d'Armes
97210 Le Lamentin Cedex 02
Tél. : 05 96 66 50 79

CGSS de la Réunion
4 boulevard Doret
97704 Saint-Denis Messag Cedex 9
Tél. : 02 62 40 33 40

Annexe 6

Centres d'information et de coordination de l'action sociale (CICAS)

Ain
27 rue des Bons-Enfants - 01000 Bourg-en-Bresse
Tél. : 04 74 23 42 73 - Fax : 04 74 50 26 75

Aisne
55 rue du Crécy - BP 85 02004 Laon Cedex
Tél. : 03 23 79 20 32 - Fax : 03 23 23 30 83

Allier
Sésame - BP 654
1 à 3 rue Berthelot - 03006 Moulins Cedex
Tél. : 04 70 48 51 52 - Fax : 04 70 48 51 67

Alpes de Haute-Provence
Le Gallion – 5 allée des Fontainiers 04000 Digne-les-Bains
Tél. : 04 92 31 28 68 - Fax : 04 92 31 23 63

Hautes-Alpes
3 bis, avenue du Maréchal Foch - 05000 Gap
Tél. : 04 92 51 41 55 - Fax : 04 92 20 93 56

Alpes-Maritimes
16 rue Paul-Déroulède - 06000 Nice
Tél. : 04 92 07 97 10 - Fax : 04 93 82 10 61

Ardèche
Le Vendôme - avenue du Vanel - 07000 Privas
Tél. : 04 75 64 63 60 - Fax : 04 75 64 86 79

Ardennes
18 E avenue Georges-Corneau (allée de la Polyclinique)
08100 Charleville-Mezières
Tél. : 03 24 56 04 16 - Fax : 03 24 59 32 01

Ariège
Résidence Lakanal 16 allée de Villote - 09000 Foix
Tél. : 05 61 65 26 85 - Fax : 05 61 02 67 30

Aube
6 rue du Pont-Royal - BP 125 - 10004 Troyes Cedex
Tél. : 03 25 43 38 00 - Fax : 03 25 43 38 09

Aude
3 allée de Bezons - 11000 Carcassonne
Tél. : 04 68 25 53 48 - Fax : 04 68 72 52 16

Aveyron
BP 3516 - 3 bis rue Raynal -12035 Rodez Cedex
Tél. : 05 65 73 30 15 - Fax : 05 65 73 30 13

Bouches-du-Rhône
41 avenue du Prado - 13008 Marseille
Tél. : 04 91 54 11 54 - Fax : 04 91 33 92 04

Calvados
BP 56 - 2 bis boulevard Aristide-Briand - 14007 Caen 01
Tél. : 02 31 85 75 89 - Fax : 02 31 86 36 41

Cantal
54 rue des Carmes - 15000 Aurillac
Tél. : 04 71 48 39 89 - Fax : 04 71 48 07 18

Charente
10, rue de la Rochefoucauld - 16000 Angoulême
Tél. : 05 45 92 37 61 - Fax : 05 45 38 05 84

Charente-Maritime
Immeuble Le Sextant - Le Bout Blanc rue de la Trinquette
17000 La Rochelle
Tél. : 05 46 44 84 87 - Fax : 05 46 44 87 14

Cher
35 avenue du 11-nov-1918 - 18023 Bourges Cedex
Tél. : 02 48 23 74 55 - Fax : 02 48 70 09 53

Corrèze
18 boulevard du Salan - 19100 Brive Cedex
Tél. : 05 55 24 35 56 - Fax : 05 55 24 35 60

Corse-du-Sud
14 avenue Antoine-Sérafini - 20000 Ajaccio
Tél. : 04 95 51 15 10 - Fax : 04 95 21 13 88

Haute-Corse
7 rue Notre-Dame-de-Lourdes - 20200 Bastia
Tél. : 04 95 31 63 53 - Fax : 04 95 31 79 25

Côte-d'Or
26 rue Jeannin - 21000 - Dijon
Tél. : 03 80 68 25 30 - Fax : 03 80 68 25 23

Côtes d'Armor
Le Gallion - 2 A rue Saint -Vincent-de-Paul
22000 Saint-Brieuc
Tél. : 02 96 61 51 86 - Fax : 02 96 33 23 85

Creuse
52 avenue Gambetta - 23000 Guéret
Tél. : 05 55 52 10 28 - Fax : 05 55 61 90 64

Dordogne
BP 7024 - 22 rue Gambetta - 24007 Périgueux
Tél. : 05 53 06 64 64 - Fax : 05 53 54 37 57

Doubs
BP 2805 - 11 A rue Chopard
25011 Besançon Cedex
Tél. : 03 81 88 07 13 - Fax : 03 81 88 96 66

Drôme
Centre Gare Valence - 50 rue Denis-Papin
26000 Valence
Tél. : 04 75 40 86 61 - Fax : 04 75 81 60 59

Eure
Résidence du Cheval-blanc
24-26 rue de la Harpe - 27000 Evreux
Tél. : 02 32 33 24 82 - Fax : 02 32 38 79 55

Eure-et-Loir
63 avenue du Maréchal-Maunoury - 28000 Chartres
Tél. : 02 37 28 57 52 - Fax : 02 37 28 57 50

Finistère
36 bis boulevard Dupleix - 29000 Quimper
Tél. : 02 98 90 04 33 - Fax : 02 98 53 16 14

Gard
40 boulevard Victor-Hugo - 30000 Nîmes
Tél. : 04 66 67 64 25 - Fax : 04 66 21 61 06

Haute-Garonne
55 allée Jean-Jaurès - 31000 Toulouse
Tél. : 05 34 41 18 28 - Fax : 05 34 41 19 96

Gers
56 avenue des Pyrénées - 32000 Auch
Tél. : 05 62 63 19 37 - Fax : 05 62 61 67 59

Gironde
12 place Ravezies - 33055 Bordeaux Cedex
Tél. : 05 56 11 56 33 - Fax : 05 56 11 56 00

Hérault
Résidence Hestia - 87 avenue Jacques-Cartier
34000 Montpellier
Tél. : 04 67 15 68 90 - Fax : 04 67 15 68 99

Ille-et-Vilaine
8 place du Colombier - 35011 Rennes Cedex
Tél. : 02 99 30 33 44 - Fax : 02 99 30 59 36

Indre
BP 153 - 34 cours Saint-Luc - 36003 Châteauroux Cedex
Tél. : 02 54 34 46 04 - Fax : 02 54 08 96 09

Indre-et-Loire
22 rue du Docteur-Herpin - BP 2610
37026 Tours Cedex
Tél. : 02 47 60 88 08 - Fax : 02 47 60 88 09

Isère
48 avenue de l'Europe - 38029 Grenoble Cedex 2
Tél. : 04 38 49 24 70 - Fax : 04 76 40 52 47

Jura
Immeuble le Président - 11 place de Verdun
39000 Lons-le-Saunier
Tél. : 03 84 47 47 37 - Fax : 03 84 47 29 96

Landes
26 boulevard F.-de-Candau - 40000 Mont-de-Marsan
Tél. : 05 58 46 42 42 - Fax : 05 58 06 90 59

Loir-et-Cher
BP 17 - 6 quai Saint-Jean - 41003 Blois Cedex
Tél. : 02 54 78 87 30 - Fax : 02 54 74 71 02

Loire
BP 120 - 3 place Antonin Moine - 42003 Saint-Etienne
Tél. : 04 77 43 83 55 - Fax : 04 77 41 51 76

Haute-Loire
17 place Michelet - BP 199 - 43005 Le Puy-en-Velay
Tél. : 04 71 09 09 53 - Fax : 04 71 09 26 40

Loire-Atlantique
BP 60702 - 12 rue du Président-Herriot - 44007 Nantes
Tél. : 02 40 48 01 32 - Fax : 02 40 48 63 45

Loiret
14 boulevard Rocheplatte - 45058 Orléans Cedex 1
Tél. : 02 38 78 19 40 - Fax : 02 38 78 19 41

Lot
51 boulevard Gambetta - 46000 Cahors
Tél. : 05 65 35 01 38 - Fax : 05 65 53 95 88

Lot-et-Garonne
18 rue Camille-Desmoulins - 47000 Agen
Tél. : 05 53 47 18 38 - Fax : 05 53 68 28 47

Lozère
23 rue de la Chicanette - 48000 Mende
Tél. : 04 66 65 07 03 - Fax : 04 66 65 07 03

Maine-et-Loire
10 avenue des Contades - 49000 Angers
Tél. : 02 41 88 54 35 - Fax : 02 41 20 36 03

Manche
BP 471 - 36 rue du Neufbourg - 50001 Saint-Lô Cedex
Tél. : 02 33 57 20 27 - Fax : 02 33 57 85 21

Marne
BP 273551 - rue des Moissons - 51059 Reims Cedex
Tél. : 03 26 85 01 20 - Fax : 02 26 85 89 50

Haute-Marne
BP 176 - 7 rue Dutailly - 52005 Chaumont Cedex
Tél. : 03 25 03 31 68 - Fax : 03 25 03 15 38

Mayenne
BP 176 - 53 rue du Pont-de-Mayenne - 53000 Laval
Tél. : 02 43 53 16 04 - Fax : 02 43 56 07 59

Meurthe-et-Moselle
13 boulevard Joffre - 54000 Nancy Cedex
Tél. : 03 83 35 46 20 - Fax : 03 83 35 79 10

Meuse
BP 108 - 5 rue Martelot - 55002 Bar-le-Duc Cedex
Tél. : 03 29 79 17 29 - Fax : 03 29 79 73 82

Morbihan
13 bd du Maréchal-Leclerc - 56100 Lorient
Tél. : 02 97 64 52 80 - Fax : 02 97 64 64 48

Moselle
Maison du 3e âge
BP 55060 - 9 rue du Grand-Cerf - 57072 Metz Cedex 3
Tél. : 03 87 75 28 46 - Fax : 03 87 75 69 30

Nièvre
18 rue Hoche - 58000 Nevers
Tél. : 03 86 71 97 70 - Fax : 03 86 36 31 50

Nord
12 rue Desmazières - BP 167 - 59029 Lille Cedex
Tél. : 03 20 57 86 22 - Fax : 03 20 30 14 46

Oise
Résidence Square Saint-Joseph
10 rue des Arbalétriers - 60000 Beauvais
Tél. : 03 44 48 13 80 - Fax : 03 44 48 20 13

Orne
24 rue du Pont-Neuf - BP 303 - 61009 Alençon Cedex
Tél. : 02 33 82 46 68 - Fax : 02 33 82 46 68

Pas-de-Calais
8 rue Wacquez-Glasson - BP 411 - 62027 Arras Cedex
Tél. : 03 21 24 36 40 - Fax : 03 21 24 36 41

Puy-de-Dôme
1 rue des Prés-Bas - 63037 Clermont-Ferrand Cedex 1
Tél. : 04 73 35 30 22 - Fax : 04 73 29 14 97

Pyrénées-Atlantiques
19 rue du Maréchal-Joffre - BP 614 - 64006 Pau Cedex
Tél. : 05 59 27 68 14 - Fax : 05 59 82 83 58

Hautes-Pyrénées
28 rue Desaix - 65000 Tarbes
Tél. : 05 62 93 69 57 - Fax : 05 62 51 13 32

Pyrénées-Orientales
4 allée des villas Amiel - 66000 Perpignan
Tél. : 04 68 35 69 39 - Fax : 04 68 34 94 15

Bas-Rhin
2 rue Reutenbourg - 67205 Oberhausbergen
Tél. : 03 90 20 65 10 - Fax : 03 90 20 65 19

Haut-Rhin
143 avenue Aristide-Briand - BP 2439
68067 Mulhouse Cedex
Tél. : 03 89 33 36 90 - Fax : 03 89 43 32 20

Rhône
103 cours Gambetta - 69003 Lyon
Tél. : 04 78 62 73 74 - Fax : 04 78 71 74 55

Haute-Saône
37 bis rue Georges-Genoux - 70000 Vesoul
Tél. : 03 84 76 61 98 - Fax : 03 84 75 41 34

Saône-et-Loire
7 A rue Denon - BP 132 - 71104 Chalon-sur-Saône
Tél. : 03 85 42 73 35 - Fax : 03 85 48 16 33

Sarthe
25 bis rue du Général-de-Gaulle - 72000 Le Mans
Tél. : 02 43 24 52 05 - Fax : 02 43 14 27 45

Savoie
365 rue de la République - 73000 Chambéry
Tél. : 04 79 33 56 56 - Fax : 04 79 33 60 04

Haute-Savoie
1 rue de l'Industrie - BP 470 - 74021 Annecy Cedex
Tél. : 04 50 45 14 73 - Fax : 04 50 45 19 86

Seine-Maritime
Immeuble « Le Bretagne » - 57 avenue de Bretagne
BP 1120 - 76175 Rouen Cedex
Tél. : 02 32 18 15 10 - Fax : 02 32 18 15 11

Seine-et-Marne
13 avenue Thiers - 77008 Melun Cedex
Tél. : 01 64 83 55 30 - Fax : 01 64 37 67 19

Yvelines
12 rue Exelmans - 78000 Versailles
Tél. : 01 30 84 75 20 - Fax : 01 30 84 75 29

Deux-Sèvres
2 rue du Petit-Banc - 79000 Niort
Tél. : 05 49 28 41 56 - Fax : 05 49 24 68 23

Somme
19 passage du Logis-du-Roy - 80043 Amiens Cedex 1
Tél. : 03 22 91 21 21 - Fax : 03 22 82 09 88

Tarn
3 lices Georges-Pompidou - 81000 Albi
Tél. : 05 63 54 80 44 - Fax : 05 63 38 76 61

Tarn-et-Garonne
Résidence Manet - 31 rue Ingres - 82000 Montauban
Tél. : 05 63 93 34 00 - Fax : 05 63 20 45 89

Var
54 boulevard de Strasbourg - 83000 Toulon
Tél. : 04 94 92 85 71 - Fax : 04 94 62 30 76

Vaucluse
3 bis rue de la Balance - 84000 Avignon
Tél. : 04 90 16 08 08 - Fax : 04 32 76 23 75

Vendée
2 place François-Mitterrand
85000 La Roche-sur-Yon
Tél. : 02 51 37 17 44 - Fax : 02 51 37 46 29

Vienne
14 rue Magenta - BP 60989 - 86038 Poitiers
Tél. : 05 49 62 99 80 - Fax : 05 49 62 96 95

Haute-Vienne
Immeuble Winston - 62 rue Turgot - 87000 Limoges
Tél. : 05 55 77 66 93 - Fax : 05 55 77 85 74

Vosges
8 rue Antoine-Hurault - BP 178 - 88005 - Epinal-Cedex
Tél. : 03 29 64 19 28 - Fax : 03 29 35 17 92

Yonne
17 rue Bourneuil - 89000 Auxerre
Tél. : 03 86 52 50 61 - Fax : 03 86 52 46 76

Territoire de Belfort
21 quai Vauban - BP 202 - 90004 Belfort Cedex
Tél. : 03 84 21 43 67 - Fax : 03 84 21 54 03

Essonne
80 rue Feray - BP 2 - 91101 Corbeil-Essonnes
Tél. : 01 69 22 16 00 - Fax : 01 69 22 16 04

Hauts-de-Seine
48 route de la Reine - 92100 Boulogne-Billancourt
Tél. : 01 46 84 38 84 - Fax : 01 46 84 55 55

Seine-Saint-Denis
10 bis rue Emile-Connoy - 93200 Saint-Denis
Tél. : 01 48 20 17 67 - Fax : 01 48 20 80 62

Val-de-Marne
10 place Salvador-Allende - 94000 Créteil
Tél. : 01 49 80 04 30 - Fax : 01 49 80 36 04

Val-d'Oise
11 rue des Italiens - 95000 Cergy-Pontoise
Tél. : 01 30 32 71 03 - Fax : 01 30 32 26 13

Paris sud
9 rue Stanislas - 75006 Paris
Tél. : 01 53 63 24 90 - Fax : 01 45 48 74 90

Paris ouest
74 rue des Cévennes - 75015 Paris
Tél. : 01 53 78 01 01 - Fax : 01 53 78 01 02

Paris nord-ouest
6 bis cité Rougemont - 75009 Paris
Tél. : 01 45 26 41 06 - Fax : 01 45 26 48 54

Paris centre-est
10 rue du Hainaut - 75019 Paris
Tél. : 01 42 01 58 38 - Fax : 01 42 00 21 69

Paris est
16 avenue du Bel-Air - 75012 Paris
Tél. : 01 53 17 15 80 - Fax : 01 53 17 15 39

Table alphabétique

*Les numéros en **gras** sont ceux des paragraphes.*

Un sommaire détaillé figure au début de chaque fiche.

Accident du travail (périodes d') **346**, **703**

AGIRC **570**

Affiliation des salariés :
- assurance vieillesse **250**
- retraite complémentaire p. 238

Allocation d'aide au retour à l'emploi (ARE) :
- conditions d'ouverture de droits p. 88
- cumul avec un avantage vieillesse **168**
- indemnisation **162**
- interruption des allocations à 60 ans **163**
- maintien des allocations jusqu'à l'âge de la retraite **164**
- montant p. 88
- ouverture de droits exceptionnelle après 60 ans **161**
- procédure de signalement à la CNAV **204**
- reprise d'activité p. 94
- validation des périodes indemnisées p. 92

Allocation de cessation d'activité CATS **108**

Allocation de cessation anticipée d'activité des travailleurs de l'amiante :
- allocation différentielle **133**
- montant **130**
- non-cumul avec une activité professionnelle **132**
- non-cumul avec un revenu de remplacement **132**
- paiement **131**
- salaire de référence **128**

Allocation complémentaire

de chômage (ACO) :
- chômeurs concernés **173**
- conditions d'attribution **174**
- montant **175**

Allocation équivalent retraite (AER) :
- allocation de complément **189**
- allocation de remplacement **188**
- conditions de ressources **186**
- formulaire de demande p. 101
- paiement **190**
- procédure de signalement à la CNAV **204**

Allocation de préparation à la retraite (APR) **170**

Allocation de solidarité aux personnes âgées p. 213

Allocation de solidarité spécifique (ASS) :
- condition d'attribution **177**
- durée de versement **180**
- incitation à la reprise d'un emploi **181**
- montant de l'allocation **179**
- option pour les chômeurs de plus de 50 ans **176**
- plafond mensuel de ressources **178**
- procédure de signalement à la CNAV **204**

Allocation spéciale du FNE (ASFNE) :
- allocation fractionnée **75**
- attestation employeur p. 47
- formulaire de demande p. 53
- interruption **95**
- montant **92**
- paiement **93**
- procédure de signalement à la CNAV **204**
- reprise d'activité **96**
- salaire de référence **88**, **91**

Allocation veuvage p. 250

Anciens combattants **325**, **349**, **726**, **756**

Apprentis **585**, **729**

ARRCO **570**

Assurance volontaire :
- adhésion **262**
- bénéficiaires **261**
- paiement des cotisations **267**
- pension **268**

Assurés volontaires **261**

Attestation Assédic p. 37

Attestation de cessation d'activité p. 37

Avocats **252**, **595**

Cadres :
- participants « article 4 » **580**
- participants « article 4 bis » **581**
- participants « article 36, annexe 1 » **582**

Cessation anticipée de certains travailleurs salariés (CATS) : voir « Préretraite métiers pénibles »

Cessation de l'activité **302**, **490**, **760**

Chauffeurs de taxis **253**, **590**

Chômage partiel (périodes validées) **710**

Chômage total (périodes validées) **350**, **715**, **731**

Chômage des seniors :
- allocation d'aide au retour à l'emploi (ARE) **161**
- allocation complémentaire de chômage (ACO) **172**
- allocation équivalent retraite (AER) **185**
- allocation de solidarité spécifique (ASS) **176**
- dispense de recherche d'emploi p. 96
- interruption du versement du revenu de remplacement **203**
- procédure de signalement à la CNAV **204**

Clause de désignation **967**

Congé de fin de carrière **145**, **146**

Compte épargne-temps p. 31, **1111**

Conjoint divorcé (ex-) **541**, **553**, **812**

Conjoint survivant **541**, **800**

Contribution Delalande p. 40

Table alphabétique

Convention CATS **100**

Convention du Fonds national de l'emploi (ASFNE):
- adhésion du salarié **82**
- conclusion de la convention **81**
- conditions d'adhésion pour le salarié **73**
- consultation préalable des représentants du personnel **78**
- contributions financières **85**
- convention-type (modèle) p. 80
- demande d'adhésion d'un salarié (formulaire) p. 45
- demande de convention **79**
- engagements de l'entreprise **83**
- instruction de la convention **80**
- présentation du dispositif **71**

Convention du Fonds national de l'emploi (PRP) p. 60

Conventions bilatérales de sécurité sociale **258**, p. 264

Cotisation AGFF **665**

Cotisations APEC p. 298

Cotisations d'assurance vieillesse:
- assiette **253**
- paiement **255**
- taux **254**

Contribution exceptionnelle temporaire (CET) **668**

Contribution patronale spécifique (Retraite supplémentaire) **1054**

Cotisations des artisans et commerçants:
- cotisations d'assurance vieillesse **1221**
- cotisations de retraite complémentaire **1244**

Cotisations des professions libérales:
- cotisations d'assurance vieillesse **1261**
- cotisations de retraite complémentaire **1285**
- cotisations de retraite supplémentaire **1288**

Cotisations sociales sur les avantages de préretraite p. 59

Cotisations de retraite complémentaire:
- assiette **635**
- assiette fictive **640, 646**
- assiette réduite (salariés à temps partiel) **645**
- décalage de la paie **644**
- déclarations trimestrielles **685**
- état nominatif des salaires **686, 688**
- exigibilité **683**
- GMP **658**
- limites d'assiette **641, 642**
- majorations de retard **691**
- paiement **680**
- prescription **696**
- recouvrement contentieux **693**
- régularisation annuelle **643, 687, 692**
- sommes isolées **649**
- taux AGIRC **654**
- taux d'appel commun **657**
- taux ARRCO **650**

Cotisations de retraite supplémentaire:
- contribution patronale spécifique (retraite à prestations définies) **1055**
- régime fiscal (entreprise) **990**
- régime fiscal (salariés) **991**
- régime social **1030**

Créateur d'entreprise **354, 597**

Cumul allocation chômage-pension de retraite **168**

Cumul emploi-retraite (artisans, industriels, commerçants) **1239**

Cumul emploi-retraite (professions libérales) **1281**

Cumul emploi-retraite (retraite de base):
- cessation d'activité **490**
- déclaration de situation **527**, p. 236
- poursuite d'activités **498**
- reprise d'activité **516**
- retraite progressive: voir ce mot

Cumul emploi-retraite (retraite complémentaire):
- poursuite d'activités **761**
- reprise d'activité **764**

Décote **435**

Demande de liquidation de pension de vieillesse:
- caractéristiques **230, 470**, p. 132
- en cas de départ volontaire **43**
- recours **473**

Demande de liquidation de retraite complémentaire:
- demande de liquidation **233**
- formulaire de demande p. 142

Demande de retraite progressive p. 137

Départ à la retraite:
- à l'initiative de l'employeur **2**
- à l'initiative du salarié **41**
- départ à 60 ans **42, 280**
- départ anticipé **282, 290**
- départ différé **281**
- documents à remettre par l'employeur p. 37
- d'un commun accord **8**
- sort des avantages liés au salariat p. 28
- tableau comparatif des départs à la retraite p. 38

Départ négocié à la retraite **8**

Départ volontaire à la retraite:
- âge légal **42**
- cotisations sociales **54**
- dérogations au départ avant 60 ans p. 30
- impôt sur le revenu **54**
- indemnité de départ à la retraite **47**
- initiative du salarié **41**
- modèle de notification du départ par le salarié p. 31
- modèle de prise d'acte du départ par l'employeur p. 32
- dans le cadre d'un plan de sauvegarde de l'emploi **49, 52, 53, 55**
- préavis **45**
- procédure **44**

Déportés (et internés) **325, 755**

Détachement:
- communautaire **257, 1183**
- conventions bilatérales **258**, p. 264
- salariés français à l'étranger **257, 574**
- salariés étrangers en France **575**

Détention provisoire **351, 724**

Dispense de recherche d'emploi p. 96

Dirigeants **583**

Droit individuel à la formation (DIF) p. 17

Durée d'assurance:
- cotisations arriérées **334**
- définition **312, 331**
- durée maximum (pour une pension complète) **332**
- majorations **356**
- périodes de validation gratuite **338**

– périodes validées sur présomption **339**
– trimestres assimilés **342**
– trimestres cotisés **333**

Épargne-retraite :
– PERCO **1100**, p. 354
– PERP p. 415

Études supérieures (rachat de périodes) **384**, **734**

Expatriation **260**, **576**

Experts comptables **596**

Extensions territoriales p. 266

Gestion directe (retraite supplémentaire) **891**

Gestion externalisée (retraite supplémentaire) **894**

Gestion des indemnités de fin de carrière p. 26, **1314**

Groupe de protection sociale (adhésion) **600**

Impatriés (régime fiscal) **1003**

Inaptitude physique professionnelle **24**

Inaptitude au travail **325**, **753**

Incapacité de travail **346**, **703**

Indemnité de départ à la retraite :
– base de calcul de l'indemnité légale **20**
– en cas de départ volontaire à la retraite **47**
– en cas d'inaptitude physique **24**
– en cas de licenciement économique **23**, **53**, **55**
– en cas de mise à la retraite **19**
– en cas de travail à temps partiel p. 35
– délai de prescription **51**
– exemple de bulletin de salaire en cas de départ volontaire p. 34
– exemple de bulletin de salaire en cas de mise à la retraite p. 22
– gestion des indemnités de fin de carrière p. 26, **1314**
– indemnité conventionnelle de mise à la retraite **21**
– indemnité spéciale de mise à la retraite pour les VRP **25**
– régime fiscal et social en cas de départ volontaire **54**
– régime fiscal et social en cas de mise à la retraite **26**
– sommes versées lors du départ du salarié de l'entreprise p. 25

Information des droits :
– estimation des droits **202**, **207**
– estimation indicative globale **220**
– information automatique **208**
– relevé annuel de points AGIRC et ARRCO **206**
– relevé de carrière **200**
– relevé de situation individuelle **213**

Institutions de prévoyance **902**

Institutions de retraite supplémentaire **905**

Intermittents du spectacle **591**

Interprètes de conférence **592**

Journalistes **593**

Licenciement pour motif économique **23**, **26**, **49**, **52**, **53**, **55**

Liquidation :
– pension de vieillesse **230**
– retraite complémentaire **233**
– retraite supplémentaire **238**

Maladie **343**, **703**

Majorations de durée d'assurance (retraite de base) :
– assurés de plus de 65 ans **366**
– congé parental d'éducation **360**
– enfant handicapé **361**
– mère de famille **357**

Majorations de pension **438**, **745**

Maternité **344**, **703**

Mère de famille ouvrière **325**, **754**

Minimum vieillesse p. 213

Minorations de pensions **329**, **435**, **744**

Mise à la retraite par l'employeur :
– accord collectif **5** à **8**, p. 13
– âge conventionnel **5**
– âge légal **3**
– appréciation de l'âge **4**
– autorisation administrative **17**
– clauses conventionnelles ou contractuelles **10**
– clauses « couperet » **11**
– clauses « souples » **12**
– cotisations sociales **23**
– CSG **24**
– CRDS **24**
– droit individuel à la formation p. 17
– initiative de l'employeur **2**
– indemnité de mise à la retraite **16**
– indemnités versées au moment du départ en retraite p. 25
– impôt sur le revenu **26**
– irrégulière **27**
– motif économique **23**
– notification **13**, pp. 19 et 20
– préavis **18**
– procédure à respecter **13**
– représentant du personnel **15**, pp. 18 et 19
– sanction en cas de mies à la retraite irrégulière **28**
– statut particulier p. 16
– VRP **25**

Mutuelles **899**

Pension d'assurance vieillesse :
– calcul **310**
– CSG et CRDS **453**
– date d'effet **475**
– date de paiement **476**
– demande **230**, **470**
– durée d'assurance **312**, **327**, **331**
– paiement **477**
– précompte d'assurance maladie **452**
– prélèvements sociaux **451**
– prescription **480**
– résidence à l'étranger **478**
– revalorisation **454**
– saisies **481**
– salaire annuel moyen **311**, **313**
– taux plein **325**, **326**
– taux minoré **329**
– trimestres assimilés **342**
– trimestres cotisés **333**
– versement forfaitaire unique **479**

Table alphabétique

Pension de retraite complémentaire :
- calcul **700**
- cessation d'activité **760**
- condition d'âge **750**
- cotisation d'assurance maladie **779**
- CSG et CRDS **783**
- cumul emploi-retraite **761**, **764**
- date d'effet **771**
- date de paiement **775**
- incidents de paiement **785**
- liquidation **233**, **768**
- majorations **745**
- minoration **744**, p. 322
- paiement **775**
- prélèvements sociaux **779**
- taux minoré **759**
- taux plein **751**

Pension de réversion (retraite de base) :
- calcul **549**
- condition d'âge **542**
- conditions d'attribution **540**
- conditions de ressources **543**
- demande **561**
- entrée en jouissance **562**
- majorations **554**
- montant **549**
- polypensionnés **556**

Pension de réversion (retraite complémentaire) :
- conditions d'attribution **801**
- ex-conjoint divorcé (droits à réversion) **812**
- liquidation **810**
- montant et taux **807**
- majoration **809**
- minoration AGIRC **808**
- partage de la pension **816**

PERCO :
- alimentation **1111**
- bénéficiaires **1102**
- déblocage **1120**
- définition **1100**, p. 354
- gestion des droits **1117**
- mise en place **1104**
- régime fiscal **1124**
- régime social **1133**

PERE :
- définition p. 353, p. 354
- fiscalité p. 384

PERP p. 354, p. 415

Plan de sauvegarde de l'emploi **23**, **26**, **49**, **52**, **53**, **55**

Points de retraite complémentaire :
- attribution gratuite **702**, p. 314
- calcul **700**
- rachat optionnel **730**, p. 319
- valeur de point **743**

Prestations de retraite (artisans et commerçants) :
- prestation d'assurance vieillesse **1229**
- prestation de retraite complémentaire **1250**
- prestation de retraite supplémentaire **1253**

Prestations de retraite (professions libérales) :
- prestation d'assurance vieillesse **1271**
- prestation de retraite complémentaire **1286**
- prestation de retraite supplémentaire **1290**

Préretraite amiante :
- allocation de cessation anticipée d'activité des travailleurs de l'amiante : voir ce mot
- contribution de l'employeur **134**
- indemnité de cessation anticipée d'activité **126**
- indemnité complémentaire **127**
- préavis **125**
- présentation du dispositif **116**
- procédure **123**
- protection sociale **133**
- rupture du contrat de travail **124**
- salariés concernés **117**
- salariés exclus **122**

Préretraite d'entreprise :
- cessation du contrat de travail **145**, **147**
- contribution de l'employeur **148**
- dispense d'activité **145**, **146**
- présentation des principaux dispositifs **144**

Préretraite licenciement du FNE :
- adhésion du salarié **73**, **75**, **82**, **84**
- âge **74**
- allocation spéciale du FNE **91** et voir aussi ce mot
- condition de chômage total **77**
- condition relative à l'activité antérieure du salarié **76**
- contribution de l'entreprise **85**
- contribution du salarié **89**
- contribution de l'Unédic **88**
- convention du Fonds national de l'emploi (ASFNE) : voir ce mot
- formulaire de demande d'adhésion à une convention FNE p. 45
- indemnités de rupture **90**, p. 50
- protection sociale **99**
- reprise d'activité **96**

Préretraite métiers pénibles :
- accord professionnel national **101**
- adhésion du salarié **107**
- allocation de cessation anticipée d'activité **108**
- conditions à remplir par l'entreprise **102**
- conditions à remplir par le salarié **106**
- participation financière de l'État **110**
- présentation du dispositif **100**

Préretraite progressive du FNE p. 60

Préretraites :
- cotisations sociales sur les avantages de préretraite p. 59
- périodes validées par les régimes de retraite complémentaire **721**
- tableau récapitulatif des principaux dispositifs de préretraite p. 79

Rachat de cotisations :
- activité salariée hors de France **401**
- affiliation tardive au régime général **396**
- assistance d'un invalide **402**
- coût du rachat **409**
- demande de rachat **414**
- limitation de la période de rachat **407**
- rapatriés **405**
- indemnité de soins aux tuberculeux (bénéficiaires d') **406**
- paiement **411**
- travail pénal **404**
- trimestres de rachat (décompte) **408**

Rachat de points de retraite complémentaire :
- années d'études supérieures **734**
- chômage **731**

- congé parental d'éducation **732**
- congé de présence parentale **732**
- congé de solidarité familiale **733**

Rééducation professionnelle (périodes de) **347**

Référendum **948**

Régime de retraite à adhésion facultative :
- définition **852**, **864**
- régime fiscal (cotisations) **1010**
- régime fiscal (prestations) **1012**
- régime social **1075**, **1076**

Régime de retraite à cotisations définies :
- contrat d'épargne bloquée **867**
- contrat de rente viagère différée **868**
- définition **864**, **872**
- financement **871**
- gestion **894**, **914**
- PERE pp. 353, 354, 384
- prestations **238**, **869**
- régime fiscal de l'entreprise (cotisations) **990**
- régime fiscal du salarié (cotisations) **991**
- régime fiscal (prestations) **1012**
- régime social (cotisations) **1030**
- régime social (prestations) **1081**

Régime de retraite à prestations définies :
- définition **854**, **863**
- financement **862**
- gestion **891**, **894**, **907**
- prestations **238**, **859**
- régime additif **857**
- régime différentiel **856**
- régime fiscal (cotisations) **991**, **1011**
- régime fiscal (prestations) **1012**
- régime mixte **858**
- régime social (cotisations) **1054**, **1077**
- régime social (prestations) **1081**

Relevé de carrière **9**, **200**

Répertoire géographique AGIRC-ARRCO **605**, p. 276

Représentant du personnel :
- départ volontaire à la retraite **46**
- mise à la retraite **15**, pp. 18 et 19

Retraite anticipée :
- pour longue carrière **282**, **757**
- salariés lourdement handicapés **290**, **758**

Retraite des artisans, industriels et commerçants **1221**

Retraite de base :
- âge de départ **280**
- assiette des cotisations **253**
- assurés volontaires **261**
- cessation d'activité **298**, **491**
- cumul emploi retraite **490**
- demande de retraite **230**
- départ anticipé des salariés à carrière longue **282**
- départ anticipé des salariés lourdement handicapés **290**
- détachement **256**
- estimation des droits **202**
- estimation indicative globale **220**
- expatriation **260**
- information des droits : voir ce mot
- liquidation **230**
- paiement des cotisations **255**
- rachat de cotisations **399**
- relevé de carrière **200**
- relevé de situation individuelle **213**
- salariés et assimilés **251**
- salariés à temps partiel p. 35
- taux de cotisations **254**
- versements pour la retraite **380**

Retraite communautaire **1196**

Retraite complémentaire :
- adhésion des entreprises **600**
- affiliation des salariés **623**
- champ d'application professionnel **570**
- champ d'application territorial **573**
- changement d'institutions **612**
- changement d'activité **622**
- cotisations : voir ce mot
- demande de retraite **233**
- droits de réversion des orphelins **819**
- estimation des droits **202**, **207**
- estimation indicative globale **220**
- évaluation des droits **207**
- information des droits : voir ce mot
- pension : voir ce mot
- pension de réversion : voir ce mot
- relevé de situation individuelle **213**

Retraite d'entreprise : voir « Retraite supplémentaire »

Retraite des professions libérales **1260**

Retraite progressive :
- activité professionnelle à temps partiel **1161**
- activité à temps partiel à titre exclusif **1166**
- âge **1164**
- articulation avec les règles de cumul emploi-retraite p. 426
- assurés concernés **1163**
- calcul **1170**
- cotisations sociales **1174**
- demande **1167**, p. 430
- liquidation de la pension complète **1175**
- liquidation provisoire de la pension **1169**
- montant de la fraction de retraite **1171**
- paiement **1172**
- présentation du dispositif **1160**
- régimes complémentaires ARRCO-AGIRC **1176**
- suppression **1173**
- suspension **1173**

Retraite supplémentaire :
- bénéficiaires **863**, **872**
- clauses obligatoires **967**
- clauses prohibées **971**
- conventions et accords collectifs **941**
- décision unilatérale de l'employeur **956**
- demande **238**
- gestion directe **890**
- gestion externalisée **894**
- financement **862**, **871**
- mise en œuvre **940**
- prestations **859**, **869**
- référendum (projet d'accord ratifié par) **948**
- régime fiscal (cotisations) **990**
- régime fiscal (prestations) **1012**
- régimes de retraite **850**
- régime social (cotisations) **1030**
- régime social (prestations) **1081**
- supports financiers **916**
- tableau comparatif p. 354
- traitement comptable **1310**

Réversion **540**, **800**, **911**, **922**, **970**

Salaire annuel moyen **311**, **313**

Salarié bénéficiant d'un statut particulier p. 16, **1161**

Salarié à carrière longue **282**

Table alphabétique

Salarié à employeurs multiples :
- affiliation aux régimes AGIRC et ARRCO **584**
- cotisations de retraite complémentaire **647**

Salarié lourdement handicapé **290**

Service national **348**, **725**

Sociétés d'assurance **896**

Stagiaire **594**

Surcote **447**

Taux pension vieillesse :
- calcul **327**, **330**
- taux minoré **329**
- taux plein **325**

Versements pour la retraite :
- années d'études supérieures (versement pour la retraite) **384**
- années incomplètes (versement pour la retraite) **383**
- définition **380**
- demande de versement pour la retraite **396**
- montant **392**
- paiement **393**

Volontariat civil **348**

VRP :
- affiliation aux régimes de retraite complémentaire **589**
- indemnité en cas d'adhésion à une préretraite ASFNE **90**
- indemnité spéciale de mise à la retraite **25**